U0216157

吉林人民出版社

简体字本二十六史

旧五代史

卷一——卷七三

（一）

[宋] 薛居正 撰

薄小莹 标点

目　　录

旧五代史卷一
梁书一

太祖本纪第一

案：《薛史本纪》《永乐大典》所载俱全，独《梁太祖纪》原帙已佚，其散见于各韵者，仅得六十八条，参以《通鉴考异》、《通鉴注》所征引者，又得二十一条，本末不具，未能缀辑成篇。考《册府元龟》《闰位部》所录朱梁事迹，皆本之《薛史》原文，首尾颇详，按条采掇，尚可汇萃。谨依前人取《魏澹书》、《高氏小史》补《北魏书》阙篇之例，采《册府元龟》梁太祖事，编年系日，次第编排以补其阙，庶几略还《薛史》之旧。仍于各条下注明原书卷第以备参核焉。

太祖神武元圣孝皇帝，姓朱氏，讳晃，本名温，《永乐大典》卷八千六百八十七。宋州砀山人。其先舜司徒虎之后，高祖黯，曾祖茂琳，祖信，父诚，帝即诚之第三子。母曰文惠王皇后。《册府元龟》卷一百八十二。案《五代会要》：梁肃祖宣元皇帝讳黯，舜司徒虎四十二代孙，开平元年七月，追尊宣元皇帝，庙号肃祖，葬兴极陵。敬祖光献皇帝讳茂琳，宣元皇帝长子，母曰宣僖皇后范氏，开平元年七月，追尊光献皇帝，庙号敬祖，葬永安陵。宪祖昭武皇帝讳信，光献皇帝长子，母曰光孝皇后杨氏，开平元年七月，追尊昭武皇帝，庙号宪祖，葬光天陵。烈祖文穆皇帝讳诚，昭武皇帝长子，母曰昭懿皇后刘氏，开平元年七月，追尊文穆皇帝，庙号烈祖，葬咸宁陵。以唐大中六年岁在壬申，十月二十一日夜，生于砀山县午沟里。是夕，所居庐舍之上有赤气上腾，里人望之皆惊奔而来，曰："朱家火发矣。"及至，则庐舍俨然。既入，邻人以诞孩告，众咸异之。《永乐大典》卷一万六千一十九。案：以上亦见《册府元龟》卷一百八十二。以此推之知，《册府元龟》引

五代事迹多本《薛史》。昆仲三人俱未冠而孤，母案：《册府元龟》引此条
"母"字下有"王氏"二字。携养寄于萧县人刘崇之家。帝既壮，不事生
业，以雄勇自负，里人多厌之。崇以其慵惰，每加谴杖。唯崇母自幼
怜之，亲为栉发，尝诫家人曰："朱三非常人也，汝辈当善待之。"家
人问其故，答曰："我尝见其熟寐之次，化为一赤蛇。"然众亦未之信
也。《永乐大典》卷五千九百四十九。

　　唐僖宗乾符中，关东荐饥，群贼啸聚。黄巢因之起于曹、濮，饥
民愿附者凡数万。帝乃辞崇家，与仲兄存俱入巢军，以力战屡捷，得
补为队长。

　　唐广明元年十二月甲申，黄巢陷长安，遣帝领兵屯于东渭桥。
是时，夏州节度使诸葛爽率所部屯于栎阳，巢命帝招谕爽，爽遂降
于巢。中和元年二月，巢以帝为东南面行营先锋使，令攻南阳，下
之。六月，帝归长安，巢亲劳于灞上。七月，巢遣帝西拒邠、岐、鄜、
夏之师于兴平，所至皆立功"。

　　二年二月，巢以帝为同州防御使，使自攻取。帝乃自丹州南行，
以击左冯翊，拔之，遂据其郡，时河中节度使王重荣屯兵数万，纠兵
诸侯，以图兴复。帝时与之邻封，屡为重荣所败，遂请济师于巢。表
章十上，为伪左军使孟楷所蔽，不达。又闻巢军势蹙，诸校离心，帝
知其必败。九月，帝遂与左右定计，斩伪监军使严实，举郡降于重
荣。案《旧唐书》《僖宗纪》：八月庚子，贼同州防御使朱温杀其监军严实，与大
将胡真、谢瞳等来降。《薛史》作九月，与《旧唐书》异。考《新唐书》：九月丙戌，
黄巢将朱温以同州降。《通鉴》亦作九月丙戌，朱温杀其监军严实，举州降。皆
与《薛史》同。是朱温之降，实在九月，《旧唐书》误。重荣即日飞章上奏，时
僖宗在蜀，览表而喜曰："是天赐予也。"乃诏授帝左金吾卫大将军，
充河中行营副招讨使，仍赐名全忠。案《欧阳史》云：王铎承制拜温金吾
卫大将军，河中行营招讨副使。《薛史》以为僖宗诏授，与《欧阳史》异。考《旧唐
书》：王铎承制拜温为华州刺史、潼关防御镇国军等使。《通鉴》作王铎承制以
温为同华节度使。是王铎承制所拜之官，非如《欧阳史》所载也。至谢瞳奉表行
在，乃诏授金吾卫大将军、河中行营招讨副使耳。当以《薛史》为得其实。自是

率所部与河中兵士偕行,所向无不克捷。

三年三月,僖宗制授帝宣武军节度使,依前充河中行营副招讨使,仍令候收复京阙,即得赴镇。案《旧唐书》:中和三年五月,以检校尚书右仆射、华州刺史、潼关防御等使,朱温检校司空,兼汴州刺史,充宣武节度、观察等使,仍赐名全忠。据《薛史》则全忠授宣武节度在三月,非五月也,由河中行营招讨副使迁授,非由潼关防御等使也。赐名全忠在二年九月,亦非三年五月也。《通鉴》所叙年月、官爵、名号,皆以《薛史》为据。四月,巢军自蓝关南走,帝与诸侯之师俱收长安,乃率部下一旅之众,仗节东下。七月丁卯,入于梁苑。是时,帝年三十有二。时蔡州刺史秦宗权与黄巢余孽合从肆虐,共围陈州,久之,僖宗乃命帝为东北面都招讨使。时汴、宋连年阻饥,公私俱困,帑廪皆虚,外为大敌所攻,内则骄军难制,交锋接战,日甚一日。人皆危之,惟帝锐气益振。是岁十二月,帝领兵于鹿邑,与巢众相遇,纵兵击之,斩首二千余级,乃引兵入亳州,因是兼有谯郡之地。

四年春,帝与许州田从异诸军同收瓦子寨,杀贼数万众。是时,陈州四面,贼寨相望,驱掳编氓,杀以充食,号为"舂磨寨"。帝分兵剪扑,大小凡四十战。四月丁巳,收西华寨,贼将黄邺单骑奔陈。帝乘胜追之,鼓噪而进。会黄巢遁去,遂入陈州,刺史赵犨迎于马前。俄闻巢党尚在陈北故阳垒,帝遂迳归大梁。是时,河东节度使李克用奉僖宗诏,统骑军数千,同谋破贼,与帝合势于中牟北邀击之,贼众大败于王满渡,多束手来降。时贼将霍存、葛从周、张归厚、张归霸皆匍匐于马前,悉宥而纳之,遂逐残寇,东至于冤句。五月甲戌,帝与晋军振旅归汴,馆克用于上源驿。既而备犒宴之礼,克用乘醉任气,帝不平之。是夜,使甲士围而攻之。案:自五月甲戌至此,又见《通鉴考异》所引《薛史梁纪》,与《册府元龟》所引符合。会大雨雷电,克用因得于电光中逾墙遁去,惟杀其部下数百人而已。六月,陈人感解围之惠,为帝建生祠堂于其郡。是岁,黄巢虽殁,而蔡州秦宗权继为巨孽,有众数万,攻陷邻郡,杀掠吏民,屠害之酷,更甚巢贼,帝患之。七月,遂与陈人共攻蔡贼于溵水,杀数千人。九月己未,僖宗就加帝检校司徒、同平章事,封沛郡侯,食邑千户。

　　光启元年春,蔡贼掠亳、颍二郡,帝帅师以救之,遂东至于焦夷,败贼众数千,生擒贼将铁林,枭首以徇军而还。三月,僖宗自蜀还长安,改元光启。四月戊辰,就加帝检校太保,增食邑千五百户。十二月,河中、太原之师逼长安,观军容使田令孜奉僖宗出幸凤翔。

　　二年春,蔡贼益炽。时唐室微弱,诸道州兵不为王室所用,故宗权得以纵毒,连陷汝、洛、怀、孟、唐、邓、许、郑,圜幅数千里,殆绝人烟,惟宋、亳、滑、颍仅能闭垒而已。帝累出兵与之交战,然或胜或负,人甚危之。三月庚辰,僖宗降制就封帝为沛郡王。案《旧唐书》:光启元年三月,以汴州刺史朱全忠为沛郡王,充蔡州西北面行营都统。据《薛史》则元年惟增食邑,至二年三月乃进封为王也,与《旧唐书》异。《欧阳史》从《薛史》。是月,僖宗移幸兴元。五月,嗣襄王熅僭即帝位,于长安改元为建贞。遣使赍伪诏至汴,帝命焚之于庭。未几,襄王果败。七月,蔡人逼司州,节度使鹿宴弘使来求救,帝遣葛从周等率师赴援。师未至而城陷,宴弘为蔡贼所害。十一月,滑州节度使安师儒以怠于军政,为部下所杀。案《旧唐书》云:十月壬子朔,滑州军乱,逐其帅安师儒,推衙将张骁主留后军务,师儒奔汴,朱全忠杀之。《新唐书》云:十月,朱全忠陷滑州,执义成军节度使安师儒。《欧阳史》从《旧唐书》作奔汴,《通鉴》从《新唐书》作被捕,据《薛史》则师儒自为部下所杀,与新旧《唐书》异。又新旧《唐书》俱作十月,而《薛史》作十一月,《通鉴》仍从《薛史》。帝闻之,乃遣朱珍、李唐宾袭而取之,由是,遂有滑台之地。案《旧唐书》云:朝廷以汴帅朱全忠兼领义成军节度使。据《薛史》《胡真传》云:真以其兵袭取滑州,乃署为滑州节度留后。盖全忠虽尝兼领义成,而不之镇,故署其将胡真为留后。十二月,僖宗降制就加帝检校太傅,改封吴兴郡王,食邑三千户。是岁,郑州为蔡贼所陷,刺史李璠单骑来奔,帝宥而纳之,以为行军司马。宗权既得郑,益骄,帝遣裨将邀于金堤驿,与贼相遇,因击之,贼众大败,追至武阳桥,斩首千余级。帝每与蔡人战于四郊,既以少击众,常出奇以制之,但患师少,未快其旨。宗权又以己众十倍于帝,耻于频败,乃誓众坚决以攻夷门。既而获蔡之谍者,备知其事,遂谋济师焉。

三年春二月乙巳,承制以朱珍为淄州刺史,俾募兵于东道,且虑蔡人暴其麦苗,期以夏首回归。案:自"募兵于东道"至此,亦见《通鉴注》,与《册府元龟》同。珍既至淄、棣,旬日之内,应募者万余人。又潜袭青州,获马千匹,铠甲称是,乃鼓行而归。四月辛亥,达于夷门,帝喜曰:"吾事济矣。"是时,贼将张晊屯于北郊,秦贤屯于版桥,各有众数万,树栅相连,二十余里,其势甚盛。帝谓诸将曰:"此贼方今息师蓄锐以俟时,必来攻我,况宗权度我兵少,又未知珍来,谓吾畏惧,止于坚守而已。今出不意,不如先击之。"乃亲引兵攻秦贤寨,将士踊跃争先,贼果不备,连拔四寨,斩首万余级,时贼众以为神助。庚午,案《通鉴考异》云:长历,四月甲辰朔,无庚午,《薛史》误。今考《旧唐书》,光启三年四月正作甲辰朔,以日数计之,庚午乃四月二十七日也。此非《薛史》之误,乃《通鉴考异》之误耳。贼将卢瑭领万余人于圉田北万胜戍夹汴水为营,跨河为梁,以扼运路。案《通鉴注》引《薛史》《梁纪》曰:卢瑭于圉田北夹汴为梁,以扼运路。视《册府元龟》所引稍有删节。帝择精锐以袭之。是日昏雾四合,兵及贼垒方觉,遂突入掩杀,赴水死者甚众,卢瑭自投于河。河南诸贼连败,不敢复驻,皆并在张晊寨。自是蔡寇皆怀震詟,往往军中自相惊乱。帝旋师休息,大行犒赏,由是军士各怀愤激,每遇敌无不奋勇。

五月丙子,出酸枣门,自卯至未,短兵相接,贼众大败,追斩二十余里,僵仆相枕。宗权耻败,益纵其虐,乃自郑州亲领突将数人,迳入张晊寨。《册府元龟》卷一百八十七。其日晚,大星陨于贼垒,有声如雷。《永乐大典》卷三千二百七十一。辛巳,兖、郓、滑军士皆来赴援,乃陈兵于汴水之上,旌旗器甲甚盛。蔡人望之,不敢出寨。翌日,分布诸军,齐攻贼寨,自寅至申,斩首二万余级。会夜收军,牛马、辎重、生口、器甲不可胜计。是夜,宗权、晊遁去,迟明追之,至阳武桥而还。宗权至郑州,乃尽焚其庐舍,屠其郡人而去。始蔡人分兵寇陕、洛、孟、怀、许、汝,皆先据之,因是败也。贼众恐惧,咸弃之而遁。帝乃慎选将佐,俾完葺壁垒,为战守之备,于是远近流亡复归者众矣。是时,扬州节度使高骈为裨将毕师铎所害,复有孙儒、杨行密互相攻伐，朝廷不能制，乃就加帝检校太尉，兼领淮南节度使。案《旧唐书》：光化三年十一月，杨行密遣使求援于朱全忠，制授全忠检校太尉、侍中，兼扬州大都督府长史，充淮南节度观察使、行营兵马都统。《欧阳史》作十二月，《通鉴》作闰十一月，据《薛史》则全忠兼领淮南自在九月以前，与诸书异。又《薛史》下文作闰十二月，而《通鉴》作闰十一月，亦有互异。

九月，亳州裨将谢殷逐刺史宋衮，自据其郡，帝亲领军屯于太清宫，遣霍存讨平之。案《新唐书》云：光启三年六月壬戌，亳州将谢殷逐其刺史宋衮。八月壬寅，谢殷伏诛。《通鉴》从《新唐书》，《薛史》作九月，与《新唐书》异。帝之御蔡寇也，郓州朱瑄、案：《欧阳史》作朱宣，《薛史》前后皆作"瑄"，《旧唐书》、《通鉴》并同《薛史》。兖州朱瑾皆领兵来援。及宗权既败，帝以瑄、瑾宗人也，又有力于己，皆厚礼以归之。瑄、瑾以帝军士勇悍，私心爱之，乃密于曹、濮界上，悬金帛以诱之，帝军利其货而赴者甚众，帝乃移檄以让之。朱瑄来词不逊，案《通鉴考异》引高若拙《后史补》曰：梁太祖皇帝到梁园，深有大志，然兵力不足，常欲外掠，又虞四境之难，每有郁然之状。时有荐敬秀才于门下，乃白梁祖曰："明公方欲图大事，辎重必为四境所侵，但令麾下将士诈为叛者而逃，明公奏于主上及告四邻，以自袭叛徒为名。"梁祖曰：天降奇人，以佐于吾。"初从其议，一出而致众十倍。今案高若拙所纪，深得敬翔与梁祖阴谋情状。《薛史》止据《梁实录》原辞，未及改正。《欧史》作移檄兖、郓，诬其诱汴亡卒以东，亦未详考。乃命朱珍侵曹伐濮，以惩其奸。未几，珍伐曹州，执刺史丘礼以献，遂移兵围濮州。兖、郓之衅，自兹而始矣。十月，僖宗命水部郎中王赞撰纪功碑以赐帝。是月，帝亲帅骑数千巡师于濮上，因破朱瑄援师于范县。丁未，攻陷濮州，刺史朱裕单骑奔郓。寻为郓人所败，逾月乃还。十二月，僖宗遣使赐帝铁券，又命翰林承旨刘崇望撰德政碑以赐帝。闰月甲寅，帝请行营司马李璠权知淮南留后，乃遣大将郭言领兵援送以赴扬州。

文德元年正月，帝率师东赴淮海，行次宋州，闻杨行密已拔扬州，遂还。是时，李璠、郭言行至淮上，为徐戎所扼，不克进而还。案《欧阳史》云：璠之扬州，行密不纳。据《通鉴》云：李璠至泗州，时溥以兵袭之，郭言力战得免而还。是李璠未尝得至扬州也，当以《薛史》为实录。帝怒，遂谋伐徐。二月丙戌，僖宗制以帝为蔡州四面行营都统，由是诸镇之师，皆受帝之节制。案《新唐书》正月癸亥，朱全忠为蔡州四面行营都统。《旧唐书》作五月，与《薛史》异。《通鉴》从《新唐书》。三月庚子，昭宗即位。是月，蔡人石璠领万众以剽陈、亳，帝遣朱珍率精骑数千擒璠以献。

四月戊辰，魏博乐彦祯失律，其子从训出奔相州，使来乞师。帝遣朱珍领大军济河，连收黎阳、临河二邑。既而魏军推小校罗弘信为帅。弘信既立，遣使送款于汴，帝优而纳之，遂命班师。是月，河南尹张全义袭李罕之于河阳，克之。罕之单骑出奔，因乞师于太原，李克用为发万骑以援之。罕之遂收其众，偕晋军合势急攻河阳，全义危急，遣使求救于汴，帝遣丁会、牛存节、葛从周领兵赴之，大战于温县，晋人与罕之俱败。于是河桥解围，全义归于河阳，因以丁会为河阳留后。

五月己亥，昭宗制以帝检校侍中，增食邑三千户。戊辰，诏改帝乡锦衣，里曰沛王里。是月，帝以兼有洛、孟之地，无西顾之患，将大整师徒，毕力诛蔡。会蔡人赵德諲举汉南之地以归于朝廷，案《新唐书》《昭宗纪》：五月壬寅，赵德諲以襄州降。《旧唐书》及《通鉴》皆作五月，与《薛史》同。《欧阳史》叙其事于三月以前，疑有舛误。且遣使送款于帝，仍誓戮力同讨宗权。帝表其事，朝廷因以德諲为蔡州四面副都统。又以河阳、保义、义昌三节度为帝行军司马，兼粮料应接。《册府元龟》卷一百八十七。至是，帝领诸侯之师会德諲以伐蔡贼于汝水之上，遂薄其城。五日之内，树二十八寨以环之，盖象列宿之数也。《永乐大典》卷一万五千一百二十。时帝亲临矢石，一日飞矢中其左腋，血渍单衣，顾谓左右曰："勿泄。"《永乐大典》卷二万七百十二。九月，以粮运不继，遂班师。是时，帝知宗权残孽不足为患，遂移兵以伐徐。十月，先遣朱珍领兵与时溥战于吴康镇，徐人大败，连收丰、萧二邑，溥携散骑驰入彭门。帝命分兵以攻宿州，刺史张友携符印以降。既而徐人闭壁坚守，遂命庞师古屯兵守之而还。是月，蔡贼孙儒攻陷扬州，自称淮南节度使。

龙纪元年正月，庞师古攻陷宿迁县，进军于吕梁。时溥领军二万,晨压师古之军而阵,师古促战,败之,斩首二千余级,溥复入彭门。二月,蔡将申丛遣使来告,缚秦宗权于帐下,折其足而囚之矣。案《旧唐书》:文德元年十一月甲子朔,蔡州牙将申丛执秦宗权。《新唐书》作十二月辛酉,与《旧唐书》月日互异。《薛史》作龙纪元年二月,盖即其遣使来告之月而书之也。《欧阳史》作正月,误。帝即日承制以丛为淮西留后。未几,丛复为都将郭璠所杀。是月,璠执宗权来献,帝遣行军司马李璠、牙校朱克让槛送于长安。既至,昭宗御延喜楼受俘,即斩宗权于独柳树下。蔡州平。昭宗诏加帝食实封一百户,赐庄宅各一区。三月,又加帝检校太尉、兼中书令,进封东平王,赏平蔡之功也。案《旧唐书》:四月壬戌朔,以宣武淮南等节度副大使、知节度事、管内营田观察处置等使、开封府仪同三司、检校太傅、兼侍中、扬州大都督府长史、汴州刺史、充蔡州四面行营都统、上柱国、沛郡王、食邑四千户朱全忠为检校太尉、中书令,进封东平王,仍赐赏军钱十万贯。《薛史》及《欧阳史》俱作三月,与《旧唐书》异。

大顺元年四月丙辰,宿州小将张筠逐刺史张绍光,拥众以附时溥。帝率亲军讨之,杀千余人,筠遂坚守。乙卯,时溥出兵,暴砀山县,帝遣朱友裕以兵袭之,败徐军三千余众,获沙陀援军石君和等三十人,斩于宿州城下。

六月辛酉,淮南孙儒遣使修好于帝,帝表其事,请以淮南节度授于儒焉。辛未,昭宗命帝为宣义军节度使,充河东东面行营招讨使,案《旧唐书》:五月,以宣武军节度使朱全忠为太原东南面招讨使。《欧阳史》从《旧唐书》作东南面,《通鉴》作南面,与《旧唐书》异。考《新唐书》云:五月,以朱全忠为南面招讨使。六月辛未,朱全忠为河东东面行营招讨使。盖先为南面招讨使,后改东面也。又,六月,全忠兼领宣义军,《新、旧唐书》皆不载,《通鉴》用《薛史》。时朝廷宰臣张浚将兵讨太原故也。

八月甲寅,昭义都将冯霸杀沙陀所署节度使李克恭来降,帝请河阳节度使朱崇节为潞州留后。戊辰,李克用自率蕃汉步骑数万以围潞州,帝遣葛从周率骁勇之士,夜中衔枚犯围而入于潞。案《旧唐书》:五月,潞州军乱,杀其帅李克恭。七月,朱全忠遣大将葛从周率千骑入潞州。《薛史》统作八月,盖据入潞之月而追言之也。九月壬寅,帝至河阳,遣都将李谠引军趋泽、潞,行至马牢川,为晋人所败。帝又遣朱友裕、张全义率精兵至郓州北以为应援。既而崇节、从周弃潞来归。戊申，帝廷责诸将败军之罪，斩李谠、李重胤以徇，遂班师焉。案：自“九月壬寅”至此，又见《通鉴考异》，与《册府元龟》同。十月乙酉，帝自河阳赴滑台。时奉诏将讨太原，先遣使假道于魏，魏人不从。先是，帝遣行人雷邺告籴于魏，既而为牙军所杀。罗弘信惧，故不敢从命，遂通好于太原。十二月辛丑，帝遣丁会、葛从周率众渡河取黎阳、临河，又令庞师古、霍存下淇门、卫县，帝徐以大军继其后。

二年春正月，魏军屯于内黄。丙辰，帝与之接战，自内黄至永定桥，魏军五败，斩首万余级。罗弘信惧，遣使持厚币请和。帝命止其焚掠而归其俘，弘信由是感悦而听命焉。乃收军屯于河上。

八月己丑，帝遣丁会急攻宿州，刺史张筠坚守其壁，会乃率众于州东筑堰，壅汴水以浸其城。十月壬午，筠遂降，宿州平。案《旧唐书》作十一月，汴军陷宿州，与《薛史》异。《欧阳史》及《新唐书》、《通鉴》俱从《薛史》作十月。十一月丁未，曹州裨将郭绍宾杀刺史郭饶，举郡来降。案《新唐书》：十一月己未，曹州将郭铢杀其刺史郭词，叛附于全忠。《通鉴》从《新唐书》，与《薛史》异。《欧阳史》仍从《薛史》。是月，徐将刘知俊率众二千来降，自是徐军不振。十二月，兖州朱瑾领军三万寇单父，帝遣丁会领大军袭之，败于金乡界，杀二万余众，瑾单马遁去。

景福元年正月，遣丁会于兖州界徙其民数千户于许州。二月戊寅，帝亲征郓，先遣朱友裕屯军于斗门。甲申，次卫南，有飞乌止于峻堞之上，鸣噪甚厉，副使李璠曰：“将有不如意之事。”是夜，郓州朱瑾率步骑万人袭朱友裕于斗门，友裕拔军南去。乙酉，帝晨救斗门，不知友裕之退，前至斗门者皆为郓人所杀。帝追袭郓人至瓠河，不及，遂领兵于村落间。时朱瑄尚在濮州。丁亥，遇朱瑄率兵将归于郓，遂来冲击。帝策马南驰，为贼所追，甚急，前有浚沟，跃马而过，张归厚援稍力战于其后，乃免。时李璠与都将数人皆为郓军所杀。五月丙午，遣朱克让率众暴兖郓之麦。十一月，遣朱友裕率兵攻濮州，下之，擒刺史邵儒以献，濮州平。遂命移军伐徐州。《册府元龟》卷一百八十七。

　　二年四月丁丑，师古下彭门，枭溥首以献。《通鉴考异》引《薛史》
《梁纪》。案：《册府元龟》引《薛史》，于景福二年事多所删节。考异是年春有石
佛山之战，今不载。《通鉴注》引《薛史》云："石佛山在鼓门南。"疑即此处阙文
也。八月，帝遣庞师古移兵攻兖，驻于曲阜，与朱瑾屡战皆败之。十
二月，师古遣先锋葛从周引军以攻齐州，刺史朱威告急于兖、郓。既
而朱瑄以援兵至，遂固其垒。《册府元龟》卷一百八十七。

　　乾宁元年二月，帝亲领大军由郓州东路北次于鱼山。朱瑄觇
知，即以兵迓至，且图速战。帝整军出寨，时瑄、瑾已阵于前。须臾，
东南风大起，我军旌旗失次，甚有惧色，即令骑士扬鞭呼啸。俄而西
北风骤发，时两军皆在草莽中，帝因令纵火。既而烟焰亘天，乘势以
攻贼阵，瑄、瑾大败。《永乐大典》卷一万五千一百二十。杀万余人，余众
拥入清河，因筑京观于鱼山之下，驻军数日而还。

　　二年正月癸亥，遣朱友恭帅师复伐兖，遂堑而围之。未几，朱瑄
自郓率步骑援粮欲入于兖，友恭设伏以败之，尽夺其饷于高吴，因
擒蕃将安福顺、安福庆。二月己酉，帝领亲军屯于单父，以为友恭之
援。

　　四月，濠、寿二州复为杨行密所陷。是时，太原遣将史俨儿、李
承嗣以万骑驰入于郓。案《通鉴》：乾宁二年四月，河东遣其将史俨儿、李承
嗣以万人驰入于郓，此据《薛史》《梁纪》原文，惟史俨儿作史俨，为微异耳。下
又云：七月，克用遣史俨将三千骑诣石门侍卫。十二月，李克用遣大将史俨、李
承嗣假道于魏以救之。前后复互，且其时汴郓日有战争，道路且隔，史俨既于
四月入郓，不应七月已在石门，十二月又过魏也。考《旧唐书》云：初，兖郓求援
于太原，克用令蕃将史完府、何怀实等千骑赴之。不言其赴郓为何时。据此篇
下云：八月，获蕃将史完府。十月，擒何怀实。然则四月驰入于郓者，当是史完
府、何怀实，非史俨、李承嗣也。参考《薛史》《唐武皇纪》及《李承嗣传》，承嗣等
入郓定在二年之冬，《梁纪》似有舛误。《通鉴》并采《梁、唐帝纪》，亦未能考定
画一。朱友恭遂归于汴。八月，帝领亲军伐郓，至大仇，遣前军挑战，
设伏于梁山以待之。既而获蕃将史完府，夺马数百匹。朱瑄脱身遁
去，复入于郓。案《通鉴》：九月辛未，朱全忠自将击朱瑄，战于梁山，瑄败走
还郓。与《薛史》异。《欧阳史》仍从《薛史》作八月。十月，帝驻军于郓，齐州

刺史朱琼遣使请降,琼即瑾之从父兄也。案《新唐书》《昭宗纪》:十一月
壬申,齐州刺史朱琼叛降于朱全忠。据《薛史》则朱琼自请降至见杀皆在十月,
与《新唐书》异。《通鉴》从《新唐书》。帝因移军至兖,琼果来降。未几,琼
为朱瑾所绐,掠而杀之,帝即以其弟玭为齐州防御使。十一月,朱瑄
复遣将贺瑰、柳存及蕃将何怀宝等万余人以袭曹州,庶解兖州之围
也。帝知之,自兖领军策马先路至巨野南,追而败之,杀戮将尽,生
擒贺瑰、柳存、何怀宝及贼党三千余人。是日申时,狂风暴起,沙尘
沸涌,帝曰:"此乃杀人未足耳。"遂下令尽杀所获囚俘,风亦止焉。
翌日,縶贺瑰等以示于兖,帝素知瑰名,乃释之,惟斩何怀宝于兖城
之下,乃班师。十二月,葛从周领兵复伐兖。案《通鉴》云:朱全忠之去兖
州也,留葛从周将兵守之,与《薛史》《梁纪》异。又《薛史》《葛从周传》作十月
事。既至,与朱瑾战于垒下,杀千余众,擒其将孙汉筠已下二十人,
遂旋师。

三年正月,河东李克用既破邠州,欲谋争霸,乃遣蕃将张污落
以万骑寨于河北之莘县,声言欲救兖、郓。魏博节度使罗弘信患之,
使来求援。《册府元龟》卷一百八十七。二月,帝领亲军屯于单父,会寒
食,帝乃亲拜文穆皇帝陵于砀山县午沟里。《册府元龟》卷一百八十九。

四月辛酉,河东水泛涨,将坏滑城,帝令决堤岸以分其势为二
河,夹滑城而东,为害滋甚。是月,帝遣许州刺史朱友恭领兵万人渡
淮以便宜从事。时黄、鄂二州累遣使求援,故有是行。

五月,命葛从周统军屯于洹水,以备蕃军。六月,李克用帅蕃汉
诸军营于斥丘,遣其男落落将铁林小儿三千骑薄于洹水。从周与
战,大败之,生擒落落以献。克用悲骇,请修旧好以赎其子,帝不许,
遂执落落送于罗弘信,斩之。越七日,我军还屯白阳留以伐郓。八月,
复壁于洹水。是时,昭宗幸华州,遣使就加帝检校太师,守中书令。

四年正月,帝以洹水之师大举伐郓。辛卯,营于济水之次,庞师
古令诸将撤木为桥。乙未夜,师古以中军先济,声振于郓,朱瑄闻
之,弃壁夜走。葛从周逐之至中都北,擒瑄并其妻男以献。案:自"辛
卯营于济水之次"至此,又见《通鉴考异》,惟中少数字,盖引书间有删节也。

寻斩汴桥下。郓州平。乙亥，帝入于郓，以朱友裕为郓州兵马留后。案《通鉴》：正月，以师古为天平军留后。三月，表朱友裕为天平军留后。据《薛史》《郴王友裕传》，四年，帝下东平，即为天平军留后。与《通鉴》异。时帝闻朱瑾与史俨儿在丰沛间搜索粮馈，惟留康怀英守兖州，帝因乘胜遣葛从周以大军袭兖。怀英闻郓失守，俄又我军大至，乃出降。朱瑾、史俨儿遂奔淮南，兖、海、沂、密等州平。案《新唐书》《昭宗纪》：四年正月丙申，朱全忠陷郓州，天平军节度朱瑄死之。二月，朱全忠寇兖州，泰宁军节度使朱瑾奔于淮南。《旧唐书》：正月癸未，汴将庞师古陷郓州。二月戊申，汴将葛从周陷兖州，与《薛史》月日前后不同，详见《通鉴考异》。乃以葛从周为兖州留后。《册府元龟》卷一百八十七。

五月丁丑，朱友恭遣使上言，大破淮寇于武昌，收复黄、鄂二州。《通鉴考异》引《薛史》《梁纪》。八月，陕州节度使王珙遣使来乞师。是时，珙弟珂实为蒲帅，迭相愤怒，日寻干戈，而珙兵寡，故来求援。帝遣张存敬、杨师厚等领兵赴陕，既而与蒲人战于猗氏，大败之。

九月，帝以兖郓既平，将士雄勇，遂大举南征。案《旧唐书》《昭宗纪》：师古渡淮在十月，而清口之败在十一月，《薛史》系于九月，盖举南征之议实始于九月，其后遂终言之耳。《欧阳史》改作九月，攻淮南，则清口之役乃因雨雪而败，有《九国志》可据，断非九月事也。命庞师古以徐、宿、宋、滑之师直趋清口，葛从周以兖、郓、曹、濮之众径赴安丰。淮人遣朱瑾领兵以拒师古，因决水以浸军，遂为淮人所败，师古殁焉。葛从周行及濠梁，闻师古之败，亦命班师。《册府元龟》卷一百八十七。

旧五代史卷一考证

又，"严实"原书讹作"严贵"，今据《欧阳史》及《通鉴》改正。
仍赐名全忠　案：是书及《旧唐书》《通鉴》皆作僖宗赐名，惟《鉴戒录》云：朱太祖统四镇，除中令日名温，与崔相国连撰大事。崔每奏太祖忠赤,迁之关东国无患矣,昭宗遽敕太祖改名全忠,议者谓"全"字,"人"、"王"也,又在中心,甚不可也,上方悔焉。其说与诸史异,盖传闻之不同尔。帝与许州田从异诸军同收瓦子寨　案:"瓦子寨"原本作"瓦于寨",考《通鉴注》:黄巢撤民居以为寨屋,谓之"瓦子寨",则"于"字形近,刊讹耳,今改正。庚午贼将卢瑭领万余人于圑田北万胜戍　案《通鉴考异》云:长历四月甲辰朔,无庚午,《薛史》误。今改《旧唐书》光启三年四月正作甲辰朔,以日数计之,庚午乃四月二十七日也,据此乃《通鉴考异》之误耳。乃就加帝检校太尉兼领淮南节度使　案:全忠兼领淮南,《旧唐书》作光启三年十一月,《欧阳史》作十二月,《通鉴》作闰十一月,据是书则在九月以前,与诸书异。又,是书下文作闰十二月,《通鉴》作闰十一月,未详孰是。郓州朱瑄"瑄",《欧阳史》作"宣"。二月丙戌,僖宗制以帝为蔡州四面行营都统　案:全忠为四面行营都统,《新唐书》及《通鉴》作正月癸亥,《旧唐书》作五月,与是书异。遂领兵于村落间　案:"领"字考文义应是"顿"字之讹,今改。次于鱼山　"鱼山"《欧阳史》作"渔山",考《通鉴》亦作"鱼山",今仍其旧。尽夺其饷于高吴《通鉴》作高梧,考是书前后,俱作高吴,今仍其旧。十月,帝驻军于郓,齐州刺史朱琼遣使请降。十月,《新唐书》《昭宗纪》作十一月。及蕃将何怀宝等万余人以袭曹州　何怀宝,《通鉴》作薛怀宝,考《旧唐书》亦作何怀宝,今仍之。辛卯营于济水之次　案胡三省云:汉以后无济水,此济水盖即郓城清河水也。是时琪弟珂实为蒲帅　"珂",原本讹作"琦",今据《新唐书》《王重荣传》改正。

旧五代史卷二
梁书二

太祖本纪第二

光化元年正月，帝遣葛从周统诸将略地于山东，遂次于邢、洺。

三月，昭宗以帝遣领天平军节度使，余如故。案《旧唐书》：光化元年正月，朱全忠遣判官韦震奏事，求遣领郓州。《薛史》作三月事，盖奏事在正月，制下在三月也。《欧阳史》及《通鉴》俱从《薛史》。

四月，沧州节度使卢廷彦为燕军所攻，弃城奔于魏，魏人送于汴。是月，帝以大军至巨鹿，屯于城下，败晋军万余众于青山口，俘马千余匹。丁卯，遣从周分兵攻洺州，斩刺史邢善益，擒将五十余人。

五月己巳，邢州刺史马师素弃城遁去。辛未，磁州刺史袁奉滔自到而死。五日之内，连下三州。案《通鉴》，朱全忠陷洺州在四月，陷邢州、磁州在五月，俱以《薛史》为据。新、旧《唐书》总系于五月，《欧阳史》总系于四月，皆非实录。因以葛从周兼邢州昭义军节度使留后，帝遂班师。是时，襄州节度使赵匡凝案：赵匡凝，原本避宋讳，作赵凝，今从新、旧《唐书》及《欧阳史》增"匡"字，后仿此。闻帝军有清口之败，密附于淮夷。

七月，帝遣氏叔琮率师伐之，未几，其泌州刺史赵璠越埤来降，随州刺史赵匡琳临阵就擒。案《新唐书》：七月丙申，朱全忠陷唐州，又陷随州，执刺史赵匡琳。八月戊午，陷邓州，执刺史国湘。《通鉴》从《新唐书》，与《薛史》详略不同。《旧唐书》俱作七月。《欧阳史》以唐州为泌州，尚仍《薛史》之旧。

二年正月，淮南杨行密举全吴之众，精甲五万，以伐徐州，帝领大军御之。行密闻帝亲征,乃收军而退。时幽州节度使刘仁恭大举蕃汉兵号十万以伐魏,遂攻陷贝州,州民万余户无少长悉屠之。进攻魏,魏州人来乞师,帝遣朱友伦、张存敬、李思安等先屯于内黄,案:《旧唐书》及《通鉴》俱以屯内黄为三月事,与《薛史》异。帝遂亲征。

　　三月,与燕军战于内黄北,燕军大败,杀二万余众,夺马二千余匹,擒都将单无敌已下七十余人。案《通鉴》:单可及,幽州骁将,号单无敌。《旧唐书》作生擒单可及,《薛史·梁纪》作单无敌,盖以当时军檄之文也。是月,葛从周自山东领其部众驰以救魏。翌日,乘胜,诸将张存敬以下连破八寨,遂逐燕军北至于临清,壅其残寇于御河,溺死者其众。仁恭奔沧州。

　　六月,帝表丁会为潞州节度使,以李罕之疾亟故也。又遣葛从周由固镇路入于潞州,以援丁会。案:自“六月帝表丁会”至此,又见《通鉴考异》。

　　七月壬辰朔,海州陈汉宾拥所部三千奔于淮南。戊戌,晋人陷泽州。帝遣召葛从周于潞,留贺德伦以守之。未几,德伦为晋人所逼,遂弃潞而归,由是潞州复为晋人所有。案《新唐书》:八月,李克用陷泽、潞、怀三州。与《薛史》异。《通鉴》从《新唐书》作八月,《欧阳史》从《薛史》作七月。十一月,陕州都将朱简杀留后李璠,自称留后,送款于帝。

　　三年四月,遣葛从周以兖、郓、滑、魏之师伐沧州。

　　五月庚寅,攻德州,拔之,枭刺史傅公和于城上。己亥,进攻浮阳。

　　六月,燕帅刘仁恭大举来援,从周与诸将逆战于乾宁军老鸦堤,大破之,杀万余众,俘其将佐马慎交以下百余人。既而以连雨,遂班师。

　　八月,河东遣李进通袭陷洺州,执刺史朱绍宗。帝遣葛从周自邺县渡漳水屯于黄龙镇,亲领中军涉洺而寨。晋人惧而宵遁,洺州复平。案:收复洺州,《通鉴》作九月,《旧唐书》及《欧阳史》俱作八月。

　　九月,帝以仁恭、进通之入寇也,皆由镇、定为其囊橐,即以葛从周为上将,以伐镇州。遂攻下临城,渡滹沱以环其城。帝领亲军继至，镇帅王镕惧，纳质请盟，仍献文缯二十万以犒戎士，帝许之。

十月，晋人以帝宿兵于赵，遂南下大行，急攻河阳，留后侯言与都将阎宝力战固守，仅而获全。

十一月，以张存敬为上将，自甘陵发军，北侵幽、蓟，连拔瀛、莫二郡，案《新唐书》《昭宗纪》：九月甲寅，朱全忠陷瀛州。十月丙寅，陷景州。辛酉，陷莫州。辛巳，陷祁州。《通鉴》与《新唐书》同，《旧唐书》俱作九月事，《薛史》又俱作十一月事，前后互异。遂移军以攻中山。定帅王郜以精甲二万战于怀德亭，尽殪之。郜惧，奔于太原。迟明，大军集于城下，郜季父处直持印钥乞降，亦以缯帛三十万为献，帝即以处直代郜，领其镇焉。是月，燕人刘守光赴援中山，寨于易水之上，继为康怀英、张存敬等所败，斩获甚众，由是河朔知惧，皆弭伏焉。是岁，唐左军中尉刘季述幽昭宗于东宫内，立皇子德王裕为帝，仍遣其养子希度来言，愿以唐之神器输于帝。帝时方在河朔，闻之，遽还汴，大计未决。案：《通鉴考异》引《唐补纪》，谓全忠初与季述通谋，后乃改计。今考新、旧《唐书》皆不载此事，《薛史》亦不取。会李振自长安使回，因言于帝曰："夫竖刁、伊戾之乱，所以资霸者之事也。今阉竖幽辱天子，王不能讨，无以令诸侯。"帝惧，因请振复使于长安，与时宰潜谋反正。案：自"委述幽昭宗"至此，亦见《通鉴考异》，惟字句稍有删节。

天复元年正月乙酉朔，案：天复元年正月，当从《旧唐书》作甲申朔，考光化三年十二月为乙卯朔，天复元年二月为甲寅朔，《旧唐书》作癸未夜，孙德昭等以兵攻刘季述、王仲先。《通鉴》作德昭等谋以除夜伏兵俟之。以癸未为除夜，则正朔断为甲申也。《通鉴》从《薛史》作乙酉朔，疑误。唐宰相崔胤潜使人以帝密旨告于侍卫将军孙德昭已下，令诛左右中尉刘委述、王仲先等，即时迎昭宗于东内，御楼反正。癸巳，降制进封帝为梁王，酬反正之功也。案《旧唐书》：二月，制以全忠检校太师、守中书令，进封梁王，《新唐书》二月辛未，封全忠为梁王，与《薛史》月日先后不同，详见《通鉴考异》。昭宗之废也，汴之邸吏程岩牵昭宗衣下殿。帝闻之，召岩至汴，折其足，送于长安，杖杀之。是时，河中节度使王珂结援于太原，帝怒遣大将张存敬率将涉河，由含山路鼓行而进。戊申，攻下绛州。壬子,晋州刺史张汉瑜举郡来降,帝即以大将侯言权领晋州,何绹权领绛州,晋绛平。己未,大军至河中,存敬命缭其垣而攻之。壬戌,蒲人飏素幡以请降。庚午,帝至河中,以张存敬权领河中军府事,河中平。帝乃东还。是月,李克用遣牙将张特来聘,请寻旧好,帝亦遣使报命。

三月癸未朔,帝归自河中。是月,遣大将贺德伦氏叔琮领大军以伐太原,叔琮等自太行路入,魏博都将张文恭自磁州新口入,葛从周以兖郓之众,自土门路入,洺州刺史张归厚以本军自马岭入,定州刺史王处直以本军自飞狐入,案:原本阙"王处直"三字,今据《通鉴》增入。晋州侯言自阴地人。泽州刺史李存璋弃郡奔归太原。叔琮引军逼潞州,节度使孟迁乞降。河东屯将李审建、王周领步军一万二千诣叔琮归命,乃进军趋太原。

四月乙卯,大军出石会关,营于洞涡驿。都将白奉国自井陉入,收承天军。张归厚引兵至辽州,刺史张鄂迎降。氏叔琮即日与诸军至晋阳城下,城中虽时出精骑来战,然危蹙已甚,将谋遁矣。会叔琮以刍粮不给,遂班师。案《旧唐书》:四月癸丑朔,汴军大举攻太原。据《薛史》,则汴人伐太原自在三月也。《新唐书》云:三月辛亥,昭义军节度使孟迁叛附于朱全忠。四月壬子,全忠陷沁、泽二州。丁巳,仪州刺史张鄂叛附于全忠。大略与《薛史》同,惟旋师之期,《薛史》《梁纪》作四月,《唐纪》作五月,微有互异。《欧阳史》作三月旋师,误。

五月癸卯,昭宗以帝兼领护国军节度使、河中尹。六月庚申,帝发自大梁。《册府元龟》卷一百八十七。丁卯,视事于河东,以素服出郊,拜故节度使王重荣墓。寻辟其子瓒为节度判官,请故相张浚为重荣撰碑。帝自中和初归唐,首依重荣,至是思其旧德,故恩礼若是。《永乐大典》卷二千七百九十五。七月甲寅,帝东还梁邸。

十月戊戌,奉密诏赴长安。是时,朝廷既诛刘季述,以韩全海、张弘彦为两军中尉,袁易简、周敬容为枢密使。是时军国大政专委宰相崔胤,每事裁抑宦官,宦官侧目。胤一日于便殿奏,欲尽去之,全海等属垣闻之,尝于昭宗前祈哀自诉。自是,昭宗敕胤每有密奏,令进囊封。全诲等乃访京城美妇人十数以进，使求宫中阴事，昭宗不悟，胤谋渐泄。中官视胤眦裂，以重赂甘言诱藩臣以为城社，时因宴聚，则相向流涕。时胤掌三司货泉，全诲等教禁兵伺胤出，聚而呼噪，诉以冬衣减损，又于昭宗前诉之，昭宗不得已罢胤知政事。案《旧唐书》：十一月壬子，出幸凤翔。甲戌，崔胤责授朝散大夫、守工部尚书。《新唐书》亦作十一月甲戌，崔胤罢。是未幸凤翔以前，崔胤未罢知政事也，与《薛史》异。胤怒，急召帝请以兵入辅，故有是行。戊申，行次河中。同州留后马郓、华之幕吏也，举郡来降。

辛亥，驻军于渭滨，华帅韩建遣使奉笺纳款，又以银三万两助军。是日，行次零口。癸丑，闻长安乱，昭宗为阉官韩全诲等劫迁，西幸凤翔，盖避帝之兵锋也。翌日，遂命旋师，夕次于赤水。乙卯，大军集于华州城下，韩建惶骇失措，即以城降。丙辰，帝表建权知忠武军事，促令赴任。案：自丙辰至“促令赴任”，又见《通鉴考异》，与《册府元龟》同。同、华二州平。是时，唐太子太师卢知猷等二百六十三人列状请帝速请迎奉。己未，遂帅诸军发自赤水。壬戌，次于咸阳。侦者云：“天子昨暮至岐山，旦日宋文通扈跸入其闉矣。”是时，岐人遣大将符道昭领兵万人屯于武功以拒帝，帝遣康怀英败之，掳甲士六千余众。乙丑，次于岐山，文通遣使奉书自陈其失，请帝入觐。丙辰，及岐闉，文通渝约闭壁不获通，复次于岐山。是时，昭宗累遣使赍朱书御札赐帝，遣帝收军还本道，帝诊之曰：“此必文通、全诲之谋也。”皆不奉诏。癸酉，飞章奉辞，且移军北伐。乙亥，至邠州，节度使李继徽举城降。继徽因请去文通所赐李姓，复本宗杨氏，又请纳其孥以为质，帝皆从之，仍易其名曰崇本。邠州平。己丑，唐丞相崔胤、京兆尹郑元规至华州，以速奉迎为请，许之。案《旧唐书》：十二月己卯，崔胤至三原寨，与全忠谋攻凤翔。《通鉴》作癸未至三原。《薛史》又作己丑，与《旧唐书》异。

二年正月，帝复次于武功，岐人坚壁不下，乃回军于河中。

二月，闻晋军大举南下，声言来援凤翔，帝遣朱友宁帅师会晋州刺史氏叔琮以御之，帝以大军继其后。三月，友宁、叔琮与晋军战于晋州之北，大败之，生擒克用男廷鸾，帝喜，谓左右曰："此岐人之所恃也，今既如此，岐之变不久矣。"

四月，岐人遣符道昭领大军屯于虢县，康怀英帅骁骑败之。丁酉，唐丞相崔胤自华来谒帝，屡述艰运危急，事不可缓，又虑群阉拥昭宗幸蜀，且告帝，帝为动容。胤将辞，启宴于府署，帝举酒，胤情激于哀，因自持乐板，声曲以侑酒。帝甚悦，座中以良马珍玩之物赍，既行，命诸将缮戎具。

五月丁巳，帝复西征。六月丁丑，次于虢县。癸未，与岐军大战，自辰至午，杀万余众，擒其将校数百人，乘胜遂逼其垒。案《旧唐书》：五月，岐军出战，大败于武功南之汉谷。《新唐书》：五月丙申，李茂贞及朱全忠战于武功，败绩。与《薛史》异。

七月丙午，岐军复出求战，帝军不利。是月，遣孔勍帅师取凤、陇、成三州，皆下之。是时，岐人相率结寨于诸山，以避帝军，帝分兵以讨，浃旬之内，并平之。《册府元龟》卷一百八十七。

九月甲戌，帝以岐军诸寨连结稍盛，因亲统千骑登高诊之。时秋空澄霁，烟霭四绝，忽有紫云如伞盖，凝于龙旌之上，久之方散，观者咸讶之。《永乐大典》卷三千二百八。是时，帝以岐人坚壁不战，且虑师老，思欲旋旆以归河中，因密召上将数人语其事。时亲从指挥使高季昌独前出抗言曰："天下雄杰，窥此举者一岁矣，今岐人已困，愿少俟之。"帝喜其言，因曰："兵法贵以正理，以奇胜者诈也，乘机集事，必由是乎。"乃命季昌密募人入岐以绐之。寻有骑士马景坚愿应命，且曰："是行也，必无生理，愿录其孥。"帝凄然止其行，景固请，乃许之。明日军出，案《北梦琐言》：时因朱龙伦总骑军且至，将大出兵迓之。诸寨屏匿如无人，景因跃马西走，直叩岐阃，诈以军怨东遁为告，且言列寨尚留万余人，俟夕将遁矣，宜速掩之。李茂贞信其言，案：李茂贞即宋文通，所纪前后互异，盖仍当时军檄之文，未及改从画一。遽启二扉，悉众来寇。时诸将以介马待之，中军一鼓，百营俱进，又分遣数骑以据其阃。岐人进不能驻其趾，退不能入其垒，杀戮蹂践，不知其数。茂贞由是丧胆，但闭壁而已。

十一月癸卯，鄜帅李周彝统兵万余人屯于岐之北原，与城中举烽以相应。翌日，帝以周彝既离本部，鄜時必无守备，因命孔勍乘虚袭下之。甲寅，鄜州平。周彝闻之，收军而遁。案《旧唐书》：十二月癸酉，汴将孔勍乘虚袭下鄜州，获周彝妻子，周彝即以兵士来降。《新唐书》：十二月己亥，朱全忠陷鄜州，保大军节度李茂勋叛附于全忠。考茂勋即周彝也。《薛史》统作十一月事，与《新、旧唐书》异。茂贞既失鄜州之援，愕然有瓦解之惧，由是议还警跸，诛阉寺以自赎焉。《册府元龟》卷一百八十七。

三年正月甲寅，岐人启壁，唐昭宗降使宣问慰劳，兼传密旨。寻又命翰林学士韩渥、赵国夫人宠颜赍诏押赐帝紫金酒器、御衣玉带。《永乐大典》卷一万四千四百七。丙辰，华州留后李存审遣飞骑来告，青州节度使王师范遣牙将张厚辇甲胄弓槊，诈言来献，欲盗据州城，事觉，已擒之矣。是日，师范又遣其将刘郭盗据兖州。案：刘郭陷兖州，《新、旧唐书》俱作丙午，《薛史》作丙辰，与《唐书》异。丁巳，昭宗遣中使押送军容使韩全诲已下三十余人首级以示帝。甲子，昭宗发离凤翔，幸左剑寨，权驻跸帝营。帝素服待罪，昭宗命学士传宣免之，帝即入见称罪，拜伏者数四。《册府元龟》卷一百八十七。既而促召升殿，密迩御座，且曰：“宗庙社稷是卿再造，朕与戚属是卿再生。”因解所御玉带面以赐帝，帝亦以玉鞍勒马、金银器、纹锦、御馔酒果等躬自拜进焉。《永乐大典》卷一万五千一十六。及翠华东行，帝匹马前导十余里。宣令止之。己巳，昭宗至长安，谒太庙，御长乐楼。礼毕，谓帝曰：“朕生入旧京是卿之力也。自古救君之危，曾无有如是者。况今日再及清庙，得亲奉觞酒，奠于先皇帝室前，卿之德，朕知不能报矣。”即召帝执手，声泪俱发者久之。翌日，诛宦官第五可范等五百余人于内侍省。

二月庚辰，制以帝为守太尉、兼中书令、宣武宣义天平护国等军节度使、诸道兵马副元帅，加食邑三千户。实封四百户，仍赐回天再造竭忠守正功臣。戊戌，帝建斾东还，昭宗御延喜楼送之，既醉，遣内臣赐帝御制杨柳词五首。

三月戊午，至大梁。时以青州未平，命军士休浣以俟东征。四月丙子,巡师于临朐,亟命逼其城,与青州兵战于城下,大败之。是夕,淮将王景仁以所部援军宵遁,帝遣杨师厚追及辅唐,杀千人,乘胜攻下密州。

八月戊辰,以伐叛之柄委于杨师厚,帝乃东还。九月癸卯,师厚率大军与王师范战于临朐,青军大败,杀万余人,并擒师范弟师克,即时徙寨以逼其城。辛亥,偏将刘重霸擒棣州刺史邵播来献。播,师范之谋主也,帝命毙之。戊午,师范举城请降。案:王师范之降,《旧唐书》作十一月丁酉朔,《新唐书》从《薛史》作十月戊午。青州平。翼日,分命将校略地于登、莱、淄、棣等州,皆下之,由是东渐至海,皆为梁土也。帝复命师范权知青州军州事,师范乃请以钱二十万贯犒军,帝许之。

十月辛巳,护驾都指挥使朱友伦因系鞠堕马,卒于长安。讣至,帝怒以为唐室大臣欲谋叛,以致友伦暴死。案《九国志·赵庭隐传》云:庭隐始事梁祖子友亮,因系鞠堕马死,庭隐、董璋等十数人皆追赴汴州,知其无过,竟释不问。考《欧阳史》及《通鉴》并作友伦,而《九国志》以为友亮盖传闻之讹。

十一月丁酉,青将刘郭举兖州来降,郭、王师范之将也。师范令窃据兖州久之,及闻师范降,郭乃归命。帝以郭善事其主,待之甚优,寻署为元帅府都押牙,权知郓州留后。

天祐元年正月己酉,帝发自大梁,西赴河中,京师闻之,为之震惧。是时,将议迎驾东幸洛阳,虑唐室大臣异议,帝乃密令护驾都指挥使朱友谅矫昭宗命,收宰相崔胤、京兆尹郑元规等杀之。案《欧阳史》云:遣朱友谦杀胤于京师,其与友伦系鞠者皆杀之。据《薛史》则杀崔胤乃友谅,非友谦也。《欧阳史》《家人传》亦作友谅,与《梁本纪》不同,曾三异尝校正其误。又,邠、岐兵士侵逼京畿,帝因是上表坚请昭宗幸洛。昭宗不已而从之,帝乃率诸道丁匠财力,同构洛阳宫,不数月而成。

二月乙亥,昭宗驻跸于陕,帝自河中来觐,谒见行营,因洒涕而言曰:“李茂贞等窃谋祸乱,将迫乘舆,老臣无状,请陛下东迁,为社稷大计也。”昭宗命延于寝室见何皇后,面赐酒器及衣物。何后谓帝曰:"此后大家夫妇委身于全忠矣。"因歔歔泣下。后数日,帝开宴于陕之私第,请驾临幸。翼日,帝辞归洛阳,昭宗开内宴,时有宫人与昭宗附耳而语,韩建蹑帝之足,帝遽出以为图己,因连上章请车驾幸洛。

三月丁未,昭宗制以帝兼判左右神策及六军诸卫事。是时,昭宗累遣中使及内夫人传宣,谓帝曰:"皇后方在草蓐,未任就路,欲以十月幸洛。"帝以陕州小藩,非万乘久留之地,期以四月内东幸。

闰月丁酉,昭宗发自陕郡。壬寅,次于谷水。是时,昭宗左右唯小黄门及打球供奉、内园小儿二百余人,帝犹忌之。是日,密令医官许昭远告变,乃设馔于别幄,召而尽杀之,皆坑于幄下。先是,选二百余人,形貌大小一如内园人物之状,至是使一人擒二人,缢于坑所,即蒙其衣及戎具自饰。昭宗初不能辨,久而方察。自是昭宗左右前后皆梁人矣。甲辰,车驾至洛都,《十国春秋》《吴世家》二月丁巳,唐帝遣间使以绢诏告难于我及西川河东等,令纠率藩镇以图匡复,诏有云:"朕至洛阳则为全忠所幽闭,诏敕皆出其手,朕意不得复通矣。"帝与宰相百官导驾入宫。乙卯,昭宗以帝为宣武、宣义、护国、忠武四镇节度使。时帝请以郓州授张全义,故有此命。

五月丙寅,昭宗宴群臣,曰:"昨来御楼前一夜亡失赦书,赖梁王收得副本,不然误事,宰执不得无过矣。"是日宴次,昭宗入内,召帝于内殿曲宴,帝不测其事,不敢奉诏。又曰:"卿不欲来,即令敬翔入来。"帝密遣翔出,乃止。己巳,奉辞东归。乙亥,至大梁。

六月,帝遣都将朱友裕率师讨邠州,节度使杨崇本叛故也。癸丑,帝西征,遂朝于洛阳。七月甲子,昭宗宴帝于文思鞠场。乙丑,帝发东都。壬申,至河中。

八月壬寅,昭宗遇弑于大内,遗制以辉王祝为嗣。乙巳,帝自河中引军而西。癸丑,次于永寿,邠军不出。九月辛未,班师。十月癸巳,至洛阳,诣西内,临于梓宫前,祗见于嗣君。辛丑,制以案:原本有阙文。帝至自西征。

十一月辛酉,光州遣使来求援,时光州归款于帝,寻为淮人所攻,故来乞师。戊寅,帝南征渡淮,次于霍丘,大掠庐、寿之境,淮人乃弃光州而去。

二年正月庚申,进攻寿州,寿人坚壁不出。丁亥,帝自霍丘班师。

二月辛卯,帝至自南征。甲午,青州节度使王师范至大梁,帝待以宾礼,寻表授河阳节度使。

七月辛酉,天子赐帝迎銮纪功碑,树于洛阳。庚午,遣大将军杨师厚率前军讨赵匡凝于襄州。辛未,帝南征。表赵匡凝罪状,削夺官爵。案《旧唐书》:八月丁未,制削夺荆襄节度使赵匡凝在身官爵,十一月,削夺荆南留后赵匡明官爵。盖匡凝官爵因全忠表奏而削夺,匡明官爵至奔蜀后始追夺也。

八月,杨师厚进收唐、邓、复、郢、随、均、房等七州。帝驻军汉江北,自循江干,经度济师之所。

九月甲子,师厚于阴谷江口造梁以济师,赵匡凝率兵二万振于江滨。师厚麾兵进击,襄人大败,杀万余众。乙丑,赵匡凝焚其舟,率亲军载轻舸沿汉而遁。丙寅,帝济江至中流,舟坏,将没数四,比及岸,舟沉。是日,入襄城,帝因周视府署,其帑藏悉空,惟于西庑下有一亭,窗户俨然,扃锁甚密,遂令破锁,启扉中有一大匮,缄锸甚至,又令破其匮,内有金银数百绽。帝因叹曰:"乱兵既入,公私财货固无孑遗矣。此帑当有阴物主之,不令常人所得,俟我以有之邪?"遂以百余锭赐杨师厚。袭荆州,留后赵匡明弃城上峡奔蜀。荆、襄二州平。帝以都将贺瑰权领荆州,杨师厚权领襄州,即表其事。

十月丙戌朔,天子以帝为诸道兵马元帅。辛卯,帝自襄州引军由光州路趋淮南,将发,敬翔切谏,请班师以全军势,帝不听。壬辰,次于枣阳,遇大雨,颇阻师行之势。军至寿春,寿春人坚壁清野以待帝,帝乃还舍于正阳。

十一月丙辰,大军北济。《十国春秋》:柴再用抄其后军,斩首三千级,获辎重万计。帝至汝阴,深悔淮南之行,躁烦尤甚。《师友杂志》:朱全忠尝与僚佐及游客坐于大柳之下,全忠独言曰:"此树宜为车毂。"众莫应,有游客数人起应曰："宜为车毂。"全忠勃然厉声曰："书生辈好顺口玩人,皆此类也。车须用夹毂,柳木岂可为之!"顾左右曰："尚何待!"左右数十人捽言为车毂者,悉扑杀之。丁卯,帝至自南征。辛巳,天子命帝为相国,总百揆。以宣武、宣义、天平、护国、天雄、武顺、佑国、河阳、义武、昭义、保义、武昭、武定、泰宁、平卢、匡国、武宁、忠义、荆南等二十一道为魏国,案:以二十一道为魏国,《薛史》止载十九道,据《旧唐书》尚有忠武、镇国二道,《薛史》阙载。进封帝为魏王,入朝不趋,剑履上殿,赞拜不名,兼备九锡之命。癸未,唐中书门下奏："中书印已送相国,中书公事权用中书省印。"甲申,中书门下奏："天下州县名与相国魏王家讳同者,请易之。"

十二月乙酉朔,帝让相国、魏王、九锡之命。丙戌,京百司各差官赍本司须知孔目并印赴魏国送纳。甲午,天子以帝坚让九锡之命,乃命宰相柳灿来使,且述揖让之意焉。丁酉,帝又让九锡之命,诏略曰："但以鸿名难掩,懿实须彰,宜且徇于奏陈,未便行于典册。"又改诸道兵马元帅为天下兵马元帅。是时,帝以唐朝百官服饰多阙,乃制造逐色衣服,请朝廷等第赐之。其所给俸钱,仍请自来年正月全支。

三年正月,幽、沧称兵,将寇于魏。魏人来乞师,且以牙军骄悍,谋欲诛之,遣亲吏臧延范密告于帝,帝阴许之。乙丑,北征。先是,帝之爱女适罗氏,是月卒于邺城,因以兵仗数千事实于橐中,遣客将马嗣勋领长直军千人,杂以工匠、丁夫,肩其橐而入于魏,声言为帝女设祭,魏人信而不疑。庚午夜,嗣勋率其众与罗绍威亲军数百人同攻牙军,迟明尽杀之,死者七千余人,洎于婴孺,亦无留者。是日,帝次于内黄,闻之,驰骑至魏。时魏之大军方与帝军同伐沧州,闻牙军之死,即时奔还。帝之军追及历亭,杀贼几千,余众乃拥大将史仁遇保于高唐,帝遣兵围之。是月,天子诏河南尹张全义部署修制相国魏王法物。

三月甲寅,天子命帝总判监铁、度支、户部等三司事,帝再上章切让之,乃止。

　　四月癸未，攻下高唐，军民无少长皆杀之，生擒逆首史仁遇以献，帝支解之。未几，又攻下澶、博、贝、卫等州，皆为魏军残党所据故也。是时晋人围邢州，刺史牛存节坚壁固守，帝遣符道昭帅师救之，晋人乃遁去。五月，帝略地于洺州，既而复入于魏。

　　七月己未，自魏班师。案：《通鉴考异》引《编遗录》作七月癸未，上起兵离魏都。七月壬子朔，无癸未，《编遗录》误也。今考癸未乃己未传写之误。是日，收复相州，自是魏境悉平。壬申，帝归自魏。八月甲辰，以沧州未平，复命北征。《册府元龟》卷一百八十七。九月丁未，营于长芦。一夕，帝梦白龙附于两肩，左右瞻顾可畏，恍然惊寤。《永乐大典》卷一万五千二百七十。

　　十月辛巳，邠州杨崇本以凤翔、邠、宁、泾、鄜、秦、陇之众合五六万来寇，屯于美原，列十五寨，其势甚盛。帝命同州节度使刘知俊、都将康怀英帅师御之。知俊等大破邠寇，杀二万余众，夺马三千余匹，擒其列校百余人，杨崇本、胡章仅以身免。案《新唐书》：九月乙亥，匡国军节度使刘知俊陷坊州。十月辛巳，杨崇本战于美原，败绩，与《薛史》互有详略。十一月庚戌，怀英乘胜进军，遂收鄜州。

　　十二月乙丑，帝以文武常参官每月一、五、九日赴朝，奏请备廊餐，诏从之。遂自长芦班师。案：以上疑有阙文。据《旧唐书》《哀帝纪》：戊辰，李克用与幽州之众同攻潞州，全忠守将丁会以泽、潞降太原，克用以其子嗣昭为留后。甲戌，全忠烧长芦营旋军，闻潞州陷故也。以寨内粮糗山积，帝命焚之。沧帅刘守文以城中绝食，因致书于帝，乞留余粮以救饥民，帝为留十余囤以与之。《册府元龟》卷一百八十七。案《容斋续笔》：沧州还师，悉焚诸营资粮，在舟中者凿而沉之。刘守文遗全忠书曰："城中数万口，不食数月矣，与其焚之为烟，沉之为泥，愿乞其所余以救之。"全忠为之留数囤，沧人赖以济。洪氏所述与《册府元龟》略同，惟留十余囤与留囤微异。

旧五代史卷二考证

　　磁州刺史袁奉滔　　磁州原本讹作惠州,今据《新唐书》及《通鉴》改正。随州刺史赵匡琳　　赵匡琳原本沿宋讳作赵琳,今据《新唐书》增“匡”字。原录其絷　　案:“录”,原本讹“戮”,今参考《通鉴》及《北梦琐言》据文改正。华州留后李存审　　案:李存审三字疑有舛误,考《王师范传》作崔允在华州。昭宗御廷喜楼送之　　案:“喜”原本讹“熹”,今据《通鉴》改正。武昭武定泰宁平卢匡国　　案:武昭原本脱“武”字,匡国沿宋讳作章国,今据《欧阳史》增改。

旧五代史卷三

梁书三

太祖本纪第三

开平元年正月丁亥,帝回自长芦,次于魏州。节度使罗绍威以帝回军,虑有不测之患,由是供亿甚至,因密以天人之望切陈之。帝虽拒而不纳,然心德之。《册府元龟》卷一百八十七。壬寅,帝至自长芦。是日有庆云覆于府署之上。《册府元龟》卷二百三。甲辰,天子遣御史大夫薛贻矩来传禅代之意。《永乐大典》卷五千一百四十九。贻矩谒帝,陈北面之礼,帝揖之升阶,贻矩曰:"殿下功德及人,三灵所卜已定。皇帝方议裁诏,行舜、禹之事,臣安敢违。"既而拜伏于砌下,帝侧躬以避之。《册府元龟》卷一百八十七。

二月戊申,帝之家庙栋间有五色芝生焉,状若芙蓉,紫烟蒙护,数日不散。又,是月,家庙第一室神主上有五色衣自然而生,识者知梁运之兴矣。《永乐大典》卷一万七千一百六十七。唐乾符中,木星入南斗,数夕不退,诸道都统晋国公王铎观之,问诸知星者吉凶安在,咸曰:"金火土犯斗即为灾,唯木当为福耳。"或亦然之。时有术士边冈者,洞晓天文,博通阴阳历数之妙,穷天下之奇秘,有先见之明,虽京房、管辂不能过也。铎召而质之,冈曰:"惟木为福神,当以帝王占之。然则非福于今,必当有验于后,未敢言之,请他日证其所验"一日,又密召冈,因坚请语其详,至于三四,冈辞不获。铎乃屏去左右,冈曰:"木星入斗,帝王之兆也。木在斗中,'朱'字也。以此观之,将来当有朱氏为君者也,天戒之矣。且木之数三,其祯也,应在三纪之内乎。"铎闻之，不复有言。《册府元龟》卷二百三。天后朝有谶辞云：
"首尾三鳞六十年，两角犊子自狂颠，龙蛇相斗血成川。"当时好事
者解云："两角犊子，牛也，必有牛姓干唐祚。"故周子谅弹牛仙客，
李德裕谤牛僧孺，皆以应图谶为辞。然"朱"字"牛"下安"八"，八即
角之象也，故朱滔、朱泚构丧乱之祸，冀无妄之福，岂知应之帝也。
《永乐大典》卷一万九千三百九十六。

　　四月，唐帝御札宰相臣张文蔚等备法驾奉迎梁朝。《通鉴考异》
引《薛史》。宋州刺史王皋进赤乌一双。又宰臣张文蔚正押传国宝、玉
册、金宝及文武群官、诸司仪仗法物及金吾左右二军离郑州。丙辰，
达上源驿。是日，庆云见。《册府元龟》卷二百三。令曰："王者创业兴
邦，立名传世，必难知而示训，从易避以便人。案：原本有阙文。或稽
其符命，应彼开基之义，垂诸象德之言。爰考简书，求于往代，周王
昌、发之号，汉帝询、衍之文，或从一德以徽称，或为二名而更易。先
王令典，布在缣缃。寡人本名，兼于二字，且异帝王之号，仍兼避易
之难，郡职县官，多须改换。况宗庙不迁之业，宪章百世之规，事叶
典仪，岂惮革易。寡人今改名晃，是以天意雅符于明德，日光显契于
瑞文，昭融万邦，理斯在是。庶顺昊穹之意，永臻康济之期。宜令有
司分告天地宗庙，其旧名，中外章疏不得更有回避。"《册府元龟》卷二
百八十二。时将受禅，下教以本名二字异帝王之称，故改名。《通鉴
注》引《薛史》。己未，赐文武百官一百六十人本色衣一副。《册府元龟》
卷一百九十七。戊辰，即位。制曰：

　　　　王者受命于天，光宅四海，只事上帝，宠绥下民。革故鼎
新，谅历数而先定；创业垂统，知图箓以无差。神器所归，祥符
合应。是以三正互用，五运相生，前朝廷道消，中原政散，瞻乌
莫定，失鹿难追。朕经纬风雷，沐浴霜露，四征七伐，垂三十年，
纠合齐盟，翼戴唐室。随山刊木，罔惮胼胝；投袂挥戈，不遑寝
处。洎玄穹之所赞，知唐运之不兴，莫谐辅汉之谋，徒罄事殷之
礼。唐主知英华已竭，算祀有终，释龟鼎以如遗，推剑绂而相
授。朕惧德弗嗣，执谦允恭，避骏命于南河，眷清风于颍水。而

乃列岳群后，盈廷庶官，东西南北之人，斑白缁黄之众，谓朕功盖上下，泽被幽深，宜应天以顺时，俾化家而为国。拒彼亿兆，至于再三。且曰七政已齐，万几难旷。勉遵令典，爰正鸿名，告天地神祇，建宗庙社稷。

顾惟凉德，曷副乐推，栗若履冰，怀如驭朽。金行启祚，玉历建元，方弘经始之规，宜布维新之令。可改唐天祐四年为开平元年，国号大梁。书载虞宾，斯为令范；《诗》称周客，盖有明文。是用先封，以礼后嗣，宜以曹州济阴之邑奉唐主，封为济阴王。凡曰轨仪，并遵故实。姬庭多士，此是殷臣；楚国群材，终为晋用。历观前载，自有通规，但遵故事之文，勿替在公之效。应是唐朝中外文武旧臣，见任前资官爵，一切仍旧。凡百有位，无易厥章，陈力济时，尽瘁事我。古者兴王之地，受命之邦，集大勋有异庶方，沾庆泽所宜加等。故丰沛著启祚之美，穰邓有建都之荣，用壮鸿基，且旌故里，爰遵令典，先示殊恩。宜升汴州为开封府，建名东都。其东都改为西都，仍废京兆府为雍州佑国军节度使。《五代会要》：四月改京兆府为大安府，长安县为大安县，万年县为大年县，仍置佑国军节度使额。始命韩建为佑国军节度使。

是日大酺，赏赐有差。《永乐大典》卷五千一百四十九。案《通鉴》：甲辰，唐昭宣帝降御札禅位于梁。以摄中书令张文蔚为册礼使，礼部尚书苏循副之；摄侍中杨涉为押传国宝使，翰林院学士张策副之；御史大夫薛贻矩为押金宝使，尚书左丞赵光逢副之。帅百官备法驾诣大梁。甲子，张文蔚、杨涉乘辂自上源驿至，从册宝诸司各备仪卫卤簿前导，百官从其后，至金祥殿前陈之。王被衮冕，即皇帝位。张文蔚、苏循奉册升殿进读，杨涉、张策、薛贻矩、赵光逢以次奉宝升殿，读已，降，帅百官舞蹈称贺。帝送与文蔚等宴于元德殿。帝举酒曰："朕辅政未久，此皆诸公推戴之力。"文蔚等惭惧，俯伏不能对，独苏循、薛贻矩及刑部尚书张祎盛称帝功德，宜应天顺人。案：朱梁篡位之事，《薛史》应为详载，今全篇不可得见，谨附录《通鉴》于此。宋州刺史王皋进两歧麦，陈州袁象先进白兔一，付史馆编录，兼示百官。《册府元龟》卷二百二。诏在京司及诸军州县印一例铸换，其篆文则各如旧。《册府元龟》卷一百九十一。辛未，武安军节度使马殷进封楚王。《册府元龟》卷一百九十六。以太府卿敬翔知崇政院,翔与帷幄之谋,故首擢焉。《永乐大典》卷一万二千一百十三。追尊四代庙号:高祖妫州府君上谥曰宣元皇帝,庙号肃祖,太庙第一室,陵号兴极陵;祖妣高平县君范氏追谥宣僖皇后。皇曾祖宣惠王上谥曰光献皇帝,庙号敬祖,第二室,陵号永安;祖妣秦国夫人杨氏追谥光孝皇后。皇祖武元王上谥曰昭武皇帝,庙号宪祖,第三室,陵号光天;祖妣吴国夫人刘氏追谥昭懿皇后。皇考文明皇上谥曰文穆皇帝,庙号烈祖,第四室,陵号咸宁;皇妣晋国太夫人王氏追谥文惠皇后。《册府元龟》卷一百八十九。以宣武节度副使皇子友文为开封尹,判建昌院事。友文,本康氏子也,帝养以为子。《永乐大典》卷一万二千一百十三。

是月,制宫殿门及都门名额:正殿为崇元殿,东殿为元德殿,内殿为金祥殿,万岁堂为万岁殿,门如殿名。《册府元龟》卷一百八十六。帝自谓以金德王,又以福建上献鹦鹉,诸州相继上白乌、白兔洎白莲之合蒂者,以为金行应运之兆,故名殿曰金祥。《通鉴注》引《薛史》。以大内正门为元化门,皇墙南门为建国门,滴漏门为启运门,下马门为升龙门,元德殿前门为崇明门,正殿东门为金乌门,西门为玉兔门,正衙东门为崇礼门,东偏门为银台门,宴堂门为德阳门,天王门为宾天门,皇墙东门为宽仁门,浚仪门为厚载门,皇墙西门为神兽门,望京门为金凤门,宋门为观化门,尉氏门为高明门,郑门为开明门,梁门为乾象门,酸枣门为兴和门,封丘门为含耀门,曹门为建阳门。升开封、浚仪为赤县,尉氏、封丘、雍丘、陈留为畿县。《永乐大典》卷三千五百二十。《五代会要》:四月,改左右长直为左右龙虎军,左右内衙为左右羽林军,左右坚锐夹马突将为左右神武军,左右亲随军将马军为左右龙骧军。

五月,以唐朝宰相张文蔚、杨涉并为门下侍郎、平章事,以御史大夫薛贻矩为中书侍郎、平章事。《册府元龟》卷一百九十九。帝初受禅,求理尤切,委宰臣搜访贤良。或有在下位抱负器业久不得伸者,特加擢用。有明政理得失之道规救时病者,可陈章疏,当亲鉴择利害施行,然后赏以爵秩。有晦迹丘园不求闻达者,令彼长吏备礼邀致,冀无遗逸之恨。《册府元龟》卷二百一十。进封河南尹兼河阳节度使张全义为魏王,两浙节度使钱镠进封吴越王。《册府元龟》卷一百九十六。辛巳,有司奏,以降诞之日为大明节,休假前后各一日。《永乐大典》卷一万六千一百八十七。壬午,保义军节度使朱友谦进百官衣二百副。《册府元龟》卷一百六十七。乙酉,立皇兄全昱为广王,皇子友文为博王,友珪为郢王,友璋为福王,友雍为贺王,友徽为建王。《永乐大典》卷一万六千六百二十八。《欧阳史》:封侄友谅衡王,友能惠王,友诲邵王。辛卯,以东都旧第为建昌宫,改判建昌宫事为建昌院使。《永乐大典》卷一万二千一百十三。初,帝创业之时,以四镇兵马仓库籍繁,因总置建昌院以领之,至是改为宫,盖重其事也。《通鉴注》引《薛史》。甲午,诏天下管属及州县官名犯庙讳者,各宜改换:城门郎改为门局郎,茂州改为汶州,桂州慕化县改为归化县,潘州茂名县改为越裳县。《册府元龟》卷一百八十九。案:魏泰《东轩笔录》:京师呼城外为州东、州西、州南、州北,而韦城、相城、胙城等县,但呼韦县、相县、胙县,盖沿梁时避讳之旧也。诏枢密院宜加为崇政院,以知院事敬翔为院使。《永乐大典》卷一万二千一百十三。改文思院为乾文院,同和院改为仪鸾院。《五代会要》:五月,改御食使为司膳使,小马坊使为天骥使。以西都水北宅为大昌宫,《册府元龟》卷一百九十六。废雍州太清宫,改西都太微宫、亳州太清宫皆为观,诸州紫极宫皆为老君庙。《册府元龟》卷一百九十四。泉州僧智宣自西域回,进辟支佛骨及梵夹经律。《永乐大典》卷二万一千一百七十五。丙申,御元德殿,宴犒诸军使刘捍、符道昭以下,赐物有差。

是月,青州、许州、定州三镇节度使请开内宴,各赐方物。《永乐大典》卷一万六千七百四十六。以青州节度使韩建守司徒、平章事,帝以建有文武材,且详于稼穑利害、军旅之事、筹度经费,欲尽询焉,恩泽特异于时,罕有比者,随拜为上相,赐赉甚厚。《册府元龟》卷一百九十九。宿州刺史王儒进白兔一。濮州刺史图嘉禾瑞麦以进。《册府元龟》卷二百二。广州进奇宝名乐,品类甚多。河南尹张全义进开平元年以前羡余钱十万贯、绸六千匹,绵三十万两,仍请每年上供定额，每岁贡绢三万匹，以为常式。荆南高季昌进瑞橘数十颗，质状百味，倍胜常贡，且橘当冬熟，今方仲夏，时人咸异其事，因称为瑞。《册府元龟》卷一百六十九。《五代春秋》：五月，李思安及晋人战于潞城，思安师败绩。

六月，幸朝元院，宴召宰臣、学士及诸道入贡陪臣。《永乐大典》卷一万六千七百四十六。己亥，帝御崇元殿，内出追尊四庙上谥号玉册宝共八副，宰臣文武百官仪仗鼓吹导引至太庙行事。癸卯，司天监奏："日辰内有'戊'字，请改为'武'。"从之。《册府元龟》卷一百八十九。案：《容斋三笔》以为"戊"类"戌"字，故司天诣之。殊不知"戊"字乃避梁祖曾祖茂琳讳，非以其类戌字也。《云谷杂记》尝辨正之。今《宗福侯庙碑》立于开平二年，正作武寅，可见当时避讳之体。癸亥，诏以前朝官僚，谴逐南荒，积年未经昭雪，其间有怀抱材器为时所嫉者，深负冤抑，仍令录其名姓，尽复官资，兼告谕诸道令津致赴阙。如已亡没，并许归葬，以明恩荡。《册府元龟》卷一百九十一。以西都徽安门北路逼近大内宫垣，兼非民便，令移自榆林，直趋端门之南。《册府元龟》卷一百九十六。改耀州报恩禅院为兴国寺。《册府元龟》卷一百九十四。马殷奏破淮寇。静海军节度使曲裕卒。

七月丙申，以静海军行营司马权知留后，曲颢起复为安南都护，充节度使。《五代会要》：七月，敕云："建国迁都，俾新其制，况山河之险，表里为防。今二京俱在关东以内，仍以潼关隶陕州，复置河潼军使，命虢州刺史兼领之。"其月，敕改虎牢关为军，仍置虎牢关军使。《通鉴考异》引《薛史》己亥，追尊皇妣为皇太后。《永乐大典》卷一万七千二百九十六。

八月，以潞州军前屯师旅，壁垒未收，乃别议戎帅，于是以亳州刺史李思安充潞州行营都统。《册府元龟》卷一百九十九。敕："朝廷之仪，封册为重，用报勋烈，以隆恩荣，固合亲临，式光典礼。旧章久缺，自我复行，今后每封册大臣，宜令有司备临轩之礼。"《永乐大典》卷一万六千七百五十一。《五代会要》：八月，敕云："诸道所有军事申奏，令直至右银台门，委客省使画时引进，寻常公事依前四方馆收接。"甲子平明前，老人星见于南极。壬申，密州进嘉禾，又有合欢榆树，并图形以献。是月，隰州奏，大宁县至固镇上下二百里，今月八日，黄河清，至十月如故。《册府元龟》卷二百二。

九月辛丑，西京大内放出两宫内人及前朝宫人，任其所适。《册府元龟》卷一百九十五。敕以近年文武官诸道奉使，皆于所在分外停住，逾年涉岁，未闻归阙。非唯劳费州郡，抑且侮慢国经。臣节既亏，宪章安在。自今后，两浙、福建、广州、南安、邕、容等道使到发许住一月，湖南、洪、鄂、黔、桂许住二十日，荆、襄、同、雍、镇、定、青、沧许住十日，其余侧近不过三五日。凡往来道路，据远近里数，日行两驿，如遇疾患及江湖阻隔，委所在长吏具事由奏闻。如或有违，当行朝典，命御史点检纠察，以儆慢官。《册府元龟》卷一百九十一。魏博罗绍威二男廷望、廷矩，年在幼稚，皆有材器，帝以其藩屏勋臣之胄，宜受非次之用，皆擢为郎。恩命既行之后，二子亦就班列。绍威乃上章，以齿幼未任公事，乞免主印、宿直。从之。《册府元龟》卷二百一十。封镇东军神祠为崇福侯。浙西奏，道门威仪郑章、道士夏隐言，焚修精志，妙达希夷，推诸辈流，实有道业。郑章宜赐号贞一大师，仍名元章；隐言赐紫衣。《册府元龟》卷一百九十四。《五代会要》：九月，置左右天兴、左右广胜军，仍以亲王为军使。

十月，帝以用军，未暇西幸，文武百官等久居东京，渐及疑讶，令就便各许归安，只留韩建、薛贻矩，翰林学士张策、韦郊、杜晓，中书舍人封舜卿、张衮并左右御史、司天监、宗正等，兼要当诸司节级外，其宰臣张文蔚已下文武百官，并先于西京祗候。《册府元龟》卷二百五。庚午，大明节，内外臣僚各以奇货良马上寿。故事，内殿开宴，召释、道二教对御谈论，宣旨罢之。命阁门赐以香合，赐宰臣佛寺行香。《永乐大典》卷一万六千四百八十七。驾幸繁台讲武。《永乐大典》卷一万六千八百三。癸酉，御史司宪薛廷珪奏请文武百官仍旧朝参。先是，帝欲亲征河东，命朝臣先赴洛都，至是缓其期，乃允所奏。宰臣请每月初入阁，望日延英听政，永为常式。《册府元龟》卷一百七十九。山南东道节度使杨师厚进纳赵匡凝东第书籍。先是，收复襄、汉，帝阅其图书，至是命师厚进焉。《册府元龟》卷一百九十四。广州进献助军钱二十万，又进龙脑、腰带、珍珠枕、玳瑁、香药等。《册府元龟》卷一百九十七。十一月壬寅，帝以征讨未罢，调补为先，遂命尽赦逃亡背役髡黥之人，各许归乡里。《册府元龟》卷九十五。广州进龙形通犀腰带，金托里含棱玳瑁器百余副，香药珍巧甚多。《册府元龟》卷一百九十七。广南管内获白鹿，并图形来献，耳有两缺。按符瑞图，鹿寿千岁，变白耳一缺，今验此鹿耳，有二缺，其兽与色皆应金行，实表嘉瑞。《册府元龟》卷一百六十九。

　　十二月辛亥，诏曰："潞寇未平，王师在野。攻战之势，难缓于寇围；飞挽之勤，实劳于人力。永言辍末，深用轸怀。宜令长吏，丁宁布告，期以兵罢之日，给复赋租。"于是人户闻之，皆忘其倦。《册府元龟》卷一百九十四。诏故荆南节度使、守中书令、上谷王周汭赠太师，故武昌军节度使、兼中书令、西平王杜洪赠太傅。先是，鄂渚再为淮夷所侵，攻围甚急，杜洪以兵食将尽，继来乞师。帝料以隔越大江，难以赴援，兼以荆州据上游，多战舰，去江夏甚迩，因命汭举舟师沿流以救之。汭于是引兵东下，才及鄂界，遇朗州背盟作乱，乘江陵之虚，纵兵袭破之，俘掠且尽。既而汭士卒知之，皆顾其家，咸无斗志，遂为淮寇所败，将卒溃散，汭忿恚自投于江。汭之本姓犯文穆皇帝庙讳，至是因追赠，以其系出周文，故赐姓周氏。及汭兵败之后，武昌以重围经年，粮尽力困，救援不至，讫为淮寇所陷，载洪以送淮师，遂杀之。此二镇也，皆以忠贞殁于王事，帝每言诸藩屏翰经纶之业，必首痛汭、洪之薨，至是追赠之，深加轸悼，各以其子孙宗属录用焉。《册府元龟》卷二百一十。棣州蒲台县百姓王知严妹，以乱离并失怙恃，因举哀追感，自截四指以祭父母。帝以遗体之重，不合毁伤，言念村间，何知礼教，自今后所在郡县，如有截指割股，不用奏闻。是年，诸道多奏军人百姓割股，青、齐、河朔尤多。帝曰："此若因心，亦足为孝。但苟免徭役，自残肌肤，欲以庇身，何能疗疾。并宜止绝。"《册府元龟》卷一百九十一。《五代会要》：十二月，于辉州砀山县置崇德军。太祖榆社在砀山，置使以领之，始命朱彦让为军使。

旧五代史卷三考证

　　节度使罗绍威　绍威。原本作昭威,今据《欧阳史》改。判建昌院事　案原本脱"昌"字,今增。以青州节度使韩建守司徒平章事青,原本讹作清,今改正。己亥追尊皇妣为皇太后　案:长历七月不得有己亥,今考《通鉴》亦作七月己亥,当是引《薛史》原文,今仍之。是日隰州奏大宁县至固镇上下二百里　案:是书前后多作李固镇,疑原本有脱字,考《通监》亦间作固镇,盖当时奏牍省文也,今仍之。因命周汭举舟师沿流以救之□周汭,《列传》作成汭,《本纪》所称周汭者,仍当时诏诰之文耳。

旧五代史卷四

梁书四

太祖本纪第四

　　开平二年正月癸酉,帝御金祥殿,受宰臣文武百官及诸藩屏陪臣称贺。诸道贡举一百五十七人,见于崇元门。封从子友宁为安王,友伦为密王。幽州刘守光进海东鹰鹘、蕃马、毡罽、方物。《册府元龟》卷一百九十。案《五代春秋》:正月,晋王克用薨。

　　二月,自去冬少雪,春深农事方兴,久无时雨,兼虑有灾疾,帝深轸下民,遂命庶官遍祀于群望,掩瘗暴露,令近镇案古法以禳祈,旬日乃雨。《永乐大典》卷二千六百三十。案《通鉴》:二月癸亥,鸩杀济阴王于曹州。《新唐书》《昭宣帝纪》亦云二月遇弑。《欧阳史》作正月己亥,卜郊于西都,弑济阴王,与诸书异。帝以上党未收,因议抚巡,便往西都赴郊禋之礼。乃下令晓告中外,取三月一日离东京,以宰臣韩建权判建昌宫事,《五代会要》:十月,以尚书兵部侍郎李皎为建昌宫副使。兵部侍郎姚洎为卤簿使,开封尹、博王友文为东都留守。辛未,契丹主安巴坚遣使贡良马。

　　三月壬申,帝亲统六军巡幸泽、潞。是日寅时,车驾西幸,宰臣并要切司局皆扈从,晚次中牟。《册府元龟》卷二百五。下诏,以去年六月后,昭义行营阵殁都将吏卒死于王事,追念忠赤,乃录其名氏,各下本军,令给养妻孥,三年内官给粮赐。《册府元龟》卷一百九十五。丁丑,幸泽州。辛巳,以同州节度使刘知俊为潞州行营招讨使。壬午,宴扈驾群臣并劳知俊,赐以金带、战袍、宝剑、茶药。《永乐大典》卷一万六千七百四十六。甲申,登东北隅逍遥楼,搜阅骑乘,旌甲满野。《册府元龟》卷二百十四。丙申,招讨使刘知俊上章请车驾还东京,盖小郡湫隘,非久驻跸之所。达览,帝俞其请。《册府元龟》卷二百五。以鸿胪卿李峴唐室宗属,封莱国公,为二王后。有司奏:"莱国公李峴合留三庙,于西都选地位建立庙宇,以备四仲祭祀,命度支供给,以遵彝典。"《册府元龟》卷二百十二。

　　四月,以吏部侍郎于兢为中书侍郎、平章事,以翰林奉旨学士张策为刑部侍郎、平章事。时帝在泽州,拜二相于行在。《册府元龟》卷一百九十九。案《通鉴》:癸巳,门下侍郎、同平章事张文蔚卒。癸卯,门下侍郎、同平章事杨涉罢为右仆射。是拜二相于行在,所以代张文蔚、杨涉也。梁代避讳,改承旨为奉旨,《通鉴》误作承旨。四月丙午,车驾离泽州。丁未,驻跸于怀州,宴宰臣文武百官。辛亥,至郑州。壬子,幸东京。丙寅,车驾幸繁台观稼。《册府元龟》卷二百五。鄢陵居人程震以两歧麦穗并画图来进。《册府元龟》卷二百二。甲寅,淮寇侵轶潭、岳边境,欲援朗州,以战舰百余艘扬帆西上,泊鼎口。湖南马殷遣水军都将黄瑞率楼船遮击之,贼众沿流宵遁,追至鹿角镇。《册府元龟》卷二百一十七。诏以户部尚书致仕,裴迪复为右仆射。迪敏事慎言,达吏治,明筹算,帝初建节旄于夷门,迪一谒见如故知,乃辟为从事。自是之后,历三十年,委四镇租赋、兵籍、帑廪、官吏、狱讼、赏罚、经费、运漕,事无巨细,皆得专之。帝每出师,即知军州事,逮于二纪,不出梁之阃阃,甚有裨赞之道。禅代之岁,命为太常卿,属年已耆耄,视听昏塞,不任朝谒,遂请老,许之。期月复起,师长庶官焉。《册府元龟》卷二百一十二。

　　五月丁丑,王师围潞州,将及二年,李进通危在旦夕,不俟攻击,当自降。太原李存勖以厚币诱结北蕃诸部,并其境内丁壮,悉驱南征决战,以救上党之急。部落帐族,驰马厉兵,数路齐进,于铜鞮树寨,旗垒相望。《册府元龟》卷一百一十七。王师败于潞州。《永乐大典》卷一万四千二百一十二。己丑,令下诸州,去年有蝗虫下子处,盖前冬无雪,至今春亢阳,致为灾沴,实伤陇亩。必虑今秋重困稼穑,自知多在荒陂榛芜之内，所在长吏各须分配地界，精加剪扑，以绝根本。壬辰夜，火星犯月，太史奏，灾合在荆楚。乃令设武备，宽刑罚，恤人禁暴以禳之。《永乐大典》卷二千六百三十。军前行营都将康怀英、孙海金以下主将四十三人，于右银台门进状待罪。帝以去年发军之日不利，有违兵法，并释放，兼各赐分物酒食劳问。《永乐大典》卷一万四千二百一十二。封义昌军节度使刘守文加中书令，封大彭王；卢龙军节度使刘守光封河间郡王；许州节度使冯行袭封长乐王。《册府元龟》卷一百九十六。是月癸未，淮贼寇荆州石首县，襄阳举舟师沿灉港袭败之。《册府元龟》卷二百一十七。

六月辛亥，以亢阳虑时政之阙，乃诏曰："迩者下民丧礼法吏舞文，铨衡既失于选求，州镇又无其举刺，风俗未厚，狱讼实繁，职此之由，上遭天谴。"至是，决遣囚徒及戒励中外。丙寅，月犯角宿，帝以其分野在兖州，乃令长吏治戎事，设武备，省狱讼，恤疲病，祈福禳灾以顺天戒。《永乐大典》卷二千六百三十。丙辰，邠、岐来寇，雍西编户困于逃避，且芟害禾稼，结营自固。逾月，同州刘知俊领所部兵击退，袭至幕谷，案：《欧阳史》作漠谷，《五代春秋》仍作幕谷。大破之，俘斩千计，收其器甲，宋文通仅以身免。《册府元龟》卷二百一十七。诏曰："敦尚俭素，抑有前闻，斥去浮华，期臻至理。如闻近日贡奉，竞务奢淫，或奇巧荡心，或雕镂溢目，徒殚资用，有费工庸，此后应诸道进献，不得以金宝装饰戈甲剑戟，至于鞍勒，不用涂金及雕刻龙凤。如有此色，所司不得引进。"《永乐大典》卷一万九千五百九十九。邕州奏，镇鄉山僧通、道璘有道行，各赐紫衣。《册府元龟》卷一百一十七。是月壬戌，岳州为淮贼所据，帝以此郡五岭、三湘水陆会合之地，委输商贾，靡不由斯，遂令荆湘湖南，北举舟师，同力致讨。王师既集，淮夷毁壁焚郛郭而遁。《册府元龟》卷二百一十七。

秋七月甲戌，大霖雨，陂泽泛溢，颇伤稼穑，帝幸右天武军河亭观水。《册府元龟》卷二百五。幸高僧台观禁卫六军。《册府元龟》卷二百一十四。诏曰："车服以庸，古之制也；贵贱无别，罪莫大焉。内外将相，许以银饰鞍勒，其刺史都将内诸司使以降，祇取用铜，冀定尊卑,永为条制。仍令执法官纠察之。"《册府元龟》卷一百九十一。癸巳,以禅代巳来思求贤哲,乃下令搜访牢笼之,期以好爵,待以优荣,各随其材,咸使登用。宜令所在长吏,切加搜访,每得其人,则疏姓名以闻。如在下位不能自振者,有司荐导之;如任使后立功劳,别加迁陟。《册府元龟》卷二百一十三。敕禁屠宰两月。《册府元龟》卷一百九十五。甲午,以高明门外繁台为讲武台。是台西汉梁孝王之时,尝按歌阅乐于此,当时因名曰吹台。其后有繁氏居于其侧,里人乃以姓呼之,时代绵浸,虽官吏亦从俗焉。帝每登眺,搜乘训戎,宰臣以是事奏而名之。《册府元龟》卷一百九十五。以上又见《通鉴注》所引《薛史》,与《册府元龟》相符,惟字句稍有异同。

八月辛亥,敕应有暴露骸骨,各委差人埋葬。《册府元龟》卷一百九十五。两浙钱镠奏,请重铸换诸州新印。《册府元龟》卷一百九十一。诏禁戢诸军节度节兵士及供奉官受旨殿直以下各修礼敬。《册府元龟》卷一百九十一。甲寅,太史奏,寿星见于南方。《册府元龟》卷二百二。两浙钱镠奏,改管内紫极宫为真圣观,《册府元龟》卷一百九十四。改临安县广义乡为衣锦乡。《通鉴注》引《薛史》。《十国春秋·吴越世家》:八月,梁敕封改唐山县为吴昌县,唐兴县为天台县,又敕升杭、越等州为大都督府。复改新城县曰新登,长城县曰长兴,乐成县曰乐清,避梁讳也。甲子夜,东方有大流星,光明烛地,有声如裂帛。《永乐大典》卷七千八百六十六。唐州上言,白龙见,图形以进。《永乐大典》卷五百六十。

九月丙子,太原军出阴地关南牧,寇掠郡县,晋、绛有备。帝虑诸将玩寇,乃下诏亲议巡幸,命有司备行。丁丑,翠华西狩,宰臣、翰林学士、崇政院使、金吾仗及诸司要切官皆扈从,余文武百官并在东京。壬午,达洛阳,帝御文思殿,受朝参,许、汝、孟、怀牧守来朝,泽州刺史刘重霸面陈破敌之策。癸未,西幸,宿新安。丙戌,至陕州驻,蒲、雍、同、华牧守皆进铠甲、骑马、戈戟、食味、方物。《册府元龟》卷二百五。幽州都将康君绍等十人自蕃贼寨内来投,又幽州骑将高彦章八十人骑先在并州,乃于晋州军前来降。至是到行在,皆赐分物衣服,放归本道,以示怀服。《册府元龟》卷二百一十五。丁亥,至陈

州,赐宴扈从官。《永乐大典》卷一万六千七百四十六。戊子,延州贼军寇
上平关,又太原军攻平阳,烽火羽书,昼夜继至。乙丑,六军统军牛
存节、黄文靖各领所部将士赴行在。甲午,太原步骑数万攻逼晋、
绛,逾旬不克,知大军至,乃自焚其寨,至夕而遁。《册府元龟》卷二百
五。福州贡玳瑁、琉璃、犀象器,并珍玩、香药、奇品、海味,色类良
多,价累千万。《册府元龟》卷一百九十七

　　十月己亥,上在陕。两浙节度使奏,于常州东州镇杀淮贼万余
人,获战船一百二只。《册府元龟》卷二百一十七。以行营左厢步军指挥
使贺瑰为左龙虎统军,以左天武军夹马指挥使尹皓为辉州刺史,以
右天武都头韩璠为神捷指挥使,左天武第三都头胡赏为右神捷指
挥使,仍赐帛有差,以解晋州围之功也。《册府元龟》卷二百一十。以尹
皓部下五百人为神捷军。《通鉴注》引《薛史》。乙巳,御内殿宴宰臣、扈
从官共四十五人。丙午,御球场殿,宣夹马都指挥使尹皓、韩璠以下
将士五百人,赐酒食。庚戌,至西都,御文明殿。辛亥,宰臣百僚起
居于殿前,遂宣赴内宴,赐方物有差。丁巳,至东都。《永乐大典》卷一
万六千七百四十六。己未,大明节,诸道节度刺史各进献鞍马、银器、
绫帛以祝寿,宰臣百官设斋相国寺。《永乐大典》卷一万六千四百八十
七。壬戌,御宣和殿,宴宰臣文武百官。

　　十一月辛未,御宣和殿,宴宰臣文武百官,以大驾还京故也。庚
辰,御宣和殿,宴宰臣文武百官。《永乐大典》卷一万六千七百四十六。出
开明门,登高僧台阅兵。《册府元龟》卷二百一十四。诸道节度使、刺史
各进贺冬田器、鞍马、绫罗等。戊子,赐文武百官帛。《册府元龟》卷一
百九十七。己未,又宴宰臣文武百官于宣和殿。《永乐大典》卷一万六千
七百四十六。案《欧阳史》:癸巳,张策罢,左仆射杨涉同中书门下平章事。

　　十二月,立二王三恪。南郊礼仪使状:"伏以《诗》称有客,《书》
载虞宾,实因禅代之初,必行兴继之命。俾之助祭,式表推恩,兼垂
恪敬之文,别示优崇之典。徵于历代,袭用旧章。谨按唐朝以后魏
元氏子孙韩国公为三恪,以周宇文氏子孙为介国公,隋朝杨氏子孙
为酅国公,为二王后。《五代会要》:十二月,改左右天武为龙虎军,左右龙

虎为天武军,左右天威为羽林军,左右羽林为天威军,左右英武为神武军,左右神武为英武军。前朝置龙虎六军,谓之卫士,至是,以天武、神武、英武等六军易其军号而任勋旧焉。今伏以国家受禅,封唐朝子孙李峹为莱国公。今参详合以介国公为三恪,鄙国公、莱国公为二王后。"《册府元龟》卷二百一十二。癸丑,猎畋于含耀门外。《册府元龟》卷二百九。

开平三年正月戊辰朔,帝御金祥殿,受宰臣翰林学士称贺,文武百官拜表于东上阁门。《册府元龟》卷一百九十七。己巳,奉迁太庙四室神主赴西京,太常仪仗鼓吹导引斋车,文武百官奉辞于开明门外。《册府元龟》卷一百八十九。甲戌,发东都,百官扈从次中牟县。乙亥,次郑州。丙子,次汜水县。河南尹张宗奭、河阳节度使张归霸并来朝。戊寅,次偃师县。己卯,备法驾六军仪仗入西都。是日,御文明殿受朝贺。《册府元龟》卷二百五。庚寅,亲享太庙。《册府元龟》卷一百八十九。诏曰:"近年以来,风俗未泰,兵革且繁,正月燃灯,废停已久。今属创开鸿业,初建洛阳,方在上春,务达阳气,宜以正月十四、十五、十六日夜,开坊市门,一任公私燃灯祈福。"《永乐大典》卷六千六百六十六。辛卯,祀昊天上帝于圜丘。是日,降雪盈尺,帝升坛而雪霁。礼毕,御五凤楼,宣制大赦天下。《永乐大典》卷四千三百七十六。赐南郊行事官礼仪使赵光逢以下分物。甲午,上御文思殿宴群臣,赐金帛有差。丙申,赐文武官帛有差。命宣徽使王殷押绢一万匹并茵褥围帝二百六十件赐张宗奭。《永乐大典》卷一万三千七百一十九。案《欧阳史》:丙申,群臣上尊号曰"睿文武圣广孝皇帝"。改西京贞观殿为文明殿,含元殿为朝元殿。

二月,改思政殿为金銮殿。敕东都曰:"自升州作府,建邑为都,未广邦畿,颇亏国体。其以滑州酸枣县、长垣县,郑州中牟县、阳武县,宋州襄邑县,曹州戴邑县。许州扶沟县、鄢陵县,陈州太康县等九县,宜并割属开封府,仍升为畿县。"《册府元龟》卷一百九十六。《舆地广记》:朱梁时,杨氏据江、淮,于是吴越钱氏上言,以淮寇未平,耻闻逆姓,请改松杨县为长松。丙午,宗正寺请修兴极、永安、光天、咸宁诸陵,并令添修上下宫殿,栽植松柏。制可。癸亥,敕:"丰沛之基,寝园所在,

凄怆动关于情理，充奉自系于国章。宜设陵台，兼升县望。其辉州
砀山宜为赤县，仍以本县令兼四陵台令。"《册府元龟》卷一百八十九。
丁酉，宴群臣于崇勋殿。甲辰，又宴群臣于崇勋殿，盖藩臣进贺，勉
而从之。《永乐大典》卷一万六千七百四十八。同州节度使刘知俊奏，延
州都指挥使高万兴部领节级家累三十八人来降。

三月，以万兴检校司徒，为丹、延等州安抚招诱等使《册府元龟》
卷二百一十五。辛未，诏曰："同州边隅，继有士众归化，暂思巡抚，兼
要指挥，今幸蒲、陕，取九日进发。"甲辰，车驾发西都，百官奉辞于
师子门外。丁丑，次陕州。己卯，次解县，河中节度使、冀王友谦来
奉迎。庚辰，至河中府。《册府元龟》卷二百二。幸右军旧杏园讲武。
《册府元龟》卷二百一十四。丙戌，以朔方节度使兼中书令韩逊为颍川
王。逊本灵州牙校，唐末据本镇，朝迁因而授以节钺。《永乐大典》卷
一万九千八百一十七。

四月丙申朔，驻跸河中。壬寅辰时，驾巡于朝邑县界焦黎店，王
友谦及崇政内诸司使扈从，至申时回。《册府元龟》卷二百二。己亥，御
前殿宴宰臣及冀王友谦扈从官。甲寅，宴宰臣及扈从官于内殿。《永
乐大典》卷一万六千七百四十八。制：易定节度使王处直进封北平王，
福建节度使王审知封闽王，广州节度使刘隐封南平王，同州节度使
刘知俊封大彭郡王，山南东道节度使杨师厚封弘农郡王。《册府元
龟》卷一百九十六。

五月乙丑朔，常朝，遂命宰臣及文武百官宴于内殿。己卯，车驾
至西京。癸未，御崇勋殿宴宰臣及文武官四品以上。己丑，复御崇
勋殿宴宰臣文武官四品以上。《永乐大典》卷一万六千七百四十八。升宋
州为宣武军节镇，仍以亳、辉、颍为属郡。《通鉴注》引《薛史》。

六月庚戌，同州节度使刘知俊据本郡反，制令削夺刘在身官
爵，仍征发诸军，速令进讨。如有军前将士，怀忠烈以知机，贼内朋
徒，愤胁从而识变，便能枭夷逆竖，擒获凶渠，务立殊功，当行厚赏。
活捉得刘知俊者，赏钱一万贯文，便授忠武军节度使，并赐庄宅各
一所。如活捉得刘知浣者。赏钱一千贯文，便与除刺史，有官者超

转三阶，无官者特授兵部尚书。如活捉得刘知俊骨肉及近上都将并枭送阙廷者，赏赐有差。《册府元龟》卷二百一十六。辛亥，驾至蒲、陕，文武百官于新安县奉迎。《册府元龟》卷二百五。刘知俊弟内直右保胜指挥使知浣自洛奔至潼关，右龙虎军十将张温以上二十二人，于潼关擒获刘知浣，送至行在。敕："刘知浣，逆党之中最为头角；龙虎十军，亲兵之内实冠爪牙。昨者攻取潼关，率先用命；寻则擒获知浣，最上立功。颇壮军威，将除国难。所悬常格，便可支分，许赐官阶，固须除授。但昨捉获刘知浣是张温等二十二人，一时向前，共立功效，其赏钱一千贯文数内，一百贯文与最先打倒刘知浣衙官李调，四十三贯文与十将张温，二十人各与钱四十二贯八百五十文。立功敕命便授郡府，亦缘同时立功人数不少，所除刺史，难议偏颇。宜令逐月共支给正刺史料钱二百贯文数内，十将张温一人每月与十贯文，余二十一人每月每人各分九贯文，仍起七月一日后支给。人与转官职，仍勘名衔，分析申奏，当与施行。"《册府元龟》卷二百一十。是月，知俊奔凤翔，同州平。《永乐大典》卷三千五百一十三。

　　七月乙丑，敕行营将士阵殁者，咸令所在给槽椟，津置归乡里。战卒闻之，悉感涕。《册府元龟》卷一百九十五。丙寅，命宰臣杨涉赴西都，以孟秋享太庙。《册府元龟》卷一百八十九。改章善门为左、右银台门，其左、右银台门却改为左、右兴善门。《册府元龟》卷一百九十六。敕："大内皇墙使诸门，素来未得严谨，将令整肃，须示条章。宜令控鹤指挥，应于诸门各添差控鹤官两人，守帖把门。其诸司使并诸司诸色人，并勒于左、右银台门外下马，不得将领行官一人辄入门里。其逐日诸道奉进，客省使于千秋门外排当，抗勒探鹤官舁抬至内门前，准例令黄门殿直以下舁进，辄不得令诸色一人到千秋门内。其兴善门仍令长官关锁，不用逐日开闭。"是日，又敕："皇墙大内，本尚深严，宫禁诸门，岂宜轻易。未当条制，交下因循，苟出入之无常，且公私之不便。须加钤辖，用戒门闾。宜令宣徽院使等切准此处分。"《册府元龟》卷一百九十一。进封幽州节度使、河间郡王刘守光为燕王。《册府元龟》卷一百九十六。《通鉴》：七月癸酉，帝发陕州。乙亥，至洛

阳,寝疾。己丑夕,寝殿栋折,诘旦,召近臣诸王视栋折之迹,帝惨然
曰:"几与卿等不相见。"君臣对泣久之。遂诏有司释放禁人,从八月
朔日后减膳,进素食,禁屠宰,避正殿,修佛事,以禳其咎。《永乐大
典》卷一万六千五百七十一。商州刺史李稠弃郡西奔,本州将吏以都牙
校李玫权知州事。《通鉴注》引《薛史》。

　　八月甲午,以秋稼将登,霖雨特甚,命宰臣以下祷于社稷诸祠。
《永乐大典》卷二千六百三十。诏曰:"封岳告功,前王重事;祭天肆觐,
有国恒规。朕以眇身,恭临大宝,既功德未敷于天下,而灾祥讶降于
城中。虑于告谢之仪,有缺斋虔之礼,爰修昭报,用契幽通。宜令中
书侍郎、平章事于兢往东岳祭拜祷祀讫闻奏。"《永乐大典》卷一万六
千九百五十八。又敕:"朕以干戈尚炽,华夏未宁,宜循卑菲之言,用
致雍熙之化。起八月一日,常朝不御金銮、崇勋两殿,只于便殿听
政。"《册府元龟》卷一百九十七。辛亥,制:诸郡如有阵殁将士,仰逐都
安存家属,如有弟兄儿侄,便给与衣粮充役。《册府元龟》卷一百九十
五。赠故山东道节度使留后王珙太保,赠故同州观察判官卢匪躬工
部尚书。珙,故河阳将,累以军功为郡守,主留事于襄阳,为小将王
求所杀。匪躬尝为刘知俊判官,知俊反,不偕行,为乱兵所害。《册府
元龟》卷二百一十。敕:"建国之初,用兵未罢,诸道章表,皆系军机,不
欲滞留,用防缓急。其诸道所有军事申奏,宜令至右银台门委客省
画时引进。诸道公事,即依前四方馆准例收接。"《册府元龟》卷一百九
十一。司天台奏:"今月二十七日平明前,东南丙上去山高三尺以
来,老人星见,测在井宿十一度,其色光明阔大。"《册府元龟》卷二百
二。敕:"所在长吏放杂差役,两税外不得妄有科配。自今后州县府
镇,凡使命经过,若不执敕文券,并不得妄差人驴及取索一物已上。
又,今岁秋田,皆期大稔,仰所在切如条流本分纳税及加耗外,勿令
更有科索。切戒所由人更不得于乡村乞托扰人。"《册府元龟》卷一百
九十一。

　　闰八月,襄阳叛将李洪差小将进表,帝示以含弘,特赐敕书慰
谕。又制:"左冯背叛,元恶遁逃,如闻相济之徒,多是胁从之辈,若

能回心向国,转祸全身,当与加恩,必不问罪。仍令同、华、雍等州切加招谕,如能枭斩温韬,或以镇寨归化,必加厚赏,仍奖官班,兼委本界招复人户,切加安存。"《册府元龟》卷二百一十五。已卯,幸西苑观稼。《册府元龟》卷二百五。

补 遗

《梁太祖纪》四。**仍令执法官纠察之。**《五代会要》载:七月敕曰:"祭祀之仪,有司大事,如闻官吏慢于恪恭,牲具礼容有异精审,宜命御史台疏其条件奏闻。"

旧五代史卷四考证

辛巳,以同州节度使刘知俊为潞州行营招讨使。 案:辛巳《欧阳史》《通鉴》俱作壬午。壬子至东京 案:《五代春秋》作丙午帝还东都。《欧阳史》作壬子至泽州,惟《通鉴》与是书同。淮寇侵轶潭、岳边境 "侵轶"原作"侵轵",今据文改正。王师败于潞州 案:潞州之败,《欧阳史》作五月己丑,《通鉴》作壬申。帝以此郡五岭三湘水陆会合之地 "此郡"原作"北郡",今据文改正。时代绵寔 "绵寔"原作"绵浸",今据《通鉴注》改正。丙戌至陕州 丙戌,《通鉴》作乙酉。丁巳至东都 案:《通鉴考异》引《编遗录》作乙卯,《实录》作丁巳,今考《五代春秋》作丁巳,与是书同。《欧阳史》作丁未,与是书异。许州扶沟县 案:"扶沟"下脱"县"字,今据文增入。甲寅福建节度使王审知封闽王广州节度使刘隐封南平王　甲寅,《通鉴》作庚子,与是书异。如活捉得刘知浣者赏钱一千贯文　案:"一千"原作"一万",今据《通鉴长编》引《梁代赏功之典》改正。辛亥驾至蒲陕　案:《通鉴》作癸丑帝至陕,与是书前后异。其兴善门仍令长官关锁　"兴善"原作"章善",今据上文及《五代会要》改正。

旧五代史卷五

梁书五

太祖本纪第五

　　开平三年九月，御崇勋殿，宴群臣文武百官。赐张宗奭、杨师厚白绫各三百匹，银鞍辔马。丁酉，上幸崇政院，宴内臣。赐院使敬翔、直学士李班等缯彩有差。《永乐大典》卷一万六千七百四十六。案《通鉴》：丁未，以保义节度使王檀为潞州东西行营招讨使。辛亥，侍中韩建罢守太保，左仆射、平章事杨涉罢守本官。太常卿赵光逢为中书侍郎、平章事，翰林学士奉旨、工部侍郎、知制诰杜晓为尚书户部侍郎、平章事。《册府元龟》卷一百九十九。制："内外使臣复命未见便归私第者。朝廷命使，臣下奉行，唯于辞见之仪，合守敬恭之道。近者凡差出使，往复皆越常规。或已辞而尚在本家，或未见而先归私第，但从己便，莫宣王程。在礼敬而殊乖，置典章而私举。宜令御史台别具条流事件具黜罚等奏闻。"《册府元龟》卷一百九十一。庚子，殿直王唐福自襄城走马，以天军胜捷逆将李洪归降事上闻。赐唐福绢银有加，宰臣百官上表称贺。壬寅，开封府虞侯李继业赍襄州都指挥使程晖奏状，以今月五日，杀戮逆党千人，并生擒都指挥使傅霸以下节级共五百人，收复襄州人户归业事。癸卯，帝御文明殿，以收复襄汉，受宰臣以下称贺。《册府元龟》卷四百三十五。《通鉴》：八月，陈晖军至襄州，李洪逆战，大败，士日死。九月丁酉，拔其城，斩叛兵千人，执李洪、杨虔等送洛阳斩之。诏曰："秋冬之际，阴雨相仍，所司择日拜郊，或虑临时妨事，宜令别更择日奏闻。"是月，礼仪使奏："今据所司申奏，十月二日冬至，祀昊天上帝于圜丘。今参详十月十七日以后入十一月节，十一月二日冬至一阳生之辰,宜行亲告之礼。"从之。《册府元龟》卷一百九十三。河中奏准,宣诏使有铜牌者,所至即易骑以遣。《册府元龟》卷一百九十一。

十月癸未,大明节,帝御文明殿,设斋僧道,召宰臣、翰林学士预之,诸道节度、刺史及内外诸司使咸有进献。《永乐大典》卷一万六千四百八十七。诏以寇盗未平,凡诸给过所,并令司门郎中、员外郎出给,以杜奸诈。《永乐大典》卷六千九百二十。

十一月癸巳朔,帝斋于内殿,不视朝。甲午,日长至,五更一点自大内出,于文明殿受宰臣以下起居,自五凤楼出南郊,左右金吾、太常、兵部等司仪仗法驾卤簿及左右内直控鹤等引从赴坛,文武百官太保韩建以下班以候,帝升坛告谢。《册府元龟》卷一百九十三。司天台奏:冬至日,自夜半后,祥风微扇,帝座澄明,至晓,黄云捧日。《册府元龟》卷二百二。丙申,畋于上东门外。《册府元龟》卷二百五。戊戌,制曰:

> 夫严亲报本,所以通神明;流泽覃休,所以惠黎庶。斯盖邦家不易之道,皇王自昔之规,敢致大献,兹唯古义。粤朕受命,于今三年,何曾不寅畏晨兴,焦劳夕惕。师唐、虞之典,上则于乾功;挹殷、夏之源,下涵于民极。欲使万方有裕,六辨无怨。然而志有所未孚,理有所未达,致奸宄作衅,旱霾为灾。骄将守边,拥牙旗而背义;积阴驭气,陵玉烛以干和。载考休征,式昭至警。朕是以仰高俯厚,靡惜于责躬;履薄临渊,冀昭于玄览。兢兢栗栗,夙夜匪宁。及夫动干戈而必契灵诛,陈牺斋而克彰善应,苟非天垂丕佑,神赞殊休,则安可致夷凶渠,就不战之功,变沴戾气,作有年之庆。况灵旗北指,丧犬羊于乱辙之间;飞骑西临,下郿、翟若走丸之易。息一隅之烟燧,复千里之封疆。而又扫荡左冯,讨除岷首。故得外戎内夏,益知天命之攸归;喙息蚑行,共识皇基之永固。仰怀昭应,欲报无阶。爰因南至之辰,亲展圜丘之礼。兹惟大庆,必及下民,乃弘涣汗之私,以锡疲赢之幸。所冀渐增苏息,亟致和平。噫!朕自临御以来,

岁时尚迩，氛昏示殄，讨伐犹频。甲兵须议于馈粮，飞挽频劳于编户，事非获已，虑若纳隍。宜所在长吏，倍切抚绥，明加勉谕，每官中抽差徭役，禁猾吏广敛贪求。免至流散靡依，凋弊不济。宜令河南府、开封府及诸道观察使切加钤辖，刺史县令不得因缘赋敛，分外扰人。凡关庶狱，每望轻刑。只候才罢用军，必当便议优给。德音节文内有未该者，宜令所司类例条件奏闻。《册府元龟》卷一百九十一。

己亥，以司门郎中罗廷规充魏博节度副使，知府事，仍改名周翰。时邺王绍威病日甚，虑以后事，故奏请焉。《通鉴考异》引《薛史》。辛丑，幸谷水。《册府元龟》卷二百五。戊午，御文明殿，册太傅张宗奭为太保韩建受册毕，按：原本疑有脱误。金吾仗引升辂车，仪仗导谒太庙讫，赴尚书省上。《册府元龟》卷一百九十九。幸榆林坡阅兵，教诸都马步兵。《册府元龟》卷二百十四。敕改乾文院为文思院，行从殿为兴宅殿，球场为安球场，又改弓箭库殿为宣武殿。《册府元龟》卷一百九十九。灵州奏，凤翔贼将刘知俊率邠、岐、秦、泾之师侵迫州城。帝遣陕州康怀英、华州寇彦卿率兵攻迫邠、宁，以缓朔方之寇。《册府元龟》卷二百十六。　案《五代春秋》：十一月，秦人来侵灵州。陕州康怀英侵秦，克宁、庆、衍三州。秦人来袭，怀英师败于升平。

十二月乙丑腊，较猎于甘泉驿。《册府元龟》卷二百五。以蒲州肇迹之地，且因经略郿、延，于是巡幸数月。暇日游豫至焦梨店，颇述前事，念王重荣旧功，下诏褒奖而封崇之。《册府元龟》卷二百十二。国子监奏："创造文宣王庙，仍请率在朝及天下现任官僚俸钱，每贯每月克一十五文，充土木之值。"允之。是岁，以所率官僚俸钱修文宣王庙。《册府元龟》卷一百九十四。福建节度使王审知奏，舍钱造寺一所，请赐寺额。敕名大梁万岁之寺，仍许度僧四十九人。《册府元龟》卷一百九十国。赠牢墙使王仁嗣司空，故同州押衙史肇右仆射，押衙王彦洪、高汉诠、丘奉言、仇琼并刑部尚书，王筠御史司宪。初，知俊将叛，谋会诸将询所宜，仁嗣等持正不挠，悉罹其酷，至是褒赠之。《册府元龟》卷二百一十。刘守光上言，于蓟州西与兄守文战，生擒守文。《通鉴注》引《薛史》。

开平四年正月壬辰朔，帝御朝元殿，受百官称贺，用礼乐也。《册府元龟》卷二百五。敕："公事难于稽迟，居处悉皆遥远。其逐日当直中书舍人及吏部司封知印郎官、少府监及篆印文兼书写告身人吏等，并宜轮次于中书侧近宿止。"《册府元龟》卷一百九十一。帝出师子门，至榆林坡下阅教。《册府元龟》卷二百十四。壬寅，幸保宁球场，锡宴宰臣及文武百官。赐宰臣张宗奭以下分物有加，赐广王分物。《永乐大典》卷一万六千七百四十六。赐湖南开元寺禅长老可复号惠光大师，仍赐紫衣。《册府元龟》卷一百九十四。案《五代春秋》：正月，燕王守光克沧州。

二月乙丑，幸甘泉亭。《册府元龟》卷二百五。帝出师子门，幸榆林东北坡，教诸军兵事。《册府元龟》卷二百十四。赐潞州投归军使张行恭锦服银带并食。《册府元龟》卷二百十五。丁卯，出光政门至谷水观麦。《册府元龟》卷一百九十八。戊辰，宴于金銮殿。甲戌，以春时无事，频命宰臣及勋戚宴于河南府池亭。辛巳，杨师厚赴镇于陕。寒食假，诸道节度使、郡守、勋臣竞以春服贺。又连清明宴，以鞍辔马及金银器、罗锦进者迨十万，乃御宣威殿，宴宰臣及文武官四品已上。

三月壬辰，幸崇政院，宴勋臣。己亥，幸天骥院，宴侍臣。壬寅，幸甘水亭，宴宰臣、勋戚、翰林学士。辛亥，宴宰臣于内殿。丙辰。于兴安球场大飨六军，乐春时也。《永乐大典》卷一万六千七百四十六。

四月壬戌，诏曰："追养以禄，王者推归厚之恩；欲静而风，人子抱终身之感。其以刑部尚书致仕张策及三品四品常参官二十二人先世，各追赠一等。"《册府元龟》卷二百五十。乙丑，宴崇政院，帝在藩及践阼，励精求理，深戒逸乐，未尝命堂上歌舞。是日，止令内妓升阶，击鼓弄曲甚欢，至午而罢。《册府元龟》卷一百九十七。丁卯，宋州节度使、衡王友谅进瑞麦，一茎三穗。《册府元龟》卷二百二。案《通鉴》云：友谅献瑞麦，帝曰："丰年为上瑞，今宋州大水，安用此为！"诏除本县令名，遣使诘责友谅。《容斋续笔》亦载此事，疑皆采《薛史》原文，而《册府元龟》征引《梁书》有所删节也，谨附载于此。丙戌，幸建春门阅新楼，至七里屯观麦,召从官食于楼。河南张昌孙及蒲、同主事吏赐物各有差。《册府元龟》卷二百五。帝过朝邑,见镇将位在县令上,问左右,或对曰:"宿官秩高。"帝曰:"令长字人也。镇使捕盗耳。且镇将多是邑民,奈何得居民父母上,是无礼也。"至是,敕天下镇使,官秩无高卑,位在邑令下。《册府元龟》卷一百九十一。叶县镇遏使冯德武于蔡州西平县界杀戮山贼,擒首领张渍等七人以献。《册府元龟》卷四百三十五。镇海军节度使钱镠击高澧于湖州,大败之,枭夷擒杀万人,拔其郡,湖州平。先是,澧以州叛入淮南,故诏镠讨之也。《册府元龟》卷二百十六。

五月己丑朔,以连雨不止,至壬辰,御文明殿,命宰臣分拜祠庙。《永乐大典》卷二千六百三十二。自朔旦至癸巳,内外以午日奉献巨万,计马三千蹄,余称是,复相率助修内垒。《册府元龟》卷一百九十七。甲辰,诏曰:"奇邪乱正,假伪夺真,既刑典之不容,宜犯违而勿赦。应东、西两京及诸道州府,制造假犀玉真珠腰带、璧珥并诸色售用等,一切禁断,不得辄更造作。如公私人家先已有者,所在送纳长吏,对面毁弃。如行敕后有人故违,必当极法。仍委所在州府差人检察收捕,明行处断。"《册府元龟》卷一百九十七。魏博节度使、守太师、兼中书令、邺王罗绍威薨,帝哀恸曰:"天不使我一海内,何夺忠臣之速也!"诏赠中书令。《册府元龟》卷二百四。

六月己未朔,诏军镇勿起土功。《册府元龟》卷一百九十一。七月壬子,宴宰臣、河南尹、翰林学士、两街使于甘水亭。丙辰,宴群臣于宣威殿,赐物有差。《册府元龟》卷一百九十七。刘知俊攻逼夏州。《通鉴》:七月,岐王与汾、泾二帅各遣使告晋,请合兵攻定难节度使李仁福,晋王遣振武节度使周德威将兵会之,合五万众围夏州。以宣化军留后李思安为东北面行营都指挥使,陕州节度使杨师厚为西路行营招讨使。《册府元龟》卷二百十六。福州贡方物,献桐皮扇;广州贡犀玉,献舶上蔷薇水。《册府元龟》卷一百九十七。时陈、许、汝、蔡、颍五州境内有蝝为灾,俄而许州上言,有野禽群飞蔽空,旬日之间,食蝝皆尽,是岁乃大有秋。《永乐大典》卷五千一百九。

八月,车驾西征。己巳,次陕府。是时悯雨,且命宰臣从官分祷灵迹，日中而雨，翌日止，帝大悦。《永乐大典》卷二千六百三十二。案《五代春秋》：八月，晋人、秦人来侵夏州。庚午，次陕府。辛未，老人星见。是日，宴本府节度使杨师厚及扈从官于行宫，赐师厚帛千匹，仍授西路行营招讨使。丙子，宴文武从官军使已下，设龟兹乐，赐物有差。《册府元龟》卷一百九十七。

九月丁亥朔，命宰臣于兢赴西都，祀昊天上帝于圜丘。《册府元龟》卷一百九十三。甲午，至西京。下诏曰：

朕闻历代帝王，首推尧、舜；为人父母，孰比禹、汤。睿谋高出于古先，圣德普闻于天下，尚或卑躬待士，屈己求贤。俯仰星云，虑一民之遗逸；网罗岩穴，恐片善之韬藏。延爵禄以征求，设丹青而访召，使其为政，乐在进贤。盖由国有万几，朝称百揆，非才不治，得士则昌。自朕光宅中区，迄今三载，宵分辍寐，日旰忘餐，思共力于庙谋，庶永清于王道。而乃朝廷之内，或未尽于昌言；军旅之间，亦罕闻于奇策。眷言方岳，下及山林，岂无英奇，副我延伫。诸道都督、观察防御使等，或勋高翊世，或才号知人，必于涂巷之贤，备察刍荛之士。诏到，可精搜郡邑，博访贤良，喻之以千载一时，约之以高官美秩，谅无求备，唯在得人。如有卓荦不羁，沉潜自负，通霸王之上略，达文武之大纲，究古今刑政之源，识礼乐质文之变，朕则待之不次，委以非常，用佐经纶，岂劳阶级。如或一言拔俗，一事出群，亦当舍短从长，随才授任。大小方圆之器，宁限九流；温良恭俭之人，难诬十室。勉思荐举，勿至因循，俟尔发扬，慰予翘渴。仍从别敕处分。《册府元龟》卷二百十二。

辛丑，以久雨，命宰臣薛贻矩禜定鼎门，赵光逢祠嵩岳。《永乐大典》卷一千五百二十一。敕：魏博管内刺史，比来州务，并委督邮。遂使曹官擅其威权，州牧同于闲冗，俾循通制，宜塞异端。并依河南诸州例，刺史得以专达。"壬寅，颁夺马令。先是，王师击贼，获马多上献，至是尽止之，盖欲邀其奋击之功也。《册府元龟》卷一百九十一。乙巳，王师败蕃寇于夏州。初，刘知俊诱沙陁振武贼帅周德威、泾原贼帅李继鸾合步骑五万大举，欲俯拾夏台，节度使李仁福兵力俱乏，以急来告。先是，供奉官张汉玫宣谕在壁，国礼使杜廷隐赐币于夏，及石堡寨，闻贼至，以防卒三百人驰入州。既而大兵围合，廷隐、汉玫与指挥使张初、李君用率州民防卒，与仁福部分固守，昼夜戮力逾月。及鄜、延援至，大军奋击，败之。河东、邠、岐贼分路逃遁，夏州围解。《通鉴》：甲申，遣夹马指挥使李遇、刘绾自鄜、延趋银、夏。李遇等至夏州，岐、晋兵皆解去。丙午，诏曰："刘知俊贵为方伯，尊极郡王，而乃背诞朝恩，窜投贼垒，固神人之共怒，谅天地所不容。虽命讨除，尚稽擒戮，宜悬爵赏，以大功名，必有忠贞，咸思愤发。有生擒刘知俊者，赏钱千万，授节度使，首级次之；得孟审登者，钱百万，除刺史；得将孙坑、卓瑰、刘儒、张邻等，赏有差。"《册府元龟》卷二百十六。乙卯，宴会群臣于宣威殿。《册府元龟》卷一百九十七。

旧五代史卷五考证

　　梁太祖纪五襄州都指挥使陈晖　案：《欧阳史》作行营招讨使、左卫上将军陈晖。复收襄州人户归业　案《欧阳史》云：九月壬寅，陈晖克襄州。据是书，则陈晖以壬寅奏捷，非以是日克城。考《通鉴》，克城系九月丁酉，与是书今月五日正合。《欧阳史》盖据奏捷之日而书之耳。以收复襄汉受宰臣以下称贺　案：襄汉下原本衍"收"字，今删正。并令司门郎中员外郎　司门原本作司关。考《五代会要》，有司门郎中，今改正。故得外戎内夏　"内夏"原本讹"内忧"，今改正。辛亥宴宰臣于内殿　案：原本脱"宴"字，今增入。镇海军节度使钱镠击高澧于湖州大败之　案《九国志》：高澧以三年十月叛，四年二月奔吴。是书系于四月，盖以奏闻之月为据。刘知俊攻逼夏州　案《五代春秋》：八月，晋人、秦人侵夏州，与是书及

《通鉴》异。甲午至西京　案：《五代春秋》作九月己丑帝还西都。
《欧阳史》同《通鉴》，作己丑上发陕，甲午至洛阳。国礼使杜廷隐
"廷隐"，原本作"定隐"，下仍作廷隐，今据《九国志》改正。

旧五代史卷六

梁书六

太祖本纪第六

开平四年十月乙亥，东京博王友文入觐，召之也。《册府元龟》卷二百六十八。己卯，以新修天骥院开宴落成，内外并献马，而魏博进绢四万匹为驵价。《册府元龟》卷一百九十。壬午，以冬设禁军，幸兴安鞠场，召文武百官宴。《册府元龟》卷一百九十七。幸开化，大阅军实。《册府元龟》卷二百十四。

十一月丁亥朔，幸广王第作乐。《册府元龟》卷二百五。辛卯，宴文武四品已上于宣威殿。庚戌，幸左龙虎军，宴群臣。甲寅，幸右龙虎军，宴群臣。《册府元龟》卷一百九十七。戊戌，诏曰："自朔至今，暴风未息，谅惟不德，致此咎征。皇天动威，罔敢不惧。宜遍命祈祷，副朕意焉。"差官分往祠所止风。《永乐大典》卷二千六百三十二。己亥，日南至，帝被衮冕御朝元殿，列细仗，奏乐于庭，群臣称贺。帝畋于伊水。《册府元龟》卷一百七十九。乙巳，诏曰："关防者，所以讥异服、察异言也。况天下未息，兵民多奸，改形易衣，觇我戎事。比者有谍皆以诈败，而未尝罪所过地；叛将逃卒窃其妻孥而影附使者，亦未尝诘其所经。今海内未同，而缓法弛禁，非所以息奸诈、止奔亡也。应在京诸司，不得擅给公验。如有出外须执凭由者，其司门过所，先须经中书门下点检，宜委宰臣赵光逢专判出给，俾由显重，冀绝奸源。仍下两京、河阳及六军诸卫、御史台，各加钤辖。公私行李，复不得带挟家口向西。其襄、邓、鄜、延等道，并同处分。"《册府元龟》卷一百九十一。以宁国军节度使王景仁充北面行营都招讨使，潞州副招讨使韩勍为副，相州刺史李思安为先锋使。时镇州王镕、定州王处直叛，结连晋人，故遣将讨之。《册府元龟》卷二百十六。《五代会要》：十一月十四日，司天奏："月蚀，不宜用兵。"时王景仁方总大军北伐，追之不及。至五年正月二日，果为后唐庄宗大败于柏乡。

十二月辛酉，宴文武四品以上于宣威殿。亲阅禁军，命格斗于教马亭。《册府元龟》卷二百十四。己巳，诏曰："滑、宋、辉、亳等州，潦水败伤，人户愁叹，朕为民父母，良用痛心。其令本州分等级赈贷，所在长吏监临周给，务令存济。"壬辰，赈贷东都畿内，如宋、滑制。《册府元龟》卷一百九十五。

乾化元年正月丙戌朔，日有蚀之，帝素服避殿，百官守司以恭天事，明复而止。《永乐大典》卷二千六百三十二。制曰："两汉以来，日蚀地震，百官各上封事，指陈得失。盖欲周知时病，尽达物情，用缉国章，以奉天诫。朕每思逆耳，罔忌触鳞，将治政经，庶开言路。况兹谪见，当有咎征。其在列辟群臣，危言正谏，极万邦之利害，致六合之殷昌。毗予一人，永建皇极。"《永乐大典》卷一万六千三百七十八。二日，日旁有祲气，向背若环耳，崇政使敬翔望之曰："兵可忧矣。"帝为之旰食。是日，果为晋军及镇、定之师所败，都将十余人被擒，余众奔溃。《永乐大典》卷九千三百二十四。庚寅，制曰："扈氏不恭，固难去战；鬼方未服，尚或劳师。其蚁聚余妖，狐鸣丑类，弃天常而拒命，据地险以偷生，言事讨除，将期戡定。问罪止诛于元恶，挺灾可悯于遗黎，每念伤痍，良深愧叹。应天兵所至之地，宜令将帅节级严戒军伍，不得焚烧庐舍，开发丘垅，毁废农桑，驱掠士女。使其背叛之俗，知予吊伐之心。"又制曰："戎机方切，国用未殷，养兵须藉于赋租，税粟尚烦于力役。所在长吏，不得因缘征发，自务贪求，苟有故违，必行重典。立法垂制，详刑定科，传之无穷，守而勿失。中书门下所奏新定格式律令，已颁下中外，各委所在长吏，切务遵行。尽革烦苛，皆除枉滥，用副哀矜之旨，无违钦恤之言。"《册府元龟》卷一百九十一。诏征陕州镇国军节度使杨师厚至京，见于崇勋殿。帝指授方略，依前充北面都招讨使，恩赍甚厚，使督军进发。《册府元龟》卷一百九十九。　案《五代春秋》：二月，晋师侵魏州，杨师厚帅师援邢州，晋人还师。

二月丙辰朔，帝御文明殿，群臣入阁。《册府元龟》卷一百九十七。以蔡州顺化军指挥使王存俨权知军州事。蔡人久习叛朔，刺史张慎思又衰敛无状，帝追慎思至京，而久未命代。右厢指挥使刘行琮乘虚作乱，因纵火驱拥，为渡淮计。存俨诛行琮而抚遏其众，都将郑遵与其下奉存俨为主，而以众情驰奏。时东京留守博王友文不先请，遂讨其乱，兵至鄢陵，上闻之曰："诛行琮功也，然存俨方惧，若临之以兵，蔡必速飞矣。"遂驰使还军，而擢授存俨，蔡人安之。《册府元龟》卷二百十四。壬戌，诏曰："东京旧邦，久不巡幸，宜以今月九日幸东都，扈从文武官委中书门下量闲剧处分。"宰臣上言曰：龙兴天府，久望法驾，但陛下始康愈，未宜涉寒，愿少留清跸。"从之。甲子，幸曜村民舍阅农事。庚午，幸白马坡。《册府元龟》卷二百五。《五代会要》：二月，敕：食人之食者忧人之事，况丞相尊位，参决大政，而堂封未给，且无餐钱，朕甚愧之。宜令食万钱之半。"诏金吾大将军、待制官各奏事。《册府元龟》卷一百九十一。武安军节度使马殷进呈虔州刺史卢延昌笺表。虔州本支郡也，兵甚锐，自得韶州益强大，升为百胜军使。始洪州之陷，卢光稠愿收复使府，立功自效，上因兼授江西观察留后。光稠卒，复命延昌领州事，方伯亦颇慰藉。杨渭遣人伪署爵秩，延昌佯受官牒，礼遣其使，因湖南自表其事曰："郡小寇迫。欲缓其奸谋，且开导贡路，非敢贰也。"以其伪制来自陈，上览奏曰："我方有北事，不可不甚加抚恤。"寻兼授镇南将军节度使观察留后，命使慰劳。《册府元龟》卷二百十五。《九国志》：卢延昌归命于吴，伪乞命于梁。

三月辛卯，以久旱令宰臣分祷灵迹，翌日大澍雨。《永乐大典》卷一千五百二十一。丙申，幸甘水亭，召宰臣、翰林学士、尚书侍郎孔续已下八人扈从，宴乐甚欢。戊戌，幸右龙虎军，召文武官四品已上宴于新殿。甲辰，幸左龙虎军新殿，宴文武官四品已上。

四月丁卯，幸龙虎门，召宰臣、学士、金吾上将军、大将军侍宴广化寺。丁丑，幸宣威殿，宴文武官四品已上及军使、蕃客。己卯，又幸左龙虎军宴群臣。《册府元龟》卷一百九十七。诏曰："邠、岐未灭，关陇多虞，宜择亲贤，总兹戎任。应关西同、雍、华、鄜、延、夏等六道兵马，并委冀王收管指挥。凡有抽差，先申西面都招讨使，仍别奏闻，庶合机权，以宁边鄙。"《册府元龟》卷二百六十九。

五月甲申朔，帝被冕旒御朝元殿视朝，仗卫如式。制改开平五年为乾化元年，大赦天下。《永乐大典》卷五千一百四十九。诏方伯州牧，近未加恩者，并迁爵秩。复大赉军旅，普宴于宣威殿，赐帛各有差。制封延州节度使高万兴为渤海郡王。《册府元龟》卷一百九十六。诸道节度使钱镠、张宗奭、马殷、王审知、刘隐各赐一子六品正员官，高委昌赐一子八品员官，贺德伦赐一子九品正员官。《册府元龟》卷二百一十。癸巳，观稼于伊水，登建春门，幸会节坊张宗奭私第，临亭皋视物色，赏赐甚厚。《册府元龟》卷二百五。诏左银台门，朝参诸司使库使已下，不得带从人入城，亲王许一二人执条床手简，余悉止门外，阑入者抵律。阍守不禁，与所犯同。先时门通内无门籍，且多勋戚，车骑众者，尤不敢呵察。至是有以客星凌犯上言者，遂令止隔。《册府元龟》卷一百九十一。

六月乙卯，命北面都招讨使、镇国军节度使杨师厚出屯邢、洺。丁巳，镇、定钞我汤阴，诏曰："常山背义，易水效尤，诱其蕃戎，动我边鄙，南侵相、魏，东出邢、洺。是用遣将徂征，为人除害。但初颁赦令，不欲食言，宥而伐之，谅非获已。况闻谋始，不自帅臣，致此厉阶，并由奸佞。密通人使，潜结沙陁，既惧罪诛，乃生离叛。今虽行讨伐，已举师徒，亦开诏谕之门，不阻归降之路。矧又王熔、处直未曾削爵除名，若翻然改图，不远而复，必仍旧贯，当保全功。如有率众向明，拔州效顺，亦行殊赏，冀徇来情，免令受弊于疲民，用示惟新于污俗。宜令行营都招讨使及陈晖军前，准此敕文，散加招谕，将安众惧，特举明恩。镇州只罪李弘规一人，其余一切不问。"《册府元龟》卷二百十五。诏修天宫佛寺。又湖南奏："潭州僧法思、桂州僧归真，并乞赐紫衣。"从之。《册府元龟》卷一百九十四。

七月，帝不豫，稍厌秋暑。自辛丑幸会节坊张宗奭私第，宰臣视事于归仁亭子，崇政使、内诸司及翰林院并止于河南令廨署，至甲辰复归大内。《册府元龟》卷二百五。

八月庚申，幸保宁殿，阅天兴控鹤兵事，军使将校各有赐。《册府元龟》卷二百十四。癸亥，老人星见。《册府元龟》卷二百二。戊辰，幸故上阳宫，至于榆林观稼。《册府元龟》卷二百二十。丙子，阅四蕃将军、屯卫兵士于天津桥，南至龙门广化寺。《册府元龟》卷二百十四。戊寅，幸兴安鞠场大教阅，帝自指麾，无不踊抃，坐作进退，声振宫掖。右神武统军丁审衢对御，以红帛囊剑拟乘舆物，帝曰："宿将也。"恕之，以刘重霸代其任。《册府元龟》卷二百九。

九月辛巳朔，帝御文明殿，群臣入阁，刑法待制官各奏事。己丑，宴群臣于兴安殿。《册府元龟》卷一百九十七。庚子，亲御六师，次于河阳。甲辰，至于卫州。乙巳，至于宜沟，幸民刘达墅。丙午，至相州，赏左亲骑指挥使张仙、右云骑指挥使宋铎，尝身先陷阵，各赐帛。《册府元龟》卷二百一十。

十月辛亥朔，驻跸于相州，宰臣洎文武从官并诣行宫起居。户部郎中孔昌序赍留都百官冬朔起居表至自西京，诸道节度使、刺史、诸藩府留后，各以冬朔起居表来上。制以郢王友珪充控鹤指挥使，诸军都虞候阎宝为御营使。《册府元龟》卷二百五。有司以立冬太庙荐享上言，诏丞相杜晓赴西都摄祭行事。《册府元龟》卷一百八十九。癸丑，阅武于州闉之南楼。《册府元龟》卷二百十四。左龙骧都教练使邓季筠、魏博马军都指挥使何令稠、右厢马军都指挥使陈令勋，以部下马瘦并腰斩于军门。《通鉴注》引《薛史》。甲寅，将以其夕幸魏县，命阁门使李郁报宰臣，兼敕内外。丙寅夜，车驾发轫于都署。乙卯，次洹水。丙辰，至魏县。《册府元龟》卷二百五。先锋将黄文靖伏诛。《通鉴注》引《薛史》。己未，帝御朝元门，以回鹘、吐蕃二大国首领入觐故也。癸亥，令诸军指挥使及四蕃将军赐食于行宫之外庑。《册府元龟》卷一百九十七。戊辰，幸邑西之白龙潭以观鱼焉。既而渔人获巨鱼以献，帝命放之中流，从臣以帝有仁恻之心，皆相顾欣然。是日，名

其潭曰万岁潭。《永乐大典》卷一千六百十二。丙子，帝御城东教场阅
兵，诸军都指挥、北面招讨使太尉杨师厚总领铁马步甲十万，广亘
十数里陈焉。士卒之雄锐，部队之严肃，旌旗之杂遝，戈甲之照耀，
屹若山岳，势动天地，帝甚悦焉。即命丞相洎文武从臣列侍赐食，逮
晚方归。《册府元龟》卷二百十四。

　　十一月辛巳朔，上驻跸魏县，从官自丞相而下并诣行宫起居，
留都文武百官及诸道节度使、防御使、刺史、诸藩府留后，各奉表起
居。壬午，帝以边事稍息，宣命还京师。《通鉴》：帝以夹寨、柏乡屡失利，
故力疾北巡，思一雪其耻，意郁郁，多躁忿，功臣宿将往往以小过被诛，众心益
惧。既而晋、赵兵不出。十一月壬午，帝南还。车驾发自行阙，夕次洹水县。
癸未，至内黄县。甲申，至黎阳县。乙酉，命从官丞相而下宴于行次。
丁亥，次卫州。戊子晨，次新乡，夕至获嘉。己丑，次武陟。庚寅，次
温县。《册府元龟》卷二百五。延州节度使高万兴奏，当军都指挥使高
万金统领兵士，今月五日收监州，伪刺史高行存泥首来降。丞相及
文武百官各上表称贺。《册府元龟》卷四百三十五。辛卯，次孟州，命散
骑常侍孙骘、右谏议大夫张衍、光禄卿李翼各赍香、祝版，告祭于孟
津之望祠。《册府元龟》卷一百九十三。留都文武官左仆射杨涉洎孟州
守李周彝等皆匍匐东郊迎拜，其文武官并令先还。壬辰，诘旦离孟
州，晚至都。《册府元龟》卷二百五。宣宰臣各赴望祠祷雨。故事，皆以
两省无功职事为之，帝忧民重农，尤以足食足兵为念，爰自御极，每
愆阳积阴，多命丞相躬其事。辛丑，大雨雪，宰臣及文武师长各奉表
贺焉。

　　十二月，诏以时雪稍愆，命丞相及三省官各诣望祠祈祷。《永乐
大典》卷二千六百三十二。癸酉，腊假，诏诸王与河南尹、左右金吾、六
统军等较猎于近苑。《册府元龟》卷二百五。命大理卿王都使于安南，
左散骑常侍吴蔼使于朗州，皆以旌节官诰锡之也。又命将作少监姜
宏道为朗州旌节官使副。《册府元龟》卷二百十三。《五代会要》：旧制，巡
抚、黜陟、册命、吊赠、入蕃等使，选朝臣为之，其宣慰、加官、送旌节，即以中官
为之，今以三品送旌节，新例也。延州节度使高万兴奏，领军于邠州界

嵩子谷韦家寨，杀戮宁、庆两州贼军约二千余人，并生擒都头指挥使夺马器甲等事。其入奏军将使宣召赴内殿赐对，以银器彩物锡之，宰臣及文武官各奉表贺。是月，魏博节度上言，于泾县北戮杀镇州王熔兵士七千余人，夺马二千余匹，戈甲未知其数，并擒都将以下四十余人。《册府元龟》卷四百三十五。两浙进大方茶二万斤，琢画宫衣五百副。广州贡犀象奇珍及金银等，其估数十万。安南两使留后曲美，《通鉴》：十二月戊午，以静海曲美为节度使。进筒中蕉五百匹，龙脑、郁金各五瓶，他海货等有差。又进南蛮通好金器六物、银器十二并乾陁绫花縵越毡等杂织奇巧者各三十件。福建进户部所支榷课葛三万五千匹。《册府元龟》卷一百九十七。

旧五代史卷六考证

梁太祖纪六相州刺史李思安为先锋使　"相州"原本讹"湘州"，今据《通鉴》改正。向背若环耳　"环耳"原本讹"环尔"，今据《五代会要》改正。以其伪制来自陈　"伪"，原本讹"为"，今改正。守侍中兼中书令刘隐卒　案：刘隐卒，《五代会要》、《五代春秋》俱作五月，惟《通鉴》作三月，与是书异。丁巳镇定抄我汤阴　"汤阴"原本作"荡阴"，今从《通鉴》及《欧阳史》改正。命阁门使李郁报宰臣兼敕内外　案：李郁下原本衍"宝"字，今据《列传》删正。己未帝御朝元门以回鹘吐蕃入觐故也　案：己未，《欧阳史》作乙未。

旧五代史卷七

梁书七

太祖本纪第七

乾化二年正月，宣："上元夜，任诸市及坊市各点彩灯，金吾不用禁夜。"近年以来，以都下聚兵太广，未尝令坊市点灯故也。《册府元龟》卷一百九十一。甲申，以时雪久愆，命丞相及三省官群望祈祷。《永乐大典》卷二千六百三十二。诏曰："谤木求规，集囊贡事，将裨理道，岂限侧言。应内外文武百官及草泽，并许上封事，极言得失。"《册府元龟》卷二百十二。以丁审衢为陈州，而审衢厚以鞍马、金帛为谢恩之献，帝虑其渔民，复其献而停之。《册府元龟》卷二百十五。封保义节度使王檀为琅琊郡王。《册府元龟》卷一百九十六。命供奉官朱峤于河南府宣取先收禁定州进奉官崔腾并慊从一十四人，并释放，仍命押领送至贝州。腾，唐户部侍郎洁之子也。广明丧乱，客于北诸侯，为定州节度使王处存所辟，去载领贡献至阙。未几，其帅称兵，遂絷之。至是，帝念宾介之来，又已出境，特命纵而归焉。《册府元龟》卷二百九。丙戌，有司以孟春太庙荐享上言，命丞相杜晓摄祭行事。《册府元龟》卷一百八十七。丙申夕，荧惑犯房第二星。《永乐大典》卷二万二千五百十六。

二月庚戌，中和节，御崇勋殿，召丞相、大学士、河南尹，略封讫，于万春门外庑赐以酒食。《册府元龟》卷一百九十七。《五代会要》：二月，追封故魏博节度使罗弘信为赵王。癸丑，敕曰："今载春寒颇甚，雨泽仍愆，司天监占以夏秋必多霖潦，宜令所在郡县告喻百姓，备淫雨之患。"《永乐大典》卷一千六百三十二。案《欧阳史》：丁巳，光禄卿卢玭使于唐。庚申，御宣威殿开宴，丞相洎文武官属咸被召列侍，竟日而罢。《册府元龟》卷一百九十七。壬戌，帝将巡按北境，中外戒严，诏以河南尹、守中书令、判六军事张宗奭为大内留守。中书门下奏，差定文武官领务尤切宜扈驾者三十八人。诏工部尚书李皎、左散骑常侍孙骘、左谏议大夫张衍、兵部侍郎刘邈、兵部郎中张俊、光禄少卿卢秉彝并令扈跸。甲子，发自洛师，夕次河阳。案《通鉴》云：至白马顿，赐从官食，多未至，遣骑趣之于路。左散骑常侍孙骘、右谏议大夫张衍、兵部郎中张俊最后至，帝命扑杀之。乙丑，次温县。丙寅，次武陟。怀州刺史段明远迎拜于境上，其内外所备，咸丰需焉。丁卯，次获嘉。戊辰，次卫州之新乡。己巳，晨发卫州，夕止淇门，内衙十将使以十指挥兵士至于行在。辛未，驻跸黎阳。癸酉，发自黎阳，夕次内黄。甲戌，次昌乐县。丁丑，次于永济县。青州节度使贺德伦奏，统领兵士赴历亭军前。戊寅，至贝州，命四丞相及学士李琪、卢文度、知制诰窦赏等十五人扈从，其左常侍韦戬等二十三人止焉。己卯，发自贝州，夕驻跸于野落。

三月庚辰朔，次于枣强县之西原。《通鉴》：辛巳，至下博南，登观津冢。赵将符习引数百骑巡逻，不知是帝，遽前遍之。或告曰："晋兵大至矣！"帝弃行幄，亟引兵趣枣强，与杨师厚军合。丙戌，镇、定诸军招讨使杨师厚奏下枣强县，车驾即日疾驰南还。丁亥，复至贝州。庚寅，杨师厚与副招讨李周彝等准诏来朝。《册府元龟》卷二百二。案《五代春秋》：二月，侵赵，克枣强，进次蓨县围之。晋人救蓨，帝还师。沧州张万进以地来归。辛卯，诏丞相、翰林大学士、文武从官、都招讨使及诸军统指挥使等，赐食于行殿。壬辰，命以羊酒等各赐从官。《册府元龟》卷一百九十七。甲午，幸贝州之东阓阅武。乙未，帝复幸东阓阅骑军。《册府元龟》卷二百十四。敕以攻下枣强县有功将校杜晖等一十一人，并超加检校官衔官，宋彦等二十五人并超授军职。《册府元龟》卷二百一十。丙午，次济源县。诏曰："淑律将迁，亢阳颇甚，宜令魏州差官祈祷龙潭。"戊申，诏曰："雨泽愆期，祈祷未应，宜令宰臣各于魏州灵祠精加祈祷。"《永乐大典》卷二千六百三十二。《五代会要》：三月，诏曰："夫隆兴邦国，必本于人民;惠养疲羸,尤资于令长。苟选求之逾滥,固抚理之乖违。如闻吏部拟官,中书除授,或缘亲旧所请,或为势要所干,姑徇私情,靡求才实,兹念蠹弊,宜举条章。今后应中书用人及吏部注拟,并宜省藩身之才业,验为政为否臧,必有可观,方可任用。如或尚行请说,犹假货财,其所司人吏,必当推穷,重加惩断。"

四月己酉,幸魏州金波亭,赐宴宰臣、文武官及大学士。《册府元龟》卷二百五。甲寅夕,月掩心大星。丙辰,敕:"近者星辰违度,式在修禳,宜令两京及宋州、魏州取此月至五月禁断屠宰。仍各于佛寺开建道场,以迎福应。"《永乐大典》卷二千六百三十二。己未,次黎阳县。《通鉴》:乙卯,博王友文来朝,请帝还东都。丁巳,发魏州。己未,至黎阳,以疾淹留。东都留守官吏奉表起居,赐丞相从官酒食有差。己巳,至东都,博王友文以新创食殿上言,并进准备内宴钱三千贯、银器一千五百两。辛未,宴于食殿,召丞相、文武从官等侍焉。《册府元龟》卷一百九十七。帝泛九曲池,御舟倾,帝堕溺于池中,宫女侍官扶持登岸,惊悸久之。《永乐大典》卷一千五百二。制加建昌宫使、金紫光禄大夫、检校司徒、开封尹、博王友文为特进、检校太保,兼开封尹,依前建昌宫使充东都留守。《册府元龟》卷二百六十九。戊寅,车驾发自东京,夕次中牟县。

五月己卯朔,从官文武自丞相而下,并诣行殿起居,亲王及诸道藩帅咸奉表来上。庚辰,发自郑州,至荥阳,河南尹魏王宗奭望尘迎拜,河阳留后邵瓒、怀州刺史段明远等逦迤来迎。夕次汜水县,帝召魏王宗奭入对,便于御前赐食,数刻乃退。壬午,驻跸于汜水,宰臣、河南尹、大学士并于内殿起居,敕以建昌宫事委宰臣于兢领之。《五代会要》:其年六月,废建昌宫,以河南尹、魏王张宗奭为国计使,凡天下金谷兵戎旧隶建昌宫者悉主之。癸未,帝发自汜水,宣令邵瓒、段明远各归所理。午憩任村顿,夕次孝义宫。留都文武礼部尚书孔绩而下道左迎拜。次偃师。甲申,至都,文武臣奉迎于东郊。《册府元龟》卷二百五。宰臣薛贻矩抱恙在假,不克扈从,宣问旁午,仍命且驻东京以俟良愈。及薨,帝震悼颇久,命洛苑使曹守珽往吊祭之,又命辍六日、七日、八日朝参,丞相、文武并诣上阁门进名奉慰。《册府元龟》卷三百一十九。**丁亥**，以彗星谪见，诏两京见禁囚徒大辟罪以下，递减一等，限三日内疏理讫闻奏。《永乐大典》卷二千六百三十二。《五代会要》：彗见于灵台之西，至五月始降赦宥罪，以答天谴。又云：五月壬戌夜，荧惑犯心大星，去心四度，顺行。司天奏："大星为帝王之星，宜修省以答天谴。"诏曰："生育之人，爱当暑月；乳哺之爱，方及薰风。傥肆意于刲屠，岂推恩于长养，俾无殄暴，以助发生。宜令两京及诸州府，夏季内禁断屠宰及采捕。天民之穷，谅由赋分；国章所在，亦务兴仁。所在鳏寡孤独、废疾不济者，委长吏量加赈恤。史载葬枯，用彰轸恤；礼称掩骼，将致和平。应兵戈之地，有暴露骸骨，委所在长吏差人专功收瘗。国疗之文，尚标七祠；良药之市，亦载三医。用怜无告之人，宜征有喜之术。凡有疫之处，委长吏检寻医方，于要路晓示。如有家无骨肉兼困穷不济者，即仰长吏差医给药救疗之。《册府元龟》卷一百九十五。**辛卯**，诏曰："亢阳滋甚，农事已伤，宜令宰臣于兢赴中岳，杜晓赴西岳，精切祈祷。其近京灵庙，宜委河南尹，五帝坛、风师雨师、九宫贵神，委中书各差官祈之。"《永乐大典》卷二千六百三十二。　　《通鉴》：闰月壬戌，帝疾甚，谓近臣曰："我经营天下三十年，不意太原余孽更昌炽如此，吾观其志不小，天复夺我年，我死，诸儿非彼敌也，吾无葬地矣！"因哽咽，绝而复苏。帝长子郴王友裕早卒。次假子友文，帝特爱之，常留守东都，兼建昌宫使。次郢王友珪，其母亳州营倡也，为左右控鹤都指挥使。次均王友贞，为东都马步都指挥使。帝虽未以友文为太子，意常属之。　　案《通鉴》：初，元贞张皇后严整多智，帝敬惮之，后殂，帝纵意声色，诸子虽在外，常征其妇人侍，帝往往乱之。友文妇王氏色美，帝尤宠之，虽未以友文为太子，帝意常属之。友珪心不平。友珪尝有过，帝挞之，友珪益不自安。帝疾甚，命王氏召友文于东都，欲与之诀，且付以后事。友珪妇张氏亦朝夕侍帝侧，知之，密告友珪曰："大家以传国宝付王氏怀往东都，吾属死无日矣。"夫妇相泣，左右或说之曰："事急计生，何不改图，时不可失。"六月丁丑朔，帝命敬翔出友珪为莱州刺史，即令之官。已宣旨，未行敕。时左迁者多追赐死，友珪益恐。戊寅，友珪易服微行入左龙虎军，见统军韩勍，以情告。勍亦见功臣宿将多以小过被诛，惧不自保，遂相与合谋。勍以牙兵五百人从友珪杂控鹤士入，伏于禁中，夜斩关入，至寝殿，侍疾者皆散走。帝惊起，问："反者为谁？"友珪曰："非他人也。"帝曰："我固疑此贼，恨不早杀之。汝悖逆如此，天地岂容汝乎！"友珪曰："老贼万段！"仆夫冯廷谔刺帝腹，刃出于背。友珪自以败毡里之，瘗于寝殿，秘不发丧。遣供奉官丁昭溥驰诣东都，命均王友贞杀友文。己卯，矫诏称："博王友文谋逆，遣兵突入殿中，赖郢王友珪忠孝，将兵诛之，保全朕躬。然疾因震惊，弥致危殆，宜令友珪权主军国之务。"韩勍为友珪谋，多出府库金帛，赐诸军及百官以取悦。辛巳，丁昭溥还，闻友文已死，乃发丧，宣遗制，友珪即皇帝位。今考友珪弑逆之事，《薛史》原文《永乐大典》已佚，《册府元龟》亦无所征引，谨附录《通鉴》于此。**友珪葬太祖于伊阙县，号宣陵。**《永乐大典》卷一万八千三百十四。　　案《五代会要》：太祖崩年六十一。中书侍郎、平章事杜晓撰哀册文，门下侍郎、平章事赵光逢撰谥册文，太常卿李燕撰谥议。又案：友珪篡位后诸伪政，考《薛史》之体，应附见太祖纪后。今原本已佚，而其事散见诸臣列传者，犹可考见，今不复援引他书补载于后焉。《五代史补》：太祖朱全忠，黄巢之先锋。巢入长安，以刺史王铎围同州，太祖遂降，铎承制拜同州刺史。黄巢灭，淮、蔡间秦宗权复盛，朝廷以淮、蔡与汴州相接，太祖汴人，必究其能否，遂移授宣武军节度使以讨宗权，未几灭之。自是威福由己，朝廷不能制，遂有天下。先是，民间传谶曰"五公符"，又谓之"李淳风转天歌"，其字有"八牛之年"，识者以"八牛"乃"朱"字，则太祖革命之应焉。　　太祖之用兵也，法令严峻，每战，逐队主帅或有没而不反者，其余皆斩之，谓之"跋队斩"。自是战无不胜。然健儿且多窜匿州郡，疲于追捕，因下令文面，健儿文面自此始也。《五代史阙文》：世传梁太祖迎昭宗于凤翔，素服待罪，昭宗佯为鞋系脱，呼梁祖曰："全忠为吾系鞋。"梁祖不得已，跪而结之，汗流浃背。时天子扈跸尚有卫兵，昭宗意谓左右擒梁祖以杀之，其如无敢动者。自是梁祖被召多不至，尽去昭宗禁卫，皆用汴人矣。臣谨案：梁祖以天复三年迎唐昭宗于岐下，岁在甲子，其年改天祐，至国初建隆庚申岁，才五十六年矣，然则乾德七十岁人皆目睹其事。盖唐室自懿宗失政，天下乱离，故武宗以下实录，不传于世。昭宗一期，全无记注。梁祖在位止及六年，均王朝诏史臣修梁祖实录，岐下系鞋之事，耻而不书。晋天福中，史臣张昭重修《唐史》，始有《昭宗本纪》，但云即位之始，有会昌之风，岐阳事迹，不能追补。此亦明唐昭宗有英睿之气，而衰运不振，又明左右无忠义奋发之臣，致梁祖得行其志。有所警戒，不可不书。

旧五代史卷七考证

梁太祖纪七仍命押领送至贝 "贝"原本讹"具",今据《通鉴》改正。略封讫 案:此下疑有阙文,今无可校,姑仍之。晨发卫州案:原本脱"发"字,今据文增入。三月庚辰朔次于枣强县之西原案《通鉴》:辛巳,趣枣强,与是书异。丙戌奏下枣强县车驾即日南还丁亥复至贝州 案《通鉴》:帝以蓚县未下,引兵攻之。丁亥,始至县西。戊子,至冀州,与是书异地。又按《五代春秋》:二月侵赵,克枣强,与是书异月。四月己酉幸魏州 案《通鉴》:乙巳,帝发贝州。丁未,至魏州,俱在三月,与是书异。宜征有喜之术 "有喜"原本讹"有嘉",今改正。九宫贵神 "贵神"原本讹"降神",今据《通典》及《新唐书》《礼志》改正。

旧五代史卷八
梁书八

末帝本纪上

末帝讳瑱，案：《永乐大典》原本误作"项"，《册府元龟》误作"项"，今从《欧阳史》校正。初名友贞，及即位，改名锽，贞明中又改今讳。太祖第四子也。母曰元贞皇后张氏。以唐文德元年戊申岁九月十二日生于东京。帝美容仪，性沉厚寡言，雅好儒士。唐光化三年，授河南府参军。太祖受禅，封均王。时太祖初置天兴军，最为亲卫，以帝为左天兴军使。开平四年夏，进位检校司空，依前天兴军使，充东京马步军都指挥使。

乾化二年六月三日，庶人友珪弑逆，矫太祖诏，遣供奉官丁昭浦驰至东京，密令帝害博王友文。友珪即位，以帝为东京留守，行开封府尹，检校司徒。友珪以篡逆居位，群情不附。会赵岩至东京，从帝私宴，因言及社稷事，帝以诚款谋之，岩曰："此事易如反掌，成败在招讨杨令公之手，但得一言谕禁军，其事立办。"岩时典禁军，洎还洛以谋告侍卫亲军袁象先。帝令腹心马慎交之魏州见师厚，且言成事之日，赐劳军钱五十万缗，仍许兼镇。慎交，燕人也，素有胆辨，乃说师厚曰："郢王杀君害父，篡居大位，宫中荒淫，靡所不至。洛下人情已去，东京物望所归，公若因而成之，则有辅立之功，讨贼之效。"师厚犹豫未决，谓从事曰："吾于郢王，君臣之分已定，无故改图，人谓我何！"慎交曰："郢王以子弑父，是曰元凶。均王为君为亲，正名仗义。彼若一朝事成，令公何情自处！"师厚惊曰："几误计耳！"

乃令小校王舜贤至洛,密与赵岩、袁象先图议。时有左右龙骧都在东京,帝伪作友珪诏,遣还洛下。先是,刘重遇部下龙骧一指挥于怀州叛,经年搜捕其党,帝因遣人激怒其众曰:"郢王以龙骧军尝叛,追汝等洛下,将尽坑之。"翌日,乃以伪诏示之,案《通鉴考异》云:《梁太祖实录》:"丙戌,东京言龙骧军准诏追赴西京,军情不肯进发。"实友贞征之,非友贞伪作,但激怒言坑之耳。诸军忧恐,将校垂泣告帝,乞指生路。帝谕之曰:"先帝三十余年,经营社稷,千征万战,尔等皆曾从行。今日先帝尚落人奸计,尔等安所逃避。"因出梁祖御像以示诸将,帝歔欷而泣曰:"郢王贼害君父,违天逆地,复欲屠灭亲军,尔等苟能自趣洛阳,擒取逆竖,告谢先帝,即转祸为福矣。"众踊跃曰:"王言是也。"皆呼万岁,请帝为主,时友珪改元之二月十五日也。帝乃遣人告赵岩、袁象先、傅晖、朱珪等。十七日,象先引禁军千人突入宫城,遂诛友珪。事定,象先遣赵岩赍传国宝至东京,请帝即位于洛阳。帝报之曰:"夷门,太祖创业之地,居天下之冲,北拒并、汾,东至淮海,国家藩镇,多在厥东,命将出师,利于便近,若都洛下,非良图也。公等如坚推戴,册礼宜在东京,贼平之日,即谒洛阳陵庙。"

是月,帝即位于东京,乃去友珪伪号,称乾化三年。诏曰:

我国家赏功罚罪,必叶朝章;报德伸冤,敢欺天道。苟显违于法制,虽暂滞于岁时,终振大纲,须归至理。重念太祖皇帝,尝开霸府,有事四方。迨建皇朝,载迁都邑,每以主留重务,居守难才,慎择亲贤,方膺寄任。故博王友文,才兼文武,识达古今,俾分忧于在浚之郊,亦共理于兴王之地,一心无易,二纪于兹。尝施惠于士民,实有劳于家国。去岁郢王友珪,常怀逆节,已露凶锋,将不利于君亲,欲窃窥于神器。此际值先皇寝疾,大渐日臻,博王乃密上封章,请严宫禁,因以莱州刺史授于郢王友珪,才睹宣头,俄行大逆。岂有自纵兵于内殿,却翻事于东都,又矫诏书,枉加刑戮,仍夺博王封爵,又改姓名,冤耻两深,欺诳何极。伏赖上玄垂佑,宗社降灵,俾中外以叶谋,致遐迩之共怒,寻平内难,获剿元凶,既雪耻于同天,且免讥于共国。朕方期遹世，敢窃临人，遽迫推崇，爰膺缵嗣。冤愤既伸于幽显，霈泽宜及于下泉。博王宜复官爵，仍令有司择日归葬云。

三月丁未，制曰："朕仰膺天眷，近雪家仇，旋闻将相之谋，请绍祖宗之业。群情见迫，三让莫从，祗受推崇，惧不负荷。方欲蒸尝寝庙，禋类郊丘，合征文体之辞，用表事神之敬。其或于文尚浅，在理未周，亦冀随时，别图制义。虽臣子行孝，重更名于已孤；而君父称尊，贵难知而易避。今则虔遵古典，详考前闻，允谐龟筮之占，庶合帝王之道。载惟凉德，尤愧嘉名，中外群僚，当体朕意。宜改名锽。"庚戌，以天雄军节度使、充潞州行营都招讨使、开府仪同三司、检校太尉、兼侍中、弘农郡王杨师厚为检校太师、兼中书令，进封邺王。壬戌，以夏州节度使、检校太尉、同平章事李仁福为检校太师，进封陇西郡王。戊辰，以邢州保义军留后、检校太保戴思远为检校太傅，充邢州节度使。庚午，以镇东军节度副使、充两浙西面都指挥使、行睦州刺史马绰为检校太傅、同平章事，领秦州雄武军节度使，进封开国侯。是月，文武百官上言，请以九月十二日帝降诞日为明圣节，休假三日。从之。

夏四月癸未，以西京内外诸军马步军都指挥使、检校司徒、左龙虎统军、濮阳开国侯袁象先为特进、检校太保、同平章事，充镇南军节度、江南西道观察处置等使、开封尹、判在京马步诸军事，进封开国公，增食邑一千户。丁酉，宣义军节度副大使、知节度事、郑滑濮等州观察使、检校太傅、长沙郡开国公罗周翰加特进、驸马都尉。

五月乙巳，天雄军节度使杨师厚及刘守奇率魏、博、邢、洺、徐、兖、郓、滑之众十万讨镇州。庚戌，营于镇之南门外。壬子，晋将史建瑭自赵州领骑五百入于镇州，师厚知其有备，自九门移军于下博。刘守奇以一军自贝州掠冀州衡水、阜城，陷下博。师厚自弓高渡御河，迫沧州，张万进惧，送款，师厚表请以万进为青州节度使，以刘守奇为沧州节度使。诏曰："太祖皇帝六月二日大忌。朕闻姬周已还，并用通丧之礼；炎汉之后，方行易月之仪。历代相沿，万几斯重，遂为故实，难遽改更。朕顷遭家冤，近平内难，倏临祥制，俯迫忌辰,音容永远而莫追,号感弥深而难抑。将欲表宅忧于中禁,是宜辍听政于外朝,虽异常仪,愿申罔极。宜辍五月二十二日至六月二十九日朝参,军机急切公事,即不得留滞,并仰画时闻奏施行。"宰臣文武百官三上表,以国忌废务多日,请依旧制。诏报曰:"朕闻礼非天降,固可酌于人情;事系孝思,谅无妨于国体。今以甫临忌日,暂辍视朝,冀全哀感之情,用表始终之节。宰臣等累陈章表,备述古今,虑以万几之繁,议以五月之请。虽兹垦切,难尽允俞。况保身方荷于洪基,敢言过毁;而权制获申于至性,必在得中。宜自今月二十九日辍至六月七日,无烦抑请,深体朕怀。"

六月戊子,以沧州顺化军节度使、并潞镇定副招讨使、检校太傅、同平章事张万进为青州节度使。

秋九月甲辰,以光禄大夫、守御史大夫、吴兴郡开国侯姚洎为中书侍郎、平章事。十二月庚午,以前郓州节度、检校司徒、食邑二千户、福王友璋为许州节度使、检校太保。是月,晋王收幽州,执伪燕主刘守光及其父仁恭归晋阳。

乾化四年春正月壬寅,以青州节度使张万进为兖州节度使、检校太尉。二月甲戌,以感化军节度使、华商等州观察使、检校太傅、同平章事、太原郡开国公康怀英为大安尹,充永平军节度使,大安金棣等州观察处置使。夏四月丁丑,以守司空、平章事于兢为工部侍郎,寻贬莱州司马,以其挟私与军校迁改故也。是日,以行营左先锋马军使、濮州刺史王彦章为澶州刺史,充行营先锋步军都指挥使,加光禄大夫、检校太保,封开国伯。以永平军节度使、检校太傅、同平章事刘鄩为开封尹,遥领镇南军节度使。五月癸丑,朔方军留后、检校司徒韩洙起复,授朔方军节度使、检校太保。

秋七月,晋王率师自黄泽岭东下,寇邢、洺,魏博节度使杨师厚军于漳水之东。晋将曹进金来奔,晋军遂退。

九月,徐州节度使王殷反。时朝廷以福王友璋镇徐方,殷不受代,乃下诏削夺殷在身官爵,仍令却还本姓蒋,便委友璋及天平军节度使牛存节、开封尹刘鄩等进军攻讨。是时,蒋殷求救于淮南,杨溥遣大将朱瑾率众来援,存节等逆击,败之。

贞明元年春,牛存节、刘郭拔徐州,案:牛存节等克徐州,《薛史》本纪及《蒋殷传》俱不书月,《五代春秋》及《欧阳史》皆作正月,《通鉴》作二月,据《通鉴考异》引《朱友贞传》又作乾化四年十一月,《通鉴》属传闻之辞,当以《薛史》为正。逆贼蒋殷举族自燔而死,于火中得其尸,枭首以献。诏福王友璋赴镇。

闰二月甲午,延州节度使、太原西面招讨应接使、检校太师、兼中书令、渤海郡王高万兴进封渤海王。

三月辛酉朔,以天平军节度副大使、知节度事、兼淮南西北面行营招讨应接等使、检校太傅、同平章事牛存节为检校太尉,加食邑一千户,赏平徐之功也。丁卯,以右仆射兼门下侍郎、同平章事、监修国史、判度支赵光逢为太子太保致仕。魏博节度使杨师厚薨,辍视朝三日。初,师厚握强兵,据重镇,每邀朝廷姑息,及薨,辍视朝三日,或者以为天意。租庸使赵岩、租庸判官邵赞献议于帝曰:"魏博六州,精兵数万,蠹害唐室百有余年。罗绍威前恭后倨,太祖每深含怒。太祖尸未属纩,师厚即肆阴谋。盖以地广兵强,得肆其志,不如分削,使如身使臂,即无不从也。陛下不以此时制之,宁知后人之不为杨师厚耶!若分割相、魏为两镇,则朝廷无北顾之患矣。"案《通鉴考异》引《庄宗列传》,宰相敬翔与赵岩、邵赞同议。《薛史》无敬翔名,《通鉴》从《薛史》。帝曰:"善。"即以平卢军节度使贺德伦为天雄军节度使,遣刘郭率兵六万屯河朔。诏曰:"分疆裂土,虽赏勋劳;建节屯师,亦从机便。比者魏博一镇,巡属六州,为河朔之大藩,实国家之巨镇。所分忧寄,允谓重难;将叶事机,须期通济。但缘镇、定贼境,最为魏、博亲邻;其次相、卫两州,皆控泽、潞山口。两道并连于晋土,分头常寇于魏封。既须日有战争,未若俱分节制。免劳兵力,因奔命于两途;稍泰人心,俾安居于终日。其相州宜建节度为昭德,以澶、卫两州为属郡,以张筠为相州节度使。"

己丑,魏博军乱,囚节度使贺德伦。是时,朝廷既分魏博六州为两镇,命刘郭统大军屯于南乐,以讨王熔为名,遣澶州刺史、行营先锋步军都指挥使王彦章领龙骧五百骑先入于魏州,屯于金波亭。诏以魏州军兵之半隶于相州,并徙其家焉。又遣主者检察魏之帑廪。既而德伦促诸军上路,姻族辞决,哭声盈巷。其徒乃相聚而谋曰:"朝廷以我军府强盛,故设法残破。况我六州,历代藩府,军门父子,姻族相连,未尝远出河门,离亲去族,一旦迁于外郡,生不如死。"三月二十九日夜,魏军乃作乱,放火大掠,首攻龙骧军,王彦章斩关而遁。迟明,杀德伦亲军五百余人于牙城,执德伦置之楼上。有效节军校张彦者,最为粗暴,胆气伏人,乃率无赖辈数百,止其剽掠。是日,魏之士庶被屠戮者不可胜纪。

　　帝闻之,遣使赍诏安抚,案《通鉴》:夏四月,帝遣供奉官扈异抚谕魏国。仍许张彦除郡厚赐,将士优赏。彦等不逊,投诏于地,侮骂诏使,因迫德伦飞奏,请隙复相、卫,抽退刘郡军。帝复遣谕曰:"制置已定,不可改易。"如是者三。彦等奋臂南向而骂曰:"佣保儿,敢如是也!"复迫德伦列其事。时有文吏司空颋者,甚有笔才,彦召见,谓曰:"为我更草一状,词宜抵突,如更敢违,则渡河掳之。"乃奏曰:"臣累拜封章,上闻天听,在军众无非共切,何朝廷皆以为闲。半月三军切切,而戈矛未息;一城生聚皇皇,而控告无门。惟希俯鉴丹衷,苟从众欲,须垂圣允,断在不疑。如或四向取谋,但虑六州俱失。言非意外,事在目前。"张彦又以杨师厚先兼招讨使,请朝廷依例授之,故复逼德伦奏曰:"臣当道兵甲素精,貔貅极锐,下视并、汾之敌,平吞镇、定之人。特乞委臣招讨之权,试臣汤火之节,苟无显效,任赐明诛。"诏报曰:"魏、博寇敌接连,封疆悬远,凡于应赴,须在师徒。是以别建节旄,各令捍御,并、镇则委魏、博控制,泽、潞则遣相、卫枝梧。咸逐便安,贵均劳逸,已定不移之制,宜从画一之规。至于征伐事权,亦无定例。且临清王领镇之日,罗绍威守藩以来,所领事衔,本无招讨。只自杨师厚先除陕、滑二帅,皆以招讨兼权,因兹带过邺中,原本不曾落下,苟循事体,宁肯施行。况今刘郡指镇、定出征,康怀英往邠、岐进讨,祗令统帅师旅,亦无招讨使衔。切宜遍谕群情,勿兴浮议,倚注之意,卿宜体之。"诏至,张彦坏裂,抵之于地,谓德伦曰："梁主不达时机,听人穿鼻,城中扰攘,未有所依。我甲兵虽多,须资势援,河东晋王统兵十万,匡复唐朝,世与大梁仇仇。若与我同力,事无不济,请相公改图,以来多福。"德伦不得已而从之,乃遣牙将曹廷隐奉书求援于太原。彦使德伦告谕军城曰:可依河东称天祐十二年,此后如有人将文字于河南往来,便仰所在处置。"

是月,邠州留后李保衡以城归顺。案:《通鉴考异》引《蜀书》《刘知俊传》,保衡作彦康,盖保衡为杨崇本养子,故名彦康,追杀其子彦鲁而降梁,始复其本姓也。《五代春秋》、《欧阳史》、《通鉴》俱作《薛史》作保衡。保衡,杨崇本养子也。崇本乃李茂贞养子,任邠州二十余年,去岁为其子彦鲁所毒。彦鲁领知州事五十余日,保衡杀彦鲁送款于帝,即以保衡为华州节度使,以河阳留后霍彦威为邠州节度使。

五月,晋王率师赴魏州。节度使牛存节薨。是月,凤翔李茂贞遣伪署泾州节度使刘知俊率师攻邠州,以李保衡归顺故也。自是凡攻围十四月,节度使霍彦威、诸军都指挥使黄贵坚守捍寇,会救军至,岐人乃退。

六月庚寅,晋王入魏州,以贺德伦为大同军节度使,举族迁于晋阳。是月,晋人陷德州。秋七月,又陷澶州,刺史王彦章弃城来奔。案《通鉴》:晋人夜入澶州,刺史王彦章在刘鄩营,晋人获其妻子。《薛史》《王彦章传》亦云晋人攻陷澶州,彦章举家陷没。是澶州陷时,彦章未尝在城也。是月,刘鄩自洹水潜师由黄泽路西趋晋阳,至乐平县,值霖雨积旬,乃班师还。次宗城,遂至贝州,军于堂邑。遇晋军,转斗数十里,晋军稍退。翌日,鄩移军于莘。

八月,贺瑰收复澶州。

九月,以行营先锋步军都指挥使、行澶州刺史、检校太保王彦章为汝州防御使,依前行营先锋步军都指挥使。壬午,正衙命使册德妃张氏。是夕,妃薨。

冬十月辛亥,康王友孜谋反,伏诛。是夕,帝于寝殿熟寐,忽闻御榻上宝剑有声,帝遽起视之,而友孜之党已入于宫中,帝挥之获免。《清异录》:末帝夜于寝间擒刺客,乃康王友孜所遣,帝自戮之。造云母匣贮所用剑,名匣曰"护圣将军之馆"。壬午,葬德妃张氏。

十一月乙丑,改乾化五年为贞明元年。十二月乙未,诏升华原县为崇州静胜军,以美原县为裕州,以为属郡。以伪命义胜军节度使、鼎耀等州观察使、特进、检校太保、同平章事李彦韬为特进、检校太傅、同平章事,充静胜军节度使、崇裕等州观察使、河内郡开国侯,仍复本姓温,名昭图。昭图,华原贼帅也。李茂贞以为养子,以华原为耀州,美原为鼎州,伪命昭图为节度使。至是归款,故有是命。

贞明二年春正月庚申,以皇伯父宋州节度使、开府仪同三司、检校太师、兼中书令、广王全昱为守中书令,余如故。《通鉴》:二年春正月,宣武节度使、守中书令、广德靖王全昱卒。以浙江东道营田副使、检校太傅、前常州刺史杜建徽遥领泾州节度使。

二月丙申,右仆射、门下侍郎、平章事、诸道监铁转运等使杨涉罢相,守左仆射。涉累上章以疾辞位,故有是命。是月,许州节度使王檀、河阳节度使谢彦章、郑州防御使王彦章率师自阴地关抵晋阳,急攻其垒,不克而旋。

三月,刘鄩率师与晋王大战于故元城,鄩军败绩。先是,鄩驻于莘,帝以河朔危急,师老于外,饷馈不充,遣使赐鄩诏,微有责让。鄩奏以寇势方盛,未可轻动。帝又问鄩决胜之策,鄩奏曰:"但人给粮十斛,尽则破敌。"帝不悦,复遣促战。鄩召诸将会议,诸将欲战,鄩默然。一日,引军攻镇定之营,彼众大骇,上下腾乱,俘斩甚众。时帝遣偏将杨廷直领军万余人屯澶州以应鄩,既而晋王诈言归太原,刘鄩以为信。是月,召杨廷直会于魏城下,鄩自莘率军亦至,与廷直会。既而晋王自贝州至,鄩引军渐退,至故元城西,与晋人决战,大为其所败。追袭至河上,军士赴水死者甚众,鄩自黎阳济河奔滑州。己巳,制以鄩为滑州宣义军节度副大使,知节度使事。晋人攻卫州,陷之,又陷惠州。

夏四月乙酉朔,威武军节度使、守太傅、兼中书令、闽王王审知赐号忠勤保安兴国功臣,余如故。晋人陷洺州。癸卯夜,捉生都将李霸作乱，龙骧都将杜晏球讨平之。时遣捉生军千人戍杨刘，军出宋门外。是夜，由水门复入。二鼓大噪，火发烛城，李霸与其徒燔建国门，不克。龙骧都将杜晏球屯鞠场，闻乱兵至，率骑击之，乱军退，走马登建国门。晏球奏曰："乱者惟李霸一军，但守宫城，迟明臣必破之。"未明，晏球诛霸及其同恶，京师方定。是月，以行营先锋步军都指挥使、汝州防御使王彦章为郑州防御使，依前先锋步军都指挥使。

五月，晋军还太原。六月，晋人急攻邢州，帝遣捉生都将张温率步骑五百人入于邢州，至内黄，温率众降于晋人。秋七月甲寅朔，晋王自太原至魏州，节度使张筠弃城奔京师，邢州节度使阎宝以城降于晋王。壬戌，以淮南镇海镇东等军节度使、充淮南宣润等道四面行营都统、开府仪同三司、尚父守尚书令、吴越王钱镠为诸道兵马元帅，余如故。以左仆射杨涉为太子太傅致仕。

八月丁酉，以开府仪同三司、太子太保致仕赵光逢为司空兼门下侍郎、平章事、弘文馆大学士、延资库使，充诸道盐铁转运使。

九月，晋王还太原。沧州节度使戴思远弃城来奔。晋人陷贝州。《欧阳史》本纪：二年九月，晋人克贝州，守将张源德死之。又，《死事传》略云：太祖时，源德自金吾卫将军为蔡州刺史。贞明元年，魏博节度使杨师厚卒，末帝分魏、相等六州为两镇，遣刘鄩将兵万人屯于魏。魏军叛降晋，源德为邢守贝州。晋王入魏，诸将欲先击贝州，晋王曰："贝城小而坚，攻之难卒下。"乃先袭破德州，然后以兵五千攻源德。源德坚守不下，晋军堑而围之。已而刘鄩大败于故元城南，走黎阳，六镇数十州之地皆归晋，独贝一州围之逾年不可下。源德守既坚，而贝人闻晋已尽有河北，城中食且尽，乃劝源德出降，源德不从，遂见杀。己卯，天平军节度副大使、知节度事、检校太师、兼中书令、琅邪郡王王檀薨。

八月丁酉，以开府仪同三司、中书侍郎、兼吏部尚书、同平章事、集贤殿大学士、判户部敬翔为右仆射、兼门下侍郎、平章事、监修国史，判度支。以光禄大夫、中书侍郎、同平章事郑珏为特进、兼刑部尚书、平章事、集贤殿大学士，判户部。十月，晋王自太原至魏州。是月，前昭义军节度使、检校太师、兼侍中、陈留郡王葛从周薨。是岁，河北诸州悉入于晋。《永乐大典》卷六千六百五。

旧五代史卷八考证

梁末帝纪上末帝讳瑱　案："瑱"原本讹"琐"，今从《欧阳史》改正。太祖第四子也　案：《欧阳史》作第三子，《五代会要》与是书同，盖并假子，博王友文而数之也。以帝为左天兴军使　案：原本脱"使"字，今据《欧阳史》增入。帝乃遣人告赵岩袁象先傅晖朱珪等案：原本脱"晖"字，今据《通鉴》增入。近寻家仇　案：原本脱"家"字，今据《册府元龟》增入。濮阳郡开国侯袁象先　"濮阳"原本作"博阳"，今据《象先本传》改正。师厚自弓高渡逼沧州张万进惧"沧州"，原本作"凉州"，考《欧阳史》《刘守光传》，张万进乃沧州守将，今改正。沧州顺化军节度使张万进为青州节度使　案："顺化"原本作"顺侯"，今据《通鉴注》，沧州为顺化军改正。又"青州"，《通鉴》作"平卢"，考后文，是时贺德伦为平卢节度使，当从此书作青州为是。寇邢洺　"邢"原本作"郦"，今据《五代春秋》，七月来侵邢州改正。贞明元年春牛存节刘鄩拔徐州　案：徐州之拔，是书本纪及《蒋殷传》俱不书月，《五代春秋》及《欧阳史》俱作正月，《通鉴》作二月，《通鉴考异》又作乾化四年十一月，未详孰是。判度支赵光逢"逢"，原本作"逯"，今据《唐书列传》改正。既须日有战争　案：原本脱"战争"二字，今据《册府元龟》增入。王彦章为汝州防御使　"汝州"，原本作"许州"，今据《通鉴》改正。康王友孜谋反　案：友孜，《通鉴》作友敬，与是书异。十一月乙丑改乾化五年为贞明元年案：《通鉴考异》引《吴越备史》作正月壬辰朔改元大赦，《欧阳史》、《五代春秋》俱从是书。

旧五代史卷九
梁书九

末帝本纪中

　　贞明三年春正月戊午，以前淄州刺史高允奇为右羽林统军。癸亥，以前天平军马步军都指挥使、检校太保朱勍为怀州刺史。癸酉，以右天武军使石钊为密州刺史。戊寅，以前怀州刺史李建为安州刺史，仍赐名知节。己卯，以宣义军节度副大使、知节度事、北面行营副招讨等使、特进、检校太傅霍彦威为天平军节度副大使，知节度事。

　　二月甲申，晋王攻我黎阳，刘鄩拒之而退。乙酉，前蔡州刺史董璋权知宣义军军州事。丁亥，以前右羽林军统军梁继业为左卫上将军。壬辰，以租庸判官、检校司徒张绍珪为光禄卿，依前充租庸判官。癸巳，以权知平卢军军州事、客省使、知银台事元湘为检校司空。甲午，以飞龙使娄继英为左武卫大将军。

　　三月庚申，以前平戎军使、检校司徒郭绍宾为禧州刺史。辛酉，以前天平军节度副使裴彦为随州刺史。戊寅，湖州刺史钱传璙、苏州刺史钱传璙、镇海军节度副使钱传瓘、温州刺史钱传璙、睦州刺史钱传璙、宝州刺史钱传璙、明州刺史钱传球、义州刺史钱传璙、峰州刺史钱传珦、岙州刺史钱传琰、镇海军都知兵马使钱传璛等凡一十一人，并加官勋阶爵，从吴越王钱镠之请也。

　　夏四月庚辰，以前行左武卫大将军蔡敬思为右武卫上将军。辛巳，以前安州刺史刘玘权知晋州军州事。以前密州刺史张实为颍州刺史,充本州团练使。癸未,以六军押牙充左天武军使,刘彦珪为澶州刺史。辛卯,以右千牛卫大将军刘琚充契丹宣谕使。诏诸道兵马元帅开幕除吏,一同天策上将府故事。辛丑,以清海军元从都押牙、陇州刺史吴锷为检校司空。癸卯,以两浙衙内先锋指挥使、守峰州刺史钱传珦为泗州刺史。六月庚辰,以前东京马步都指挥使、兼左天武军使雷景从为汝州刺史,充本州防御使。辛卯,以租庸判官、光禄大夫、检校司徒、行光禄卿张绍珪为申州刺史。壬辰,以权知晋州建宁军军州事、前安州刺史刘玘为建宁军节度观察留后。秋七月丁巳,以淄州刺史陈洪为棣州刺史。乙丑,以刑部员外郎封翘为翰林学士。丙寅,以汝州刺史杨延直为左卫大将军,以前左卫上将军刘重霸为起复云麾将军、右骁卫上将军。庚午,以六军诸卫副使、起复云麾将军、检校太保张业为淄州刺史。八月辛巳,以左神武军统军周武为宁州刺史,以左崇安指挥使、前申州刺史刘仁铎为衍州刺史。戊子,泰宁军节度使张万进赐名守进。九月庚申,以遥领常州刺史张昌孙遥领寿州刺史,充本州团练使。

冬十月壬午,以权西面行营都监、右武卫上将军张筠权知商州军州事。戊子,诏曰:"太子太傅李戬,多因释教,诳惑群情,此后不得出入无恒。"癸巳,以前崇德军使张思绾为左武卫上将军。己亥,以启圣匡运同德功臣、诸道兵马元帅、淮南镇海镇东等军节度使、充淮南宣润等四面行营都统、开府仪同三司、尚书令、吴越王钱镠为天下兵马元帅。壬寅,以尚书左丞吴蔼为工部尚书,充两浙官告使。是月,晋王自魏州还太原。

闰十月丁卯,以前商州刺史徐珰为左骁卫上将军,充西都大内皇墙使。十一月壬午,以中书侍郎、平章事郑珏权判户部事。戊子,以宁州刺史周武为武静军防御使,守庆州刺史。以河潼军使窦廷琬为宁州刺史。

十二月,晋王自太原复至魏州。庚申,以左金吾卫大将军、充街使华温琪为右龙虎军统军,以右龙虎军统军张彦勋为商州刺史,以前西京大内皇墙使李项为右威卫上将军,以左金吾卫上将军李周

彝权兼左街使。壬戌，以守太尉、兼中书令、河南尹、判六军诸卫事、
魏王张宗奭为天下兵马副元帅。丙寅，以西面行营马军都指挥使、
检校太保、郑州刺史、充本州防御使王彦章为检校太傅。丁卯，以东
面行营马步都指挥使、左龙虎军统军贺瑰为检校太傅、同中书门
下、平章事，充宣义军节度使、郑滑濮等州观察处置等使。案《通鉴》：
时论平庆州功，故贺瑰进秩。己巳，帝幸洛阳，为来年有事于南郊也。遂
幸伊阙，亲拜宣陵。时租庸使赵岩劝帝郊天，且言："帝王受命，须行
此礼，愿陛下力行之。"宰臣敬翔奏曰：'国家自刘郚失律已来，府藏
殚竭，箕敛百姓，供军不暇，郊祀之礼，颁行赏赉，所谓取虚名而受
实弊也。况晋人压境，车驾未可轻动。"帝不听，遂行。是月，晋人陷
杨刘城，帝闻之惧，遂停郊礼，车驾急归东京。案《通鉴》云：道路讹言
晋军已入大梁，扼泥水矣。从官皆忧其家，相顾涕泣，帝惶骇失图，遂罢郊祀。
癸酉，诏文武两班，除元随驾人数外，其余并令御史司宪张衮部署，
候车驾离京后一两日，发赴东京。甲戌，以天下兵马副元帅、太尉、
兼中书令、河南尹、魏王张宗奭为西都留守。

　　贞明四年春正月，晋人寇郓、濮之境。车驾至自洛阳。庚辰，以
蔡州刺史姚勍权知感化军节度观察留后。乙酉，以前静难军马步军
都指挥使黄贵为蔡州刺史。甲午，以右领军卫上将军齐奉国为左金
吾卫大将军，充街使。

　　二月，遣将谢彦章帅众数万迫杨刘城。甲子，晋王来援杨刘城，
彦章之军不利而退。

　　三月壬午，以前右武卫上将军张筠为左卫上将军。癸巳，以镇
国军节度押衙、充本道马步军都指挥使江可复为衍州刺史。壬寅，
镇海镇东等军节度行军司马、秦州节度使、检校太傅、同平章事马
绰加检校太尉、同平章事，依前镇海镇东等军节度行军司马，余如
故，从钱镠之请也。

　　夏四月丁未，以宣徽院使、右卫上将军赵毂权知青州军州事，
以宣徽院副使韦坚权知本院事。己酉，以银青光禄大夫、行中书侍
郎、同中书门下、平章事、权判户部郑珏为金紫光禄大夫、中书侍

郎、兼刑部尚书、平章事、集贤殿大学士、判户部、上柱国,仍进封荥阳郡开国侯,加食邑五百户。以金紫光禄大夫、行尚书、吏部侍郎、上柱国、兰陵县开国男、食邑三百户萧顷为中书门下平章事,仍进封兰陵县开国伯,加食邑四百户。庚戌,以前崇德军使、前右武卫大将军杜存为右领军卫上将军。甲寅,以刑部郎中、充史馆修撰窦专为翰林学士。初学士窦梦征草钱镠麻,贬蓬莱尉,帝召专入翰林,遣崇政使李振问宰相云:"专是宰臣萧顷女婿,令中书商量可否?"中书奏曰:"宰相亲情,不居清显,避嫌之道,虽著旧规,若蒙特恩,亦有近例,固不妨事。"帝乃可之。己未,灵武节度使韩洙落起复,授开府仪同三司,依前检校太傅、同平章事。癸亥,以延州忠义军节度使、太原西面招讨应接使、检校太师、兼中书令、渤海王高万兴兼鄜、延两道都制置使,余如故。时万兴弟鄜州节度使万金卒,故有是命。己巳,以开府仪同三司、守司空、兼门下侍郎、同平章事赵光逢为司徒致仕,兼加食邑五百户,以光逢累上章请老故也。辛未,诏宰臣敬翔权判诸道盐铁使务。壬申,以太子宾客赵光胤为吏部侍郎。五月甲戌,以荆南衙内马步军都指挥使、检校司徒高从诲领濠州刺史。乙亥,以特进、检校太傅、前颍州团练使张实为起复云麾将军,依前颍州团练使。庚辰,以工部尚书致仕孔拯为国子祭酒。己巳,以太常少卿韦象为右谏议大夫。

　　六月甲辰,以金紫光禄大夫、检校司徒、歙州刺史朱令德为忠武军节度观察留后。己酉,以权知感化军两使留后、特进、检校太保姚勍为感化军节度观察留后。庚戌,上以秘书少监王翘为将作监,以其父名秘故也。丙辰,以左监门卫将军康赞美为商州刺史,以左卫上将军张筠为权知永平军节度观察留后,兼判大安府事。戊午,以前景州刺史卫审符为右卫大将军。庚申,以河阳节度、充北面行营排阵、两京马军都军节度等使、光禄大夫、检校太保谢彦章为匡国军节度、陈许蔡等州观察处置等使,以宣徽院副使韦坚权知河阳军州事。

　　秋七月庚辰,以商州刺史康赞美为起复云麾将军,依前商州刺

史。辛卯，以前左骁卫上将军杨诏为右武卫上将军。戊戌，以前匡
国军节度使、检校尚书、左仆射罗周敬为检校司空、守殿中监、驸马
都尉。

八月丙午，以右广胜军使刘君铎为虢州刺史。戊申，以武宁军
节度副使李存权知宿州事。辛亥，泾原节度使杜建徽加检校太傅、
同平章事。建徽，吴越王钱镠之将也，遥领泾原节制，至是以其上请
加恩，故有是命。乙卯，以蔡州刺史黄贵为绛州刺史。辛酉，以绛州
刺史尹皓为感化军节度观察留后。癸亥，以前永平军节度副使张正
己为房州刺史。乙丑，以宿州团练使赵麓权知河阳节度观察留后，
以左骁卫将军刘去非为郓州刺史。戊辰，以权知永平军节度观察留
后、兼判大安府事张筠为永平军节度观察留后，依前兼判大安府
事。是月，晋王率师次杨刘口，遂军于麻家渡，北面招讨使贺瑰以兵
屯濮州北行台村，对垒百余日。晋王以轻骑来觇，许州节度使谢彦
章发伏兵掩击，围之数重，会救军至，晋王仅以身免。

九月丁丑，静胜军节度、崇裕等州观察处置等使、特进、检校太
傅、同平章事温昭图加检校太尉。甲午，崇政院副使张希逸加金紫
光禄大夫，行秘书少监。乙未，起复云麾将军、检校太保、寿州团练
使张昌孙落起复，授光禄大夫、检校太傅。冬十月辛丑朔，以前感化
军节度观察留后、特进、检校太保姚勍为左龙虎统军，充西都内外
马步军都指挥使。以洛苑使、金紫光禄大夫、检校司徒、守左威卫大
将军董璋为右龙虎统军。己酉，以安南静海节度使、检校司徒曲美
为检校太保、同平章事。庚戌，以商州刺史康赞美为蔡州刺史。

十一月壬辰，前怀州刺史朱勍授起复云麾将军，依前怀州刺
史。

十二月庚子朔，晋王领军迫行台寨，距寨十里结营而止。北面
招讨使贺瑰杀许州节度使谢彦章、濮州刺史孟审澄、别将侯温裕等
于军，以谋叛闻，为行营马步都虞候朱珪搆之也。晋王闻之，喜曰：
"彼将帅不和，亡无日矣。"案《通鉴》：贺瑰密谮谢彦章于帝，因与朱珪伏
甲以杀彦章。盖贺瑰密奉帝旨也。《五代春秋》、《欧阳史》皆以贺瑰专杀为文，

恐非事实。丁未,以行营诸军马步都虞候、光禄大夫、检校太保、曹州刺史朱珪为检校太傅,充匡国军节度观察留后,依前行营诸军马步都虞候。癸丑,诏曰:"行营诸军马步都虞候、匡国军节度观察留后朱珪,昨以寇戎未灭,兵革方严,所期朝夕之间,克弭烟尘之患,每于将帅,别注忧劳。而谢彦章、孟审澄、侯温裕忽搆异图,将萌逆节,赖朱珪挺施贞节,密运沈机,果致枭擒,免资仇敌。特加异殊之命,用旌忠孝之谋,便委雄藩,俾荷隆渥。可检校太傅,充平卢军节度、淄青登莱等州观察处置、押新罗渤海两蕃等使、兼行营诸军马步军副都指挥使,仍进封沛国郡开国侯。"乙巳,起复云麾将军、检校太保、陈州刺史、惠王友能,镇国军节度、陕虢等州观察处置等使、起复云麾将军、检校太保、邵王友诲,并落起复,加检校太傅。以前房州刺史牛知业为右羽林军统军。癸亥,北面招讨使贺瑰率大军与晋人战于胡柳陂,晋人败绩。是日既晡,复为晋人所败。初,晋人起军将袭东京,乃下令军中老弱悉归于邺。是月二十二日,晋王次临濮,贺瑰、王彦章自行台寨率军蹑之。二十四日,至胡柳陂,晋王领军出战,瑰军已成列,晋王以骑突之,王彦章一军先败,彦章走濮阳。晋人辎重在阵西,瑰领军薄之,晋人大奔,自相蹄籍,死者不可胜纪,晋大将周德威殁于阵。瑰军乃登土山,列阵于山之下,晋王复领兵来战,瑰军遂败。翌日,晋人攻濮阳,陷之,京师戒严。

贞明五年春正月,晋人城德胜,夹河为栅。二月乙巳,以宣徽院副使韦坚权知徐州军事。

三月己卯,以华州感化军留后尹皓为华州节度使,加检校太保、同平章事。癸未,制削夺兖州节度使张守进在身官爵,以其叛故也。仍命刘鄩为兖州管内安抚制置使,领兵以攻之。案:张守进归晋,本纪系于五年三月,《张万进传》作四年七月,《刘鄩传》仍作五年。《通鉴考异》尝并举纪、传之互文以明《薛史》之难据,因定从《庄宗实录》作四年八月。今以当日事势考之,藩镇反覆,向背无常,阴谋诡秘,姑示含容,讨罪遣师,须有显迹。盖守进潜附于晋,自在四年秋,至削夺官爵,声罪致讨,则五年春事也。《薛史》采用旧闻,不加修饰,故语必征实。若《五代春秋》以守进叛为五年事,《欧

阳史》又以刘鄩讨之为四年事,皆删改成文,自为臆断,不如《薛史》之存其实
也。

夏四月壬寅,以永平军留后、兼判大安府事张筠为永平军节度
使、检校太保,行大安尹。庚戌,以镇海军北面水陆都指挥使、湖州
刺史、检校太傅钱传璟遥领宣州宁国军节度使,加同平章事。是月,
贺瑰攻德胜南城,以艨艟战舰横于河,以扼津济之路。晋人断其艨
艟,济军以援南城,瑰等退军。

五月己巳,山南东道节度使、检校太傅孔勍加同平章事。丁亥,
以延州节度使、鄜延两道都制置、太原西面招讨应接等使、渤海郡
王高万兴为检校太师、兼中书令,充保大忠义等军节度、鄜延管内
观察等使。是月,以行营诸军左厢马军都指挥使、郑州防御使王彦
章为许州匡国军节度观察留后,依前行营诸军左厢马军都指挥使。

六月壬戌,以天骥院使李随权知登州军州事。秋七月,晋王自
魏州还太原。

八月乙未朔,滑州节度使贺瑰卒,辍视朝三日,诏赠侍中。是
月,命开封尹王瓒为北面行营招讨使。瓒乃与许州留后王彦章等率
大军自黎阳济,营于杨村,造浮梁以通津路。

九月丙寅,制削夺广州节度使、南平王刘岩在身官爵,以其将
谋僭号故也。仍诏天下兵马元帅钱镠,指挥攻讨。

冬十月,晋王复至魏州。是月,刘鄩攻下兖州,擒张守进。夷其
族。

十一月丁丑,以兖州安抚制置使、特进、检校太傅、大彭郡开国
公刘鄩为兖州节度使、开府仪同三司、检校太尉、同平章事,赏平兖
之功也。辛卯,王瓒帅师至戚城,遇晋军,交绥而退。

十二月戊戌,晋王领军迫河南寨,王瓒率师御之,获晋将石家
才。案:《通鉴》石家才作石君立。考《薛史》列传,君立一名家财。既而,瓒军
不利,瓒退保杨村寨,晋人陷濮阳。《永乐大典》卷六千六百五。案:上文
四年十二月已云晋人攻濮阳,陷之,至此复云晋人陷濮阳,前后重复。《通鉴考
异》历引《薛史·阎宝、李嗣昭传》及《庄宗实录》而断之曰:去冬唐虽得濮阳,

弃而不守，今年复攻拔之也。参考事势，当得其实。

旧五代史卷九考证

梁末帝纪中以宣义军节度副大使知节度事　案：原本脱"副"字，考《新唐书·百官志》及《五代会要》，副大使为藩镇官爵，今增入。苏州刺史钱传璙　"传璙"，原本作"传珏"，今据《十国春秋》改正。峰州刺史钱传珦　案：《欧阳史·职方志》有封州而无峰州，是书前后俱作峰州，未知何据，今仍其旧。以刑部员外郎封翘　"翘"，原本讹作"尧"，今据《封舜卿传》改正。灵武节度使韩洙　"韩洙"原本作"韩殊"，考是书《韩逊传》，洙即逊之子，《欧阳史》杂传亦作洙，今改正。检校尚书左仆射罗周敬　"周敬"原本作"用敬"，考是书《晋列传》作周敬，《欧阳史·罗绍威传》亦作子周敬，今改正。建徽吴越王钱镠之将也　"建徽"，原本讹作"达徽"，今据《十国春秋》改正。

旧五代史卷一○

梁书一○

末帝本纪下

贞明六年春正月戊子,以曹州刺史朱汉宾为安州宣威军节度使。以许州匡国军节度观察留后、充散指挥都军使、检校太傅王彦章为匡国军节度使,进封开国侯,军职如故。

二月癸丑,宣州节度使钱传璟起复,依前检校太傅、同平章事、宣州节度使,以其丁内艰故也。

三月丁亥,以前申州刺史张绍珪为大理卿。

夏四月丁亥,制曰:

王者爱育万方,慈养百姓,恨不驱之仁寿,抚以淳和。而炎、黄有战伐之师,尧、舜有干戈之用,谅不获已,其犹病诸。然则去害除妖,兴兵动众,杀黑龙而济中土,刑白马而誓诸侯。终能永逸暂劳,以至同文共轨,古今无异,方册具存。朕以眇末之身,托亿兆之上,四海未义,八年于兹,业业兢兢,日慎一日。虽逾山越海,肃慎方来;而如雨征风,蚩尤尚在。顾兹残孽,劳我大邦,将士久于战征,黎庶疲于力役。木牛暂息,则师人有乏爨之忧;流马尽行,则丁壮有无聊之苦。况青春告谢,朱夏已临,妨我农时,迫我戎事。永言大计,思致小康,宜覃在宥之恩,稍示殷忧之旨。用兵之地,赋役实烦,不有蠲除,何使存济。除两京已放免外,应宋、亳、颍、郓、齐、魏、滑、郑、濮、沂、密、青、登、莱、淄、陈、许、均、房、襄、邓、泌、随、陕、华、雍、晋、绛、怀、汝、商等三十二州,应欠贞明四年终以前夏秋两税,并郓、齐、滑、濮、襄、晋、辉等七州,兼欠贞明四年已前营田课利物色等,并委租庸使逐州据其名额数目矜放。所在官吏,不得淹停制命,征督下民,致恩泽不及于乡间,租税虚捐于账籍。其有私放远年债负,生利过倍,自违格条,所在州县,不在更与征理之限。兖州城内,自张守进违背朝廷,结连蕃寇,久劳攻讨,颇困生灵,言念伤残,寻加给复。应天下见禁罪人,如犯大辟合抵极刑者,宜示好生,特令减死。除准格律常赦不原外,徒流已下,递减一等。除降官未经量移者与量移,已量移者便与复资云。

庚子,宗正卿朱守素上言:“请依前朝置匦院,令谏议大夫专判。”从之,乃以右谏议大夫郑韬光充知匦使。乙巳,以右仆射兼门下侍郎、同平章事、监修国史、判度支、开国公敬翔为弘文馆大学士、延资库使、诸道盐铁转运等使,余如故。以中书侍郎兼刑部尚书、平章事、集贤殿大学士、判户部事郑珏为监修国史、判度支。以中书侍郎、平章事萧顷为集贤殿大学士、判户部事。以尚书左丞李琪为中书侍郎、平章事。丙午,吏部侍郎赵光胤为尚书左丞。己酉,以河中护国军节度副大使、知节度事、制置度支解县池场等使、开府仪同三司、守太保、兼中书令、冀王友谦依前守太保、兼中书令,兼同州节度使,余如故。癸丑,鄜延节度使、兼西面招讨接应等使、检校太保、兼中书令、渤海郡王高万兴进封延安王,赐号匡时定节功臣。前衡州长史刘鹗进所撰《地理手镜》十卷。己未,以租庸判官、尚书工部郎中张锐为户部郎中,充崇政院学士。辛酉,以前吏部侍郎卢协为吏部侍郎。五月乙丑,故左卫上将军齐奉国赠太傅。诏曰:“应文武朝官,或有替罢多年,漂流在外者,宜令中书门下量才除授,勿使栖迟。或有进士等名,累年未释褐者,与初任一官,已释褐者,依前资叙用。”乙酉,升宋州为大都督府,其余废大都督府额。

六月,遣兖州节度使刘鄩、华州节度使尹皓、崇州节度使温昭图、庄宅使段凝领军攻同州。先是,河中朱友谦袭陷同州,节度使程全晖单骑奔京师。案《欧阳史》本纪:河中节度使朱友廉袭同州,杀其节度程全晖。据《薛史》则程全晖奔还京师，未尝见杀也。《欧阳史》列传仍同《薛史》，《五代春秋》又作六年春事。友谦以其子令德为同州留后，表求节旄，不允。既而帝虑友谦怨望，遂命兼镇同州。制命将下而友谦已叛，遣使求援于晋，故命将讨之。

九月庚寅，以供奉官郎公远充契丹欢好使。晋王遣都将李嗣昭、李存审、王建及率师来援同州，战于城下。我师败绩，诸将以余众退保华州罗文寨。

冬十月，陈州妖贼毋乙、董乙伏诛。陈州里俗之人，喜习左道，依浮图氏之教，自立一宗，号曰“上乘”。不食荤茹，诱化庸民，揉杂淫秽，宵聚昼散。州县因循，遂致滋蔓。时刺史惠王友能恃戚藩之宠，动多不法，故奸慝之徒，望风影附。毋乙数辈，渐及千人，攻掠乡社，长吏不能诘。是岁秋，其众益盛，南通淮夷，朝廷累发州兵讨捕，反为贼所败，陈、颍、蔡三州大被其毒。群贼乃立毋乙为天子，其余豪首，各有树置。至是发禁军及数郡兵合势追击，贼溃，生擒毋乙等首领八十余人，械送阙下，并斩于都市。

龙德元年春正月癸巳，诏诸道入奏判官，宜令御史台点检，合从正衙退后，便于中书门下公参辞谢。如有违越，具名衔闻奏。应面赐章服，仍令阁门使取本官状申中书门下，受敕牒后，方可结入新衔。甲辰，以河东道行营西面应接使、前静胜军节度崇裕等州观察处置等使、特进、检校太尉、同平章事温昭图为匡国军节度、陈许蔡等州观察处置等使。以北面行营副招讨使、匡国军节度、陈许蔡等州观察处置等使、光禄大夫、检校太傅王彦章为宣义军节度副大使，知节度事，郑、滑、濮等州观察处置等使，依前北面副招讨使。

二月己未，以权知静胜军节度观察留后、前汝州防御使华温琪为静胜军节度观察留后，依前检校太傅。丙寅，以荆南节度使、检校太师、兼中书令、渤海郡王高季昌为守中书令，依前荆南节度使。庚午，以晋州建宁军节度观察留后刘玘为晋州节度使、检校太保。壬申，史馆上言：“伏见北齐文士魏收著后魏书，于时自魏太武之初，至于北齐，书不获就，乃大征百官家传，刊总撰酌，随条甄举，搜访遗亡，数年之间，勒为一代典籍，编在北史，固非虚言。臣今请明下制，敕内外百官及前资士子、帝戚勋家，并各纳家传，具述父祖事行源流及才术德业灼然可考者，并篡述送史馆。如记得前朝会昌已后公私，亦任抄录送官，皆须直书，不用文藻。兼以兵火之后，简牍罕存，应内外臣僚，曾有奏行公事，关涉制置，或讨论沿革，或章疏文词，有可采者，并许编录送纳。候史馆修撰之日，考其所上公事，与中书门下文案事相符会，或格言正辞询访不谬者，并与编载。所冀忠臣名士，共流家国之耿光；孝子顺孙，获记祖先之丕烈。而且周德见乎殷纪，舜典存乎禹功，非唯十世可知，庶成一朝大典。臣叨庸委任，获领监修，将赎素餐，辄干玄览。"诏从之。盐铁转运使敬翔奏："请于雍州、河阳、徐州三处重置场院税茶。"从之。已卯，礼部尚书、充西都副留守、兼判尚书省事崔沂奏："西京都省，凡有公事奏闻，常须借印施行，伏请铸尚书省分司印一面。"从之。是月，镇州大将王德明杀其帅王熔，自称留后，遣使来求援。宰臣敬翔请许之，租庸使赵岩等以为不可，乃止。

三月丁亥朔，祠部员外郎李枢上言："请禁天下私度僧尼，及不许妄求师号紫衣。如愿出家受戒者，皆须赴阙比试艺业施行，愿归俗者一听自便。"诏曰："两都左右街赐紫衣及师号僧，委功德使具名闻奏。今后有阙，方得奏荐，仍须道行精至，夏腊高深，方得补填。每遇明圣节，两街各许官坛度七人。诸道如要度僧，亦仰就京官坛，仍令祠部给牒。今后只两街置僧录，道录僧正并废。"已丑，以前兵部郎中杜光乂为左谏议大夫致仕。壬寅，改襄州郾县为沿夏县，亳州焦夷县为夷父县，密州汉诸县为胶源县，从中书舍人马缟请也。

夏四月，陈州刺史惠王友能反，兴兵向阙，帝命将出师逆击，败之。友能走保陈州。诏张汉杰率兵进讨。敕开封府太康、襄邑、雍丘三县，遭陈州贼军奔冲，其夏税只据见苗输纳。

五月丙戌朔，制曰：

朕闻惟辟动天，惟圣时宪，故君为善则降之以福，为不善则降之以灾。朕以眇末之身，托于王公之上，不能荷先帝艰难之运,所以致苍生涂炭之危。兵革荐兴,灾害仍集,内省厥咎,盖由朕躬。故北有犬戎猾夏之师,西有蒲、同乱常之旅,连年战伐,积岁转输,虔刘我士民,侵据我郡邑。师无宿饱之馈,家无担石之储。而又水潦为灾,蛊蝗作眚,戒谴作于上,怨咨闻于下。而况骨肉之内,窃弄干戈,畿甸之中,辄为陵暴。但责躬而罪己,敢怨天以尤人。盖朕无德以事上玄,无功以及兆庶,不便于时者未能去,有益于民者未能行,处事昧于酌中,发令乖于至当,招致灾患,引翼祸殃。罪在朕躬,不敢自赦。夙夜是惧,寝食靡宁,将励己以息灾,爰布泽而从欲。今以薰风方扇,旭日初升,朔既视于正阳,历宜更于嘉号。庶惟新之令,敷华夏以同欢;期克念之心,与皇王而合道。其贞明七年,宜改为龙德元年。应天下见禁罪人,除大辟罪外,递减一等。德音到后,三日内疏理讫奏。应欠贞明三年、四年诸色残欠,五年、六年夏秋残税,并放。侍卫亲军及诸道行营将士等第颁赐优赏,已从别敕处分。左降官与量移,已经量移者与复资。长流人各移近地,已经移者许归乡里。前资朝官,寄寓远方,仰长吏津置赴阙。内外文武常参官、节度使、留后、刺史,父母亡殁者并与封赠。公私债负,纳利及一倍已上者,不得利上生利。先经阵殁将校,各与追赠云。

以宣和库使、守右领卫将军李严权知兖州军州事。丁亥,诏曰:"郊禋大礼,旧有渥恩;御殿改元,比无赏给。今则不循旧例,别示特恩。其行营将士赏赉已给付本家,宜令招讨使霍彦威、副招讨使王彦章、陈州行营都指挥使张汉杰晓示诸军知委。"是月,兖州节度使、充河东道行营都招讨使刘鄩卒。

六月己亥,以都检点诸司法物使、检校司徒、行左骁卫大将军李肃为右威卫上将军。

秋七月,陈州朱友能降。庚子,诏曰:"朕君临四海,子育兆民,唯持不党之心,庶叶无私之运。其有齿予戚属,虽深敦叙之情;干我国经,难固含弘之旨。须遵常宪,以示至公。特进、检校太傅、使持节陈州刺史、兼御史大夫、上柱国、食邑三千户、惠王友能，列爵为王，颁条治郡，受元戎之寄任，处千里之封疆。就进官资，已登崇贵，时加锡赉，以表优隆。宜切知恩，合思尽节，抚俗当申于仁政，佐时期效于忠规。而狎彼小人，纳其邪说，忽称兵而向阙，敢越境以残民，侵犯郊畿，惊挠辇毂，远迩咸嫉，谋画交陈。及兴问罪之师，旋验知非之状，沥恳继陈于章表，束身愿赴于阙庭，备述艰危，觊加宽恕。朕得不自为屈己，姑务安仁，特施贷法之恩，盖举议亲之律。询于事体，抑有朝章，止行退责之文，用塞众多之论。可降封房陵侯。于戏！君臣之体，彼有不恭；伯仲之恩，予垂立爱。顾兹轻典，岂称群情，凡在臣僚，当体朕意。"甲辰，制以特进、检校太傅、衡王友谅可封嗣广王。

　　冬十月，北面招讨使戴思远攻德胜寨之北城，晋人来援，思远败于戚城。

　　龙德二年春正月，戴思远率师袭魏州。时晋王方攻镇州，故思远乘虚以袭之，陷成安，而思远遂急攻德胜北城，晋将李存审极力拒守。

　　二月，晋王以兵至，思远收军而退，复保杨村。

　　八月，段凝、张朗攻卫州，下之，获刺史李存儒以献。戴思远又下淇门、共城、新乡等三县。自是澶州之西、相州之南，皆为梁有，晋人失军储三分之一焉。

　　龙德三年春三月，晋潞州节度留后李继韬遣使以城归顺。先是，继韬父嗣昭为潞州节度使，战殁于镇州城下，晋王欲以嗣昭长子继俦袭父位。继韬在潞州，即执继俦囚之，遣使来送款，仍以二幼子为质。泽州刺史裴约不从继韬之谋，帝命董璋为泽州刺史，令将兵攻之。

　　夏四月己巳，晋王即唐帝位于魏州，改天祐二十年为同光元年。

　　闰月壬寅，唐军袭郓州，陷之，巡检使前陈州刺史刘遂严、本州都指挥使燕颙奔归京师，皆斩于都市。

五月，以滑州节度使王彦章为北面行营招讨使。辛酉，王彦章率舟师自杨村寨浮河而下，断德胜之浮梁，攻南城，下之，杀数千人。唐帝弃德胜之北城，并军保杨刘。己巳，王彦章、段凝围杨刘城。

六月乙亥，唐帝引军援杨刘，潜军至博州，筑垒于河东岸。戊子，王彦章、杜晏球率兵急攻博州之新垒，不克，遂退保于邹口。

秋七月丁未，唐帝引军沿河而南，王彦章弃邹口复至杨刘。己未，自杨刘拔营退保杨村寨。

八月，以段凝代王彦章为北面行营招讨使。戊子，段凝营于王村，引军自高陵渡河，复临河而还。董璋攻泽州，下之。庚寅，唐帝军于胡城，先锋将康延孝率百骑奔于唐，尽泄其军机。命滑州节度使王彦章率兵屯守郓之东境。

九月戊辰，彦章以众渡汶，与唐军遇于递坊镇，彦章不利，退保中都。

冬十月辛未朔，日有食之。甲戌，唐帝引师袭中都，王彦章兵溃，于是彦章与监军张汉杰及赵廷隐、刘嗣彬、李知节、康文通、王山兴等皆为唐人所获。翌日，彦章死于任城。帝闻中都之败，唐军长驱将至，遣张汉伦驰驿召段凝于河上，汉伦堕马伤足，复限水潦，不能进。时禁军尚有四千人，朱珪请以拒唐军，帝不从，登建国门召开封尹王瓒，谓之曰："段凝未至，社稷系卿方略。"瓒即驱军民登城为备。或劝帝西奔洛阳，赵岩曰："势已如是，一下此楼，谁心可保。"乃止。俄报曰："晋军过曹州矣。"帝置传国宝于卧内，俄失其所在，已为左右所窃迎唐帝矣。帝召控鹤都将皇甫麟，案：《通鉴考异》引《庄宗实录》作皇甫镣，《欧阳史》从《薛史》作"麟"。谓之曰："吾与晋人世仇，不可俟彼刀锯。卿可尽我命，无令落仇人之手。"麟不忍，帝曰："卿不忍，将卖我耶！"麟举刀将自刭，帝持之，因相对大恸。戊寅夕，麟进刃于建国楼之廊下，帝崩。麟即时自刭。迟明，唐军攻封丘门，王瓒迎降。唐帝入宫，妃郭氏号泣迎拜。初，许州献绿毛龟，宫中造室以蓄之，命曰"龟堂"。帝尝市珠于市，既而曰："珠数足矣。"众皆以为不祥之言。帝末年改名"瑱"字，十一，十月一八日，案：此句疑有脱衍,盖当时傅会者折"王"字为"一十一",折"真"字为"十月一八"也。《册府元龟》作或解云"瑱"字"一十一,十月一八"知此句"日"字因下文有"日"字而衍,今姑仍其旧。果以一十一年至十月九日亡。唐帝初入东京,闻帝殂,怃然叹曰:"敌惠敌怨,不在后嗣。朕与梁主十年对垒,恨不生见其面。"寻诏河南尹张全义收葬之,其首藏于太社。案《通鉴·后唐纪》:辛巳,诏王瓒收朱友贞尸,殡于佛寺,漆其首函之,藏于太社。《薛史》作张全义,当别有据。晋天福二年五月,诏太社先藏唐朝罪人首级,许亲属及旧僚收葬。时右卫上将军娄继英请之,会继英得罪,乃诏左卫上将军安崇阮收葬焉。《永乐大典》卷六千六百五。

　　史臣曰:末帝仁而无武,明不照奸,上无积德之基可乘,下有弄权之臣为辅,卒使劲敌奄至,大运俄终。虽天命之有归,亦人谋之所误也。惜哉!《永乐大典》卷六千六百五。

补　遗

《梁末帝纪》下。帝崩《五代会要》末帝年三十六。

旧五代史卷一〇考证

　　梁末帝纪下宣州节度使钱传璟　"宣州",原本讹作"亘州",今据《十国春秋》改正。应宋亳颍郓齐魏滑　案:原本脱"魏"字,今据《册府元龟》增入。充知瓯使　"知瓯"原本作"知匦",考《通典·唐三省官》有知匦使,今改正。华温琪为静胜军留后　　案:《通鉴》作贞明六年事,与是书系龙德元年异。镇州大将王德明杀其帅王镕　案:《五代春秋》:三月,赵人张文礼杀其君镕,是书及《通鉴》作二月。夏四月陈州刺史惠王友能反　　案:《欧阳史》作三月,与是书异。诏张汉杰率兵进讨　"汉杰"原本作"衡杰",今据《通鉴》改正。王彦章率舟师自杨村寨浮河而下　"舟师"原本讹"州师"今据《通鉴》改正。

旧五代史卷一一

梁书一一

后妃列传第一

文惠王太后　元贞张皇后
张德妃

案:《梁后妃传》,《永乐大典》阙全篇,其散见者仅得四条。今采《北梦琐言》、《五代会要》诸书分注于下,以存当日之事迹。

文惠皇太后王氏,开平初追谥。《永乐大典》卷一万三千三百五十二。太祖性孝愿,奉太后未尝小失色,朝夕视膳,为士君子之规范。帝严察用法,无纤毫假贷,太后言之,帝颇为省刑。《永乐大典》卷一万七千一百六十七。案《北梦琐言》云:梁祖父诚早卒,有三子俱幼。母王氏,携养寄于同县人刘崇家。昆弟之中,惟温狡猾无行,崇母抚养之,崇兄弟尝加谴杖。一日,偷崇家釜而窜,为崇追回,崇母遮护,以免扑责。善逐走鹿,往往及而获之。又崇母尝见其有龙蛇之异。他日与仲兄存入黄巢军作贼,伯兄昱与母王氏尚依刘家。温既辞去,不知存亡。及温领镇于汴,盛饰舆马,使人迎母于崇家。王氏惶恐,辞避深藏,不之信,谓人曰:"朱三落拓无行,何处作贼送死,焉能自致富贵?汴帅非吾子也。"使者具陈离乡去里之由,归国立功之事,王氏方泣而信。是日,与崇母并迎归汴。盛礼郊迎,人士改观。崇以旧恩,位至列卿,为商州刺史。王氏以温贵,封晋国太夫人。仲兄存,于贼中为矢石所中而卒。温置酒于母,欢甚,语及家事,谓母曰:"朱五经辛苦业儒,不登一命,今有子为节度使,无忝前人矣。"母不怿,良久谓温曰:"汝致身及此,信为英特,行义未必如先人。朱二与汝同入贼军，身死蛮徼，孤男稚女，艰食无告。汝未有恤孤之心，英特即有，诸无取也。"温垂涕谢罪，即令召诸兄子皆至汴。友宁、友伦皆立军功，位至方镇。

元贞皇后张氏，乾化中追谥。《永乐大典》卷一万三千三百五十二。案《五代会要》：太祖皇后张氏早崩，开平二年，追封贤妃，至乾化二年十一月二十三日，追册曰：元贞皇后"。又，《北梦琐言》云：梁祖魏国夫人张氏，砀山富室女，父蕤，曾为宋州刺史。温时闻张有姿色，私心倾慕，有丽华之叹。及温在同州，得张于兵间，因以妇礼纳之。温以其宿款，深加礼异。张贤明有礼，温虽虎狼其心，亦所景伏。每军谋国计，必先延访。或已出师，中途有所不可，张氏一介请旋，如期而至，其信重如此。初收兖、郓，得朱瑾妻，温告之曰："彼既无依，寓于辎车。"张氏遣人召之，瑾妻再拜，张氏答拜泣下，谓之曰："兖、郓与司空同姓之国，昆仲之间，以小故寻戈，致吾姒如此。设不幸汴州失守，妾亦似吾姒之今日也。"又泣下，乃度为尼，张恒给其费。张既卒，继娶者非人，及僭号后，大纵朋淫，骨肉聚麀，帷薄荒秽，以致友珪之祸，起于妇人。始能以柔婉之德，制豺虎之心，如张氏者，不亦贤乎！又，案《五代会要》所载，内职有梁太祖昭仪陈氏、昭容李氏，《欧阳史》并见《家人传》。

末帝德妃张氏。《永乐大典》卷一千二百六十六。案《五代会要》：少帝妃张氏，乾化五年九月二十四日，册为德妃，其夕薨。　又案《欧阳史》《次妃郭氏传》云：晋天福三年，诏大社先藏罪人首级，许亲属收葬，乃出末帝首，遣右卫将军安崇阮与妃同葬之。妃卒洛阳。庞元英《文昌杂录》云：梁均王，晋天福中始葬，故妃张氏独存。考功员外商鹏为志文曰："七月有期，不见望陵之妾；九疑无色，空余泣竹之妃。"今案：末帝德妃张氏早薨，后与末帝同葬，而次妃郭氏，天福中尚存。《欧阳史》不明言同葬者为何妃，《文昌杂录》误以尚存者为故妃张氏，盖传闻之失实也。今《薛史》《梁后妃传》虽阙，参考《末帝纪》及《晋高祖纪》定为德妃张氏同葬云。又案：《五代史》无外戚传。《五代会要》云：梁太祖长女安阳公主，降罗规绍，开平二年八月，追封。长乐公主，降赵岩，开平元年五月十一日封。普宁公主，降昭祚王氏，开平元年五月十一日封。金华公主，开平二年十月封。真宁公主，乾化三年十月五日封。少帝长女寿春公主，乾化三年四月五日封。第二女寿昌公主，贞明元年九月二十三日封。今考《通鉴考异》引《梁功臣列传》云：罗延规尚安阳公主，又尚金华公主。《薛史·罗绍威传》亦载开平四年，诏金华公主出家为尼。是金华公主实归罗氏，而《五代会要》不载，亦阙文也。

旧五代史卷一一考证

梁列传一后妃传末帝德妃张氏 案：庞元英《文昌杂录》：梁均王晋天福中始葬，故妃张氏独存。考功员外商鹏为志文曰："七月有期，不见望陵之妾；九疑无色，空余泣竹之妃。"今考《五代会要》，德妃张氏早薨，《欧阳史》：次妃郭氏，庄宗入宫度为尼，是晋天福中尚存者郭妃，非德妃，与末帝同葬者德妃，非郭妃也。《欧阳史》不明言同葬者为何妃，《文昌杂录》误以尚存者为故妃张氏，盖传闻之失实也。

旧五代史卷一二

梁书一二

宗室列传第二

广王全昱　　友谅　　惠王友能

邵王友诲　　安王友宁　　密王友伦

郴王友裕　　博王友文　　庶人友珪

福王友璋　　贺王友雍　　建王友徽

康王友孜

　　案:《梁宗室传》,《永乐大典》唯友宁、友伦、友裕三传有全篇,余多残阙。今汇其散见者十五条,《通鉴注》引一条,其见《册府元龟》者又得六条,谨考其事迹前后,如次如左。

　　广王全昱,太祖长兄,受禅后封。《永乐大典》卷一万六千六百二十八。乾化元年,还睢阳,命内臣拜饯都外。王出宿至于偃师,仍诏其子衡王友谅侍从以归。《册府元龟》卷二百七十七。庶人篡位,授宋州节度使。《册府元龟》卷二百七十七。贞明二年,卒。《永乐大典》卷一万六千六百二十八。案《五代会要》:全昱,赠尚书令,谥德靖。《五代史阙文》:全昱,梁祖之兄也。既受禅,宫中开宴,惟亲王得与。因为博戏,全昱酒酣,忽起取骰子击盆迸散,大呼梁祖曰:"朱三,汝砀山一民,因天下饥荒,入黄巢作贼,天子用汝为四镇节度使,富贵足矣,何故灭他李家三百年社稷,称王称朕,吾不忍见血吾族矣,安用博为!"梁祖不悦而罢。臣谨按《梁史·广王全昱传》曰:昱朴野,常呼帝为"三"。宫中博戏之事讳之。夫梁祖弑二君,弑一皇后,名臣被害者不可胜纪。及庄宗即位,尽诛朱氏,惟全昱先令终。至道初,知单州有称广王之后与尼讼田者,岂以一言之善,独存其嗣耶!

友谅,全昱子,初封衡王,后嗣广王。《永乐大典》卷一万六千六百二十八。继历藩郡,多行不法。《册府元龟》卷二百九十九。坐弟友能反,废囚京师。唐师入汴,与友能、友海同日遇害。《永乐大典》卷一万六千六百二十八。

友能,全昱子,封惠王,后为宋、滑二州留后。《永乐大典》卷一万六千六百二十八。案:友能后以叛废,详见《末帝纪》。又《通鉴》云:龙纪元年夏四月,陈州刺史惠王友能反,举兵趋大梁,诏陕州留后霍彦威、宣义节度使王彦章、控鹤指挥使张汉杰将兵讨之。友能至陈留,兵败,走还陈州,诸军围之。秋七月,惠王友能降。庚子,诏赦其死,降封房陵侯。

友海,全昱子,封邵王。《永乐大典》卷一万六千六百二十八。乾化元年,以检校兵部尚书充控鹤指挥使。《册府元龟》卷二百六十九。坐友能反废,后为唐兵所杀。《永乐大典》卷一万六千六百二十六。案《通鉴》云:邵王友海,全昱之子也,性颖悟,人心多向之。或言其诱致禁军,欲为乱,梁主召友海,与其兄友谅、友能并幽于别第。及唐师将至,梁主疑诸兄弟乘危谋乱,并皇弟贺王友雍、建王友徽尽杀之。《考异》曰:《薛史》云,友谅、友能、友海,庄宗入汴,同日遇害。按中都既败,均王亲弟犹疑而杀之,况其从弟尝为乱者,岂得独存云云。考《通鉴》以友谅等为末帝自杀,《考异》只以事理度之,而不言所据何书。《欧阳史》仍从《薛史》。王禹称《五代史阙文》亦云庄宗即位,尽诛朱氏。度当日事势,梁末帝自中都告败,救死不遑,未必尽诛兄弟,当以《薛史》为得其实。《通鉴》所载,恐未足据也。

安王友宁,字安仁。少习诗礼,长喜兵法,有倜傥之风。太祖镇汴,累署军职,每因出师,多命统骁果以从。及擒秦宗权,太祖令友宁辖送宗权西献于长安，诏加检校右散骑常侍、行右监门卫将军。
自是继立军功，累官至检校司空兼龚、柳二州刺史。太祖驻军岐下，
遣友宁领所部兵先归梁苑，以备守御。属青帅王师范搆乱，以关东
诸兵悉在岐、陇，欲乘虚窃发，自齐、鲁至于华下，罗布奸党，皆诈以
委输贡奉为名，阴与淮夷、并门结好。会有青人诣裴迪言其状，迪以
事告，友宁不俟命乃率兵万余人东讨。师范遣其弟将兵围齐州，友
宁引兵救之，青寇大败，夺马四千蹄，斩首数千级。及昭宗归长安，
朝廷议迎驾功，友宁授岭南西道节度使，加特进、检校司徒，赐号迎
銮毅勇功臣。时青寇数千越崄潜伏，欲入兖州。友宁知之，伏兵于
兖南邀之，大破贼众，无得免者。自是兖壁危窘，友宁督诸军进逼营
丘，首攻博昌县，月余未能拔。太祖怒，遣刘捍督战。友宁乃下俘民
众十余万，各领负木石，牵牛驴，于城南为土山。既至，合人畜木石
排而筑之，冤枉之声，闻数十里。俄而城陷，尽屠其邑人，清河为之
不流。及进迫寇垒，与青人战于石楼，王师小却，友宁旁自峻阜驰骑
以赴敌，所乘马蹶而仆，遂没于阵。友宁将战之前日，有大白蛇蟠于
帐中，友宁心恶之，既而果遇祸焉"《永乐大典》卷一万八千一百二十六。

密王友伦，幼聪悟，喜笔札，晓声律。及长，好骑射，有经度之
智，太祖每奇之，曰："吾家千里驹也。"年十九，为宣武军校。景福
初，充元从骑军都将，寻表为右武军将军，渐委戎事。太祖征兖、郓，
友伦勒所部兵收聚粮谷，以济军须。幽、沧军至内黄，友伦前锋夜渡
河击贼，夺马千匹，擒斩甚众。因引兵往八议关，卒逢晋军万余骑，
友伦乃分布兵士，多设疑军，因声鼓誓众，士伍奋跃，追斩数十里。
其后李罕之请以上党来归，为晋军所围。太祖遣友伦总步骑数万，
越险救应，遂大破晋军。唐朝加检校司空、守藤州刺史。天复元年，
岐、陇用兵，晋人乘虚侵于北鄙。友伦率徒兵三万，径往矾山，晋人
望尘奔逸。友伦与氏叔琮等蹑其辙，追至太原，摩垒挑战，获牛马万
余。二年，领所部兵西赴凤翔，前后累接战。三年，昭宗归长安，制
授友伦宁远军节度使、检校司徒，赐号迎銮毅勇功臣。及太祖东归，

留友伦宿卫京师。岁余，因会宾击鞠，坠马而卒。昭宗辍视朝一日，诏赠太傅，归葬于砀山县。

开平初，有司上言曰："东汉受命，伯升预其始谋；西周尚亲，叔虞荷其封邑。故皇兄存，凋零霜露，绵历岁时，恩莫逮于陟冈，礼方弘于事日。皇侄故邕州节度使友宁、故容州节度使友伦，顷因缔搆，俱习韬钤，并以战功，殁于王事，永言带砺，合议封崇。"案《五代会要》：开平二年正月，追封从子友宁为安王，友伦为密王。四年四月，追封皇兄存为朗王。是朗王之封，实在安王、密王之后，据《薛史》有司上言，又似一时并封，未详孰是。又，《会要》载：四年六月，追封皇伯义方为颍王，皇叔义谭为韶王，《薛史》阙载。于是存追封朗王，友宁追封安王，友伦追封密王。《永乐大典》卷一万八千一百二十六。

郴王友裕，字端夫，太祖长子也。幼善射御，从太祖征伐，性宽厚，颇得士心。唐中和中，太祖会并帅李克用攻围华州，贼将黄邺固守甚坚。俄有一人登陴大詈，克用令蕃骑连射，终不能中，命友裕射之，应弦而毙。大军喜噪，声震山谷，克用因以良弓百矢遗焉。太祖镇汴，表为宣武军牙校。及蔡贼殄灭，朝廷议功，加检校左仆射，寻为牙内马步都指挥使。景福元年，总大军伐徐。时朱瑾领兖、郓之众，为徐戎外援，阵于彭门南石佛山下。友裕纵兵击之，斩获甚众，瑾领残党宵遁。案《通鉴》：朱友裕围彭城，时薄数出兵，友裕闭壁不战。朱瑾宵遁，友裕不追。据《薛史》则友裕击破朱瑾援师，斩获甚众，未尝闭壁，与《通鉴》异。《欧阳史》从《薛史》。时都虞候朱友恭羽书闻于太祖，诬友裕按兵不追贼，太祖大怒，因驿骑传符，令裨将庞师古代友裕为帅，仍令按劾其事。会使人误致书于友裕，友裕惧，遂以数骑遁于山中。案：《通鉴》作以二千骑逃入山中，《欧阳史》从《薛史》作数骑。寻诣广王于辉州，以诉其冤。赖元贞皇后闻而召之，令束身归汴，力为营救，太祖乃舍之，令权知许州。乾宁二年，加检校司空，寻为武宁军节度留后。四年，太祖下东平，改天平军留后，加检校司徒。光启元年，再领许州。天复初，为奉国军节度留后。太祖兼镇河中，以友裕为护国军节度留后,寻迁华州节度使,加检校太保、兴德尹。天佑元年七月,兼行营都统,领步骑数万,经略邠、岐。十月,友裕有疾,将校乃谋旋师,寻卒于梨园,归葬东京。开平初,追赠郴王。乾化三年,又赠太师。《永乐大典》卷一万八千一百二十六。

博王友文,本姓康,名勤,太祖养以为子,受禅后封为王。《永乐大典》卷一万六千六百二十六。为东京留守,嗜酒颇怠于为政。《册府元龟》卷二百九十六。友珪弑逆,并杀友文。末帝即位,尽复官爵,《永乐大典》卷一万六千六百二十八。

友珪,小字遥喜。母失其姓,本亳州营妓也。唐光启中,帝徇地亳州,召而侍寝。月余,将舍之而去,以娠告。是时,元贞张后贤而有宠,帝素惮之,由是不果携归大梁,因留亳州,以别宅贮之。及期,技以生男来告,帝喜,故字之曰遥喜。后迎归汴。《通鉴注》引《薛史》。受禅后封郢王。《永乐大典》卷一万六千六百二十八。开平四年十月,检校司徒,充左右控鹤都指挥使,兼管四蕃将军。乾化元年,充诸军都虞候。《册府元龟》卷二百六十九。二年,弑太祖篡位,均王以兵讨之,自杀,追废为庶人。《永乐大典》卷一万六千六百二十八。　案《五代会要》:郢王友珪,开平元年五月九日封,至乾化二年六月三日篡位,伪改凤历元年。三月十七日,京城军乱,侍卫袁象先率兵入宫,友珪自杀。少帝即位,追削为庶人。又载:周广顺中,张绍修实录,奏云:梁末帝之上,有郢王友珪,篡弑居位,未有纪录,请依《宋书》刘劭例,书为“元凶友珪”。案《梁实录》今无考。

福王友璋,太祖第五子,受禅后封。《永乐大典》卷一万六千六百二十八。

贺王友雍,太祖第六子,受禅后封。《永乐大典》卷一万六千六百二十八。

建王友徽，太祖第七子，受禅后封。《永乐大典》卷一万六千六百二十八。

康王友孜，太祖第八子，末帝即位后封，后以反诛。《永乐大典》卷一万六千六百二十八。案：友孜，《通鉴》及《五代会要》俱作友敬，《欧阳史》与《薛史》同。

旧五代史卷一二考证

密王友伦传因引兵往八议关　案："八"议，原本讹作"八识"，今据《通鉴》改正。于是存追封朗王友宁追封安王友伦追封密王　案：《五代会要》：开平二年，追封皇从子友宁为安王，友伦为密王。四年，追封皇兄存为朗王。据是书，作一时并封，未知孰是。郴王友裕传遂以数骑遁于山中　案："数骑"，《通鉴》作二千骑，《欧阳史》与是书同。康王友孜传　案"友孜"，《通鉴》及《五代会要》作"友敬"，惟《欧阳史》与是书同。

旧五代史卷一三

梁书一三

列传第三

朱瑄　朱瑾　时溥　王师范
刘知俊　杨崇本　蒋殷　张万进

朱瑄，宋州下邑人也。父庆，里之豪右，以攻剽贩盐为事，吏捕之伏法。瑄坐父罪以笞免，因入王敬武军为小校。唐中和二年，谏议大夫张浚征兵于青州，敬武遣将曹全晸案："新《新唐书》及《通鉴》俱作曹存实，《旧唐书》、《欧阳史》与《薛史》同。率军赴之，以瑄隶焉。以战功累迁列校。贼败出关，全晸以本军还镇。会郓帅薛崇卒，部将崔君预案：《旧唐书》作崔君裕。据城叛，全晸攻之，杀君预自为留后。瑄以功授濮州刺史、郓州马步军都将。光启初，魏博韩允中攻郓，案："新《新唐书》作中和初，魏博韩简东窥曹、郓，与《薛史》异。考《旧唐书》《韩允忠传》，乾符元年十一月，卒，子简起复为节度观察留后。《新唐书》本纪亦云，韩允中卒，其子简自称留后。是东窥曹、郓实韩简，非允中也。《薛史》似微误。《通鉴》作中和二年，韩简击郓州，当得其实。全晸为其所害。案《旧唐书·韩简传》云：移军攻郓，郓帅曹全晸出战，为简所败，死之。郓将崔君裕收合残众，保郓州，简进攻其城，半年不下。《朱瑄传》云：崔君裕权知州事，全晸知其兵寡，袭君裕。据《韩简传》，全晸死而君裕保其城，据《朱瑄传》，则君裕为全晸所杀，二传自相矛盾。《新唐书》本纪作韩简寇郓州，天平军曹全晸死之，部将崔用自称留后，与《旧书·韩简传》同，惟崔用之名有异耳。《薛史》定从《旧书·朱瑄传》,《通鉴》与《薛史》同。瑄据城自固,三军推为留后。允中败,案《旧唐书·韩简传》云:简以忧愤,疽发背而卒,时中和元年十一月也。《诸葛爽传》云:中和元年十一月,简乡兵八万大败。明年正月,简为牙将所杀。《新唐书》本纪云:中和三年二月,魏博军乱,杀其节度使韩简。《通鉴》与《新唐书》同,《薛史》误作允中。历考诸书,年月参差,姓名舛异,无可依据,盖唐末典章散佚,故传闻失实如此。朝迁以瑄为天平军节度使,累加官至检校太尉、同平章事。

太祖初镇大梁,兵威未振,连岁为秦宗权所围,士不解甲,危殆日数四。太祖以瑄同宗,早兄事之,乃遣使求援于瑄。光启末,宗权急攻大梁,瑄与弟瑾率兖、郓之师来援,大败蔡贼,解围而遁。太祖感其力,厚礼以归之。先是,瑄、瑾驻于大梁,睹太祖军士骁勇,私心爱之。及归,厚悬金帛于界上以诱焉。诸军贪其厚利,私遁者甚众。太祖移牒以让之,瑄来词不逊,由是始构隙焉。及秦宗权败,太祖移军攻时溥于徐州。时瑄方右溥,乃遣使来告太祖曰:"巢、权继为蛇虺,毒螫中原,与君把臂同盟,辅车相依。今贼已平殄,人粗聊生,吾弟宜念远图,不可自相鱼肉。或行人之失辞,疆吏之逾法,可以理遣,未得便暌和好。投鼠忌器,弟幸思之。"太祖方怒时溥通于孙儒,不从其言。及庞师古攻徐州,瑄出师来援,太祖深衔之。徐既平,太祖并兵以攻郓,自景福元年冬遣朱友裕领军渡济,至乾宁三年宿军齐、郓间,大小凡数十战,语在《太祖纪》中。自是野无人耕,属城悉为我有。瑄乃遣人求于太原,李克用遣其将李承嗣、史俨等援之。寻为罗弘信所扼,援路既绝,瑄、瑾竟败。乾宁四年正月,庞师古攻陷郓州,遁至中都北,匿于民家,为其所篜,并妻荣氏擒之来献,俱斩于汴桥下。《永乐大典》卷二千三十三。案《旧唐书》云:瑄与妻荣氏出奔至中都,为野人所害,传首汴州,荣氏至汴州为尼。与《薛史》异。

朱瑾,瑄从父弟。雄武绝伦,性颇残忍。光启中,瑾与兖州节度使齐克让婚,瑾自郓盛饰车服,私藏兵甲,以赴礼会。亲迎之夜,甲士窃发,掳克让,自称留后。及蔡贼鸱张,瑾与太祖连衡,同讨宗权,前后屡捷,以功正授兖州节度使。既得士心,有兼并天下之意,太祖亦忌之。瑾以厚利招诱太祖军士,以为间谍。及太祖攻郓,瑾出师来援,累与太祖接战。

　　乾宁二年春,太祖令大将朱友恭攻瑾,掘堑栅以环之。朱瑄遣将贺瑰及蕃将何怀宝赴援,为友恭所擒。十一月,瑾从兄齐州刺史琼以州降,太祖令执贺瑰、怀宝及琼以徇于城下,语曰:"卿兄已败,早宜效顺。"瑾伪遣牙将瑚儿持书币送降。太祖自至延寿门外,与瑾交语。瑾谓太祖曰:"欲令大将送符印,愿得兄琼来押领,所贵骨肉,尽布腹心也。"太祖遣琼与客将刘捍取符筒,瑾单马立于桥上,挥手谓捍曰:"可令兄来,余有密款。"即令琼往。瑾先令骑士董怀进伏于桥下,及琼至,怀进突出,擒琼而入,俄而斩琼首投于城外,太祖乃班师。

　　及郓州陷,庞师古乘胜攻兖,瑾与李承嗣方出兵求刍粟于丰、沛间,瑾之二子案:《新唐书》作子用贞。及大将康怀英、判官辛绾、小校阎宝以城降师古。瑾无归路,即与承嗣将麾下士将保沂州,刺史尹处宾案:《新唐书》作尹怀宾。拒关不纳,乃保海州。为师古所逼,遂拥州民渡淮依杨行密,案:《新唐书》:刺史朱用芝以其众与瑾奔杨行密。行密表瑾领徐州节度使。庞师古渡淮,行密令瑾率帅以御之,清口之败,瑾有力焉。自是瑾率淮军连岁北寇徐、宿,大为东南之患。

　　及行密卒,子渭继立,以徐温子知训为行军副使,宠遇颇深。后杨溥僭号,知训为枢密使,知政事,以瑾为同平章事,仍督亲军。时徐温父子恃宠专政,虑瑾不附己,陈彭年《江南别录》云:徐知训初学兵法于朱瑾,瑾悉心教之。后与瑾有隙,夜遣壮士杀瑾,瑾手刃数人,埋于舍后。贞明四年六月,出瑾为淮宁军节度使。知训设家宴以饯瑾,瑾事之愈逊。翌日,诣知训第谢,留门久之,知训家僮私谓瑾曰:"政事相公此夕在白牡丹妓院,侍者无得往。"瑾谓典谒曰:"吾不奈朝饥,且归。"既而知训闻之,愕然曰:"晚当过瑾。"瑾厚备供帐。瑾有所乘名马,冬以锦帐贮之,夏以罗帱护之。爱妓桃氏案:《九国志》作妻陶氏。有绝色,善歌舞。及知训至,奉卮酒为寿,初以名马奉,知训喜而言曰:"相公出镇,与吾暂别,离恨可知,愿此尽欢。"瑾即延知训于中堂,出桃氏。酒既醉,瑾斩知训首,示其部下。马令《南唐书》云:知训因求马于瑾,瑾不与,遂有隙。俄出瑾为静淮节度使,瑾诣知训别,且愿献前马。知训喜,往谒瑾家。瑾妻出拜,知训答拜,瑾以笏击踣,遂斩知训。因以其众急趋衙城,知训之党已阖门矣,唯瑾得独入与衙兵战。案《九国志》《翟虔传》云:虔驱率散卒共闭关,瑾以是不得出。复逾城而出,伤足求马不获,遂自刎。案《九国志》《米志诚传》:志诚被甲亲从十余骑至天兴门,问瑾所向,闻瑾已死,乃归。暴其尸于市,盛夏无蝇蛆,徐温令投之于江,部人窃收葬之。温疾亟,梦瑾被发引满将射之。温乃为之礼葬,立祠以祭之。《永乐大典》卷二千三十一。《五代史补》:瑾之奔淮南也,时行密方图霸,其为礼待,有加于诸将数等。瑾感行密见知,欲立奇功为报,但恨无入阵马,忽忽不乐。一日,尽寝梦老叟,眉发皓然,谓瑾曰:"君长恨无入阵马,今马生矣。"及厩隶来报,适退槽马生一驹,见卧未能起。瑾惊曰:"何应之速也!"行往视之,见骨目皆非常马,大喜曰:"事办矣。"其后破杜洪,取钟传,未尝不得力焉。初,瑾之来也,徐温睹其英烈,深忌之,故瑾不敢预政。及行密死,子溥嗣位,温与张颢争权,袭杀颢,自是事无大小,皆决于温。既而温复为自安之计,乃以子知训自代,然后引兵出居金陵,实欲控制中外。知训尤恣横,瑾居常嫉之。一旦知训欲得瑾所乘马,瑾怒,遂击杀知训,提其首请溥起兵诛温。溥素怯懦,见之掩面而走。瑾曰:"老婢儿不足为计。"亦自杀,中外大骇且惧。温至,遂以瑾尸暴之市中。时盛暑,肌肉累日不坏,至青蝇无敢辄泊。人有病者,或于暴尸处取土煎而服之,无不愈。

　　时溥,徐州人。初为州之骁将。唐中和初,秦宗权据蔡州,侵寇邻藩,节度使支详命溥率师以讨之,徐军屡捷,军情归顺,以节钺授之。《册府元龟》卷四百一十二。案:《薛史·时溥传》,《永乐大典》原阙。今考《册府元龟》引梁时溥一条,当系《薛史》原文,谨为补入。又考《旧唐书》列传去:时溥,彭城人,徐之牙将。黄巢据长安。诏征天下兵进讨。中和二年,武宁节军度使支详溥与副将陈璠,师师五千赴难,行至河阴,军乱,剽河阴县回。溥招合抚谕,其众复集,惧罪,屯于境上。详遣人迎犒,悉恕之,溥乃移军向徐州。既入,军人大呼,推溥为留后。送详于大彭馆。溥大出资装,遣陈璠援详归京。详宿七里亭,其夜为璠所杀,举家屠害。溥以璠为宿州刺史,竟以违命杀详,溥诛璠,又令别将帅军三千赴难京师。天子还宫,授之节钺。及黄巢攻陈州,秦宗权据蔡州,与贼连结,徐、蔡相近,溥出师讨之,军锋益盛,每战屡捷。黄巢之败也,其将尚让以数千人降溥。后林言又斩黄巢首归徐州。时溥功居第一,诏授检校太尉、中书令、巨鹿郡王。宗权未平,仍授溥徐州行营兵马都统。蔡贼平,朱全忠与之争功,遂相嫌怨。淮南乱,朝廷以全忠遥领淮南节度,以平孙儒、行密之乱。汴人应援,路出徐方,溥阻之。全忠怒,出师攻徐。自光启至大顺,六七年间,汴军四集,徐、泗三郡,民无耕稼,频岁水灾,人丧十六七。溥窘蹙,求和于汴,全忠曰:“移镇则可。”朝廷以尚书刘崇望代溥,以溥为太子太师。溥恐出城见杀,不受代。汴将庞师古陈兵于野,溥求援于兖州,朱瑾出兵救之,值大雪,粮尽而还。城中守陴者饥甚,加之疾疫,汴将王重师、牛存节度乘梯而入,溥与妻子登楼自焚而卒,实景福二年也。地入于汴。

王师范,青州人。父敬武,初为平卢牙将。唐广明元年,无棣人洪霸郎合群盗于齐、棣间,节度使安师儒遣敬武讨平之。及巢贼犯长安,诸藩擅易主帅,敬武乃逐师儒,自为留后。王铎承制授以节钺,后以出师勤王功,加太尉、平章事。

龙纪中,敬武卒,师范年幼,三军推之为帅。棣州刺史张蟾叛于师范,不受节度,朝廷乃以崔安潜为平卢帅,师范拒命。张蟾迎安潜至郡,同讨师范。师范遣将卢弘将兵攻蟾,弘复叛,与蟾通谋,伪旋军将袭青州。师范知之,遣重赂迎,谓之曰:“吾以先人之故,为军府所推,年方幼少,未能干事。如公以先人之故,令不乏祀,公之仁也。如以为难与成事,乞保首领,以守先人填坟,亦唯命。”弘以师范年幼,必无能为,不为之备。师范伏兵要路,迎而享之,预谓纪纲刘郇曰:“翌日卢弘至,尔即斩之,酬尔以军校。”郇如其言,斩弘于座上,及同乱者数人。因戒厉士众,大行颁赏,与之誓约,自率之以攻棣州,擒张蟾,斩之。安潜遁还长安。师范雅好儒术,少负纵横之学,故安民禁暴,各有方略,当时藩翰咸称之。

及太祖平兖、郓,遣朱友恭攻之,师范乞盟,遂与通好。天复元年冬,李茂贞劫迁车驾幸凤翔,韩全海矫诏加罪于太祖,令方镇出师赴难。诏至青州,师范承诏泣下曰:“吾辈为天子藩篱,君父有难,略无奋力者，皆强兵自卫，纵贼如此，使上失守宗祧，危而不持，是谁之过，吾今日成败以之！"乃发使通杨行密，案《新唐书》：全忠围凤翔，昭宗诏方镇赴难，以师范附全忠，命杨行密部将朱瑾攻青州，且欲代为平卢军节度使。师范闻之，哭曰："吾为国守藩，君危不持，可乎！"乃与行密连盟。是师范之通行密，乃因其将谋见代而始遣使也。《欧阳史》因作因乞兵于杨行密，殊失事实，而《薛史》亦未详载。遣将刘郭袭兖州，别将袭齐。时太祖方围凤翔，师范遣将张居厚部舆夫二百，言有献于太祖。至华州城东，华将娄敬思疑其有异，剖舆视之，乃兵仗也。居厚等因呼，杀敬思，聚众攻西城。时崔胤在华州，遣部下闭关距之，遂遁去。是日，刘郭下兖州，河南数十郡同日发。太祖怒，遣朱友宁率军讨之。既而友宁为青军所败。临阵被擒，传首于淮南。

天复三年七月，太祖复令杨师厚进攻，屯于临朐。师厚累败青军，遂进寨于城下。师范惧，乃令副使李嗣业诣师厚乞降，案："师范之降，《薛史》与《新唐书》异，《薛史》则以为兵临城下而始降也。《新唐书》云：师厚围青州，败师范兵于临朐，执诸将，又获其弟师克。是时师范众尚十余万，诸将请决战，而师范以弟故，乃请降。《欧阳史》云：弟师鲁大败，遂傅其城，而梁别将刘重霸下其棣州，师范乃请降。亦微有不同。太祖许之。岁余，遣李振权典青州事，因令师范举家徙汴。师范将至，缟素乘驴请罪于太祖。太祖以礼待之，寻表为河阳节度使。会韩建移镇青州，太祖帐饯于郊，师范预焉。太祖谓建曰："公顷在华阴，政事之暇，省览经籍，此亦士君子之大务。今之青土，政简务暇，可复修华阴之故事。"建挹谦而已。太祖又曰："公读书必须精意，勿错用心。"太祖以师范好儒，前以青州叛，故以此言讥之。及太祖即位，征为金吾上将军。

开平初，太祖封诸子为王，友宁妻号诉于太祖曰："陛下化家为国，人人皆得崇封。妾夫早预艰难，粗立劳效，不幸师范反逆，亡夫横尸疆场。冤仇尚在朝廷，受陛下恩泽，亡夫何罪！"太祖凄然泣下曰："几忘此贼。"即遣人族师范于洛阳。先掘坑于第侧，乃告之，其弟师海、兄师悦及儿侄二百口，咸尽戮焉。时使者宣诏讫，师范盛启宴席，令昆仲子弟列座，谓使者曰："死者人所不能免，况有罪乎！然

予惧坑尸于下,少长失序,恐有愧于先人。"行酒之次,令少长依次
于坑所受戮,人士痛之。后唐同光三年三月,诏赠太尉。《永乐大典》
卷一万八千一百二十七。

　　刘知俊,字希贤,徐州沛县人也。姿貌雄杰,倜傥有大志。始事
徐帅时溥,为列校,溥甚器之,后以勇略见忌。唐大顺二年冬,率所
部二千人来降,即署为军校。知俊被甲上马,输剑入敌,勇冠诸将,
太祖命左右义胜两军隶之,寻用为左开导指挥使,故当时人谓之
"刘开导。"从讨秦宗权及攻徐州皆有功,寻补徐州马步军都指挥
使。攻海州下之,遂奏授刺史。天复初,历典怀、郑二州,从平青州,
以功奏授同州节度使。天祐三年冬,以兵五千破岐军六万于美原。
自是连克鄜、延等五州,乃加检校太傅、平章事。开平二年春三月,
命为潞州行营招讨使。知俊未至潞,夹寨已陷,晋人引军方攻泽州,
闻知俊至,乃退。寻改西路招讨使。六月,大破岐军于幕谷,俘斩千
计,李茂贞仅以身免。三年五月,加检校太尉、兼侍中,封大彭郡王。
　　时知俊威望益隆,太祖雄猜日甚,会佑国军节度使王重师无罪
见诛,知俊居不自安,乃据同州叛,《鉴戒录》云:彭城王刘知俊镇同州
日,因筑营墙,掘得一物。重八十余斤,状若油囊,召宾幕将校问之。刘源曰:
"此是冤气所结,古来图圉之地或有焉。昔王充据洛阳,修河南府狱,亦获此
物。源闻酒能忘忧,莫以醇醪,或可消释耳。然此物之出,亦非吉征也。"知俊命
具酒馔祝酹,复瘞之。寻有叛城背主之事。送款于李茂贞。又分兵以袭
雍、华,雍州节度使刘捍被擒,送凤翔害之,华州蔡敬思被伤获免。
太祖闻知俊叛,遣近臣谕之曰:"朕待卿甚厚,何相负也?"知俊报
曰:"臣非背德,但畏死耳!王重师不负陛下,而致族灭。"太祖复遣
使谓知俊曰:"朕不料卿为此。昨重师得罪,盖刘捍言阴结邠、凤,终
不为国家用。我今虽知枉滥,悔不可追,致卿如此,我心恨恨,盖刘
捍误予事也,捍一死固未塞责。"知俊不报,遂分兵以守潼关。太祖
命刘郭率兵进讨,攻潼关,下之。时知俊弟知浣为新卫指挥使,闻知
俊叛,自洛奔至潼关,为郭所擒,害之。寻而王师继至,知俊乃举族

奔于凤翔,李茂贞厚待之,伪加检校太尉、兼中书令,以土疆不广,无藩镇以处之,但厚给俸禄而已。寻命率兵攻围灵武,且图牧圉之地。灵武节度使韩逊遣使来告急,太祖令康怀英率师救之,师次邠州长城岭,为知俊邀击,怀英败归。茂贞悦,署为泾州节度使。复命率众攻兴元,进围西县,会蜀军救至,乃退。《九国志·王宗铧传》云:岐将刘知俊等领大军分路来攻,由阶、成路夺固镇粮,王宗侃、唐袭等御之,至青泥岭,为知俊所败,退保西县。会大雨,汉江涨,宗铧自罗村得乡导,缘山而行数百里,与宗播遇于铁谷,合军出汤头。时知俊自斜谷山南直抵兴州,围西县,军人散掠巴中,宗铧与宗播袭之。会王建亦至,遂解西县之围。既而为茂贞左右石简颙等间之,免其军政,寓于岐下,掩关历年。茂贞犹子继崇镇秦州,因来宁觐,言知俊途穷至此,不宜以谗嫉见疑,茂贞乃诛简颙等以安其心。继崇又请令知俊挈家居秦州,以就丰给,茂贞从之。未几,邠州乱,茂贞命知俊讨之。时邠州都校李保衡纳款于朝廷,末帝遣霍彦威率众先入于邠,知俊遂围其城,半载不能下。会李继崇以秦州降于蜀,知俊妻孥皆迁于成都,遂解邠州之围而归岐阳。以举家入蜀,终虑猜忌,因与亲信百余人夜斩关奔蜀。

王建待之甚至,即授伪武信军节度使。寻命将兵伐岐,不克,班师,因围陇州,获其帅桑弘志以归。久之,复命为都统,再领军伐岐。时部将皆王建旧人,多违节度,不成功而还,蜀人因而毁之。先是,王建虽加宠待,然亦忌之,尝谓近侍曰:“吾渐衰耗,恒思身后。刘知俊非尔辈能驾驭,不如早为之所。”又嫉其名者于里巷间作谣言云:“黑牛出圈棕绳断。”知俊色黔而丑生,棕绳者,王氏子孙皆以“宗”、“承”为名,故以此搆之。伪蜀天汉元年冬十二月,建遣人捕知俊,斩于成都府之炭市。及王衍嗣伪位,以其子嗣禋尚伪峨眉长公主,拜驸马都尉。后唐同光末,随例迁于洛,卒。

知俊族子嗣彬,幼从知俊征行,迁为军校。及知俊叛,以不预其谋,得不坐。贞明末,大军与晋王对垒于德胜,久之,嗣彬率数骑奔于晋,具言朝廷军机得失,又以家世仇怨,将以报之。晋王深信之,即厚给田宅,仍赐锦衣玉带,军中目为“刘二哥”。居一年,复来奔,当时晋人谓是刺客,以晋王恩泽之厚,故不窃发,龙德三年冬,从王彦章战于中都,军败,为晋人所擒,晋王见之,笑谓嗣彬曰:"尔可还予玉带。"嗣彬惶恐请死,遂诛之。《永乐大典》卷九千九十八。

杨崇本,不知何许人,幼为李茂贞之假子,因冒姓李氏,名继徽。唐光化中,茂贞表为邠州节度使。天复元年冬,太祖自凤翔移军北伐,驻旆于邠郊,命诸军攻其城。崇本惧,出城请降。太祖复置为邠州节度使,仍令复其本姓名焉。及师还,迁其族于河中。案《旧唐书》:十一月乙亥,邠州节度使李继徽以城降,全忠乃舍其孥于河中,以继徽从军。《新唐书》作辛未,与《旧唐书》异。

其后太祖因统戎往来由于蒲津,以崇本妻素有姿色,嬖之于别馆。其妇素刚烈,私怀愧耻,遣侍者让崇本曰:"丈夫拥旄仗钺,不能庇其伉俪,我已为朱公妇,今生无面目对卿,期于刀绳而已。"崇本闻之,但洒泪含怒。及昭宗自凤翔回京,崇本之家得归邠州,崇本耻其妻见辱,因兹复贰于太祖。乃遣使告茂贞曰:"朱氏兆乱,谋危唐祚,父为国家磐石,不可坐观其祸,宜于此时毕命兴复,事苟不济,死为社稷可也。"茂贞乃遣使会兵于太原。时西川王建亦令大将出师以助之,岐、蜀连兵以攻雍、华,关西大震。太祖遣郴王友裕帅师御之,会友裕卒于行,乃班师。天祐三年冬十月,崇本复领凤翔、邠、泾、秦、陇之师,会延州胡章之众,合五六万,屯于美原,列栅十五,其势甚盛。太祖命同州节度使刘知俊及康怀英帅师拒之,崇本大败,复归于邠州,自是垂翅久之。乾化元年冬,案:原本作"乾化四年",今从《欧阳史》校正。为其子彦鲁所毒而死。彦鲁自称留后,复领其军事,凡五十余日,为崇本养子李保衡所杀。保衡举其城来降,末帝命霍彦威为邠帅,由是邠、宁复为末帝所有。《永乐大典》卷一万八千一百二十七。

蒋殷,不知何许人。幼孤随其母适于河中节度使王重盈之家,重盈怜之,畜为己子。唐天复初,太祖既平蒲、陕,殷与从兄珂举族迁于大梁。太祖感王重荣之旧恩，凡王氏诸子，皆录用焉，殷由是继历内职，累遣至宣徽院使。殷素与庶人友珪善，友珪篡立，命为徐州节度使。乾化四年秋，末帝以福王友璋镇徐方，殷自以为友珪之党，惧不受代，遂坚壁以拒命。时华州节度使王瓚，殷之从弟也，惧其连坐，上章言殷本姓蒋，非王氏之子也。末帝乃下诏削夺殷在身官爵，仍令却还本姓，命牛存节、刘鄩等帅军讨之。是时，殷求救于淮南，杨溥遣朱瑾率众来援，存节等迎击，败之。贞明元年春，存节、刘鄩攻下徐州，殷举族自燔而死。于火中得其尸，枭首以献之。《永乐大典》卷一万八百三十一。

　　张万进，云州人。初为本州小校，亡命投幽州，刘守光厚遇之，任为裨将。沧州刘守文，以弟守光囚父而窃据其位，自领兵问罪，寻败于鸡苏。守光遂兼有沧、景之地，令其子继威主留务。继威年幼，未能政事，以万进佐之，凡关军政，一皆委任。继威凶虐类父，尝淫乱于万进之家，万进怒而杀之，又遣使归于晋。既而末帝遣杨师厚、刘守奇潜兵掠镇、冀，因东攻沧州，万进乞降。《通鉴》云：乾化二年九月庚子，万进遣使奉表降于梁。辛丑，以万进为义昌留后。甲辰，改义昌为顺化军，以万进为节度使。此传疑有阙文。师厚表青州节度使，俄迁兖州，仍赐名守进。万进性既轻险，专图反侧，贞明四年冬，据城叛命，遣使送款于晋王。末帝降制削其官爵，仍复其本名，遣刘鄩讨之，晋人不能救。五年冬，万进危蹙，小将邢师遇潜谋内应，开门以纳王师，遂拔其城，万进族诛。《永乐大典》卷六千三百五十。

　　史臣曰：夫云雷构屯，龙蛇起陆，势均者交斗，力败者先亡，故瑄、瑾、时溥之流，皆梁之吞噬，斯亦理之常也。唯瑾始以窃发有土，终以窃发亡身，《传》所谓"君以此始，必以此终"者乎！师范属衰季之运，以兴复为谋，事虽不成，忠则可尚，虽贻族诛之祸，亦可以与臧洪游于地下矣。知俊骁武有余，奔亡不暇，六合虽大，无所容身，夫如是则岂若义以为勇者乎！崇本而下，俱以叛灭，以何足以道哉！

《永乐大典》卷六千三百五十。

补　遗

《朱瑾传》立祠以祭之。马令南《唐书》云：初，宿卫将李球、马谦挟杨隆演登楼，取库兵以诛知训，与战频却，朱瑾适自外来，以一骑前视其阵曰："不足为也。"因反顾一麾，外兵争进，遂斩球、谦，乱兵皆溃。瑾尝有德于知训者也。及其凶终，人皆谓曲在知训。《刘知俊传》怀英败归《九国志》云：李廷琦、刘知俊自灵武班师，涂经长城岭，梁帅率精英数万，蹑其后，彦琦与知俊同设方略击败之。

旧五代史卷一三考证

梁列传三朱瑄传敬武遣将曹全晟　　案：《新唐书》及《通鉴》俱作"曹存实"，《旧唐书》、《欧阳史》与是书同。部将崔君预据城叛全晟攻之　　案《旧唐书·韩简传》云：曹全晟为简所败，死之。郓将崔君裕收合残众，保郓州。《朱瑄传》云：崔君裕权知州事，全晟知其兵寡，袭君裕。据《韩简传》则全晟死而君裕保其城，据《朱瑄传》则君裕为全晟所杀，二传自相矛盾，是书从《朱瑄传》。又，"君预"，诸史俱作"君裕"。光启初魏博韩允中攻郓　　案：《新唐书》作中和初，魏博韩简东窥曹、郓，《旧唐书·韩允中传》，乾符元年十一月，卒，子简起复为节度观察留后。《新唐书》本纪亦云：是攻郓者，韩简非允中也。《通鉴》作中和二年，韩简击郓州，当得其实。是书讹作允中，与诸史年、月、人名舛异。朱瑾传瑾从兄齐州刺史琼以州降 "齐州"原本作"济州"，据《通鉴》及《北梦琐言》改正。瑾之二子 案：《新唐书》作瑾子用贞。刺史尹处宾 案：《新唐书》作尹怀宾。出瑾为淮宁军节度使 "淮宁"，原本作"怀宁"，今据《九国志》改正。爱妓桃氏 案：《九国志》作妻陶氏。王师范传棣州刺史张蟾叛于师范 "张蟾"，原本作"张儋"，今据《新唐书》改正。刘知俊传寻用为左开道指挥使 "开道"，原本作"关道"，今据《欧阳史》改正。杨崇本传乾化元年 案：原本作"乾化四年"，今据《欧阳史》改正。张万进传仍赐名守进 "守进"，原本作"方进"，今据本纪改正。

旧五代史卷一四

梁书一四

列传第四

罗绍威　赵犨 弟昶 珝　王珂
从兄珙

　　罗绍威，案《旧唐书》：绍威，字端己。魏州贵乡人。父弘信，本名宗
弁，初为马牧监，事节度使乐彦贞。光启末，彦贞子从训骄盈太横，
招聚兵甲，欲诛牙军。牙军怒，聚噪攻之，从训出据相州。牙军废彦
贞，囚于龙兴寺，逼令为僧，寻杀之，推小校赵文建为留后。先是，弘
信自言，于所居遇一白须翁，谓之曰："尔当为土地主。"如是者再，
心窃异之。罗弘信遇白须翁，本筹火狐鸣之故智，《旧唐书》作邻人相告，《新
唐书》作巫者传言，疑皆属传闻之误。《薛史》以为弘信自言，当得其实。既而
文建不洽军情，牙军聚呼曰："孰愿为节度使者？"弘信即应曰："白
须翁早以命我，可以君长尔曹。"唐文德元年四月，牙军推弘信为留
后。朝廷闻之，即正授节旄。
　　乾宁中，太祖急攻兖、郓，朱瑄求援于太原，时李克用遣大将李
存信率师赴之，假道于魏，屯于莘县。存信御军无法，稍侵魏之刍
牧，弘信不平之。太祖因遣使谓弘信曰："太原志吞河朔，回戈之日，
贵道堪忧。"弘信惧，乃归款于太祖，仍出师三万攻李存信，败之。
案：弘信攻李存信，《旧唐书》与《薛史》同。《新唐书》则云：李存信侵魏刍牧，弘
信已不平，既而李瑭复壁莘，弘信厌其暴，及闻梁王遣使相告，乃回戈攻瑭也。

与《薛史》异。未几,李克用领兵攻魏,营于观音门外,属邑多拔。太祖遣葛从周援之,战于洹水,擒克用男落落以献,太祖令送于弘信,斩之,晋军乃退。是时太祖方图兖、郓,虑弘信离贰,每岁时赂遗,必卑辞厚礼。弘信每有答贶,太祖必对魏使北面拜而受之,曰:"六兄比予有倍年之长,兄弟之国,安得以常邻遇之。"故弘信以为厚己。其后弘信累官至检校太尉,封临清王。案《旧唐书》:弘信先封豫章郡公,进封北平王。光化元年八月,薨于位。

· 绍威袭父位为留后,案:《旧唐书》:绍威自文德初授左散骑常侍,充天雄军节度副使,自龙纪至乾宁十年之中,累加官爵。朝廷因而命之,寻正授旄钺,累加检校太尉、兼侍中,封长沙郡王。昭宗东迁,命诸道修洛邑,绍威独营太庙,制加守侍中,进封邺王。

初,至德中,田承嗣盗据相、魏、澶、博、卫、贝等六州,召募军中子弟,置之部下,号曰"牙军",皆丰给厚赐,不胜骄宠。年代浸远,父子相袭,亲党胶固,其凶戾者,强贾豪夺,逾法犯令,长吏不能禁。变易主帅,有同儿戏,自田氏已后垂二百年,主帅废置,出于其手,如史宪诚、何全皞、韩君雄、乐彦贞,皆为其所立。优奖小不如意,则举族被诛。绍威惩其往弊,虽以货赂姑息,而心衔之。

绍威嗣世之明年正月,幽州刘仁恭拥兵十万,谋乱河朔,进陷贝州,长驱攻魏。绍威求援于太祖,太祖遣李思安援之,屯于洹水,葛从周自邢、洺引军入魏州。燕将刘守文、单可及与王师战于内黄,大败之,乘胜追蹑。会从周亦出军掩击,又败燕军,斩首三万余级。三年,绍威遣使会军同攻沧州以报之。自是绍威感太祖援助之恩,深加景附。

绍威见唐祚衰陵,群雄交乱,太祖兵强天下,必知有禅代之志,故倾心附结,赞成其事,每虑牙军变易,心不自安。天祐初,州城地无故自陷,俄而小校李公佺谋变,绍威愈惧,乃定计图牙军,遣使告太祖求为外援。太祖许之,遣李思安会魏博军再攻沧州。先是,安阳公主薨于魏,太祖因之遣长直军校马嗣勋选兵千人,伏兵伏于巨橐中,肩舁以入魏州,言助女葬事。天祐三年正月五日,太祖亲率大

军济河,声言视行营于沧、景,牙军颇疑其事。是月十六日,绍威率
奴客数百与嗣勋同攻之,时宿于牙城者千余人,迟明尽诛之,凡八
千家,皆赤其族,州城为之一空。翌日,太祖自内黄驰至邺。时魏军
二万方与王师同围沧州,闻城中有变,乃拥大将史仁遇保于高唐,
六州之内,皆为勍敌,太祖遣诸将分讨之,半岁方平。自是绍威虽除
其逼,然寻有自弱之悔。

不数月,复有浮阳之役,绍威飞挽馈运,自邺至长芦五百里,叠
迹重轨,不绝于路。又于魏州建元帅府署,治道置亭候,供牲牢、酒
醪、军幕、什器,上下数十万人,一无阙者。及太祖回自长芦,复过魏
州,绍威乘间谓太祖曰:"邠、岐、太原终有狂谲之志,各以兴复唐室
为词,王宜自取神器,以绝人望,天与不取,古人所非。"太祖深感
之。及登极,加守太傅、兼中书令,赐号扶天启运竭节功臣。车驾将
入洛,奉诏重修五凤楼、朝元殿,巨木良匠,非当时所有,倏架于地,
溯流西立于旧址之上,张设绛绣,皆有副焉。太祖甚喜,以宝带名马
赐之。先是,河朔三镇司管钥,备洒扫皆有阉人,绍威曰:"此类皆宫
禁指使,岂人臣家所宜畜也。"因搜获三十余辈,尽以来献,太祖嘉
之。开平中,加守太师、兼中书令,邑万户。

绍威尝以临淄、海岱罢兵岁久,储庾山积,唯京师军民多而食
益寡,愿于太行伐木,下安阳、淇门,斲船三百艘,置水运自大河入
洛口,岁漕百万石,以给宿卫,太祖深然之。会绍威遘疾革,遣使上
章乞骸骨,太祖抚案动容,顾使者曰:"亟行语而主,为我强饭,如有
不可讳,当世世贵尔子孙以相报也。"仍命其子周翰监总军府。及讣
至,辍朝三日,册赠尚书令。绍威在镇凡十七年,年三十国薨《永乐
大典》卷一万八千一百二十六。

绍威形貌魁伟,有英杰气,攻笔札,晓音律。性复精悍明敏,服
膺儒术,明达吏理。好招延文士,聚书万卷,开学馆,置书楼,每歌酒
宴会,与宾佐赋诗,颇有情致。《太平广记》引《罗绍威传》云:当时藩牧之
中,最获文章之誉。每命幕客作四方书檄,小不称意,坏裂抵弃,自擘笺起草,
下笔成文,虽无藻丽之凤,幕客多所不及。江东人罗隐者,佐钱镠军幕,

有诗名于天下。绍威遣使赂遗，叙南巷之敬，隐乃聚其所为诗投寄之。绍威酷嗜其作，因目己之所为曰《偷江东集》，至今邺中人士讽咏之。绍威尝有公宴诗云："帘前淡泊云头日，座上萧骚雨脚风。"虽深于诗者，亦所叹伏。

绍威子三人：长曰廷规，位至司农卿，尚太祖女安阳公主，又尚金华公主，早卒。次曰周翰，继为魏博节度使，亦早卒。《通鉴考异》引《梁功臣传》云：周翰起复云麾将军，充天雄军节度留后，寻检校司徒，正授魏博节度使。季曰周敬，历滑州节度使，别有传。开平四年夏，诏金华公主出家为尼，居于宋州元静寺，盖太祖推恩于罗氏，令终其妇节也。《永乐大典》卷五千六百七十八。《五代史补》：罗邺王绍威，俊迈有词学，尤好戏判。有常人向官街中鞲驴，置鞍于地，值车牛过，急行碾破其鞍，驴主怒，殴驾车者，为厢司所擒。绍威更不按问，遂判其状云："邺城大道甚宽，何故驾车碾鞍？领鞲驴汉子科决，待驾车汉子喜欢！"词虽俳谐，理甚切当，论者许之。

赵犨，其先天水人，案：《欧阳史》作其先青州人。代为忠武牙将，曾祖宾，祖英奇，父叔文，皆历故职。犨幼有奇智，韶龀之时，与邻里小儿戏于道左，恒分布行列为部伍战阵之状，自为董帅，指顾，如夙习焉，群儿皆禀而从之，无敢乱其行者。其父目而异之曰："吾家千里驹也。必大吾门矣。"及赴乡校，诵读之性出于同辈。弱冠有壮节，好功名，妙于弓剑，气义勇果。郡守闻之，擢为牙校。唐会昌中，壶关作乱，随父北征，收天井关。未几，从王师征蛮，涉月方克，惟忠武将士转战溪洞之间，斩获甚从。本道录其勋，陟为马步都虞候。

乾符中，王仙芝起于曹、濮，大纵其徒，侵掠汝、郑，犨乃率步骑数千袭之，贼党南奔。及黄巢陷长安，天子幸蜀，中原无主，人心骚动。于是陈州数百人相率告许州连帅，愿得犨知军州事。其帅即以状闻，于是天子下诏，以犨守陈州刺史。既视事，乃谓将吏曰："贼巢之虐，遍于四方，苟不为长安市人所诛，则必驱残党以东下。况与忠武久为仇仇，凌我土疆，势必然也。"乃遣增垣墉，浚沟洫，实仓廪，积薪刍。凡四门之外，两舍之内，民有资粮者，悉令挽入郡中。缮甲兵,利剑槊,弓弩矢石无不毕备。又招召劲勇,置之麾下。以仲弟昶为防遏都指挥使,以季弟玼为亲从都知兵马使,长子麓、次子霖,皆分领锐兵。黄巢在长安,果为王师四面扼束,食尽人饥,谋东奔之计,先遣骁将孟楷拥徒万人,直入项县,犨引兵击之,贼众大溃,斩获略尽,生擒孟楷。

中和三年,朝廷闻其功,就加检校兵部尚书,俄转右仆射。不数月,加司空,进颍川县伯。巢党知孟楷为陈所擒,大惊愤,乃悉众东来,先据溵水,后与蔡州秦宗权合势以攻宛丘,陈人惧焉。犨恐众心携离,乃于众中扬言曰:“忠武素称义勇,淮阳亦为劲兵,是宜戮力同心,捍御群寇,建功立节,去危就安,诸君宜图之。况吾家食陈禄久矣,今贼众围逼,众寡不均,男子当于死中求生,又何惧也。且死于为国,不犹愈于生而为贼之伍耶!汝当观吾之破贼,敢有异议者斩之!”由是众心靡不踊跃。无何,开门与贼接战,每战皆捷,贼众益怒。巢于郡北三四里起八仙营,如宫阙之状,又修百司廨署,储蓄山峙,蔡人济以甲胄,军无所阙焉。凡围陈三百日,大小数百战,虽兵食将尽,然人心益固。犨因令间道奉羽书乞师于太祖,太祖素多犨之勇果,乃许之。四年四月,太祖引大军与诸军会于陈之西北,陈人望旗鼓出军纵火,急攻巢寨,贼众大溃,重围遂解,献捷于行在。

五年八月,除犨为蔡州节度使。于时巢党虽败,宗权益炽,六七年间,屠脍中原,陷二十余郡,唯陈去蔡百余里,兵少力微,日与争锋,终不能屈。文德元年,蔡州平,朝廷议勋,以犨检校司徒,充泰宁军节度使,又改授浙西节度使,不离宛丘,兼领二镇。龙纪元年三月,又以平巢、蔡功,就加平章事,充忠武军节度使,仍以陈州为理所。由是中原尘静,唐帝复归长安,陈、许流亡之民,襁负归业,犨设法招抚,人皆感之。犨兄弟三人,时称雍睦。一日,今仲弟昶同心王事,共立军功,乃下令尽以军州事付于昶,遂上表乞骸。后数月,寝疾,卒于陈州官舍,年六十六,葬于宛丘县之先域,累赠太尉。

犨虽尽忠唐室,保全陈州,然默识太祖雄杰,每降心托迹,为子孙之计,故因解围之后,以爱子结亲,又请为太祖立生祠于陈州,朝夕拜谒。数年之间,悉力委输,凡所征调,无不率先,故能保其功名。

长子麓,位至列卿。

次子霖,改名岩,尚太祖女长乐公主。开平初,授卫尉卿、驸马都尉。二年九月,权知洛州军州事,俄转天威军使。十二月,授右羽林统军,改右卫上将军、充大内皇墙使。三年七月,出为宿州团练使,旋移州刺史。其后累历近职,连典禁军。预诛庶人友珪有功,末帝即位,用为租庸使、守户部尚书。岩以勋戚自负,货赂公行,天下之贿,半入其门。又以身尚公主闻唐朝驸马都尉杜琮位极将相,以服御饮馔自奉,务极华侈,岩耻其不及。由是丰其饮膳,嘉羞法馔,动费万钱,僦敛纲商,其徒如市,权势熏灼,人皆阿附。及唐庄宗灭梁室,岩逾垣而逸。素与徐州温韬相善,岩往依之。既至,韬斩岩首送京师。《永乐大典》卷一万六千九百九十。

昶,字大东,犫仲弟也。弱冠习兵机,沉默大度,神形洒落,临事有通变之才。及兄犫为陈州刺史,以昶为防御都指挥使。未几,巢将孟楷拥众万余据项城县,昶与兄犫领兵击破之,擒楷以归。不数月,巢党悉众攻陈,以报孟楷之役,又蔡寇合从,凶丑百万,栖于陈郊,陈人大恐。一夕,昶因巡警,假寐于圊阁,恍惚间如有阴助,昶异而待之。迟明,开门决战,人心兵势,勇不可遏,若有阴兵前导。是日,擒贼将数人,斩首千余级,群凶气沮。其后连日交战,无不应机俘斩,未尝小衄,以至重围数月,士心如一。及贼败围解,朝廷纪勋,昶一门之中,叠加爵秩。当时方镇之内,言忠勇者、言守御者、言功勋者、言政事者,皆以犫、昶为首焉。及犫遥领泰宁军节度,以昶为本州刺史、检校右仆射。俄而犫有疾,遂以军州尽付于昶。诏授兵马留后,旋迁忠武军节度使,亦以陈州为理所。

时宗权未灭,中原方受其毒。陈、蔡封疆相接,昶每选精锐,深入蔡境。蔡贼虽众,终不能抗,以至宗权败焉。案上篇《赵犫传》云:蔡州平,以犫为忠武军节度使。据此传,则昶为忠武军节度使,宗权未灭,二传自相矛盾。见《通鉴考异》。朝廷赏勋,加检校司徒。昶以大寇削平之后,益留心于政事,劝课农桑,大布恩惠。景福元年秋,陈、许将吏耆老录其功，诣阙以闻，天子嘉之，命文臣撰德政碑植于通衢，以旌其功。俄加同平章事。昶自围解之后，恒曰："梁王之恩，不敢忘也。"自后太祖每有征伐，昶训练兵甲，馈挽供亿，无有不至。乾宁二年寝疾，薨于镇，年五十三。追赠太尉。《永乐大典》卷一万六千九百九十。

珙，字有节，犨季弟也。案：《新唐书》以珙为犨子，据《欧阳史》及《通鉴》皆以珙为犨弟，与《薛史》同，《新唐书》误。幼而刚毅，器宇深沉。既冠，好书籍。及壮，工骑射，尤精《三略》。及犨为陈州刺史。以珙为亲从都知兵马使。时巢党东出商、邓，与蔡贼会，聚至百余万，掘长壕五百道攻陈，陈人大惧。珙与二兄坚心誓众，激励将校，约以死节。珙以祖先松楸，去郭数里，虑为群盗穿发，乃夜纵心膂之士，迁枢入城。府库旧有巨弩数百枝，机牙皆缺，工人咸谓不可用，珙即创意制度，自调弦筈，置之雉堞间，矢激五百余步，凡中人马，皆洞达胸腋，群贼畏之，不敢逼近。自仲秋至于首夏，军食将竭，士虽不饱，而坚拒之志不移。会太祖率大军解其围，珙兄弟扠泣感谢。其后朝廷议轼，加检校右仆射，遥领处州刺史。犨薨，昶为忠武军节度使，珙迁为行军司马、检校司空。昶薨，珙知忠武军留后。

珙公干之才，播于远迩，至于符籍虚实，财谷耗登，备阅其根本，民之利病，无不洞知。庶事简练，公私俱济，太祖深加慰荐。寻加特进、检校司徒，充忠武军节度使。陈州土壤卑疏，每岁壁垒摧圮，公役不暇，珙遂营度力用，俾以甓周砌四埤，自是无霖潦之虞。光化二年，加检校太保、平章事。明年，检校侍中，进封天水郡公。珙博通前古，以陈州本伏羲所都，南顿乃光武旧地，遂稽考古制，崇饰庙貌，为四民祈福之所。又询邓艾故址，决翟王河以溉稻粱，大实仓廪，民获其利。珙兄弟节制陈、许，继拥节钺，共二十余年，陈人爱戴，风化大行。

天复元年冬，韩建为忠武军节度使，乃征珙知同州匡国军节度留后。时太祖统军岐下，珙输挽调发，旁午道途。俄而昭宗还长安，诏征入觐，锡迎銮功臣之号，珙因坚辞藩镇，遂加检校太傅、右金吾卫上将军。及嵩从东迁,岁余以瘤疾免官,遂归淮阳。未几,薨于私第,年五十五。诏赠侍中,陈人为之罢市。

子毅,仕至左骁卫大将军、宣徽北院使。唐庄宗入汴,与从兄岩皆族诛。《永乐大典》卷一万六千九百九十。

王珂,河中人。祖纵,盐州刺史。父重荣,河东节度使,破黄巢有大功,封琅邪郡王。珂本重荣兄重建之子,出继重荣。唐僖宗光启三年,重荣为部将常行儒所害,推重荣弟重盈为蒲帅,以珂为行军司马。及重盈卒,军府推珂为留后。时重盈子珙为陕州节度使,瑶为绛州刺史,由是争为蒲帅,瑶、珙连上章论列,又与太祖书云:“珂非吾兄弟,盖余家之苍头也,小字忠儿,案:《旧唐书》“忠”作“虫”。安得继嗣!”珂亦上章云:“亡父有兴复之功。”又遣使求救援于太原,李克用为保荐于朝,昭宗可之。既而珙厚结王行瑜、李茂贞、韩建为援,三镇互相表荐,昭宗诏谕之曰:“吾以太原与重荣有再造之功,已俞其奏矣。”乾宁二年五月,三镇率兵入觐,贼害时政,请以河中授珙、瑶,又连兵以攻河中。克用闻之,出师以讨三镇,瑶、珙兵退,晋师拔绛州,擒瑶斩之。及克用驻军于渭北,昭宗以珂为河中节度使,正授旄钺,克用因以女妻珂。珂至太原谢婚成礼,克用令李嗣昭将兵助珂,攻珙于陕焉。

光化末,太祖谓张存敬曰:“珂恃太原之势,侮慢邻封,尔为我持一绳以缚之。”天复元年春,存敬兵下晋、绛,令何绹守晋州以扼太原援师。二月,大军逼河中,珂妻书告太原曰:敌势攻逼,朝夕为俘虏,因乞食于大梁矣,大人安忍不救!”克用曰:“前途既阻,众寡不敌,救则与尔两亡。可与王郎归朝廷。”珂复求救于李茂贞,茂贞不答。珂势穷蹙,即登城谓存敬曰:“吾与汴王有家世事分,公宜退舍,俟汴王至,吾自听命。”存敬即日退舍。三月,太祖自洛阳至,先哭于重荣之墓,蒲人闻之感悦。珂欲面缚牵羊以见,太祖曰:“太师阿舅之恩,何时可忘,郎君若以亡国之礼相见,黄泉其谓我何!”案《新唐书》:全忠,王出也,始背贼事重荣,约为甥舅,德其全己,指日月曰:“我

得志,凡氏王者皆事之。"至是忘誓言,过重荣墓,伪哭而祭。及珂出迎于路,
握手欷歔,联辔而入。乃以居敬守河中,珂举家徙于汴。后入觐,被
杀于华州传舍。《永乐大典》卷六千八百四十九。

　　珙,少有俊气,才兼文武,性甚骄虐。属世多故,遂代伯父重霸
为陕州节度使。为政苛暴,且多猜忌,残忍好杀,不以生命为意,内
至妻孥宗属,外则宾幕将吏,一言不合,则五毒并施,鞭笞刳剐,无
日无之。奢纵聚敛,民不堪命,由是左右惕惧,忧在不测。唐光化二
年夏六月,为部将李璠所杀。璠自称留后,因是陕州不复为王氏所
有。《永乐大典》卷六千八百四十九。

　　史臣曰:绍威始为唐雄,据魏地,当土德之季运,倡梁祖以强
禅,在梁则为佐命也,在唐则岂得为忠臣乎!赵犨以淮扬咫尺之地,
抗黄巢百万之众,功成事立,有足多者。岩、毅非贤,遂泯其嗣,惜
哉!王珂奕世山河,势危被掳,乃魏豹之徒与!《永乐大典》卷六千八百
四十九。

补　遗

　　《王珂传》黄泉其谓我何《欧阳史》云:太祖自同州降唐,即依重荣,以
母王氏敬事重荣为舅。

旧五代史卷一四考证

　　梁列传四罗绍威传其后宏信封临清王　案《旧唐书》:宏信先封豫章郡公,进封北平王,与是书异。自田氏已后垂二百年　案:吴缜《欧阳史纂误》云:魏博自田承嗣专据至罗绍威时,共一百五十余年,《欧阳史》作二百年,误。盖《欧阳史》仍是书之误也。太祖自内黄驰至邺　"至邺",原本作"至叶",今据《欧阳史》改正。岁漕百万石以给宿卫太祖深然之　案《通鉴考异》引《梁功臣传》云:绍威驰简献替,意互合都十得五六,太祖叹曰:"竭忠力一人而已。"又引《庄宗实录》曰:绍威阴有覆温之志,而赂温益厚,温怪其曲事,虑蓄奸谋而莫之察,乃赐绍威妓妾数人。未半岁,召还,以此得其阴事。其纪载互异如此,窃谓绍威有谋虑,得梁主信任,宜也。然以梁主雄险,而绍威又因尽诛牙军,有自弱之悔,则此时猜忌,谅亦有之,未可偏废其说。赵犨传父叔文　案:"叔文"原本讹"叔义",今据《新唐书》改正。王仙芝起于曹濮　"仙芷",今据新、《旧唐书》改正。文德元年　"文德",原本作"大德",今改正。充大内皇墙使　"皇墙"原本作"皇城",考《五代会要》,梁时避讳,改皇城使为皇墙使,今改正。赵昶传假寐于闱阖　"闱阖"原本作"闺阖",今改正。时宗权未灭　案上篇《赵犨传》云:蔡州平,以犨为忠武军节度使,据此传则昶为忠武节度使,宗权未灭,二传互异。赵珝传珝犨季弟也　案:《新唐书》以珝为犨子,是书及《欧阳史》、《通鉴》皆以珝为犨弟,《新唐书》应讹。王珂传小字忠儿　"忠儿",《旧唐书》作"虫儿"。令何绹守晋州　"何绹",原本作"何纬",今据《通鉴》改正。

旧五代史卷一五
梁书一五

列传第五

韩建　李罕之　冯行袭　孙德昭
赵克裕　张慎思

　　韩建,字佐时,许州长社人。父叔农,世为牙校。初,秦宗权之据蔡州,招合亡命,建隶为军士,累转至小校。唐中和初,忠武监军杨复光起兵于蔡,宗权遣其将鹿宴弘赴之,建与里人王建俱隶宴弘军,入援京师。贼平,复光暴卒。时僖宗在蜀,宴弘率所部赴行在,路出南山,因攻剽郡邑,据有兴元,宴弘,自为留后,以建为蜀郡刺史。唐军容使田令孜密遣人诱建,唊以厚利,建时惧为宴弘,所并,乃率所部归行在,令孜补为神策都校、金吾将军,出为潼关防御使兼华州刺史。河、潼经大寇之后,户口流散,建披荆棘,辟污莱,劝课农事,树植蔬果,出入闾里,亲问疾苦,不数年,流亡毕复,军民充实。建比不知书,治郡之暇,日课学习,遣人于器皿、床榻之上各题其名,建视之既熟,乃渐通文字。俄迁华商节度、潼关守捉等使,累加检校太尉、平章事。
　　乾宁二年,建与凤翔李茂贞、邠州王行瑜举兵赴阙,迫昭宗请以王珙为河中帅,害大臣于都下。河中王珂召晋军以为援,及晋军渡河,昭宗幸石门。三年四月,昭宗遣延王、通王率禁兵讨李茂贞,为茂贞所败,车驾幸渭桥,翊日,次富平。将幸河中,建奉表迎驾,俄自至渭北,恳乞东幸,许之。七月十五日,昭宗至华,百官士庶相继而至。建寻加中书令,充京畿安抚制置等使,又兼京兆尹、京城把截使。昭宗久在华州之境,思还宫掖,每花朝月夕,游宴西溪,与群臣属咏歌诗,歔欷流涕。建每从容奏曰:"臣为陛下修营大内,结信诸侯,一二年间,必期兴复。"乃以建兼领修创京城使,建自华督役辇运工作,复治大明宫。

四年二月,有诣建告睦王已下八王谋杀建,案:《通鉴》作防城将张行思等来告,建恶诸王典兵,故使行思等告之。建囚八王于别宅,放散随驾殿后军二万人,杀捧日都头李筠,自是天子益微,宿卫之士尽矣。八月,建以兵围十六宅,通王以下十一王并遇害于石堤谷,以谋逆闻。又害太子詹事马道殷、将作监许岩士,贬宰相朱朴,皆昭宗宠昵者也。案《新唐书·昭宗纪》:正月乙酉,韩建以兵围行宫,杀扈跸都将李筠。二月,韩建杀太子詹事马道殷、将作监许岩士。八月,韩建杀通王滋、沂王禋、韶王、彭王、嗣韩王、嗣陈王、嗣覃王、嗣周王、嗣延王戒丕、嗣丹王允。《通鉴》与《新唐书》同。《薛史》以杀李筠为正月事,以杀马道殷、许岩士为八月事,盖本于《旧唐书·昭宗纪》宜可征信云。建寻兼同州节度使。光化元年,升华州为兴德府,以建为尹。八月,车驾还京。九月,册拜太傅,进封许国公,并赐铁券。

天复元年十一月,宦官韩全诲迫天子幸凤翔,建亦预其谋。太祖闻之,自河中引军而西。前锋至同州,建判官司马邺以城降,遂移军迫华州,建惧乞降。太祖责以胁君之罪,建拜伏称从事李巨川之谋也,太祖即诛巨川。案《北梦琐言》:韩建曰:"某不识字,凡朝廷章奏、邻封书檄,皆巨川为之。"因斩之。《通鉴》所采即本于《北梦琐言》,与《薛史》同。《新唐书·李巨川传》云:巨川诣军门纳款,因言当世利害。全忠属官敬翔以文翰事左右,疑巨川用则全忠待己或衰,乃诡说曰:"巨川诚奇才,顾不利主人,若何!"是日,全忠杀之。是巨川之死,亦由于敬翔之谮,不仅为韩建所卖也。太祖与建素有军中昆弟之契,及见,其怒骤息,寻表为许州节度使。昭宗东迁,以建为佑国军节度使、京兆尹。车驾至陕,召太祖与建侍宴,宫妓奏乐,何皇后举觞以赐太祖,建蹑足,太祖遽起曰:"臣醉不任。"伪若颠仆即去。建私谓太祖曰:"上与宫人附耳而语,幕下有兵仗声,恐图王尔。"天祐三年,改青州节度使。

及受禅,征为司徒、平章事,充诸道盐铁转运使。开平二年,加侍中,充建昌宫使。三年,郊祀于洛,以建为大礼使。建为上宰,每谒见,时有直言。太祖为性刚严,群下将迎不暇,待建稍异,故优容之。九月,册律太保,罢知政事。案《五代会要》:开平三年十月,诏曰:太保韩建,每月旦、十五日入阁称贺,即令赴朝参,余时勿入见。示优礼也。四年三月,除匡国军节度使、陈许蔡观察使,仍令中书不议除替。案《五代会要》:乾化元年正月,敕许昌雄镇,太保韩建,朕用以布政,民耕盗止,久居其位,庶可胜残矣。宜令中书门下不计年月,勿议除替。乾化二年六月,朝廷新有内难,人心动摇,部将张厚因作乱,害建于衙署,案《通鉴考异》引《庄宗实录》:九月,建遇害。《通鉴》从《薛史》。时年五十八。

子从训,昭宗在华时授太子侍学、赐名文礼,寻拜屯田员外郎。国初为都官郎中,赐紫,年未弱冠。时朝廷命从训告国哀于陈、许,至二日军乱,与建并命。

乾化三年,追赠太师。《永乐大典》卷三千六百七十五。

李罕之,陈州项城人。父文,世田家。罕之拳勇趫捷,力兼数人。少学为儒,不成,又落发为僧,以其无赖,所至不容。曾乞食于酸枣县,自旦至晡,无与之者,乃掷钵于地,毁弃僧衣,亡命为盗。案《北梦琐言》云:罕之即其僧名。会黄巢起曹、濮,罕之因合徒作剽,渐至魁首。及贼巢渡江,罕之因以兵将背贼归于唐,高骈录其功,表为光州刺史。岁余,为蔡贼秦宗权寇迫,不能守,乃弃郡归项城,收合余众,依河阳诸葛爽,爽署为怀州刺史。光启初,僖宗以爽为东南面招讨,以击宗权,爽乃表罕之为副,令将兵屯宋州,蔡寇凶焰日炽,兵锋不敌。中和四年,爽表罕之为河南尹、东都留守。

是岁,李克用脱上源之难,敛军西归,路由洛阳,罕之迎谒,供帐馆待甚优,因与克用厚相结托。时罕之有众三千,以圣善寺为府。光启元年,蔡贼秦宗权遣将孙儒来攻,罕之对垒数月,以兵少备竭,委城而遁,西保于渑池。蔡贼据京城月余,焚烧宫阙,剽剥居民。贼既退去，鞠为灰烬，寂无鸡犬之音，罕之复引其众，筑垒于市西。

明年冬，诸葛爽死，其将刘经推爽子仲方为帅，经惧罕之难制，自引兵镇洛阳。罕之部曲有李瑭、郭璆者，情不相叶，欲相图害。罕之怒，诛璆，军情由是不睦。刘经因其有间，掩击罕之于渑池，军乱，保乾壕。经急攻之，为罕之的所败，罕之乘胜追之洛阳。时经保敬爱寺，罕之保苑中飞龙厩，罕之激励其众攻敬爱寺，数日，因风纵火，尽燔之，经众奔窜，追斩殆尽。罕之进逼河阳，营于巩县，陈舟于汜水，将渡，诸葛仲方遣将张言〔案：张言后名全义。〕率师拒于河上。时仲方年幼，政在刘经，诸将心多不附。张言密与罕之修好，经知其谋，言惧，引众渡河归罕之，因合势攻河阳，为经所败，罕之与言退保怀州。冬，蔡将孙儒陷河阳。仲方汎轻舟来奔，孙儒遂自称节度使。俄而蔡贼为我军所败，孙儒弃河阳归蔡。罕之与言收合其众，求援于太原，李克用遣泽州刺史安金俊率骑助之，遂收河阳。克用表罕之为节度、同平章事，又表言为河南尹、东都留守。

罕之既与言患难交契，刻臂为盟，永同休戚，如张耳、陈余之义也。罕之虽有胆决，雄猜反复，而抚民御众无方略，率多苛暴，性复贪冒，不得士心。既得河阳，出兵攻晋、绛。时大乱之后，野无耕稼，罕之部下以俘剽为资，啖人作食。绛州刺史王友遇以城降，罕之乃进攻晋州，河中王重盈遣史求援于太祖。时张言治军有法，善积聚，勤于播植，军储不乏。言输粟于罕之，以给其军。罕之求索无限，言颇苦之，力不能应。罕之则录河南府吏笞责之。东诸侯修贡行在，多为罕之邀留，王重盈苦其侵削，密结张言请图之。

文德元年春，会罕之尽出其众攻平阳，言夜出师掩击河阳，罕之无备，单步仅免，举族为言所俘。罕之奔于太原，李克用表为泽州刺史，仍领河阳节度使。三月，克用遣其将李存孝率师三万助之，来攻怀、孟。城中食尽，备御皆竭，张言遣其孥入质，且求救于太祖。太祖遣葛从周、牛存节赴之，逆战于沇河店。会晋将安休休以一军奔于蔡，存孝引军而退，罕之保于泽州。自是罕之日以兵寇抄怀、孟、晋、绛，数百里内，郡邑无长吏，闾里无居民。河内百姓，相结屯寨，或出樵汲，即为俘馘。虽奇峰绝磴，梯危架险，亦为罕之部众攻取。先是，蒲、绛之间有山曰摩云，邑人立栅于上以避寇乱，罕之以百余人攻下之，军中因号罕之曰"李摩云。"自是数州之民，屠啖殆尽。荆棘蔽野，烟火断绝，凡十余年。

　　乾宁元年，李存孝出师以拒邠、凤，营于渭北，天子以克用为邠州行营四面都统，克用乃表罕之为副。及诛王行瑜，罕之以功授检校太尉，食邑千户。按《新唐书》：克用讨王行瑜，表罕之副都统、检校侍中，行瑜诛，封陇西郡王、检校太尉、兼侍中。所载爵位，较《薛史》为详。《欧阳史》仍《薛史》之旧。罕之自以功多，私谓晋将盖寓曰："余自河阳失守，来依巨荫，岁月滋久，功效未施。比年以来，倦于师旅，所谓老夫耄矣，无能为也。望吾王仁愍，太傅哀怜，与一小镇，休兵养疾·一二年间，即归老菟裘，幸也。"寓为言之，克用不对。每藩镇缺帅，议所不及，罕之私心郁郁，盖寓惧其它图，亟为论之。克用曰："吾于罕之，岂惜一镇，吾有罕之，亦如董卓之有吕布，雄则雄矣，鹰鸟之性，饱则飏去，实惧翻覆毒余也。"

　　光化元年十二月，晋之潞帅薛志勤卒，罕之乘其丧，自泽州率众径入潞州，自称留后，以状闻于克用曰："闻志勤之丧，新帅未至，虑为佗盗所窥，不俟命已屯于潞矣。"克用怒，遣李嗣昭讨之，罕之执其守将马溉、伊铎、何万友，案：伊铎，《欧阳史》作伊镡。沁州刺史傅瑶等，遣其子颢案：《欧阳史》作遣道子顺。拘送于太祖以求援焉。案《新唐书》：全忠表罕之昭义军节度使。会罕之抱病，不能视事。明年六月，病笃，太祖令丁会代之，移罕之为河阳节度使，行至怀州，卒于传舍，时年五十八。其子颢以舟载枢归葬河阴县。开平二年春，诏赠中书令。《永乐大典》卷一万三百八十七。

　　冯行袭，字正臣，武当人也。历职为本郡都校。中和中，僖宗在蜀，有贼首孙喜者，聚徒数千人欲入武当，刺史吕煜惶骇无策略。行袭伏勇士于江南，乘小舟逆喜，谓喜曰："郡人得良牧，众心归矣，但缘兵多，民惧掳掠。若驻军江北，领肘腋以赴之，使某前导，以慰安士民,可立定也。"喜然之。既渡江,军吏迎谒,伏甲奋起,行袭击喜仆地,仗剑斩之,其党尽殪,贼众在江北者,悉奔溃。案《新唐书》本纪:光启元年四月,武当贼冯行袭陷均州,逐其刺史吕晔。盖行袭既殪,孙喜遂自据其郡也。《薛史》作中和间事,与《唐书》异。《欧阳史》仍从《薛史》。山南节度使刘巨容以功上言,寻授均州刺史。

州西有长山,当襄、汉、蜀路,群贼屯据,以邀劫贡奉,行袭又破之。洋州节度使葛佐奏辟为行军司马,请将兵镇谷口,通秦、蜀道,由是益知名。李茂贞遣养子继臻窃据金州,行袭攻下之,因授金州防御使。时兴元杨守亮将袭京师,道出金、商,行袭逆击,大破之。诏升金州为节镇,以戎昭军为额,即以行袭为节度使。案《旧唐书·哀帝纪》:天祐二年,金州冯行袭奏,当道昭信军额内一字与元帅全忠讳字同,乃赐号戎昭。是金州初赐军额本名昭信,至哀帝,避朱全忠祖讳,乃改称戎昭也。《薛史》于金州初赐军额即作戎昭,盖仍《梁实录》之旧,未及考正。

及太祖义旗西征,行袭遣副使鲁崇矩禀受制令。会唐昭宗幸凤翔,太祖帅师奉迎,久之未出。中尉韩全诲遣中官郄文晏等二十余人分命矫诏,欲征江淮兵屯于金州,以胁太祖之军,行袭定策尽杀之,收其诏敕送于太祖。天祐元年,兼领洋州节度使。太祖之伐荆、襄,行袭令其子勗以舟师会于均、房,预收复功。案《新唐书·昭宣帝纪》:二年五月,王建陷金州,戎昭军节度使冯行袭奔于均州。六月,行袭克金州。《旧唐书·哀帝纪》:二年十二月,戎昭军奏,收复金州,兵火之后,井邑残破,请移理所于均州。从之,仍改为武定军。是行袭因金州尝被陷,乃改治军州也。《薛史》不载。迁匡国军节度使。案《旧唐书·哀帝纪》:三年四月丙申,勅曰:天祐二年九月二十日,于金州置戎昭军,割均、房二州为属郡。比因冯行袭叶赞元勋,克宣不绩,用奖济师之效,遂行割地之权。今命帅得人,酬庸有秩,其戎昭军额宜停,其均、房二州却还山南东道收管。据此则戎昭军额废于天祐三年,故行袭改镇许州也。到任,诛大吏张澄,暴其罪,州人莫不惴慑。在许三年,上供外,别追助军羡粮二十万石。及太祖郊禋,行袭请入觐,贡献巨万,恩礼殊厚。寻诏翰林学士杜晓撰德政碑以赐之,累官至兼中书令,册拜司空。开平中卒,辍朝一日,赠太傅,谥曰忠敬。

　　行袭性严烈,为政深刻,然所至有天幸,境内有大蝗,寻有群鸟啄食,不为害;民或艰食,必有稽谷出于垅亩。虽威福在己,而恒竭力以奉于王室,故能保其功名。行袭魁岸雄壮,面有青志,当时目为"冯青面"。长子勖,历蕲、沁二州刺史。次子德晏,仕至金吾将军。《永乐大典》卷四万三。

　　孙德昭,盐州五原县人,世为州校。父惟政,有功于唐朝,遥领荆南节度,分判右神策军事。德昭藉父荫,累职为右神策军都指挥使。案《通鉴》:德昭由雄毅军使为左神策指挥使。光化三年,唐昭宗为阉官所废,矫立德王,时中外以权在禁闼,莫能致讨,近藩朋附,章表继有至者。丞相崔胤,外与太祖申结辅佐之好,内遣心腹密购忠义。有以事谕德昭者,案《通鉴》云:德昭曾愤惋不平,崔胤闻之,遣判官石戬与之游。德昭每酒酣必泣,戬知其诚,乃密以胤意说之。德昭感慨,乃与本军孙承诲、董从实三人,案:新、旧《唐书》俱作周承诲、董彦弼,据《薛史》则承诲自姓孙,彦弼乃从实后改之名也。《通鉴》从《唐书》,《欧阳史》从《薛史》奋发应命,誓图返正,崔又割衣手笔以通其志。天复元年正月一日未旦,逆竖左军容刘季述早入,德昭伏甲要路以俟,追其前驱,邀而斩之,孙承诲分捕右军容王仲先党伍。唐昭宗方幽辱东内,闻外喧,大恐。德昭驰至,扣阁曰:"逆贼刘季述伏诛矣,请上皇开钥复皇帝位。"皇后何氏呼曰:"汝可进逆人首,门乃可开。"俄而承诲、从实俱以馘献,昭宗悲而嘉之。于是丞相崔胤奉迎御丹凤楼,率百辟待罪,泣且奏曰:"臣居大位,不能讨奸,赖东平王全忠首奋忠贞,诛杀邸吏,遂致德昭等擒戮妖逆,再清禁闱。"即日义功,以德昭为检校太保、静海军节度使,承诲邕州节度使,从实容州节度使,并同平章事,锡姓李,赐号扶倾济难忠烈功臣,图形凌烟阁,俱留京师。锡赍宴赏之厚,恩宠权幸之势,近代罕比。

　　其年十一月,阉官韩全诲纵火胁昭宗西幸凤翔,承诲、从实并变节,为中官所诱,始欲驱拥百僚,将图出令。而德昭犹按兵,与太祖亲吏娄敬思叶力卫丞相及文武百官,与长安吏民保于街东,免为所劫。太祖遣从事相继劳问,遗以龙凤剑、斗鸡纱,委令制辑。于是百官次华州,连状请太祖迎奉。及大旆入关,德昭以军礼上谒,立道左,太祖命左右扶骑控至长安,赐与甚厚,署权知同州节度留后。将赴任,复徇民请,留充两街制置使,赐钱百万。德昭以本部兵八千人献于太祖,由是愈见赏重,又赐甲第一区,俾先还洛阳。及昭宗东迁,奏授右威卫上将军,以疾免,归于别墅。太祖受禅,以左领卫上将军征赴阙。开平四年,拜左金吾大将军,充街使。末帝即位,俾将命于两浙,对见失仪,不果行。寻改授右武卫上将军,俄复左金吾大将军。卒于官。诏赠太傅,辍视朝一日。

天复初,德昭与孙承诲、董从实以返正功,时人呼为“三使相”,恩泽俱冠世。及承诲至凤翔,易名继海,从实改名彦弼,皆为李茂贞所养,后阉官之败,俱戮于京师。唯德昭克全终始,有所称云。《永乐大典》卷一万八千一百四十六。

赵克裕,河阳人也。祖、父皆为军吏。克裕少为牙将,好读书,谨仪范,牧伯皆奇待之。累居右职,擢为虎牢关使。光启中,蔡寇陷河阳,克裕率所部归于太祖,隶于宣义军。太祖东征徐、郓,克裕屡受指顾,无不如意。数年之内,继领亳、郑二州刺史。时关东藩镇方为蔡寇所毒,黎元流散,不能相保,克裕妙有农战之备,复善于绥怀,民赖而获安者众。太祖表为河阳节度使、检校右仆射,寻移理许田,案《新唐书》本纪:景福元年己未,朱全忠陷孟州,逐河阳节度使赵克裕。据《通鉴》则克裕之移镇,因梁祖欲以张全义领河阳也。《新唐书》所纪,疑非事实。入为金吾卫大将军、检校司空。及太祖为元帅,以克裕为元帅府左都押衙,复统六军。兖州平,命权知泰宁军留后。数月,暴疾而卒。开平初,追赠太保。《永乐大典》卷一万八千一百二十六。

张慎思,清河人。自黄巢军来归,累授军职,历诸军都指挥使。从平巢、蔡、兖、郓,皆著功,表授检校工部尚书兼宋州长史。光化中,加检校右仆射,权知亳州。天复三年,昭宗还长安,以从太祖迎驾功，赐号迎銮毅勇功臣，寻除汝州防御使。天祐元年，授左龙武统军。其冬，除许州匡国军节度使。明年十一月，权知徐州武宁军两使留后。太祖受禅，入为左金吾大将军。开平二年，除宋州刺史，未几，复拜左金吾大将军。三年冬，除蔡州刺史，以贪货大失民情，诏追赴阙，未几，扈从北征还，以疾卧洛阳之私第。驭家不肃，为其子所弑。《永乐大典》卷六千三百五十。

史臣曰：韩建遇唐朝之衰运，据潼关之要地，不能藩屏王室，翻务戕丧宗枝，虽有阜俗之能，何补不臣之咎。罕之负骁雄之气，蓄向背之谋，武皇比之吕布，斯知人矣。行袭励纳忠之节，德昭立反正之功，俱善其终，固其宜矣。克裕而下，无讥可也。《永乐大典》卷六千三百五十。

旧五代史卷一五考证

梁列传五韩建传又害太子詹事马道殷将作监许岩士　案《新唐书·昭宗纪》：正月乙酉，韩建杀扈跸都将李筠。二月，杀太子詹事马道殷，将作监许岩士。八月杀通王滋、沂王禋、韶王、彭王嗣、韩王嗣、陈王嗣、覃王嗣、周王嗣、延王戒丕嗣、丹王允，《通鉴》与《新唐书》同是书，以杀李筠为二月事，以杀马道殷、许岩士为八月事，盖本于《旧唐书·昭宗纪》。李罕之传伊铎　案：《欧阳史》作遗子顼。冯行袭传寻授均州刺史　案《新唐书》本纪：光启元年四月，武当贼冯行袭陷均州，逐其刺史吕煜，盖行袭既殪孙喜，遂自据其郡也。是书作中和间事，与《唐书》异。《欧阳史》仍从是书。孙德昭传父惟晟有功于唐朝　案：惟晟，《欧阳史》作惟勖。考《新唐书》亦作惟晟，今仍其旧。乃与本军孙承海董从实三人　案：孙承海、董从实,新、旧《唐书》并作周承诲、董彦弼。攻承诲姓周与孙未知孰是,从实改名彦弼,见本传后文。《欧阳史》与是书同。赵克裕传寻移理许田　　案:克裕移理许田,是书未明言其故。《新唐书》本纪:朱全忠陷孟州,逐河阳节度使赵克裕。据《通鉴》则克裕移镇因梁祖欲以张全义领河阳也,《新唐书》所纪疑非事实。

旧五代史卷一六
梁书一六

列传第六

葛从周　谢彦章　胡真　张归霸
张归厚　张归弁

　　葛从周，字通美，濮州鄄城人也。曾祖阮，祖遇贤，父简，累赠兵部尚书。从周少豁达有智略，初入黄巢军，渐至军校。唐中和四年三月，太祖大破巢军于王满渡，从周与霍存、张归霸兄弟相率来降。七月，从太祖屯兵于西华，破蔡贼王夏寨。太祖临阵马踣，贼众来追甚急，从周扶太祖上马，与贼军格斗，伤面，矢中于肱，身被数枪，奋命以卫太祖。赖张延寿回马转斗，从周与太祖俱免，退军澉水。诸将并削职，唯擢从周、延寿为大校。其后入长葛、灵井，大败蔡贼，至斤沟、洇河，杀铁林三千人，获九寨都虞候王涓。

　　太祖遣郭言募兵于陕州，有黄花子贼据于温谷，从周击破之。又破秦贤之众于荥阳，寻佐朱珍收兵于淄、青间。时兖州齐克让军于任城，从周败之，，擒其将吕全真。淄人不受制，复与之战，获其骁将巩约。会青州以步骑万余人列三寨于金岭，以扼要害。从周与朱珍大衄其众，掳其将杨昭范五人而还。至大梁，不解甲，径至板桥击蔡贼，破卢瑭寨，瑭自溺而死，又于赤桥圳杀蔡军二万余人。从讨谢殷于亳州，擒之。回袭曹州，掳刺史丘弘礼以归。与兖、郓军遇于临濮之刘桥，杀数万人，朱瑄、朱瑾仅以身免，擒都将邹务卿已下五十人。从太祖攻范县,复与朱瑄战,掳尹荣等三人,遂平濮州。未几,与朱珍击蔡贼于陈、濮间,获都将石璠。

文德元年,魏博军乱,乐从训来告急,从太祖渡河拔黎阳、李固、临河等镇,至内黄,破魏军万余众,获其将周儒等十人。李罕之引并人围张全义于河阳,从周与丁会、张存敬、牛存节率兵赴援,大破并军,杀蕃汉二万人,解河阳之围,以功表授检校工部尚书。从朱珍讨徐州,拔丰县,败时溥于吴康,得其辎重,加检校刑部尚书。佐庞师古讨孙儒于淮南,略地至庐、寿、滁等州,下天长、高邮,破邵伯堰。回军攻濠州,杀刺史魏勋。得饷船十艘。

大顺元年八月,并帅围潞州,太祖遣从周率敢死之士,夜衔枚犯围而入,会王师不利于马牢川,即弃上党而归。其年十二月,与丁会诸将讨魏州,连收十邑。明年正月,大破魏军于永定桥,魏军五败,斩首万余级。十月,佐丁会攻宿州,从周壅水灌其城,刺史张筠以郡降。从讨兖州,破朱瑾之军于马沟。景福二年二月,与诸将大破徐、兖之兵于石佛山。八月,与庞师古同攻兖州。

乾宁元年三月,军至新太县,朱瑾令都将张约、李胡椒率三千人来拒战,师古遣从周、张存敬掩袭,生擒张约、李胡椒等都将数十人。二年十月,围兖州,兖人不出,从周诈扬言并人、郓人来救,案通鉴:十二月,朱瑄、朱瑾告急于河东,李克用遣大史俨、李承嗣将数千骑假道于魏以救之。是河东实遣援,非从周诈言也。此盖觇知兖人告急,乘并师尚未至,乃扬言已至,多方以误之耳。又,本纪作十二月,此作十月,辨此正见本纪。即引军趋高吴,夜半却潜归寨。朱瑾果出兵攻外壕,我军士突出,掩杀千余人,生擒都将孙汉筠。从周累立战功,自怀州刺史,历曹、宿二州刺史,累迁检校左仆射。

三年五月,并帅以大军侵魏,遣其子落落率二千骑屯洹水,从周以马步二千人击之,杀戮殆尽,擒落落于阵,并帅号泣而去。遂自洹水与庞师古渡河击郓。四年正月,下之。从周乘胜伐兖,会朱瑾出师在徐境,其将康怀英以城降,以功授兖州留后、检校司空。《玉堂闲话》云:葛侍中镇兖之日,威名著于敌中,河北谚曰:"山东一条葛,无事莫獠拨。"复领兵万余人渡淮讨杨行密,至濠州,闻庞师古清口之败,遂班师。案《九国志·侯瓒传》云:破葛从周于寿阳,沉其卒万余人于淠河。与《薛史》异。《欧阳史》兼采《九国志》。光化元年四月,率师经略山东,时并帅以大军屯邢、洺,从周至巨鹿与并军遇,大破之,并帅遁走。我军追袭至青山口,数日之内,邢、洺、磁三州连下,斩首二万级,获其将吏一百五十人,即以从周兼领邢州留后。十月,复破并军五千骑于张公桥。晋将李嗣昭急攻邢州。阵于城门外,从周大破之,擒蕃将贾金铁、慕容腾百余人。

二年春,幽州刘仁恭率军十万寇魏州,屠贝郡。从周自邢台驰入,魏州燕军突上水关,攻馆陶门。从周与贺德伦率五百骑出战,谓门者曰:"前有敌,不可返顾!"命阖其门。从周等极力死战,大败燕人,擒都将薛突厥、王邻郎等。翌日,破其八寨。追击至临清,刘仁恭走沧州,从周授宣义军行军司马。五月,并人讨李罕之于潞州,太祖以丁会代罕之,令从周驰入上党。七月,并人陷泽州,太祖召从周,令贺德伦守潞州,德伦等寻弃城而归。三年四月,领军讨沧州,先攻德州,下之。及进攻浮阳,幽州刘仁恭大举来援,时都监蒋玄晖谓诸将曰:"吾王命我护军,志在攻取,今燕帅来赴,不可外战,当纵其入壁,聚食困廪,力屈粮尽,必可取也。"从周对曰:"兵在机,机在上将,非督护所言也。"乃令张存敬、氏叔琮守其寨。从周逆战于乾宁军老鸦堤,大破燕军,斩首三万,获将佐马慎交已下百余人,夺马三千匹。八月,并人攻邢、洺,从太祖破之,从周追袭至青山口,斩首五千级,获其将王邻郎、杨师悦等,得马千匹,表授检校太保、兼徐州两使留后,寻为兖州节度使。

天复元年三月,与氏叔琮讨太原,从周以兖、郓之众,自土门路入,与诸军会于晋阳城下,以粮运不给班师。顷之。从周染疾,会青州将刘郡陷兖州,太祖命讨之,遂力疾临戎。三年十一月,郡举城降,以功授检校太傅。太祖以从周气抱疾既久。命康怀英代之,授左金吾上将军,以疚恙不任朝谒,改右卫上将军致仕,养疾偃师县亳邑乡之别墅。顷之,授太子太傅,依前致仕。末帝即位,制授潞州节度使，令坐食其俸，加开府仪同三司、检校太师、兼侍中、封陈留郡王，累食邑至七千户，命近臣赍旌节就墅以赐之。贞明初，卒于家，册赠太尉。《永乐大典》卷二万一千二百九。

谢彦章，许州人。幼事从周为养父，从周怜其敏慧，教以兵法，常以千钱于大盘中，布其行阵偏伍之状，示以出没进退之节，彦章尽得其诀。及壮，事太祖为骑将。末帝嗣位，用为两京马军都军使，累与晋军接战有功，寻领河阳节度使。及从周卒，临丧行服，躬预葬事，时人义之。彦章后为许州节度使、检校太傅。贞明四年冬，滑州节度使贺瑰为北面招讨使，彦章为排阵使，同领大军，驻于行台寨，与晋人对垒。彦章时领骑军与之挑战，晋人或望我军行阵整肃，则相谓曰："必两京太傅在此也。"不敢以名呼，其为敌人所惮如此。

是时，咸谓贺瑰能将步军，彦章能领骑士，既名声相轧，故瑰心忌之。一日，与瑰同设伏于郊外，瑰指一方地谓彦章曰："此地冈阜隆起，中央坦夷，好列栅之所。"寻而晋人舍之，故瑰疑彦章与晋人通。又瑰欲速战，彦章欲持重以老敌人，瑰益疑之。会为行营马步都虞候朱圭所诬，圭遂与瑰协谋，因享士伏甲以杀彦章及濮州刺史孟审澄、别将侯温裕等于军，以谋叛闻。晋王闻之喜曰："彼将帅如是，亡无日矣。"

审澄、温裕亦善将骑军，然所领不过三千骑；多而益办，惟彦章有焉。将略之外，好优礼儒士。与晋人对垒于河上，恒褒衣博带，动皆由礼，或临敌御众，则肃然有上将之威。每敦阵整旅，左旋右抽，虽风驰雨骤，亦无以喻其迅疾也，故当时骑士咸乐为用。及其遇害，人皆惜之。《永乐大典》卷一万八千一百二十六。

胡真，江陵人也。体貌洪壮，长七尺，善骑射，少为县吏。及其在巢寇中，寇推为名将，随巢涉淮、浙、陷许、洛，入长安。及太祖以众归唐，真时为元从都将，案《旧唐书》：中和二年，朱温与大将胡真、谢瞳来降。《通鉴》云：温见巢兵势日蹙，知其将亡，亲将胡真、谢瞳劝温归国。《薛史

·谢瞳传》载瞳说温之辞。《胡真传》不言其劝温归国，与《通鉴》异。从至梁苑，表授检校刑部尚书，频从破巢、蔡于陈、郑间。寻以奇兵袭取滑州，乃署为滑州节度留后，复表为郑滑节度使、检校右仆射。数年，征为右金吾卫大将军，俄拜宁远军节度使、容州刺史、检校太保。卒赠太傅。《永乐大典》卷一万八千一百二十六。

张归霸，字正臣，清河人。祖进言，阳谷令。父实，亦有宦迹。少倜傥，好兵术。唐乾符中，寇盗蜂起，归霸率昆弟三人弃家投黄巢。颇以勇略闻。巢陷长安，遂署为左蕃功臣。中和中，巢领徒走宛丘，时太祖在汴，奉诏南讨，巢党日窘，归霸昆仲与葛从周、李谠等相率来降，寻补宣武军剧职。

光启二年，与蔡将张存战于卢氏。三年夏，又与蔡将卢瑭战于商丘，复与秦宗贤战于万胜，皆败而歼之。翌日，宗权遣将张晊来寇，列寨于赤岗。一日，出骑将较胜，归霸为飞戈所中，飞戈，《欧阳史》作飞矢。即拔马却逸，控弦一发，贼洞颈而坠，遂兼骑而还。太祖时于高丘下瞰，备见其状，面加赏激，厚以金帛及所获马锡之。又尝被命以控弦之士五百人伏于壕内，太祖统数百骑稍逼其寨，蔡人果以锐士摩垒来追，归霸发伏兵，掩杀千余人，夺马数十匹，寻奏授检校左散骑常侍。其后从太祖伐郓，副李唐宾渡淮，咸著奇绩。

文德初，大军临蔡州，贼将萧颢来斫寨，归霸与徐怀玉各以所领兵自东南二扉分出，合势杀贼，蔡人大败。及太祖整众离营，寇尘已息。太祖召至，赏之曰："昔耿弇不俟光武击张步，言不以贼遗君父，弇之功，尔其二焉。"大顺中，郭绍宾拔曹州，归霸率兵数十守之。俄而朱瑾统大军自至，归霸与丁会逆击之于金乡，瑾大败，擒贼将宗江等七十余人，曹州以宁。明年，破濮州，生擒刺史邵儒。又佐葛从周与晋军战于洹水，生获克用爱子落落。复与燕人战于内黄，杀仁恭兵三万余众。戎绩超特，居诸将之右。累官至检校左仆射。

光化二年，权知邢州事。明年春，李嗣昭以蕃汉五万来寇，归霸坚壁设备，晋军不敢顾其城，遂移军攻洺州，陷焉。时太祖在滑，颇虑邢之失守。及葛从周复洺，嗣昭北遁，归霸出兵袭之，杀二万余众。捷至，赏恤殊等，旋以功奏加检校司空。天祐初，迁莱州刺史，秩满授左卫上将军，又除曹州刺史。其秋，加检校司徒，副刘知俊御邠、凤之寇，败之。太祖受禅，拜右龙虎统军，改左骁卫上将军，充河阳诸军都指挥使。明年夏六月，就除河阳节度使、检校太保，寻加同平章事。二年秋七月，卒于位。诏赠太傅。

梁末帝德妃张氏，即归霸女也。末帝嗣位，以归霸子汉鼎、汉杰并为近职。汉鼎早亡，汉杰贞明中为控鹤指挥使，领兵讨惠王于陈州，擒之。当贞明、龙德之际，汉杰昆仲分掌权要，藩镇除拜多出其门，段凝因之遂窃兵柄。及庄宗入汴，汉杰与兄汉伦、弟汉融同日族诛于汴桥下。《永乐大典》卷六千三百五十。

张归厚，字德坤，案《通鉴考异》引《梁功臣列传》云：归厚祖兴，父处让。《薛史·归厚传》不言其父、祖名号，当是归霸从弟。少骁勇，有机略，尤长于弓槊之用。中和末，与兄归霸自巢军相率来降，太祖署为军校。时淮西兵力方壮，太祖之师尚寡，归厚以少击众，往无不捷。光启三年春。与秦宗贤战于万胜，大破之。其夏，蔡将张晊以数万众屯于赤岗，归厚尝与晊斗于阵，晊不能支而奔，师徒乘此大捷。太祖大悦，立署为骑军长，仍以鞍马器币锡之。及佐朱珍讨时溥，寨于丰、萧之间，归厚乘徐垒如行坦途，甚为诸将叹伏。龙纪初，奏迁检校工部尚书。其年冬，复伐徐，归厚以偏师径进至九里山下，与徐兵遇。时我之叛将陈瑶在贼阵中，归厚忽见之，因瞋目大骂，单马直往，期于必取，会飞失中左目而退，徐戎甚众，莫敢迫之。

大顺元年，奏加检校兵部尚书，又命统亲军。是岁，郴王迁寨，未知所往，忽逢充、郓贼寇甚众，太祖亟登道左高阜以观之，命归厚领所部厅子马直突之，出没二十余合，贼大败将北，而救军云至，归厚即缀贼苦战，请太祖以数十骑先还。时归厚所乘马中流矢而踣，乃持槊步斗渐退，贼不敢逼。太祖至寨，亟命张筠、刘儒飞骑来迎，然谓已没矣。归厚体被二十余箭，尚复拒战，筠等既至，贼解乃归。

太祖见之，扶背泣下曰："得归厚身全，纵广丧戎马，何足计乎！"便令肩舁归汴，日降问赉，恩旨甚厚，寻迁中军指挥使。

景福初，从太祖伐郓，帝军不利，太祖为寇所逼，归厚殿焉，翼卫左右，驰射矢发如雨，贼骑千百，披靡而退。明年，与葛从周御晋军于洹水，殊绩尤著。诏加检校右仆射。其后讨沧州，复洺州，咸以功闻，太祖录其勋，命权知洺州事。是郡尝两为晋人所陷，井邑萧条，归厚抚之，数月之内，民庶翕然。太祖自镇、定还，睹其缉理之政，大喜，赏之。

天复元年冬，真拜洺州刺史，加检校右仆射，寻授绛州刺史。三年秋，改晋州刺史，仍检校司空。唐帝迁都洛阳，除右神武统军。天祐二年，改左羽林统军，与徐怀玉同守泽州，时晋军五万来攻，郡中戎士甚寡，归厚极力拒守，并军乃还。太祖受禅，加检校司空。开平二年夏，刘知俊以同州叛，归厚副杨师厚、刘郭等讨平之。秋，军还，授亳州团练使。乾化元年，拜镇国军节度使、陕虢等州观察处置等使。明年夏，以疾卒于位。诏赠太师。子汉卿。《永乐大典》卷一万八千一百二十六。

张归弁，字从冕。始与兄归霸、归厚同归于太祖，得署为牙校。时太祖初镇宣武，屡命归弁结好于近境，颇得行人之仪。乾宁中，以偏师佐葛从周御并军于洹水。光启中，又佐张存敬与燕人战于内黄，积前后功，表授检校工部尚书。大顺初，攻讨兖、郓，命归弁佐衡王友谅屯单父，军声甚振，寻为齐州指挥使。蜀青帅王师节叛，遣将诈为贾人，挽车数十乘，匿兵器于其中，将谋窃发，归弁察而擒之，州城以宁。明年春，青寇大举来伐，州兵既寡，民意颇摇，有本郡都将康文爽等三人欲谋外应，即时擒获诛之，人心遂定。归弁又罄发私帑，赏给士伍，青人遂遁。青州平，超加检校右仆射，遥领爱州刺史。从征荆、襄回，转检校右仆射。

天祐三年春，太祖入魏诛牙军，魏之郡邑多叛，归弁与诸将等分布攻讨，封境悉平。而归弁于高唐攻贼太猛，飞矢中于臆，太祖嘉之,命赐鞍勒马一匹、金带一条。夏五月,命权知晋州。冬十一月,真授晋州刺史,加检校司空。太祖受禅,改滑州长剑指挥使。开平二年秋九月,并军围平阳,诏归弁统兵救之。军至解其围,加检校司徒。三年春三月,寝疾卒于滑州之私第。子汉融。《永乐大典》卷六千三百五十。

史臣曰:从周以骁武之才,事雄猜之主,而能取功名于马上,启手足于牖下,静而言之,斯为贤矣。彦章蔚有将才,死于谗口,身既殁矣,国亦随之,惜哉!归霸昆仲,皆脱身于巨盗之流,宣力于兴王之运,由介胄而析圭爵,可不谓壮夫欤!《永乐大典》卷六千三百五十。

旧五代史卷一六考证

梁书列传六葛从周传破蔡贼王夏寨　"王夏"原本作"五夏",今据《通鉴》改正。　　从周诈扬言并人郓人来救　案《通鉴》:朱瑄、朱瑾告急于河东,李克用遣大将史俨、李承嗣将数千骑假道于魏以救之,是河东实遣师来援,非从周诈言也。此盖觇知兖人告急,乘并师尚未至,乃扬言已至,多方以误之耳。又,本纪作十二月,此作十二,辨正已见本纪。　　养疾偃师县亳邑乡之别墅　"别墅"原本作"别塾"今改正。　谢彦章传必两京太傅在此也　"两京"原本作"西京",今据《通鉴》改正。　张归霸传归霸为飞戈所中　"飞戈"《欧阳史》作"飞矢"。张归厚传命归厚领所部厅子马　"厅子马"原本作"厉子马",考《通鉴注》厅子都系当时军旅之名,今改正。与葛从周御晋军于洹水　葛从周,原本用郭从周,今据《通鉴》改正。

旧五代史卷一七

梁书一七

列传第七

成汭　杜洪 钟传　田頵 朱延寿

赵匡凝　张佶　雷满

　　成汭，淮西人。少年任侠，乘醉杀人，为仇家所捕，因落发为僧，冒姓郭氏。案《新唐书》云：入蔡贼中，为贼帅假子，更姓名为郭禹。亡匿久之，及贵，方复本姓。《永乐大典》卷一万八千八百二十。唐僖宗朝，为蔡州军校，领本郡兵戍荆南，帅以其凶暴，欲害之，遂弃本军奔于秭归。一夕，巨蛇绕其身，几至于殒，乃祝曰："苟有所负，死生惟命。"逡巡，蛇亦解去。后据归州，招辑流亡，练士伍，得兵千余人，沿流以袭荆南，遂据其地，朝廷即以旄钺授之。《永乐大典》卷五千九百四十。是时，荆州经巨盗之后，居民才一十七家，汭抚辑凋残，励精为理，通商训农，勤于惠养，比及末年，仅及万户。《永乐大典》卷一万一千八百一十七。汭性豪暴，事皆意断，又好自矜伐，骋辩凌人，深为识者所鄙。《永乐大典》卷二千九百九十八。初，澧、朗二州，本隶荆南，乾宁中，为土豪雷满所据，汭奏请割隶，唐宰相徐彦若执而不行，汭由是衔之。及彦若出镇南海，路过江陵，汭虽加延接，而犹怏怏。尝因对酒，语及其事，彦若曰："令公位尊方面，自比桓、文，雷满者，偏州一草贼尔，令公何不加兵，而反怨朝廷乎！"汭赧然而屈。《永乐大典》卷二万一千一百二十八。累官至检校太尉，封上谷郡王。杨行密以兵围鄂州，汭出师以援鄂，淮寇乘之，以火焚其舰，汭投江而死。天祐三年夏，太祖以汭没于王事，上表于唐帝，请为汭立庙于荆门，优诏可之。《永乐大典》卷一万一千八百三十七。案：《成汭传》，《永乐大典》阙全篇，今就散见六条，编次如右。《五代史补》：郑准，不知何许人，性谅直，能为文章，长于笺奏。成汭镇荆南，辟为推官。汭尝仇杀人，惧为吏所捕，改姓郭氏，及为荆南节度使，命准为表，乞归本姓，准援笔而成。其略云："臣门非冠盖，家本军戎。亲朋之内，盱睚为人报怨；昆弟之间，点染无处求生。背故国以狐疑，望邻封而鼠窜。名非霸越，乘舟难效于陶朱；志切投秦，出境遂称于张禄。"又云："成为本姓，郭乃冒称。本避犯禁之辜，敢归司寇，别族受封之典，诚愧诸侯。伏乞圣慈，许归本姓"云云。其表甚为朝廷所重。后因汭生辰，淮南杨行密遣使致礼币之外，仍贶《初学记》一部，准忿然以为不可，谓汭曰："夫《初学记》，盖训童之书尔，今敌国交聘，以此书为贶，得非相轻之甚！即宣书责让。"汭不纳，准自叹曰："若然，见轻敌国，足彰幕府之无人也。参佐无状，安可久！"遽请解职。汭怒其去，潜使人于途中杀之。

杜洪者，江夏伧人。案《新唐书》：洪，鄂州人。钟传者，豫章小校。案《新唐书》：传，洪州高安人。唐光启中，秦宗权凶焰飚起，屡扰江、淮，郡将不能城守。洪、传各为部校，因战立威，逐其廉使，自称留后，朝廷因而命之。案《新唐书》：光启二年，洪乘虚入鄂，自为节度留后，僖宗即拜本军节度使。中和三年，传逐江西观察使高茂卿，遂有洪州，僖宗擢传江西团练使，俄拜镇南节度使。及为杨行密所攻，洪、传首尾相应，皆遣求援于太祖，太祖遣朱友恭赴之，大破淮寇于武昌，二镇稍宁。及行密乘胜急攻洪、鄂，洪复乞师于太祖，太祖命荆南成汭率荆、襄舟师以赴之。未至夏口，汭败溺死，淮人遂陷鄂州，洪为其所擒，被害于广陵市，时唐天复二年也。案《九国志·刘存传》：存急焚鄂州城楼，梁援兵将突围而出，诸将欲急击之，存曰："击之贼必复入，复入则其城愈固矣，不若听其遁去。"诸将皆曰："善。"是日城陷，擒杜洪父子，斩于广陵市。天祐三年夏，太祖表请为洪立庙于其镇，优诏可之。太祖即位，诏赠太傅。先是钟传卒于江西，其子继之，案《九国志·秦裴传》：天祐三年，洪州钟传卒，州人立其子匡时。江州刺史延规，传之养子，忿不得立，以其郡纳款，因授裴西南面行营招讨，使攻匡时，城陷，擒匡时以献。《欧阳史》采用《九国志》,《新唐书》延规作匡范，与《九国志》异。寻为杨行密所败，其地亦入于淮夷。《永乐大典》卷四百九十一。《五代史补》:钟传虽起于商贩，尤好学重士，时江西士流有名第者，多因传荐，四远腾然，谓之曰英明。诸葛浩素有词学，尝为泗州营驿巡官，仰传之风，因择其所行事赫赫可称者数十条，列于启事以投之。十启凡五千字，皆文理典赡，传览之警叹，谓宾佐曰:"此启事每一字可以千钱酬之。"遂以五千贯赠，仍辟在幕下，其激劝如此。上蓝和尚，失其名，居于洪州上蓝院，精究术数，大为钟传所礼。一旦疾笃，往省之，且曰:"老夫于和尚可谓无间矣，和尚或不讳，得无一言相付耶!"上蓝强起，索笔作偈以授，其末云:"但看来年二三月，柳条堪作打钟槌。"偈终而卒。传得之，不能测。洎明年春，淮帅引兵奄至，洪州陷，江南遂为杨氏有。"打钟"之偈，人始悟焉。

　　田頵，本扬府之大校也。案《九国志》:頵字德臣，庐州合肥人。朱延寿，不知何许人。案《九国志》:延寿，庐州舒城人，与《新唐书》同。唐天祐初，杨行密雄据淮海，时頵为宣州节度使，延寿为寿州刺史。頵以行密专恣跋扈，尝移书讽之曰:"侯王守方，以奏天子，古之制也。其或逾越者，譬如百川不朝于海，虽狂奔猛注，澶漫遐广，终为涸土，不若恬然顺流，淼茫无穷也。况东南之镇，杨为大，尘贱刀布，阜积金玉，愿公上恒赋，頵将悉储峙，具单车从。"行密怒曰:"今财赋之行，必由于汴，适足以资于敌也。"不从。时延寿方守寿春，案《九国志》:天复初，北司拥驾西幸，昭宗闻延寿有武干，遣李俨间道赍诏授延寿蔡州节度使。直頵之事，密遣人告于頵曰:"公有所欲为者，愿为公执鞭。"頵闻之，颇会其志，乃召进士杜荀鹤具述其意，复语曰:"昌本朝，奉盟主，在斯一举矣。"即遣荀鹤具述密议，自间道至大梁。太祖大悦，遽屯兵于宿州以会其变。不数月，事微泄，行密乃先以公牒征延寿，案《新唐书》:行密妻，延寿姊也，遣辩士召延寿。疑不肯赴，姊遣婢报，故延寿疾走扬州。次悉兵攻宣城，頵戎力寡薄，弃壁走，不能越境，为行密军所得。案《九国志》:行密别遣台濛、王茂章率步骑以往，頵委舟师于汪建、王坛，自出广德迎战，大为濛所败，遂率残众遁保宛陵。坛、建闻其败，因尽以舟师归款于行密。十二月，頵出外州栅疾战，桥陷马踬，为外军所杀。延寿飞骑赴命，迄扬州一舍，行密使人杀之。案《九国志》：行密迎至寝门，使人刺杀之。《新唐书》从《九国志》，当得其实。《薛史》以为迄扬州一舍而见杀，《五代史补》又以为行密自夺铁锤杀之，疑皆蜀传闻之误。

其后延寿部曲有逸境至者，具言其事。又云：延寿之将行也，其室王氏勉延寿曰："今若得兵柄，果成大志，是吉凶系乎时，非系于吾家也。然愿日致一介，以宁所怀。"一日，介不至，王氏曰："事可知矣。"乃部分家仆，悉授兵器，遽阖中扉，而捕骑已至，不得入。遂集家属，阜私帑，发百燎，合州廨焚之。既而稽首上告曰："妾誓不以皎然之躯，为仇者所辱。"乃投火而死。《永乐大典》卷四千八百五。《五代史补》：杨行密据淮南，以妻弟朱氏众谓之朱三郎者，行密署为泗州防御使。泗州素屯军，朱氏骁勇，到任恃众自负，行密虽悔，度力未能制，但姑息之。时议以为行密事势去矣。居无何，行密得目疾，虽愈，且诈称失明，其出入皆以人扶策，不尔则触墙抵柱，至于流血，姬妾仆隶以为实然。往往无礼，首尾三年。朱氏闻之，信而少懈驰，行密度其计必中，谓妻曰："吾不幸临老两目如此，男女卑幼，苟不讳，则国家为他所有。今昼夜思忖，不如召泗州三舅来，使营勾军府事，则吾虽死无恨。"妻以为然，遽发使述其意而召之，朱氏大喜，倍道而去。及入谒，行密恐其觉，坐于中堂，以家人礼见。朱氏颇有德色。方设拜，行密夺袖中铁槌以击之，正中其首，然犹宛转号叫，久而方毙。行密内外不测，即时升堂厅，召将吏等谓之曰："吾所以两目失明者，盖为朱三。此贼今已击杀，两目无事矣，诸公知之否！"于是军府大骇，其仆妾尝所无礼者皆自杀。初，行密之在民间也，尝为合肥县手力，有过，县令将鞭之，行密惧且拜。会有客自外入，见行密每拜，则厅之前檐皆叩地，而令不之觉。客知其非常，乃遽升厅揖令于他处，告以所见，令惊，遂恕之，且劝事郡以自奋。行密度本郡不足依，乃投高骈。骈死，秦彦、孙儒等作乱，行密连诛之，遂有淮南之地。

赵匡凝，案《新唐书》：匡凝作光仪。蔡州人也。父德諲，初事秦宗权为列校，当宗权强暴时，表为襄州留后。唐光启四年夏六月，德諲审宗权必败，乃举汉南之地以归唐朝，仍遣使投分于太祖，兼誓戮力，同讨宗权。时太祖为蔡州四面行营都统使，乃表德諲为副，仍领襄州节度使。蔡州平，以功累加官爵，封淮南王。

　　匡凝以父功为唐州刺史，兼七州马步军都校。及德諲卒，匡凝自为襄州留后，朝廷即以旌钺授之。作镇数年，甚有威惠，累官至检校太尉、兼中书令。匡凝气貌甚伟，好自修饰，每整衣冠，必使人持巨鉴前后照之。对客之际，乌巾上微觉有尘，即令侍妓持红拂以去之。人有误犯其家讳者，往往遭其棰楚，其方严也如是。光化初，匡凝以太祖有清口之败，密附于淮夷，太祖遣氏叔琮率师伐之。未几，其泌州刺史赵璠越壕来降，隋州刺史赵匡璘临阵就擒。俄而康怀英攻下邓州，匡凝惧，遣使乞盟太祖，许之，自是附庸于太祖。及成汭败于鄂州，匡凝表其弟匡明为荆南留后。时唐室微弱，诸道常赋多不上供，唯匡凝昆仲虽强据江山，然尽忠帝室，贡赋不绝。

　　太祖将期受禅，以匡凝兄弟并据藩镇，乃遣使先谕旨焉。匡凝对使者流涕，答以受国恩深，岂敢随时妄有他志。使者复命，太祖大怒。天祐二年秋七月，遣杨师厚率师讨之。八月，太祖亲领大军南征，仍请削匡凝在身官爵，及师厚济江，匡凝以兵数万逆战，大为师厚所败，匡凝乃燔其舟，单舸急棹，沿汉而遁于金陵。后卒于淮南。案《新唐书》云：师厚由阴谷伐木为梁，匡凝以兵二万濒江战，大败，乃燔舟，单舸夜奔扬州。行密见之，曰："君在镇，轻车重马输于贼，今败乃归我邪！"匡明亦谋奔淮南，子承规谏曰："昔诸葛兄弟分仕二国，若适扬州，是自取疑也。"匡明喟然，仍趋成都。《欧阳史》云：行密厚遇匡凝，其后行密死，杨渥稍不礼之，渥方宴食青梅，匡凝顾渥曰："勿多食，发小儿热。"诸将以为慢，渥迁匡凝海陵，后为徐温所杀。初，匡凝好聚书，及败，杨师厚获数千卷于第，悉以来献。

　　匡凝弟匡明，字赞尧，幼以父贵，一子出身，为江陵府文学。及壮，以军功历绣、峡二州刺史。成汭之败，其兄匡凝表为荆南留后，未至镇，而朗、陵之兵先据其城矣。匡明领兵逐之，遂镇于渚宫。天祐二年伙，太祖既平襄州，遣杨师厚乘胜以趋荆门。匡明惧，乃举族上峡奔蜀，王建待以宾礼。及建称帝，用为大理卿、工部尚书。久之，卒于蜀。《永乐大典》卷一万六千九百九十一。

张佶，不知何郡人也。案《九国志》：佶，京兆长安人。乾宁初，以明经中第，累迁宣州从事，复为秦宗权行军司马。后与刘建峰据湖南，推建峰为帅。唐乾宁初，刘建峰据湖南，独邵州不宾，命都将马殷讨之，期岁未克，而建峰为部下所杀，军乱，邻寇且至。是时，佶为行军司马，属潭人谋帅，曰："张行军即所奉也。"佶不得已而视事，旬日之间，威声大振，寇亦解去。案《九国志》：建峰将吏推佶为帅，佶将入府，常所乘马忽尔踶啮不止，正中佶髀。佶谓将吏曰："吾非汝主，当迎马公为之。"与《薛史》异。《新唐书·刘建峰传》从《九国志》。乃谓将吏曰："佶才能不如马公，况朝廷重藩，非其人不可。"因以牍召，殷亦不疑，禀命而至。佶受拜谒礼毕，命升阶让殷为帅，佶即趋下率众抃贺。乃自请率师代殷攻邵州，下之。复为行军司马，垂二十年。殷果立大勋，甚德佶。开平初，殷表佶为朗州永顺军节度使，累加检校太傅、同平章事。乾化元年夏四月，卒于位。案《九国志》：乾化初，移镇桂林，卒于治所。诏赠侍中。《永乐大典》卷六千三百五十。

雷满，按《新唐书》：满字秉仁。武陵洞蛮也。始为朗州小校，唐广明初，王仙芝焚劫江陵，是时朝廷以高骈为节度使，骈擢满为裨将，以领蛮军。骈移镇淮南，复隶部曲，以悍犷趫健知名。中和初，擅率部兵自广陵逃归于朗，沿江恣残暴，始为荆人大患矣。率一岁中三四移，兵入其郛，焚荡驱掠而去。唐朝姑务息兵，即以澧朗节度使授之。案《欧阳史》云：满杀刺史崔翥，遂据朗州，请命于唐，昭宗以澧、朗为武贞军，拜满为节度使。《新唐书》则云：诏授朗州兵马留后，进武贞军节度使。与《薛史》微有互异。累官至检校太傅、案：《新唐书》作检校太尉。同平章事。满贪秽惨毒，盖非人类。又尝于府署浚一深潭，构大亭于其上，每邻道使车经由，必召宴于中，且言："此水府也，中有蛟龙，奇怪万态，唯余能游焉。"或酒酣对客，即取筵中宝器乱掷于潭中，因自褫其衣，裸露其文身，遽跃入水底，遍取所掷宝器，戏弄于水面，久之方出，复整衣就座，其诡诞如此。

及死，子彦恭继之，案《新唐书》：满以天复元年卒，子彦威自立，弟彦恭结忠义节度使赵匡凝以逐彦威。蛮蜓狡狯，深有父风，烬墟落，榜舟楫，上下于南郡、武昌之间，殆无人矣。又与淮、蜀结连，阻绝王命。太祖诏湖南节度使马殷、荆南节度使高季昌练精兵五千，遣将倪可福统之，下澧州，与潭兵合。先是，满堑沅江，以周其垒，门临长桥，势不可入。殷极其兵力，攻围周岁，彦恭食尽兵败，间使求救于淮夷。及淮军来援，高季昌逆战于治津马头岸，大破之，俄而攻陷朗州，彦恭单棹遁去。案《通鉴考异》引《梁太祖实录》云：彦恭没溺于江。《通鉴》从《纪年录》作奔广陵。《欧阳史》与《通鉴》同。马殷擒其弟彦雄及逆党七人，械送至阙，皆斩于汴桥下，时开平二年十一月也。《永乐大典》卷二千七百三十一。

史臣曰：成汭、钟、杜、田、朱之流，皆因否运，雄据大藩，虽无济代之劳，且有勤王之节，功虽不就，志亦可嘉，若较其诚明，则田頵、延寿斯为优矣。匡凝一门昆仲，千里江山，失守藩垣，未克负荷，斯乃刘景升之子之徒欤！张佶有让帅之贤，雷满辱俾侯之寄，优劣可知矣。《永乐大典》卷二千七百三十一。

旧五代史卷一七考证

梁列传七成汭传唐宰相徐彦若　"彦若"，原本作"产若"。今据《新唐书》改正。

旧五代史卷一八
梁书一八

列传第八

张文蔚　薛贻矩　张策　杜晓　敬翔　李振

张文蔚,字右华,河间人也。父禋,案:禋,原本作"锡"。考《旧唐书张禋传》云,字公表,当以从"衣"为是,今改正。唐僖宗朝,累为显官。文蔚幼砺文行,求知取友,蔼然有佳士之称。唐乾符初,登进士第,时丞相裴坦兼判盐铁,解褐署巡官。未几,以畿尉直馆。丁父艰,以孝闻。中和岁,僖宗在蜀,大寇未灭,急于军费,移盐铁于扬州,命李都就判之,奏为转运巡官。驾还长安,除监察御史,迁左补阙侍御史、起居舍人、司勋吏部员外郎,拜司勋郎中、知制诰,岁满授中书舍人。丁母忧,退居东畿,哀毁过礼。服阕复拜中书舍人,俄召入翰林为承旨学士。蜀昭宗初还京阙,皇纲浸微,文蔚所发诏令,靡失厥中,论者多之。转户部侍郎,仍依前充职,寻出为礼部侍郎。天祐元年夏,拜中书侍郎、平章事,兼判户部。

时柳璨在相位,擅权纵暴,倾陷贤俊,宰相裴枢等五家及三省而下三十余人,咸抱冤就死,缙绅以目,不敢窃语其是非,余怒所注,亦不啻十许辈。文蔚弹其力解之,乃止,士人赖焉。璨败死,文蔚兼度支盐铁使。天祐四年,天子以土运将革,天命有归,四月,命文蔚与杨涉等总率百僚,奉禅位诏至大梁。太祖受命,文蔚等不易其位,开平二年春。暴卒于位,诏赠右仆射。

文蔚沉邃重厚,有大臣之风,居家孝且悌,虽位至清显,与仲季相杂,在太夫人膝下,一不异布素。弟济美,早得心恙,案《旧唐书》云:文蔚弟济美、贻宪,相继以进士登第。《北梦琐言》云:张祎尚书有五子:文蔚、彝宪、济美、仁龟,皆有名第,至宰辅丞郎。内一子,亡其名,少年闻壁鱼食神仙字,身有五色,吞之可得仙,因欲试之,遂致心疾。是得疾者别自一人,非济美也。文蔚抚视殆三十年,士君子称之。子铸,周显德中,位至秘书监。《永乐大典》卷六千三百五十一。

薛贻矩,字熙用,河东闻喜人,祖存,父廷望,咸有令名。贻矩风仪秀耸,其与游者皆一时英妙,藉甚于文场间。唐乾符中,登进士第,历度支巡官、集贤校理、拾遗、殿中、起居舍人,召拜翰林学士,加礼部员外郎、知制诰,转司勋郎中,其职如故。乾宁中,天子幸石门,贻矩以私蜀相失,不及于行在,罢之。旋除中书舍人,再践内署,历户部兵部侍郎、学士承旨。及昭宗自凤翔还京,大蒐阉寺,贻矩尚为韩全诲等作画赞,悉纪于内侍省屋壁间,坐是谪官。天祐初,除吏部侍郎,不至。太祖素重之,尝言之于朝,即日拜吏部尚书,俄迁御史大夫。四年春,唐帝命贻矩持诏赴大梁,议禅代之事。贻矩至,盛称太祖功德,请就北面之礼,太祖虽谦抑不纳,待之甚厚。受禅之岁夏五月,拜中书侍郎、平章事,兼判户部。明年夏,进拜门下侍郎、监修国史、判度支,又迁弘文馆大学士,充盐铁转运使,累官自仆射至守司空。在任绵五载,案《欧阳史·梁本纪》:贻矩以开平元年同平章事,至乾化二年薨,统计贻矩居相位共六年。《欧阳史·唐六臣传》:贻矩为唐相五年,卒。尚仍《薛史》之误。然亦无显赫事迹可纪。扈从贝州还,染时疹,旬日卒于东京。诏赠侍中。《永乐大典》卷二万一千三百六十七。

张策,字少逸,敦煌人。父同,仕唐官,至容管经略使。策少聪警好学,尤乐章句。居洛阳敦化里,尝浚甘泉井,得古鼎,耳有篆字曰"魏黄初元年春二月,匠吉千",且又制作奇巧,同甚宝之。策时在父傍,徐言曰:"建安二十五年,曹公薨,改年为延康,其年十月,文帝受汉禅,始号黄初,则是黄初元年无二月明矣。鼎文何谬欤!"同大惊,亟遣启书室,取《魏志》展读,一不失所启,宗族奇之,时年十三。然而妙通因果,酷奉空教,未弱冠,落发为僧,居雍之慈恩精庐,颇有高致。唐广明末,大盗犯阙,策遂返初服,奉父母逃难,君子多之。及丁家艰,以孝闻。服满,自屏郊薮。一无干进意,若是者十余载,方出为广文博士,改秘书郎。

王行瑜帅邠州,辟为观察支使,带水曹员外郎,赐绯。及行瑜反,太原节度使李克用奉诏讨伐,行瑜败死,邠州平。策与婢肩舆其亲,南出邠境,属边寨积雪,为行者所哀。太祖闻而嘉之,奏为郑滑支使,寻以内忧去职。制阕,除国子博士,迁膳部员外郎。不一岁,华帅韩建辟为判官,及建领许州,又为掌记。

天复中,策奉其主书币来聘,太祖见而喜曰:"张夫子且至矣。"即奏为掌记,兼赐金紫。案《北梦琐言》云:朱令公军次于华,用张浚计,先取韩建。其幕客张策携印率副使李巨川同诣辕门请降。张策本与张浚有分,携印而降,协浚之谋。是梁祖之喜张策,由张浚有先入之言也。天祐初,表其才,拜职方郎中,兼史馆修撰,俄召入为翰林学士,转兵部郎中、知制诰,依前修史。未几,迁中书舍人,职如故。太祖受禅,改工部侍郎,加承旨。其年冬,转礼部侍郎。明年,从征至泽州,拜刑部侍郎、平章事,仍判户部,寻迁中书侍郎,以风恙拜章乞骸,改刑部尚书致仕。即日肩舆归洛,居于福善里,修篁嘉木,图书琴酒,以自适焉。乾化二年秋,卒。所著《典议》三卷、制词歌诗二十卷、笺表三十卷,存于其家。《永乐大典》卷六千三百五十一。

杜晓,字明远,京兆杜陵人。祖审权,仕唐,位至宰相。父让能,官至守太尉、平章事。乾宁中,邠、凤二镇举兵犯王畿,让能被其诬陷,天子不得已,赐死于临皋驿。晓居丧柴立,几至灭性。夏满,服幅巾七升,沉迹自废者将十余载。

光化中,宰相崔胤判盐铁,奏为巡官兼校书郎,寻除畿尉,直弘文阁，皆不起。及昭宗东迁，宰相崔远判户部，又奏为巡官兼殿中丞。或语之曰："嵇中散死，子绍埋没不自显，山涛以物理勉之，乃仕。吾子忍令杜氏岁时以铺席祭其先人，同匹庶乎！"晓乃就官。未几，拜左拾遗，寻召为翰林学士，转膳部员外郎，依前充职。及崔远得罪，出守本官，居数月，以本官知制诰，俄又召为学士，迁郎中充职。太祖受禅，拜中书舍人，职如故。开平三年，转工部侍郎，充承旨。明年秋，拜中书侍郎、平章事，仍判户部。庶人友圭篡位，迁礼部尚书、平章事、集贤殿大学士，依前判户部。及袁象先之讨友圭，禁兵大纵，晓中重创而卒。末帝即位，诏赠右仆射。

晓博赡有词藻，时论称之。兄光乂，案《新唐书》表：光乂，字启之。有心疾，厥疾每作，或溢哚纵诟，或挥梃追扑，晓事之愈恭，未尝一日少怠。居两制之重，祖述前载，甚得王言之体。案《北梦琐言》云：晓貌如削玉，有制诰之才。及典秩尚书，志气甚远，一旦非分而没，咸冤惜焉。岂三世为相，道忌太盛欤！《永乐大典》卷一万四千七百三十。

敬翔，字子振，同州冯翊人。唐神龙中，平阳王晖之后也。曾祖琬，绥州刺史。祖忻，同州掾。父衮，集州刺史。翔好读书，尤长刀笔，应用敏捷。乾符中，举进士不第。及黄巢陷长安，乃东出关。时太祖初镇大梁，有观察支使王发者，翔里人也，翔往依焉，发以故人遇之，然无由荐达。翔久之计窘，乃与人为笺刺，往往有警句，传于军中。太祖比不知书，章檄喜浅近语，闻翔所作，爱之，谓发曰："知公乡人有才，可与俱来。"及见，应对称旨，即补右职，每令从军。翔不喜武职，求补文吏，即署馆驿巡官，俾专掌檄奏。太祖与蔡贼相拒累岁，城门之外，战声相闻，机略之间，翔颇预之，太祖大悦，恨得翔之晚，故军谋政术，一以咨之。蔡贼平，奏授太子中允，赐绯。从平兖、郓，改检校水部郎中。太祖兼镇淮南，授扬府左司马，赐金紫。乾宁中，改光禄少卿充职。天复中，授检校礼部尚书，遥领苏州刺史。昭宗自岐下还长安，御延喜楼，召翔与李振登楼劳问，翔授检校右仆射、太府卿，赐号迎銮叶赞功臣。太祖受禅，自宣武军掌书记、前

太府卿,授检校司空,依前太府卿勾当宣徽院事。寻改枢密院为崇
政院,以翔知院事。开平三年夏四月,太祖以邠、岐侵扰,遣刘知俊
西讨鄜、延,深忧不济,因宴顾翔,问以西事。翔剖析山川郡邑虚实,
军粮多少,悉以条奏,如素讲习,左右莫不惊异,太祖叹赏久之。乾
化元年,进位光禄大夫,行兵部尚书、金銮殿大学士,知崇政院事、
平阳郡侯。前朝因金銮坡以为门名,与翰林院相接,故得为学士者
称"金銮"以美之,今殿名"金銮",从嘉名也。置大学士,始以翔为
之。案《五代会要》云:以"金銮"为名,非典也。大学士与三馆大学士同。

　　翔自释褐东下,遭遇霸王,怀抱深沉,有经济之略,起中和岁,
至鼎革大运。其间三十余年。扈从征伐,出入帷幄,庶务丛委,恒达
旦不寝,唯在马上稍得晏息。每有所裨赞,亦未尝显谏,上俯仰顾步
间微示持疑尔,而太祖意已察,必改行之,故裨佐之迹,人莫得知。
及太祖大渐,召至御床前受顾托之命,且深以并寇为恨,翔呜咽不
忍,受命而退。案《通鉴》:乾化二年六月丁丑朔,帝命敬翔出友珪为莱州刺
史,即令之官。已宣旨,未行敕。盖即敬翔所受之命。戊寅,太祖被弑,命未及
行,故《薛史》亦不为详载。庶人友珪之篡位也,以天下之望,命翔为宰
相。友珪以翔先朝旧臣,有所畏忌,翔亦多称病,不综政事。

　　末帝即位,赵、张之族皆处权要,翔愈不得志。及刘鄩失河朔,
安彦之丧杨刘,翔奏曰:"国家连年遣将出征,封疆日削,不独兵骄
将怯,亦制置未得其术。陛下处深宫之中,与之计事者皆左右近习,
岂能量敌之胜负哉!先皇时,河朔半在,亲御虎臣骁将,犹不得志亚
敌人。今寇马已至郓州,陛下不留圣念,臣所未谕一也。臣闻李亚
子自墨缞统众,于今十年,每攻城临阵,无不亲当矢石,昨闻攻杨
刘,率先负薪渡水,一鼓登城。陛下儒雅守文,未尝如此,俾贺瑰辈
与之较力,而望远逐寇戎,臣所未谕二也。陛下所宜询于黎老,别运
沉谋,不然,则忧未艾也。臣虽驽怯,受国恩深,陛下必若乏材,乞于
边陲效试。"

　　末帝虽知其恳恻,竟以赵、张辈言翔怨望,不之听。及王彦章败
于中都,晋人长驱而南,末帝急召翔至,谓之曰:"朕居常忽卿所奏,

果至今日。事急矣，勿以为怼，且使朕安归？"翔泣奏曰："臣受国恩，仅将三纪，从微至著，皆先朝所遇，虽名宰相，实朱氏老奴耳。事陛下如郎君，以臣遇诚，敢有所隐！陛下初任段凝为将，臣已极言，小人朋附，致有今日。晋军即至，段凝限水，欲请陛下出居避狄，陛下必不听从；欲请陛下出奇应敌，陛下必不果决。纵良、平复生，难以转祸为福，请先死，不忍见宗庙陨坠。"言讫，君臣相向恸哭。

及晋主陷都城，有诏赦梁氏臣僚，李振谓翔曰："有制洗涤，将朝新君。"翔曰："新君若问，其将何辞以对！"是夜，翔在高头里第，宿于车坊。欲曙，左右报曰："崇政李太保已入朝。"翔返室叹曰："李振谬为丈夫耳！朱氏与晋仇仇，我等始同谋画，致君无状，今少主伏剑于国门，纵新朝赦罪，何面目入建国门也。"乃自经而卒。数日，并其族被诛。

初，贞明中，史臣李琪、张衮、郄殷象、冯锡嘉奉诏修撰《太祖实录》三十卷，叙述非工，事多漏略。复诏翔补绢其阙，翔乃别纂成三十卷，目之曰《大梁编遗录》，与实录偕行。

翔妻刘氏，父为蓝田令。广明之乱，刘为巢将尚让所得，巢败，让携刘降于时溥，及让诛，时溥纳刘于妓室。太祖平徐，得刘氏嬖之，属翔丧妻，因以刘氏赐之。及翔渐贵，刘犹出入太祖卧内，翔情礼稍薄，刘于曲室让翔曰："卿鄙余曾失身于贼耶，以成败言之，尚让巢之宰辅，时溥国之忠臣，论卿门第，辱我何甚，请从此辞！"翔谢而止之，刘恃太祖之势，案：原本下有缺文。太祖四镇时，刘已得"国夫人"之号。车服骄侈，婢媵皆珥珠翠，其下别置爪牙，典谒书币聘使，交结藩镇，近代妇人之盛，无出其右，权贵皆相附丽，宠信言事，不下于翔。当时贵达之家，从而效之，败俗之甚也。《永乐大典》卷一万八千四百二十四。《五代史补》：敬翔应《三传》，数举不第，发愤投太祖，愿备行阵。太祖问曰："足下通《春秋》久矣，今吾主盟，其为战欲效春秋时可乎？"翔曰："不可。夫礼乐犹不相沿袭，况兵行诡道，宜其变化无穷。若复如春秋时，则所谓务虚名而丧其实效，大王之事去矣。"太祖大悦，以为知兵，遽延之幕府，委以军事，竟至作相。

李振，字兴绪，唐潞州节度使抱真之曾孙也。祖、父皆至郡守。振仕唐，自金吾将军改台州刺史，会盗据浙东，不克之任，因西归过汴，以策略干太祖，太祖奇之，辟为从事。太祖兼领郓州，署天平军节度副使。湖南马殷为朗州雷满所逼，振奉命驰往和解，殷、满皆禀命。

光启三年十一月，太祖遣振入奏于长安，舍于州邸，邸吏程岩白振曰："刘中尉命其侄希贞来计大事，欲上谒，愿许之。"既至，岩乃先启曰："主上严急，内官忧恐，左中尉欲行废黜之事，严等协力以定中外，敢以事告。"振顾希贞曰："百岁奴事三岁主，乱国不义，废君不祥，非敢闻也。况梁王以百万之师，匡辅天子，礼乐尊戴，犹恐不及，幸熟计之。"希贞大沮而去。案《通鉴考异》疑李振之拒希贞为误，谓李振若已立异，岂敢复入长安与崔胤谋反正乎！今考《梁祖纪》亦云"李振自长安使回"，当时季述惧汴梁兵力，固不能阻李振之往来。《薛史》所书，宜可征信。及振复命，刘季述等果作乱，程岩率诸道邸吏牵帝下殿，以立幼主，奉昭宗为太上皇。振至陕，陕已贺矣。护军韩彝范言其事，振曰："懿皇初升遐，韩中尉杀长立幼，以利其权，遂乱天下，今将军复欲尔耶！"彝范即文约孙也，由是不敢言。

振东归，太祖方在邢、洛，遽还于汴，大计未决，季述遣养子希度以唐之社稷欲输于太祖，又遣供奉官李奉本、副介支彦勋诈赍上皇诰谕至，皆季述党也。太祖未及迎命，振又言曰："夫竖刁、伊戾之乱，所以资霸者之事也。今阉竖幽辱天子，王不能讨，无以令诸侯。"时监军使刘重楚，季述兄也，旧相张浚，寓于河南缑氏，亦来谓太祖曰："同中官则事易济，且得所欲。"唯振坚执不改，独曰："行正道则大勋可立。"太祖英悟，忽厉色曰："张公劝我同救使，欲倾附自求宰相耶！"案《旧唐书·昭宗纪》：崔胤与前左仆射张浚告难于全忠。《张浚传》亦云：德王废立之际，浚致书诸藩，请图匡复。《薛史》作张浚党于季述，为梁祖所拒，与《旧唐书》异。乃定策絷伪使李奉本、支彦勋与希度等，即日请振将命于京师，与宰相谋反正。未几，刘季述伏诛，昭宗复帝位，太祖闻之喜，召振，执其手谓之曰："卿所谋是吾本志，穹苍其知之矣！"

自是益重之。

天祐二年春正月，太祖召振谓曰："王师范来降，易岁尚处故藩，今将奏请徙授方面，其为我驰骑，以兹意达之。"振至青州，师范即日出公府，以节度、观察二印及文簿管钥授于振。师范虽已受代，而疑挠特甚，屡挥泣求贷其族，振因以切理谕之曰："公不念张绣事耶！汉末绣屡与曹公立敌，岂德之耶，及袁绍遣使招绣，贾诩曰：'袁家父子自不相容，何能主天下英士，曹公挟天子令诸侯，其志大，不以私仇为意，不宜疑之。'今梁王亦岂以私怨害忠贤耶！"师范洒然大悟。翌日以其族迁。太祖乃表振为青州留后，未几，征还。

唐自昭宗迁都之后，王室微弱，朝廷班行，备员而已。振皆颐指气使，旁若无人，朋附者非次奖升，私恶者沉弃。振每自汴入洛，朝中必有贬窜，故唐朝人士目为"鸱枭"。天祐中，唐宰相柳璨希太祖旨，潜杀大臣裴枢、陆扆等七人于滑州白马驿。时振自以咸通、乾符中尝应进士举，累上不第，尤愤愤，乃谓太祖曰："此辈自谓清流，宜投于黄河，永为浊流。"太祖笑而从之。洎太祖受禅，自宣义军节度使、检校司徒授殿中监，累迁户部尚书。庶人友圭篡立，代敬翔为崇政院使。末帝即位，赵、张二族用事，遂为所间，谋猷献替，多不见从，振每称疾避事。龙德末，闲居私第将期矣，晋主入汴，振谒见首罪，郭崇韬指振谓人曰："人言李振乃一代奇才，吾今见之，乃常人耳！"会段凝等疏梁氏权要之臣，振与敬翔等同日族诛。《永乐大典》卷一万三百八十。

史臣曰：文蔚、贻矩，皆唐朝之旧臣，遇梁室之强禅，奉君命以来使，狎神器以授之，逢时若斯，亦为臣者之不幸也。抑不为其相，不亦善乎！杜晓著文雅之称，张策有冲淡之量，咸登台席，无忝士林。敬翔、李振，始辅霸图，终成帝业。及国之亡也，一则殒命以明节，一则视息以偷生，以此较之，翔为优矣。振始有浊流之言，终取赤族之祸，报应之事，固以昭然。《永乐大典》卷一万三百八十八。

旧五代史卷一八考证

　　张策传父同仕唐至容管经略使　"父同"，《唐摭言》作"父同文"，《欧阳史》与是书合，今仍之。　　自屏郊薮一无干进意　案《唐摭言》云：赵少师崇凝主文策，求就贡籍，崇凝庭谴之。《北梦琐言》载，崇凝之辞曰：张策衣冠子弟，无故出家，不能参禅，访道抗迹尘外，乃于御帘前进诗，希望恩泽。是书谓张策无仕进意，与《摭言》诸书异。　　杜晓传祖审权仕唐位至宰相　"审权"原本作"省权"今据新、旧《唐书》改正。沈迹自废者将十余载　案吴缜《欧阳史纂误》云：据《新唐书》宰相表，杜让能赐死至崔胤领盐铁，前后止七年，《欧阳史》作十余年，误。盖《欧阳史》沿是书之误。以铺席祭其先人　"铺席"原本作"补席"，据《欧阳史》改正。敬翔传因金銮坡以为门名　"金銮"，《欧阳史》作"金鸾"，《五代会要》从是书，今仍之。从嘉名也　案：原本脱"名"字，今从《职官志》增入。宿于车坊　"车坊"原本作"中"，今据《欧阳史》及《通鉴》改正。李振传刘中尉命其侄希贞来计大事　"希贞"，原本作"希直"，今据《通鉴》改正。又遣供奉官李奉本　案：原本脱"奉本"二字，据本传增入。

旧五代史卷一九
梁书一九

列传第九

氏叔琮　　朱友恭　　王重师　　朱珍
李思安　　邓季筠　　黄文靖　　胡规
李谠　李重裔　范居实

　　氏叔琮，尉氏人也。唐中和末，应募为骑军，初隶于庞师古为伍长。叔琮壮勇沉毅，胆力过人。及祖讨巢，蔡于陈、许间，叔琮奋击，首出诸校，太祖壮之，自行伍间擢为后院马军都将。时东伐徐、郓，多历年所，叔琮身当矢石，奋不顾命，观者许焉，累迁为指挥使，寻奏授许州刺史、检校右仆射。太祖伐襄阳，叔琮失利，案《旧唐书》：光化二年七月，汴将氏叔琮陷赵匡凝之隋、唐、邓等州。考《薛史·康怀英传》云：从氏叔琮伐襄、汉，怀英以一军攻下邓州。《赵匡凝传》云：太祖遣氏叔琮伐之，匡凝惧，乞盟。是役也，实以胜归，而《薛史》言其失利，疑别有据。《欧阳史》作攻襄阳战数败，因《薛史》原文而增益其辞，与《旧唐书》异。降为阳翟镇遏使，寻又捍御晋军于洹水有功，迁曹州刺史。

　　天复元年春，领大军攻拔泽、潞，叔琮遂引兵北掠太原。师还，除晋州节度使。明年，太祖屯军于岐下，晋军潜袭绛州，前军不利。晋军恃胜攻临汾，叔琮严设备御。乃于军中选壮士二人，深目虬须，貌如沙陀者，令就襄陵县牧马于道间。蕃寇见之不疑，二人因杂其行间，俄而伺隙各擒一人而来，晋军大警，且疑有伏兵，遂退据蒲县。时太祖遣朱友宁将兵数万赴应，悉委叔琮节制。既至，诸将皆欲休军，叔琮曰："若然，则贼必遁矣，遁则何功焉！"因夜出，潜师截其归路，遇晋军游骑数百，尽杀之，遂攻其垒，拔之，斩获万余众，夺马三百匹。太祖闻之，喜谓左右曰："杀蕃贼，破太原，非氏老不可。"叔乃长驱收汾，与晋人转战，直抵并垒。军回，以其功奏加检校司空。自后累年，晋军不敢侵轶。

叔琮养士爱民，甚有能政。天复二年，为邺州留后，寻真领保大军节度使、检校司徒。及昭宗东迁，征为右龙虎统军，以卫洛阳。天祐元年八月，与朱友恭同受太祖密旨，弑昭宗于大内。既而责以军政不理，贬白州司户。案《旧唐书·哀帝纪》：叔琮贬贝州司户。《欧阳史》作流岭南，不言其地。考当时赐叔琮等死，其敕云："谪掾退方，安能塞责？"若贝州近在河北，不得云退方。当从《薛史》作白州为是。寻赐自尽。叔琮将死，呼曰："卖我性命，欲塞天下之谤，其如神理何！"乾化二年，诏许归葬。《永乐大典》卷一万八千一百二十六。

朱友恭，寿春人，本姓李，名彦威。丱角事太祖，性颖利，善体太祖意，太祖怜之，因畜为己子，赐姓，初名让，后改之。案《通鉴》云：友恭幼为全忠家僮，全忠养以为子。时初建左长剑都，以友恭董之。从太祖四征，稍立军功，累迁诸军指挥使、检校左仆射。乾宁中，授汝州刺史，加检校司空。光化初，淮夷侵鄂渚，武昌帅杜洪来乞师，太祖遣友恭将兵万余，济江应援，引兵至龙沙、九江而还，军声大振。时淮寇据黄州，友恭攻陷其壁，获贼将瞿章，俘斩万计。途经安陆，因袭杀刺史武瑜，尽收其众，以功为颍州刺史，加检校司徒。天复中，为武宁军留后。天祐初，昭宗东迁洛邑，征拜左龙虎统军。以卫宫阙。寻与氏叔琮同受太祖密旨，弑昭宗于洛阳宫。既而太祖自河中至，责以慢于军政，贬崖州司户，案《北梦琐言》云：朱全忠以朱友谅、氏叔琮扇动军情，请诛朱友谅、氏叔琮以成济之罪归之。友谅临刑诉天曰："天若有知，他日亦当如我。"后全忠即位，为子友圭所弑，如其言。考《欧阳史》、《通鉴》俱作友恭，而《北梦琐言》作友谅，殊误。仍复其本姓名，与氏叔琮同日赐死。《永乐大典》卷二千三十一。

　　王重师，颍州长社人也。案：《欧阳史》颍州作许州。材力兼人，沉默大度，临事有权变，剑槊之妙，冠绝于一时。唐中和末，蔡寇陷许昌，重师脱身而来，太祖异其状貌，乃隶于拔山都。每于军前效用，颇出侪类。文德中，令董左右长剑军。太祖伐上蔡，重师力战有功。及讨兖、郓，擢为指挥使，奏授检校右仆射。重师枕戈擐甲五六年，于齐鲁间凡经百余战，由是威震敌人。寻授检校司徒、为颍州刺史。乾宁中，太祖攻濮州，纵兵坏其堨，濮人因屯火塞其坏垒，烟焰亘空，人莫敢越。重师方苦金疮，卧于军次，诸将或勉之，乃跃起，命壮士悉取军中毡罽投水中，掷于火上，重师然后率精锐，持短兵突入，诸军踵之，濮州乃陷。重师为剑槊所伤，身被八九创，丁壮荷之还营，且将毙矣。太祖惊惜尤甚，曰："虽得濮垒，而失重师，奈何！"亟命以奇药疗之，弥月始愈。寻知平庐军留后，加检校司徒。其后北伐幽、沧、镇、定，屡与晋军接战，颇得士心，故多胜捷。天祐中，授雍州节度使、加同平章事。数年治戎，恤民颇有威惠。开平中，为刘捍所搆，太祖深疑之，然未有以发其事。案《通鉴》：佑国军节度使王重师镇长安数年，帝怒其贡奉不时，召重师入朝。是重师之得罪由贡奉不时，与《薛史》异。无何，擅遣裨将张君练纵兵深入邠、凤，君练败北。太祖闻之，怒其专擅，因追而斩之。《永乐大典》卷一万八千一百二十六。案：《通鉴》不载张君练纵兵之事，惟云刘捍至长安，王重师不为礼，捍谮之帝，曰："重师潜与邠、岐通。"甲申，贬溪州刺史，寻赐自尽，夷其族。此传未经详载。据《刘知俊传》，太祖云："王重师得罪，刘捍误予事也。"与《通鉴》合。此传不载，盖史家前后省文。

　　朱珍，徐州丰县雍凤里人也。太祖初起兵，珍与庞师古、许唐、李晖、丁会、氏叔琮、邓季筠、王武等八十余人，以中涓从，摧坚陷阵，所向荡决。及太祖镇汴，兼领招讨使，署珍为宣武右职，以总腹心。于是简练军伍，裁制纲纪，平巢破蔡，多珍之力也。

　　始尚让以骁骑五千人至繁台，珍与庞师古、齐奉国等击退之。及黄巢败，珍与并帅李克用追至冤句而还。寻从太祖以汴、宋、亳之师入西华，破王夏寨，勇冠军锋，以功加秩。光启元年，署诸军都指挥使，始为上将。于是军焦夷，败蔡师铁林三千人，尽俘其将。复西至汝、郑，南过陈、颍，缭宋、亳、滑、濮间，与蔡贼交战，鏖伏袭杀，不知其数。会滑州节度使安师儒戎政不治，太祖命珍与李唐宾率步骑以经略之。始入境，遇大雪，令军士无得休息，一夕驰至壁下，百梯并升，遂乘其埔，滑州平。时太祖方谋济师，乃遣珍往淄州募兵，行次任县，东面都统齐克让伏兵于孙师陂以邀珍，珍大破之。进军至牙山，都虞候张仁遇白珍曰："军有不齐者，当先斩本都将，后以状闻，愿许。"珍怒其专，乃斩仁遇以徇军，由是诸将感惧。兵至乾封，与淄人战于白草口，败之。青人以步骑二万，列三寨于金岭驿，珍与战，连破之，歼其师，尽获军器戎马。是夕，攻博昌，大获兵众。其后破庐瑭、张晊及朱瑄、朱瑾之众，平定曹、濮，未尝不在战中。

　　梁山之役，始与李唐宾不协。珍在军尝私迎其室于汴，而不先请太祖，太祖疑之，密令李唐宾察之，二将不相下，因而交争。唐宾夜斩关还汴以诉，珍亦弃军单骑而至，太祖两惜之，故不罪。俾还于师。复以踏白骑士入陈、亳间，以邀蔡人，遂南至斤沟，破淮西石璠之师二万，掳璠以献。珍旋师自亳北趣静戎，济舟于滑，破黎阳、临河、李固三镇。于内黄败乐从训万余人，分命聂金、范居实略澶州，与魏师遇于临黄，魏军有豹子军二千人，戮之无噍类，威振河朔。复攻淮西，至蔡，夹河而寨，败贼将萧皓之众，皆拥于河溺死之。进军蔡州，营其西南，既破羊马垣，遇雨班师。珍以兵援刘瓒，赴楚州，至襄山南，遇徐戎扼其路，珍乃收丰，下之。时溥乃以全师会战于丰南吴康里，珍乃收丰，破其三万余众。及蔡贼平，珍比诸将功居多。

　　龙纪初，与诸将屯于萧县，以御时溥，珍虑太祖自至，令诸军葺马厩以候巡抚，李唐宾之裨将严郊独慢焉，军候范权恃珍以督之。唐宾素与珍不协，果怒，乃见以诉其事，珍亦怒曰："唐宾无礼！"遂拔剑斩之，珍命骑列状陈其事。太祖初闻唐宾之死，惊骇，与敬翔

谋，诈令有司收捕唐宾妻子下狱，以安珍心。太祖遂径往萧县，距萧
一舍，珍率将校迎谒，梁祖令武士执之，责其专杀，命丁会行戮。案：
《欧阳史》作珍自缢死。都将霍存等数十人叩头以救，太祖怒，以坐床
掷之，乃退。《永乐大典》卷二千三十一。

　　李思安，陈留张亭里人也。初事汴将杨彦洪为骑士。好拳勇，
未弱冠，长七尺，超然有乘时自奋之意。唐中和三年，太祖镇汴，尝
大阅戎旅，睹其材，甚伟之，因锡名思安，字贞臣。思安善飞槊，所向
披靡，每从太祖征伐，常驰马出敌阵之后，测其厚薄而还。或敌人有
恃猛自衒者，多命取之，必鹰扬飙卷，擒馘于万众之中，出入自若，
如蹈无人之地。太祖甚惜之，命副王虔裕为踏白将。
　　时巢、蔡合从，太祖每遣侦逻，必率先独往。巢败走，思安领所
部百余人追贼，杀戮掩夺，众莫敢当。发领军袭蔡寇于郑，都将李唐
宾马踬而坠，思安援槊刺追者，唐宾复其骑而还。又尝与蔡人斗，当
阵生擒贼将柳行实。其后渡长淮，下天长、高邮二邑，又拒孙儒，迫
濠州，皆有奇绩。累迁为诸军都指挥使，奏官至检校左仆射，寻拜亳
州刺史。练兵御寇，边境肃然。思安为性勇悍，每统戎临敌，不大胜，
必大败。
　　开平元年春，率兵伐幽州，营于桑乾河，掳获甚众，燕人大惧。
及军回，率诸军伐潞，累月不克，师人多逸。太祖怒甚，诏疏其罪，尽
夺其官爵，委本郡以民户系焉。逾岁起之，复令领兵，亦无巨绩可
纪。太祖尝因命将授钺，谓左右曰："李思安当敌果敢，无出其右者，
然每遇藩方择材，吾将用之，则败闻必至，如是者二三矣，则知飞将
数奇，前史岂虚言哉！"乾化元年秋，又以为相州刺史。思安自谓当
拥旄仗钺，及是殊不快意，但日循晏安，无意于政。及太祖北征，以
候骑之误，落然无所具，而复壁垒荒圮，帑廪空竭，太祖贬柳州司
户，寻死于相州。《永乐大典》卷一万三百八十八。案《通鉴》开化元年丙午，
至相州刺史，李思安不意帝猝至，落然无具，坐削官爵。二年正月丁卯，帝至获
嘉，追思李思安去岁供馈有阙，贬柳州司户，寻长流思安于崖州，赐死。据《薛

史》。则思安赐死即在相州，未尝至贬所，与《通鉴》异。

邓季筠，宋州下邑人也。少入黄巢军，隶于太祖麾下。及太祖镇汴，首署为牙将，主骑军。伐郓之役，生擒排阵将刘矫以献。唐大顺初，唐帝命丞相张浚伐太原，太祖奉诏出师，西至高平，与晋人接战，军既不利，季筠为晋人所擒。克用见之甚喜，释缚待以宾礼。俄典戎事。季筠在并门凡四稔。案：《通鉴考异》引《唐余录》，谓季筠与李存孝并赐死，盖传闻之误。景福二年，晋军攻邢台，季筠领偏师预其后，将及邢，邢人陈于郊，两军酣战之际，季筠出阵。飞马来归，太祖大加奖叹，赏赉甚厚。时初置厅子都，最为亲军，命季筠主之，旋改统亲骑，又迁将中军。天祐三年，奉授登州刺史，下车称理。登州旧无罗城，及季筠至郡，率丁壮以筑之，民甚安之，因相与立碑以颂其迹。太祖受禅，改郑州刺史，寻主兵于河中，为都指挥使。时并人寇平阳，季筠接战于洪洞，大克，拜华州防御使。又继领龙骧等诸军骑士，累官至检校司空。柏乡之役，季筠临阵前却，太祖亦未之罪。乾化二年春，太祖亲伐镇、定，驻于相州，因阅马，怒其马瘦，与魏军校何令稠、陈令勋同斩于纛下。《永乐大典》卷一万八千一百二十六。

黄文靖，金乡人。少附于黄巢党中，巢败，归于太祖，累署牙职，继迁诸军指挥使，从太祖南平巢、蔡，北定兖、郓，皆有功。唐大顺中，佐葛从周送朱崇节入潞。会晋军十余万近逼垣寨，文靖虑孤军难守，乃与葛从周启闉出师，文靖为殿，命矢刃皆外向，持重而还，晋人不敢逼。其年冬，与康怀英渡淮，入寿春之境，下安丰、霍丘，至光州而还。光化初，晋将李嗣昭、周德威寇于山东，文靖佐葛从周统大军御之。至沙河，败晋军五千余骑，遂逐之，越张公桥乃止。后旬日，复与晋人战于邢州之北，擒蕃将贽金铁、慕容腾、李存建等百余人，夺马数千匹，寻以功表授检校左仆射、耀州刺史。天祐二年春，命佐杨师厚深入淮甸，越寿春，侵庐江，军至大独山，遇淮夷，杀五千余众，振旅而还。改蔡州刺史，加检校司空，又迁颍州刺史。太祖受禅，复为蔡州刺史，入为左神武统军，又改左龙骧使。乾化元年，从太祖北征，因阅马得罪，命斩之。文靖骁果善战，诸将皆惜之。《永乐大典》卷一万八千一百二十六。

胡规，兖州人。初事朱瑾为中军都校。兖州平，署为宣武军都虞候。佐葛从周伐镇、定，从张存敬收晋、绛，皆有功，署为河中都虞候，榷盐务。天复中，太祖迎驾在岐下，以规权知洛州。昭宗还长安，诏授皇城使。及东迁，以为御营使。驾至洛，授内园庄宅使。天祐三年，佐李周彝讨相州，独当州之一面，颇以功闻，军还，权知耀州事。明年，讨沧州，为诸军壕寨使。太祖受禅，除右羽林统军，寻佐刘鄩统兵收潼关，擒刘知浣献之，乃以为右龙虎统军兼侍卫指挥使。乾化元年，诏修洛河堤堰，军士因之斩伐百姓园林太甚，河南尹张宗奭奏之，规得罪，赐死。《永乐大典》卷一万八千一百二十七。

李谠，河中临晋人。少时游秦、雍间，为人勇悍多力，甚有气谊。唐广明初，黄巢陷长安，谠遂得仕于其间，巢以谠为内枢密使，案：《新唐书·黄巢传》及《通鉴》皆言巢以费传古为枢密使，不载李谠，疑与传古先后授伪官也。盖谠曾会委质于宦者，出入于宫禁间，巢以此用焉。其后巢军既败，谠乃束身归于太祖，署为左德胜骑军都将。从太祖讨蔡贼，颇立军功。及东伐兖、郓，以所部士伍俘获甚众，改元从骑将，表授检校右仆射。郴王友裕领兵攻泽州，时太祖驻大军于盟津，乃令谠将兵越太行，授以筹谋。谠颇违节度，久而无功。案《唐书·李存孝传》云：李谠收军而遁，存孝击至马牢川，俘斩万计。此传不载，盖前后省文。太祖遣追还，廷责其罪，戮之于河桥。《永乐大典》一万三百八十七。

李重胤，案：“重胤”，原本作“重裔”，盖《薛史》沿避讳旧例，今改画一。宋州下邑人。状貌雄武，初在黄巢党中，推为刚鸷。唐中和四年五月，同尚让、李谠等率众至繁，与太祖之军相拒。及巢寇渐衰，乃率众来降。太祖素识之，拔用不次，署为先锋步军都头。与胡真援河阳,逼怀州。重胤以部下兵突之,射中蕃将安休休。又令与李谠率骑军至陕,应接郭言,回次渑池,破贼帅黄花子之众,改滑州夹马指挥使。蔡贼围汴,重胤以步兵攻下三寨,掳获甚多。太祖大举伐宗权,俾重胤以滑兵为先锋。及东讨徐州,下丰、萧二邑,转右厢马步军指挥使。大顺元年秋。从郴王友裕收泽州,与晋军战于马牢川,王师败绩,回守河阳。太祖谓诸将曰:"李谠、重胤违我节度,不能立功,颇幸任使。"于是与李谠并戮于河桥。《永乐大典》卷一万三百八十八。

范居实,绛州翼城人。事太祖,初为队将,从讨巢、蔡有功。又从朱珍收滑州,改左厢都虞候。预破充、郓。功迁感义都头、郑州马军指挥使。幽州刘仁恭举众南下,寇魏郡北鄙,居实与葛从周、张存敬率兵救魏,大破幽、沧之众于内黄。太祖迎昭宗于岐下,以居实为河中马军都指挥使,及昭宗还京,赐迎銮毅勇功臣,遥领锦州刺史,又迁左龙骧马军都指挥使。从征淮南回,改登州刺史,转左神勇军使。开平元年,用军于潞州,命居实统军以解泽州之围,授耀州刺史,令以郡兵屯固镇,寻除泽州刺史。居实拳勇善战,颇立军功,在郡以戎备不理,诏追赴阙,暴其玩寇之罪而斩之。《永乐大典》卷一万六千五百十七。

史臣曰:叔琮而下,咸以鹰犬之才,适遇云龙之会,勤劳王室,践履将坛,然俱不得其死,岂不惜哉?得非鸟尽弓藏,理当如是耶?将梁祖之雄猜,无汉高之大度欤?乃知自古帝王,能保全功臣者,唯光武一人而已矣。语曰"弑父与君,亦不从也",而叔琮、友恭从之,何也?既为盗跖所嗾,岂免成济之诛,临终之言,益彰其丑也。《永乐大典》卷一万六千五百十七。

旧五代史卷一九考证

　　梁列传九氏叔琮传太祖伐襄阳叔琮失利　案《旧唐书》：光化元年，汴将氏叔琮陷赵匡凝之随、唐、邓等州。是书《赵匡凝传》亦云：太祖遣氏叔琮伐之，匡凝惧，乞盟是役也实以胜归，而叔琮本传独言失利，未知所据。今就襄陵县牧马于道间　案："襄陵"原本作"襄阳"，今据《欧阳史》改正。与氏叔琮同日赐死　案此朱友恭事，是书及《欧阳史》、《通鉴》俱同，《北梦琐言》作友谅，误。太祖异其状貌乃隶于拔山都　案："拔山"原本作"技山"，《欧阳史》作"拔山"，考当时军旅皆以都名，如黑云都、银枪都、效节都、横衝都之类，今从《欧阳史》改正，并增入都字。朱珍传败乐从训万余人　案：《通鉴》作乐从训来告急，遣都指挥使朱珍等分兵救从训，与此传异。李重胤传于是与李谠并戮于河桥　案：原本脱"与"字，今增入。范居实传与葛从周张存敬率兵救魏　案：原本脱"从"字，今增入。

旧五代史卷二○
梁书二○

列传第一○

谢瞳　司马邺　刘捍　王敬荛
高劭　马嗣勋　张存敬　寇彦卿

　　谢瞳,字子明,福州人。唐咸通末举进士,因留长安,三岁不中第。广明初,黄巢陷长安遂投迹于太祖,泊居门下,未尝一日不在左右。及太祖据同州,遂署右职。其年秋,太祖与河中交战,再不利,连上章请兵于巢,伪右军督尉孟楷抑而不进。瞳揣太祖有择福意,乃进说曰:"黄家以数十万之师,值唐朝久安,人不习战,因利乘便,遂下两京。然始窃伪号,任用已失其所。今将军勇冠三军,力战于外,而孟楷专务壅蔽,奏章不达,下为庸才所制,无独断之明,破亡之兆必矣。况土德未厌,外兵四集,漕运波注,日以收复为名,惟将军察之。"太祖曰:"我意素决,尔又如是,复何疑哉!"翌日,遂定策,戮伪监军使,悉众归顺于河中。王重荣表瞳为检校屯田员外郎,赐绯,令奉表于蜀。唐僖宗大悦,召入顾问,锡赉甚厚,以功授朝散大夫、太子率更令,赐紫,为陵州刺史。治郡一岁,改检校右散骑常侍、通州刺史。在任四考,颇有政绩。秋罢,诣蜀行在,太祖遣人迎之。龙纪二年,至东京,劳徕弥厚,赐第墅各一区,钱千缗,表为亳州团练使兼太清宫副使,加检校工部尚书。是年冬,太祖征淮南,过郡,因求侍府幕,表为宣义军节度副使,充两使留后。瞳在滑十三年,部内增户约五万,益兵数千人,累迁至大中大夫、检校右仆射,卒于滑。开平初,追赠司徒。《永乐大典》卷一万八千一百二十八。

司马邺,字表仁,其先河内温人也。祖德璋,仕唐,为杞王傅。父諲,左武卫大将军。邺资荫出身,颇知书,累官至大列。唐天复初,韩建用为同州节度留后。案:《韩建传》作判官司马邺。昭宗之幸凤翔也,太祖引兵入关,前锋至左冯翊,邺持印钥迎谒道左。太祖以兵围华州,命入城招谕韩建,建果出降。及大军在岐下,遣奏事于昭宗,再入复出,又使于金州,说其帅冯行袭,俾坚攀附。后历宣武、天平等军从事。开平元年,拜右武卫上将军。三年,使于两浙。时淮路不通,乘驿者迂回万里,陆行则出荆、襄、潭、桂入岭,自蕃禺泛海至闽中,达于杭、越。复命则备舟楫,出东海,至于登、莱。而扬州诸步多贼船,过者不敢循岸,必高帆远引海中,谓之"入阳",以故多损败。邺在海逾年,漂至耽罗国。一行俱溺。后诏赠司徒。《永乐大典》卷一万八千一百二十八。

刘捍,开封人。父行仙,宣武军大将军。捍少为牙职,太祖初镇夷门,以捍聪敏,擢副典客。唐中和四年夏,太祖以朱珍为淄州刺史,令收兵于淄、青间,命捍监其兵,路逢大敌,皆破之。入博昌,获精兵三万以归。四月,合大军败蔡贼秦宗贤数万众于汴西。文德元年十一月,蔡将申丛折宗权足,纳款于太祖,使捍奏其事,加兼御史大夫。光化三年六月,太祖北伐镇、定,至常山,而王熔危愫,送款于太祖,命捍入壁门传谕。时两军未整,守门者戈戟千匝,捍驰骑而入,竟达其命。又移师以攻中山,至怀德驿,大破定人五万众,王处直乞降。捍复单马入州,安抚而回。案:梁祖下镇、定,服中山,《旧唐书》作光化三年九月,《新唐书》作十月,《薛史》又总系于六月以后。据《通鉴》自六月举兵,至九月始定中山也。

太祖迎昭宗于岐下,以捍为亲军指挥。天复三年正旦,宋文通令客将郭启奇使于太祖,命捍复命。昭宗闻其至,即召见,询东兵之事,仍以锦服银鞍勒马赐之。翌日,受光禄大夫、检校司空、登州刺史。昭宗还京,改常州刺史,赐号迎銮毅勇功臣。四月,太祖伐王师范于青州,改左右长直都指挥使。天祐三年正月,授宋州刺史。四月,加检校司徒。

太祖受禅,授左龙虎统军兼元从亲军马步都虞候。及上党缠兵,太祖亲往巡抚,以捍为御营使。大军次昂车,斥候来告蕃戎逼泽州,命捍以兵千人赴之,并军遂道,车驾还京,授捍侍卫亲军都指挥使。晋人侵晋州,从幸陕回,加检校太保。及从驾幸河中,诏追王重师赴行在,以捍为雍州节度观察留后。才逾月,刘知俊据同州反,潜使人以厚利啖捍将校,遂为部下所执,送于知俊。知俊縶捍归于凤翔,为李茂贞所害。开平四年,赠太傅。末帝即位,又赠太尉。

捍便习宾赞,善于将迎,自司宾局及征讨四出,必预其间,虽无决战争锋之绩,而承命奔走,敷扬命令,勤干莅职,以至崇显焉。《永乐大典》卷九千九十八。

王敬荛,颍州汝阴人。世为郡武吏。唐乾符初,敬荛为本州都知兵马使。中和初,寇难益炽,郡守庸怯不能自固,敬荛遂代之监郡,俄而拜刺史、加检校右散骑常侍。时州境荒馑,大寇继至,黄巢数十万众寨于州南,敬荛极力抗御,逾旬而退。俄又宗权之众,凌暴益甚,合围攻壁,皆力屈而去。蔡贼复遣将刁君务以万众来逼,敬荛列阵当之,身先驰突,杀敌甚多,由是竟全郡垒,远近归附。

及淮人不恭,太祖屡以军南渡,路由州境,敬荛悉心供亿,太祖甚嘉之。乾宁二年,署为沿淮上下都指挥使。四年冬,庞师古败于清口,败军逃归者甚众,路出于颍时,雨雪连旬,军士冻馁,敬荛自淮燎薪,相属于道,郡中设糜粮饼饵以待之,全活者甚众,由是表知武宁军节度、徐宿观察留后。数月,真拜武宁军节度使。案:《文苑英华》载《授敬荛武宁军节度制》有云:襄淮流之积寇,挺潜山之雄姿,勇实兼人,智能周物。盖因清口之役而加秩也。天复二年,入为右龙武统军。天祐三年,转左卫上将军。开平元年八月,以疾致仕,寻卒于其第。

敬荛魁杰沉勇，多力善战，所有枪矢，皆以纯铁锻就，枪重三十余斤，摧锋突阵，率以此胜。虽非太祖旧臣，而达输恳款，保境合兵，以辅兴王之运，有足称者。《永乐大典》卷一万八千一百二十六。

高劭，字子将，淮南节度使骈之从子也。父泰，黔中观察使。唐僖宗避敌在蜀，骈镇淮南为都统，兼诸道盐铁使，兵赋在己，朝廷优假之，以故劭幸而早官，年十四遥领华州刺史。光启中，以骈命遏晋公王铎于郑。俄而州陷于蔡，劭为贼所得，使人守之，戒四门曰："无出高大夫。"劭伺守者稍惰，佯为乞食者，过危垣，取俘者衣，坌身易服，得佗儿抱之行，出东郊门。人以为丐者，不之止。及稍远，弃所抱儿，疾趋至中牟，遂达于汴。太祖以客礼遇之，寻表为亳州团练副使，知州事。又数年，辟为宣武军节度判官，在幕下颇以气直自许。后监郑州事，复权知徐州留后。唐昭宗之凤翔，太祖迎奉未出，劭有疑谋，遂令赴华州，诣丞相府以议其事，行至高陵，为盗所害。《永乐大典》卷五千五百三十八。

马嗣勋，濠州钟离人。世为军吏。嗣勋有口辩，习武艺，为州客将。唐景福元年三月，太祖以寿州刺史江儒反下蔡，镇使李立率兵攻濠梁，刺史张遂俾嗣勋持州印籍户口以归于太祖。乾宁二年三月，杨行密复攻濠州，张遂遣嗣勋求援于太祖。俄而郡陷，案《九国志·李简传》：乾宁二年，从攻濠州，濠水深阔，简手擘重甲，口衔大刀，先渡逾垒，破其关键，擒刺史张遂以献。《新唐书·杨行密传》与《九国志》略同，惟"遂"字《新唐书》作"遂"。嗣勋无所归，即署为元从押牙、副典客，颇称任使。

光化元年三月，太祖令往光州说刺史刘存背淮贼以向国，案《新唐书》本纪：乾宁三年，杨行密陷光州，刘存死之。《九国志·柴再用传》：乾宁中，从光延寿平刘存于弋阳，授知光州军事。梁兵寇光州，再用击走之，以功迁光州刺史。与《薛史》异。又《九国志》：吴有两刘存，其一即光州刺史，其一陈州人，后为马殷所害。又从李彦威复黄州及武昌县，获刺史瞿章。案《新唐书》本纪：乾宁四年五月壬午，朱全忠陷黄州，刺史瞿章死之。《九国志·马珣传》：三年，梁将朱友恭围瞿章于黄州，命珣率兵援之，黄州陷，战不利而退。《薛史》作光化元年，与诸书互异。俄复使光州，持币马以赐刘存。会淮贼急攻光州，存与嗣勋率兵大战，败而走之。又遣使于蜀，及归，得其助资实甚多。

天复中，太祖迎昭宗于岐下，军至华之西阌，使嗣勋入见，韩建即时同出迎谒。及罗绍威将杀牙军，遣使告于太祖，求为外援。时安阳公主初卒于魏，太祖乃遣嗣勋率长直官千人，实兵仗于橐中，肩舁以入于魏，声言来致祭会葬，牙军不之觉。天祐三年正月十六日夜，嗣勋与绍威亲军同攻牙军，至曙，书殪之。嗣勋重伤，旬日而卒。开平中，累赠太保。《永乐大典》卷一万八千一百二十八。

张存敬，谯郡人也。性刚直，有胆勇，临危无所畏惮。唐中和中，从太祖赴汴，以其折节，颇见亲昵，首为右骑都将。从讨巢、蔡，凡历百战，多于危蹙之间，显有奇略，由是频立殊效。光启中，李罕之会晋军围张宗奭于盟津，太祖遣丁会、葛从周、存敬同往驰救。存敬引骑军先犯敌将，诸军翼之，敌骑大败，乃解河桥之围。

大顺二年，为诸军都虞候，佐霍存董大军，收宿州，以功奏加检校兵部尚书。太祖东征徐、兖，存敬屡有俘斩之功，凡受指顾，皆与机会，矢石所及，必以身先，太祖尤加忧异，以为行营都指挥使、检校右仆射。乾宁三年，充武宁军留后，行颍州刺史。光化二年夏四月，幽、沧侵凌魏郡，复以存敬为都指挥使。三年，大举，与葛从周连统诸军攻浮阳，树数十栅，围刘守文累月。时幽州刘仁恭举兵来援，存敬潜军击之于乾宁军南老鸦堤。是日，燕人大败，斩首五万级，生擒马慎交已下一百余人，获马万余蹄。案《旧唐书》：光化二年三月，张存敬率师援魏州，大败燕军，仁恭父子仅免。《薛史》作三年事，与《旧唐书》异。其年秋九月，引军收镇州，存敬勒众涉滹陀河，师人鼓行而进，逢镇之游兵数千，因逐之，直入镇之瓮门，收鞍马牛驼万计。翌日，镇人纳质而旋。寻为宋州刺史，逾年，甚有能政。复拥众伐蓟门，数旬间连下瀛、莫、祁、景四州,擒俘不可胜纪。自怀德驿与中山兵接战,枕尸数十里,中山开壁请降。

天复元年春,太祖以河中节度使王珂与太原结亲,凭恃骄恣,命存敬统大军讨之。即日收绛州,擒刺史陶建钊,降晋州刺史张汉瑜,二郡平。连围河中,王珂请降。太祖嘉之,乃以存敬为护国军留后。未几,检校司空,寻移宋州刺史。将之任所,寝疾,逾旬卒于河中。太祖闻之,痛惜移晷。开平初,追赠太保,乾化三年,又追赠太傅。

子仁愿,晋天福中,仕至大理。《永乐大典》卷六千三百五十。

寇彦卿,字俊臣,大梁人也。祖瑙,父裔,皆宣武军牙校。太祖镇汴,以彦卿将家子,擢在左右。弱冠选为通赞官。太祖为元帅,补元帅府押牙,充四镇通赞官行首兼右长直都指挥使,累奏授检校司徒,领洛州刺史。罗绍威将杀牙军,遣使告于太祖,太祖命彦卿使于魏,密与绍威谋之,竟成其事,彦卿之力也。

彦卿身长八尺,隆准方面,语音如钟。善骑射,好书史,复善伺太祖之旨,凡所作为,动皆云合。太祖每言曰:"敬翔、刘捍、寇彦卿,盖为我而生。"其见重如此。太祖有所乘乌马,号"一丈乌",尝以赐彦卿。天复中,太祖迎昭宗于凤翔,累与岐军对阵。时彦卿为诸道马步军都排阵使,尝躬擐甲胄,乘其所赐乌马,驰骋于阵前,太祖目之曰:"真神王也!"昭宗还京,赐迎銮毅勇功臣,改邢州刺史,寻迁亳州团练使。案:《通鉴》:开平二年,帝从吴越王钱镠之请,以亳州团练使寇彦卿为东南面行营都指挥使,使击淮南。十一月,彦卿帅众二千袭霍丘,为土豪朱景所败,又攻庐、寿二州,皆不胜。淮南遣滁州刺史李俨拒之。《九国志·朱景传》:梁祖闻景名,命寇彦卿率劲骑三千袭霍丘,图取景,且谕梁祖之意令降,景率其徒战于丘墟林泽中,射死者无数,彦卿兵折力殚而去。此事《薛史》及《欧阳史》皆不载。

太祖受禅,为华州节度使,加检校太保。岁余,入为左金吾卫大将军,充街使。一日,过天津桥,有老人案:《欧阳史》作民梁现。误冲其驺道者，排之，落桥而毙，为御史府所弹，太祖不得已，责授左卫中郎将。案：《通鉴》作游击将军、左卫中郎将。不数月，除相州防御使，案：相州，《欧阳史》作襄州。依前行营诸军排阵使。未几，授河阳节度使，加检校太傅。及太祖遇弑，彦卿追感旧恩，图御容以奠之。每因对客言及先朝旧事，即涕泗交流。

末帝嗣位，遥领兴元节度使、东南面行营都招讨使，以拒淮寇，寻改右金吾卫上将军。贞明初，授邓州节度使。会淮人围安陆，彦卿奉诏领兵解围，大破淮贼而回。四年，卒于镇，时年五十七。诏赠侍中。彦卿贞干明敏，善事人主，然怙宠作威，多忌好杀。虽显立功名，而犹为识者之所鄙焉。《永乐大典》卷一万九千三百三十。

史臣曰：案：原本有阙文。存敬有提鼓之劳，彦卿偶攀鳞之会，俱为藩后，变其宜哉！《永乐大典》卷一万九千三百三十。

旧五代史卷二○考证

梁列传十司马邺传扬州诸步多贼船　"诸步"，原本作"诸走"，考《容斋随笔》云：步者，水傍之名，今改正。马嗣勋传刺史张遂　案：《新唐书》作张璲。张存敬传擒刺史陶建钊　"建钊"，原本作"建钰"，今据《通鉴》改正。

旧五代史卷二一
梁书二一

列传第一一

庞师古　霍存　符道昭　徐怀玉
郭言　李唐宾　王虔裕　刘康乂
王彦章　贺德伦

庞师古，曹州南华人，初名从。以中涓从太祖，性端愿，未尝离左右。及太祖镇汴，树置戎伍，始得马五百匹，即以师古为偏将，援陈破蔡，累有战功。及朱珍以罪诛，遂用师古为都指挥使。乃渡淮，饷军于庐寿，攻滁州，破天长，下高邮，沿淮转战，所至克捷。寻代朱友裕领军，攻下徐州，斩时溥首以献。遂移军伐兖州，入中都，寨于梁山，败朱宣之众，袭至垒下，又破朱瑾于清河。从讨汶阳，与朱瑄、朱瑾及晋将史俨儿战于故乐亭，大捷而回。乾宁四年正月，复统诸军伐郓，拔之，擒其帅朱瑄以献，始表为天平军节度留后，寻授徐州节度使，案：《文苑英华》有《授庞从武宁平南节度改名师古制》，张玄晏之辞也。中云："自委之留事，须我诏条，惠爱行于乡闾，威望扬于士伍。是宜锡以旗幢，进其官秩，奄有徐夷之四履，爰抚大彭之故都。"是师古先为留后，继授节度也。《通鉴》止作留后，误。官至检校司空。乾宁四年八月，与葛从周分统大军，渡淮以伐杨行密。十一月，师古寨于清口，寨地卑下，《玉堂闲话》云：庞从会军五万于清口，所屯之地，盖兵书谓之绝地，人不驾肩，行一舍方至夷坦之处。或请迁移，弗听。俄有告淮人决上流者，曰："水至矣。"师古怒其惑众，斩之。案《九国志·侯瓒传》：时兵起仓卒，加以阴寒，士皆饮冰餐雪而行。甫及梁营，则竖戈植足，斗志未决。朱瑾与瓒率五十骑潜济淮，入自垒北，舞槊而驰，器声雷沸，梁兵皆眩眩不能举，前斩庞从，大将继之，死者大半。是清口之战，因雪夜不备而败也。《薛史》以为决淮上流，与《九国志》异，《新唐书·杨行密传》兼用之。**须臾，我军在淖中，莫能战，而吴人袭焉，故及于败，师古没于阵。**《永乐大典》卷一万八千一百二十六。

霍存，洺州曲周县人。性骁勇，善骑射，在黄巢中已为将领。唐中和四年，太祖大破巢军于王满渡，时存与葛从周、张归霸皆自巢军来降；太祖宥而纳之。其后破王夏寨，击殷铁林，并在战中。寻佐朱珍取滑台，攻淄州，取博昌，皆预战立功。

时蔡贼张晊在汴北，存以三千人夕犯其营，破之。用本部骑兵败秦贤军，杀五千人，连破四寨，尽得其辎重。从讨卢璠、张晊，殪万余人，存功居多。我军之围濮州也，有贼升眺楼大诟。太祖怒甚，召存射之，矢一发而死陨其下，赏赉甚厚。复佐朱珍擒石璠，破魏师，败徐戎。又佐庞师古至吕梁，败时溥二千余众，以是累迁官。初，王师渡淮乏食，不甚利，惟存军战有功，淮贼乃引退。太祖之讨宿州也，葛从周以水坏其垣，丁会以师乘其埤，存战垒外，败其军，宿人乃降。明年，佐郴王友裕击时溥于砀山，破之，获蕃将石君和等五十人。《欧阳史》云：存代李唐宾攻时溥，溥败砀山，存获其将石君和等五十人。梁攻宿州，葛从周引水浸之，丁会与存战城下，遂下之。是岁，复与晋军战于马牢川，始入为前锋，出则后拒，晋不敢逼，乃渡河袭淇门，杀三千余人。曹州刺史郭绍宾之来归也，存以师援之，遂代其任。始，朱友裕以大军伐郓，临其壁，既而师陷围中，以急来告，存领二百骑驰赴，击退之。太祖喜，拔为诸军都指挥使。

景福二年春，太祖亲至曹州，留骑军数千，令存将之，且曰："有急则倍道兼行以赴之。"俄闻朱瑾领兵二万人援彭门，存乃领骑军驰赴之，与徐、兖之众合战于石佛山下，大败之，存亦中流矢而卒，时人称其忠勇。

　　初，朱珍、李唐宾之殁，庞师古代珍，存代唐宾，战伐功绩，多与师古同。始遥领韶州牧，又改贺州，后用为权知曹州刺史，官至检校右仆射。及太祖登极，屡有征讨，因起猛士之叹。一日，幸讲武台阅兵，谓诸将曰："霍存在，朕安有此劳苦耶！诸君其思之。"他日语又如是。累赠官至太保。

　　子彦威，后唐明宗朝为青州节度使。《永乐大典》卷一万八千一百二十六。

　　符道昭，淮西人。性强敏，有武略，秦宗权用为心膂，使监督诸军。后为骑将，尤能布阵，勇闻于时。然刚而无操，善迎人意，一见若尽肺腑，必甚爱其才，而道昭之心腹飑矣。秦宗权之将败也，有薛潜者，支擘队伍，道昭谓所私曰："蔡弱矣。"乃归潜。潜欲败，复奔洋州依葛佐。攻兴元军不利，复奔于岐。宋文通爱之，养为己子，名继远，遂易其宗。及得军职，悉超侪伍。后为巴州刺史，又奏为陇州防御使，兼中军都指挥。太祖迎奉昭宗，驻军于岐下，道昭频领骑士敢斗战，屡为王师所败，遂来降。太祖素闻其名，待之甚厚。昭宗反正，奏授秦州节度使、同平章事，遣兵援宋，不克而还。

　　先是，李周彝弃鄜州自投归国，署为元帅府行军左司马，宠冠霸府。及道昭至，以为右司马，使与周彝同领寇彦卿、南大丰、阎宾以下大军伐沧州。及太祖幸魏州，讨牙军，中军前有魏博将山河营指挥使左行迁，闻府中有变，引军还屯历亭，自称留后，从乱者数万人。道昭佐周彝与彦卿已下大破之，杀四万余人，擒左行迁，斩之。有史仁遇亦聚徒数万据高唐，又破之，擒仁遇以献。乘胜取澶、博二州，平之，复杀万余人。

　　道昭性勇果，多率先犯阵，屡有摧失，而周彝、彦卿掎角继进，连以捷告，护兵者上功不实，皆以道昭为首，太祖阴知之，俱不议赏。及沧州之围也，不用骑士，令道昭牧马于堂阳。太祖受禅后，委兵柄与康怀英等攻潞州，以"蚰蜒堑"缭之，飞鸟不度。既逾岁，晋人援至，王师大败，道昭为晋军所杀。《永乐大典》卷一万八千一百二十七。

徐怀玉，本名琮，亳州焦夷县人。少以雄杰自任。随太祖起军。唐中和末，后至大梁。光启初，蔡寇屯金堤驿，怀玉将轻骑连破之，由是累迁亲从副将，改左长剑都虞候。又从破蔡贼于板桥，收秦宗权八寨，奏加检校右散骑常侍。文德初，同诸军解河阳之围，复从破徐、宿。乾宁中，奏加检校刑部尚书，太祖赐名怀玉。破朱瑾于金乡南，擒宗江以献，表授金紫光禄大夫、检校右仆射。

乾宁四年，庞师古失得于清口，怀玉独全军以退。光化初，转滑州右都押牙兼右步军指挥使，俄奏授沂州刺史。顷之，王师范以青州叛，屡出兵侵轶，怀玉击退之。天复四年，转齐州防御使，加检校司空，从大军迎驾于岐下。归署华州观察留后。一年，复领所部兵戍雍州，寻召赴河中，补晋、绛、同、华五州马步都指挥使。天祐三年，授左羽林统军，转右龙虎统军，领六军之士赴泽州。寻为晋军所攻，昼夜冲击，穴地而入，怀玉率亲兵逆杀于隧中，晋军遂退。开平元年，授曹州刺史，加检校司徒。明年，除晋州刺史。其秋，晋军大至，已乘其堞，怀玉选亲兵五十余人，拥杀下城。晋军既退，出家财以赏战士。岁中，晋军又至，怀玉领兵败之于洪洞。三年，制授鄜坊节度使、特进、检校太保，练兵缮壁，人颇安之，加检校太傅。

乾化二年，庶人友珪既篡立，河中朱友谦拒命，遣兵袭鄜州，怀玉无备，寻为河中所虏，囚于公馆。及友珪遣康怀英率师围河中，友廉虑怀玉有变，遂害之"怀玉材气刚勇，临阵未尝折退，平生金疮被体，有战将之名焉。《永乐大典》卷一万八千一百二十七。

郭言，太原人也。家于南阳新野，少以力稼养亲，乡里称之。唐广明中，黄巢拥众西犯秦、雍，言为巢党所执。后从太祖赴汴，初为骑军，继有战功，后擢为裨校。

言性刚直，有权略，勤于戎事，或以家财分给将士之贫者，由是颇得士心。屡将兵与蔡寇战于浚郊，每以少击众，出必胜归。太祖嘉其勇果,谓宾佐曰:"言乃吾之虎侯也。"时宗权支党数十万,太祖兵不过数十旅,每恨其寡,与之不敌。一日,命言董数千人,越河、洛,趋陕、虢,招召丁壮,以实部伍。言夏往冬旋,得锐士万余,遂迁步军都将。自是随太祖掩袭蔡寇,斩获掠夺,不可胜纪,宗权以兹败北,太祖尽收其地。因命言将兵导达贡奉,以安邮传,自汴、郑迄于潼关,去奸恤弱,甚得其所。

　　光启中,唐天子以太祖兵威日振,命兼扬州节度使。太祖遣幕吏李璠领兵赴维扬以制置为名,时言为李璠前锋,深入淮甸,破盱眙而还。案《通鉴》云:时溥以师袭之,言力战得免。《梁祖纪》亦作不克进而还,与传异。梁祖东伐徐、郓,言将偏师略地千里,频逢寇敌,言出奇决战,所向皆捷,大挫东人之锐。太祖录其绩,以"排阵斩斫"之号委之,寻表为宿州刺史、检校右仆射。于时徐、宿兵锋日夕相接,控扼侦逻,以言为首。景福初,时溥大举来攻宿州,言勇于野战,喜逢大敌,自引锐兵击溥,杀伤其众,徐戎乃退。言为流矢所中,一夕而卒。《永乐大典》卷二万二千一百六十。

　　李唐宾,陕州陕县人也。中和四年二月,尚让之寇繁台也,唐宾与李谠、霍存并为巢将,与太祖之军战于尉氏门外。三月,太祖破瓦子寨,唐宾与王虔裕来降。时黄巢壁于陈郊,乃命唐宾摩其西阃焚焉。王满之师,王夏之阵,唐宾悉在战中。后与朱珍趋淄州,所向摧敌。及取滑平蔡,前后破郓、淮、徐之众,功与朱珍略等,而骁勇绝伦,善用矛,未尝不率先陷阵,其善于治军行师之道,亦与珍齐名。珍之擒石璠也,唐宾亦沿淮与郭言犄角下盱眙,其后渡河,破黎阳、李固等镇,攻澶州,下内黄,败魏帅,未尝不与珍同。暨攻蔡之役,珍自西南破其外垣,唐宾亦堙壕坎堮,摧其东北隅。及伐徐取丰,时溥军于吴康,珍亟遇之,未能却,唐宾引本军击败之,珍遂大胜。每兴师必与珍偕用,故往无不利,然而刚中用壮,遂为珍所害,以谋叛闻。太祖闻之,痛惜累日。及诛朱珍后,令其妻孥至军收葬,而加吊祭焉。《永乐大典》卷一万三百六十。

王虔裕，琅琊临沂人也。家于楚丘，少有胆勇，多力善射，以弋猎为事，。唐乾符中，诸葛爽聚徒于青、棣间，攻剽郡县，虔裕依其众。及爽归顺，乃以虔裕及其众隶于宣武军。太祖镇汴，四郊多事，始议选将征讨，首以虔裕绾骑兵，恒为前锋。及太祖击巢、蔡于陈州，虔裕连拔数寨，擒获万计。巢孽既遁，虔裕蹑其迹，追至万胜戍，贼众饥乏，短兵才接而溃。太祖以其劳，表授义州刺史。蔡人日纵侵掠陈、郑、许、亳之郊，频年大战，虔裕掩袭攻拒。凡百余阵，剿戮生擒，不知纪极。秦宗贤寇汴南鄙，太祖令虔裕逆击于尉氏，不利而还。太祖怒，命削职，拘于别部。逾年，邢州孟迁请降。未几，晋人伐邢，孟迁遣使来乞师，太祖先遣虔裕选勇士百余人径往赴之，伺夜突入邢州，明日，循堞树立旗帜，晋人不测，乃退。数月，复来围邢，时太祖大军方讨兖、郓，未及救援，案《通鉴考异》云：是时全忠方攻时溥，未讨兖、郓也。传误。邢人因而携贰，迁乃絷虔裕送于太原，寻为所害。《永乐大典》卷一万八千一百二十七。

刘康乂，寿州安丰县人也。以农桑为业。唐乾符中，关东群盗并起，江、淮间遍罹其苦，因为巢党所掠。康乂沉默有膂力，善用矛槊，然不乐为暴。中和三年，从太祖赴镇，委以心腹，康乂枕戈擐甲，夷险无惮。其后累典亲军，袭巢破蔡，斩获尤多，累以战功迁元从都将。从太祖连年攻讨徐、兖、郓，所向多捷，尤善于营垒，充诸军壕寨使。及太祖尽下三镇，议其功奏加检校右仆射，兼领军卫，寻迁密州刺史，政甚简静。时王师范叛据青州，乞师于淮夷，淮人遂攻密州。密兵素少执锐者不满千夫，而淮贼逾万，康乂率老弱守陴，自别领少壮，日与接战于密之四郊，俘贼千计。贼知密州虚弱，援兵未至，昼夜急攻，遂陷，康乂为贼所害。《永乐大典》卷九千九十八。

王彦章，字贤明，案：《欧阳史》作字子明。郓州寿张县人也。案：《欧阳史》作郓州寿昌人。祖秀，父庆宗，俱不仕，以彦章贵，秀赠左散骑常侍,庆宗赠右武卫将军。彦章少从军,隶太祖帐下,以骁勇闻。稍迁军职,累典禁兵。从太祖征讨,所至有功,常持铁枪冲坚陷阵。开平二年十月,自开封府押牙、左亲从指挥使授左龙骧军使。三年,转左监门卫上将军,依前左龙骧军使。乾化元年,改行营左先锋马军使,又加金紫光禄大夫、检校司空,依前左监门卫上将军。二年,庶人友珪篡位,加检校司徒。三年正月,授濮州刺史、本州马步军都指挥使,依前左先锋马军使。未几,改先锋步军都指挥使。四年,为澶州刺史,进封开国伯。五年三月,朝廷议割魏州为西镇,虑魏人不从,遣彦章率精骑五百屯邺城,驻于金波亭以备非常。是月二十九日夜,魏军作乱,首攻彦章于馆舍,彦章南奔。七月,晋人攻陷澶州,彦章举家陷没。案《通鉴》:晋人夜袭澶州,陷之。刺史王彦章在刘鄩营,晋人获其妻子。是当时澶州之陷,因刺史他出而掩其不备,非彦章力不能守也。《欧阳史》极推重彦章,而载澶州事不详,盖未博考。晋王迁其家于晋阳,待之甚厚,遣细人间行诱之,彦章即斩其使以绝之。数年,其家被害。九月,授汝州防御使、检校太保,依前行营先锋步军都指挥使。贞明二年四月,改郑州防御使。三年十二月,授西南行营马军都指挥使,加检校太傅,依前郑州防御使。顷之,授行营诸军左厢马军都指挥使。五年五月,迁许州两使留后,军职如故。六年正月,正授许州匡国军节度使,弃散指挥都头都军使,进封开国侯。未几,授北面行营副招讨使。七年正月,移领滑州。三年四月晦,晋师陷郓州,中外大恐。五月,以彦章代戴思远为北面招讨使。拜命之日,促装以赴滑台,遂自杨村寨浮河而下,水陆俱进,断晋人德胜之浮梁,攻南城,拔之,晋人遂弃北城,并军保刘。彦章以舟师沿流而下,晋人尽彻北城,拆屋木编筏,置步军于其上,与彦章各行一岸,每遇转滩水汇,即中流交斗,流矢雨集,或舟筏覆没,比及杨刘,凡百余战。彦章急攻杨刘,昼夜不息,晋人极力固守,垂陷者数四。六月,晋王亲援其城,彦章之军,重壕复垒,晋人不能入。晋王乃于博州东岸筑垒,以应郓州。彦章闻之,驰军而至,急攻其栅,自旦及午,其城将拔,会晋王以大军来援,彦章乃退。七月,晋王至杨刘,彦章军不利,遂罢彦章兵权,诏令归阙，以段凝为招讨使。

先是，赵、张二族挠乱朝政，彦章深恶之，性复刚直，不能缄忍。及授招讨之命，因谓所亲曰："待我立功之后，回军之日，当尽诛奸臣，以谢天下。"赵、张闻之，私相谓曰："我辈宁死于沙陀之手，不当为彦章所杀。"因协力以倾之。时段凝以贿赂交结，自求兵柄，素与彦章不协，潜害其功，险行逗挠，遂至师不利，竟退彦章而用段凝，未及十旬，国以之亡矣。

是岁秋九月，朝廷闻晋人将自兖州路出师，末帝急遣彦章领保銮骑士数千于东路守捉，案：《欧阳史》从家传作保銮士五百人，又作《画像记》，极辨旧史领数千人以往之非。今考《通鉴》云：梁主命王彦章将保銮士及他兵合万人屯兖、郓之境，是彦章所将且不止《薛史》所云数千矣。又考《通鉴》，李嗣源败彦章所将，止于获将士三百人，斩首二百级。使彦章所将止于五百，是师徒尽丧，单骑遁还，不应尚能再战也。彦章忠于所事，百折不回，不幸为监军张汉杰所制，力竭而亡，非战之罪。《欧阳史》必欲减其兵数，恐转非实录。且以郓州为敌人所据，因图进取，令张汉杰为监军。一日，彦章渡汶，以略郓境，至递坊镇，为晋人所袭，彦章退保中都。十月四日，晋王以大军至，彦章以众拒战，兵败，为晋将夏鲁奇所擒。鲁奇尝事太祖，与彦章素善，及彦章败，识其语音，曰："此王铁枪也。"挥槊刺之，彦章重伤，马踣，遂擒。

晋王见彦章，谓之曰："尔常以孺子待我，今日服未？"又问："我素闻尔善将，何不保守兖州？此邑素无城垒，何以自固？"彦章对曰："大事已去，非臣智力所及。"晋王恻然，亲赐药以封其创。晋王素闻其勇悍，欲全活之，令中使慰抚，以诱其意。彦章曰："比是匹夫，本朝擢居方面，与皇帝十五年抗衡，今日兵败力穷，死有常分，皇帝纵垂矜宥，何面目见人！岂有为臣为将，朝事梁而暮事晋乎！得死幸矣。"晋王又谓李嗣源曰："尔宜亲往谕之，庶可全活。"时彦章以重伤不能兴，嗣源至卧内以见之，谓嗣源曰："汝非邈佶烈乎？"邈佶烈，盖嗣源小字也，彦章素轻嗣源，故以小字呼之。既而晋王命肩舆随军至任城，彦章以所伤痛楚，坚乞迟留，遂遇害，时年六十一。

彦章性忠勇，有膂力，临阵对敌，奋不顾身。居尝谓人曰："李亚子斗鸡小儿，何足顾畏？初，晋王闻彦章授招讨使，自魏州急赴河上，以备冲突，至则德胜南城已为所拔。晋王尝曰："此人可畏，当避其锋。"一日，晋王领兵迫潘张寨。大军隔河，未能赴援，彦章援枪登舟，叱舟人解缆，招讨使贺瑰止之，不可。晋王闻彦章至，抽军而退，其骁勇如此。及晋高祖迁都夷门，嘉彦章之忠款，诏赠太师，搜访子孙录用。《永乐大典》卷一万八千一百二十七。《五代史补》：王彦章之应募也，同时有数百人，而彦章尝求为长。众皆怒曰："彦章何人，一旦自草野中出，便欲居我辈之上，是不自量之甚也。"彦章闻之，乃对主将指数百人曰："我天与壮气，自度汝等不及，故求作长耳。汝等咄咄，得非胜负将分之际耶！且大凡健儿开口便言死，死则未暇，且共汝辈赤脚入棘针地走三五遭，汝等能乎？"众初以为戏，既而彦章果然。众皆失色，无敢效之者。太祖闻之，以为神人，遽擢用之。

贺德伦，其先河西部落人也。父怀庆，隶滑州军为小校。德伦少为滑之牙将。太祖领四镇，德伦以本军从，继立军功，累历刺史留后，迁平卢军节度使。及魏博杨师厚卒，朝廷以德伦代其任。贞明元年三月二十九日夜，魏军作乱，执德伦囚于别馆，尽杀其部众，为乱首张彦所迫，遣使归款于太原。晋王自黄泽岭东下，至临清，德伦遣从事司空颋密启晋王，诉以张彦凌辱之事。晋王至永济，斩彦等八人，然后入于魏，德伦即以符印上晋王。《通鉴》：晋王既入，德伦上印节，请王兼领天雄军，王固辞，曰："比闻汴寇侵逼贵道，故亲董师徒，远来相救。又闻城中新罹涂炭，故暂入存抚，明公不垂鉴信，乃以印节见推，诚非素怀。"德伦再拜曰："今寇敌密迩，军城新有大变，人心未安，德伦心腹纪纲为张彦所杀殆尽，形孤势弱，安能统军！一旦生事，恐负大恩。"王乃受之"寻授云州节度使，行次河东，监军张承业留之不遣。顷之，王檀以急兵袭太原，德伦部下多奔逸，承业惧其为变，遂诛德伦，并其部曲尽杀之。《永乐大典》卷一万七千四百六十七。

旧五代史卷二一考证

　　梁列传十一庞师古传始表为天平军节度留后寻除授徐州节度使　　案：师古先为留后，继授节度，《通鉴》止作留后，误。霍存传用本部骑兵败秦贤军　《秦贤王虔裕传》作秦宗贤。有贼升眺楼大诟　"眺楼"，原本作"昭楼"，今据《欧阳史》改。符道昭传符道昭淮西人　案：《欧阳史》作蔡州人。徐怀玉传授左羽林统军　案《欧阳史》作右羽林统军。郭言传破盱眙而还　案：《通鉴》作言力战得免。《梁祖纪》亦作不克而还，与此传异。李唐宾传时溥军于吴康　"吴康，原本讹"吴唐"，今据《欧阳史》改正。王虔裕传时太祖大军方讨兖郓未及救援　案《通鉴考异》云：是时全忠方攻时溥，未讨兖郓也，传误。刘康乂传寻迁密州刺史　"密州"，原本讹"宣州"，今据《新唐书·昭宗纪》改正。王彦章传彦章字贤明郓州寿张县人也　"贤明"，《欧阳史》作"子明"。"寿张"，《欧阳史》作"寿昌"。

旧五代史卷二二

梁书二二

列传第一二

杨师厚　牛存节　王檀

　　杨师厚，颍州斤沟人也。为李罕之部将，以猛决闻，尤善骑射。及罕之败，退保泽州，师厚与李铎、何绸等来降，太阳署为忠武军牙将，继历军职，累迁检校右仆射，表授曹州刺史。

　　唐天复三年，从太祖迎昭宗于岐下，李茂贞以劲兵出战，为师厚所败。及王师范以青州叛，太祖遣师厚率兵东讨，时淮贼王景仁以众二万来援师范，师厚逆击，破之，追至辅唐县，斩数百级，授齐州刺史。将之任，太祖急召见于郓西境，遣师厚率步骑屯于临朐，而声言欲东援密州，留辎重于临朐。师范果出兵来击，师厚设伏于野，追击至圣王山，杀万余众，擒都将八十人。未几，莱州刺史王师诲以兵救师范，又大败之。自是师范不复敢战。师厚移军寨于城下，师范力屈，竟降。天复四年三月，加检校司徒、徐州节度使。天祐元年，加诸军行营马步都指挥使。

　　二年八月，太祖讨赵匡凝于襄阳，命师厚统前军以进，赵匡凝严兵以备。师厚至谷城西童山，刊材造浮桥，引军过汉水，一战，赵匡凝败散，携妻子沿汉遁去。翌日，表师厚为山南东道节度留后，案《唐书》：天祐三年六月甲申，敕："襄州近因赵匡凝作帅，请别立忠义军额，既非往制，固是从权，忠义军额宜停废，依旧为山南东道节度使。"是山南东道复置于天祐三年，而《薛史》于二年八月已云表师厚为山南东道节度留后，盖史家追书之意。既令南讨荆州，留后赵匡明亦弃军上峡，不浃旬，并下两镇，乃正授襄州节度使。先是，汉南无罗城，师厚始兴板筑，周十余里，郛郭完壮。

开平元年，加检校太保、同平章事。明年，又加检校太傅。三年三月，入朝，诏兼潞州行营都招讨使。无何，刘知俊据同州叛，师厚与刘鄩率军西讨至潼关，擒知俊弟知浣以献。知俊闻师厚至，既西走凤翔，师厚进攻，至长安。时知俊已引岐寇据其城，师厚以奇兵傍南山急行，自西门而入，贼将王建惊愕，不知所为，遽出降。制加师厚检校太尉。顷之，晋王与周德威、丁会、符存审等以大众攻晋州甚急，太祖遣师厚帅兵援之，军至绛州，晋军扼蒙坑之险，师厚整众而前，晋人乃彻围而遁。案《通鉴考异》引《梁实录》云：生擒贼将萧万通等，贼由是弃寨而遁。《庄宗实录》云：汴军至蒙坑，周德威逆战，败之，斩首二百级。二军各言胜捷，其互异如此。《通鉴》定从《薛史》及《梁实录》。四年二月，移授陕州节度使。

五年正月，王景仁败于柏乡，晋人乘胜围邢州，掠魏博，南至黎阳。师厚受诏以兵屯卫州，晋军攻魏州，不克而退，师厚追袭过漳河，解邢州之围，改授滑州节度使。明年，太祖北征，令师厚以大军攻枣强，逾旬不能克，太祖屡加督责，师厚昼夜奋击，乃破之，尽屠其城。车驾还，师厚屯魏州。

及庶人友珪篡位，魏州衙内都指挥使潘晏与大将臧延范、赵训谋变，有密告者，师厚布兵擒捕，斩之。案《欧阳史》云：师厚乘间杀魏牙将潘晏、臧延范等，逐出节度使罗周翰。与《薛史》相异。越二日，又有指挥使赵宾夜率部军摄甲，俟旦为乱。师厚以衙兵围捕，宾不能起，乃越城而遁，师厚遣骑追至肥乡，擒其党百余人归，斩于府门。友珪即以师厚为魏博节度使、检校侍中。未几，镇人、晋人侵魏之北鄙，师厚率军至唐店，破之，斩首五千级，擒其都将三十余人。是时师厚握河朔兵，威望振主，友珪患之，诏师厚赴阙。师厚乃率精甲万人至洛阳，严兵于都外，自以十余人入谒，友珪惧厚，礼而遣之。

及末帝将图友珪，遣使谋于师厚，深陈款效，且持书于侍卫军使袁象先及主军大将，又遣都指挥使朱汉宾率兵至滑州以应禁旅。友珪既诛，末帝即位于东京，首封师厚为邺王，加检校太师、中书令，每下诏不名，以官呼之，事无巨细，必先谋于师厚，师厚颇亦骄诞。先是，镇人以我柏乡不利之后，屡扰边境，师厚总大军直抵镇州城下，焚荡间舍，移军掠藁城、束鹿，至深州而归。乾化五年三月，卒于镇。废朝三日，赠太师。

师厚纯谨敏干，深为太祖知遇，委以重兵剧镇，他莫能及。然而末年矜功恃众，骤萌不轨之意，于是专割财赋，置银枪郊节军凡数千人，皆选摘骁锐，纵恣豢养，复故时牙军之态，时人病之，《清异录》云：枪材难得十全，魏州石屋材多可用，杨师厚时，银枪效节都皆采于此。向时河朔之俗，上元比屋夜游，及师厚作镇，乃课魏人户立灯竿，千钲万炬，洞照一城，纵士女嬉游。复彩画舟舫，令女妓棹歌于御河，纵酒弥日。又于黎阳采巨石，将纪德政，以铁车负载，驱牛数百以拽之，所至之处，丘墓庐舍悉皆毁坏，百姓望之，皆曰"碑来"。及碑石才至，而师厚卒，魏人以为"悲来"之应。末帝闻其卒也，于私庭受贺，乃议裂魏州为两镇。既而所树亲军，果为叛乱，以招外寇，致使河朔沦陷，宗社覆灭，由师厚召之也。《永乐大典》卷一万八千一百二十六。

牛存节，字赞真，青州博昌人也。本名礼，太祖改而字之。少以雄勇自负。唐乾符末，乡人诸葛爽为河阳节度使，存节往从之。爽卒，存节谓同辈曰："天下凶凶，当择英主而事，以图富贵。"遂归于太祖。初授宣义军小将。属蔡寇至金堤驿，犯酸枣、灵昌，存节日与之斗，凡二十余往，每往必执俘而还，前后斩首二十余级，获孳畜甚众。太祖击蔡贼于板桥"赤岗、酸枣门、封禅寺、枯河北，存节皆预其行。与诸将于濮州南刘桥、范县大破郓众，自此深为太祖奖遇。

文德元年夏，李罕之以并军围张宗奭于河阳，太祖遣存节率军赴之。属岁歉，饷馈不至，村民有储乾椹者，存节以器用、钱帛易之，

以给军食。大破贼于浿河,罕之引众北走。又预讨徐、宿有功。及
讨河北,存节前锋下黎阳,收临河,至内黄西,以兵千余人当魏人万
二千众,大破其阵,僵仆蔽野。太祖深所叹激,谓有神兵之助。

大顺元年,改滑州左右厢牢城使。与诸将讨时溥,累破贼军。景
福元年秋,改遏后都指挥使。攻濮之役,领军先登,遂拔其垒。二年
四月,下徐州,枭时溥,存节力战,其功居多。乾宁二年,授检校工部
尚书。三年夏,太祖东讨郓州,存节领军次故乐亭,扼其要路,都指
挥使庞师古屯马颊,存节密与都将王言谋入郓垒。十二月,存节遣
王言夜伏勇士于州西北,以船逾濠,举梯登陴。既而王言不克入,存
节独率伏军负梯轞破其西瓮城,寻与濠桥,诸军俱进。四年四月,陷
其城,寻与葛从周降下兖州,加检校右仆射。

其年秋,大举以伐淮南,至濠州东,闻前军失利于清口,诸军退
至淠河,无复队伍。存节遏其后,诸将释骑步斗,诸军稍得济,收合
所部并败兵共八千余人,至于淮涘,时不食已四日矣。存节训励部
分,以御追寇,遂得旋师。案《旧唐书·昭宗纪》:葛从周自霍丘渡淮,至濠
州,闻师古败,乃退军,信宿至淠河,方渡,而朱瑾至。是日杀伤溺死殆尽,还者
不满千人,惟牛存节一军先渡获免。北至颍州,大雪寒冬,死者十五六。据《旧
唐书》,存节以渡得免,而《薛史》以为存节遏其后,盖传闻之异。五年,除亳
州刺史,俄迁宣武军都指挥使,改宿州刺史。明年,淮贼大至彭城,
存节乃以部下兵夜发,直趣彭门,淮人讶其神速,震恐而退,诸将服
其智识。

光化二年,罢归,复为左衙都将兼马步教练使。天复元年,授潞
州马步军都指挥使,法令严整,士庶安之。及追赴行在,士卒泣送者
不绝于道。加金紫光禄大夫、检校司空,改滑州左衙步军指挥使,知
邢州军州事。天祐元年,授邢州团练使。时州兵才及二百人,晋人
知之,以大军来寇。太祖在邺,发长直兵二千人赴援,存节率壮健出
斗,以家财赏激战士,并军急攻,七日不能克而去。太祖召至,劳慰
久之,厚赉金帛鞍马,加检校司徒。冬,罢军,署为元帅府左都押衙。
四年,太祖受禅,除右千牛卫上将军。其秋,攻潞州,以存节为行营

马步军都排阵使。

开平二年二月，自右监门卫上将军转右龙虎统军，驻留洛下。是岁，王师败于上党，晋人乘胜进迫泽州，州城将陷。河南留守张全义召存节谋，遂以本军及右龙虎、羽林等军往应接上党。师至天井关，存节谓诸将曰："是行也，虽不奉诏旨，然要害之地，不可致失。"时晋人新胜，其锋甚盛，存节引众而前，衔枚夜至泽州，适遇守陴者已纵火鼓噪，以应外军，刺史保衙城，不知所为。存节才入，晋军已至矣，乃分布守御。晋军四面攻斗，开地道以入城，存节亦以隧道应之，逆战于地中，晋军不能进。又以劲弩射之，中者人马皆洞，经十三日，晋军死伤者甚众，焚营而退，郡以获全。太祖屡叹赏之。"五月，迁左龙虎统军。充六军马步都指挥使。十月，授绛州刺史。

三年四月，除鄜州留后。六月，刘知俊以同州叛，寻授同州留后，未几，加检校太保、同州节度使。乾化二年，加检校太傅，进封开国公。存节戒严军旅，常若敌至。先是，州中井水咸苦，人不可饮，及并人、岐人来迫州城，或以为兵士渴乏，陷在旦夕。存节乃肃拜虔祝，择地凿八十余井，其味皆甘淡，由是人马汲濯有余，案：《夏竦集》引《薛史》作存节凿八十余井，味皆甘淡，病渴具消。疑引《薛史》而稍有移易也。众以为至诚之感。自八月至三年春末，人马未尝释甲，以至寇退。寻加同平章事，诏赴阙，末帝召慰勉，赏赐甚厚。十一月，加开府仪同三司，食邑一千户，授郓州节度使。四年，加淮南西北面行营招讨使，控扼淮漘，边境安之。

其冬，蒋殷据徐州逆命，存节方以大众戍颍州，得殷逆谋，密以上闻，遽奉诏与刘鄩同讨之，顿于甬上。淮贼朱瑾以兵救殷，距宿之两舍，闻存节兵大至，即委粮弃甲而遁，竟平徐州。诏加太尉。夏中病渴且瘠，属河北用军，末帝令率军屯阳留案：阳留即杨刘，见《通鉴考异》。又考《李重进碑》作杨留，盖地名通用。以张刘鄩之势。存节忠愤弥笃，未尝言病，料敌治戎，旦夕愈厉。病革，诏归汶阳，翌日而卒。将终，戒其子知业、知让等以忠孝，言不及他。册赠太师。存节武鸷慷慨，有大节，野战壁守，皆其所长，威名闻其境外，深为末帝所重，而木强忠厚,有贾复之风焉。《永乐大典》卷八千八百六十一。

王檀,字众美,京兆人也。曾祖沘,唐左金吾卫将军、陇州防御使。祖曜,定难功臣、谓桥镇遏使。父环,鸿胪卿,以檀贵,累赠左仆射。檀少英悟,美形仪,好读兵书,洞晓韬略。唐中和中,太祖镇大梁,檀为小将。四年,汴将杨彦洪破巢将尚让、李谠于尉氏门外,檀在战中,摧锋陷阵,遂为太祖所知,稍蒙擢用。预破蔡贼于斥沟、氾河、八角,迁踏白都副将。

光启二年,从胡真击淮西之众,解河阳之围。蔡贼张存敢乘乱据洛阳,檀与勇士数十人潜入贼栅,邀其辎重,存敢遁走。胡真至陕州,开通贡路,遣檀攻玉山寨,降贼帅石令殷。从击秦宗贤于郑州西北河滩之上,于太祖马前射贼将孙安,应弦而毙。三年,佐都指挥使朱珍败徐戎于孙师陂,获其将孙用和、束诩以献。从击蔡贼于板桥,偏将李重膺追贼马颣,为蔡人所擒,檀夺取而旋,获贼将薛注。太祖破朱瑾于刘桥,檀尽收其军实。

文德元年三月,讨罗弘信,败魏人于内黄,檀获其将周儒、邵神剑以归,补冲山都虞候。案:原本作“衡山”,今从《欧阳史》改正。是岁,与诸军平蔡州。明年,佐朱珍大破时溥之众,檀获贼将何肱,改左踏白马军副将。预征兖、郓,累立战功。大顺元年,从庞师古渡淮深入,讨孙儒之乱,夺邵伯堰,破高邮军,檀奋命击贼,刃伤左臂。未几,迁顺义都将。天复中,从太祖率四镇之师围凤翔,以迎昭宗,屡立戎效,迁左踏白指挥使。从攻王师范于青州,檀以偏师收复密郡,《永阳志》云:张训守密州刺史,朱全忠至青州,训谓诸将曰:“汴人将至,何以御之?”诸将请焚城大掠而归。训曰:“不可。”乃封府库,植旗帜于城上,遣羸弱居前,自以精兵殿其后而去。全忠遣王檀攻密州,数日乃敢入城。遂权知军州事,充本州马步军都指挥使,寻表授检校右仆射,密州刺史。郡接淮戎,旧无壁垒,乃率夫修筑罗城,六旬而毕,居民赖之,加检校司空。

开平二年六月,授邢州保义军节度使、检校司徒。三年,加检校太保,充潞州东北面行营招讨使。乾化元年正月,王景仁与晋人战于柏乡,王师败绩,河朔大震。景仁余众为敌骑所追,檀严设备,应接败军,助以资装,获济者甚众。俄而晋军大至,重围四合,土山地穴,昼夜攻击,太祖忧之。檀密上表,请驾不亲征,而悉力枝梧,竟全城垒。三月,以功就加检校太傅、同平章事。七月,又加开府仪同三司、检校太尉,追封琅邪郡王,命宣徽使赵殷衡赍诏慰谕,赐绢千匹、银千两,赏守御邢州之功也。庶人友珪僭位,授邓州宣化军节度使、检校太尉、兼侍中。

末帝即位,移授许州匡国军节度使,加检校太师。五年,蔡州刺史王彦温作乱,檀受诏讨平之,加兼中书令。贞明元年三月,魏博军乱。六月,晋王入魏州,分兵收下属郡,河北大扰,檀受诏与开府尹刘鄩犄角进师,以援河北。檀攻澶州魏县,下之,擒贼将李岩、王开关以献。顷之,檀密疏请以奇兵西趋河中,自阴地关袭取晋阳,末帝许之,即驰兵而去。二年二月,师至晋阳,昼夜急攻其垒,并州几陷。既而蕃将石家才自潞州以援兵至,檀引军大掠而还。寻授天平军副大使,知节度使事,充郓、齐、鲁、曹等州观察等使。

先是,檀招诱群盗,选其强悍者置于帐下,以为爪牙。至是数辈窃发,突入府第,檀素不为备,遂为所害,时年五十一。节度副使裴彦闻变,率府兵尽擒诸贼,州城帖然。寻册赠太师,谥曰忠毅,葬于开封县之皋门原。

有子六人,皆升朝列。《永乐大典》卷六千八百五十。

史臣曰:夫大都偶国,《春秋》所非。当师厚之据邺城也,绾数万之甲兵,擅六州之舆赋,名既震主,势亦滔天。逮其丧亡,须议分割,由兹以失河朔,因是以启晋人,诗所谓“生谁厉阶”者,师厚之谓欤!存节、王檀俱出身事主,抵力图功,观其方略,皆将帅之良者也。《永乐大典》卷六千八百五十。

旧五代史卷二二考证

　　梁列传十二杨师厚传晋军扼蒙坑之险　"坑"原本作"岲",考《通鉴注》云:蒙坑在汾水之东,东西三百余里,蹊径不通,即此处也。今改正。晋人乃彻围而遁　案《通鉴考异》引《梁实录》云:生擒贼将萧万通等,贼由是弃寨而遁。《庄宗实录》云:汴军至蒙坑,周德威逆战,败之。二军各言胜捷,其互异如此。《通鉴》从是书。牛存节传牛存节字赞贞　"赞贞",原本作"替贞",《夏文庄集》引《薛史》又作"潜真",今据《欧阳史》改正。大破贼于浿河,"浿河"原本讹"浽河",今据《欧阳史》及《通鉴》改正。

旧五代史卷二三

梁书二三

列传第一三

刘鄩　贺瓌　康怀英　王景仁

　　刘鄩,密州安丘县人也。祖绶,密州户掾,累赠左散骑常侍。父融,安丘令,累赠工部尚书。鄩幼有大志,好兵略,涉猎史传。唐中和中,事青州节度使王敬武为小校。敬武卒,三军推其子师范为留后,朝廷命崔安潜镇青州,州人拒命。棣州刺史张蟾将袭师范。师范遣都指挥使卢弘攻棣州,弘反与蟾通,伪旋军以袭师范。师范知之,设伏兵以迎弘,既而享之,先诫鄩曰:"弘至即斩之。"鄩如约,斩弘于座上,同乱者皆诛之。师范以鄩为马步军副都指挥使,攻下棣州,杀张蟾,朝廷因授师范平卢军节度使。光化初,师范表鄩为登州刺史,岁余,移刺淄州,署行军司马。

　　天复元年,昭宗幸凤翔,太祖率四镇之师奉迎于岐下。李茂贞与内官韩全诲矫诏征天下兵入援,师范览诏,慷慨泣下,遣腹心乘虚袭取太祖管内州郡。所在同日窃发,其事多泄,唯鄩以偏师陷兖州,遂据其郡。初,鄩遣细人诈为鬻油者,觇兖城内虚实及出入之所,视罗城下一水窦可以引众而入,遂志之。鄩乃告师范,请步兵五百,宵自水窦衔枚而入,案《金华子》云:鄩以大竹藏兵仗。与《薛史》异。一夕而定,军城晏然,市民无扰。《金华子》云:鄩入据子城,甲兵精锐,城内人皆束手,莫敢旅拒。加以州将悍虐,人情不附,鄩因而抚治,民皆安堵。太祖命大将葛从周攻之。案：《金华子》作兖帅张姓，疑传闻之误，时从周为节度使，领兵在外，州城为郭所据，家属悉在城中。郭善抚其家，移就外第，供给有礼，升堂拜从周之母。及从周攻城，郭以板舆请母登城，母告从周曰："刘将军待我甚至，不异于儿，新妇已下，并不失所。刘将军与尔各为其主，尔其察之。"从周歔欷而退。郭乃简城中老疾及妇人浮食百姓不足与守者，悉出之于外，与将士同甘苦，分衣食，以抗外军，载兵禁暴，居人泰然。从周攻围既久，郭无外援，人情稍有去就之意。一日，节度副使王彦温逾城而奔，守陴者从之而逸，郭之守兵禁之不可，郭即遣人从容告彦温曰："请副使少将人出，非素遣者请勿带行。"又扬言于众曰："素遣从副使行者即勿禁，其擅去者族之。"守民闻之皆惑，奔逸者乃止。外军闻之，果疑彦温有奸，即戮之于城下，自是军城遂固。及王师范兵力渐窘，从周以祸福谕郭，俾之革面，郭报曰："俟青州本使归降，即以城池还纳。"天复三年十一月，师范告降，且言先差行军司马刘郭领兵入兖州，请释其罪，亦以告郭，郭即出城听命。太祖嘉其节，概以为有李英公之风。

郭既降，从周具行装服马，请郭归大梁。郭曰："未受梁王舍释之旨，乘肥衣裘，非敢闻命。"即素服跨驴而发。及将谒见，太祖令赐冠带，郭曰："累囚负罪，请就絷而入。"太祖不许。及见，慰抚移时，且饮之酒，累以量小告太祖。太祖曰："取兖州，量何大也！"旋授元从都押衙。太祖牙下诸将，皆四镇旧人，郭一旦以羁旅之臣，骤居众人之右，及与诸将相见，并用阶庭之礼，太祖尤奇重之。未几，表为鄜州留后。

是时，邠、岐之众，屡寇其境，郭御捍备至，太祖以其地远，虑失郭，即令弃郡引军屯于同州。天祐二年二月，授右金吾卫大将军，充街使。三年正月，太祖授元帅之任，以郭为元帅府都押牙，执金吾如故。开平元年，授右金吾上将军，充诸军马步都指挥使。其年秋，与诸将征潞州，迁检校司徒。三年二月，转右威卫上将军，依前诸军马步都虞候。五月，改左龙武统军，充侍卫亲军马步军都指挥使。

其年夏，同州刘知俊反，引岐人袭据长安，分兵扼河、潼。太祖幸陕，命鄩西讨，即奋取潼关，擒知俊弟知浣以献，遂引兵收复长安，知俊弃郡奔凤翔。太祖以鄩为佑国、同州军两使留后，寻改佑国军为永平军，以鄩为节度使、检校司徒，行大安尹、金州管内观察使。是时，西鄙未宁，密迩寇境，鄩练兵抚众，独当一面。四年，加检校太保、同平章事。庶人友珪篡位，加检校太傅。乾化三年正月，丁内艰，友珪命起复视事。末帝即位，尤深倚重。明年夏，诏鄩归阙，授开封尹，遥领镇南军节度使。旋属晋人寇河朔，鄩奉诏与魏博节度使杨师厚御之而退。

九月，徐州节度使蒋殷据城叛。时朝廷以福王友璋镇徐方，殷不受代，末帝遣鄩与郓帅牛存节率兵攻之。殷求援于淮夷，伪吴杨溥遣大将朱瑾领众赴援，鄩逆击破之。贞明元年春，城陷，殷举族自燔，于火中得其尸，枭首以献，诏加检校太尉。

三月，魏博杨师厚卒，朝廷分相、魏为两镇，遣鄩率大军屯南乐，以讨王熔为名。既而魏军果乱，囚节度使贺德伦送款于太原。六月，晋王入魏州，鄩以精兵万人自洹水移军魏县，晋王来觇，鄩设伏于河曲丛木间，俟晋王至，大噪而进，围之数匝，杀获甚众，晋王仅以身免。案：《通鉴》作晋王率骑驰突，所向披靡，自午至申乃得出，亡其七骑。而《薛史》以为杀获甚众，晋王仅以身免。盖当时梁、唐二史，各有夸张掩饰，故所纪互异如此。《通鉴》所载，当是据《唐实录》。是月，鄩潜师由黄泽西趋太原，将行，虑为晋军所追，乃结刍为人，缚旗于上，以驴负之，循堞而行，数日，晋人方觉。军至乐平，会霖雨积旬，师不克进，鄩即整众而旋。魏之临清，积粟之所，鄩引军将据之，遇晋将周阳五自幽州率兵至，鄩乃取贝州，与晋军遇于堂邑，鄩邀击却之，追北五十余里，遂军于莘县，增城垒，浚池隍，自莘及河，筑甬道以通饷路。

八月，末帝赐鄩诏曰："阃外之事，全付将军。河朔诸州，一旦沦没，劳师弊旅，患难日滋，退保河壖，久无斗志。昨东面诸侯，奉章来上，皆言仓储已竭，飞挽不充，于役之人，每曹擒掳，夙宵轸念，惕惧盈怀。将军与国同休，当思良画，如闻寇敌兵数不多，宜设机权，以时剪扑,则予之负荷,无累先人。"郭奏曰:"臣受国深恩,忝兹阃政,敢不枕戈假寐,罄节输忠。昨者,比欲西取太原,断其归路,然后东收镇、冀,解彼连鸡,止于旬时,再清河朔。讵期天方稔乱,国难未平,才出师徒,积旬霖潦,资粮殚竭,军士札瘥,切虑苍黄,乖于统摄,乃询部伍,皆欲旋归。凡次舍经行,每张犄角,又欲绝其饷道,且据临清。才及宗城,周阳五奄至,骑军驰突,变化如神。臣遂领大军,保于莘县,深沟高垒,享士训兵,日夜戒严,伺其进取,侦视营垒,兵数极多,楼烦之人,皆能骑射,最为劲敌,未可轻谋。臣若苟得机宜,焉敢坐滋患难,臣心体国,天鉴且明。"末帝又遣使问郭决胜之策,郭曰:"臣无奇术,但人给粮十斛,尽则破敌。"末帝大怒,让郭曰:"将军蓄米,将疗饥耶? 将破贼耶?"乃遣中使督战。郭集诸校而谋曰:"主上深居宫禁,未晓兵机,与白面儿共谋,终败人事。大将出征,君命有所不受,临机制变,安可预谋,今揣敌人,未可轻动,诸君更筹之。"时诸将皆欲战,郭默然。他日,复召诸将列坐军门,人具河水一器,因命饮之,众未测其旨,或饮或辞。郭曰:"一器而难若是,滔滔河流,可胜既乎!"众皆失色。居数日,郭率万余人薄镇、定之营,时郭军奄至,上下腾乱,杀获甚众。少顷,晋军继至,乃退。

二年三月,郭自莘引军袭魏州,与晋王战于故元城,王师败绩,郭脱身南奔,自黎阳济河至滑州。寻授滑州节度使,诏屯黎阳。三年二月,晋王悉众来攻黎阳,郭拒之而退。及郭归阙,再授开封尹,领镇南军节度使,其年,河朔失守,朝廷归咎于郭,亦不自安,上表避位。九月,落平章事,授亳州团练使。属淮人寇蔡、颍、亳三郡,郭奉命渡淮,至霍丘,大歼贼党。五年,兖州节度使张万进反,北结晋人为援,末帝遣郭攻之,郭为兖州安抚制置使。是冬,万进危蹙,小将邢师遇潜应王师,遂拔其城,枭万进首以献。十一月,制授泰宁军节度使、检校太尉、同平章事。

六年六月,授河东道招讨使。与华州尹皓攻取同州。先是,河中朱友谦袭取同州,以其子令德为留后,表请旄钺,末帝怒,命郭讨之。其年九月,晋将李嗣昭率师来援,战于城下,王师不利,败兵走河南,桥梁陷,溺死者甚众,郭以余众退保华州罗文寨。先是,郭与河中朱友谦为婚家,及王师西讨,行次陕州,郭使赍檄与友谦,谕以祸福大计,诱令归国,友谦不从,如是停留月余。尹皓、段凝辈素忌郭,遂摭其罪,言郭逗留养寇,俾俟援兵,末帝以为然。及兵败,诏归洛,河南尹张宗奭承朝廷密旨,逼令饮鸩而卒。案:《通鉴考异》引《庄宗实录》云:扰患发病卒。《通鉴》从《薛史》。时年六十四,诏赠中书令。

子遂凝、遂雍别有传。《永乐大典》卷一万八千一百二十六。

贺瓌,字光远,濮阳人也。曾祖延,以瓌贵,赠左监门上将军。祖华,赠左散骑常侍。父仲元,赠刑部尚书。瓌少倜傥,负雄勇之志,遇世乱入军。朱瑄为濮州刺史兼郓州马步军都指挥使,拔为小将。唐光启初,郓州三军推瑄为留后,以瓌为马步军都指挥使,表授检校工部尚书。及瑄与太祖构隙,瓌受瑄命,数领军于境上。

乾宁二年十月,太祖亲征兖、郓。十一月,瑄遣瓌与太原将何怀宝率兵万余人以援朱瑾,师次待宾馆,断我粮运。太祖侦知之,自中都引军夜驰百余里,迟明至巨野东,与瓌等接战,兖人大败。瓌窜于棘冢之上,大呼曰:“我是郓州都将贺瓌,愿就擒,幸勿伤也。”太祖闻之,驰骑至冢前,遂擒之。并获何怀宝及将吏数十人,徇于兖壁之下,悉命戮之,唯留瓌一人,释缚,置之麾下,寻署为教练使,奏授检校左仆射。瓌感太祖全宥之恩,私誓以身报国。

天复中,预平青州王师范,以功授曹州刺史兼先锋都指挥使,加检校司空。天祐二年,与杨师厚从太祖平荆、襄,授荆南两使留后,未几,征还为行营左厢步军都指挥使。开平二年十月,授左龙虎军马步都指挥使。十二月,改左卫上将军。充六军马步都虞候。三年五月,转右龙虎统军,未几,加检校司徒、邢州团练使。四年二月,改泽州刺史,充昭义军节度使、检校太保、进封开国侯。乾化二年七月,授相州刺史,寻加检校太傅,有顷,转左龙虎统军。案《欧阳史》:太祖即位,累迁相州刺史。末帝时,迁左龙虎统军。据《薛史》,瓌迁统军不系年月,《欧阳史》特以太祖时左龙虎统军有袁象先而揣度言之耳。

贞明二年，庆州叛，为李继陟所据，瑰以本官充西面行营马步军都指挥使兼诸军都虞候，与张筠破泾、凤众三万，下宁、衍二州。三年秋，庆州平。十二月，瑰以功授滑州宣义军节度使，依前检校太傅，加同平章事，寻授北面行营招讨使。四年春，晋人取杨刘城据之。八月，瑰与许州节度使谢彦章领大军营于濮州之行台村，对垒数月。一日，晋王以轻骑挑战，瑰与彦章发伏兵奋击，晋王仅以身免。先是，瑰与彦章不协，是岁冬十二月，复为诸军都虞候朱珪所搆，瑰乃伏甲士，杀彦章及濮州刺史孟审澄、别将侯温裕等于军，以谋叛闻。是月，瑰与晋人大战于胡柳陂，晋人败绩，临阵斩晋将周阳五。既晡，瑰军亦败。案《欧阳史》：瑰阵无石山，日暮，晋军攻之，瑰军下山击晋军，瑰大败。据《薛史·庄宗纪》与《王建及传》，乃是山为晋军所夺，晋军下山击瑰军，瑰大败，与《欧阳史》异。五年春正月，晋人城德胜，夹河为栅。四月，瑰率大军攻其南栅，以艨艟战舰扼其中流，晋人断我艨艟，济军以援南栅，瑰退军于行台。寻以疾卒，时年六十二。诏赠侍中。

长子光图，仕后唐，为供奉官。《永乐大典》卷一万八千一百二十七。

康怀英，兖州人也。本名怀贞，避末帝御名，故改之。始以骁勇事朱瑾为列校。唐乾宁四年春，太祖既平郓，命葛从周乘胜急攻兖州，时朱瑾在丰沛间搜索粮饷，留怀英守其城，及从周军至，怀英闻郓失守，乃出降。太祖素闻其名，得之甚喜，寻署为军校。

光化元年秋，从氏叔琮伐襄、汉，怀英以一军攻下邓州。三年，从征河朔，佐张存敬败燕军于易水之上。天复元年冬，太祖率师迎昭宗于凤翔。时李茂贞遣大将符道昭领兵万余屯武功以拒，太祖命诸军击之，以怀英为前锋，领众先登，一鼓而大破之，掳甲士六千余人，夺马二千匹。翌日，太祖方至，顾左右曰："邑名武功，今首荡逆党，真武功也。"乃召怀英，大加奖激，仍以骏马、珍器赐之。

二年四月，符道昭复领大军屯于虢县之漠谷。其建寨之所，前临巨涧，后倚峻阜，险不可升，太祖遣怀英提骑数千急击之。道昭以怀英兵寡,有俯视之意,乃率甲士万人,绝涧以挑战。怀英始以千骑夜斗,战酣发伏以击之,岐军大败。秋八月,鄜帅李周彝屯军于三原,以援凤翔,太祖命怀英讨之,周彝拔军而遁,追至梨园,因攻下翟州,擒其守来献。俄而岐军屯奉天,太祖令怀英寨于岐军之东北,以备敌人。一夕,岐军大至,急攻其营,怀英以夜中不可惊动诸军,独以二千余人抗数万之众,自乙夜至四鼓,身被十余创,岐军不胜而退。昭宗还京,赐迎銮毅勇功臣。

是岁,淮人闻青、兖之叛,遣兵数万以寇宿州,太祖命怀英驰骑以救之,淮人遁去,即以怀英为权知宿州刺史。天祐三年冬,佐刘知俊破邠、凤之众五万于美原,收五十余寨,乘胜引军攻下鄜州,以功授陕州节度使。太祖受禅,加检校太保。

开平元年夏,命将大军以伐潞州。将行,太祖谓怀英曰:"卿位居上将,勇冠三军,向来破敌摧锋,动无遗悔,至于高爵重禄,我亦无负于卿。夫忠臣事君,有死无二,韩信所谓'汉王载我以车,衣我以衣,食我以食,食人之禄,死人之忧',我每思韩信此言,真忠烈丈夫耳!如丁会受我待遇之恩,不谓不至,怀黄拖紫,列土分茅,设令木石偶人,须感恩义,一朝反噬,倒戈授人,苟有天道明神,安能容此。大凡幸恩负理,忠良不为。我今扫境内委卿,卿当勉思竭尽。况晋人新得上党,众心未协和,以十万之师,一举可克,予当置酒高会,望卿歌舞凯旋。"怀英惶恐而退。六月,怀英领大军至潞,率众昼夜攻城,半月之间,机巧百变。怀英惧太祖之言,期于必取,乃筑垒环城,浚凿池堑,然而屡为晋将周德威骑军所挠,怀英不敢即战。太祖乃以李思安代之,降为行营都虞候。夏五月,晋王率蕃汉大军攻下夹城,怀英逃归,诣银台门待罪,太祖宥之,改授右卫上将军。三年夏,命为侍卫诸军都指挥使,寻出为陕州节度使兼西路行营副招讨使。

及刘知俊奔凤翔,引岐军以图灵武,太祖遣怀英率兵救之,师次长城岭,为知俊邀击,怀英败归。案《欧阳史》云:还至升平,知俊掩击之,怀英大败。据《通鉴》:怀贞等还至三水,知俊遣兵据险邀之,左龙骧军使寿张王彦章力战,怀贞等乃得过。怀贞与裨将李德遇、许从实、王审权分道而行,皆与援兵不相值,至升平,刘知俊伏兵山口,怀贞大败,仅以身免,德遇等军皆没。盖怀英过长城岭之险,已为邀击,后又败于升平也。四年春,移华州节度使。乾化二年秋,命为河中行营都招讨使,与晋军战于白径岭,败归于陕。末帝嗣位,以岐军屡犯秦、雍,命怀英为永平军节度使、大安尹,累加官至中书令。贞明中,卒于镇。《永乐大典》卷一万八千一百二十六。

王景仁,案:景仁本名茂章,避梁讳改焉。详见《通鉴注》。庐州合淝人。材质魁伟,性暴率,无威仪,善用槊,颇推骁悍。在淮南累职为都指挥使,杨行密伪署宣州节度使。行密死,子渥自立,忌其勇悍,且有私憾,欲害之。案《新唐书·杨行密传》:渥求茂章亲兵不得,宣辇帷帝以行,茂章嫚骂不与。逾年,遣兵五千袭之,茂章奔杭州。与《薛史》异。景仁弃宛陵,以腹心百人归吴越王钱镠,镠辟为两府行军司马,具以状闻。太祖复命遥领宣州节度使、检校太傅、同平章事。镠以淮寇终为巨患,欲速平之,命景仁奉表至阙,面陈水陆之计,请合禁旅。太祖异礼待之,颁赐殊厚,顾曰:“待我平代北寇,当尽以王师付汝南讨。”于是留京师,每预丞相行列。

刘知俊之叛也,从驾至陕,始佐杨师厚西入关,兵未交,知俊弃冯翊走,进克雍、华,降王建、张君练,颇预战有功,太祖嘉之。时镇、定作逆,朋附蕃丑,遂擢为上将,付步骑十万,为北面行营都招讨使。开平二年正月二日,与晋军战于柏乡,王师败绩,太祖怒甚,拘之私第。然以两浙元勋所荐,且欲收其后效,止落平章事、罢兵柄而已。案《欧阳史》:景仁与晋人战,大败于柏乡。景仁归诉于太祖,太祖曰:“吾亦知之,盖韩勍、李思安轻汝为客,而不从节度尔。”与《薛史》异。数月,复其官爵。

末帝即位,复用为南面北面行营招讨应接使,以兵万余人伐寿州,至霍丘接战,擒贼将袁蒙、王彦威、王蕃等送京师。俄而朱瑾以大军至,景仁力战不屈,常以数骑身先奋击,寇不敢逼,乃引兵还。

及济淮，复为殿军，故不甚衄，瑾亦不敢北渡。案《九国志·朱景传》：王茂章来寇，度淮水可涉处立表识之，景易于深潭水中，立表浮之上。茂章军败，望表而涉，溺死者大半，积其尸为京观。是景仁实以败归，传云归不甚衄，盖《薛史》为景仁讳言也。及归，病疽而卒。诏赠太尉。《永乐大典》卷六千八百五十。

史臣曰：刘鄩以机略自负，贺瓌以忠义见称，怀英以骁勇佐时，景仁以贞纯许国，较其器业，皆名将也。然虽有善战之劳，亦有败军之咎，则知兵无常胜，岂虚言哉！然鄩之据兖州也，尽诚于师范，比迹于英公，方之数侯，加一等矣。《永乐大典》卷六千八百五十。

旧五代史卷二三考证

梁列传十三刘鄩传朝廷命崔安潜镇青州 "安潜"，原本讹"守潜"，今据《新唐书》改正。鄩即出城听命 案：刘鄩叛附于梁，《新唐书·昭宗纪》作十月丁丑，与是书作十一月异。以为有李英公之风 "英公"原本讹"殷公"，考《新唐书》，李勣封英国公，今改正。贺瓌传张筠破泾凤之众三万 "张筠"，原本讹"张节"，今据《通鉴考异》改正。别将侯温裕等 "侯温裕"，《玉堂闲话》作"侯温疑"，传闻之异。

旧五代史卷二四
梁书二四

列传第一四

李珽　卢曾　孙隲　张俊　张衍
杜荀鹤　罗隐　仇殷　段深

　　李珽,字公度,陇西敦煌人。五世祖忠懿公憕,有大节,见《唐史》。父毅,仕懿、僖朝,官至右谏议大夫。珽聪悟,有才学,尤工词赋。僖宗朝,晋公王铎提兵柄,镇滑台,毅居宾席,铎见珽,大赏叹之。年二十四登进士第,解褐授校书郎,拜监察御史,俄丁内艰。先是,父旅殡在远,家贫无以襄事,与弟琪当腊雪以单缞扶杖,衔哀告人,由是两克迁祔。而珽日不过食一溢,恒羸卧丧庐中不能兴,大为时贤所叹。夏阕,再征为御史,以瘠不起。成汭之镇荆州,辟为掌书记,逾时乃就。

　　天复中,淮寇大举围夏口,逼巴陵,太祖患之,飞命成汭率水军十万援于鄂。珽入言曰:“今舳舻容甲士千人,载稻倍之,缓急不可动。吴人剽轻,若为所绊,则武陵、武安皆我之仇也,将有后虑。不如遣骁将屯陵,大军对岸,一月不与战,则吴寇粮绝,而鄂州围解矣。”汭性刚决,不听。淮人果乘风纵火,舟尽焚,兵尽溺,汭亦自沈于江,朗人、潭人遂入荆渚,一如所料。未几,襄帅赵匡凝复奏为掌记,入为左补阙。又明年,太祖为元帅,以襄阳贰于己,率兵击破之,赵匡凝奔扬州,太祖复署珽为天平军掌书记。一日,大会将佐,指珽曰："此真书记也。"

沧州节度使刘守文拒命，太祖引兵十余万围之，久而未下，乃召斑草檄。斑即就外次，笔不停缀，登时而成，大为太祖嗟赏。受禅之岁，宰臣除为考功员外郎、知制诰，斑揣太祖未欲首以旧僚超拜清显，三上章固辞，优诏褒允，寻以本官监曹州事。曹去京数舍，吏民豪猾，前后十余政，未有善罢者，斑在任期岁，众庶以宁。入为兵部郎中、崇政院学士。

未几，以许帅冯行袭疾甚，出为许州留后。先是，行袭有牙兵二千，皆蔡人也。太祖深以为忧，乃遣斑驰往，以伺察之。斑至传舍，召将吏亲加抚慰。行袭欲使人代受诏，斑曰："东首加朝服，礼也。"乃于卧内宣诏，令善自补养，苟有不讳，子孙俱保后福。行袭泣谢，遂解二印以授斑，代掌军府事。太祖览奏曰："予固知斑必办吾事，行袭门户不朽矣。"乃以斑为匡国军留后，寻征为左谏议大夫兼宣徽副使。从征至魏县，过内黄，因侍立于行厩，太祖顾曰："此何故名内黄？"斑曰："河南有外黄、小黄，故此有内黄。"又曰："在何处？"对曰："秦有外黄都尉，理外黄，有墉，今在雍丘。小黄为高齐所废，其故墉今在陈留。"太祖称奖数四。

及庶人友珪篡位，除右散骑常侍，充侍讲学士。内讨之日，军士大扰，斑其夕为乱兵所伤，卒于洛阳。斑性孝友，与弟琪有敦睦之爱，为缙绅所称。《永乐大典》卷一万三百八十八。案：《欧阳史》有《裴迪·韦震传》，今原文已佚，无可采补。

卢曾，字孝伯，其先范阳人也。颇好书，有所执守。始为齐州防御使朱琼从事。案：《新唐书》、《通鉴》与《薛史·梁纪》皆称朱琼为齐州刺史，惟《卢曾传》作防御使，疑有舛误。琼降，预其谋，与之皆来。琼没，太祖辟为宣义幕职。曾性忠狷，好贡直，又不能取容于众，每勋府宴语稍洽，曾率然纠正，辄又忤旨。左长直军使刘捍委任方重，曾亦不能平。冀王友谦初定陕府，命曾往议事，有使院小将从行，嗜酒荒逸过度。曾复命，欲发其罪，致疏于袖中，累日未果言。小将恐事泄，先诬告曾使酒，几败军事，刘捍因证之，由是罢职，归于齐之别墅。俄而王师范起兵叛，太祖促召曾谓之曰："子能缓颊说青州使无背盟，吾不负子矣。"曾持檄以往。既至青，师范囚之，送于淮南，遇害。后太祖暴师范之罪曰："丧我骨肉，杀我宾僚。"遂族诛之。因召曾二子，皆授以官。《永乐大典》卷二千二百十二。

　　孙隲，滑台人。嗜学知书，微有辞笔。唐光启中，魏从事公乘亿以女妻之，因教以笺奏程式。时中原多难，文章之士，缩影窜迹不自显。亿既死，魏帅以章表笺疏淹积，兼月不能发一字，或以隲为言，即署本职，主奏记事。累迁职自支使、掌记至节度判官；奏官自校书、御史、郎官、中丞、检校常侍至兵部尚书。太祖御天下，念潜龙时，隲奉其主，好问往来数十返，甚录之。开平三年，除右谏议大夫，满岁，迁左散骑常侍。隲雅好聚书，有《六经》、《汉史》泊百家之言，凡数千卷，皆简翰精至，披勘详定，得暇即朝夕耽玩，曾无少息。乾化二年春，太祖将议北巡，选朝士三十余人扈从，二月甲子，车驾发自洛阳。禺中，次白马顿，召文武官就食，以从臣未集，驻跸以俟之，命飞骑促于道，而隲与谏议大夫张衍、兵部郎中张俊等累刻方至，太祖性本卞急，因兹大怒，并格杀于前墀。《永乐大典》卷三千五百六十。

　　张俊，字彦臣。祖、父咸有闻于时。俊少孤，自修饰，善为五言诗，其警句颇为人所称。唐广明中，黄巢犯京师，天子幸蜀，士皆窜伏窟穴，以保其生。俊亦晦迹浮泛，不失其道。及僖宗还京师，由校书郎、西畿尉登朝为御史、补阙、起居郎、司勋员外、万年县令，以事黜官峡中，将十年。太祖即位，用宰臣薛贻矩为盐铁使，俊与贻矩同年登第，甚知其才，即奏为盐铁判官，迁职为礼部郎中，兼职如故。乾元二年二月，扈从后至，与孙隲、张衍同日遇祸于白马顿。《永乐大典》卷六千三百二十。

　　张衍,字元用,河南尹魏王宗奭之犹子也。其父死于兵间。衍乐读书为儒,始以经学就举,不中选。时谏议大夫郑徽退居洛阳,以女妻之,遂令应辞科,不数上登第。唐昭宗东迁,以宗奭勋力隆峻,衍由校书郎拜左拾遗,旋召为翰林学士。太祖即位罢之,特拜考功郎中,俄迁右谏议大夫。衍巧生业,乐积聚,太祖将北伐,颇以扈从间糜耗力用,系意屡干托宰执,求免是行,太祖微闻之,又属应召稽晚,与孙隲等同日遇祸。《永乐大典》卷六千三百五十。

　　杜荀鹤,池州人。案辛文房《唐才子传》:荀鹤,字彦之,牧之微子也。善为诗辞,句切理,为时所许。既擢第,复还旧山。案《唐才子传》:荀鹤尝谒梁王朱全忠,与之坐,忽无云而雨,王以为天泣不祥,命作诗,称意,王喜之。荀鹤寒进,连败文场,甚苦,至是送春官。大顺二年,裴贽侍郎放第八人登科,正月十日放榜,正荀鹤生朝也。王希羽献诗曰“金榜晓悬生世日,玉书潜记上升时。九华山色高千尺,未必高于第八枝。”又,《唐新纂》云:荀鹤举进士及第,东归,过夷门,献梁太祖诗句云:“四海九州空第一,不同诸镇府封王。”是则荀鹤之受知于梁祖旧矣,不待田頵之笺问而始被遇也。时田頵在宣州,甚重之。頵将起兵,乃阴令以笺问至,太祖遇之颇厚。及頵遇祸,太祖以其才表之,寻授翰林学士、主客员外郎。既而恃太祖之势,凡搢绅间己所不悦者,日屈指怒数,将谋尽杀之。苞蓄未及泄,丁重疾,旬日而卒。《永乐大典》卷一万五千七百三十。案《唐才子传》:荀鹤以天祐元年卒。《北梦琐言》又作受禅后,拜翰林学士,五日而卒。未详孰是。

　　罗隐,余杭人。案:《洞泉日记》作新城人。诗名于天下,尤长于咏史,然多所讥讽,以故不中第,大为唐章相郑畋、李蔚所知。隐虽负文称,然貌古而陋。畋女幼有文性,尝览隐诗卷,讽诵不已,畋疑其女有慕才之意。一日,隐至第,郑女垂帘而窥之,自是绝不咏其诗。唐广明中,因乱归乡里,节度使钱镠辟为从事。案《唐新纂》:罗隐初为吴令,后以罗绍威荐,为钱镠所辟。据《薛史》,则隐自归里,即为镠从事,后复为绍威荐也。与《新纂》异。开平初,太祖以右谏议大夫征,不至,魏博节度使罗绍威密表推荐,乃授给事中。年八十余,终于钱塘。《洞泉日记》云：唐光启三年，吴越王表奏为钱塘令，迁著作郎，辟掌书记。天祐三年，充判官。梁开平二年，授给事中。三年，迁发运使。是年卒，葬于定山乡。金部郎中沈崧铭其墓。**有文集数卷行于世**。《永乐大典》卷五千六百七十八。《唐才子传》云：隐所著《谗书》、《谗本》、《淮海寓言》、《湘南应用集》、《甲乙集》、集启事等，并行于世。《五代史补》：罗隐在科场，恃才傲物，尤为公卿所恶，故六举不第。时长安有罗尊师者，深于相术，隐以貌陋，恐为相术所弃，每与尊师接谈，常自大以沮之。及其累遭黜落，不得已始往问焉。尊师笑曰："贫道知之久矣，但以吾子决在一第，未可与语。今日之事，贫道敢有所隐乎！且吾子之于一第也，贫道观之，虽首冠群英，亦不过簿尉尔。若能罢举，东归霸国以求用，则必富且贵矣。两途吾子宜自择之。"隐懵然不知所措者数日。邻居有卖饭妪，见隐惊曰："何辞色之沮丧如此，莫有不决之事否？"隐谓知之，因尽以尊师之言告之。妪叹曰："秀才何自迷甚焉，且天下皆知罗隐，何须一第然后为得哉！不如急取富贵，则老婆之愿也。"隐闻之释然，遂归钱塘。时钱镠方得两浙，置之幕府，使典军中书檄，其后官给事中。初，隐罢上中书之日，费窦，因抵魏谒邺王罗绍威，将入其境，先贻书叙其世家，邺王为侄。幕府僚吏见其书，皆怒曰："罗隐一布衣尔，而侄视大王，其可乎！"绍威素重士，且曰："罗隐名振天下，王公大夫多为所薄，今惠然肯顾，其何以胜！得在侄行，为幸多矣，敢不致恭，诸公慎勿言。"于是拥旆郊迎，一见即拜，隐亦不让。及将行，绍威赠以百万，他物称是，仍致书于镠谓叔父，镠首用之。曹唐，郴州人。少好道，为大小游仙诗各百篇，又著《紫府玄珠》一卷，皆叙三清、十极纪胜之事。其游仙之句，则有《汉武帝宴西王母诗》云："花影暗回三殿月，树声深锁九门霜。"又云："树底有天春寂寂，人间无路月茫茫。"皆为士林所称。其后游信州，馆于开元寺三学院，一旦卧疾，众僧忽见二青衣缓步而至，且四向顾视，相谓曰："只此便是'树底有天春寂寂，人间无路月茫茫'。"言讫，直入唐之卧室。众僧惊异，亦随之而入，逾阃，而青衣不复见，但见唐已殂矣。先时，唐与罗隐相遇，隐有题牡丹诗云："若教解语应倾国，任是无情亦动人。"唐因戏隐曰："此非赋牡丹，乃题女子障耳。"隐应声曰："犹胜足下鬼诗。"唐曰："其词安在？"隐曰："只'树底有天春寂寂，人间无路月茫茫'，得非鬼诗？"唐无言以对。至是青衣亦援引此句，而唐寻卒，则唐之言，岂偶然哉！

仇殷，不知何郡人也。开平中，仕至钦天监，明于象纬历数，艺术精密,近无其比。光化中,太祖在滑,遣密王友伦以兵三万御幽州之师十余万,深虑其不敌,召殷问曰:"阵可行乎?"曰:"其十四日过禹中乎!"又问之,曰:"贼败涂地。"又曰:"既望,当见捷书。"果如其言,不失晷刻。太祖之在长芦也,诸将请攻壁,号令军中,人负薪二围,置千积,俄而云集。殷曰:"何用?"或以所谋告之,殷曰:"我占矣,不见攻壁象,无乃自退乎!"翌日,有骑驰报丁会以潞州叛,太祖令尽焚其薪而还,不克攻。开平中,殷一日朝罢,过崇政院,使敬翔直阁,翔问之曰:"月犯房次星,其逼若缀,是何详也?"曰:"常度耳。"殷欲不言,既过数步,自度不可,默乃反言曰:"三两日当有不顺语至,无或骤恐,宜先白上知。"既二日,陕府奏同州刘知俊闭关作叛。初,王景仁之出师也,殷上言:"太阴亏,不利深入。"太祖遽遣使止之,已败于柏乡矣。案《北梦琐言》云:柏乡狼狈,梁祖亦自咎曰:"违犯天道,不取仇殷之言也。"《薛史》以为太祖遽遣使止之,与《北梦琐言》异。殷所见触类如是,不可备录。然而畏慎特甚,居常寝默,未尝敢显言,纵言事遗迹。唯其语音,不可尽晓,以故屡贻责罚。后卒于官。
《永乐大典》卷一万四千八百四。

　　段深,不知何许人。开平中,以善医待诏于翰林。时太祖抱疾久之,其溲甚浊,僧晓微侍药有征,赐紫衣师号,锡赉甚厚。顷之疾发,晓微剥服色,去师号。因召深问曰:"疾愈复作,草药不足恃也。我左右粒石而效者众矣,服之如何?"深对曰:"臣尝奉诏诊切,陛下积忧勤,失调护,脉伐扰而心益虚。臣以为宜先治心,心和平而溲变清,当进饮剂,而不当粒石也。臣谨案,《太仓公传》曰:'中熟不溲者不可服石,石性精悍,有大毒。'凡饵毒药如甲兵,不得已而用之,非有危殆,不可服也。"太祖善之,令进饮剂,疾稍愈。乃以币帛赐之。
《永东大典》卷二万一千六百九。

旧五代史卷二四考证

　　梁书列传十四李珽传河南有外黄小黄　"小黄",《欧阳史》作"下黄",考《困学纪闻》云《五代通录》,李珽曰:河南有外黄、小黄。《汉地理志》陈留有外黄、小黄县。《五代史记》改小黄为下黄,误也。当从《通录》。秦有外黄都尉　"都尉"原本作"郡尉",今据《汉书·地理志》及《欧阳史》改正。充侍讲学士　案:《欧阳史》作侍讲。卢曾传始为齐州防御使朱琼从事　案:《新唐书通录》与是书《梁纪》皆称朱琼为齐州刺史,惟此传作防御使,疑有舛误。孙骘传并格杀于前墀　案:《通鉴考异》引《梁实录》作赐死,《通鉴》作扑杀于前墀。杜荀鹤传旬日而卒　案:《唐才子传》荀鹤以天祐元年卒,《北梦琐言》作梁受禅后,拜翰林学士,五日而卒。未知孰是。罗隐传罗隐余杭人　案:《涧泉日记》作新城人。

旧五代史卷二五
唐书一

武皇本纪上

　　太祖武皇帝,讳克用,本姓朱耶氏,其先陇右金城人也。始祖拔野,唐贞观中为墨离军使,从太宗讨高丽、薛延陀有功,为金方道副都护,因家于瓜州。太宗平薛延陀诸部,于安西、北庭置都护属之,分同罗、仆骨之人,置沙陀都督府。盖北庭有碛曰沙陀,故因以为名焉。永徽中,以拔野为都督,其后子孙五世相承。曾祖尽忠,贞元中,继为沙陀府都督。既而为吐蕃所陷,乃举其族七千帐徙于甘州。尽忠寻率部众三万东奔,俄而吐蕃追兵大至,尽忠战殁。祖执宜,即尽忠之长子也,收合余众,至于灵州,德宗命为阴山府都督。元和初,入为金吾将军,迁蔚州刺史、代北行营招抚使。案:《新唐书·沙陀传》:元和三年,尽忠款灵州塞,诏处其部盐州置阴山府,以执宜为府兵马使。朝长安,授特进、金吾卫将军。从攻镇州,进蔚州刺史。破吴元济,授检校刑部尚书。长庆初,破贼深州,入朝留宿卫,拜金吾卫将军。太和中,授阴山府都督、代北行营招抚使。所载官爵详略先后,与《薛史》异。庄宗即位,追谥为昭烈皇帝,庙号懿祖。烈考国昌,本名赤心,唐朔州刺史。咸通中,讨庞勋有功,入为金吾上将军,赐姓李氏,名国昌,案:代州有《唐故龙武军统军检校司徒赠太保陇西李公神道碑》云:公讳国昌,字德兴。仍系郑王房。出为振武节度使,寻为吐浑所袭,退保于神武川。及武皇镇太原,表为代北军节度使。中和三年薨。案:《新唐书·沙陀传》:光启三年,国昌卒。与《薛史》异。考《旧唐书·僖宗纪》,中和三年十月,国昌卒,与《薛史》同。《欧阳史》亦从《薛史》。庄宗即位,追谥为文皇,号献祖。

武皇即献祖之第三子也。母秦氏，以大中十年丙子岁九月二十二日，生于神武川之新城。在妊十三月，载诞之际，母艰危者竟夕，族人忧骇，市药于雁门，遇神叟告曰："非巫医所及，可驰归，尽率部人，被甲持旄，击钲鼓，跃马大噪，环所居三周而止。"族人如其教，果无恙而生。是时，虹光烛室，白气充庭，井水暴溢。武皇始言，喜军中语，韶龀善骑射，与侪类驰骋嬉戏，必出其右。年十三，见双凫翔于空，射之连中，众皆臣伏。新城北有毗沙天王祠，祠前井一日沸溢，武皇因持卮酒而奠曰："予有尊主济民之志，无何井溢，故未察其祸福，惟天王若有神奇，可与仆交谈。"奠酒未已，有神人被金甲持戈，隐然出于壁间，见者大惊走，唯武皇从容而退，繇是益自负。

献祖之讨庞勋也，武皇年十五，从征，摧锋陷阵，出诸将之右，军中目为"飞虎子"。贼平，献祖授振武节度使，武皇为云中牙将。尝在云中，宿于别馆，拥妓醉寝，有侠儿持刃欲害武皇。及突入曲室，但见烈火炽赫于帐中，侠儿骇异而退。又尝与达靼部人角胜，达靼指双雕于空曰："公能一发中否？"武皇即弯弧发矢，连贯双雕，边人拜伏。及壮，为云中守捉使，事防御使支谟，与同列晨集廨舍，因戏升郡阁，踞谟之座，谟亦不敢诘。

乾符三年，朝廷以段文楚为代北水陆发运、云州防御使。时岁荐饥，文楚稍削军食，诸军咸怨。武皇为云中防边督将，部下争诉以军食不充，边校程怀素、王行审、盖遇、李存璋、薛铁山、康君立等，即拥武皇入云州，众且万人，营于斗鸡台，城中械文楚出，以应外。诸将列状以闻，请授武皇旄钺，朝廷不允，征诸道兵以讨之。案《旧唐书·懿宗纪》咸通十三年十二月，李国昌小男克用杀云中防御使段文楚，据云州，自称防御留后。《新唐书·懿宗纪》：乾符五年二月癸酉，云中守捉使李克用杀大同防御使段文楚。《欧阳史》从《旧唐书》，《通鉴》从《新唐书》。《薛史》作乾符三年，与诸书异。据《通鉴考异》引赵凤《后唐太祖纪年录》正作乾符三年。赵凤为唐宰相，去武皇时不远，见闻较确，宜可征信云。

乾符五年，黄巢渡江，其势滋蔓，天子乃悟其事，以武皇为大同军节度使、案：《欧阳史》作拜克用为大同军防御使，《新唐书》作以国昌为大同军防御使，《通鉴》作以国昌为大同节度使，俱与《薛史》异。检校工部尚书。

冬，献祖出师讨党项，吐浑赫连铎乘虚陷振武，举族为吐浑所掳。武皇至定边军迎献祖归云州，云州守将拒关不纳。武皇略蔚、朔之地，得三千人，屯神武川之新城。赫连铎昼夜攻围，武皇昆弟三人四面应贼，俄而献祖自蔚州引军至，吐浑退走，自是军势复振。天子以赫连铎为大同军节度使，仍命进军以讨武皇。

乾符六年春，朝廷以昭义节度使李钧充北面招讨使，将太原之师过石岭关，屯于代州，与幽州李可举会赫连铎同攻蔚州。献祖以一军御之，武皇以一军南抵遮虏城以拒李钧。是冬大雪，弓弩弦折，南军苦寒，临战大败，奔归代州，李钧中流矢而卒。

广明元年春，天子复命元帅李涿率兵数万屯代州。武皇令军使傅文达起兵于蔚州，朔州刺史高文集与薛葛、安庆等部将缚文达送于李涿。六月，李涿引大军攻蔚州，献祖战不利，乃率其族奔于达靼部。居数月，吐浑赫连铎密遣人赂达靼以离间献祖，既而渐生猜阻。武皇知之，每召其豪右射猎于野，或与之百步驰射马鞭，或以悬树叶为的，中之如神，由是部人心伏，不敢窃发。俄而黄巢自江、淮北渡，武皇椎牛酾酒，飨其酋首，酒酣，喻之曰："予父子为贼臣谗间，报国无由。今闻黄巢北犯江、淮，必为中原之患。一日天子赦宥，有诏征兵，仆与公等南向而定天下，是予心也。人生世间，光景几何，曷能终老沙堆中哉！公等勉之。"达靼知无留意，皆释然无间。

是岁十一月，黄巢寇潼关，天子令河东监军陈景思为代北起军使，收兵破贼。十二月，黄巢犯长安，僖宗幸蜀，陈景思与李友金发沙陀诸部五千骑南赴京师。友金即武皇之族父也。案《通鉴》，友金初与高文集并降于李琢，故得与陈景思南赴京师。《薛史》不载。

中和元年二月，友金军至绛州，将渡河，刺史瞿正谓陈景思曰："巢贼方盛，不如且还代北，徐图利害。"四月，友金旋军雁门，瞿正至代州，半月之间，募兵三万，营于崞县之西。其军皆北边五部之众，不闲军法，瞿正、李友金不能制。友金谓景思曰："兴大众，成大事，当威名素著，则可以伏人。今军虽数万，苟无善帅，进亦无功。吾兄李司徒父子，去岁获罪于国家，今寄北部，雄武之略，为众所推。若驲骑急奏召还，代北之人一麾响应，则妖贼不足平也，"景思然之，促奏行在。天子乃以武皇为雁门节度使，案《新唐书》表：中和二年，以河东忻、代二州隶雁门节度。使大同节度为雁门节度，治代州。是中和二年以前，雁门非镇名也。据《旧唐书》：初，赦克用，拜代州刺史、忻代兵马留后。二年，擢雁门节度、神策天宁军镇遏、忻代观察使。是克用为雁门节度实在二年，《薛史》疑误。仍令以本军讨贼。案《新唐书·王重荣传》重荣惧黄巢复振，忧之，与杨复光计，复光曰："我世与李克用共忧患，其人忠不顾难，死义如己，若乞师焉，事蔑不济。"乃遣使者约连和。李友金发五百骑赍诏召武皇于达靼，武皇即率达靼诸部万人趋雁门。五月，整兵二万，南向京师。太原郑从谠以兵守石岭关，武皇乃引军出他道，至太原雁门。

中和二年八月，献祖自达靼部率其族归代州。十月，武皇率忻、代、蔚、朔、达靼之军三万五千骑，赴难于京师。先移檄太原，郑从谠拒关不纳，武皇以兵击之，进军至城下，遣人赍币马遗从谠，从谠亦遣人馈武皇货币、饔饩、军器。武皇南去，自阴地趋晋、绛。十二月，武皇至河中。

中和三年正月，晋国公王铎承制授武皇东北面行营都统。武皇令其弟克修领前锋五百骑渡河视贼，黄巢遣将米重威赍重赂及伪诏以赐武皇，武皇纳其赂以给诸将，燔其伪诏。是时，诸道勤王之师云集京畿，然以贼势尚炽，未敢争锋。及武皇将至，贼帅相谓曰："鸦儿军至，当避其锋。"武皇以兵自夏阳济河。二月营于乾坑店。黄巢大将尚让、林言、王璠、赵璋等引军十五万屯于梁田陂。翌日，大军合战，自午及晡，巢贼大败。是夜，贼众遁据华州。武皇进军围之，巢弟黄邺、黄揆固守。三月，尚让引大军赴援，武皇率兵万余逆战于零口，巢军大败，武皇进军渭桥。翌日，黄揆弃华州而遁。王铎承制授武皇雁门节度使、检校尚书左仆射。四月，黄巢燔长安，收其余众，东走兰关。武皇进收京师。七月，天子授武皇金紫光禄大夫、检校左仆射、河东节度使。案《旧唐书·僖宗纪》：五月，制以雁门以北行营

节度、忻代蔚朔等州观察处置等使、检校尚书左仆射、代州刺史、上柱国、食邑
七百户李克用检校司空、同平章事兼太原尹、北京留守，充河东节度管内观察
处置等使。《新唐书·沙陀传》云：收京师功第一，进同中书门下平章事、陇西
郡公。未几，以克用领河东节度。所载官爵与《薛史》详略互异。又，武皇领河
东，《薛史》作七月，《旧唐书》作五月，《通鉴》从《薛史》。

　　是时，武皇既收长安，军势甚雄，诸侯之师皆畏之。武皇一目微
眇，故其时号为"独眼龙"。是月，武皇仗节赴镇，遣使报郑从谠，请
治装归朝。武皇次于郊外，因往赴雁门宁觐献祖。八月，自雁门赴
镇河东，时年二十有八。案《旧唐书》：八月，李克用赴镇太原，制以前振武
节度、检校司空兼单于都护、御史大夫李国昌为检校司徒、代州刺史、雁门以
北行营节度、蔚朔等州观察使。《薛史》作七月仗节赴镇，八月赴镇河东。盖七
月始离京师，八月乃归河东也。《通鉴》统系于七月，似未详考。十一月，平潞
州，表其弟克修为昭义节度使。案《通鉴》，克用表克修为昭义军节度使
在四年八月，与《薛史》异。潞帅孟方立退保于邢州。

　　十二月，许帅田从异、汴帅朱温、徐帅时浦、陈州刺史赵犨各遣
使来告，以巢、蔡合从，凶锋尚炽，请武皇共力讨贼。

　　中和四年春，武皇率蕃汉之师五万，自泽、潞将下天井关，河阳
节度使诸葛爽辞以河桥不完，乃屯兵于万善。数日，移军自河中南
渡，趋汝、洛。案《旧唐书》：四年二月，河东节度使李克用将出师援陈、许，河
阳节度使诸葛爽以兵屯泽州拒之。三月甲戌，克用移军自河中南渡，东下洛
阳。《通鉴》统作二月，似未详考。四月，武皇合徐、汴之师破尚让于太
康，斩获万计，进攻贼于西华，贼将黄邺弃营而遁。是夜大雨，巢营
中惊乱，乃弃西华之垒，退营陈州北故阳里。五月癸亥，大雨震电，
平地水深数尺，贼营为水所漂而溃。戊辰，武皇引军营于中牟，大破
贼于王满渡。庚午，巢贼大至，济汴而北。是夜复大雨，贼党惊溃。
武皇营于郑州，贼众分寇汴境。武皇渡汴，遇贼将渡而南，半济击
之，大败之，临阵斩贼将李周、王济安、阳景彪等。是夜，贼大败，残
众保于胙县、冤句。大军蹑之，黄巢乃携妻子兄弟千余人东走，武皇
追贼至于曹州。

　　是月，班师过汴，汴帅迎劳于封禅寺，请武皇休于府第，乃以从

官三百人及监军使陈景思馆于上源驿。是夜，张乐陈宴席，汴帅自佐飨，出珍币侑劝。武皇酒酣，戏诸侍妓，与汴帅握手，叙破贼事以为乐。汴帅素忌武皇，案：《梁纪》作克用乘醉任气，帝不平。《通鉴》从《梁纪》。今考《新唐书·沙陀传》，亦作全忠忌克用桀迈难制，与《唐纪》合。盖全忠之攻上源驿，实忌其威名而欲害之，非徒以其乘醉任气也。宜从《唐纪》。乃与其将杨彦洪密谋窃发，彦洪于巷陌连车树栅，以扼奔窜之路。时武皇之从官皆醉，俄而伏兵窃发，来攻传舍。武皇方大醉，噪声动地，从官十余人捍贼。侍人郭景铢灭烛扶武皇，以茵幕裹之，匿于床下，以水洒面，徐曰："汴帅谋害司空！"武皇方张目而起，引弓抗贼。有顷，烟火四合，复大雨震电，武皇得从者薛铁山、贺回鹘等数人而去。雨水如澍，不辩人物，随电光登尉氏门，缒城而出，得还本营。监军陈景思、大将史敬思并遇害。武皇既还营，与刘夫人相向恸哭。诘旦，欲勒军攻汴，夫人曰："司空比为国家讨贼，赴东诸侯之急，虽汴人谋害，自有朝廷论列。若反戈攻城，则曲在我也，人得以为辞。"乃收军而去，驰檄于汴帅。汴帅报曰："窃发之夜，非仆本心，是朝廷遣天使与牙将杨彦洪同谋也。"武皇自武牢关西趋蒲、陕而旋。秋七月，至太原。武皇自以累立大功，为汴帅怨图，陷没诸将，乃上章申理。及武皇表至，朝廷大恐，遗内臣宣谕，寻加守太傅、同平章事、陇西郡王。

光启元年三月，幽州李可举、镇州王景崇案：《新唐书·沙陀传》作王景崇，与《薛史》同；《旧唐书》作王熔，与《薛史》异。考《藩镇传》，景崇以中和二年卒，子熔继立。是光启初寇定州者当为王熔，非景崇也。《通鉴》从《旧唐书》。连兵寇定州，节度使王处存求援于武皇，武皇遣大将康君立、安老、薛可、郭啜率兵赴之。五月，镇人攻无极，武皇亲领兵救之。镇人退保新城，武皇攻之，斩首万余级，获马千匹。王处存亦败燕军于易州。

十一月，河中王重荣遣使来乞师，且言邠州朱玫、凤翔李昌符将加兵于已。初，武皇与汴人搆怨，前后八表，请削夺汴帅官爵，自以本军进讨。天子累遣内臣杨复恭宣旨，今且全大体，武皇不时奉诏,天子颇右汴帅。时观军容使田令孜君侧擅权,恶王重荣与武皇胶固,将离其势,乃移重荣于定州。重荣告于武皇,武皇上章言:"李昌符、朱玫挟邪忌正,党庇朱温。臣已点检蕃汉军五万,取来年渡河,先斩朱玫、李昌符,然后平荡朱温。"《新唐书·王重荣传》:诏克用将兵援河中,重荣贻克用书,且言:"奉密诏,须公到,使我图公,此今孜,朱全忠、朱玫之惑上也。"因示伪诏,克用方与全忠有隙,信之,请讨全忠及玫。天子览表,遗使譬喻百端,辒传相望。既而朱玫引邠、凤之师攻河中,王重荣出师拒战。朱玫军于沙苑,对垒月余。十二月,武皇引军渡河,与朱玫决战,玫大败,收军夜遁,入于京师。时京城大骇,天子幸凤翔,武皇退军于河中。

光启二年正月,僖宗驻跸于宝鸡,武皇自河中遣使上章,请车驾还京,且言大军止诛凶党。时田令孜请僖宗南幸兴元,武皇遂班师。朱玫于凤翔立嗣襄王煴为帝,以伪诏赐武皇,武皇燔之,械其使,驰檄诸方镇,遣来使奉表于行在。案《旧唐书·僖宗纪》:杨复恭兄弟于河中、太原有破贼连衡之旧,乃奏遣谏议大夫刘崇望赍诏宣谕,达复恭之旨。王重荣、李克用欣然听命,寻遣使贡奉,献缣十万匹,顾杀朱玫自赎。是克用之奉僖宗,因诏使宣谕而改图也。与《薛史》异。《新唐书·沙陀传》云:伪诏至太原,克用燔之,执其使,间道奉表兴元,与《薛史》同。《欧阳史》从《旧唐书》,《通监》从《薛史》。

九月,武皇遣昭义节度使李克修讨孟方立于邢州,大败方立之众于焦岗,斩首数千级。以大将安金俊为邢州刺史,以抚其降人。十月,进攻邢州,邢人出战,又败之。孟方立求援于镇州,镇人出兵三万以援方立。克修班师。

光启三年六月,河中节度使王重荣为部将常行儒所杀,武皇表重荣兄重盈为帅。七月,武皇以安金俊为泽州刺史。时张全义自河阳据泽州,及李罕之收复河阳,召全义令守洛阳,全义乃弃泽州而去,故以金俊守之。

文德元年二月,僖宗自兴元还京。三月,僖宗崩,昭宗即位,以武皇为开府仪同三司、检校太师、兼侍中、陇西郡王,食邑七千户,食实封二百户。河南尹张全义潜兵夜袭李罕之于河阳,城陷,举族为全义所掳,罕之喻垣获免,来归于武皇。遣李存孝、薛阿檀、史俨儿、安金俊、安休休将七千骑送罕之至河阳。汴将丁会、牛存节、葛从周将兵赴援,李存孝率精骑逆战于温县。汴人既扼太行之路,存孝殿军而退。骑将安休休以战不利,奔于蔡。武皇以罕之为泽州刺史,遥领河阳节度使。

十月,邢州孟方立遣大将奚忠信将兵三万寇辽州,武皇大破之,斩首万级,生擒奚忠信。

龙纪元年五月,遣李罕之、李存孝攻邢州。六月,下磁州。邢将马既率兵数万来拒战,罕之败之于琉璃陂,生擒马溉,徇于城下。孟方立悲恨,饮鸩而死。三军立其侄迁为留后。案:《旧唐书·昭宗纪》、《欧阳史·庄宗纪》,皆以孟迁为方立之弟,《新唐书·孟方立传》作方立之子,《薛史·武皇纪》又作方立之侄,未详孰是。使求援于汴。汴将王虔裕率精甲数百入于邢州,罕之等班师。

大顺元年,遣李存孝攻邢州,孟迁以邢、洺、磁三州降,执汴将王虔裕三百人以献。武皇徙孟迁于太原,以安金俊为邢洺团谏使。

三月,昭义军节度使克修卒,以李克恭为潞州节度使。是月,武皇攻云州,拔其东城。赫连铎求援于燕,燕帅李匡威将兵三万以赴之,战于城下,燕军大败。时徐州时溥为汴军所攻,遣使来求援,武皇命石君和由兖、郓以赴之。

五月,潞州军乱,杀节度使李克恭,州人推牙将安居受为留后,南结汴将。时潞之小将冯霸拥叛徒三千骑驻于沁水,居受使人召之,冯霸不至。居受惧,出奔至长子,为村胥所杀,传首于霸,霸遂入潞州,自为留后。武皇遣大将康君立、李存孝等攻之,汴将朱崇节、葛从周率兵入潞州以固之。是时,幽州李匡威、云州赫连铎与汴帅协谋,连上表请加兵于太原,宰相张浚、孔纬赞成其事。六月,天子削夺武皇官爵,以张浚为招讨使,以京兆尹孙揆为副,华州韩建为行营都虞侯,以汴帅为河东南面招讨使,幽州李匡威为河东北面招讨使,云州赫连铎为副。汴将朱友裕将兵屯晋、绛,时汴军已据潞州,又遣大将李谠等率军数万,急攻泽州,武皇遣李存孝自潞州将三千骑以援之。汴将郑季筠以一军犯阵,存孝追击,擒其都将十数人,获马千余匹。是夜,李谠收军而退,大军掩击至马牢关,斩首万余级,追袭至怀州而还。存孝复引军攻潞州。

八月,存孝擒新授昭义节度使孙揆。初,朝廷授揆节钺,以本军取刀黄岭路赴任,存孝侦知之,引骑三百伏于长子县崖谷间。揆建牙持节,褒衣大盖、拥众而行,存孝突出谷口,遂擒揆及中使韩归范,并将校五百人。存孝械揆等,以组练系之,环于潞州,遂献于武皇。武皇谓揆曰:"公缙绅之士,安言徐步可至达官,何用如是!"揆无以对,令系于晋阳狱。武皇将用为副使,使人诱之,揆言不逊,遂杀之。

九月,汴将葛丛周弃潞州而遁,武皇以康君立为潞州节度使,以李存孝为汾州刺史。十月,张浚之师入晋州,游军至汾、显。武皇遣薛铁山、李承嗣将骑三千出阴地关,营于洪洞,遣李存孝将兵五千,营于赵城。华州韩建以壮士三百人冒犯存孝之营,存孝追击,直压晋州西门。张浚之师出战,为存孝所败,自是闭壁不出。存孝引军攻绛州。十二月,晋州刺史张行恭弃城而奔,韩建、张浚由含山路遁去。

大顺二年春正月,武皇上章申理,其略曰:"臣今身无官爵,名是罪人,不敢归陛下藩方,且欲于河中寄寓,进退行止,伏侯圣裁。"天子寻就加守中书令。《欧阳史》:复拜克用河东节度使、陇西郡王,加检校太师、兼中书令。是月,魏博为汴将葛丛周所寇,节度使罗弘信遣使来求援,武皇出师以赴之。

三月,邢州节度使安知建叛,奔青州。天子以知建为武神统军,自棣州溯河归朝。郓州朱瑄邀斩于河上,传首晋阳,以李存孝为邢州节度使。

四月,武皇大举兵讨赫连铎于云州,遣骑将薛阿檀率前军以进攻,武皇设伏兵于御河之上,大破之,因堑守其城。七月,武皇进军柳会,赫连铎力屈食尽,奔于吐浑部,遂归幽州,云州平。武皇表石善友为大同军防御使。

邢州节度使李存孝以镇州王熔托附汴人，谋乱河朔，北连燕寇请乘云、代之捷，平定燕赵，武皇然之。八月，大搜于晋阳，遂南巡泽、潞，略地怀、孟，河阳赵克裕望风送款，请修邻好。九月，搜于邢州。十月，李存孝董前军攻临城，镇人五万营于临城西北龙尾岗，武皇令李存蕃、李存贤以步军攻之，镇人大败，杀获万计，拔临城，进攻元氏。幽州李匡威以步骑五万营于鄗邑，以援镇州，武皇分兵大掠，旋军邢州。《永乐大典》卷一万八千一百五十五。

旧五代史卷二五考证

唐武皇纪上中和三年薨　　案：《新唐书·沙陀传》作光启三年国昌卒，与是书异。

镇州王景崇　　王景崇，《旧唐书》作王熔，考《藩镇传》，景崇以中和二年卒，子熔继立，是光启初，寇定州者当为王熔也。《通鉴》从《旧唐书》。

光启元年三月节度使王处存求援于武皇武皇遣大将康君立安老薛可郭啜率兵赴之五月镇人攻无极武皇亲领兵救之　　案：《曲阳天安庙李克用题名碑》云：李克用以幽镇侵扰中山，领蕃汉步骑五十万亲来救援，时中和五年二月二十一日也。至三月十七日，以幽州请就和断，遂却班师。考《旧唐书》，中和五年三月丙辰朔丁卯，驾至京师，己巳，御宣正殿，大赦改元。是三月之十四日已改光启，曲阳去京师远，故未知耳。又，克用亲援处存，与《通鉴》遣将康君立异，今考是书，武皇先遣康君立等，与《通鉴》合，继乃亲领兵救之，与《题名碑》合，惟是书作五月，碑作三月，微有互异耳。

乃移重荣于定州　　案：《欧阳史》作徙重荣于兖州，考《新唐书

·王重荣传》亦云,令孜徙重荣兖、海节度使,与是肯异。

武皇上章言李符朱玫挟邪忌正　李符,《欧阳史》作李昌符,盖《唐实录》避献祖讳,故去"昌"字。

六月天子削夺武皇官爵　六月,《新唐书》作五月。

以张浚为招讨使　案:《新唐书》本纪作张浚为行营都招讨宣慰使,《张浚传》作河东行营兵马招讨制置使,《欧阳史》作太原四面行营兵马都统。

华州韩建为行营都虞候　案:《欧阳史》作韩建为副使,《新唐书·张浚传》作韩建为供军使。

八月存孝擒新授昭义节度使孙揆　案:《新唐书》作七月戊申,李克用执昭义节度使孙揆。《通鉴》从是书,作八月。

张浚之师出战为存孝所败　案:《新唐书》帝纪作十一月,张浚及李克用战于阴地,败绩。《欧阳史》亦作十一月,与是书先后互异。

补前武皇纪上天子复命元帅李涿　案:《欧阳史》作招讨使。李琢,《通鉴》亦作"琢",俱与是书异。

补前武皇纪上与薛葛安庆等部将　案:《新唐书》作萨葛首领米海万安庆。

旧五代史卷二六
唐书二

武皇本纪下

景福元年正月,镇州王镕恃燕人之援,率兵十余万攻邢州之尧山。案《通鉴》云:景福元年正月,王镕、李匡威合兵十余万攻尧山。与《薛史》同。《旧唐书》作大顺二年,王镕援邢州,屯于尧山。考此时邢州未叛于晋,不得有王镕之援师,盖即景福元年事,误移于前一年耳。《欧阳史》从《薛史》。武皇遣李存信将兵应援,李存孝素与存信不协,递相猜贰,留兵不进。武皇又遣李嗣勋、李存审将兵援之,大破燕、赵之众,斩首三万,收其军实。三月,武皇进军渡滹沱,攻栾城,下鼓城、藁城。四月,燕军寇云、代,武皇班师。案:《旧唐书》云:景福元年二月庚寅,太原、易、定之兵合势攻镇州,王镕复告难于幽州,李匡威率步骑三万赴之。时太原之众军于常山,易、定之众坚守固镇,燕、赵之卒分拒之。三月,克用、处存敛军而退。是兴师以二月,至三月始旋师也。《通鉴》云:三月,李克用、王处存合兵攻王镕。癸丑,拔天长镇。戊午,镕与战于新市,大破之,杀获三万余人。辛酉,克用退屯栾城。是进师退师皆在三月也。《薛史》作三月进军,四月班师,与诸书异。

八月,赫连铎诱幽州李匡威之众八万,寇天成军,遂攻云州,营于州北,连亘数里。武皇潜军入于云州,诘旦出骑军以击之,斩获数万,李匡威烧营而遁。十月,邢州李存孝叛,纳款于梁,李存信搆之也。案:《旧唐书》云:大顺元年十一月癸丑朔,太原将邢州刺史李存孝自恃擒孙揆功,合为昭义帅,怨克用授康君立。存孝自晋州率行营兵归邢州,据城,上表归朝,仍至书张浚、王镕求援。今考《薛史》,大顺二年,存孝始为邢州节度,无由于元年冬得据邢州也。《旧唐书》特因存孝攻泽、潞而牵连书之,其年月则误耳。《新唐书》、《欧阳史》、《通鉴》并从《薛史》作景福元年十月。景福二年春,大举以伐王镕,以其通好于李存孝也。二月,攻天长镇,旬日不下。王镕出师三万来援,武皇逆战于叱日岭下,镇人败,斩首万余饥。时岁饥,军乏食,脯尸肉而食之。进军下井陉,李存孝将兵夜入镇州,镇人乞师于汴,汴帅方攻时溥,不暇应之。乃求援于幽州,李匡威率兵赴之,武皇乃班师。七月,武皇讨存孝于邢州,遂攻平山,渡滹水,攻镇州。王镕惧,以帛五十万犒军,请修旧好,仍以镇、冀之师助击存孝,许之。武皇进围邢州。十月,武皇狩于近郊,获白兔,有角长三寸。

乾宁元年三月,邢州李存孝出城首罪,絷归太原,轘于市。邢、洺、磁三州平。武皇表马师素为邢州节度使。案:《旧唐书》作克用以大将马师素权知邢、洺团谏事,与《薛史》异。

五月,郓州节度使朱瑄为汴军所攻,遣使来乞师,武皇遣骑将安福顺、安福应、安福迁督精骑五百,假道于魏州以应之。案:《旧唐书》云:乾宁元年正月,瑄、瑾势蹙,求救于太原,李克用出师援之。《薛史》作五月,与《旧唐书》异。考朱瑄、朱瑾自鱼山之败,其势始蹙,当由正月遣使乞援,至授师之出,自在五月耳。

九月,潞州节度使康君立以鸩死。

十月,武皇自晋阳率师伐幽州。初,李匡俦夺据兄位,燕人多不义之,安塞军戍将刘仁恭挈族归于武皇,武皇遇之甚厚。仁恭数进画于盖寓,言幽州可取之状,愿得兵一万,指期平定。武皇方讨李存孝于邢州,辍兵数千,欲纳仁恭,不利而还。匡俦由是骄怠,数犯边境,武皇怒,故率军以讨之。是时,云州吐浑赫连铎、白义诚并来归,命皆笞而释之。案:《旧唐书·昭宗纪》:六月壬辰,克用攻陷云州,执赫连铎。《新唐书·昭宗纪》:六月壬辰,与李克用战于云州,死之。《通鉴》从《新唐书》作李克用大破吐谷浑,杀赫连铎,擒白义诚,俱与《薛史》异。考云州诸部因讨李匡俦而来归,自当在十月,而诸书皆作六月,恐未足据。

十一月,进攻武州。甲寅,案:甲寅字误。下文十二月有辛亥、壬子、甲寅。则十一月不得有甲寅也。据《通鉴考异》,盖《薛史》仍《纪年录》之误。攻新州。十二月,李匡俦命大将率步骑六万救新州,武皇选精甲逆战,燕军大败,斩首万余级,生获将领百余人,曳练徇于新州城下。是夜,新州降。辛亥,攻妫州,壬子,燕兵复合于居庸关拒战,武皇命精骑以疲之,令步将李存审由他道击之,自午至晡,燕军复败。甲寅,李匡俦携其族弃城而遁,将之怆州,随行辎车、臧获、妓妾甚众。沧帅卢彦威利其货,以兵攻匡俦于景城,杀之,尽掳其众。丙辰,进军幽州,其守城大将请降,武皇令李存审与刘仁恭入城抚劳,居人如故,市不改肆,封府库以迎武皇。

乾宁二年正月,武皇在幽州,命李存审、刘仁恭徇诸属郡。二月,以仁恭为权幽州留后,从燕人之请也。案:《旧唐书》:宁元年十二月,以李匡威故将刘仁恭为幽州兵马留后。《欧阳史》亦作元年冬事,皆因平幽州而终言之,未尝注其年月也。《通鉴》从《薛史》作二年二月。留腹心燕留德等十余人分典军政,武皇遂班师,凡驻幽州四十日。

六月,武皇率蕃汉之师自晋阳趋三辅,讨凤翔李茂贞、邠州王行瑜、华州韩建之乱。先是,三帅称兵向阙,同弱王室,杀害辛辅。时河中节度使王重盈卒,重荣之子珂,即武皇之子婿也。权典军政。其兄珙为陕州节度使,瑶为绛州刺史,与珂争河中,遂诉于岐、邠、华三镇,言珂本苍头,不当袭位。珂亦诉于武皇,武皇上表保荐珂,乞授河中旄钺,诏可之。三帅遂以兵入觐,大掠京师,请授王珂同州节度使,王瑶河中节度使,天子亦许之。武皇遂举兵表三帅之罪,复移檄三镇,三镇大惧。是月,次绛州,刺史王瑶登陴拒命,武皇攻之,旬日而拔,斩王瑶于军门,诛其党千余人。七月,次河中,王珂迎谒于路。

己未,同州节度使王行约弃城奔京师,与左军兵士劫掠西市,都民大扰。行约即行瑜弟也。庚申,枢密使骆全瓘以武皇之军将至,请天子幸。右军指挥使李继鹏,茂贞假子也,本姓阎,名圭,与全瓘谋劫天子幸凤翔。左军指挥使王行实,亦行瑜之弟也,与刘景宣欲劫天子幸邠州。两军相攻,纵火烧内门,烟火蔽天。天子急诏盐州六都兵士,令追杀乱兵,左右军退走。王行瑜、李茂贞声言自来迎

驾，天子惧，出幸南山，驻跸于莎城。是夜，荧惑犯心。壬戌，武皇进
取同州，闻天子幸石门，遣判官王瑰奉表奔问，天子遣使赐诏，令与
王珂同讨邠、凤。时武皇方攻华州，俄闻李茂贞领兵士三万至盩厔，
王行瑜领兵至兴平，欲往石门迎驾，乃解华州之围，进营渭桥。天子
遣延王戒丕、丹王允赍诏，促武皇兵直抵邠、凤。八月乙酉，供奉官
张承业赍诏告谕。案：《旧唐书》七月丁卯，上遣内官张承业传诏克用军，便
令监太原行营兵马，发赴新平。《薛史》作八月乙酉，与《旧唐书》月日互异，相
隔久远。《旧唐书》又作八月乙酉朔，延王至河中，疑承业与延王同行。据《通
鉴》作壬午，遣张承业诣克用军，盖壬午遣使，乙酉始至军耳。泾帅张铎已领
步骑三万于京西北，扼邠、岐之路。武皇进营渭北，遣史俨将三千骑
往石门扈驾，遣李存信、李存审会鄜、延之兵攻行瑜之梨圆寨。天子
削夺行瑜官爵，以武皇为天下兵马都招讨使，以鄜州李思孝为北面
招讨使，以泾州张铎为西南面招讨使。天子又遣延王、丹王赐武皇
御衣及大将茶酒、弓矢，命二王兄事武皇。延王传天子密旨云："日
昨非卿至此，已为贼庭行酒之人矣。所虑者二凶缔合，卒难翦除，且
欲姑息茂贞，令与卿修好，俟枭斩行瑜，更与卿商量。"武皇上表，请
驾还京。案：《旧唐书》作壬寅，李克用遣子存贞奉表行在，请车驾还京。考当
时奉表者，即后唐庄宗也。庄宗未尝名存贞，《旧唐书》误。令李存节领二千
骑于京西北，以防邠贼奔突。辛亥，天子还宫，加武皇守太师、中书
令、邠宁四面行营都统。

　　时王行瑜弟兄固守梨园寨，我师攻之甚急。李茂贞遣兵万余来
援行瑜，营于龙泉镇，茂贞自率兵三万迫延阳。武皇奏请诏茂贞罢
兵，兼请削夺茂贞官爵，诏曰："茂贞勒兵，盖备非常，寻已发遣归
镇。"又言："茂贞已诛李继鹏、李继晸，卿可切戒兵甲，无犯土疆。"
武皇请赐河中王珂旌节，三表许之。又表李罕之为副都统。

　　十月丙戌，李存信于梨园寨北遇贼军，斩首千余级，自是贼闭
壁不出。戊子，天子赐武皇内弟子四人，又降朱书御札，赐魏国夫人
陈氏。是月，王行瑜因败衄之后，闭壁自固，武皇令李罕之昼夜急
攻，贼军乏食，拔营而去。李存信与罕之等先伏军于陌路，俟贼军之

至，纵兵击之，杀戮万计。是日，收梨园等三寨，生擒行瑜之子知进，并母丘氏、大将李元福等二百人，送赴阙庭。庚寅，王行纳、王行实烧劫宁州遁走，宁州守将徐景乞降。武皇表苏文建为邠州节度使，且于宁州为治所。十一月丁巳，案：《旧唐书》作十一月癸未朔，疑十一月不当有丁巳。据《薛史》上文，十月有丙戌、戊子，则十一月断非癸未朔矣。《通鉴》所定月日皆从《薛史》。收龙泉寨。时行瑜以精甲五千守之，李茂贞出兵来援，为李罕之所败，邠贼遂弃龙泉寨而去。行瑜复入邠州，大军进逼其城，行瑜登城号哭曰："行瑜无罪，昨杀南北司大臣，是岐帅将兵胁制主上，请治岐州，行瑜乞束身归朝。"武皇报曰："王尚父何恭之甚耶！仆受命讨三贼臣，公其一也。如能束身归阙，老夫未敢专命，为公奏取进止。"行瑜惧，弃城而遁。武皇收其城，封府库，遽以捷闻。既而庆州奏，王行瑜将家属五百人到州界，为部下所杀，传首阙下。武皇既平行瑜，还军渭北。

十二月，武皇营于云阳，案：《欧阳史》：晋军渭北遇雨六十日。考《通鉴》：十二月乙酉，李克用军于云阳。辛亥，引兵东归。无缘得有六十日也，《欧阳史》误。候讨凤翔进止。乙未，天子赐武皇为忠贞平难功臣，进封晋王，加实封二百户。武皇复上表请讨李茂贞，天子不允。武皇私谓诏使曰："观主上意，疑仆别有他肠，复何言哉！但祸不去胎，忧患未已。"又奏："臣统领大军，不敢径赴朝觐。"遂班师。

乾宁三年正月，汴人大举以攻兖、郓，朱瑄、朱瑾再乞师于武皇，假道于魏州，罗弘信许之。乃令都指挥使李存信将步骑三万与李存嗣、史俨会军，以拒汴人。存信军于莘，与朱瑾合势，频挫汴军，汴帅患之，乃间魏人。存信御兵无法，稍侵魏之刍牧者。弘信乃与汴帅通，出师三万攻存信军。存信揭营而退，保于洺州。三月，武皇大掠相、魏诸邑，攻李固、洹水，杀魏兵万余人，进攻魏州。案：《旧唐书》：六月庚戌，李克用率沙陀并、汾之众五万攻魏州，及其郛，大掠于其六郡，陷城安、洹水、临漳十余邑，报莘之怒也。《薛史》作三月事，盖自三月兴师，至十月始退耳。五月，汴将葛从周、氏叔琮引兵赴援。

六月，李茂贞举兵犯京师。七月，车驾幸华州。是月，武皇与汴军战于洹水之上，铁林指挥使落落被擒。落落，武皇之长子也。既战，马踬于坎，武皇驰骑以救之，其马亦踬，汴之追兵将及，武皇背射一发而毙，乃退。

九月，李存信攻魏之临清，汴将葛从周等引军来援，大败于宗城北。存信进攻魏州。十月，武皇败魏军于白龙潭，追击至观音门，汴军救至，乃退。十一月，武皇征兵于幽、镇、定三州，将迎驾于华下，幽州刘仁恭托以契丹入寇，俟敌退听命。

乾宁四年正月，汴军陷兖、郓，骑将李承嗣、史俨与朱瑾同奔于淮南。三月，陕帅王珙攻河中，王珂来告难，武皇遣李嗣昭率二千骑赴之，破陕军于猗氏，乃解河中之围。至是，天子遣延王戒丕至晋阳，传宣旨于武皇："朕不取卿言，以及于此，苟非英贤竭力，朕何由再谒朝庭！在卿表率，予所望也。"七月，武皇复征兵于幽州，刘仁恭辞旨不逊，武皇以书让之，仁恭捧书谩骂，抵之于地，仍囚武皇之行人。八月，大举以伐仁恭。九月，师次蔚州。戊寅，晨雾晦螟，占者云不利深入。辛巳，攻安塞，俄报"燕将单可及领骑军至矣"。武皇方置酒高会，前锋又报"贼至矣"！武皇曰："仁恭何在？"曰："但见可及辈。"武皇张目怒曰："可及辈何足为敌！"仍促令出师。燕军已击武皇军寨，武皇乘醉击贼，燕军披靡。时步兵望贼而退，为燕军所乘，大败于木瓜涧，俄而大风雨震电，燕军解去，武皇方醒。甲午，师次代州，刘仁恭遣使谢罪于武皇，武皇亦以书报之，自此有檄十余返。

光化元年春正月，凤翔李茂贞、华州韩建皆致书于武皇，乞修和好，同奖王室，兼乞助丁匠修缮秦宫，武皇许之。

四月，汴将葛从周寇邢、洺、磁等州，旬日之内，三州连陷。汴人以葛从周为邢州节度使。大将李存信收军，自马岭而旋。

八月壬戌，天子自华还宫。是时，车驾初复，而欲诸侯辑睦，赐武皇诏，令与汴帅通好。武皇不欲先下汴帅，乃致书于镇州王熔，令导其意。明年，汴帅遣使奉书币来修好，武皇亦报之。自是使车交驰，朝野相贺。

九月,武皇遣周德威、李嗣昭率兵三万出青山口,以迫邢、洺。十月,遇汴将葛从周于张公桥,既战,我军大败。是月,河中王珂来告急,言王珙引汴军来寇,武皇遣李嗣昭将兵三千以援之,屯于胡壁堡。汴军万余人来拒战,嗣昭击退之。

十二月,潞州节度使薛志勤卒,泽州刺史李罕之以本军夜入,据城以叛。罕之报武皇曰:"薛铁山新死,潞民无主,虑军城有变,辄专命镇抚。武皇令人让之,罕之乃归于汴。"武皇遣李嗣昭将兵讨之,下泽州,收罕之家属,拘送晋阳。

光化二年春正月,李罕之陷沁州。三月,汴将葛从周、氏叔琮自土门陷承天军,又陷辽州,进军榆次。武皇令周德威击之,败汴军于洞涡驿,叔琮弃营而遁,德威追击,出石会关,杀千余人。汴人复陷泽州。五月,武皇令都指挥使李君庆将兵收泽、潞,为汴军所败而还。以李嗣昭为都指挥使,进攻潞州。八月,嗣昭营于潞州城下,前锋下泽州。时汴将贺德伦、张归厚等守潞州。是月,德伦等弃城而遁,潞州平。九月,武皇表汾州刺史孟迁为潞州节度使。

光化三年,汴军大寇河朔,幽州刘仁恭乞师,武皇遣周得威帅五千骑以援之。七月,李嗣昭攻尧山,至内丘,败汴军于沙河,进攻洺州,下之。九月,汴帅自将兵三万围洺州,嗣昭弃城而归,葛从周设伏于青山口,嗣昭之军不利。十月,汴人乘胜寇镇、定,镇、定惧,皆纳赂于汴。是时,周德威与燕军刘守光败汴人二万于望都,闻定州王郜来奔,乃班师。是月,天子加武皇实封一百户。遣李嗣昭率步骑三万攻怀州,下之。进攻河阳,汴将阎宝率军来援,嗣昭退保怀州。

天复元年正月,汴将张存敬攻陷晋、绛二州,以兵二万屯绛州,以扼援路。二月,张存敬迫河中,王珂告急于武皇,使者相望于路。珂妻邠国夫人,武皇爱女也,亦以书至,恳切求援。武皇报曰:"贼阻道路,众寡不敌,救尔即与尔两亡,可与王郎弃城归朝。"珂遂送款于张存敬。三月,汴帅自大梁至河中,王珂遂出迎,寻徙于汴。天子以汴帅兼镇河中。武皇自是不复能援京师,霸业由是中否。

　　四月，汴将氏叔琮率兵五万自太行路寇泽、潞，魏博大将张文恭领军自新口入，葛从周领兖、郓之众自土门入，张归厚以邢、洺之众自马岭入，定州王处直之众自飞狐入，侯言以晋、绛之兵自阴地入。氏叔琮、康怀英营于泽州之昂车。武皇令李嗣昭将三千骑赴泽州援李存璋，而归贺德伦。氏叔琮军至潞州，孟迁开门迎，沁州刺史蔡训亦以城降于汴，氏叔琮悉其众趋石会关。是时，偏将李审建先统兵三千在潞州，亦与孟迁降于汴，及叔琮之人寇也，审建为其乡导。汴人营于洞涡，别将白奉国与镇州大将石公立自井陉入，陷承天军。及攻寿阳，辽州刺史张鄂以城降于汴，都人大恐。时霖雨积旬，汴军屯聚既众，刍粮不给，复多痢虐，师人多死。时大将李嗣昭、李嗣源每夜率骁骑突营掩杀，敌众恐惧。

　　五月，汴军皆退。氏叔琮军出石会，周德威、李嗣昭以精骑五千蹑之，杀戮万计。初，汴军之将入寇也，汾州刺史李唐据城叛，以连汴人，至是武皇令李嗣昭、李存审将兵讨之。是岁，并、汾饥，粟暴贵，人多附瑭为乱，嗣昭悉力攻城，三日而拔，擒李唐等斩于晋阳市。氏叔琮既旋军，过潞州，掳孟迁以归。汴帅以丁会为潞州节度使。

　　六月，遣李嗣昭、周德威将兵出阴地，攻慈、隰二郡，隰州刺史唐礼、慈州刺史张瑰并以城来降。武皇以汴寇方盛，难以兵服，佯降心以缓其谋，乃遣牙将张特持币马书檄以谕之，陈当时利害，请复旧好。十一月壬子，汴帅营于渭滨。甲寅，天子幸凤翔。《新唐书》：帝如凤翔，李茂贞、韩全诲请召克用入卫，克用间道遣使奔问，并诏书全忠，劝还汴，全忠不答。武皇遣李嗣昭率兵三千自沁州趋平阳，遇汴军于晋州北，斩首五百级。

　　天复二年二月，李嗣昭、周德威领大军自慈、隰进攻晋、绛，营于蒲县。乙未，汴将朱友宁、氏叔琮将兵十万营于蒲县之南。乙巳，汴帅自领军至晋州，德威之军大恐。三月丁巳，有虹贯德威之营。戊午，氏叔琮率军来战，德威逆击，为汴人所败，兵仗、辎车委弃殆尽。朱友宁长驱至汾州，慈、隰二州复为汴人所据。辛酉，汴军营于晋阳之西北，攻城西门，周德威、李嗣昭缘山保其余众而旋。武皇驱丁壮登陴拒守，汴军攻城日急，武皇召李嗣昭、周德威等谋将出奔云州，嗣昭以为不可。李存信坚请且入北番，续图进取，嗣昭等固争之，太妃刘氏亦极言于内，乃止。居数日，亡散之士复集，军城稍安。李嗣昭与李嗣源夜入汴军，斩将搴旗，敌人擗御不暇，自相惊忧。丁卯，朱友宁烧营而遁，周德威追至白壁关，俘斩万计，因收复慈、隰、汾等三州。

天复三年正月，天子自凤翔归京。五月，云州都将王敬晖杀刺史刘再立，以城归于刘仁恭。武皇遣李嗣昭讨之，仁恭遣将以兵五万来援云州，嗣昭退保乐安，燕人房敬晖，弃城而去。武皇怒，笞嗣昭及李存审而削其官。是时，亲军万众皆边部人，动违纪律，人甚苦之，左右或以为言，武皇曰："此辈胆略过人，数十年从吾征伐，比年以来，国藏空竭，诸军之家卖马自给。今四方诸侯皆悬重赏以募勇士，吾若束之以法，急则弃吾，吾安独保此乎！俟时开运泰，吾固自能处置矣。"

天祐元年闰四月，汴帅迫天子迁都于洛阳。《新唐书》：帝东迁，诏至太原，克用泣谓其下曰："乘舆不复西矣！"遣使者奔问行在。五月乙丑，天子制授武皇叶盟同力功臣，加食邑三千户，实封三百户。八月，汴帅遣朱友恭弑昭宗于洛阳宫，辉王即位。告哀使至晋阳，武皇南向恸哭，三军缟素。

天祐二年春，契丹安巴坚旧作阿保机，今改正。始盛，武皇召之，安巴坚领部族三十万至云州，与武皇会于云州之东，握手甚欢，结为兄弟，旬日而去，留马千匹，牛羊万计，案：《东都事略》：契丹与晋王会在天祐三年。《辽史·太祖纪》与《薛史》同。期以冬初大举渡河。

天祐三年正月，魏博既杀牙军，魏将史仁遇据高唐以叛，遣人乞师于武皇，武皇遣李嗣昭率三千骑攻邢州以应之，遇汴将牛存节、张筠于青山口，嗣昭不利而还。

九月，汴帅亲率兵攻沧州，幽州刘仁恭遣使来乞师，武皇乃征兵于仁恭，将攻潞州，以解沧州之围。仁恭遣掌书记马郁、都指挥使李溥等将兵三万，会于晋阳，武皇遣周德威、李嗣昭合燕军以攻泽、潞。十二月，潞州节度使丁会开门迎降，命李嗣昭为潞州节度使，以丁会归于晋阳。

天祐四年正月甲申，汴帅闻潞州失守，自沧州烧营而遁。

四月，天子禅位于汴帅，奉天子为济阴王，改元为开平，国号大梁。是岁，四川王建遣使至，劝武皇各王一方，俟破贼之后，访唐朝宗室以嗣帝位，然后各归藩守。武皇不从，以书报之曰：

　　窃念本朝屯否，巨业沦胥，攀鼎驾以长违，抚彤弓而自咎。默默终古，悠悠彼苍，生此厉阶，永为痛毒，视横流而莫救，徒誓楫以兴言。别捧函题，过垂奖谕，省览周既，骇惕异常。泪下沾衿，倍郁申胥之素；汗流浃背，如闻将济之言。

　　仆经事两朝，受恩三代，位叨将相，籍系宗枝，赐铁钺以专征，征苞茅而问罪。麾兵校战，二十余年，竟未能斩新莽之头颅，断蚩尤之肩髀，以至庙朝颠复，豺虎纵横。且授任分扰，叨策冒宠，龟玉毁椟，谁之咎欤！府阅指陈，不胜惭恧。然则君臣无常位，陵谷有变迁，或篁塞长河，泥封函谷，时移事改，理有万殊。即如周末虎争，魏初鼎据。孙权父子，不显授于汉恩；刘备君臣，自微兴于涿郡。得之不谢于家世，失之无损于功名，适当逐鹿之秋，何惜华虫之服。唯仆累朝席宠，奕世输忠，忝佩训词，粗存家法。善博奕者唯先守道，治蹊田者不可夺牛。誓于此生，靡敢失节，仰凭庙胜，早殄寇仇。如其事与愿违，则共藏洪游于地下，亦无恨矣。

　　唯公社稷元勋，嵩衡降祉，镇九州之上地，负一代之弘才，合于此时，自求多福。所承良讯，非仆深心，天下其谓我何，有国非吾节也。偻偻孤恳，此不尽陈。

五月，梁祖遣其将康怀英率兵十万围潞州，怀英驱率士众，筑垒环城，城中音信断绝。武皇遣周德威将兵赴援，德威军于余吾，率先锋挑战，日有俘获，怀英不敢即战。梁祖以怀英无功，乃以李思安代之。思安引军将营于潞城，周德威以五千骑搏之，梁军大败，斩首千余级。安安退保坚壁，别筑外垒，谓之"夹寨"，以抗我之授军。梁祖调发山东之民以供馈运，德威日以轻骑掩之，运路艰阻，众心益恐。李思安乃自东南山口筑夹道，连接夹寨，以通馈运，自是梁军坚保夹寨。

冬十月，武皇有疾。是时晋阳城无故自坏，占者恶之。

天祐五年正月戊子朔，武皇疾革。辛卯，崩于晋阳，年五十三。遗令薄葬，发丧后二十七日除服。庄宗即位，追谥武皇帝，庙号太祖，陵在雁门。《永乐大典》卷七千一百五十四。《五代史补》：太祖武皇，本朱耶赤心之后，沙陀部人也。其先生于雕窠中，酋长以其异生，诸族传养之，遂以"诸爷"为氏，言非一父所养也。其后言讹以"诸"为"朱"，以"爷"为"耶"，至太祖生，眇一目，长而骁勇，善骑射，所向无敌，时谓之"独眼龙"，大为部落所疾。太祖恐祸及，遂举族归唐，授云州刺史，赐姓李，名克用。黄巢犯长安，自北引兵赴难，功成，遂拜太原节度使，封晋王。武皇之有河东也，威声大振，淮南杨行密常恨不识其状貌，因使画工诈为商贾，往河东写之。画工到，未几，人有知其谋者，擒之。武皇初甚怒，既而亲谓曰："且吾素眇一目，试召之使写，观其所为如何。"及至，武皇按膝厉声曰：淮南使汝来写吾真，必画工之尤也，写吾不及十分，即阶下便是死汝之所矣。"画工再拜下笔。时方盛暑，武皇执八角扇，因写扇角半遮其面。武皇曰："汝谄吾也"。遽使别写之，又应声下笔，画其臂弓捻箭之状，仍微合一目以观箭之曲直。武皇大喜，因厚赂金帛遣之。《五代史阙文》：世传武皇临薨，以三矢付庄宗曰："一矢讨刘仁恭，汝不先下幽州，河南未可图也。一矢击契丹，且曰安巴坚与吾把臂而盟，结为兄弟，誓复唐家社稷，今背约附贼，汝必伐之。一矢灭朱温，汝能成吾志，死无憾矣。"庄宗藏三矢于武皇庙庭。及讨刘仁恭，命幕吏以少牢告庙，请一矢，盛以锦囊，使亲将负之以为前驱。凯旋之日，随俘馘纳矢于太庙。伐契丹，灭朱氏亦如之。又，武皇眇一目，谓之"独眼龙"。性喜杀，左右有小过失，必置于死。初讳眇，人无敢犯者，尝令写真，画工既为捻箭之状，微瞑一目，图成而进，武皇大悦，赐予甚厚。

史臣曰：武皇肇迹阴山，赴难唐室，逐豺狼于**魏阙**，殄氛祲于秦川，赐姓受封，奄有汾、晋，可谓有功矣。然虽茂勤王之绩，而非无震主之威。及朱镇屯渭曲之师，俾翠辇有石门之幸，比夫桓、文之辅周室，无乃有所愧乎！洎失援于蒲、绛，久垂翅于并、汾，若非嗣子之英才,岂有兴王之茂业。矧累功积德,未比于周文;创业开基,尚亏于魏祖。追谥为"武",斯亦幸焉。《永乐大典》卷七千一百五十四。

旧五代史卷二六考证

三月武皇进军渡滹沱攻栾城下鼓城槁城四月燕军寇云代武皇班师　案:《旧唐书》作景福元年二月庚寅,太原易定之兵,合势攻镇州,三月克用、处存敛军而退,是兴师以二月,至三月始旋师也。《通鉴》云:三月,克用、王处存合兵攻王镕。癸丑,拔天长镇。戊午,镕与战于新市,大破之。辛酉,克用退,屯栾城。是进师、退师皆在三月也。是书作三月进军,四月班师,与诸书异。

天祐二年春契丹安巴坚领部族三十万至云州与武皇会于云州之东　案:武皇会契丹于云州,《通鉴》作开平元年,《新唐书》作天祐元年,与是书异。《欧阳史》与是书同。又《契丹国志》作晋王李存勖与契丹连和会于东城,殊误。

梁祖以怀英无功乃以李思安代之　案:李思安之代怀英,《通鉴》作七月事,与是书系五月异。

旧五代史卷二七
唐书三

庄宗本纪第一

庄宗光圣神闵孝皇帝,讳存勖,武皇帝之长子也。母曰贞简皇后曹氏,以唐光启元年岁在乙巳,冬十月二十二日癸亥,生帝于晋阳宫。妊时,曹后尝梦神人,黑衣拥扇,夹侍左右。载诞之辰,紫气出于窗户。及为婴儿,体貌奇特,沉厚不群,武皇特所钟爱。及武皇之讨王行瑜,帝时年十一,从行。初令入觐献捷,迎驾还宫,昭宗一见骇之,曰:"此儿有奇表。"因抚其背曰:"儿将来之国栋也,勿忘忠孝于予家。"因赐鸂鶒酒卮、悲翠盘。案:《北梦琐言》云:昭宗曰:"此子可亚其父。"时人号曰:亚子。"贼平,授检校司空、隰州刺史,改汾、晋二郡,皆遥领之。帝洞晓音律,常令歌舞于前。十三习《春秋》,手自缮写,略通大义。及壮,便射骑,胆略绝人,其心豁如也。

武皇起义云中,部下皆北边劲兵,及破贼迎銮,功居第一,由是稍优宠士伍,因多不法,或陵侮官吏,豪夺士民,白昼剽攘,酒博喧竞,武皇缓于禁制,唯帝不平之,因从容启于武皇,武皇依违之。及安塞不利之后,时事多难,梁将氏叔琮、康怀英频犯郊圻,土疆日蹙,城门之外,鞠为战场,武皇忧形于色。帝因启曰:"夫盛衰有常理,祸福系神道。家世三代,尽忠王室,势穷力屈,无所愧心。物不极则不反。恶不极则不亡。今朱氏攻逼乘舆,窥伺神器,陷害良善,诬诳神祇。以臣观之,殆其极矣。大人当遵养时晦,以待其衰,何事轻为沮丧!"太祖释然,因奉觞作乐而罢。

及沧州刘守文为梁朝所攻,其父仁恭遣使乞师,武皇恨其翻覆,不时许之,帝白曰:"此吾复振之道也,不得以嫌怨介怀。且九分天下,朱氏今有六七,赵、魏、中山在佗虎下,贼所惮者,唯我与仁恭尔,我之兴衰,系此一举,不可失也。"太祖乃征兵于燕,攻取潞州,既而丁会果以城来降。

天祐五年春正月,武皇疾笃,召监军张承业、大将吴珙谓曰:"吾常爱此子志气远大,可付后事,唯卿等所教。"及武皇厌代,帝乃嗣王位于晋阳,时年二十有四。

汴人方寇潞州,周德威宿兵于乱柳,以军城易帅,窃议讻讻,讹言播于行路。帝方居丧,将吏不得谒见,监军使张承业排闼至庐所,言曰:"夫孝在不坠家业,不同匹夫之孝。且君父厌世,嗣主未立,窃虑凶猾不逞之徒,有怀觊望。又汴寇压境,利我凶衰,苟或摇动,则倍张贼势,讹言不息,惧有变生。请依顾命,墨缞听政,保家安亲,此惟大孝。"帝于是始听断大事。

时振武节度使克宁,即帝之季父也,为管内蕃汉马步都知兵马使,典握兵柄。帝以军府事让季父,曰:"儿年幼稚,未通庶政,虽承遗命,恐未能弹压。季父勋德俱高,众情推伏,且请制置军府,俟儿有立,听季父处分。"克宁曰:"亡兄遗命,属在我儿,孰敢异议!"因率先拜贺。初,武皇奖励戎功,多畜庶孽,衣服礼秩如嫡者六七辈,比之嗣王,后齿又长,部下各绾强兵,朝夕聚议,欲谋为乱。及帝绍统,或强项不拜,郁郁愤惋,托疾废事。会李存颢以阴计干克宁曰:"兄亡弟立,古今旧事,季父拜侄,理所未安。"克宁妻素刚狠,因激怒克宁,阴图祸乱。存颢欲于克宁之第谋害张承业、李存璋等,以并、汾九州归附于梁,送贞简太后为质。克宁意将激发,乃擅杀大将李存质,请授己云州节度使,割蔚、朔、应三州为属郡,帝悉俞允,然知其阴祸有日矣。克宁俟帝过其第则图窃发。时幸臣史敬镕者,亦为克宁所诱,尽得其情,乃来告帝。帝谓张承业曰:"秀父所为如此,无犹子之情,骨肉不可自相鱼肉,予当避路,则祸乱不作矣。"承业曰:"臣受命先帝,言犹在耳。存颢辈欲以太原降贼,王欲何路求生?

不即诛除，亡无日矣。"因召吴珙、李存璋、李存敬、朱守殷谕其谋，众咸愤怒。

二月壬戌，命存璋伏甲以诛克宁，遂靖其难。是月，唐少帝崩于曹州，梁祖使人鸩之也。帝闻之，举哀号恸。

三月，周德威尚在乱柳，梁将李思安屡为德威所败，闭壁不出。是时，梁祖自将兵至泽州，以刘知俊为招讨使以代思安，以范君实、刘重霸为先锋，牛存节为抚遏，统大军营于长子。

四月，帝召德威军归晋阳。汴人既见班师，知我国祸，以为潞州必取，援军无俟再举，遂停斥候。梁祖亦自泽州归洛。帝知其无备，乃谓将曰："汴人闻我有丧，必谓不能兴师；又以我少年嗣位，未习戎事，必有骄怠之心。若简练兵甲，倍道兼行，出其不意，以吾愤激之众，击彼骄惰之师，拉朽摧枯，未云其易，解围定霸，在此一役。"甲子，军发自太原。已巳，至潞州北黄碾所营。

五月辛未朔，晨雾晦暝，帝率亲军伏三垂岗下，诘旦，天复昏雾，进军直抵夹城。时李嗣源总帐下亲军攻东北隅，李存璋、王霸率丁夫烧寨，划夹城为二道，周德威、李存审各分道进攻，军士鼓噪，三道齐进。李嗣源坏夹城东北隅，率先掩击，梁军大恐，南向而奔，投戈委甲，噎塞行路，斩万余级，获其将副招讨使符道昭泊大将三百人，刍粟百万。梁招讨使康怀英得百余骑，出天井关而遁。梁祖闻其败也，既惧而叹曰："生子当如是，李氏不亡矣！吾家诸子乃豚犬尔。"初，唐龙纪元年，帝才五岁，从武皇校猎于三垂冈，冈上有玄宗原庙在焉。武皇于祠前置酒，乐作，伶人奏《百年歌》者，陈其衰老之状，声调凄苦。武皇引满，捋须指帝曰："老夫壮心未已，二十年后，此子必战于此。"及是役也，果符其言焉。

是月，周德威乘胜攻泽州，刺史王班登城拒守，梁将刘知俊自晋、绛将兵赴援，德威退保高平。帝遂班师于晋阳，告庙饮至，赏劳有差。乃下令于国中，禁贼盗，恤孤寡，征隐逸，止贪暴，峻堤防，宽狱讼，期月之间，其俗丕变。帝每出，于路遇饥寒者，必驻马而临问之，由是人情大悦，王霸之业，自兹而基矣。

六月，凤翔李茂贞、邠州杨崇本合西川王建之师五万以攻长安，遣使会兵于帝，帝遣张承业率师赴之。

九月，邠、岐、蜀三镇复大举攻长安，遣李嗣昭、周德威将兵三万攻晋州以应之。德威与梁将尹皓战于神山北，梁人大败。是时，晋之骑将夏侯敬受以一军奔于梁，德威乃退保隰州。案：《欧阳史》：九月丁丑，如怀州。《通鉴》作周德威等闻梁帝将至，乙未，退保隰州。是德威之退师，因梁祖之亲至也。《薛史·唐纪》不载。

天祐六年秋七月，邠、岐二帅及梁之叛将刘知俊俱遣使来告，将大举以伐灵、夏，兼收关辅，请出兵晋、绛，以张兵势。

八月，帝御军南征，先遣周德威、李存审、丁会统大军出阴地关，攻晋州，为地道，坏城二十余步，城中血战拒守。梁祖遣杨师厚领兵赴援，德威乃收军而退。《通鉴》引《庄宗实录》云：汴军至蒙坑，周德威逆战，败之，斩首三百级，师厚退保绛州。是役也，小将萧万通战殁，师厚进营平阳，德威收军而退。

天祐七年秋七月，凤翔李茂贞、邠州杨崇本皆遣使来会兵，同讨灵、夏。且言刘知俊三败汴军于宁州，灵、夏危蹙，岐、陇之师大举，决取河西。帝令周德威将兵万人，西渡河以应之。是役也，刘知俊为岐人所搆，乃自退。

九月，德威班师。

冬十月，梁祖遣大将李思安、杨师厚率师营于泽州，以攻上党。

十一月，镇州王镕遣使来求援。是时，梁祖以罗绍威初卒，全有魏博之地，因欲兼并镇、定，遣供奉官杜廷隐、丁延徽督魏军三千人入于深、冀，镇人惧，故来告难。帝集军吏议之，咸欲按甲治兵，徐观胜负，唯帝独断，坚欲救之，乃遣周德威率军屯于赵州。是月，行营都招讨使丁会卒。

十二月丁巳朔，梁祖闻帝军屯赵州，命宁国军节度使王景仁为北面行营招讨使，韩勍为副，相州刺史李思安为前锋，会魏州之兵以讨王镕。又令阎宝、王彦章率二千骑，会景仁于邢、洺。丁丑，景仁营于柏乡，帝遂亲征，自赞皇县东下。辛巳，至赵州，与周德威兵合。帝令史建瑭以轻骑尝寇，获刍牧者二百人，问其兵数，精兵七万。是日，帝观兵于石桥南，诘旦进军，距柏乡一舍，周德威、史建瑭率蕃落劲骑以挑战，四面驰射，梁军闭壁不出，乃退。翌日进军，距柏乡五里，遣骑军逼其营。梁将韩勍、李思安率步骑三万，铠甲炫曜，其势甚盛，分道以薄帝军。德威且战且退，距河而止。既而德威侦知梁人造浮桥，乃退保高邑。乙酉，致师于柏乡，帝祷战于光武庙。柏乡无刍粟之备，梁军以樵采为给，为帝之游军所获，由是坚壁不出，铧屋茅坐席以秣其马，众心益恐。

　　天祐八年正月丁亥，周德威、史建瑭帅三千骑致师于柏乡，设伏于村坞间，遣三百骑直压其营。梁将怒，悉其军结阵而来，德威与之转战至高邑南，梁军列阵，横亘六七里。时帝军未成列，李存璋引诸军阵于野河之上，梁军以五百人争桥，镇、定之师与血战，梁军败而复整者数四。帝与张承业登高观望，梁人戈矛如束，申令之后，嚣声若雷，王师进退有序，步骑严整，寂然无声。帝临阵誓众，人百其勇，短兵既接，无不奋力。梁有龙骧、神威、拱宸等军，皆武勇之士也，每一人铠仗，费数十万，装以组绣，饰以金银，人望而畏之。自巳及午，骑军接战，至晡，梁军欲抽退，尘埃涨天，德威周麾而呼曰："汴人走矣！"帝军齐噪以进，魏人收军渐退。李嗣源率亲军与史建瑭、安金全兼北部吐浑诸军冲阵夹攻，梁军大败，弃铠投仗之声，震动天地，龙骧、神威、神捷诸军，杀戮殆尽，自阵至柏乡数十里，僵尸枕籍，败旗折戟，所在蔽地。夜漏一鼓，帝军入柏乡，梁军辎重、帐幄、资财、奴仆，皆为帝军所有。梁将王景仁、韩勍、李思安等以数十骑夜遁。是役也，斩首二万级，获马三千匹，铠甲兵仗七万，辎车锅幕不可胜计。擒梁将陈思权以下二百八十五人。帝号令收军于赵州。既而梁人弃深、冀二州而遁。初，杜廷隐之袭深、冀也，声言分兵就食。时王熔将石公立戍深州，欲杜关不纳，熔遽令启关，命公立移军于外，廷隐遂据其城。公立既出，指城闉而言曰："开门纳盗，后悔何追，此城数万生灵，生为俘馘矣！"因投刃泣下。数日，廷隐闭城杀镇兵数千人，遂登陴扼守，王熔方命公立攻之，即有备矣。及柏乡之败,两州之人悉为奴掳,老弱者皆坑之。己亥,遣史建瑭、周德威徇地于邢、魏,先驰檄以谕之。案:《册府元龟》载晋王谕邢、洺、魏、博、卫、滑诸郡县檄。天祐八年正月,周德威等破贼,徇地邢、洺,先驰檄谕。邢、洺魏、博、卫、滑诸郡县曰:"王室遇屯,七庙被陵夷之酷,昊天不吊,万民罹涂炭之灾。必有英主奋庸,忠臣仗顺,斩长鲸而清四海,靖祆祲以泰三灵。予位忝维城,任当分阃,念兹颠覆,讵可宴安。故仗威、文辅合之规,问罪、泯凶狂之罪。逆温砀山庸隶,巢孽余凶,当僖宗奔播之初,我太祖扫平之际,束身泥首,请命牙门,苞藏奸诈之心,惟示妇人之态。我太祖俯怜穷鸟,曲为开怀,特发表章,请帅梁汴,才出崔蒲之泽,便居茅社之尊,殊不感恩,遽行猜忍。我国家诈隆周、汉、迹盛伊、唐,二十圣之鑱基,三百年之文物。外则五侯九伯,内则百辟千官,或代袭簪缨,或门传忠孝,皆遭陷害,永抱沉冤。且镇、定两藩,国家巨镇,冀安民而保族,咸屈节以称藩。逆温唯仗阴谋,专行不义,欲全吞噬,先据属州。赵州特发使车,来求援助。予情惟荡寇,义切亲仁,躬率赋舆,赴兹盟约。贼将王景仁将兵十万,屯据伯乡,遂驱三镇之师,授以七擒之略。鹡鸰才列,枭獍大奔,易如走坂之丸,势若燎原之火。僵尸仆地,流血成川。组甲雕戈,皆投草莽;谋夫猛将,尽作俘囚。群凶既快于天诛,大憝须垂于鬼录。今则选搜兵甲,简练车徒,乘胜长驱,剪除元恶。凡尔魏、博、邢、洺之众,感恩怀义之人,乃祖乃孙,为圣唐赤子,岂徇虎狼之党,遂忘覆载之恩。盖以封豕长蛇,冯陵荐食,无方逃难,遂被胁从。空尝胆以衔冤,竟无门而雪愤,既闻告捷,想所慰怀。今义旅徂征,止于招抚。昔耿纯焚卢而向顺,萧何举族以从军,皆审料兴亡,能图富贵,殊勋茂业,翼子贻孙,转祸见机,决在今日。若能诣辕门而效顺,开城堡以迎降,长官则改补官资,百姓则优加赏赐,所经诖误,更不推穷。三镇诸军,已申俨令,不得焚烧庐舍,剽掠马牛,但仰所在生灵,各安耕织。予恭行天罚,罪止元凶,己外归明,一切不问,凡尔士众,咸谅予怀。"帝御亲军南征。庚子,至洺州,梁祖令其将徐仁浦将兵五百,夜入邢州。张承业、李存璋以三镇步兵攻邢州,遣周德威、史建瑭将三千骑长驱至澶、魏,帝与李嗣源率亲军继进。

二月戊午,师次洹水,周德威进至临河。己未,魏帅罗周翰出兵五千,塞石灰窑口,周德威以骑掩击,迫入观音门。是日,王师近魏州,帝舍于狄公祠西。周翰闭壁自固,帝军攻之,其城几陷。帝叹曰:"予为儿童时,从先王渡河,今其忘矣。方春桃花水满,思一观之,谁从予者?"癸亥,帝观河于黎阳。是时,梁祖发兵万余将渡河,闻王师至,弃舟而退。黎阳都将张从楚、曹儒以部下兵三千人来降,立其军为左右匡霸使。乙丑,周德威自临清徇地贝郡,攻博州,下东武、朝城。时澶州刺史张可臻弃城而遁,遂入黎阳,下临河、淇门。庚午,梁祖在洛,闻王师将攻河阳,率亲军屯白马坡。壬申,帝下今班师。帝至赵州,王熔迎谒。翌日,大飨诸军。壬午,帝发赵州,归晋阳,留周德威戍赵州。

三月己丑,镇、定州各遣使言幽州刘守光凶僭之状,请推为尚父,以稔其恶。乙未,帝至晋阳宫,召监军张承业诸将等议幽州之事,乃遣牙将戴汉超赍墨制并六镇书,推刘守光为尚书令、尚父,守光由是凶炽日甚,遂邀六镇奉册。

五月,六镇使至幽,梁使亦集。《通鉴考异》引《庄宗实录》云:三月己丑,镇州遣押衙刘光业至,言刘守光凶淫纵毒,欲自尊大,请稔其恶以毙之,推为尚父。乙未,上至晋阳宫,召张承业诸将等议讨燕之谋,诸将亦云宜稔其恶。上令押衙戴汉超持墨制及六镇书如幽州,其辞曰:"天祐八年三月二十七日,天德军节度使宋瑶、振武节度使周德威、昭义节度使李嗣昭、易定节度使王处直、镇州节度使王熔、河东节度使尚书令晋王谨奉册进卢龙横海等军节度、检校太尉、中书令、燕王为尚书令、尚父。"五月,六镇使至,汴使亦集。六月,守光令有司定尚父、采访使仪。是月,梁祖遣都招讨使杨师厚将兵三万屯邢州,帝令李嗣昭出师掠相、卫而还。

秋七月,帝会王熔于承天军。熔,武皇之友也,帝奉之尽敬,捧卮酒为寿,熔亦捧酒酬帝。熔幼子昭诲从行,因许为婚。

八月甲子,幽州刘守光僭称大燕皇帝,年号应天。

九月庚子,梁祖将亲军自洛渡河而北,至相州,闻帝军未出,乃止。

十月,幽州刘守光杀帝之行人李承勋,忿其不行朝礼也。

十一月辛丑,燕人侵易、定,王处直来告难。

十二月甲子,帝遣周德威、刘光浚、李嗣源及诸将率蕃汉之兵发晋阳,伐刘守光于幽州。《永乐大典》卷七千一百五十五。

旧五代史卷二七考证

唐庄宗纪一及武皇之讨王行瑜帝时年十一　案：《欧阳史》从是书作十一，吴缜纂误。据徐无党注庄宗年四十三，逆推之，当以甲辰年生，乾宁二年，破王行瑜，时当云年十二，今考《五代会要》，庄宗以光启元年生，年四十二。《北梦琐言》载庄宗献王行瑜捷，年十一，薛、欧二史俱同，徐注作年四十三误。

汴将氏叔琮康怀英　案：怀英本名怀贞，后因避梁末帝讳，始改名怀英。是书前后统作怀英，今仍其旧。

周德威宿兵于乱柳　"乱柳"，原本作"乱杨"，考《欧阳史》作"乱柳"。胡三省《通鉴注》云：乱柳，在潞州屯留县界，今改正。

以并汾九州归附于梁　案：并、汾九州，《通鉴》作河东九州。胡三省注云：河东领并、辽、沁、汾、石、忻、代、岚、宪九州，附识于此。

承业曰臣受命先王　案："先王"原本作"先帝"，考晋王嗣位之初，武皇尚未追称为帝，今改正。

二月壬戌　"壬戌"，原本作"丙戌"，今据《通鉴》改正。

至潞州北黄碾下营　"黄碾"，原本作"黄碾"，《通鉴》作"黄碾"。胡三省注云：黄碾村在潞州潞城县，今改正。

初唐龙纪元年帝才五岁　案《欧阳史》：克用破孟方立于邢州，还军上党，置酒三垂冈。时庄宗在侧，方五岁。考克用邢州之役在文德元年，今以庄宗生年计之，当从是书，作龙纪元年。

周德威乘胜攻泽州刺史王班登城拒守　案：《通鉴考异》引《庄宗实录》云：李存璋进攻泽州，刺史王班弃城而去，与是书异。

距柏乡五里　"五里"，原本作"七里"，今据《欧阳史》及《通鉴》改正。

梁军以五百人争桥　案：《通鉴》作梁军横亘数里，竞前夺桥，镇、定步兵御之,势不能支,与此微异。

　　率亲军屯白马坡　白马坡,《通鉴》作白马阪。

　　并六镇书　"六镇",原本作"大镇",今据《通鉴》改正。

　　十一月辛丑燕人侵易定　案:《通鉴》作戊申燕主守光将兵二万寇易、定,是书作辛丑,与《通鉴》异。

旧五代史卷二八

唐书四

庄宗本纪第二

　　天祐九年春正月庚辰朔,周德威等自飞狐东下。丙戌,会镇、定之师进营祁沟,庚子,次涿州,刺史刘知温以城归顺。德威进迫幽州,守光出兵拒战,燕将王行方等以部下四百人来奔。

　　二月庚戌朔,梁祖大举河南之众以援守光,以陕州节度使杨师厚为招讨使,河阳李周彝为副;青州贺德伦为应接使,郓州袁象先为副。甲子,梁祖自洛阳趋魏州,遣杨师厚、李周彝攻镇州之枣强,命贺德伦攻蓨县。

　　三月壬午,梁祖自督军攻枣强。甲申,城陷,屠之。时李存审与史建瑭以三千骑屯赵州,相与谋曰:"梁军若不攻蓨城,必西攻深、冀。吾王方北伐,以南鄙之事付我辈,岂可坐观其弊。"乃以八百骑趋冀州,扼下博桥,令史建瑭、李都督分道擒生。翌日,诸军皆至,获刍牧者数百人,尽杀之,纵数人逸去,且告:"晋王至矣。"建瑭与李都督各领百余骑,旗帜军号类梁军,与刍牧者杂行,暮及贺德伦营门,杀守门者,纵火大呼,俘斩而旋。又执刍牧者,断其手令回,梁军乃夜遁。蓨人持锄耰白挺追击之,悉获其辎重。《通鉴·后梁纪》云:帝烧营夜遁,迷失道,委曲行百五十里。戊子旦,乃至冀州。蓨之耕者皆荷锄奋挺逐之,委弃军资器械不可胜计。梁祖闻之大骇,自枣强驰归贝州,杀其将张正言、许从实、朱彦柔,以其亡师于蓨故也。梁祖先抱痼疾,因是愈甚。辛丑,沧州都将张万进杀留后刘继威,自为沧帅,遣人送款于梁,亦乞降于帝。戊申,周德威遣李存晖攻瓦桥关,下之。

四月丁巳,梁祖自魏南归,疾笃故也。戊申,李嗣源攻瀛州,拔之。

五月乙卯朔,周德威大破燕军于羊头冈,擒大将单廷珪,斩首五千余级。德威自涿州进军于幽州,营于城下。闰月己酉,攻其西门,燕人出战,败之。

六月戊寅,梁祖为其子友珪所弑,友珪僭即帝位于洛阳。秋八月,朱友珪遣其将韩勍、康怀英、牛存节率兵五万,急攻河中。朱友谦遣使来求援,帝命李存审率师救之。

十月癸未,帝自泽州路赴河中,遇梁将康怀英于平阳,破之,斩首千余级,追至白径岭,朱友谦会帝于猗氏,梁军解围而去。庚申,周德威报刘守光三遣使乞和,不报。丁卯,燕将赵行实来奔。

天祐十年春正月丁巳,周德威攻下顺州,获刺史王在思。

二月甲戌朔,攻下安远军,获燕将一十八人。庚寅,梁朱友珪为其将袁象先所杀,均王友贞即位于汴州。丙申,周德威报檀州刺史陈确以城降。

三月甲辰朔,收卢台军。乙丑,收古北口。时居庸关使胡令珪等与诸戍将相继挈族来奔。丙戌,武州刺史高行珪遣使乞降。时刘守光遣爱将元行钦牧马于山北,闻行珪有发,率戍兵攻行珪,行珪遣其弟行温为质,且乞应援。周德威遣李嗣源、李嗣本、安金全率兵救武州,降元行钦以归。

四月甲申,燕将李晖等二千余人举族来奔。德威攻幽州南门。壬辰,刘守光遣使王遵化致书哀祈于德威,德威戏遵化曰:“大燕皇帝尚未郊天,何怯劣如是耶!”守光再遣哀祈,德威乃以状闻。己亥,刘光浚攻下平州,获刺史张在吉。

五月壬寅朔,光浚进迫营州,刺史杨靖以城降。乙巳,梁将杨师厚会刘守奇率大军侵镇州,时帝之先锋将史建瑭自赵州率五百骑入真定,师厚大掠镇、冀之属邑。王熔告急于周德威,德威分兵赴援,师厚移军寇沧州,张万进惧,遂降于梁。

六月壬申朔，帝遣军张承业至幽州，与周德威会议军事。

秋七月，承业与德威率千骑至幽州西，守光遣人持信箭一只，乞修和好。承业曰："燕帅当令子弟一人为质则可。"是日，燕将司全爽等十一人并举族来奔。辛亥，德威进攻诸城门．壬子，贼将杨师贵等五十人来降。甲子，五院军使李信攻下莫州。时守光继遣人乞降，将缓帝军，阴令其将孟修阮通谋于沧州节度使刘守奇，及求援于杨师厚，帝之游骑擒其使以献。是月，帝会王熔于天长。

九月，刘守光率众夜出，遂陷顺州。

冬十月己巳，守光帅七百骑、步军五千夜入檀州。庚午，周德威自涿州将兵蹑之。壬申，守光自檀州南山而遁，德威追及，大败之，获大将李刘、张景绍及将吏八百五十人，马一百五十匹。守光得百余骑遁入山谷，德威急驰，扼其城门，守光惟与亲将李小喜等七骑奔入燕城。己丑，守光遣牙将刘化修、周遵业等以书币哀祈德威。庚寅，守光乘城以病告，复令人献自乘马玉鞍勒易德威所乘马而去。俄而刘光浚擒送守光伪殿直二十五人于军门，守光又乘城谓德威曰："予俟晋王至，即泥首俟命。"祈德威即驰驿以闻。

十一月己亥朔，帝下令亲征幽州。甲辰，发晋阳。案：《欧阳史》作十月，刘守光请降，王如幽州。据《薛史》则帝发晋阳在十一月甲辰，非十月也。《通鉴》从《薛史》。己未，至范阳。辛酉，守光奉礼币归款于帝，帝单骑临城邀守光，辞以佗日，盖为其亲将李小喜所扼也。是夕，小喜来奔，帝下令诸军，诘旦攻城。壬戌，梯熇并进，军士毕登，帝登燕丹冢以观之。有顷，擒刘仁恭以献。癸亥，帝入燕城，诸将毕贺。

十二月庚午，墨制授周德威幽州节度使。癸酉，檀州燕乐县人执刘守光并妻李氏、祝氏、子继祚以献。己卯，帝下令班师，自云、代而旋。镇州王熔、定州王处直遣使请帝由井陉而西，许之。庚辰，帝发幽州，虏仁恭父子以行。甲申，次定州，舍于关城。翌日，次曲阳，与王处直谒北狱祠。是日，次行唐，镇州王熔迎谒于路。

天祐十一年春正月戊戌朔，王熔以履新之日，与其子昭祚、昭诲奉觞上寿置宴。熔启曰："燕主刘太师顷为邻国，今欲挹其风仪，可乎?"帝即命主日破械,引仁恭、守光至,与之同宴,熔馈以衣被饮食。已亥,帝发镇州,因与王熔畋于行唐之西。壬子,至晋阳,以组系仁恭、守光,号令而入。是日,诛守光。遣大将李存霸拘送仁恭于代州,刺心血奠告于武皇陵,然后斩之。案:《辽史·太祖纪》:七年正月,晋王李存勖拔幽州,擒刘守光。考证辽太祖七年,即天祐十年,庄宗以天祐十年冬始拔幽州,十一年正月乃凯旋也。《辽史》误以次年事先一年书之。是月,镇州王修、定州王处直遣使推帝为尚书令。初,王修称藩于梁,梁以熔为尚书令,至是镇、定以帝南破梁军,北定幽、蓟,乃共推崇焉。使三至,帝让乃从之,遂选日受册,开霸府,建行台,如武德故事。

秋七月,帝亲将自黄沙岭东下会镇人,进军邢、洺。梁将杨师厚军于漳东,帝军次张公桥,既而禆将曹进金奔于梁,帝军不利而退。八月,还晋阳。

天祐十二年三月,梁魏博节度使贺德伦遣使奉币乞盟。时杨师厚卒于魏州,梁主乃割相、卫、澶三州别为一镇,以德伦为魏博节度使,以张筠为相州节度使,魏人不从。是月二十九日夜,魏军作乱,囚德伦于牙署,三军大掠。军士有张彦者,素实凶暴,为乱军之首,迫德伦上章请却复六州之地,梁主不从,遂迫德伦归于帝,且乞师为援。帝命马步总管李存审自赵州帅师屯临清,帝自晋阳东下,与存审会。《通鉴》:晋王引大军自黄泽岭东下,与存审会于临清,犹疑魏人之诈,按兵不进。贺德伦遣从事司空颋至军,密启张彦狂勃之状,且曰:"若不剪此乱阶,恐贻后悔。"帝默然,遂进永济。张彦谒见,以银枪效节五百人从,且被甲持兵以自卫。帝登楼谕之曰:"汝等在城,滥杀平人,夺其妻女,数日以来,迎诉者甚众,当斩汝等以谢邺人。"遂令斩彦及同恶者七人,军士服栗,帝亲加慰抚而退。翌日,帝轻裘缓策而进,令张彦部下军士被甲持兵,环马而从,命为帐前银枪,众心大服。梁将刘郡闻帝至,以精兵万人自洹水趣魏县,帝命李存审帅师御之,帝率亲军于魏县西北,夹河为栅。

六月庚寅朔,帝入魏州,贺德伦上符印,请帝兼领魏州,帝从之。墨制授德伦大同军节度,令取便路赴任。帝下令抚谕邺人,军

城畏肃，民心大服。是时，以贝州张源德据垒拒命，南通刘鄩又与沧
州首尾相应，闻德州无备，遣别将袭之，遂拔其城。命辽州牙将马通
为德州刺史，以扼沧、贝之路。

秋七月，梁澶州刺史王彦章弃城而遁，畏帝军之逼也。以故将
李严为澶州刺史。帝至魏县，因率百余骑觇梁军之营。是日阴晦，
刘鄩伏兵五千于河曲丛木间，帝至，伏兵忽起，大噪而来，围帝数十
重。帝以百骑驰突奋击，梁军辟易，决围而出，有顷援军至，乃解。帝
雇谓军士曰："几为贼所笑。"

是月，刘鄩潜师由黄泽西趋晋阳，至乐平而还，遂军于宗城。
初，鄩在洹水，数日不出，寂无声迹，帝遣骑观之，无斥候者，城中亦
无烟火之状，但有鸟止于垒上，时见旗帜循堞往来。帝曰："我闻刘
鄩用兵，一步百变，必以诡计误我。"使视城中，乃缚旗于刍偶之上，
使驴负之，循堞而行。得城中赢老者诘之，云军去已二日矣。既而
有人自鄩军至者，言兵已趋黄泽，帝遽发骑追之。时霖雨积旬，鄩军
倍道兼行，皆腹疾足肿，加以山路险阻，崖谷泥滑，缘萝引葛，方得
少进。颠坠岩坂，陷于泥淖面死者十二三。前军至乐平，糗粮将竭，
闻帝军追蹑于后，太原之众在前，群情大骇。鄩收合其众还，自邢州
陈宋口渡漳水而东，驻于宗城。时魏之军储已乏，临清积粟所在，鄩
欲引军据之。周德威初闻鄩军之西，自幽州率千骑至土门。及鄩军
东下，急趋南宫，知鄩军在宗城，遣十余骑近迫其营，擒斥候者，断
其腕，令还。德威至临清，鄩起军驻贝州。帝率亲骑次博州，鄩军于
堂邑，周德威自临清率五百骑蹑之。是日，鄩军于莘县，帝营于莘西
一舍，城垒相望，日夕交斗。

八月，梁将贺瑰袭取澶州，帝遣李存审率兵五千攻贝州，因堑
而围之。冬十月，有军士自鄩军来奔，帝善待之，乃刘鄩密令赍鸩赂
帝膳夫，欲置毒于食中，会有告者，索其党诛之。

天祐十三年春二月，帝知刘鄩将谋速战，乃声言归晋阳以诱
之，实劳军于贝州也，令李存审守其营。鄩谓帝已临晋阳，将乘虚袭
邺。

　　三月，郭遣其将杨延直自澶州率兵万人，会于城下，夜半至于南门之外。城中潜出壮士五百人，突入延直之军，噪声动地，梁军自乱。迟明，郭自莘引军至城东，与延直兵会。郭之来也，李存审率兵踵其后，李嗣源自魏城出战。俄而帝自贝州至，郭卒见帝，惊曰："晋王耶！"因引军渐却，至故城西，李存审大军已成列矣。军前后为方阵，梁军于其间为圆阵，四面受敌。两军初合，梁军稍衄，再合，郭引骑军突西南而走。帝以骑军追击之，梁步军合战，短兵既接，帝军鼓噪，围之数重，埃尘涨天。李嗣源以千骑突入其间，众皆披靡，相蹰如积。帝军四面斩击，弃甲之声，闻数十里。众既奔溃，帝之骑军追及于河上，十百为群，赴水而死，梁步兵七万歼亡殆尽。刘郭自黎阳阳济，奔滑州。是月，梁主遣别将王檀率兵五万，自阴地关趋晋阳，急攻城，昭义李嗣昭遣将石嘉才率骑三百赴援。时安金全、张承业坚守于内，嘉才救授于外，檀惧，乃烧营而遁，追击至阴地关。时刘郭败于莘县，王檀遁于晋阳，梁主闻之曰："吾事去矣！"三月乙卯朔，分兵以攻卫州。壬戌，刺史米昭以城降。夏四月，攻洺州，下之。五月，帝还晋阳。

　　六月，命偏师攻阎宝于邢州，梁主遣捉生都将张温率步骑五百为援，至内黄，温率众来奔。秋七月甲申朔，帝自晋阳至魏州。

　　八月，大阅师徒，进攻邢州。相州节度使张筠弃城遁去，以袁建丰为相州刺史，依旧隶魏州。邢州节度使阎宝请以城降，以忻州刺史、蕃汉副总管李存审为邢州节度使，以阎宝为西南面招讨使，遥领天平军节度使。是月，契丹入蔚州，案：《欧阳史》及《通鉴》俱从《薛史》作蔚州。《辽史·太祖纪》：神册元年，拔朔州，擒节度使李嗣本。与《薛史》异。振武节度使李嗣本陷于契丹。

　　九月，帝还晋阳。梁沧州节度使戴思远弃城遁去，旧将毛璋入据其城，李嗣源师师招抚，璋以城降。乃以李存审为沧州节度使，以李嗣源为邢州节度使。时契丹犯塞，帝领亲军北征，至代州北，闻蔚州陷，乃班师。案：《辽史·太祖纪》：十一月，攻蔚、新、武、妫、儒五州，自代北至河曲，逾阴山，尽有其地。其围蔚州，敌楼无故自坏，众军大噪，乘之，不逾时而破。盖由朔州进破蔚州也。《通鉴》作晋王自将兵救云州，契丹闻之，引去。
与《辽史》异。是月，贝州平，以沧州降将毛璋为贝州刺史。自是河朔
悉为帝所有。帝自晋阳复至于魏州。

　　天祐十四年二月，帝闻刘鄩复收残兵保守黎阳，遂率师以攻
之，不克而还。是月甲午，新州将卢文进杀节度使李存矩，叛入契
丹，遂引契丹之众寇新州。存矩，帝之诸弟也，治民失政，御下无恩，
故及于祸。帝以契丹王案巴坚旧作阿保机，今改正。与武皇屡盟于云
中，约为兄弟，急难相救，至是容纳叛将，违盟犯塞，乃驰书以让之。
契丹攻新州甚急，刺史安金全弃城而遁，契丹以文进部将刘殷为刺
史。帝命周德威率兵三万攻之，营于城东。俄而文进引契丹大至，
德威拔营而归，因为契丹追蹑，师徒多丧。契丹乘胜寇幽州。是时
言契丹者，或云五十万，或云百万，渔阳以北，山谷之间，毡车毳幕，
羊马弥漫。卢文进招诱幽州亡命之人，教契丹为攻城之具，飞梯、冲
车之类，毕陈于城下。凿地道，起土山四面攻城，半月之间，机变百
端。城中随机以应之，仅得保全。军民困弊，上下恐惧。德威间道
驰使以闻，帝忧形于色，召诸将会议。时李存审请急救燕、蓟，且曰：
"我若犹豫未行，但恐城中生事。"李嗣源曰："愿假臣突骑五千，以
破契丹。"阎宝曰："但当搜选锐兵，控制山险，强弓劲弩，设伏待
之。"帝曰："吾有三将，无复忧矣！"

　　夏四月，命李嗣源率师赴援，次于涞水，又遣阎宝率师夜过祁
沟，俘擒而还。周德威遣人告李嗣源曰："契丹三十万，马牛不知其
数，近日所食羊马过半，案巴坚责让卢文进，深悔其来。契丹胜兵散
布射猎，案巴坚帐前不满万人，宜夜出奇兵，掩其不备。"嗣源具以
事闻。案：《辽史·太祖纪》：四月围幽州，不克。六月乙巳，望城中有气如烟火
状，上曰："未可攻也。"以大暑霖潦，班师，留卢国用守之。是契丹主已于六月
退师矣，《薛史》及《通鉴》皆不载。

　　秋七月辛未，帝遣李存审领军与嗣源会于易州，步骑凡七万。
于是三将同谋，衔枚束甲，寻涧谷而行，直抵幽州。

　　八月甲午，自易州北循山而行，李嗣源率三千骑为前锋。庚子，

循大房岭而东,距幽州六十里。契丹骑遽至,存审、嗣源极力以拒之,契丹大败,委弃毳幕、毡庐、弓矢、羊马不可胜纪,进军追讨,俘斩万计。辛丑,大军入幽州,德威见诸将,握手流涕。翌日,献捷于邺。九月,班师,帝授存审检校太傅,嗣源检校太保,阎宝加同平章事。

十月,帝自魏州还晋阳。十一月,复至魏州。十二月,帝观兵于河上。时梁人据杨刘城,列栅相望,帝率军履河冰而渡,尽平诸栅,进攻刘城。城中守三千人,帝率骑军环城驰射,又令步兵持斧斩其鹿角,负葭苇以堙堑,帝自负一团而进,诸军鼓噪而登,遂拔其垒,获守将安彦之。是夕,帝宿杨刘。

天祐十五年春正月,帝军徇地至郓、濮。时梁主在洛,将修郊礼,闻杨刘失守,狼狈而还。

二月,梁将谢彦章帅众数万来迫杨刘,筑垒以自固,又决河水,弥漫数里,以限帝军。

六月壬戌,帝自魏州复至杨刘。甲子,率诸军涉水而进,梁人临水拒战,帝军小却。俄而鼓操复进,梁军渐退,因乘势而击之,交斗于中流,梁军大败,杀伤甚众,河水如绛,谢彦章仅得免去。是月,淮南杨溥遣使来会兵,将致讨于梁也。

秋八月辛丑朔,大阅于魏郊,河东、魏博、幽、沧、镇、定、邢、洺、麟、胜、云、朔十镇之师,及奚、契丹、室韦、吐浑之众十余万,部阵严肃,旌甲照曜,师旅之盛,近代为最。己酉,梁兖州节度使张万进遣使归款。帝自魏州率师次于杨刘,略地至郓、濮而还,遂营于麻家渡,诸镇列营十数。梁将贺瑰、谢彦章以军屯濮州行台村,结垒相持百余日。帝尝以数百骑摩垒求战,谢彦章帅精兵五千伏于堤下,帝以十余骑登堤,伏兵发,围帝十数重。俄而帝之骑军继至,攻于围外,帝于围中跃马夺击,决围而出。李存审兵至,梁军方退。是时,帝锐于接战,每驰骑出营,存审必叩马进谏,帝伺存审有间,即策马而出,雇左右曰:“老子妨吾戏耳!”至是几危,方以存审之言为忠也。

　　十二月庚子朔，帝进军，距梁军栅十里而止。时梁将贺瑰杀骑
将谢彦章于军，帝闻之曰："贼帅自相鱼肉，安得不亡。"戊午，下令
军中老幼，令归魏州，悉兵以趣汴。庚申，大军毁营而进。辛酉，次
于临濮，梁军舍营蹑于后。癸亥，次胡柳陂。迟明，梁军亦至，帝率
亲军出视，诸军从之。梁军已成阵，横亘数十里，帝以横阵抗之。时
帝与李存审总河东、魏博之众居其中，周德威以幽、蓟之师当其西。
镇、定之师当其东。梁将贺瑰、王彦章全军接战，帝以银枪突入梁军
阵中，斩击十余里，贺瑰、王彦章单骑走濮阳。帝军辎重在阵西，望
见梁军旗帜，皆惊走，因自相蹈籍，不能禁止。帝一军先败，周德威
战殁。是时，陂中有土山，梁军数万先据之，帝帅中军至山下。梁军
严整不动，旗帜甚盛。帝呼诸军曰："今日之战，得山者胜，贼已据
山，吾与尔等各驰一骑以夺之！"帝率军先登，银枪步兵继进，遂夺
其山。梁军纷纭而下，复于土山西结阵数里。时日已晡矣，或曰：
"诸军未齐，不如还营，诘朝可图再战。"阎宝曰："深入贼境，逢其大
敌，期于尽锐，以决雌雄。况贼帅奔亡，众心方恐，今乘高击下，势如
破竹矣。"银枪都将王建及被甲横槊进曰："贼将先已奔亡，王之骑
军一无所损，贼众晡晚，大半思归，击之必破。王但登山纵观，责臣
以破贼之效。"于是李嗣昭领骑军自土山北以逼梁军，王建及呼士
众曰："今日所失辎重，并在山下。"乃大呼以奋击，诸军继之，梁军
大败。时元城令吴琼、贵乡令胡装各部役徒万人，于山下曳柴扬尘，
鼓噪助其势。梁军不之测，自相腾籍，弃甲山积。甲子，命行战场，
收获铠仗不知其数。时帝之军士有先入大梁问其次舍者，梁人大
恐，驱市人以守。其残众奔归汴者不满千人，帝军遂拔濮阳。《永乐
大典》卷七千一百五十六。

旧五代史卷二八考证

　　唐庄宗纪二梁祖自督军攻枣强甲申城陷屠之　甲申,《通鉴》作丙戌。

　　周德威大破燕军于羊头冈　案:《通鉴》作龙头冈,《考异》引《庄宗实录》作羊头冈。

　　遣使推帝为尚书令　案《通鉴考异》引《唐实录》云:天祐八年,晋王已称尚书令,是书作天祐十一年,与《唐实录》异。

　　是月二十九日夜　案:《通鉴考异》引《庄宗实录》作二十七日,今考是书,《贺德伦传》作二十九日,与此纪合。

　　以故将李岩为澶州刺史　李岩,《通鉴考异》引《庄宗实录》作李岩。

　　决围而出　案:《通鉴》作自午至申乃得出,亡其七骑。

　　遣将石嘉才　"嘉才",《梁纪》作"家才",《唐列传》作"家财"。

　　以袁建丰为相州刺史依旧隶魏州　案:《通鉴》作四月,晋人拔洺州,以魏州都巡检使袁建丰为洺州刺史。八月,晋人复以相州隶天雄军,以李嗣源为刺史。与是书异。

　　是月淮南杨溥遣使来会兵将致讨于梁也　案《十国春秋·吴世家》作七月,晋王李存勖遣间使持帛书会兵伐梁王,辞以虔州之难。与是书异。

旧五代史卷二九

唐书五

庄宗本纪第三

　　天祐十六年春正月,李存审城德胜,夹河为栅。帝还魏州,命昭义军节度使李嗣昭权知幽州军府事。三月,帝兼领幽州,遣近臣李绍宏提举府事。

　　夏四月,梁将贺瑰围德胜南城,百道攻击,复以艨艟扼断津渡。帝驰而往,阵于北岸。南城守将氏延赏告急,且言矢石将尽。帝以重贿召募能破贼舰者,于是献技者数十,或言能吐火焚舟,或言能禁咒兵刃,悉命试之,无验。帝忧形于色,亲从都将王建及进曰:"臣请效命。"乃以巨索连舟十艘,选效节勇士三百人,持斧被铠,鼓枻而进,至中流。梁楼船三层,蒙以牛革,悬板为楯。建及率持斧者入艨艟间,斩其竹笮,破其悬楯。又于上流取瓮数百,用竹笮维之,积薪于上,灌以脂膏,火发亘空。又以巨舰载甲士,令乘烟鼓噪。梁之楼船断绁而下,沉溺者殆半。军既得渡,梁军乃退,命骑军追袭至濮阳,俘斩千计。贺瑰由此饮气遘疾而卒

　　秋七月,帝归晋阳。八月,梁将王瓒帅众数万自黎阳渡河,营于杨村,造舟为梁,以通津路。冬十月,帝自晋阳至魏州,发徒数万,以广德胜北城,自是,日与梁军接战。

　　十二月戊戌,帝军于河南,夜伏步兵于潘张村梁军寨下,以骑军掠其饷运,擒其斥侯。梁王瓒结阵以待,帝军以铁骑突之,诸军继进,梁军大奔,赴水死者甚众,瓒走保北城。

天祐十七年春，幽州民于田中得金印，文曰"关中龟印"，李绍宏献于行台。

秋七月，梁将刘鄩、尹皓寇同州。先是，河中节度使朱友谦取同州，以其子令德主留务，请梁主降节。梁主怒，不与，遂请旄节于帝。梁主乃遣刘鄩与华州节度使尹皓帅兵围同州，友谦来告难，帝遣蕃汉总管李存审、昭义节度使嗣昭、代州刺史王建及率师赴援。

九月，师至河中，朝至夕济，梁人不意王师之至，望之大骇。明日约战，与朱友谦谋，迟明，进军距梁垒，梁人悉众以出，蒲人在南，王师在北。骑军既接，蒲人小却，李嗣昭以轻骑抗之，梁军奔溃，追斩二千余级。是夜，刘鄩收余众保营，自是闭壁不出。数日，鄩遂宵遁。王师追及于渭河，所弃兵仗辎重不可胜计，刘鄩、尹皓单骑获免。未几，鄩忧患发病卒。案：《梁书·刘鄩传》作遇鸩而卒。与《唐纪》异。王师略地至奉先，嗣昭因谒唐帝诸陵而还。

天祐十八年春正月，魏州开元寺僧传真获传国宝，献于行台。验其文，即"受命于天，子孙宝之"八字也，群僚称贺。案：自"开元寺"至此三十三字，原本阙佚，今从《册府元龟》增入。传真师于广明中，遇京师丧乱得之，秘藏已四十年矣。篆文古体，人不之识，至是献之。时淮南杨溥、西川王衍皆遣使致书，劝帝嗣唐帝位，帝不从。

二月，代州刺史王建及卒。是月，镇州大将张文礼杀其帅王镕。时帝方与诸将宴，酒酣乐作，闻镕遇弑，遽投觯而泣曰："赵王与吾把臂同盟，分如金石，何负于人，覆宗绝祀，冤哉！"先是，滹沱暴涨，漂关城之半，溺死者千计。是岁，天西北有赤祲如血，占者言赵分之灾，至是果验。时张文礼遣使请旄节于帝，帝曰："文礼之罪，期于无赦，敢邀予旄节！"左右曰："方今事繁，不欲与人生事。"帝不得已而从之，乃承制授文礼镇州兵马留后。

三月，河中节度使朱友谦、昭义节度使李嗣昭、沧州节度使李存审、定州节度使王处直、邢州节度使李嗣源、成德军兵马留后张文礼、遥领天平军节度使阎宝、大同军节度使李存璋、新州节度使王郁、振武节度使李存进、同州节度使朱令德，各遣使劝进，请帝绍

唐帝位,帝报书不允。自是,诸镇凡三上章劝进,各献货币数十万,
以助即位之费,帝左右亦劝帝早副人望,帝拗挹久之。案:《九国志·
赵季良传》:季良尝梦手扶御座,自谓辅佐之象,由是颇述天时人事以讽,庄宗
深纳其言。

　　秋七月,河东节度副使卢汝弼卒。八月庚申,令天平节度使阎
宝、成德兵马留后符习率兵讨张文礼于镇州。初,王镕令偏将符习
以本部兵从帝屯于德胜。文礼既行弑逆,忌镕故将,多被诛戮,因遣
使闻于帝,欲以佗兵代习归镇,习等惧,请留。帝令传旨于习及别将
赵仁贞,乌震等,明正文礼弑逆之罪,且言:"尔等荷戟从征,盖君父
之故,衔冤报恩,谁人无心。吾当给尔资粮,助尔兵甲,当试思之!"
于是习等率诸将三十余人,恸哭于牙门,请讨文礼。帝因授习成德
军兵马留后,以部下镇、冀兵致讨于文礼,又遣阎宝以助之,以史建
瑭为前锋。甲子,攻赵州,刺史王铤送符以迎,阎宝遂引军至镇州城
下,营于西北隅。是月,张文礼病疽而卒,其子处瑾代掌军事。九月,
前锋将史建瑭与镇人战于城下,为流矢所中而卒。

　　冬十月己未,梁将戴思远攻德胜北城,帝命李嗣源设伏于戚
城,令骑军挑战,梁军大至,帝御中军以御之。时李从珂伪为梁帜,
奔入梁垒,斧其眺楼,持级而还。梁军愈恐,步兵渐至,李嗣源以铁
骑三千乘之,梁军大败,俘斩二万计。辛酉,阎宝上言,定州节度使
王处直为其子都幽于别室,都自称留后。《欧阳史》:王处直叛附于契
丹,其子都幽处直以来附。

　　十一月,帝至镇州城下。张处瑾遣弟处琪、幕客齐俭等候帝乞
降,言犹不逊,帝命囚之。时王师筑土山以攻其垒,城中亦起土山以
拒之,旬日之间,机巧百变。张处瑾令韩正时以千骑夜突围,将入定
州与王处直议事,为我游军追击,破之,余众保行唐,贼将彭赟斩正
时以降。

　　十二月辛未,王郁诱契丹案巴坚,案:《契丹国志》:王处直在定州,
以镇、定为唇齿,恐镇亡而定孤,乃潜使人语其子王郁,使赂契丹,令犯寨以救
镇州之围。王郁说太祖曰:"镇州美女如云,金帛似山,天皇速往,则皆为已物

也,不然,则为晋王所有矣。"太祖以为然,率众而南。**寇幽州,遂引军涿州,陷之。**案:契丹陷涿州在天祐十八年,《李嗣弼传》作天祐十九年,纪传互异。**又寇定州,王都遣使告急,帝自镇州率五千骑赴之。**

天祐十九年春正月甲午,帝至新城,契丹前锋三千骑至新乐。是时,梁将戴思远乘虚以寇魏州,军至魏店,李嗣源自领兵驰入魏州。梁人知其有备,乃西渡洹水,陷成安而去。时契丹渡沙河,而诸将相顾失色,又闻梁人内侵,邺城危急,皆请旋师,唯帝谓不可,乃率亲骑至新城。契丹万余骑,遽见帝军,惶骇而退。帝分军为二广,追蹑数十里,获案巴坚之子。时沙河冰薄,桥梁隘狭,故争践而过,陷溺者甚众。案巴坚方在定州,闻前军败,退保望都。帝至定州,王都迎谒,是夜宿于开元寺。翌日,引军至望都,契丹逆战,帝身先士伍,驰击数四,故退而结阵,帝之徒兵亦阵于水次。李嗣昭跃马奋击,敌众大溃,俘斩数千,追击至易水,获毡裘、氎幕、羊马不可胜纪。时岁且北至,大雪平地五尺,敌乏刍粮,人马毙踣道路,累累不概,帝乘胜追袭至幽州。《契丹国志》晋王趋望都,为契丹所围,力战,出入数四,不解。李嗣昭引三百骑横击之,晋王始得出,因纵兵奋击,太祖兵败,遂北至易州。会大雪弥旬,平地数尺,人马死者相属,太祖乃归。是月,梁将戴思远寇德胜北城,筑垒穿堑,地道云梯,尽夜攻击,李存审极力拒守,城中危急。帝自幽州闻之,倍道兼行以赴,梁人闻帝至,烧营而遁。

三月丙午,王师败于镇州城下,阎宝退保赵州。时镇州累月受围,城中艰食,王师渠垒环之,又决滹沱水以绝城中出路。是日,城中军出,攻其长围,皆奋力死战,王师不能拒,引师而退。镇人坏其营垒,取其刍粮者累日。帝闻失律,即以昭义节度使李嗣昭为北面招讨使,进攻镇州。

夏四月,嗣昭为流矢所中,卒于师。己卯,天平节度使阎宝卒。以振武节度使李存进为北面招讨使。是月,大同军节度使李存璋卒。

五月乙酉,李存进围镇州,营于东渡。

八月，梁将段凝陷卫州，刺史李存儒被擒。存儒，本俳优也，帝以其有膂力，故用为卫州刺史，既而诛敛无度，人皆怨之，故为梁人所袭。《九国志·赵季良传》：庄宗入邺，时兵革屡兴，属邑租赋逋久。一日，庄宗召季良切责之，季良对曰："殿下何时平河南？"庄宗正色曰："尔掌舆赋而稽缓，安问我胜负乎！"季良曰："殿下方谋攻守，复务急征，一旦众心有变，恐河南非殿下所有。"庄宗敛容前席曰："微君之言，几失吾大计！"梁将戴思远又陷共城、新乡等邑，自是澶渊之西，相州之南，皆为梁人所据。

九月戊寅朔，张处球悉城中兵奄至东垣渡，急攻我之垒门。时骑军已临贼城，不觉其出，李存进惶骇，引十余人斗于桥上，贼退，我之骑军前后夹击之，贼众大败，步兵数千，殆无还者。是役也，李存进战殁于师，以蕃汉马步总管李存审为北面招讨使，以攻镇州。丙午夜，赵将李再丰之子冲投缒以接王师，诸军登城，迟明毕入，镇州平。获处球、处瑾、处琪并其母，及同恶高蒙、李翥、齐俭等，皆折足送行台，镇人请醢而食之，发张文礼尸，磔于市。帝以符习为镇州节度使，乌震为赵州刺史，赵仁贞为深州刺史，李再丰为冀州刺史。镇人请帝兼领本镇，从之，乃以符习遥领天平军节度使。

十一月，河东监军张承业卒。十二月，以魏州观察判官张宪权知镇州军州事。

同光元年春正月丙子，五台山僧献铜鼎三，言于山石崖间得之。二月，新州团练使李嗣肱卒。是时，以诸藩镇相继上笺劝进，乃命有司制置百官寺仗卫法物，期以四月行即位之礼，以河东节度判官卢质为大礼使。

三月己卯，以横海军节度使、内外蕃汉马步总管李存审为幽州节度使。潞州留后李继韬叛，送款于梁。是月，筑即位坛于魏州牙城之南。

夏四月己巳，帝升坛祭告昊天上帝，遂即皇帝位，文武臣僚称贺。礼毕，御应天门宣制：改天祐二十年为同光元年。大赦天下，自四月二十五日昧爽以前，除十恶五逆、放火行劫、持杖杀人、官典犯赃、屠牛铸钱、合造毒药外，罪无轻重，咸赦除之。应蕃汉马步将校并赐功臣名号,超授检校官,已高者与一子六品正员官,兵士并赐等第优给。其战殁功臣各加追赠,仍定谥号。民年八十以上,与免一子役,内外文武职官,并可直言极谏,无有隐讳。贡选二司宜令有司速商量施行。云、应、蔚、朔、易、定、幽、燕及山后八军,秋夏税率量与蠲减。民有三世已上不分居者,与免杂徭。诸道应有祥瑞,不用闻奏。赦书有所未该,委所司条奏以闻云。是岁自正月不雨,人心忧恐,宣赦之日,澍雨溥降。初,唐咸通中,金、水、土、火四星聚于毕、昴,太史奏:"毕、昴、赵、魏之分,其下将有王者。"懿宗乃诏令镇州王景崇被衮冕摄朝三日,遣臣下备仪注、军府称臣以厌之。其后四十九年,帝破梁军于柏乡,平定赵、魏,至是即位于邺宫。

是月,以行台左丞相豆卢革为门下侍郎、同中书门下平章事、太清宫使;以行台右丞相卢澄案:原本作"卢登",今从《通鉴考异》改正。为中书侍郎平章事、监修国史;以前定州掌书记李德休为御史中丞;以河东节度判官卢质为兵部尚书,充翰林学士承旨;以河东掌书记冯道为户部侍郎,充翰林学士;以魏博、镇冀观察判官张宪为工部侍郎,充租庸使;以中门使郭崇韬、昭义监军使张居翰并为枢密使;以权知幽州军府事李绍宏为宣徽使;以魏博节度判官王正言为礼部尚书,行兴唐尹;以河东军城都虞候孟知祥为太原尹,充西京副留守;以泽潞节度判官任圜为工部尚书兼真定尹,充北京副留守。诏升魏州为东京兴唐府,改元城县为兴唐县,贵乡县为广晋县,以太原为西京,以镇州为北都。是时所管节度一十三,州五十。

闰月丁丑,以李嗣源为检校侍中,依前横海军节度使、内外蕃汉副总管;以幽州节度使李存审为检校太师、兼中书令,安国军节度使符习加同平章事;定州节度使王都加检校侍中。是月,追尊曾祖蔚州太保为昭烈皇帝,庙号懿祖;夫人崔氏曰昭烈皇后。追尊皇祖代州太保为文景皇帝,庙号献祖;夫人秦氏曰文景皇后。追尊皇考河东节度使、太师、中书令、晋王为武皇帝,庙号太祖。诏于晋阳立宗庙,以高祖神尧皇帝、太宗文皇帝、懿宗昭圣皇帝、昭宗圣穆皇帝及懿祖以下为七庙。甲午,契丹寇幽州,至易、定而还。时有自郓来者,言节度使戴思远领兵在河上,州城无守兵,可袭而取之。帝召李嗣源谋曰:"昭义阻命,梁将董璋攻迫泽州,梁志在泽、潞,不虑别有事生,汶阳无备,不可失也。"嗣源以为然。壬寅,命嗣源率步骑五千,箝枚自河趋郓。是夜阴雨,我师至城下,郓人不觉,遂乘城而入,郓州平。制以李嗣源为天平军节度使。梁王闻郓州陷,大恐,乃遣王彦章代戴思远总兵以来拒。时朱守殷守德胜南城,帝惧彦章奔冲,遂幸澶州。

五月辛酉,彦章夜率舟师自杨村浮河而下,断德胜之浮桥,攻南城,陷之。帝令中书焦彦宾驰至杨刘,固守其城,令朱守殷澈德胜北城屋木攻具,浮河而下,以助杨刘。是时,德胜军食刍茭薪炭数十万计,至是令人替负人澶州,事既仓卒,耗失殆半。朱守殷以所毁屋木编栿,置步军于其上。王彦章以舟师沿流而下,各行一岸,每遇转滩水汇,即中流交斗,流矢雨集,或全舟覆没,一彼一此,终日百战,比及杨刘,殆亡其半。己巳,王彦章、段凝率大军攻杨刘南城,焦彦宾与守城将李周极力固守。梁军昼夜攻击,百道齐进,竟不能下,遂结营于杨刘之南,东西延袤十数栅。

六月己亥,帝亲御军至杨刘,登城望见梁军,重壕复垒,以绝其路,帝乃选勇士持短兵出战。梁军于城门外,连延屈曲,穿掘小壕,伏甲士于中,候帝军至,则弓弩齐发,师人伤矢,不得进。帝患之,问计于郭崇韬,崇韬请于下流据河筑垒,以救郓州。又请帝日令勇士挑战,旬日之内,寇若不至,营垒改成。帝善之,即令崇韬与毛璋率数千人中夜往博州济河东,昼夜督役,居六日,营垒将成。戊子,梁将王彦章、杜晏球领徒数万,晨厌帝之新垒。时板筑虽毕,墙仞低庳,战具未备,沙城散恶,王彦章列骑环城,虐用其人,使步军堙壕登堞。又于上流下巨舰十余艘,扼断济路,自旦至午,攻击百端,城中危急。帝自杨刘引军阵于西岸,城中望之,大呼,帝舣舟将渡,梁军遂解围,退保邹家口。

秋七月丁未,帝御军沿河而南,梁军弃邹家口夜遁,委弃锅甲刍粮千计。戊午,遣骑将李绍贻直抵梁军垒,梁益恐。又闻李嗣源自郓州引大军将至,己未夜,梁军拔营而遁,复保于杨村。帝军屯于德胜。甲子,帝幸杨刘城,巡视梁军故垒。

八月壬申朔,帝遣李绍赟以甲士五千援泽州。初,李继韬之叛也,潞之旧将裴约以兵戍泽州,不徇继韬之逆。既而梁遣董璋率众攻其城,约拒守久之,告急于帝,故遣绍赟救之。未至而城已陷,裴约被害,帝闻之,嗟痛不已。甲戌,帝自杨刘归郓。梁以段凝代王彦章为帅。戊子,凝帅众五万结营于王村,自高陵渡河。帝军遇之,生擒梁前锋军士二百人,戮于都市。庚寅,帝御军至朝城。戊戌,梁左右先锋指挥使康延孝领百骑来奔,帝虚怀引见,赐御衣玉带,屏人问之。对曰:"臣窃观汴人兵众不少,论其君臣将校,则终见败亡。赵俨、赵鹄、张汉傑居中专政,结宫掖,贿赂公行。段凝素无武略,一朝便见大用,霍彦威、王彦章皆宿将有名、翻出其下。自彦章获德胜南城,梁主亦稍奖使。彦章立性刚暴,不耐凌制,梁主每一发军,即令近臣监护,进止可否,悉取监军处分,彦章悒悒,形于颜色。自河津失利,段凝、彦章又献谋,欲数道举军,令董璋以陕虢,泽潞之众趋石会关以寇太原。霍彦威统关西、汝、洛之众自相卫以寇镇定,段凝、杜晏球领大军以当陛下,令王彦章、张汉杰统禁军以攻郓州,决取十月内大举。又自滑州南决破河堤,使水东注,曹、濮之间,至于汶阳弥漫不绝,以陷北军。臣在军侧闻此议。臣惟汴人兵力,聚则不少,分则无余。陛下但待分兵,领铁骑五千,自郓州兼程直抵于汴,不旬日,天下事定矣。"帝怿然壮之。

九月壬寅朔,帝在朝城,凝兵至临河南,与帝之骑军接战。是时泽潞叛,卫州、黎阳为梁人所据,州以西、相以南,寇抄日至,编户流亡,计其军赋,不支半年。又王都、卢文进召契丹南侵瀛、涿。及闻梁人将图大举,帝深忧之,召将吏谋其大计,或曰:"自我得汶阳以来,须大将固守,城门之外,元是贼疆,细而料之,得不如失。今若驰檄告谕梁人,却卫州、黎阳以易郓州,指河为界,约且休兵。我国力稍集,则议改图。"帝曰:"嘻,行此谋则无葬地矣!"时郭崇韬劝帝亲御六军,直趋汴州,半月之间,天下可定。帝曰:"正合朕意。大丈夫得则为王,失则为寇,予行计决矣。"又问司天监,对曰:"今岁时不利,深入必无成功。"帝弗听,戊辰,梁将王彦章率众至汶河,李嗣源遣骑军侦视,至递公镇,案:《永乐大典》原本作遽公镇,今从《通鉴考异》所引《薛史》作递公镇,《通鉴》从《庄宗实录》作递坊镇。梁军来挑战,嗣源以精骑击而败之,生擒梁将任钊、田章等三百人,俘斩二百级,彦章引众保于中都。嗣源飞驿告捷,帝置酒大悦,曰:"是当决行渡河之策。"己巳,下令军中将士家属并令归邺。《永乐大典》卷七千一百五十六。

旧五代史卷二九考证

　　镇州大将张文礼杀其帅王镕　案:《欧阳史》作正月,赵将张文礼弑其君镕。《五代春秋》作三月,赵人张文礼杀其君镕。与是书系二月前后互异。

　　行台右丞相卢澄　"卢澄",《欧阳史》作"卢程",考《北梦琐言》,亦作"澄",今仍其旧。

　　帝令中书焦彦宾驰至杨刘固守其城　案:《通鉴》作帝令宦者焦延宾急趋杨刘,与镇使李周固守其城。

　　六月己亥帝亲御军至杨刘　案:"己亥",《通鉴》作"乙亥"。帝舣舟将渡梁军遂解围　案:《欧阳史》作六月及王彦章战于新垒,败之。据是书,则王彦章因救至而解围,未尝败绩也。

　　遣骑将李绍贻　"李绍贻",《通鉴》作"李绍荣"。

旧五代史卷三〇
唐书六

庄宗本纪第四

　　同光元年冬十月辛未朔，日有蚀之。是日，皇后刘氏、皇子继岌归邺宫，帝送于离亭，虚欷而别。诏宣徽使李绍宏、宰相豆卢革、租庸使张宪兴、唐尹王正言同守邺城。壬申，帝御大军自杨刘济河。癸酉，至郓州。是夜三鼓，渡汶。时王彦章守中都。甲戌，帝攻之，中都素无城守，师既云合，梁从自溃。是日，擒梁将王彦章及都监张汉杰、赵廷隐、刘嗣彬、李知节、康文通、王山兴等将吏二百余人，斩馘二万，夺马千匹。时既获中都之捷，帝召诸将谋其所向，或言且徇兖州，徐图进取，唯李嗣源曰："宜急趋汴州。段凝方领大军驻于河上，假如便来赴援，直路又阻决，河须自滑州济渡，十万之众，舟楫焉能卒办？此去汴城咫尺，若昼夜兼程，星宿即至，段凝未起河堰，夷门已为我有矣。臣请千骑前驱，陛下御军徐进，鲜不克矣。"帝嘉之。是夜，嗣源令率前军先进。翌日，车驾即路。丁丑，次曹州，郡将出降。己卯迟明，前军至汴城，嗣源令左右捉生攻封丘门，梁开封尹王瓒请以城降。俄而帝与大军继至，王瓒迎帝自大梁门入。梁朝文武官属于马前谒见，陈叙世代唐臣陷在伪廷，今日再睹中兴，虽死无恨。帝谕之曰："朕二十年血战，盖为卿等家门，无足忧矣，各复乃位。"时梁末帝朱锽已为其将皇甫麟所杀，获其首，函之以献。是日，赐乐工周匝币帛。周匝者，帝之宠伶也，胡柳之役陷于梁，帝每思之，至是谒见，欣然慰接。周匝因言梁教坊使俊保庇之恩，垂泣推荐，请除郡守,帝亦许之。

庚辰,帝御元德殿,梁百官于朝堂待罪,诏释之。壬午,段凝所部马步军五万解甲于封丘。凝等率大将先至请死,诏各赐锦袍、御马、金币。帝幸北郊,抚劳降军,各令还本营。丙戌,诏曰:"惩恶劝善,务振纪纲;激浊扬清,须明真伪。盖前王之令典,为历代之通规,必按旧章,以令多士。而有志朋僭窃,位忝崇高,累世官而皆受唐恩,贪爵禄而但从伪命,或居台铉,或处权衡,或列近职而预机谋,或当峻秩而掌刑宪,事分逆顺,理合去留。伪宰相郑珏等一十一人,皆本朝簪组,儒苑品流。虽博识多闻,备明今古;而修身慎行,颇负祖先。昧忠贞而不度安危,专利禄而全亏名节,合当大辟,无恕近亲。朕以缵嗣丕基,初平巨憝,方务好生之道,在行含垢之恩。汤纲垂仁,既务全族;舜刑投裔,兼贷一身。尔宜自新,我全大体,其为显列,不并庶僚。余外应在周行,悉仍旧贯,凡居中外,咸体朕怀。"乃贬梁宰相郑珏为莱州司户,萧顷为登州司户,翰林学士刘岳为均州司马,任赞房州司马,姚颉复州司马,封翘唐州司马,李怿怀州司马,窦梦征沂州司马,崇政院学士刘光素密州司户,陆崇安州司户,御史中丞王权随州司户,并员外置同正员。

是日,以梁将段凝上疏奏:"梁朝权臣赵岩等,并助成虐政,结怨于人,圣政惟新,宜诛首恶。"乃下诏曰:

朕既殄伪庭,显平国患。好生之令,含弘虽切于予怀;征恶之规,决断难违于众请。况赵岩、赵鹄等,自朕收城数日,布惠四方,尚若迹以潜形,罔悛心而革面,须行赤族,以谢众心。其张汉杰昨于中都与王彦章同时俘获,此际未详行止,偶示哀矜。今既上将陈词,群情激怒,往日既彰于僭滥,此时难漏于网罗,宜置国刑,以塞群论。除妻儿骨肉外,其他疏属仆使,并从释放。敬翔、李振,首佐朱温,共倾唐祚,屠害宗属,杀戮朝臣,既寰宇以皆知,在人神而共怒。敬翔虽闻自尽,未豁幽冤,宜与李振并族于市。疏属仆使,并从原宥。朱珪素闻狡蠹,唯务谗邪,斗惑人情,枉害良善,将清内外,须切去除,况众状指陈,亦

宜诛戮。契丹水喇鄂博。旧作撒剌阿拨，今改正。既弃其母，又背
其兄。朕比重怀来，厚加恩渥，看同骨肉，锡以姓名，兼分符竹
之荣，荃被颁宣之渥。而乃辄重惠，复背明廷，罔顾欺违，窜归
伪室，既同枭獍，难贷刑章，可并妻子同戮于市。其朱氏近亲，
赵鹄正身，赵岩家属，仰严加擒捕。其余文武职员将校，一切不
问。

是日，赵岩、张希逸、张汉杰、张汉伦、张汉融、朱珪、敬翔、李振及契
丹沙喇鄂博等，并其妻孥皆斩于汴桥下。又诏除毁朱氏宗庙神主、
伪梁二主并降为庶人。天下官名府号及寺观门额，曾经改易者，并
复旧名。时帝欲发梁祖之墓，斫棺燔柩，河南尹张全义上章申理，乞
存圣恩，《通鉴》：张全义上言："朱温虽国之深雠，然其人已死，刑无可加，屠
灭其家，足以为报，乞免焚斫，以存圣恩。"帝乃止，令划去阙室而已。丁
亥，梁百官以诛凶族，于崇元殿立班待罪，诏各复其位。《洛阳缙绅旧
闻记》载张全义表云"伏念臣误栖恶木，曾饮盗泉，实有瑕疵，未蒙昭雪。"因下
诏雪之。以枢密使、检校太保、守兵部尚书郭崇韬权行中书公事。己
丑，御崇元殿。制曰：

　　伏顺讨逆，少康所以诛有穷；缵业承基，光武所以灭新莽。
咸以中同景命，再造王猷，经纶于草昧之中，式遏于乱略之际。
朕以钦承大宝，显荷鸿休，虽继前修，固惭凉德，誓平元恶，期
复本朝，属四海之阽危，允万邦之推戴。近者亲提组练，径扫氛
祅，振已坠之皇纲，珍偷安之寇孽。国仇方雪，帝道爰开，拯编
氓覆溺之艰，救率土倒悬之苦。粤自朱温构逆，友贞嗣凶，篡杀
二君，殄残九朝，虺毒久伤于宇宙，狼食肆噬于华夷。剥丧元
良，凌辱神主，帝里动忝离之叹，朝廷多栋桡之危。弃德崇奸，
穷兵黩武，战士疲劳于力役，烝民耗竭其膏腴，言念于斯，轸伤
弥切。

　　今则已枭逆竖，大惬群情，睹历数之有归，实神灵之匪昧，
得不临深表诚，驭朽为怀，将引济于艰难，宜特行于赦宥。应伪
命流贬责授官等，已经量移者，并可复资，徒流人放归乡里。京

畿及诸道见禁囚徒,大辟罪降从流,已下咸赦除之。其郑珏等一十一人,未在移复之限。应邑从征讨将校,及诸官员、职掌节级、马步兵士及河北诸处屯驻守戍兵士等,皆情坚破敌,业茂平淮,副予戡定之谋,显尔忠勤之节,并据等第,续议奖酬。其有殁于王事未经追赠者,各与赠官;如有子孙堪任使者,并量材录任。应伪庭季节度、观察、防御、转练等使及刺史、监押、行营将校等,并颁恩诏,不议改更,仍许且称旧衔,当俟别加新命。

理国之道,莫若安民;劝课之规,宜丛薄赋。庶遂息肩之望,冀谐鼓腹之谣。应诸道户口,并宜罢其差役,各务营农。所系残欠赋税,及诸务悬欠积年课利,及公私债负等,其汴州城内,自收复日已前,并不在征理之限;其诸道,自壬午年十二月已前,并放。北京及河北先以袄祲未平,配买征马,如有未请却官本钱,及买马不迨者,可放免。应有本朝宗属及内外文武臣僚,被朱氏无辜屠害者,并可追赠。如有子孙及本身逃难于诸处漂寓者,并令所在寻访,津置赴阙。义夫节妇,孝子顺孙,旌表门闾,量加赈给。或鳏寡孤独,无所告者,仰所在各议拯救。民年过八十者,免一子从征。其有先投过伪庭将校官吏等,一切不问云。

甲午,以枢密使、检校太保、守兵部尚书、太原县男郭崇韬为开府仪同三司、守侍中、监修国史、兼真定尹、成德军节度使,依前枢密使、太原郡侯,仍赐铁券。乙未,诏宰相豆卢革权判吏部上铨,御史中丞李德休权判东西铨事。丙申,滑州留后、检校太保段凝可依前滑州留后,仍赐姓,名绍钦。以金紫光禄大夫、检校司空、守辉州刺史杜晏球为检校司徒,依前辉州刺史,仍赐姓,名绍虔。诏处斩随驾兵马都监夏彦朗于和景门外。时宦官怙宠,广侵占居人第舍,郭崇韬奏其事,乃斩彦朗以徇。

丁酉,赐百官绢二千匹、钱二百万,职事绢一千匹、钱百万。戊戌,以竭忠启运匡国功臣、天平军节度使、开府仪同三司、检校太傅、兼侍中、蕃汉马步总管副使、陇西郡侯李嗣源为依前检校太傅、兼中书令、天平军节度使、特进，封开国公，加食邑实封，余如故。以开府仪同三司、检校太傅、北都留守、兴圣宫使、判六军诸卫事李继岌为检校太尉、同平章事，充东京留守。诏御史台，班行内有欲求外职，或要分司，各许于中书投状奏闻。

己亥，宴勋臣于崇元殿，梁室故将咸预焉。帝酒酣，谓李嗣源曰："今日宴客，皆吾前日之勃敌，一旦同会，皆卿前锋之力也。"梁将霍彦威、戴思远等皆伏陛叩头，帝因赐御衣、酒器，尽欢而罢。齐州刺史孟璆上章请死，诏原之。璆初事帝为骑将，天佑十三年，帝与刘鄩莘县对垒，璆领七百骑奔梁，至是来请罪，帝报之曰："尔当吾急，引七百骑投贼，何面目相见！"璆惶恐请死，帝恕之。未几，移贝州刺史。庚子，帝畋于汴水之阳。

十一月辛丑朔，有司奏："河南州县见使伪印，望追毁改铸。"从之。以光禄大夫、检校太傅、左金吾上将军兼领左龙武军事、汾州刺史李存渥为滑州节度使，加特进、同平章事；以杂指挥散员都部署、特进、检校太傅、忻州刺史李绍荣为徐州节度使；以滑州兵马留后、检校太保李绍钦为兖州节度使。壬寅，凤翔节度使、秦王李茂贞遣使贺收复天下。癸卯，河中节度使、西平王朱友谦来朝。乙巳，赐肱谦姓，改名继麟，帝令皇子继岌兄事之。以捧日都指挥使、博州刺史康延孝为郑州防御使、检校太保，赐姓，名继琛。以宋州节度使、检校太尉、平章事袁象先依前为宋州节度使，仍赐姓，名绍安，以许州匡国军节度使、检校太尉、同平章事温韬依前许州节度使，仍赐姓，名绍冲。

丁未，日南至，帝不受朝贺。戊申，中书门下上言：以朝廷兵革虽宁，支费犹阙，应诸寺监各请置少卿、少监、祭酒、司业各一员，博士两员，余官并停。唯太常寺事关大礼，大理寺关刑法，除太常博士外，许更置丞一员。其王府及东宫官、司天五官、正奉御之属，凡关不急司存，并请未议除授。其诸司郎中、员外应有双曹者，且置一员。左右常侍、谏义大夫、给事中、起居郎、起居舍人、补阙、拾遗，各

置一半。三院御史仍委御史中丞条理申奏。其停罢朝官，仍录名衔，
具罢任时日，留在中书，侯见任官满二十五个月，并据资品，却与除
官。其西班上将军已下，仍望宣示枢密院斟酌施行。从之。时议者
以中兴之朝，事宜恢廓，骤兹自弱，顿失物情。己酉，诏：应随处官
吏、务局员僚、诸军将校等，如闻前例，各有进献，直贡章奏，不唯亵
黩于朝廷，实且傍滋于诛敛，并宜止绝，以肃化风。又诏：左降均州
司马刘岳，有母年逾八十，近闻身故，准故事许归，侯三年丧服阕，
如未量移，即却赴贬所。

壬子，诏取今月二十四日幸洛京，以十二月二十三日朝献太微
宫，二十四日朝献太庙，二十五日有事于南郊。癸未，中书门下奏：
"应随驾及在京有带兼官者，并望落下，只守本官。"从之。乙卯，以
特进、检校太傅、开封尹、判六军诸卫事、充功德使王瓒为宣武军节
度副使，权知军州事，丁巳，以银青光禄大夫、尚书左丞赵光胤为中
书侍郎、平章事、集贤殿大学士；以朝散大夫、礼部侍郎韦说守本
官、同平章事；以吏部侍郎、史馆修撰、判馆事卢文度为兵部侍郎，
充翰林学士；以右散骑常侍，充弘文馆学士，判馆事冯锡嘉为户部
侍郎、知制诰，充翰林学士；以翰林学士、守尚书膳部员外郎刘昫为
比部郎中、知制诰，依前充职；以邑銮书制学士、行尚书仓部部员外
郎赵凤为仓郎中、知制诰，充翰林学士；以左拾遗于峤守本官，充翰
林学士，戊午，以中书侍郎、平章事豆卢革判租庸使，兼诸道盐铁转
运等使。新罗王金朴英遣使贡方物。

己未，以洛京留守、判六军诸卫事、守太尉、兼中书令、河南尹、
魏王张全义为检校太师、守中书令，余如故；以荆南节度使、检校太
师、守中书令、渤海王高季兴为依前检校太师、守中书令。余如故。
庚申，以工部尚书、真定尹、北都副留守、知留守事任圆为检校吏部
尚书、兼御史大夫，充成德军节度使行军司马，知军府事。安义军节
度使李继韬入见待罪，诏释之。辛酉，以宣化军留后、检校太傅戴思
远权知青州军州事，检校司空、左监门上将军安崇阮并检校旧官，
却复本任。以镇国军留后、检校太傅霍彦威为保义军节度留后；以

权知威化军留后、检校司徒高允贞权知镇国军留后；以权知河阳留后、检校太保张继业依前权知河阳留后；以鄜延两镇节度使、检校太师、兼中书令、西平王高万兴依前鄜延节度使，仍封北平王；襄州节度使、检校太傅、平章事孔勍依前襄州节度使，余如故。以永平军节度使、行大安尹、检校太保张筠为西都留守、行京兆尹。以晋州节度使、检校太保刘𨥒，邠州节度使、检校太保韩恭，安州节度使、检校太保朱汉宾，并检校旧官，却复本任。壬戌，以左金吾卫大将军史敬熔为左街使，右金吾卫大将军李存确为右街使。

甲子，车驾发汴州。

十二月庚午朔，车驾至西京。是日，有司自石桥具仪伏法物，迎引入于大内。辛未，以百官初到，放三日朝参。壬申，以租庸使刑部侍郎、太清宫副使张宪为检校吏部尚书、充北京副留守、知留守事、太原尹。诏改取来年二月一日行郊礼。戊寅，诏德胜寨、莘县、杨刘口、通津镇、胡柳陂皆战阵之所，宜令逐处差人收掩战士骸骨，量备祭奠，以慰劳魂。诏改伪梁永平军大安府复为西京京兆府；改宋州宣武军为归德军，汴州开封府复为宣武军，华州感化军为镇国军，许州匡国军复为忠武军，滑州宣义军复为义成军，陕府镇国军复为保义军，耀州静胜军复为顺义军，潞州匡义军复为安义军，朗州武顺军复为武贞军，延州为彰武军，邓州为威胜军，晋州为建雄军，安州为安远军。淮南杨溥遣使贺登极，称“大吴国主书上大唐皇帝”。《十国春秋·吴世家》云：唐以灭梁来告，始称诏，我国不受，唐主随易书，用敌国礼，曰“大唐皇帝致书于吴国主”，王遣司农卿卢苹献金器二百两、银器三千两、罗锦一千二百疋、龙脑香五斤、龙凤丝鞋一百事于唐。又遣使张景报聘，称“大吴国主上书大唐皇帝”，辞礼如笺表。己卯，禁屠牛马。

庚辰，御史台上言：“请行用本朝律令格式，今访闻唯定州有本朝法书，望下本州写副本进纳。”从之。辛巳，诏贬安义军节度使李继韬为登州长史，寻斩于天津桥下，再谋叛故也。甲申，淮南杨溥、奚首领李绍威并遣使朝贡。乙酉，以翰林学士承旨卢质权知汴州军府事，以礼部尚书崔沂为尚书左丞、判吏部尚书铨事，以兵部侍郎崔协为吏部侍郎，以刑部侍郎、充集贤殿学士、判院事卢文纪为尚书兵部侍郎，依前充集贤殿学士、判院事。

丁亥，泽州刺史董璋上言：潞州军变，李继达领兵出城，自刎而死，节度副使李继珂已安抚军城。己丑，有司上言："上辛祈谷于上帝，请奉高祖神尧皇帝配；孟夏雩祀，请奉太宗文皇帝配；季秋大享于明堂，请奉太祖武皇帝配；冬至日祀圜丘，请奉献祖文皇帝配；孟冬祭神州地祇，请奉懿祖昭圣皇帝配。"从之。

辛卯，亳州太清宫道士上言，圣祖玄元皇帝殿前枯桧再生一枝，图画以进。诏曰，"当圣祖旧殿生枯桧新枝，应皇家再造之期，显大国中兴之运。同上林仆柳，祥既叶于汉宣；比南顿嘉禾，瑞更超于光武。宜标史册，以示寰瀛"云。案：《五代会要》云：唐高祖神尧皇帝武德二年，枯桧重华，至安禄山僭号萎瘁。玄宗自蜀归京，枝叶复盛。至是再生一枝，长二尺余。盖一时夸诩之言也。壬辰，幸伊阙。己巳，以中书舍人崔居俭为刑部侍郎，充史馆修撰、判馆事。甲午，以租庸副使、光禄大夫、检校司徒、守卫尉卿孔谦为盐铁转运副使。《永乐大典》卷七千一百五十六。

旧五代史卷三〇考证

唐庄宗纪四以赵光允为中书侍郎平章事集贤殿大学士　　案：《欧阳史》作赵光允为中书侍郎，不载大学士衔，与是书详略异。

甲子车驾发汴州十二月庚午朔车驾至西京　　案：《欧阳史》作甲子如洛京，庚午至自汴州。是书作西京，盖其时未改永平军为西京，故尚仍梁制，称洛阳为西京也。又，《通鉴考异》云：诸书但谓之洛京，未尝诏改西京为洛京，至同光三年始诏，依旧以洛京为东都。或者以永平为西京，时即改梁西京为洛京，而史脱其文也。《欧阳史》于元年冬即书洛京，未审所据。

　　诏改伪梁永平军大安府复为西京京兆府　　案:《欧阳史》作十一月辛酉复永平军为西都，与是书日月互异。

　　实喇鄂博,旧作撒剌阿拨,今改。

旧五代史卷三一

唐书七

庄宗本纪第五

同光二年春正月庚子朔,帝御明堂殿朝贺,仗卫如式。壬寅,南郊礼仪使、太常卿李燕进太庙登歌酌献乐舞名,懿祖室曰《昭德之舞》,献祖室曰《文明之舞》,太祖室曰《应天之舞》。昭宗室曰《永平之舞》。甲辰,幽州上言,契丹入寇至瓦桥。《契丹国志》:时契丹日益强盛,遣使就唐求幽州,以处卢文进。以天平军节度使李嗣源为北面行营都招讨使,陕州留后霍彦威为副,率军援幽州。己巳,故宣武军节度副使、权知军州事、检校太傅王瓒赠太子太师。丁未,诏改朝元殿复为明堂殿,又改崇勋殿为中兴殿,戊申,以振武军节度使、检校太傅、同平章事李存霸权知潞州留后。以知保大军军州事高允韬为检校太保。庚戌,以泾原节度使、充秦王府诸道行军司马、开府仪同三司、检校太尉、兼侍中李从曮为检校太尉、兼中书令,依前泾原军节度使,充秦王府诸道行军司马。诏改应顺门为永曜门,太平门为万春门,通政门为广政门,凤明门为韶和门,万春门为中兴门,解卸殿为端明殿。

是日,诏曰:"皇纲已正,紫禁方严,凡事内官,不合更居外地。诏诸道应有内官,不计高低,并仰逐处并家口发遣赴阙,不得辄有停滞。"帝龙潜时,寺人数已及五百,至是合诸道赴阙者,约千余人,皆给赐优赡,服玩华侈,委之事务,付以腹心。唐时宦官为内诸司使务、诸镇监军,出纳王命,造作威福,昭宗以此亡国。及帝奄有天下,当知戒彼前车,以为殷鉴,一朝复兴兹弊,议者惜之。新罗王金朴英遣使朝贡。

辛亥,中书门下奏:"准本朝故事,诸王、内命妇、宰臣、学士、中书舍人、诸道节度、防御、团练使、留后官告,及中书帖官告院索绫纸襈轴,下所司书写印署毕,进入宣赐。其文武两班及诸道官员并奏荐将校,并合于所司送纳朱胶绫纸价钱。伏自伪梁,不分轻重,并从官给,今后如非前件事例,诸官中不给告敕,其内司大官侍卫将校转官,即不在此限。"从之。壬子,蜀主王衍致书于帝,称有诈为天使,驰报收复汴州者,诏捕之,不获。癸丑,有司奏:郊祀前二日,迎祔高祖、太宗、懿祖、献祖、太祖神主于太庙。议者以中兴唐祚,不宜以追封之祖杂有国之君以为昭穆,自懿祖已下,宜别立庙于代州,如后汉南阳故事可也。北面军前奏,契丹还塞,诏李嗣源班师。凤翔节度使、秦王李茂贞上表,请行藩臣之礼,帝优报之。甲寅,帝于中兴殿面赐郭崇韬铁卷。有司上言:"皇太后到阙,皇帝合于银台门内奉迎。诏亲至怀州奉迎。中书奏:"自二十三日后散斋内,车驾不合远出。"诏改至河阳奉迎。以礼部尚书、兴唐尹王正言依前礼部尚书,充租庸使。

乙卯,渤海国遣使贡方物。幽州奏,妫州山后十三寨百姓却复新州。戊午,以前太子少师薛廷珪为检校户部尚书、太子少师致仕,以前太子宾客封舜卿为太子少保致仕,以前太子宾客李文规为户部侍郎致仕。诏盐铁、度支、户部并委租庸使管辖。庚申,四方馆上言:"请今后除随驾将校,及外方进奉专使文武班三品以上官,可以内殿对见,其余并诣正衙,以申常礼。"从之。车驾幸河阳,奉迎皇太后。辛酉,帝侍皇太后至,文武百僚迎于上东门。是日,河中府上言,稷出县割隶绛州。以太仆卿李纾为宗正卿,以卫尉卿杨邆为太仆卿。西京昭应县华清宫道士张中虚上言,天尊院枯桧重生枝叶。

乙丑,有司上言:"南郊朝享太庙,旧例亲王充亚献、终献行事"。乃以皇子继岌为亚献,皇弟存纪为终献。丙寅,帝赴明堂殿致斋。丁卯,朝飨于太微宫。戊辰,飨太庙,是日赴南郊。

二月己巳朔,亲祀昊天上帝于圜丘,礼毕,辛臣率百官就次称贺,还御五凤楼.宣制:"大赦天下,应同光二年二月一日昧爽已前,所犯罪无轻重常赦所不原者,咸赦除之.十恶五逆、屠牛铸钱、故杀人、合造毒药、持杖行动、官典犯赃,不在此限.应自来立功将校,各与转官,仍加赏给.文武常参官、节度、观察、防御、刺史、军主、都虞侯、指挥使,父母亡殁者,并与追赠,在者各与加爵增封.诸藩镇各赐一子出身,仍封功臣名号.留后、刺史,官高者加阶爵一级,官卑者加官一资.应本朝内外臣寮,被朱氏杀害者,特与追赠.应诸州府不得令富室分外收贮见钱,禁工人熔钱为铜器,勿令商人载钱出境,近年已来,妇女服饰,异常宽博,倍费缣绫.有力之家,不许卑贱,悉衣锦绣,宜令所在纠察.应有百姓妇女,曾经俘掳他处为婢妾者,一任骨肉识认.男子曾被刺面者,给与凭据,放逐营生.召天下有能以书籍进纳者,各等第酬奖.仰有司速检勘天下户口正额,恳田实数,待凭条理,以息烦苛."是日,风景和畅,人胥悦服.议者云,五十年来无此盛礼.然自此权臣愎戾,伶官用事,吏人孔谦酷加赋敛,赦文之所原放,谦复刻剥不行,大失人心,始于此矣.

庚午,租庸使孔谦奏:"诸道纲运客旅,多于私路苟免商税,请令所在关防严加捉搦".从之.癸酉,宰臣豆卢革率百官上尊号曰昭文睿武至德光孝皇帝,凡三上表,从之.甲戌,诏曰:"汴州元管开封、浚仪、封丘、雍丘、尉氏、陈留六县,伪庭割许州鄢陵、扶沟,陈州太康,郑州阳武、中牟,曹州考城等县属焉.其阳武、匡城、扶沟、考城四县,宜令且隶汴州,余还本部."丙子,以随驾参谋耿瑗为司天监.丁丑,以光禄大夫、检校司徒李筠为右骑卫上将军.

戊寅,幸李嗣源第,作乐,尽欢而罢.己卯,以河中节度使、冀王李继麟兼安邑、解县两池榷盐使.辛巳,以检校太师、守尚书令、河南尹、判六军诸卫事、魏王张全义为守太尉、兼中书令、河阳节度使、河南尹,改封齐王.以开府仪同三司、守尚书令、秦王李茂贞依前封秦王,余如故,仍赐不拜、不名.案《五代会要》:太常礼院奏:"李茂贞封册之命,宜准故襄州节度使赵匡凝之例施行.秦王受册,自备革辂一乘,载册椟车一乘,并本品卤簿鼓吹如仪。"从之。是日,帝幸左龙武军。癸未,宰臣豆卢革率百上表,请立中宫。制以魏国夫人刘氏为皇后,仍令所司择日备礼册命。

丁亥,以天平军节度使、蕃汉总管副使、开府仪同三司、检校太傅、兼中书令李嗣源为检校太尉,依前天平军节度使,加实封百户,兼赐铁卷;以前安国军节度副使、检校太保、左卫上将军李存义为晋州节度使、检校太傅;以北京皇城留守、检校太保、左威卫上将军李存纪为邢州节度使,加检校太傅;以蕃汉马步都虞侯、兼东京马步军都指挥使、检校太保朱守殷为震武节度使,加检校太傅。戊子,以前右龙武军都虞侯、守左龙武大将军李绍奇为郑州防御使,以楚州防御使张继孙为汝州防御使。己丑,以振武军节度使、权安义留后、检校太傅、平章事李存霸为潞州节度使,以捧日都指挥使、郑州防御使李绍琛为陕州节度使,以成德军马步军都指挥使、右监门卫大将军毛璋为华州节度使。壬辰,枢密使郭崇韬再上表,请退枢密之职,优诏不允。

癸巳,诏曰:"皇太后母仪天下,子视群生,当别建宫闱,显标名号,冀因称谓,益表尊俨,宜以长寿宫为名。"枢密使郭崇韬奏时务利便一十五件,优诏褒美。甲午,奚王李绍威、吐浑李绍鲁皆贡驼马。丁酉,以武安军衙内马步军都指挥使、昭州刺史马希范为永州刺史、检校太保。癸卯,以光禄大夫、检校左仆射、行太常卿李燕为特进、检校司空,依前太常卿;以御史中丞李德休为兵部侍郎;以吏部侍郎崔协为御史中丞。

三月甲辰,故河阳节度使王师范赠太尉。乙巳,以沧州节度使、检校太傅、同平章事符习为青州节度使,以北京衙内马步军都指挥使、右领军卫大将军李绍赟为沧州节度使。镇州奏,契丹犯塞,诏李嗣源率师屯邢州。丙午,以荆南节度使、守中书令、渤海王高季兴依前检校太师、兼尚书令,封南平王;以幽州节度行军司马李存贤依前检校太保,为幽州节度使。中书门下上言:"近以诸州奏荐令录,颇乱规程,请今后节度使管三州已上,每年许奏管内官三人,如管三州已下，只奏两人，仍须课绩尤异，方得上闻。防御使只许奏一人，刺史无奏荐之例。"从之。己酉，以太子少保李琪为刑部尚书。

庚戌，幽州奏，契丹寇新城。是日，诏："诸军将校，自检校司空以下，宜赐叶谋定乱匡国功臣。自检校仆射、尚书、常侍及谏议大夫，并赐忠果拱卫功臣。初带宪衔者，并赐忠烈功臣。节级长行，并赐扈跸功臣。"中书门下上言："州县官在任考满，即具关申送吏部格式，本道不得差摄官替正官。"从之。《五代会要》：同光二年，中书门下奏："刺史、县令有政绩尤异，为众所知；或招复户口，能增加赋税者；或辩雪冤狱，能拯人命者；或去害物之积弊，立利世之新规，有益时政，为众所推者，即仰本处逐件分明闻奏，当议奖擢。或在任贪猥，诛戮生灵，公事不治，为政怠惰，亦加惩罚。其州县官任满三考，即具关申送吏部格式，侯敕除铨注，其本道不得差摄官替正授者。"从之。有司上言："皇帝四月一日御文明殿，受册徽号，合服衮冕，御殿前一日，散斋于内殿。"从之。是日，李嗣源上表乞退兵权，诏不允。是时伶人景进用事，阉官竞进，故重臣忧惧，拜章请退。癸丑，左谏议大夫窦专上言："请废租庸使名目，事归三司。"疏奏不报。唐州奏，木连理。诏："先省员官，除已别授官外，其左散骑常侍李文矩等三十人却复旧官，太子詹事石戬等五人宜以本官致仕，将作少监岑保嗣等十四人续敕处分。"丙辰，责授莱州司户郑珏等一十一人并量移近地。尚书户部侍郎，知贡举赵颀卒，以中书舍人裴皞权知贡举。禁用铅锡钱。

丁巳，中书门下奏："懿祖陵请以永兴为名，献祖陵请以长宁为名，太祖陵请以建极为名。"从之。淮南杨溥遣使贡贺郊天礼物。《十国春秋·吴世家》：王遣右卫上将军许确进贺郊天银二千两、锦绮罗一千二百匹、细茶五百斤、象牙四株、犀角十株于唐。戊午，诏应南郊行事官，并付三铨磨勘，优与处分。己未，以大理卿张绍珪充制置安邑、解县两池榷盐使。幸左龙武军，以皇子继岌代张全义判六军诸卫事故也。癸亥，以彰武、保大等军节度使、北平王高万兴可依前延州、鄜州节度使、检校太保、兼中书令、北平王。甲子，幸东宅。

夏四月己巳朔，帝御文明殿，具衮冕，受册尊号曰昭文睿武至德光孝皇帝。壬申，以成德军节度行军司马、权知府事任圜为检校右仆射、权北面水陆转运制置使。甲戌，以顺义军留后华温琪依前检校太保，充留后。乙亥，以天策上将军、武安等军节度使、守太师、中书令、楚王马殷可依前守太师，兼尚书令。诏在京诸道节度使、刺史，令各归本任。丁丑，以前幽州节度使、内外蕃汉马步总管、检校太师、兼中书令李存审为宣武军节度使，余如故。

己卯，帝御文明殿，册魏国夫人刘氏为皇后。庚辰，赐郭彦威姓，名曰绍真。癸未，以宋州节度使李绍安依前检校太尉、同平章事、宋州节度使；以许州节度使李继冲依前检校太尉、同平章事、许州节度使；以襄州节度使孔勍依前检校太傅、同平章事、襄州节度使。甲申，以枢密副使、通议大夫、行内侍省内侍宋唐玉为左监门卫将军同正，依前枢密副使以内客省使、通议大夫、行内侍省内侍杨希朗为右监门卫将军同正，依前内客省使；并赐推忠匡佐功臣。车驾幸龙门。丙戌，回鹘遣使贡方物。己丑，以夏州节度使李仁福依前检校太师、兼中书令、夏州节度使，封朔方王；以朔方、河西等军节度使韩洙依前检校太傅、兼侍中，充朔方、河西等军节度使，灵、盐、威、警、雄、凉、甘、肃等州观察使。辛卯，以宣徽南院使、判内侍省、兼内局、特进、左监门将军同正李绍宏为右领军卫上将军。癸巳，以静江军节度使，扶风郡王马賨为检校太师、兼中书令，依前静江军节度使；以朗州节度使马希振为检校太傅、兼侍中，依前朗州节度使。凤翔节度使、秦王李茂贞薨。丙申，潞州小校杨立据城叛，案：《欧阳史》作三月，潞州将杨立反，与《薛史》异。《五代春秋》作四月，盗据潞州，与《薛史》同。以李嗣源为招讨使，陕州留后李绍真为副，率师以讨之。《永乐大典》卷七千一百五十六。

旧五代史卷三一考证

　　唐庄宗纪五开府仪同三司守尚令秦王李茂贞"秦王",《通鉴》作岐王。

　　镇州奏契丹犯塞诏李嗣源率师屯邢州　　案《通鉴》:诏横海节度使李绍赟,北京指挥使李从珂帅骑兵分道备之。与是书异。

　　灵盐威警雄京甘肃等州观察使　　案:"威警",疑当作"威泾"。考《通鉴注》云:警州在泾原西,今仍其旧。

旧五代史卷三二
唐书八

庄宗本纪第六

　　同光二年夏五月己亥,帝御文明殿,册齐王张全义为太尉。礼毕,全义赴尚书省领事,左谏议大夫窦专不降阶,为御史所劾,专援引旧典,宰相不能诘,寝而不行。庚子,太常卿李燕卒。壬寅,以教坊使陈俊为景州刺史,内园使。案:《欧阳史》作内园栽接使。考《五代会要》,内园栽接使系梁时杂使创置之官。储德源为宪州刺史,皆梁之伶人也。初,帝平梁,俊与德源皆为宠伶周匝所荐,帝因许除郡,郭崇韬以为不可,伶官言之者众,帝密召崇韬谓之曰:"予已许除郡,经年未行,我惭见二人,卿当屈意行之。"故有是命。《清异录》:同光既即位,犹袭故应,身预俳优,尚方进御巾裹,名品日新。今伶人所顶,尚有传其遗制者。

　　甲辰,以兖州节度使李绍钦依前检校太保、兖州节度使,进封开国侯;以邠州节度使韩恭依前检校太保、邠州节度使,进封开国伯。丙午,以福建节度使、闽王王审知依前检校太师、守中书令、福建节度使。戊申,幸郭崇韬第。己酉,诏天下撤拆防城之具,不得修浚池隍。以西都留守、京兆尹张筠依前检校太保,充西都留守。甲寅,以沧州节度使李绍赟充东北面招讨使,以兖州节度使李绍钦为副招讨使,以宣徽使李绍宏为招讨都监,率大军渡河而北,时幽州上言契丹将寇河朔故也。

　　乙卯,潞州叛将杨立遣使健步奉表乞行赦宥,帝令枢密副使宋唐玉赍敕书招抚。幽州上言，契丹营于州东南。丙辰，渤海国王大諲撰遣使贡方物。以澶州刺史李审益为幽州行军司马、蕃汉内外都知兵马使。辛酉，故泽潞节度使丁会赠太师。诏割复州为荆南属郡。壬戌，以权知凤翔军府事、泾州节度使李曮为起复云麾将军、右金吾大将军同正，依前检校太尉、兼中书令，充凤翔节度使。乙丑，以权知归义军留后曹义金为归义军节度使、沙州刺史、检校司空。丙寅，李嗣源奏收复潞州。幽州上言，新授宣武军节度使李存审卒。

六月甲戌，中书侍郎兼吏部尚书、平章事、弘文馆大学士豆卢革加右仆射，余如故；侍中、监修国史、兼枢密使、镇州节度使郭崇韬进爵邑，加功臣号；中书侍郎、平章事、集贤殿大学赵光裔加兼户部尚书；礼部侍郎、平章事韦说加中书侍郎。宋州奏，节度使李绍安卒。丙子，李嗣源遣使部送潞州叛将杨立等到阙，并磔于市。潞州城峻而隍深，至是帝命划平之，因诏诸方镇撤防城之备焉。丁丑，有司上言：“洛阳已建宗庙，其北京太庙请停。”从之。

甲申，以卫国夫人韩氏为淑妃，燕国夫人伊氏为德妃，仍令所司择日册命。故河东节度副使、守左谏义大夫李袭吉赠礼部尚书，故河东节度副使、礼部尚书苏循赠左仆射，故河东观察判官、检校右仆射司马揆赠司空，故河东留守判官、工部尚书李敬义赠右仆射。丙戌，以顺义军节度使李令锡为许州节度使，以前保义军留后李绍真为徐州节度使，以徐州节度使李绍荣为宋州节度使。戊子，汝州防御使张继孙赐死于本郡。继孙即齐王张全义之假子也，本姓郝氏，为兄继业等讼其阴事，故诛之。案《册府元龟》载：张继业为河阳两使留后。庄宗同光二年六月，继业上疏称：“弟继孙，本姓郝，有母尚在，父全义养为假子，令管衙内兵士。自皇帝到京，继孙私藏兵甲，招置部曲，欲图不轨，兼私家淫纵，无别无义。臣若不自陈，恐累家族。”敕曰：“有善必赏，所以劝忠孝之方；有恶必诛，所以绝奸邪之迹。其或罪状腾于众口，丑行布于近亲，须举朝章，冀明国法。汝州防御使张继孙，本非张氏子孙，自小丐养，以至成立，备极显荣，而不能酬抚育之思，履谦恭之道，擅行威福，常恣奸凶，侵夺父权，惑乱家事，纵鸟兽之行，畜枭獍之心，有识者所不忍言，无赖者实为其党。而又横征暴敛，虑法峻刑，藏兵器于私家，杀平人于广陌。周思悛改，难议矜容，宜宜逐于遐方,仍归还于姓氏,俾我勋贤之族,永除污秽之风。凡百臣僚,宜体朕命。可贬房州司户参军同正,兼勒复本姓。"寻赐自尽,仍籍没资产。

己丑,以回鹘可汗仁美为英义可汗。诏改辉州为单州。庚寅,故左仆射裴枢,右仆射裴贽、崔远并赠司徒;故静海军节度使独孤损赠司空;故吏部尚书陆扆赠右仆射;故工部尚书王溥赠右仆射。裴枢等六人皆前朝宰辅,为梁祖所害于白马驿,至是追赠焉。壬辰,以天平军节度使、蕃汉总管副使、开府仪同三司、检校太尉、兼中书令李嗣源为宣武军节度使、蕃汉马步总管,余如故。甲午以枢密使、特进、左领军卫上将军、知内侍省事张居翰为骠骑大将军、守左骁卫上将军,进封开国伯,赐功臣号。

秋七月戊戌朔,故宣武军节度使李存审男彦超进其父牙兵八千七百人。己亥,中书门下奏:"每年南郊坛四祠祭,太微宫五荐献,并宰臣摄太尉行事,惟太庙遣庶寮行事,此后太庙祠祭,亦望差宰臣行事。"从之。己巳,汴州雍丘县大风,拔木伤稼。曹州大雨,平地水三尺。丙午,以襄州节度使孔勍为潞州节度使,李存霸为郓州节度使。乙酉,幸龙门之雷山,祭天神,从北俗之旧事也。辛亥,以郓州副使李绍珙为襄州留后,以前泽州刺史董璋为邠州留后。戊午,西川王衍遣伪署尺部侍郎欧阳彬来朝贡,称"大蜀皇帝上书大唐皇帝"。庚申,以应州云州属郡,升新州为威塞军节度使,以妫、儒、武等州为属郡。壬戌,皇子继岌妻王氏封魏国夫人。幽州奏,契丹巴坚旧作阿保机,今改。东攻渤海。案《辽史·太祖纪》:天赞三年五月,渤海杀其刺史张秀实而掠其民。于东攻渤海之事,阙而不载。考《五代会要》,同光二年七月,契丹东攻渤海国,与《薛史》同。

八月己巳,诏洛京应有隙地,任人请射修造,有主者限半年,令本主自修盖,如过限不见屋宇,许他人占射。辛未,北京副留守、太原尹孟知祥加检校太傅,增邑,赐功臣号。帝畋于西苑。癸酉,以租庸副使、守卫尉卿孔谦为租庸使,以右威卫上将军孔循为租庸副使。甲戌,以权知汴州军州事、翰林学士承旨、户部尚书卢质为兵部尚书,依前翰林学士承旨,仍赐论思匡佐功臣。丙子,以云州刺史、雁门以北都知兵马使安元信为大同军节度留后，以隰州刺史张廷裕为新州威塞军节度留后。丁丑，枢密使郭崇韬上表请退，不允。戊寅，租庸使、守礼部尚书王正言罢使，守本官。辛巳，诏诸道节度、观察、防御、团练使、刺史，并于洛阳修宅一区。中书门下上言："请今后诸道除节度副使、两使判官外，其余职员并诸州军事判官，各任本处奏辟。"从之。《五代会要》：同光二年八月八日，中书门下奏："诸道除节度使及两使判官除授外，其余职员并军事判官，伏以翘车著咏，戋帛垂文，式重弓旌，以光尊俎。由是副己知之荐，成接士之荣，必当备悉行藏，习知才行，允奉幕中之画，以称席上之珍。爰自伪梁，颇乖斯义，皆从除授，以佐藩宣。因缘多事之秋，虑爽得人之选，将期推择，式示更张。今后诸道，除节度副使、判官两使除授外，其余职员并诸州军事判官等，并任本道本州，各当辟举，其军事判官，仍不在奏官之限。"汴州奏，大水损稼。癸未，租庸使孔谦进封会稽县男，仍赐丰财赡国功臣。淮南杨溥遣使贡方物。宋州大水，郓、曹等州大风雨，损稼。丁亥，中书门下侍郎奏："请差左丞崔沂、吏部尚书崔贻孙、给事中郑韬光、李光序、吏部员外郎卢损等，同详定选司长定格、行资格、十道图。"从之。《五代会要》：同光二年八月，中书门下奏："吏部三铨、门下省、南曹、废置、甲库、格式、流外铨等司公事，并系长定格、循资格、十道图等，前件格文，本朝创立，检制奸滥，伦叙官资，颇谓精详，久同遵守。自乱离之后，巧伪滋多，兼同光二年八月，车驾在东京，权判工部员外郎卢重本同起请一卷，并以兴复之始，务切怀来，凡有条流，多失根本，以至冬集赴选人，并南郊行事官，及陪位宗子共一千三百余人，铨曹检勘之时，互有援引，去留之际，不绝争论，若又依违，必长讹滥。望差权判尚书省铨左丞崔沂、吏部侍郎崔贻孙、给事中郑韬光、李光序、吏部员外郎卢损等，同详定旧长定格、循资格、十道图，务令简要，可久施行。"从之。癸巳，放朝参三日，以霖雨故也。陕州奏，河水溢岸。乙未，中书门下上言："诸陵台令丞停请，以本县令知陵台事。"从之。

九月癸卯，畋于西北郊。幽州上言，契丹案巴坚自渤海国回军。内园新殿成，名曰长春殿。戊申，以中书舍人、权知贡举裴皞为礼部侍郎，以前郑州防御副使姜弘道为太仆卿。侍中郭崇韬奏："应三铨注授官员等，内有自无出身入仕，贾觅鬼名告敕；今将骨肉文书，揩改姓名；或历任不足，妄称失坠；或假人阴绪，托形势论属，安排参选，所司随例注官。如有人陈告，特议超奖；其所犯人，检格处分；若同保人同有伪滥者，并当驳放。应有人身死之处，今后并须申报本州，于告身上批书身死月日，分明付子孙。今后铨司公事，至春末并须了毕。"从之。铨综之司，伪滥日久，入崇韬条奏之后，澄法甚严，放弃者十有七八，众情亦怨之。已酉，司天台请禁私历日，从之。

庚戌，有司自契丹至者，言女真、回鹘、黄头室韦合势侵契丹。壬子，有司上言："八月二十二日夜，荧惑犯星二度，星周分也，请依法禳之。于京城四门悬东流水一罂，兼令都市严备盗火，止绝夜行。"从之。甲寅，幸郭崇韬第，置酒作乐。乙卯，以前振武节度使、安北都护马存可依前检校太尉、兼侍中，充宁远军节度、容管观察使。存，湖南马殷之弟也。丙辰，黑水国遣使朝贡。契丹寇幽州。戊午，宣宰臣于中书，磨勘吏部选人，谬滥者焚毁告敕。

冬十月戊辰，帝畋于西北郊。已巳，故安义节度使、赠太尉、陇西郡王李嗣昭赠太师。庚午，正衙命使册淑妃韩氏、德妃伊氏，以宰臣豆卢革、韦说充册使。辛未，诏："今后支郡公事，须申本道腾状奏闻。租庸使各有征催，只牒观察使，贵全理体。"契丹寇易、定北鄙。壬申，故大同军防御使李存璋赠太尉。郓州奏，清河泛溢，坏庐舍。癸未，畋于石桥。甲戌，河南尹张全义上言："万寿节日，请于嵩山开琉璃戒坛，度僧百人。"从之。乙亥，故守太师、尚书令、秦王李茂贞追封秦王，赐谥曰忠敬。丁丑，皇后差使赐兖州节度使李绍钦汤药。时皇太后行诰命，皇后刘氏行教命，互遣使人宣达藩后，紊乱之弊，人不敢言。已卯，汴、郓二州奏，大水。

庚辰，以前太仆卿杨遘为大理卿。党项进白驴，奚王李绍威进驼马。幽州奏，契丹入寇，至近郊。辛巳，故天雄军节度副使王缄赠司空。壬午，以天下兵马都元帅、尚父、守尚书令、吴越国王钱镠可依前天下兵马都元帅、尚父、守尚书令，封吴越国王。癸未，幸小马坊阅马。甲申，以两浙兵马留后、清海军节度、岭南东道观察等使、守太尉、兼侍中、广州刺史钱元瓘为检校太师、兼中书令，充两浙节度观察留后，余如故；以镇东军节度副大使、江南管内都招讨使、建武军节度、岭南西道观察等使、检校太傅、守侍中、知苏州中吴军军州事、行邑州刺史钱元璙为检校太尉、兼中书令，余如故。辛卯，天平军监军使柴重厚可特进、右领卫将军同正，充凤翔监军使。甲午，以宣武军度押牙李从温、李从璋、李从荣、李从厚、李从璨并银青光禄大夫、检校右散骑常侍兼御史大夫，宣武军节度押牙李从臻可检校国子祭酒兼御史中丞。自从温而下，皆李嗣源诸子也。

十一月丙申，灵武奏，甘州回鹘可汗仁美卒，其弟狄银权主国事。吐浑白都督族帐移于代州东南。己亥，幸六宅宴诸弟。壬寅，尚书左丞、判吏部尚书铨事崔沂贬麟州司马，吏部侍郎崔贻孙贬朔州司马，给事中郑韬光贬宁州司马，吏部员外卢损贬府州司户。时有选人吴延皓取亡叔告身故旧名求仕，事发，延皓付河南府处死，崔沂以下贬官。宰相豆卢革、赵光裔、韦说诣阁门待罪，诏释之。

癸卯，帝畋于伊阙，侍卫金枪马万余共从，帝一发中大鹿。是日，命从官拜梁祖之陵，物议非之。其夕，宿于张全义之别墅。甲辰，宿伊阙县。乙巳，宿椹硐。时骑士围山，会夜，颠隧崖谷，死伤甚众。丙午，复命卫兵分猎，杀获万计。是夜归京城，六街火炬如昼。丁未，赐群臣鹿肉有差。

庚戌，制改节将一十一人功臣号。辛亥，以兵部侍郎李德林为吏部侍郎。壬子，日南至，百官拜表称贺。以昭仪侯氏为汧国夫人，昭容夏氏为虢国夫人，昭媛白氏为沛国夫人，出使美宣邓氏为魏国夫人，御正楚真张氏为凉国夫人，司簿德美周氏为宋国夫人，侍真吴氏为渤海郡夫人，其余并封郡夫人。丁巳，河中节度使、守太师、尚书令、西平王李继麟可依前守太师、兼尚书令、河中护国军节度使、西平王，仍赐铁券。戊午，幸李嗣源、李绍荣之第，纵酒作乐。是日，镇州地震。契丹寇蔚州。

十二月戊辰，幸西苑校猎。己巳，诏汴州节度使李嗣源归镇。
案：《通鉴》作己巳，命宣武军节度使李嗣源将宿卫兵三万七千人赴汴州，遂如幽州御契丹。是嗣源因出师而归镇也。庚午，帝与皇后刘氏幸张全义第，酒酣,帝命皇后拜全义为养父,全义惶恐致谢,复出珍货贡献。翌日,皇后传制,命学士草谢全义书,学士赵凤密疏,陈国后无拜人臣之礼,帝虽嘉之,竟不能已其事。壬申,以教坊使王承颜为兴州刺史。丙子,诏取来年正月七日幸魏州。庚辰,畋于近郊,至夕还宫。壬午,契丹寇岚州。党项遣使贡方物。乙酉,幸龙门佛寺祈雪。丙戌,以徐州节度使李绍真为北面行营副招讨使。戊子,李嗣源奏,部署大军自宣武军北征。淮南杨溥遣使贡献。己丑,幸龙门。庚寅,诏河南尹张全义为洛京留守,判在京诸军事。是日,日傍有背气,凡十二。

同光三年春正月甲午朔,帝御明堂殿受朝贺,仗卫如式。丙申,诏以昭宗、少帝山陵未备,宜令有司别选园陵改葬,寻以年饥财匮而止。契丹寇幽州。戊戌,诏:"起今后特恩授官及侍卫诸军将校、内诸司等官,其告身官给,旧例朱胶钱、台省礼钱并停。其余合征台省礼钱,比旧数五分中许征一分,特恩者不征。兵、吏部两司逐月各支钱四十贯文,充吏人食直。少府监铸钱造印文,今后不得征纳铜炭价直,其料物官给。"庚子,车驾发京师幸邺。以前许州节度使李绍冲为太子少保;以前邠州节度使韩恭为右金吾大将军,充两街使;以前安州节度使朱汉宾为左龙武统军。庚戌,车驾至邺。命青州节度使符习修酸枣河堤。先是,梁末帝决河堤,引水东注至郓、仆,以限我军,至是方修之。丙辰,幽州上言,节度使李存贤卒。

二月甲子朔,诏:"兴唐府管内有百姓随丝盐钱,每两与减五十文。案:《五代会要》作每两与减放五文。逐年所俵蚕盐,每斗与减五十文。小绿豆税,每亩与减放三升。都城内所征税丝,永与除放。"丙寅,定州节度使王都来朝。丁卯,畋于近郊。己巳,召从臣击球于鞠场。辛未,许州上言:"襄城、叶县准敕割隶汝州,其扶沟等县请郤隶当州。"从之。甲戌,以沧州节度使李绍赟为幽州节度使,依前检校太保;以大同军留后安元信为沧州节度使。乙亥,幸王莽河射雁。丙子,李嗣源奏,涿州东南杀败契丹,生擒首领三十人。符习奏,修堤役夫遇雪寒逃散。枢密使崇韬上表辞兼镇。时帝命李绍赟镇幽州,以其时望未重，欲以李嗣源为镇帅，且为绍赟声授，移郭崇韬兼领汴州。召崇韬议之，崇韬奏以为当，因恳辞兼领。庚辰，以宣武军节度使李嗣源为镇州节度使。辛巳，以皇子继潼、继嵩、继蟾、继峣并检校司徒，皆冲幼，未出阁。突厥、渤海国皆遣使贡方物。帝幸近郊射雁。甲申，以枢密使郭崇韬为依前守侍中、监修国史、兼枢密使，加食邑实封。广南刘岩遣使奉书于帝，称"大汉国王致书上大唐皇帝"。乙酉，帝射鸭于郭泊。丙戌，定州节度使、检校太尉、兼侍中王都进封开国公，加食邑实封。戊子，幸近郊射雁。工部尚书崔柅卒，赠右仆射。

　　三月癸巳朔，赐扈从诸军将士优给，自二十千至一千。甲午，振武军节度使、洛京内外蕃汉马步使朱守殷奏，昨修月陂堤，至德宫南获玉玺一纽，献之。诏示百官，验其文曰"皇帝行宝"四字，方圆八寸，厚二寸，背纽交龙，光莹精妙。守殷又于役所得古文钱四百六十六，二十六文曰"得一元宝"，四百四十曰"顺天元宝"，上之。案庞元英《文昌杂录》云：同光三年，洛京积善坊得古文钱，曰"得一元宝""顺天元宝"，史不载何代铸钱。近见钱氏《钱谱》云：史思明再陷洛阳，"铸得一钱"，贼党以为"得一"非佳号，乃改"顺天"。盖史思明所铸钱也。丙申，寒食节，帝与皇后出近郊，遥飨代州亲庙。庚子，诏取三月十七日车驾归洛京。壬寅，符习奏，修河堤毕功。

　　戊申，帝召郭崇韬谓曰："朕思在德胜寨时，霍彦威、段凝皆予之勍敌，终日格斗，战声相闻，安知二年之间，在吾虎下。吾无少康、光武之才，一旦重兴基构者，良由二三勋德同心辅翼故也。朕有时梦寐，如在戚城，思念曩时挑战鏖兵，劳则劳矣，然而扬旌伐鼓，差慰人心，残垒荒沟，依然在目。予欲按德胜故寨，与卿再陈旧事。"崇韬曰："此去澶州不远，陛下再观战地，益知王业之艰难，岂不韪哉！"己酉，车驾发邺宫。辛亥，至德胜城。案：《五代春秋》作庚子，帝幸邺都，遂幸德胜故寨。据《薛史》，则己酉发邺宫，辛亥至德胜城，与《五代春秋》异。盖《五代春秋》只以下诏之日为据也。登城四望，指战阵之处以谕宰臣。渡河南观废栅旧址，至杨村寨，沿河至戚城，置酒作乐而罢。壬子,淮南杨溥遣使朝贡。东京副留守张宪奏,诸营家口一千二百人逃亡,以艰食故也。时宫苑使王允平、伶人景进为帝广采宫人,不择良家委巷,殆千余人,车驾不给,载以牛车,累累于路焉。庚辰,车驾至自邺。 案:原本作庚辰,《欧阳史》作庚申,疑《永乐大典》传写之讹也。考《通鉴》及《五代春秋》皆作庚辰,又疑原本不误。据上文,正月甲午朔,二月甲子朔,三月癸巳朔,则三月不得有庚辰也。盖其误始于《薛史》,而《通鉴》、《五代春秋》皆袭其讹耳。今姑从原本,仍为辩正于此。辛酉,诏本朝以雍州为西京,洛州为东都,并州为北都。近以魏州为东京,宜依旧以洛京为东都,魏州改为邺都,与北都并为次府。

夏四月癸亥朔,案:《五代春秋》作辛亥朔,《通鉴》从《薛史》。日有蚀之。以租庸副使孔循权知汴州军州事。丙寅,淮南杨溥遣使贡方物。壬申,幸甘泉亭。癸酉,诏翰林学士承旨卢质覆试新及第进士。案《五代会要》:时以新及第进士符蒙正等尚干浮议,故命卢质覆试。租庸使奏:“时雨久愆,请下诸道州府,依法祈祷。”从之。乙亥,帝与皇后幸郭崇韬第,又幸左龙武统军朱汉宾之第。戊寅,以耀州为团练州,其顺义军额宜停。庚辰,帝侍皇太后幸会节园,遂幸李绍荣之第。辛巳,以旱甚,诏河南府徒市,造五方龙,集巫祷祭。癸未,以兖州节度使李绍钦为邓州节度使。丁亥,以镇州节度使李嗣源兼北面水陆转运使,以徐州节度使李绍真为副。礼部贡院新及第进士四人,其王澈改为第一,桑维翰第二,符蒙正第三,成僚第四。礼部侍郎裴皞既无黜落,时议宽容。今后新及第人,侯过堂日委中书门下精加详覆。陕州奏,木连理。庚寅,中书侍郎兼工部尚书、平章事赵光胤卒,废朝三日。

五月壬辰朔,淮南杨溥贡端午节物。丁酉,皇太妃刘氏薨于晋阳,废朝五日,帝于兴安殿行服。时皇太后欲奔丧于晋阳,百官上表请留,乃止。戊戌,以镇州行军司马、知军府事任圜为工部尚书。戊申,幸龙门广化寺祈雨。己酉,黑水、女真皆遣使朝贡。戊午,以凤州衙内马步军都指挥使李继昶为泾州节度使、检校太傅。己未,诏天下见禁罪人,如无大过,速令疏放。幸玄元庙祷雨。

六月癸亥，云州上言，去年契丹从碛北归帐，达靼因相掩击，其首领裕悦旧作于越，今改正。族帐自碛北以部族羊马三万来降，已到南界，今差使人来赴阙奏事。甲子，太白昼见。丁卯，以沧州节度使安元信充北面行营马步军都排阵使。辛未，以宗正卿李纾充昭宗、少帝改卜园陵使。壬申，京师雨足。自是大雨，至于九月，昼夜阴晦，未赏澄齐，江河漂溢，堤防坏决，天下皆诉水灾。丁丑，诏吴越王钱镠将行册礼，准礼文合用竹册，宜令所司修制玉册。时郭崇韬秉政，以为不可，枢密承旨段回赞其事，故有是命。癸丑，以天德军节度使、管内蕃汉都知兵马使刘承训为天德军节度观察留后。丙戌，诏曰："关内诸陵，顷因丧乱，例遭穿穴，多未掩修。其下宫殿宇法物等，各令奉陵州府据所陵园修制，仍四时各依旧例荐飨。每陵仰差近陵百姓二十户充陵户，以备丽扫。其寿陵等一十陵，亦一例修掩，量置陵户。"戊子，以刑部尚书李琪充昭宗、少帝改卜园陵礼仪使。己丑，以工部郎中李途为京兆少尹，充修奉诸陵使。辛卯，诏括天下私马，案《五代会要》：诏下河南、河北诸州，和市战马，官吏除一匹外匿者坐罪。盖当时私马之禁如此。将收蜀故也。《永乐大典》卷七千一百五十七。

旧五代史卷三二考证

己酉车驾发邺宫辛亥至德胜城　　案：《五代春秋》作庚子，帝幸邺都，遂幸德胜故城。据是书，则己酉发邺宫，辛亥至德胜城，与《五代春秋》异。盖《五代春秋》只以诏下之日为据也。

庚辰车驾至自邺　"庚辰"，《欧阳史》作"庚申"考《通鉴》及《五代春秋》，皆作庚辰。据上文，正月甲午朔，二月甲子朔，三月癸巳朔，则三月不得有庚辰也。盖其误始于是书，而《通鉴》、《五代春秋》皆袭其讹耳。今姑从原本，仍为辨正于此。

夏四月癸亥朔　案:《五代春秋》作辛亥朔,《通鉴》从是书。中书侍郎兼工部尚书平章事赵光允卒　案:是书二年六月,光允加兼户部尚书,此处作工部,前后互异,未知孰是。

安巴坚旧作阿保机今改　"裕悦",旧作"于越",今改。

补前许他人占射《五代会要》载此诏云:"藩方侯伯,内外臣僚于京邑之中,无安居之所,亦可请射各自修营。"

旧五代史卷三三
唐书九

庄宗本纪第七

同光三年秋七月丁酉，以久雨，诏河南府依法祈晴。滑州上言，黄河决。壬寅，皇太后崩于长寿宫，帝执丧于内，出遗令以示于外。癸卯，帝于长寿宫成服，百官于长寿宫幕次成服后，于殿前立班奉慰。乙巳，宰臣上表请听政，不允；表再上，敕旨宜废朝七日。丁未，弘文馆上言："请依《六典》，改弘文为崇文馆。"从之。时枢密使郭崇韬亡父名弘，豆卢革希崇韬指，奏而改之。案《五代会要》载同光三年敕云：崇文馆比与弘文馆并置，今请改称，颇协旧典。盖豆卢革曲为之说也。洛水泛涨，坏天津桥，以舟济渡，日有覆溺者。己酉，宰臣百官上表请听政，又请复常膳，表凡三上。以刑部尚书李琪充大行皇太后山陵礼仪使，河南尹张全义充山陵桥道排顿使，孔谦充监护使。壬子，河阳、陕州上言，河溢岸。以礼部尚书王正言为户部尚书，以御史中丞崔协为礼部尚书，以刑部侍郎、史馆修撰、判馆事崔居俭为御史中丞，以尚书左丞归蔼为刑部侍郎。陕州上言，河涨二丈二尺坏浮桥，入城门，居人有溺死者。乙卯，汴州上言，汴水泛涨，恐漂没城池，于州城东西权壤口，引水入古河。泽潞上言，自今月一日雨，至十九日未止。戊午，以刑部尚书、判太常卿兼判吏部尚书铨事李琪为吏部尚书，依前判太常卿，以兵部侍郎、集贤殿学士、判院事卢文纪为吏部侍郎；以给中李光序为尚书右丞。许州、滑州奏，大水。

八月壬戌，诏诸司人吏，不许诸处奏荐，如有劳绩，只许本司奏闻。诏有司,吴越王印宜以黄金铸成,其文曰"吴越国王之印"。丁卯,帝释服,百官奉慰于长寿宫。戊辰,客省使李严使蜀回。初,帝令往市蜀中珍玩,蜀法严峻,不许奇货东出,其许市者谓之"入草物"。严不获珍货,归而奏之,帝大怒曰:"物归中夏者命之曰'入草',王衍宁免为入草之人耶!"由是伐蜀之意锐矣。庚辰,幸寿安山陵作所。邺都大水,御河泛溢。癸未,河南县令罗贯长流崖州,寻委河南府决痛杖一顿,处死,坐部内桥道不修故也。及死,人皆冤之。甲申,山陵礼仪使奏:"山陵封域之内,先有丘坟,合令子孙改卜,例给其所费,无子孙者官为瘗藏。如是五品以上官,所司仍以礼致祭。"从之。凤翔奏,大水。己酉,中书门下上言:"据礼仪使状,准故事,太常少卿定大行太后谥议,太常卿署定讫,告天地宗庙。伏准礼文:贱不得诔贵,子不得爵母,后必谥于庙者,受成于祖宗。今大行太后谥,请太常卿署定后,集百官连署谥状讫,读于太庙太祖皇帝室,然后差丞郎一人撰册文,别定日,命太尉上谥册于西宫灵座,同日差官告天地、太微宫、宗庙,如常告之仪。"从之。青州大水、蝗。己丑,以襄州留后李绍珙为襄州节度使,以邠州留后董璋为邠州节度使。

九月辛卯朔,河阳奏,黄河涨一丈五尺。癸巳,中书上言:"大行皇太后谥议合读于太庙太祖室,其日,集两省御史台五品已上、尚书省四品已上、诸司三品已上官,于太庙序立。"从之。镇州、卫州奏,水入城,坏庐舍。乙未,制封第三子邺都留守、兴圣宫使、检校太尉、同平章事、判六军诸卫事继岌为魏王。幸寿安陵。庚子,襄州奏,汉江涨溢,漂溺庐舍。是日,命大举伐蜀,诏曰:

朕凤荷丕基,乍平伪室,非不欲宠绥四海,协和万邦,庶正朔以遐同,俾人伦之有序。其或地居陋裔,位极骄奢,殊乖事大之规,但蕴偷安之计,则必征诸典训,振以皇威,爰兴伐罪之师,冀遏乱常之党。蠢兹蜀主,世负唐恩,间者父总藩宣,任居统制,属朱温东离汴水,致昭皇西幸岐阳,不务扶持,反怀雇望,盗据剑南之土字,全亏阃外之忱诚。先皇帝早在并门,将兴

霸业,彼既曾驰书币,此亦复展谢仪。后又特发使人,专持聘
礼,彼则更不回一介之使,答咫尺之书,星岁俄移,欢盟顿阻。
朕顷遵遗训,嗣统列藩,追昔日之来诚,继先皇之旧好,累驰信
币,皆绝酬还,背惠食言,弃同即异。今观孽竖,绍据山河,委阉
宦以持权,凭阻修而僭号。早者,曾上秦王缄札,张皇蜀地声
尘,形侮黩之言辞,谤亲贤之勋德。昨朕风驱锐旅,电扫凶渠,
复已坠之宗祧,缵中兴之历数。捷音旋报,复命仍稽,使来而尚
抗书题,情动而先夸险固。加以宋光葆辄陈狂计,别启奸谋,将
欲北雇秦川,东窥荆渚,人而无礼,罪莫大焉。

　　昨客省使李严奉使铜梁,近归金阙,凡于奏对,备述端由。
其宋光嗣相见之时,于坐上便有言说,先问契丹强弱,次数秦
王是非,度此苞藏,可见情状。加以疏远忠直,朋比奸雄。内则
纵恣轻华,竟贪宠位;外则滋彰法令,蠹耗生灵。既德力以不
量,在神祇之共愤。今命兴圣宫使、魏王继岌充西川四面行营
都统,命侍中、枢密使郭崇韬充西川东北面行营都招讨制置等
使,荆南节度使高季兴充西川东南面行营都招讨使,凤翔节度
使李晔充供军转运应接等使,同州节度使季令德充行营招讨
副使,陕府节度使李绍琛充行营蕃汉马步军都排阵斩斫使,西
京留守张筠充西川管内安抚应接使,华州节度使毛璋充行营
左相马步都虞侯,邠州节度使董璋充行营右厢马步都虞候,客
省使李严充西川管内招抚使,总领阙下诸军,兼四面诸道马步
兵事,取九月十八日进发。凡尔中外,宜体朕怀。

　　辛丑,授魏王继岌诸道行营都统,余如故。继岌既受都统之命,
以梁汉颙充中军马步都虞侯兼马步军都指挥使,张廷蕴为中军步
军都指挥使,牛景章充中军左厢马军都指挥使,沈赟充中军右相马
军都指挥使,卓瑰充中军左厢步军都指挥使,王赞充中军右厢步军
都指挥使,供奉官李从袭充中军马步军都监,高品李廷安、吕使柔
充魏王衙通谒。诏工部尚书任圜,翰林学士李愚参魏王军事。丁未
夕,遍天阴云,北方有声如雷,野雉皆鸣,俗所谓"天狗落"。戊申,魏

王继岌、枢密使侍中郭崇韬进发西征。案：原本衍"辛巳幸寿安陵甲寅"八字，今删去。太子少师致仕薛廷珪卒，赠右仆射。甲寅，幸寿安陵。司天上言："自七月三日大雨，至九月十八日后方晴，三辰行度不见。"丁巳，幸尖山射雁。

冬十月庚申朔，宰臣及文武三品以上官赴长寿宫，上大行皇太后谥曰贞简皇太后。辛酉，幸甘泉，遂幸寿安陵。壬戌，魏王继岌率师至凤翔，先遣使驰檄以谕蜀部。丁卯，奉皇太后尊谥宝册赴西宫灵座，宰臣豆卢革摄太尉读册文，史部尚书李琪读宝文，百官素服班于长寿宫门外奉慰。淮南杨溥遣使进慰礼。己巳，中书上言："贞简太后陵请以坤陵为名。"从之。初卜山陵，帝欲祔于代州武皇陵，奏议："天子以四海为家，不当分其南北。"乃于寿安县界别卜是陵。案《五代会要》载中书门下奏议云："人君以四海为家，不当分其南北。洛阳是帝王之宅，四时朝拜，礼须便近，不能远幸代州。今汉朝诸陵，皆近秦雍，国朝陵寝，布列京畿。后魏文帝自代迁洛之后，园陵皆在河南，兼敕功臣之家，不许北葬，今魏氏诸陵尚在京畿。祔葬代州，理未为允。"从之。丙子，以前翰林学士、户部侍郎冯道依前本官充职。戊寅，西征之师入大散关，案《九国志·赵廷隐传》云：自入敌境，即禁兵士焚庐舍，剽财物，蜀人德之。伪命凤州节度使王承捷、故镇屯驻指挥使唐景思次第迎降，得兵一万二千、军储四十万。又下三泉，得军储三十余万。自是师无匮乏，军声大振。辛巳，伪兴州刺史王承鉴、成州刺史王承朴弃城遁去，康延孝大破蜀军于三泉。时王衍将幸秦州，以其军五万屯于利州。闻我师至，遣步骑三万逆战于三泉，延孝与李严以劲骑三千击之，蜀军大败，斩首五千级，余众奔溃。王衍闻败，自利州奔归成都，断吉柏津浮梁而去。丁亥，文武百官上表，以贞简皇太后灵驾发引，请车驾不至山陵所。戊子，葬贞简太后于坤陵。己丑，魏王继岌至兴州，伪东川节度使宋光葆以梓、绵、剑、龙普五州来降，武定军使王承肇以达、蓬、璧三州来降，兴元节度使王宗威以梁、开、通、渠、麟五州来降，阶州刺史王承岳纳符印请命，秦州节度使王承休弃城自扶州路奔于西川。案《太平广记》引《王氏见闻记》云：王承休握锐兵于天水，兵刃不举。即知东军入蜀遂拥麾下之师及妇女孩幼万余口、金银缯帛，于西蕃买路归蜀。沿路为西蕃掳夺，冻馁相践而死，迨至蜀，存者百余人，唯与田宗汭等脱身而至。魏王使人问之曰："亲握重兵，何得不战？"曰："畏大王神武，不敢当其锋。"曰："何不早降？"曰："盖缘王师不入封部，无门纳款。"曰："初入蕃部几许人？"曰："万余口。""今存者几何？"曰："才及百数。"魏王曰："汝可偿万人之命。"遂斩之。

　　十一月庚寅朔，帝幸寿安，号恸于坤陵。戊戌，以振武节度使朱守殷为兖州节度使。徐州、邺都上言，十月二十五日夜，地大震。康延孝至利州，修吉柏津浮梁。伪昭武军节度使林思谔来降。辛丑，魏王过利州，帝赐王衍诏，谕以祸福。甲辰，魏王至剑州，伪武信军节度使王宗寿以遂、合、渝、泸、忠五州来降。案《九国志·王宗寿传》：王衍时为武信军节度使，唐师入境，郭崇稻遣使遗宗寿书，宗寿不纳，闻衍降，乃治装赴阙。据《薛史》则王衍未送款，宗寿已降矣，与《九国志》异。丁未，高丽国遣使贡方物。康延孝、李严至汉州，王衍遣人送牛酒请降，李严遂先入成都。戊申，祔贞简皇太后神主于太庙。己酉，魏王至绵州，王衍遣使上笺归命。庚戌，皇弟郓州节度使存霸、滑州节度使存渥、左金吾大将军晋州节使存乂邢州节度使存纪，并授起复云麾将军、右金吾大将军同正。荆南节度使高兴奏，收复归、夔、忠等州。辛亥，魏王至德阳。伪六军使王宗弼报，王衍举家迁于西宅，宗弼权称西川兵马留后；又报伪枢密使宋光嗣、景润澄、宣微使李周辂、欧阳晃同有异谋，惑乱蜀主，已枭斩讫。案《九国志·王宗弼传》：唐师陷凤州，衍遣三招讨屯三泉以拒唐师，未战，三招讨俱走，因令宗弼守绵谷而诛三招讨，宗弼遂与三招讨同送款于魏王。乃还成都，斩宋光嗣等，函首送于魏王，迁衍及母妻子于西宫。《通鉴》作李严至成都，宗弼犹乘城为守备，与《九国志》异。壬子，王衍遣使上表请降。癸丑，以吴越国马步统军使、检校太傅钱元球为检校太尉、守侍中，充静海军节度使。乙卯，魏王至西川城北。丙辰，蜀主王衍出降，语在衍传。案：王衍出降在十一月丙辰，《通鉴》与《薛史》同，《欧阳史》作己酉，盖据其上笺归命之日而失书之，其实己酉唐师尚在绵州，未入成都也。《五代春秋》作十二月，蜀王衍降，尤误。丁巳，大军入成都，法令严峻，市不易肆。自兴师凡七十五日蜀平，得兵士三万、兵仗七百万、粮三百五十三万、钱一百九十二万贯、金银共二十二万两、珠玉犀象二万、纹锦绫罗五十万，得节度州十、郡六十四、县二百四十九。已丑。礼仪使奏："贞简皇太后升祔礼华，一应宗庙伎乐及诸祀并请仍旧。"从之。

十二月壬戌，以前云州节度使李存敬为同州节度使；以同州节度使、检校太保、同平章事李令德为遂州节度使，以邠州节度使、检校太保董璋为剑南东川节度副大使、知节度事；以华州节度使毛璋为邠州节度使，以左金吾大将军史敬熔为华州节度使。丁卯，以武宁军节度副使李绍文为兖州观察留后。庚午，宴诸王武臣于长春殿，始用乐。丙子，以北京副留守、太原尹孟知祥为检校太傅、同平章事、成都尹、剑南西川节度副大使、知节度事、西山八国云南都招抚等使；以户部尚书王正言为检校吏部尚书、守兴唐尹，充邺都副留守；以邺都副留守、兴唐尹张宪检校吏部尚书、太原尹，充北京副留守、知留守事。

已卯，以腊辰狩于白沙，皇后、皇子、宫人毕从。庚辰，次伊阙。辛巳，次潭泊。壬寅，次龛涧。癸末，还宫。是时大雪苦寒，吏士有冻踣于路者。伊、汝之民，饥乏尤甚，卫兵所至，责其供饷，既不能给，因坏其什器、撤其庐舍而焚之，甚于剽劫。县吏畏恐，窜避于山谷间。甲申，出御杨札示中书门下，以今岁水灾异常，所在人户流徙，以避征赋，关市之征，抽纳繁碎，宜令宰臣商量条奏。丙戌，第三姑宋氏封义宁大长公主，长姊孟氏封琼华长公主，第十一妹张氏封瑶英长公主。十二月甲午，赐中书门下诏曰：

朕闻古先哲王，临御天下，上则以无偏无党为至治，次则以足食足兵为远谋，缅惟前修，诚可师范。朕纂承凤历，嗣守鸿图，三载于兹，万机是总，非不知五兵未弭，兆庶多艰，盖赖卿等寅亮居怀，康济为务，冀尽敷舆之理，洞询盍彻之规。今则潜按方区，备聆谣俗，或力役罕均其劳逸，或赋租莫辩于后先，但以督促为名，烦苛不已。被甲胄者何尝充给，趋朝省者转困支持，州间之货殖全疏，天地之灾祥屡应。以至星辰越度，旱涝不时,农桑失业于丘园,道殣相望于郊野,生灵及此,寝食宁遑,岂非朕德政未孚,焦劳自拙者耶!

朕昨亲援毫翰,轸念疮痍,一则询尔谋猷,一则表予肖旰,未披来奏,转挠于怀,敢不翼翼罪躬,乾乾轸虑。咨尔四岳,弼予一人,何不举贤才,裨寡昧。百辟之内,群后之间,莫不有尽忠者被掩其能,抱器者艰陈其力。或草泽有遗逸之士,山林多屈滞之人,尔所不知,吾将安访!卿等位尊调鼎,名显代天,既逢不讳之朝,何吝由衷之说,当宜历告中外,急访英髦。应在仕及前资文武官已下,至草泽之士,有济国治民、除奸革弊者,并宜各献封章,朕当选择施行。其近宣御札,亦告谕内外,体朕意焉。

是时,两河大水,户口流亡者十四五,都下供馈不充,军士乏食,乃有鬻子去妻,老弱采拾于野,殍踣于行路者。州郡飞挽,旋给京师,租庸使孔谦日于上东门停外伫望其来,算而给之。加以所在泥潦,辇运艰难,愁叹万方声,盈于道路,四方地震,天象乖越。帝深忧之,问所司济赡之术。孔谦比以吏进,故无保邦济民之要务,唯以急刻赋敛为事。枢密承旨段徊奏曰:"臣见本朝时或遇岁时灾歉。国费不足,天子将求经济之要,则内出朱书御札,以访宰臣,请陛下依此故事行之。"即命学士草词,帝亲札以访宰臣,非帝忧民之实也。时宰相豆庐革等依阿徇旨,竟无所陈,但云:"陛下威德冠天下,今西蜀平定,珍宝甚多,可以给军。水旱作沴,天之常道,不足以贻圣忧。"中官李绍宏奏曰:"俟魏王旋军之后,若兵额渐多,馈挽难给,请且幸汴州,以便漕挽。"时群臣献议者亦多,大较祠理迂阔,不中时病。唯吏部尚书李琪引古田租之法,从权救弊之道,上疏言之,帝优诏以奖之。

丁酉,诏伪蜀私署官员等:"惟名与器,不可假人,况是遐辟偏方,僭窃伪署,因时乱而滥称名位,归国体而悉合削除。但恐当本朝屯否之时,有历代簪缨之士,既陷彼土,遂授伪官。又虑有曾受本朝渥恩,当时已居班秩,须为升降,不可通同。应伪署官至太师、太傅及三少,并太尉、司徒、司空、侍中、中书令、左右仆射已上,并宜降至六尚书,临时更约伪署高低为六行次第。阶至开府、特进、金紫者,宜令文班降至朝散大夫,武班降至银青。爵伪署将相已下与开国男,余并不得更请封爵,其有功臣削去。案:此句疑有脱误,据《五代会要》作其有功臣名号,并宜削去。如是伪署节镇,伐罪之初,率先向化及立功效者,宜委继岌、崇韬临时奖任。其刺史但许称使君,不得更有检校官。其伪署班行正四品已上,酌此降黜,五品已下,如不曾经本朝授官,若材智有闻,即许于府县中量材任使;如无材智可录,止是蜀地土人,并宜放归田里。如是西班有称统军上将军者,若是本朝功臣子孙及将相之嗣,并据人材高下,与诸卫小将军、府率、中郎将,次第授任。如是小将军已下,据人材堪任使者,宜委西川节度使卫前补押衙;不甚任使者,亦宜放归田里。应已前降官,除军前量事迹任使外,余并称前衔,侯朝廷续据才行任使。"

庚子,彰武、保大等节度使高万兴卒。甲辰,淮南杨溥遣使朝贡。乙巳,以晋州节度使李存义为鄜州节度使,以相州刺史李存确为晋州节度使。丙午,两省谏官上疏,请车驾不巡幸汴州,凡三上章,乃允。庚戌,魏王继岌奏,遣秦州副史徐蔼赍书招谕南诏蛮。又奏,点到两川马九千五百三十匹。《清异录》:庄宗灭梁平蜀,志颇自逸,命蜀匠织十幅无缝锦为被材,被成,赐名"六合被"。辛亥,制皇第二弟存霸可封永王,第三弟存美可封邕王,第四弟存渥可封申王,第五弟存乂可封睦王,第六弟存确可封通王,第七弟存纪可封雅王。是岁,日傍有背气,凡十三。《永乐大典》卷七千一百五十七。

旧五代史卷三三考证

唐庄宗纪七礼部尚书王正言　"正言",原本作"直言",今据

《欧阳史》改正。

其许市者谓之入草物　"入草"，原本讹"全草"，今据《通鉴》及《册府元龟》所引《薛史》改正。

镇州卫州奏　案：原本脱"镇州"二字，今据《册府元龟》所引《薛史》增入。

太子少师致仕薛廷珪卒　"少师"，原本作"少保"，今据《列传》改正。

断吉柏津　"吉柏"，《通鉴》作"桔柏"，考《欧阳史》亦作"吉柏"，今仍其旧。

梁伪昭武军节度使林思谔来降　"思谔"，原本作"世谔"，今据《通鉴》、《十国春秋》改正。

伪武信军节度使王宗寿以遂合渝泸忠五州来降　案《九国志·王宗寿传》：唐师入境，郭崇韬遣使遗宗寿书，宗寿不纳，闻衍降，乃治装赴阙。《欧阳史·蜀世家》亦言宗寿独不降，闻衍已衔璧，大恸，从衍东迁。据是书，则王衍未送款，宗寿已降，疑传闻之误。

丙辰蜀主王衍出降　案：王衍出降在十一月丙辰，《通鉴》与是书同。《欧阳史》作己酉，盖据上笺归命而先书之，其实己酉唐师尚在绵州，未入成都也。《五代春秋》作十二月蜀王衍降，尤误。

辛巳次潭泊壬午次鼋涧　"潭泊"，原本讹"覃泊"。"鼋涧"，原本讹"宠涧"。今并从《通鉴》改正。

长姊孟氏封琼华长公主　案：《通鉴》以琼华为克让女，则庄宗之从姊也。《隆平集》《东都事累》《孟昶传》并云，父知祥尚唐庄宗妹，俱与是书异。

日于上东门外伫望其来　"上东门"，原本作"尚东门"，据《通鉴注》云，洛城东面三门，中曰"建春"，左曰"上东"，右曰"永春"，今改正。

如是西班有称统军上将军者　西班原本作两班今据五代会要改正

第七弟存纪可封雅王　雅王原本作睢王考通鉴及欧阳史皆作

雅王是书宗室传亦作雅今改正

旧五代史卷三四

唐书一〇

庄宗本纪第八

同光四年春正月戊午朔,帝不受朝贺。契丹寇渤海。壬戌,诏以去岁灾沴,物价腾踊,自今月三日后避正殿,减膳撤乐,以答天谴。应去年遭水灾州县,秋夏税赋并与放免。自壬午年已前所欠残税,及诸色课利,已有敕命放免者,尚闻所在却有征收,宜令租庸司切准前敕处分。应京畿内人户,有停贮斛斗者,并令减价出粜,如不遵行,当令检括。西川王衍父子及伪署将相官吏,除已行刑宪外,一切释放。天下禁囚,除十恶五逆、官典犯赃、屠牛毁钱、放火劫舍、持刀杀人,准律常赦不原外,应合抵极刑者,递降一等。其余罪犯悉与减降。逃背军健,并放逐便。

癸亥,河中节度使李继麟来朝。诸州上言,准宣为去年十月地震,集僧道起消灾道场。甲子,魏王继岌杀枢密使郭崇韬于西川,夷其族。丙寅,百官上表,请复常膳,凡三上表,乃允之。西川行营都监李廷安进西川乐官二百九十八人。契丹寇女真、渤海。戊寅,契丹案巴坚旧作阿保机,今改正。遣使贡良马。庚辰,帝异母弟鄜州节度使存乂伏诛。存乂,郭崇韬之子婿也,故亦及于祸。是日,以河中节度使、守太师、兼尚书令、西平王李继麟为滑州节度使,寻令朱守殷以兵围其第,诛之,夷其族。辛巳,吐浑、奚各遣使贡马。镇州上言,部民冻死者七千二百六十人。又奏,准宣进花果树栽及抽乐人梅审铎赴京。甲申,以郓州节度使、永王存霸为河中节度使,以滑州节度使、申王存渥为郓州节度使。乙酉,内人景姹上言:"昭宗遇难之时,皇属千余人同时遇害,为三穴瘗于宫城西古龙兴寺北,请改葬。"从之,仍诏河南府监护其事。丙戌,回鹘可汗阿咄欲遣使贡良马。镇州上言,平棘等四县部民,饿死者二千五百人。丁亥,诏朱友谦同恶人史武等七人,已当国法,并籍没家产。武等友谦旧将,时皆为刺史,并以无罪族诛。案《通鉴》云:友谦旧将史武等七人,时为不刺史,皆坐族诛。盖以《薛史》为据,于七人姓名不为全载。考《欧阳史》,丁亥,杀李继麟之将史武、薛容、周唐殷、杨师太、王景、来仁、白奉国。可补《薛史》所未备。

二月己丑,以宣徽南院使、知内侍省兼内勾、特进、右领军卫上将军李绍宏为骠骑大将军、守左武卫上将军、知内侍省,充枢密使。甲午,以郑州刺史李绍奇为河阳节度使,以乐人景进为银青光禄大夫、检校右散骑常侍、守御史大夫。进以俳优嬖幸,善采访闾巷鄙细事以启奏,复密求妓媵以进,恩宠特厚。魏州钱谷诸务,及招兵市马,悉委进监临。孔谦附之以希宠,常呼为"八哥"。诸军左右无不托附,至于士人,亦有因之而求仕进者。每入言事,左右纷然屏退,惟以陷害荧惑为意焉。是日,帝幸冷泉校猎。乙未,宰臣豆庐革上言,请支州县官实俸,以责课效。

丙申,武德使史彦琼自邺驰报称:"今月六日,贝州屯驻兵士突入都城,剽劫坊市。"初,帝令魏博指挥使杨仁晸率兵戍瓦桥,至是代归,有诏令驻于贝州。上岁天下大水,十月邺地大震,自是居人或有亡去他郡者,每日族谈巷语云:"城将乱矣!"人人恐悚,皆不自安。十二月,以户部尚书王正言为兴唐尹、知留守事。正言年耄风病,事多忽忘,比无经治之才。武德使史彦琼者,以伶官得幸,帝待以腹心之任,都府之中,威福自我,正言以下,皆胁肩低首,曲事不暇。由是政无统摄,奸人得以窥图。值郭崇韬伏诛,人未测其祸始,皆云:"崇韬已杀继岌,自王西川,故尽诛郭氏。"先是,有密诏令史彦琼杀朱友谦之子澶州刺史建徽。彦琼夜半出城,不言所往。诘旦,闻报正言曰:"史武德夜半驰马而去,不知何往。"是日人情震骇,讹言云："刘皇后以继岌死于蜀，已行弑逆，帝已晏驾，故急征彦琼"其言播于邺市，贝州军士有私宁亲于都下者，掠此言传于贝州。军士皇甫晖等因夜聚蒲博不胜，遂作乱，劫都将杨仁晸曰："我辈十有余年，为国家效命，甲不离体，已至吞并天下，主上未垂思泽，翻有猜嫌。防戍边远，经年离阻乡国，及得代归，去家咫尺，不令与家属相见。今闻皇后弑逆，京邑已乱，将士各欲归府宁亲，请公同行。"仁晸曰："汝等何谋之过耶！今英主在上，天下一家，从驾精兵不下百万，西平巴、蜀，威振华夷，公等各有家族，何事如此！"军人乃抽戈露刃环仁晸曰："三军怨怒，咸欲谋反，苟不听从，须至无礼。"仁晸曰："吾非不知此，但丈夫举事，须计万全。"军人即斩仁晸。裨将赵在礼闻军乱，衣不及带，将逾垣而遁，乱兵追及，白刃环之曰："公能为帅否？否则头随刃落！"在礼惧，即曰："吾能为之。"众遂呼噪，中夜燔劫贝郡。诘旦，拥在礼趋临清，剽永济、馆陶。五日晚，有自贝州来者，言乱兵将犯都城，都巡检使孙铎等急趋史彦琼之第，告曰："贼将至矣，请给铠仗，登陴拒守。"彦琼曰："今日贼至临清，计程六日方至，为备未晚。"孙铎曰："贼来寇我，必倍道兼行，一朝失机，悔将何及！请仆射率众登陴，铎以劲兵千人伏于王莽河逆击之，贼既挫势，须至离溃，然后可以剪除。如俟其凶徒薄于城下，必虑奸人内应，则事未可测也。"彦琼曰："但训士守城，何须即战。"时彦琼疑孙铎等有他志，故拒之。是夜三更，贼果攻北门，彦琼时以部众在北门楼，闻贼呼噪，即时惊溃。彦琼单骑奔京师。迟明，乱军入城，孙铎与之巷战，不胜，携其母自水门而出，获免。晡晚，赵在礼引诸军据宫城，署皇甫晖、赵进等为都虞侯、斩斫使，案《九国志·赵进传》云：庄宗入洛，犹行遣屯，廪禄既薄，又不时给，士卒多怨愤，思乱者十七。同光末，进与本军皇甫晖等共推赵在礼相率夜犯邺城，邺中士卒莫有斗志，进等因陷其城。末逾旬，兵数万。在礼署进衙内都虞侯、三城巡检使。《通鉴》作赵在礼据宫城，署皇甫晖及军校赵进为马步都指挥使。与《九国志》异。诸军大掠。兴唐尹王正言谒在礼，望尘再拜。是日，众推在礼为兵马留后，草奏以闻。帝怒，命宋州节度使元行钦率骑三千赴邺都招抚，诏征诸道之师进讨。

丁酉，淮南杨溥遣使贺平蜀。己亥，魏王继岌奏，康延孝拥众反，回寇西川。遣副招讨使任圜率兵追讨之。庚子，福节度副使王延翰奏，节度使王审知委权知军府事。邢州左右步直军四百人据城叛，推军校赵太为留后，诏东北面副招讨使李绍真率兵讨之。辛丑，元行钦至邺都，进攻南门，以诏书招谕城中，赵在礼献羊酒劳军，登城遥拜行钦曰："将士经年离隔父母，不取敕旨归宁，上贻圣忧，追悔何及！傥公善为敷奏，俾从涣汗，某等亦不敢不改过自新。"行钦曰："上以汝辈有社稷功，必行赦宥。"因以诏书谕之。皇甫晖聚众大诟，即坏诏。行钦以闻，帝怒曰："收城之日，勿遗噍类！"壬寅，行钦自邺退军，保澶州。甲辰，从马直宿卫军士王温等五人夜半谋乱，杀本军使，为卫兵所擒，磔于本军之门。丙辰，以右散骑常侍韩彦恽为部侍郎。丁未，邺都行营招抚使元行钦率诸道之师再攻邺都。戊申，以洋州留后李绍文为夔州节度使。诏河中节度使、永王存霸归藩。己酉，以枢密使宋唐玉为特进、左威卫上将军，充宣徽南院使。

庚戌，诸军大集于邺都，进攻其城，不克。行钦又大治攻具。城中知其无赦，昼夜为备。朝廷闻之益恐，连发中使促继岌西征之师。继岌以康延孝据汉州，中军之士从任圜进讨，继岌端居利州，不获东归。是日，飞在使颜思威部署西川宫人至。辛亥，淮南杨溥遣使贡方物。西京上言，客省使李严押蜀主王衍至本府。壬子，以守太尉、中书令、河南尹兼河阳节度使、齐王张全义为检校太师、兼尚书令，充许州节度使。东川董璋奏，准诏诛遂州节度使李令德于本州，夷其族。癸丑，湖南马殷奏，福建节度使王审知疾甚，副使王延翰已权知军府事，请降旌节。司天监上言：自二月上旬后，昼夜阴云，不见天象，自二十六日方晴，至月终，星辰无变。以右卫上将军朱汉宾知河南府事。

甲辰，命蕃汉总管李嗣源统亲军赴邺都，以讨赵在礼。帝素倚爱元行钦，邺城军乱，即命为行营招讨使，久而无功。时赵太据邢州，王景戬据沧州，自为留后，河朔郡邑多杀长吏。帝欲亲征，枢密使与宰臣奏言："京师者，天下根本，虽四方有变，陛下宜居中以制之，但命将出征，无烦躬御士伍。"帝曰："绍荣讨乱末有成功，继岌之军尚留巴、汉，余无可将者，断在自行。"枢密使李绍宏等奏曰："陛下以谋臣猛将取天下，今一州之乱而云无可将者，何也？总管李嗣源是陛下宗臣，创业以来，艰难百战，何城不下，何贼不平，威略之名，振于夷夏，以臣等筹之，若委以专征，邺城之寇不足平也。"帝素宽大容纳，无疑于物，自诛郭崇韬、朱友谦之后，阉宦令官交相谗诟，邦国大事皆听其谋，繇是渐多猜惑，不欲大臣典兵，既闻奏议，乃曰："予恃嗣源待卫，卿当择其次者。"又奏曰："以臣等料之，非嗣源不可。"河南尹张全义亦奏云："河朔多事，久则患生，宜令总管进兵。如倚李绍荣辈，未见其功。"帝乃命嗣源行营。是日，延州知州白彦琛奏，绥、银兵士剽劫城谋叛。魏王继岌传送郭崇韬父子首函至阙下，诏张全义收瘗之。乙巳，以右武卫上将军李肃为安邑、解县两池榷盐使，以吏部尚书李琪为国计使。

　　三月丁末朔，案：《通鉴》作丁巳朔，与《薛史》异。李绍真奏，收复邢州，擒贼首赵太等二十一人，徇于邺都城下，皆磔于军门。庚戌，李绍真自邢州赴邺都城下。案：《通鉴》作庚申，李绍鉴引兵至邺都，营于城西北，以太等徇于邺城下而杀之。与《薛史》异。辛亥，以威武军节度副使福建管内都指挥使、检校太傅、守江州刺史王延翰为福建节度使，依前检校太傅。壬子，李嗣源领军至邺都，营于西南隅。甲寅，进营于观音门外，下令诸军，诘旦攻城。是夜，城下乱军，迫嗣源为帝。迟明，乱军拥嗣源及霍彦威入于邺城，复为皇甫晖等所胁，嗣源以诡词得出，夜分至魏县。时嗣源遥领镇州，诘旦，议欲归藩，上章请罪，安重诲以为不可，语在《明宗纪》中。翌日，遂次于相州。元行钦部下兵退保卫州，以飞语上奏，嗣源一日之中遣使上章申理者数四。帝遣嗣源子从审案：从审，《欧阳史》作从璟。考《通鉴》，从审自卫州归，庄宗赐名继景，与《欧阳史》异。与中使白从训赍诏以谕嗣源，行至卫州，从审为元行钦所械，不得达。是日，西面行营副招讨使任圜奏，收复汉州，擒逆贼康延孝。

丙辰，荆南高兴上言，请割峡内夔、忠、万等三州却归当道，依旧管系，又请云安监。初，将议伐蜀，诏高季兴令率本军上峡，自收元管属郡。军未进，夔、忠、万三州已降，季兴数请之，因赂刘皇后及宰臣枢密使，内外叶附，乃俞其请。戊午，诏河南府预借今年秋夏租税。时年饥民困，百姓不胜其酷，京畿之民，多号泣于路，义者以为刘盆子复生矣。庚申，诏潞州节度使孔勍赴阙，以右龙虎统军安崇阮权知潞州。是日，忠武军节度使、齐王张全义薨。壬戌，宰臣豆卢革率百官上表，以魏博军变，请出内府金帛优给将士。不报。时知星者上言："客星犯天库，宜散府藏。"又云："流星犯天棓，主御前有急兵。"帝召宰臣于便殿，皇后出宫中妆奁银盆各二，并皇子满哥三人，谓宰臣曰："外人谓府金宝无数，向者诸侯贡献旋供赐与，今宫中有者，妆奁、婴孺而已，可鬻之给军。"革等惶恐而退。癸亥，以伪置昭武军节度使林思谔为阆州刺史。是日，出钱帛给赐诸军，两枢密使及宋唐玉、景进等各贡助军钱币。是时，军士之家乏食，妇女掇蔬于野，及优给军人，皆负物而诟曰："吾妻子已殍矣，用此奚为！"甲子，元行钦自卫州率部下兵士归，帝幸耀店以劳之。西川辇运金银四十万至阙，分给将士有差。无行钦请车驾幸汴州，帝将发京师，遣中官向延嗣驰诏所在诛蜀主王衍。仍夷其族。

乙丑，车驾发京师。戊辰，遣元行钦将骑军沿河东向。壬申，帝至荥泽，以龙骧马军八百骑为前军，遣姚彦温董之，彦温行至中牟，率所部奔于汴州。时潘环守王村寨，有积粟数万，亦奔汴州。是时，李嗣源已入于汴，帝闻诸军离散，精神沮丧，至万胜镇即命旋师。登路旁荒冢，置酒视诸将流涕。俄有野人进雉，因问冢名，对曰："里人相传为愁台。"帝弥不悦，罢酒而去。是夜，次汜水。初，帝东出关，从驾兵二万五千，及复至汜水，已失万余骑。乃留泰州都指挥使张塘以步骑三千守关。帝过罂子谷，道路险狭，每遇卫士执兵仗者，皆善言抚之曰："适报魏王继岌又进纳西川金银五十万，到京当尽给尔等。"军士对曰："陛下赐与太晚，今亦不感圣恩。"帝流涕而已。又索袍带赐从官，内库使张容哥对曰："颁给已尽。"卫士叱容哥曰：

"致吾君社稷不保,是此阉竖!"抽刀逐之,或救而获免。容哥谓同党曰:"皇后惜物不散,军人归罪于吾辈,事若不测,吾辈万段,愿不见此祸。"因投河而死。案《隆平集》:内臣李承进逮事唐庄宗;太祖尝问庄宗时事,对曰:"庄宗好畋腊,每次近郊,卫士必控马首曰:'兄郎辈寒冷,望陛下与求接。'庄宗随所欲给之,如此者非一。晚年萧墙之祸,由赏赉无节,威令不行也。"太祖欢曰:"二十年夹河战争,不能以军法约束此辈,诚儿戏。"

甲戌,次石桥,案:《通鉴》作甲申,次石桥西,与《薛史》异。《欧阳史》作甲戌,至自万胜,与《薛史》合。帝置酒野次,悲啼不乐,谓元行钦等诸将曰:"邺下乱离,寇盗蜂起,总管迫于乱军,存亡未测,今讹言纷扰,朕实无聊。卿等事余已来,富贵急难,无不共之,今兹危蹙,赖尔筹谋,而竟默默无言,坐观成败。予在荥泽之日,欲单骑渡河,访求总管,面为方略,招抚乱军,卿等各吐胸襟,共陈利害,今日俾余至此,卿等如何!"元行钦等百余人垂泣而奏曰:"臣本小人,蒙陛下抚养,位极将相,危难之时,不能立功报主,虽死无以塞责,乞申后效,以报国恩。"于是百余人皆援刀截发,置髻于地,以断首自誓,上下无不悲号,识者以为不祥。是日,西京留守张筠部署西征兵士到京,见于上东门外,晡晚,帝还宫。初,帝在汜水,卫兵散走,京师恐骇不宁,及帝至,人情稍安。乙亥,百官进名起居。安义节度使孔勍奏,点校兵士防城,准诏运粮万石,进发次。时勍已杀监军使据城,诡奏也。丙子,枢密使李绍宏与宰相豆卢革、韦说会于中兴殿之廊下,商议军机,因奏:"魏王西征兵士将至,车驾且宜控汜水,以俟魏王。"从之。午时,帝出上东门亲阅骑军,诚以诘旦东幸,申时还宫。

四月丁丑朔,案:《欧阳史》及《通鉴》、《五代春秋》俱作四月丁亥朔。考《辽史》,天显元年同光四年,亦作四月丁亥朔。唯《薛史》作丁丑,与诸书异。案:是年正月系戊午朔,三月系丁未朔,则四月朔日自当为丁丑。盖《薛史》据当时实录,其月日有可征信也。以永王存霸为北都留守,申王存渥为河中节度使。是日,驾将发京师,从驾马军陈于宽仁门外,步兵陈于五凤门外。帝内殿食次,从马直指挥使郭从谦自本营率所部抽戈露刃,至兴教门大呼,与黄甲两军引弓射兴教门。帝闻其变,自宫中率诸王近卫御之,逐乱兵出门。即而焚兴教门,缘城而入,登宫墙欢噪,帝御亲军格斗,杀乱兵数百。俄而帝为流矢所中,亭午,崩于绛霄殿之庑下,时年四十二。《琬琰集》载《宋实录·王全贽传》云:同光末,萧墙有变,乱兵逼宫城,近臣宿将,皆释甲潜遁,惟全贽与符彦卿等十数人居中拒战。庄宗中流矢,扶掖归绛霄殿,全贽恸哭而去。《东都事略·符彦卿传》云:郭从谦之乱,庄宗左右皆引去,惟彦卿力战,杀十余人。庄宗崩,彦卿恸哭而去。是时,帝之左右例皆奔散,唯五坊人善友敛廊下乐器簇于帝尸之上,发火焚之。及明宗入洛,止得其烬骨而已。天成元年七月丁卯,有司上谥曰光圣神闵孝皇帝,庙号庄宗。是月丙子,葬于雍陵。《永乐大典》卷七千一百五十八。《五代史补》:庄宗之嗣位也,志在渡河,但恨河东地狭兵少,思欲百练其众,以取必胜于天下,乃下令曰:“凡出师,骑军不见贼不许骑马,或步骑前后已定,不得越军分以避险恶。其分路并进,期会有处,不得违晷刻,并在路敢言病者,皆斩之。”故三军惧怯而戮力,皆一以当百,故朱梁举天下而不能御,卒为所灭,良有以也。初,庄宗为公子,雅好音律,又能自撰曲子词。其后凡用军,前后隧伍皆以所撰词授之,使揭声而唱,谓之“御制”。至于入阵,不论胜负,马头绕转,则众歌齐作。故凡所斗战,人忘其死,斯亦用军之一奇也。庄宗好猎,每出,未有不蹂践苗稼。一旦至中牟,围合,忽有县令,忘其姓名,犯围谏曰:“大凡有国家者,当视民如赤子,性命所系。陛下以一时之娱,恣其蹂踏,使比屋嚣然动沟壑之虑,为民父母,岂其若是耶!”庄宗大怒,以为遭县令所辱,遂叱退,将斩之。伶官镜新磨者,知其不可,乃与众伶齐进,挽住令,佯为诟责曰:“汝为县令,可以指麾百姓为儿,即天子好猎,即合多留闲地,安得纵百姓耕锄,妨天子鹰犬飞走耶!而又不能自责,更敢咄咄,吾知汝当死罪。”诸伶亦皆嘻笑继和,于是庄宗默然,其怒少霁,顷之,恕县令罪。《五代史阙文》:庄宗尝因博戏,睹骰子采有暗相轮者,心悦之,乃自直暗箭格,凡博戏并认采之在下者。及同光末,邺都兵乱,从谦以兵犯兴教门,庄宗御之,中流矢而崩。识者以为暗箭之应。

史臣曰:庄宗以雄图而起河、汾,以力战而平汴、洛,家雠既雪,国祚中兴,虽少康之嗣夏配天,光武之膺图受命,亦无以加也。然得之孔劳,失之何速?岂不以骄于骤胜,逸于居安,忘栉沐之艰难,循色禽之荒乐。外则伶人乱政,内则牝鸡司晨。靳吝货财,激六军之愤怨；征搜舆赋，竭万姓之脂膏。大臣无罪以获诛，众口吞声而避祸。夫有一于此，未或不亡，矧威有之，不亡何待！静而言之，足以为万代之炯诫也。《永乐大典》卷七千一百五十八。

旧五代史卷三四考证

唐庄宗纪八令朱守殷以兵围其第　案：围其第，《欧阳史》作围其馆。胡三省云，《欧阳史》盖谓朱友谦无私第在洛阳也。据《云谷杂记》，唐末藩镇入朝，馆舍皆称邸第，似无庸更易其字。《通鉴》仍从是书作第。

三月丁未朔　丁未，《通鉴》作丁巳。

庚戌李绍真自邢州赴邺都城下　案：《通鉴》作庚申，李绍真引兵至邺都，营于城西北，以太等徇于邺城下而杀之，与是书异。

甲寅进营于观音门外下令诸军诘旦攻城是夜城下军乱　案：《通鉴》作壬戌，李嗣源至邺都。甲子夜，军乱。《考异》引《庄宗实录》作壬戌，至邺都。癸亥夜，军士张破败作乱，与是书异日，《通鉴》从是书。

帝遣嗣源子从审　"从审"，《欧阳史》及《通鉴》俱作"从璟"，是书本纪前后俱作"从审"，未知何据。

帝幸耀店以劳之"耀店"《通鉴》作"鹞店"。胡三省注云《薛史》作耀店，今仍其旧。

甲戌次石桥　甲戌，《通鉴》作甲申。

五坊人善友　案：《通鉴》作鹰坊人善友。胡三省注云，鹰坊，唐时五坊之一也；善，姓也。

安巴坚旧作阿保机今改　阿都欲，旧作阿咄欲，今改。

旧五代史卷三五

唐书一一

明宗本纪第一

　　明宗圣德和武钦孝皇帝，讳亶，初名嗣源，及即位，改今讳，代北人也。世事武皇，及其赐姓也，遂编于属籍。四代祖讳聿，皇赠麟州刺史，天成初，追尊为孝恭皇帝，庙号惠祖，陵曰遂陵；高祖妣卫国夫人崔氏，追谥为孝恭昭皇后。三代祖讳教，案：原本作"讳敖"，今从《五代会要》改正。皇赠朔州刺史，追尊为孝质皇帝，庙号毅祖，陵曰衍陵，曾祖妣赵国夫人张氏，追谥为孝质顺皇后。皇祖讳琰，皇赠尉州刺史，追尊为孝靖皇帝，庙号烈祖，陵曰奕陵；皇祖妣秦国夫人何氏，追谥为孝靖穆皇后。皇考讳霓，皇赠汾州刺史，追尊为孝成皇帝，庙号德祖，陵曰庆陵；皇妣宋国夫人刘氏，追谥为孝成懿皇后。帝即孝成之元子也。以唐咸通丁亥岁九月九日，懿皇后生帝于应州之金城县。

　　初，孝成事唐献祖为爱将，献祖之失振武，为吐浑所攻，部下离散，孝成独奋忠义，解蔚州之围。武皇之镇雁门也，孝成厌代，帝年甫十三，善骑射，献祖见而抚之曰："英气如父，可侍吾左右。"每从围猎，仰射飞鸟，控弦必中，寻隶武皇帐下。武皇遇上源之难，将佐罹害者甚众，帝时年十七，翼武皇逾垣脱难，于乱兵流矢之内，独无所伤。武皇镇河东，以帝掌亲骑。时李存信为蕃汉大将，每总兵征讨，师多不利，武皇遂选帝副之，所向克振。

　　帝尝宿于雁门逆旅，媪方娠，不时具馔，媪闻腹中儿语云："大家至矣，速宜进食。"媪异之，遽起，亲奉庖爨甚恭，帝诘之，媪告其故。案《北萝琐言》云：帝以媪前倨后恭，诘之，曰："公贵不可言也。"问其故，具道娠于腹语事，帝曰："老媪逊言，惧吾辱耳。"后果如其言。帝即壮，雄武独断，谦和下士。每有战功，未尝自伐。居常唯治兵仗，持廉处静，晏如也。武皇常试之，召于泉府，命恣其所取，帝唯持束帛数缗而出。凡所赐与，分给部下。尝与诸将会，诸将矜衔武勇，帝徐曰："公辈以口击贼，吾以手击贼。"众惭而止。景福初，黑山戍将王弁据振武叛，帝率其属攻之，擒弁以献。

乾宁三年，梁人急攻兖、郓，郓帅朱瑄求救于武皇。武皇先遣骑将李承嗣、史严援之，复遣李存信将兵三万屯于莘县。闻汴军益盛，攻兖甚急，存信遣帝率三百骑而往，败汴军于任城，遂解兖州之围。朱瑾见帝，执手涕谢。其年，魏帅罗弘信背盟，袭破李存信于莘县，帝奋命殿军而还，武皇嘉其功，即以所属五百骑号曰"横冲都"，侍于帐下，故两河间目帝为李横冲。

明年，武皇遣大将李嗣昭率师下马岭关，将复邢、洛，梁将葛从周以兵应援。嗣昭兵败，退入青山口，梁军扼其路，步兵不战自溃，嗣昭不能制。会帝本军至，谓嗣昭曰："步兵虽散，若吾辈空回，大事去矣。为公试决一战，不捷而死，差胜被囚"嗣昭曰："吾为卿副。"帝率其属，解鞍砺镞。凭高列阵，左右指画，梁人莫之测，因呼曰："吾王命我取葛司徒，他士可无并命。"即径犯其阵，奋击如神。嗣昭继进，梁军即时退去，帝与嗣昭收兵入关。帝四中流矢，血流被股，武皇解衣授药，手赐卮洒，抚其背曰："吾儿神人也，微吾儿几为从周所笑。"自青山之战，名闻天下。

天复中，梁祖遣氏叔琮将兵五万，营于洞涡。是时，诸道之师毕萃于太原，郡县多陷于梁，晋阳城外，营垒相望。武皇登陴号令，不遑饮食。属大雨弥旬，城垒多坏，武皇令帝与嗣昭分兵四，出突入诸营，梁军由是引退，帝率偏师追袭，复郡邑。昭宗之幸凤翔也，梁祖率众攻围岐下，武皇奉诏应援，遣李嗣昭、周德威出师晋、绛，营于蒲县。嗣昭等军，大为梁将朱友宁、氏叔琮所败，梁之追兵直抵晋阳,营于晋祠,日以步骑环城。武皇登城督众,忧形于色。攻城既急,武皇与大将谋,欲出奔云中,帝曰:"攻守之谋,据城百倍,但儿等在,必能固守。"乃止。居数日,溃军稍集,率敢死之士,日夜分出诸门掩袭梁军,擒其骁将游昆仑等。梁军失势,乃烧营而退。

天祐五年五月,庄宗亲将兵以救潞州之围,帝时领突骑左右军与周德威分为二广。帝晨至夹城东北隅,命斧其鹿角,负刍填堑,下马乘城大噪。时德威登西北隅,亦噪以应之。帝先入夹城,大破梁军,是日解围,其功居最。柏乡之役,两军既成列,庄宗以梁军甚盛,虑师人之怯,欲激壮之,手持白金巨钟赐帝酒,谓之曰:"卿见南军白马、赤马都否?睹之令人谵破。"帝曰:"彼虚有其表耳,翌日,当归吾厩中。"庄宗拊髀大笑曰:"卿已气吞之矣。"帝引钟尽醑,即属鞭挥弳,跃马挺身,与其部下百人直犯白马都,奋挝舞矟,生挟二骑校而回,飞矢丽帝甲如丽毛焉。由是三军增气,自辰及未,骑军百战,帝往来冲击,执讯获丑,不可胜计。是日,梁军大败。以功授代州刺史。庄宗遣周德威伐幽州,帝分兵略定山后八军,与刘守光爱将元行钦战于广边军,凡八战,帝控弦发矢七中。行钦酣战不解,矢亦中帝股,拔矢复战。行钦穷蹙,面缚乞降,帝酌洒饮之,抚其背曰:"吾子壮士也!"因厚遇之。

十三年二月,庄宗与梁将刘鄩大战于故元城北,帝以三千骑环之,鼓噪奋击,内外合势,鄩军殆尽。帝徇地慈、洺。四月,相州张筠遁走,乃以帝为相洲刺史。九月,沧州节度使戴思远弃城归汴,小将毛璋据州纳款,庄宗命率兵慰抚。既入城,以军府又安报庄宗,书吏误云:"已至沧州,礼上毕。"庄宗省状,怒曰:"嗣源反耶!"帝闻之惧,归罪于书吏,斩之。未几,承制授邢州节度使。

十四年四月,契丹按巴坚旧作阿保机,今即改正。率众攻幽州,周德威间使告急,庄宗召诸将议进取之计,诸将咸言:"敌势不能持久,野无所掠,食尽自还,然后踵而击之可也。"帝奏曰:"德威尽忠于家国,孤城被攻,危亡在即,不宜更待敌衰。愿假臣突骑五千为前锋以援。"庄宗曰:"公言是也。"即命帝与李存审、阎宝率军赴援,帝为前锋，会军于易州。帝谓诸将曰："敌骑以马上为生，不须营垒，况彼众我寡，所宜衔枚箝马，潜行溪涧，袭其不备也。

八月，师发上谷，阴晦而雨，帝仰天祈祝，即时晴霁，师循大房岭，缘涧而进，翌日，敌骑大至，每遇谷口，敌骑扼其前，帝与长子从珂奋命血战，敌即解去，我军方得前进。距幽州两舍，敌骑复当谷口而阵，我军失色，帝曰："为将者受命忘家，临敌忘身，以身徇国，正在今日。诸君观吾父子与敌周旋！"因挺身入于敌阵，以边语谕之曰："尔辈非吾敌，吾当与天皇较力耳。"舞挝奋击，万众披靡，俄挟其酋帅而还。我军呼跃奋击，敌众大败，势如席卷，委弃铠仗羊马殆不胜计。是日，解围，大军入幽州，周德威迎帝，执手戏欷。九月，班师于魏州，庄宗亲出郊劳，进位检校太保。

十八年十月，从庄宗大破梁将戴思远于戚城，斩首二万级。庄宗以帝为蕃汉副总管，加同平章事。

二十年，代李存审为沧州节度使。四月，庄宗即位于邺宫，帝进位检校太傅、兼侍中。寻命帝率步骑五千袭郓州，下之，授天平军节度使。五月，梁人陷德胜南城，围杨刘，以扼出师之路，帝孤守汶阳，四面拒寇，久之，庄宗方解杨刘之围。九月，梁将王彦章以步骑万人迫郓州，自中都渡汶，帝遣长子从珂率骑逆战于递坊镇，获梁将任钊等三百人，彦章退保中都。庄宗闻其捷，自杨刘引军至郓，以帝为前锋，大破梁军于中都，生擒王彦章等。是日，诸将称贺，庄宗以酒属帝曰："昨朕在朝城，诸君多劝朕弃郓州，以河为界，赖副总管御侮于前，崇韬画谋于内，若信李绍宏辈，大事已扫地矣。"庄宗与诸将议兵所向，诸将多云："青、齐、徐、兖皆空城耳，王师一临，不战自下。"唯帝劝庄宗径取汴州，语在《庄宗纪》中，庄宗嘉之。帝即时前进，庄宗继发中都。十月己卯，迟明，帝先至汴州，攻封丘门，汴将王瓒开门迎降。帝至建国门，闻梁主已殂，乃号令安抚，回军于封禅寺。辰时，庄宗至，帝迎谒路侧。庄宗大悦，手引帝衣，以首触帝曰："吾有天下，由公之血战也，当与公共之。"寻进位兼中书令。

二年正月，契丹犯塞，帝受命北征。二月，庄宗以郊天礼毕，赐帝铁卷。四月,潞州小将杨立叛,帝受诏讨之。五月,擒杨立以献。六月,进位太尉,移镇汴州,代李存审为蕃汉总管。十二月,契丹入塞。

三年正月,帝领兵破契丹于涿州,移授镇州节度使。先是,帝领兵过邢,邢库素有御甲,帝取五百联以行。是岁,庄宗幸邢,知之,怒甚。无何,帝奏请以长子从珂为北京内衙都指挥使,庄宗愈不悦,曰:"军政在吾,安得为子奏请!吾之细铠,不奉诏旨强取,其意何也?"令留守张宪自往取之,左右说谕,乃止。帝忧恐不自安,上表申理,方解。

十二月,帝朝于洛阳。是时,庄宗失政,四方饥馑,军士匮乏,有卖儿贴妇者,道路怨怼,帝在京师,颇为谣言所属,洎朱友谦、郭崇韬无名被戮,中外大臣皆怀忧慑。诸军马步都虞侯朱守殷奉密旨伺帝起居,守殷阴谓帝曰:"德业震主者身危,功盖天下者不赏,公可谓震主矣,宜自图之,无与祸会。"帝曰:"吾心不负天地,祸福之来,吾无所避,付之于天,卿勿多谈也。"

四年二月六日,赵在礼据魏州反,庄宗遣元行钦将兵攻之,行钦不利,退保卫州。初,帝善遇枢密使李绍宏,及帝在洛阳,群小多以飞语谤毁,绍宏每为庇护。会行钦兵退,河南尹张全义密奏,请委帝北伐,绍宏赞成之,遂遣帝将兵渡河。

三月六日,帝至邺都,赵在礼等登城谢罪,出牲饩以劳师,帝亦慰纳之,营于邺城之西南,下令以九日攻城。八日夜,军乱。从马直军士有张破败者,号令诸军,各杀都将,纵火焚营,欢噪雷动。至五鼓,乱兵逼帝营,亲军搏战,伤痍者殆半,乱兵益盛。帝叱之,责其狂逆之状,乱兵对曰:"昨贝州戍兵,主上不垂厚宥;又闻邺城平定之后,欲尽坑全军。某等初无叛志,直畏死耳。已共诸军商量,与城中合势,击退诸道之师,欲主上帝河南,请令公帝河北。"帝泣而拒之,乱兵呼曰:"令公以欲何之?不帝河北,则为他人所有。苟不见几,事当不测!"抽戈露刃,环帝左右。安重诲、霍彦威蹑帝足,请诡随之,因为乱兵迫入邺城。悬桥已发,共扶帝越濠而入,赵在礼等欢泣奉迎。案《通鉴》：乱兵拥嗣源及李绍真等入城，城中不受外兵。皇甫晖逆击张破败，斩之，外兵皆溃。赵在礼等率诸校迎拜嗣源。是日，飨将士于行宫，在礼等不纳外兵，军众流散，无所归向。帝登南楼，谓在礼曰："欲建大事，非兵不能集事，吾自于城外招抚诸军。"帝乃得出。夜至魏县，部下不满百人，时霍彦威所将镇州兵五千人独不乱，闻帝既出，相率归帝。诘朝，帝登城掩泣曰："国家患难，一至于此！来日归藩上章，徐图再举。"安重诲、霍彦等曰："此言非便也。国家付以阃外之事，不幸师徒逼桡，为贼惊奔。元行钦狂妄小人，彼在城南，未闻战声，无故弃甲；如朝天之日，信其奏陈，何所不至！若归藩听命，便是强据要君，正堕谗慝之口也。正当星行归阙，面叩玉阶，谗间沮谋，庶全功业，无便于此者也。"帝从之。十一日，发魏县，至相州，获官马二千匹，始得成军。

元行钦退保卫州，果以飞语上奏，帝上章申理，庄宗遣帝子从审及内官白从训齐诏谕帝。从审至卫州，为行钦所械，帝奏章亦不达。帝乃趋白皋渡，驻军于河上，会山东上供纲载绢数船适至，乃取以赏军，军士以之增气。及将济，以渡船甚少，帝方忧之。忽有木栿数支，沿流而至，即用以济师，故无留滞焉。二十六日，至汴州，庄宗领兵至荥泽，遣龙骧都校姚彦温为前锋。是日，彦温率部下八百骑归认帝，具言："主上为行钦所惑，事势已离，难与共事。"帝曰："卿自不忠，言何悖也！"乃夺其兵，仍下令曰："主上未谅吾心，遂致军情至此，宜速赴京师。"既而房知温、杜晏球自北面相继而至。

四月丁亥朔，至罂子谷，闻萧墙衅作，庄宗晏驾，帝恸哭不自胜。诘旦，朱守殷遣人驰报："京城大乱，燔剽不息，请速至京师。"己丑，帝至洛阳，止于旧宅，分命诸将止其焚掠。百官弊衣旅见，帝谢之，敛衽泣涕。时魏王继岌征蜀未还，帝谓朱守殷曰："公善巡抚，以待魏王。吾当奉大行梓宫山陵礼毕，即归藩矣。"是日，群臣诸将上笺劝进，帝面谕止之。枢密使李绍宏、张居翰、宰相豆卢革、韦说、六军马步都虞侯朱守殷、青州节度使符习、徐州节度使霍彦威、宋州节度使杜晏球、兖州节度使房知温等顿首言曰："帝王应运，盖有天命,三灵所属,当协冥符。福之所钟,不可以谦逊免;道之已丧,不可以智力求。前代因败为功,殷忧启圣,少康重兴于有夏,平王再复于宗周,其命惟新,不失旧物。今日庙社无依,人神乏主,天命所属,人何能争!光武所谓'使成帝再生,无以让天下。愿殿下俯徇乐推,时哉无失,军国大事,望以教令施行。"帝忧答不从。

壬辰,文武百僚三拜笺请行监国之仪,以安宗社,答旨从之。既而有司上监国仪注。甲午,幸大内兴圣宫,始受百僚班见之仪。所司议即位仪注,霍彦威、孔循等言:"唐之运数已衰,不如自创新号。"因请改国号,不从土德。帝问藩邸侍臣,左右奏曰:"先帝以赐姓宗属,为唐雪冤,以继唐祚。今梁朝旧人,不愿殿下称唐,请更名号。"帝曰:"予年十三事献祖,以予宗属,爱幸不异所生。事武皇三十年,排难解纷,栉风沐雨,冒刃血战,体无完肤,何艰险之不历!武皇功业即予功业,先帝天下即予天下也。兄亡弟绍,于义何嫌,且同宗异号,出何典礼?运之衰隆,吾自当之,众之莠言,吾无取也。"时群臣集议,依违不定,唯吏部尚书李琪议曰:"殿下宗室勋贤,立大功于三世,一朝雨泣赴难,安定宗社,抚事因心,不失旧物。若别新统制,则新朝便是路人,茕茕梓宫,何所归往!不唯殿下追感旧君之义,群臣何安!请以本朝言之,则睿宗、文宗、武宗皆以弟兄相继,即位柩前,如储后之仪可也。"于是群议始定。河中军校王舜奏奏,节度使李存霸以今月三日出奔,不知所在。乙未,敕曰:"寡人允副群情,方监国事,外安黎庶,内睦宗亲,庶谐敦叙之规,永保隆平之运。昨京师变起,祸难荐臻,至于戚属之间,不测惊奔之所,虑因藏窜,滥被伤痍,言念于兹,自然流涕。宜令河南府及诸道,应诸王眷属等,昨因惊忧出奔,所至之外,即时津送赴阙。如不幸物故者,量事收瘗以闻。"《北梦琐言》:庄宗诸弟存纪、存确匿于南山民家,人有以报安重海者,重海曰:"主上以下诏寻访,帝之仁德,必不加害,不如密令杀之。"果并命于民家。后明宗闻之,切让重海,伤惜久之。以中门使安重海为枢密使,以镇州别驾张延朗为枢密副使,以客将范延光为宣徽使,进奏官冯赟为内客省使。

　　丙申,下敕:"今年夏苗,委人户自供通顷亩,五家为保,本州具帐送省,州县不得差人检括。如人户隐欺,许人陈告,其田倍征。"己亥,命石敬瑭权知陕州兵马留后,皇子从珂权知河南府兵马留后。庚子,淮南杨溥进新茶。以权知汴州军州事孔循为枢密副使,以陈州刺史刘仲殷为邓州留后,以郑州防御使王思同为同州留后。敕曰:"租庸使孔谦,滥承委寄,专掌重权,侵剥万端,奸欺百变。遂使生灵涂炭,军士饥寒,成天下之疮痍,极人间之疲弊。载详众状,侧听舆辞,难私降黜之文,合正殛诛之典。宜削夺在身官爵,按军令处分。虽犯众怒,特贷全家,所有田宅,并从籍没。"是日,谦伏诛。敕停租庸名额,依旧为盐铁、户部、度支三司,委宰臣豆卢革专判。

　　中书门下上言:"请停废诸道监军使、内勾司、租庸院大程官,出放猪羊柴炭户。括田竿尺,一依朱梁制度,仍委节度、刺史通申三司,不得差使量检。州使公廨钱物,先被租庸院管系,今据却还州府,州府不得科率百姓。百姓合散蚕盐,每年祇二月内一度俵散,依夏税限纳钱。夏秋苗税子,除元征石斗及地头钱,余外不得纽配。先遇赦所放逋税,租庸违制征收,并与除放。今欲晓告河南府及诸道准此施行。"从之。是日,宋州节度使元行钦伏诛。壬寅,以枢密副使孔循为枢密使。《永乐大典》卷七千一百六十四。

旧五代史卷三五考证

　　唐明宗纪一三代祖讳教　　"教",原本作"敖",今据《五代会要》改正。

　　皇考讳霓　　《欧阳史》云:父电,未知孰是。

　　袭破李存信于莘县　　"莘县",原本作"华县",今据《新唐书·藩镇传》改正。

柏乡之役 "柏乡",原本讹"松乡",今据《通鉴》改正。

吾当与天皇较力耳 "天皇",原本作"人皇",考《辽史》,太祖称为天皇,让宗追称人皇。庄宗初年侵幽州者乃太祖,非让宗也,今改正。

十二月契丹入寇三年正月帝领兵破契丹于涿州 案《欧阳史》云:冬,契丹侵渔阳,嗣源败之于涿州。入寇破敌皆作冬间事,盖顺文并叙之耳,当以是书为征实。

请令公帝河北 "河北",原本作"河中",今据《通鉴》改正。

获官马二千匹 案:《欧阳史》作掠小坊马三千匹。

四月丁亥朔 案:丁亥朔,与《庄宗纪》异。据《庄宗纪》,三月丁未朔,则四月当作丁丑。据此纪下文有己丑、甲午,则当作丁亥,前后参差,未详孰是。

己丑 案:《通鉴》作乙丑,疑传写之讹。《欧阳史》从是书作己丑。

以枢密副使孔循为枢密使 案:《欧阳史》作左骁卫大将军孔循为枢密使。吴缜《纂误》云:《孔循传》作左卫大将军为枢密使,俱与是书异。

安巴坚旧作阿保机,今改。

旧五代史卷三六
唐书一二

明宗本纪第二

　　天成元年夏四月丙午,帝自兴圣宫赴西宫,文武百僚缟素于位,帝服斩衰,亲奉攒涂设奠,哭尽哀,乃于枢前即皇帝位。百官易吉服班于位,帝御衮冕受册讫,百僚称贺。丁未,群官缟素赴西宫临。以枢密使安重诲为检校司空,守左领军大将军,依前充枢密使。宰臣豆庐革等三上表请听政,从之。遣使往诸道及淮南告哀。辛亥,帝始听政于兴圣殿。壬子,西南面副招讨使、工部尚书任园率步骑二万六千人入见。甲寅,帝御文明殿受朝。制改同光四年为天成元年,大赦天下。后宫内职量留一百人,内官三十人,教坊一百人,鹰坊二十人,御厨五十人,其余任从所适。诸司使务有名无实者并停。分遣诸军就食近几,以减馈送之劳。秋夏税子,每斗先有省耗一升,今后祇纳正数,其省耗宜停。天下节度、防御使,除正、至、端午、降诞四节量事进奉,达情而已,自于州府圆融,不得科敛百姓。其刺史虽遇四节,不在贡奉。诸州杂税,宜定合税物色名目,不得邀难商旅。租庸使先将系省钱物,与人回图,宜令尽底收纳,以塞幸门云。乙卯,渤海国王大諲撰遣使朝贡。是月,北京副留守、知留守事张宪赐死,以其失守故也。

　　五月丙辰朔,帝不视朝,临于西宫。宰相豆卢革进位左仆射,韦说进位门下侍郎兼户部尚书、临修国史,并依旧平章事。兖州节度使、检校太傅朱守殷加同平章事,充河南尹判六军诸卫事;沧州节度使、检校太傅安元信加同平章事,移镇徐州;邠州节度使、检校太保毛璋加同平章事。以太子宾客郑珏为中书侍郎兼刑部上书、同中书门下平章事;以工部尚书任园为中书侍郎兼工部尚书、同中书门下平章事、判三司。徐州节度使李绍真、贝州刺史李绍英、齐州防御使李绍虔、河阳节度使李绍奇、洺州刺史李绍能等上言,前朝宠赐姓名,今乞还旧。内李绍虔上言:"臣本姓王,后移杜氏,蒙前朝赐今姓名,乞复本姓。"诏并可之。李绍真复曰霍彦威,李绍英复曰房知温,李绍虔复曰王晏球,李绍奇复曰夏鲁奇,李绍能复曰米君立。青州节度使、检校太傅、同平章事符习加兼侍中,徐州节度使、检校太傅霍彦威加兼侍中,移镇郓州。丁巳,初诏文武百僚正衙常参外,五日一度内殿起居。案《五代会要》载天成元年五月三日敕:令后宰臣文武百官,除常朝外,每五日一度入内起居。其中书非时有急切公事请开延英,不在此限。麟州奏,指挥使张延宠作乱,焚剽市民,已杀戮讫。

戊午,河阳节度使夏鲁奇加检校太傅,以贝州刺史房知温为兖州节度使,以齐州防御使王晏球为宋州节度使,以洺州刺史米君立为邢州节度使。己未,赐文武百官各一马一驴。西都知府张篯进魏王继岌打球马七十二疋。北京马步都指挥使李从温,奉准诏诛宦官。初,庄宗遇内难,宦者数百人窜匿山谷,落发为僧,奔至太原七十余人,至是尽诛于都亭驿。辛酉,诏华州放散西川宫人各归骨肉。壬戌,以前襄州刺史、北北京左右厢都指挥使安金全为安北都护、振武节度使、同平章事。甲子,前西都留守、京兆尹张筠加检校太傅,充山南西道节度使;以襄州节度使李绍文为遂州节度使;以前邓州留后载思远为洋州节度使。丁卯,以金吾将军张实为金州防御使。戊夺,以金紫光禄大夫、检校司空赵在礼为滑州节度使,加检校太保。制下,在礼以军情不顺为辞,不之任。以许州留后陶玘为邓州留后,以诸道马步副都指挥使安审通为齐州防御使。庚午,以权知北京军府事、汾州刺史符彦超为晋州留后,以前陈州刺史刘仲殷为陕州留后,癸卯,以前磁州刺史刘彦琮为同州留后。甲戌,福州节度使、检校太傅王延翰加检校太尉、同平章事。

　　乙亥、翰林学士、户部侍郎、知制诰冯道，翰林学士、中书舍人赵凤，俱以本官充端明殿学士。端明之职，自此始也。案《五代会要》云：明宗初登位，四方书奏，多令枢密使安重海读之，不晓文义。于是孔循献议，因唐室侍读之号，即创端明学士之名，命冯道等为之。丙子，诏：“故西道行营都招讨制置等使、守侍中、监修国史、兼枢密使郭崇韬宜许归葬，其世业田宅并还与骨肉。故万州司户朱友谦可复设国军节度使、守太师、兼尚书令、河中尹、西平王，所有田宅财产，并还与骨肉。”丁丑，西都衙内指挥使张籛进纳伪蜀主王衍犀玉带各二条、马一百五十匹。初，庄宗遣中官向延嗣就长安之杀王衍也，旋属萧墙之祸，延嗣藏窜，不知所之，而衍之资装妓乐并为籛所有，复惧事泄，故聊有此献。

　　戊寅，以枢密使安重海兼领襄州节度使。制下，重海之党谓重海曰：“襄州地控要津，不可乏帅，无宜兼领。”重海即自陈退，许之。以左金吾大将军张遵诲为西京副留守、知留守事。辛巳，以卫尉卿李怿为中书舍人，充翰林学士。壬午，以前蔚州刺史张温为振武留后，以左右厢突阵指挥使康义诚为汾州刺史，以左右厢马军都指挥使索自通为忻州刺史。尚父、吴越国王钱镠遣使进金器五百两、银万两、绫万疋谢恩，赐玉册、金印。初，同光季年，镠上疏密求玉册、金印，郭崇韬进议以为不可，而枢密承旨段，徊受其重赂，赞成其事，庄宗即允其请，至是故有贡谢。甲申，幽州节度使、检校太保李绍赟加检校太傅、同平章事，复姓名为赵德钧。乙酉，诏百官朔望入阁，赐廊下食。自乱离已前，常参官每日朝退赐食于廊下，谓之“廊餐”。乾符之后，百司经费不足，无每日之赐，至是遇入阁即赐之。案《五代会要》云：明宗初即位，命百官五日一起居，李琪以为非故事，请罢之，惟每月朔望日合入阁赐食。至是宜旨，朔望入阁外，仍五日一起居，遂为定式。

　　六月戊子，前襄州节度使李绍珙起复，依前襄州节度使，仍复本姓名曰刘训。以皇子河中留后从珂为河中节度使，百僚表贺。以翰林承旨、兵部尚书、知制诰卢质为检校司空，充同州节度使。己丑以吏部尚书、判太常卿事李琪为御史大夫；以礼部尚书崔协为太常卿、判吏部尚书铨事；以御史中丞崔居俭为兵部侍郎；以太子宾客萧顷为礼部尚书。中书奏："请以九月九日皇帝降诞日为应圣节，休假三日。"从之。故忠武军节度使、检校太师、兼尚书令、齐王张全义赠太师，以前尚书右丞崔沂为尚书左丞。丙申，新州留后张庭裕、云州留后高行珪并正授本军节度使。丁酉，诏曰："四夷来王，历代故事，前后各因强弱，无制互有典仪。大蕃须示于威容，即于正衙引对；小蕃但推于恩泽，仍于便殿抚怀。宪府奏论，礼院详酌，皆征故实，或有明文。正衙威容，未可全废；内殿恩泽，且可常行。若遇大蕃入朝，即准旧仪，于正殿排比铺陈立仗，百官排班，于正门引入对见。"时百僚入阁班退后，却引对朝贡蕃客，御史大夫李琪奏论之，下礼院检讨，而降是命焉。

　　戊戌，枢密使安重海加检校太保，行兵部尚书事如故。以太子詹事刘岳为兵部侍郎，以太子右庶子王权为户部侍郎，以太子左庶子任赞为工部侍郎。庚子，荆南节度使、检校太师、兼尚书令，南平王高季兴加守太尉、兼尚书令，泽潞节度使、检校太傅、同平章事孔勋加兼侍中。汴州屯驻控鹤指挥使张谏等谋叛伏诛，以枢密使孔循权知汴州军州事。甲辰，枢密使孔循加检校太保、守秘书监。依前充使。己巳，秘书少监姚顗为左散骑常侍，以太子左谕德陆崇为右散骑常侍，以兵部郎中萧希甫为左谏议大夫，前幽州节度判官吕梦奇为右谏议大夫，以邺都副留守孙岳为颍州团练使。诏曰："古者酌礼以制名，惧废于物；取其难犯而易避，贵便于时。况'征''在'二名，抑有前例。以太宗文皇帝自登宝位，不改旧称，时即臣有世南，官有民部，靡闻曲避，止禁连呼。朕猥以眇躬，托于人上，止遵圣范，非敢自尊。应文书内所有二字，但不连称，不得回避。如有臣下之名，不欲与君亲同字者，任自改更。"丁未，中书门下奏："京城潜龙旧宅，望以至德宫为名。"从之。

　　戊申，夏州节度使、开府仪同三司、检校太师、兼中书令、朔方王李仁福加食邑一千户。以延州留后高允韬为延州节度使，以利州节度观察留后张敬询为利州节度使。剑南西川节度副大使、知节度使事孟知祥加检校太傅、兼侍中,剑南东川节度副大使、知节度事董璋加检校太傅。壬子,凤翔节度使、检校太尉、兼中书令李从曮加检校太师、兼中书令。汴州知州孔循奏,召集谋乱指挥使赵虔已下三千人并诛族讫。甲寅,以晋州留后符彦超为北京留守,以镇州副使王建立为镇州留后,以右龙武统军安崇阮为晋州留后。荆南节度使高季兴上言:"夔、忠、万三州,旧是当道属郡,先被西川侵据,今乞却割隶本管。"诏可之,其夔州,伪蜀先曾建节,宜依旧除刺史。《通鉴考异》引《十国纪年》、《荆南史》:天成元年二月壬辰,请忠夔、万州及云安监隶本道,庄宗许之。诏命未下,庄宗遇弑。六月壬辰,王表求三州,明宗许之。

　　秋七月乙卯朔,以太原旧宅为积庆宫。庚申,契丹、渤海国俱遣使朝贡。甲子,诏割韩城、合阳两县属同州。诛滑州左右崇牙及长剑等军士数百人,夷其族,作乱故也。其都校于可洪等相次到阙,亦斩于都市。丁卯,以伪蜀守司空、门下侍郎、平章事、晋国公王谐为检校司空、守陵州刺史,以虢州刺史石潭为耀州团练使。辛未,诏:"诸道节度、刺史、文武将吏,旧进月旦起居表,今后除节度、留后、团练、防御使,惟正、至进贺表,其四孟月并且止绝。"甲戌,中书门下上言:"宣旨令进纳新授诸道判官、州县官官告敕牒,祗应宣赐。准往例,除将相外,并不赐官诰,即因梁氏起例,凡宣授官,并特恩赐。臣等商量,自两使判官令录在京除授者,即于内殿谢恩,便辞赴任,不更进纳官诰,判司主簿,不合更许朝对。敕下后,望准旧例处分。"从之。

　　乙亥,庄宗皇帝梓宫发引,帝缞临送于楼前。是日,葬庄宗于雍陵。镇州留后王建立奏,涿州刺史刘殷肇不受代,谋叛,昨发兵收掩,擒刘殷肇及其党一十三人,见折足勘诘。已卯,以比部郎中、知制诰杨凝式为给事中,充史馆修撰、判馆事;以伪蜀吏部尚书杨玢为给事中,充集贤殿学士、判院事。升应州为彰德军节度,仍以兴唐军为寰州,隶彰国军。宰相豆卢革贬辰州刺史,韦说贬叙州刺史,仍令所在驰驿发遣,为谏议大夫萧希甫疏奏故也。制略曰:"革则纵田客以杀人,说则侵邻家而夺井,选元亨之上第,改王参之本名。或主掌三司,季元随之务局;或陶熔百里,受长吏之桑田。咸屈塞于平人,互阿私于爱子。任官匪当,黩货无厌,谋人之国若斯,致主之方安在! 既迷理乱,又味卷舒。而府司案牍爰来,谏署奏章叠至,备彰丑迹,深污明庭。是宜约以三章,投之四裔。其河南府文案及萧希甫论疏,并宜宣示百僚。"庚辰,赐萧希甫衣段二十疋、银器五十两,赏疏革、说之罪也。宰相郑珏、任园再见安重诲,救解革、说,请不复追行后命,又三上表救解,俱留中不报。

辛巳,以捧圣严卫左厢马步军都指挥使李从璋领饶州刺史,充大内皇城使。中书门下奏:"条制,检校官各纳尚书省礼钱,旧制太师、太尉纳四十千,后减落至二十千;太傅、太保元纳钱三十千,减至十五千;司徒、司空元纳二十千,减至一十千;仆射、尚书元纳一十五千,减纳七千;员外、郎中元纳一十千,今纳三千四百者。"诏曰:"会府华资,皇朝宠秩,凡沾新命,各纳礼钱。爰自近年,多隳旧制,遂致纪纲之地,遽成废坠之司。况累条流,就从减省,方当提举,宜振规绳。但录其间,翊卫勋庸,藩宣将佐,自军功而迁陟,示恩泽以奖酬,须议从权,不在其例。其余自不带平章事节度使及防御、团练、刺史、使府副使、行军已下,三司职掌监务官,州系官,凡关此例,并可征纳。其检校官自员外郎至仆射,祗初转一任纳钱,若不改呼,不在征纳。仍委尚书省部司专切检举,置历逐月具数申中书门下。"

癸末,诏辰州刺史豆卢革可责授费州司户参军,叙州刺史韦说可责授夷州司户参军,皆员外置同正员,仍令驰发发遣。甲申,又诏曰:"责授费州司户参军豆卢革、夷州司户参军韦说等,自居台辅,累换星华,负先皇倚注之恩,失大国燮调之理。朕自登宸极,常委匀衡,略无谦逊之辞,但纵贪饕之意。除官受赂,树党徇私,每亏敬于朕前,徒自尊于人上。道路之喧腾不已,谏臣之条疏颇多,罪状显彰,典刑斯举,合从极法,以塞群情。尚缘临御之初,含弘是务,特轸隧泉之虑,爰施解纲之仁,曲示优恩,俯宽后命。革可陵州长流百

姓,说可合州长流百姓,仍委逐处长知所在。同州长春宫判官、朝请
大夫、检校尚书、礼部郎中、赐紫金鱼袋豆卢升,将仕郎、守尚书屯
田员外郎、崇文馆学士、赐绯鱼袋韦涛等,各因权势,骤列班行,无
才业以可称,窃宠荣而斯久。比行贬谪,以塞尤违。朕以篡袭之初,
含容是务,父既宽于后命,子宜示于特恩,并停见任。"升、涛即革、
说之子也。《永乐大典》卷七千一百六十三。

旧五代史卷三六考证

　　唐明宗纪二西都知府张篯　张篯,原本作张镠,今据《通鉴》改
正。

　　故万州司户朱友谦　万州,原本作万州,今据《欧阳史》改正。

　　枢密承旨段回　段回,《九国志》作段怀,考《欧阳史》及《通
鉴》,并作段回,今仍其旧。

　　正衙威容　"正衙",原本讹"王卫",今据《册府元龟》改正。

　　是日葬庄宗于雍陵　雍陵,原本作永陵,考徐无党《五代史
注》,庄宗陵名雍陵,石晋时避讳称伊陵,原本"永"字误,今改正。
又,庄宗葬日,《通鉴》从哀册文作丙子,是书从《实录》作乙亥。

　　改王参之本名　案:王参疑有舛误,据《册府元龟》引《薛史》亦
作王参,今无可考,姑仍其旧。

旧五代史卷三七
唐书一三

明宗本纪第三

　　天成元年秋八月乙酉朔,日有食之。有司上言:"庄宗庙室酌献,请奏《武成之舞》。"从之。郓州节度使霍彦威移镇青州。丁亥,庄宗神主祔庙,有司请兆懿祖室,从之。诏:"陵州、合州长流百姓豆卢革、韦说等,可并自长流后,纵逢恩赦,不在原宥之限。豆卢升、韦涛仍削除自前所受官秩。"壬辰,以久雨,放百僚朝参,诏天下疏理系囚。甲午,汴州奏,旧管曹州乞却归当道,从之。是日,诏曰:"承前使府奏请判官,率皆随府除移停罢。近年流例,有异前规,使府随已除移,判官元安旧职。起今后若是朝廷降授者,即不计使府除移,如是使府奏请,即皆随府移罢。旧例藩侯带平章事者,所奏请判官,殿中已上许奏绯,中丞已上许奏紫,今不带平章事亦许同带平章事例处分。如防御、团练使奏请判官,员外郎已下不在奏绯之限。其所奏判官、州县官,并须将历任告身随奏至京。如未有官,假称试摄,亦奏状内分明署出。如藩镇留后、权知军州事,并不在奏请判官之限。如刺史要奏州县官,须申本道,请发表章,不得自奏。近日州使奏请从事,本无官绪,妄结虚衔,不计职位高卑,多是请兼朱紫,不唯紊乱,实启挠求。宜令诸道州府,切准敕命处分。"
　　丁酉,内出象笏三十四面,赐百官之无笏者。己亥,帝御文明殿,百官入阁,月望如月朔之仪,从新议例也。荆南高季兴上言,峡州内三州,请朝廷不除刺史。幽州奏,契丹寇边,诏齐州防御使安审通率师御之。辛丑，以前青州节度使符习为郓州节度使，以前华州节度使史敬熔为安州节度使。乙巳，禁熔钱为器，仍估定生铜器价斤二百，熟铜器斤四百，如违省价买卖者，以盗铸钱论。丁未，枢密使院条奏："诸道节度使、刺史内，有不守诏条，公行科敛，须行止绝。州使所纳军粮，不得更邀加耗。节度使、刺史所置牙队，许于军都内抽取，便结省司衣粮，况人数已多，访问尚有招致。诸色人多有抵罪亡命，便于州府投名为使下元随，邀求职务，凌压平人；及有力户人，于诸处行赂，希求事务。亦有州使妄称修茸城池廨宇，科赋于人，及营私宅，诸县镇所受州使文符，如涉科敛人户，不得禀受。州府不得赊买行人物色，兼行科率。已前条件，州使如敢犯违，许人陈告，勘诘不虚，量行奖赏。宜令三京、诸道州府，准此处分。"

　　新授青州节度使霍彦威奏，处斩新登州刺史王公俨，及同谋拒命指挥使李谨、王居厚等八人讫。初，同光中，符习为青州节度使，宦官杨希望为监军，专制军政。赵在礼之据魏州，习奉诏以本军进讨，俄而帝为乱军所劫，习即罢归。希望遣兵邀之，习惧而还。至滑州，帝遣人招之，习至，乃从帝入汴。希望闻魏军乱，遣兵围守习家，欲尽杀之。公俨素受希望奖爱，谓希望曰："内侍宜分心腹之兵，监四面守陴者，则谁敢异图？"希望从之。公俨乘其无备，围希望之第，擒而杀之。公俨遂与州将李谨等谋据州城，以邀符节，即令军府飞章留己，兼扬言符习在镇，人不便其政，帝乃除公俨为登州刺史。公俨不时赴任，即以霍彦威代符习，聚兵淄州，以图进取。彦威至淄州，会诏使至青州告谕，公俨即赴所任。彦威惩其初心，遣人擒公俨于北海县，与同党斩于州东。有司上言："庄宗祔庙，懿祖祧迁，准例舍故而讳新，懿祖例不讳，忌日不行香。"从之。壬子，襄州节度使刘训加检校太傅，以伪蜀右仆射、中书侍郎、平章事、赵国公张格为太子宾客，充三司副使，从任圜请也。

　　九月乙卯朔，诏汴州扶沟县复隶许州。以前绛州刺史娄继英为冀州刺史，充北面水陆转运制置使。己未，幸至德宫，遂幸前隰州刺史袁建丰之第。帝尝为太原内衙亲将，建丰为副，至是建丰风疾沈废，故亲幸其第以抚之。庚申，以都官郎中庚传美充三川搜访图籍使。传美为蜀王衍之旧僚，家在成都，便于归计，且言成都具有本朝实录，及传美使回，所得才九朝实录及残缺杂书而已。癸亥，应圣节，百僚于敬爱寺设斋，如缁黄之众于中兴殿讲论，从近例也。戊辰，以伪蜀检校太师、兼中书令、右金吾街使张贻范为兵部尚书致仕。都官员外郎于邺奏请指挥不得书契卷辄卖良人，从之。癸酉，天策上将军、湖南节度使、开府仪同三司、守太师、兼尚书令、楚王马殷加检校太师、守尚书令。两浙节度留后、静海军节度、岭南西道观察处置等使、检校太尉、兼中书令钱元瓘加食邑。中吴建武等军节度、岭南东道观察处置等使、检校太尉、兼中书令钱元璙加开府阶，进食邑。甲戌，以前代州刺史马漎为左卫上将军致仕。己卯，以光禄卿罗周敬为右金吾卫大将军，充街使。辛巳，以前复州刺史袁羲为唐州刺史。诏曰："凤翔节度使李晖，世联宗属，任重藩宣，庆善有称，忠勤显著，既在维城之列，宜新定体之文。是降宠光，以隆敦叙，俾焕成家之美，贵崇犹子之亲。宜于本名上加'从'字。"癸未，文武百僚至张全义私第枢前立班辞，以来月二日葬故也。

冬十月甲申朔，诏赐文武百僚冬服绵帛有差。近例，十月初寒之始，天子赐近侍执政大臣冬服。帝顾谓判三司任圜曰："百僚散未？"圜奏曰："臣闻本朝给春冬服，遍及百僚，丧乱已来，急于军旅，人君所赐，未能周给。今止近臣而已，外臣无所赐。"帝曰："外臣亦吾臣也，卿宜计度。"圜遂与安重海据品秩之差，以定春冬之赐，其后遂以为常。右拾遗曹琼上疏，内一件："百僚朔望人阁，及五日内殿起居，请许三署寺监官轮次转对奏事。"从之。刑部员外郎孔庄上言："自兵兴以来，法制不一，诸道州县常行枷杖，多不依格律，请以旧制晓谕，改而正之。"丙戌，吏部侍郎卢文纪上言："请内外文武臣僚，每岁有司明定考校，将相乞回御笔，以行黜陟，疏下中书门下商量，宰臣奏请施行。"从之。丁亥，云南巂州山后两林百蛮都鬼主、右武卫大将军李卑晚遣大鬼主传能、阿花等来朝贡，帝文明殿对之，百僚称贺。庚寅，以客省使李严领泗州防御使，以河中节度副使李镖为太子宾客。壬辰，邠州节度使毛璋移镇潞州。巴州进嘉禾合惠。甲午，以前隰州刺史袁建丰遥领洪州节度使。

庚子，幽州奏，契丹平州守将伪署幽州节度使卢文进户口归明，百僚称贺。辛丑，契丹遣使来告哀，言国王案巴坚旧作阿保机，今改正。以今年七月二十七日卒。诏曰：“朕近缵皇图，恭修帝道，务安夷夏，贵洽雍熙。契丹主世预欢盟，礼交聘问，遽闻凶讣，倍轸悲怀，可辍今月十九日朝参。”丙午，以嶲州山后两林、百蛮都鬼主李卑晚为宁远将军，大渡河山前邛川六姓都鬼主、怀安郡王勿邓标莎为定远将军。丁未，幽州奏，卢文进所率降户孳畜人口在平州西，首尾约七十里。庚戌，以吏部侍郎卢文纪为御史中丞，时御史大李琪三上表求解任故也。以兵部侍郎刘岳为吏部侍郎，以户部侍郎、充端明殿学士冯道为兵部侍郎，以中书舍人、充端明殿学士赵凤为户部侍郎，并依前充职。壬子，静江军节度使、桂州管内观察使、检校太师、兼中书令、扶风郡王马赉加食邑实封，沣朗观察使、检校太傅、兼侍中马希振加检校太尉。卢文进至幽州，遣军吏奉表来上。

十一月戊午，以沧州留后王景戡为邢州节度使。青州奏，得登州状申，契丹先攻逼渤海国，自案巴坚身死，虽已抽退，尚留兵马在渤海扶余城，今渤海王弟领兵马攻围扶余城内契丹次。己未，以翰林学士、尚书、户部郎中、知制诰刘昫为中书舍人充职。辛酉，以前秘书少监温辇为太子詹事。壬戌，以前房州刺史朱罕为颍州团练使。是日，诏曰：“应今日已前修盖得寺院，无令毁废，自此已后不得辄有建造。如要愿在僧门，并须官坛受戒，不得衷私剃度。”癸丑，日南至，帝御文明殿受朝贺，仗卫如式。礼部侍郎裴皞上言：“诸州刺史经三考方请替移。”诏曰：“有政声者就加恩泽，无课最者即便替移。”密州献芝草。庚午，河阳节度使夏鲁奇移镇许州，留后梁汉颙为邠州节度使。淮南杨溥遣使贡献，贺登极。乙亥，以前振武留后张温为利州昭武军留后，以果州刺史孙铎为汉州刺史，充西川马步军都指挥使。壬午，静海军节度、安南管内观察等使、检校太尉、兼侍中钱元球加开府阶，进食邑。癸未，镇州奏，准诏卢文进所率归业户口蠲放租税三年,仍每口给粮五斗。十二月戊子,卢文进及将吏四百人见,赐鞍马、玉带、衣被、器玩、钱帛有差。诏曰:"朕中兴宝祚,复正皇纲。万国骈罗,俱在照临之内;八纮辽琼,咸居覆载之间。矧彼云南,素归正朔,洎平伪蜀,思锡旧恩,于乃眷以难深,欲沛覃而末暇。百蛮都首领李卑晚、六姓蛮都首领勿邓标沙等,天资智勇,世禀忠勤,梯航之道路才通,琛贽之贡输已至。率其种落,竭乃悃诚,备倾向化之心,深奖来庭之意。今则各颁国宠,别进王封。其巂州刺史李及、大鬼主离吷等,或遥贡表函,或躬趋朝阙,亦宜特授官资,各迁阶秩。勉敦信义,无坠册书,示尔金石之盟,保我山河之誓。钦承休命,永保厥终。"壬辰,帝狩于近郊,腊故也。甲午,以契丹卢龙军节度使卢文进为检校太尉、同平章事,充滑州节度使。戊戌,诏严禁镕钱。庚子,皇第二子金紫光禄大夫、检校司徒从荣加检校太保、同平章事、天雄军节度使、邺都留守。以武安军马步军都指挥使马希范为沣州刺史,铁林都知事马希杲为衡州刺史。壬寅,颍州刺史孙岳加检校太保,奖能政也。

丙午,中书门下奏:"故事,藩镇节度、观察使带平章事,于都堂上事刊石记壁,合纳礼钱三千贯,以充中及两省公使。今欲各纳礼钱五百千,于中书立石亭子,锼勒宰臣使相官氏、授上年月,余充修葺中书及两省公署部堂什物。"从之。

庚戌,御史台奏:"京城坊市士庶工商之家,有婢仆自经投井,非理物故者。近者已来,凡是死亡,皆是台司左右巡举勘检,施行已久,仍恐所差人吏及街市胥徒,同于民家,因事邀胁。臣询访故事,凡京城民庶之家,死丧委府县检举,军家委军巡,商旅委户部。然诸司检举后,具事由申台,其间或枉滥情故,台司访闻,即行举勘。如是文武两班官吏之家,即是台司检举。臣请自今以后,并准故事施行者。"诏曰:"今后文武两班及诸道商旅,凡有丧亡,即准台司所奏施行。其坊市民庶军士之家,凡死丧及婢仆非理物故,依台司奏,委府县、军巡同检举,仍不得纵其吏卒,于物故之家妄有邀胁。或恐暑月尸柩难停,若待申闻检举,纵无邀胁,亦须经日。今后仰本家唤四邻检察,若无他故,遂便葬埋。如后别闻枉滥,妄有保证,官中访知,勘诘不虚,本户邻保并行科罪。如闻诸道州府,坊市死丧,取分巡院检举,颇致淹停,人多流怨,亦仰约京城事例处分。"《永乐大典》卷七千一百六十四。

旧五代史卷三七考证

唐书明宗纪三内出象笏三十四面　三十四,《欧阳史》作三十二。

伪蜀右仆射中书侍郎平章事赵国公张格　张格,原本作张裕,考《旧唐书·张浚传》,浚次子格,仕蜀为平章事,今改正。

伪署幽州节度使卢文进　卢文进,《辽史》作卢国用,盖文进在辽改名国用耳。

国王安巴坚以七月二十七日卒　案:"《辽史·太祖纪》作七月辛巳上崩。

可辍今月十九日朝参　案:《欧阳史》作废朝三日。

契丹次　案:契丹次,盖言契丹方即次也。是书前后如攻城次镇州,"次"多单用,"次"字疑即当时案牍之文,今仍其旧,附识于此。

安巴坚旧作阿保机,今改。

补前本纪擒公俨于北海县,斩于州东。《通鉴》:彦威聚兵淄州以图进取,公俨惧。乙未,始之官。丁酉,彦威至青州追擒之。

旧五代史卷三八
唐书一四

明宗本纪第四

　　天成二年春正月癸丑朔,帝御明堂殿受朝贺,仗卫如常仪。制曰:"王者祗敬宗祧,统临寰宇,必顺体元之典,特新制义之文。朕以眇躬,获承丕构,袭三百年之休运,继二十圣之耿光。驭朽纳隍,夕惕之心罔怠;法天师古,日跻之道惟勤。今则载戢干戈,浑同书轨,荷玄穹之眷祐,契兆庶之乐推。检玉泥金,非敢期于薄德;耕田凿井,诚有慕于前王。将陈享谒之仪,即备郊丘之礼,宜更称谓,永耀简编。今改名为亶,凡在中外,宜体朕怀。"宣制讫,百僚称贺,有司告郊庙社稷。案杨文公《谈苑》云:唐时避讳最重,人君即位多更名,后唐尚沿其例。明宗初名嗣源,后改名亶。于是杨檀改称光远,其金坛及檀州诸州皆从改更,则并偏旁字面亦改之。当时明宗在御,臣下避讳之严如此。今考《薛史·杨光远传》云:初名檀,唐天成中,以明宗改御名为亶,始改名光远。与《谈苑》合。然《闵帝纪》尚称安北都护杨檀,是天成中未尝改名又,《明宗纪》前后皆称檀州,则地名亦不改,疑《谈苑》所纪不能无误。《薛史》纪、传异文,亦末画一。丙辰,诏:"端明殿学士班位宜在翰林学士之上,今后如有转改,只于翰林学士内选任。"先是,端明殿学士班在翰林学士之下,又如三馆例,官在职上,赵凤转侍郎日,讽宰相府移之。既而禁林序列有不可之言,安重诲奏行此敕,时论便之。癸亥,宰臣郑珏加特进、门下侍郎兼太微宫使,崇文馆大学士任圜加光禄大夫、门下侍郎、监修国史,以端明殿学士、尚书、兵部侍郎冯道为中书侍郎、平章事、集贤殿大学士,以太常卿崔协为中书侍郎、平章事。戊辰,以前邓州节度使刘玘卒，废朝，左拾遗李同上言："天下系囚，请委长吏逐旬亲自引问，质其罪状真虚，然后论之以法，庶无枉滥。"从之。

辛未，皇子河中节度使从珂加同平章事。以镇州留后、检校司徒王建立为镇州节度使、检校太傅。癸酉，第三子金紫光禄大夫、检校司徒从厚加检校太保、同平章事、河南尹，判六军诸卫事。北面副招讨房知温奏，营州界奚陁罗支内附。乙亥，以监门卫大将军傅璂为右武卫上将军。丙子，诏曰："顷自本朝多难，雅道中微，皆尚浮华，罕持谦让。其有除官兰省，命秩伯台，或以人事相疏，或以私雠见讶，稍乖敬奉，遽至弃捐，盖司长之振威，处君恩而何地。今后应新授官朝谢后，可准例上事，司长不得辄以私事阻滞。其本官亦不得因遭抑挫，托故请假。"戊寅，皇子从厚领事于河南府，宰相郑珏已下会送，非例也。己卯，枢密使、光禄大夫、检校太保、行兵部尚书安重诲加开府仪同三司、检校太傅、兼侍中，枢密使、检校太保、守秘书监孔循加检校太傅、同平章事。诏崇文馆依旧为弘文馆。初，同光中，宰相豆卢革以同列郭崇韬父名弘，希其意奏改之，今乃复焉。辛巳，诏曰："乱离斯久，法制多隳，不有举明，从何禁止。起今后三京及州使职员名目，是押衙兵马使，骑马得有暖坐。诸都军将衙官使下系名粮者，只得衣紫皂，庶人商旅，只著白衣，此后不得参杂。兼有富户，或投名于势要，以求影庇；或希假于摄贵，以免丁徭。仰所在禁勘，以肃奸欺。"

二月壬午朔，新罗遣使朝贡。丁亥，以北京皇城使李继朗为龙武大将军，北京都指挥使李从臻为左卫大将军，捧圣都指挥使李从璲为右监门卫大将军。戊子，以前北面水陆转运招抚使、守冀州刺史乌震领宣州节度使。庚寅，陕州节度使、检校司徒石敬瑭加检校太傅兼六军诸卫副使。壬辰，西川节度使孟知祥奏，泗州防御使、充西川兵马都监李严，扇摇军众，寻已处斩。以颍州刺史孙岳为耀州团练使。丙申，以从马直指挥使郭从谦为景州刺史，寻令中使诛之，夷其族，以其首谋大逆，以杀庄宗也。以尚书左丞崔沂为太子少保致仕。壬寅，制曰：荆南节度使、开府仪同三司、守太尉、兼尚书令、南平王高季兴可削夺官爵,仍令襄州节度使刘训充南面招讨使、知荆南行府事,许州节度使夏鲁奇为副招讨使,充蕃汉马步四万人进讨,以其叛故也。又命湖南节度使马殷以湖南全军会合。以东川节度使董璋充东南面招讨使,新授夔州刺史西方邺为副招讨使,共领军下峡州,三面齐进。《通鉴考异》:梓、夔皆在荆南之西南,而云东南面者,盖据夔、梓所向言之。

甲辰,兖州节度使房知温加同平章事,宋州节度使王晏球加检校太傅。丁未,以礼部尚书萧顷为太常卿。戊申,以御史大夫李琪为右仆射,以太子宾客李璘为户部尚书,以吏部侍郎李德休为礼部尚书,以前吏部侍郎崔贻孙为吏部侍郎,端明殿学士、户部侍郎赵凤为兵部侍郎,依前充职。庚戌,诏诸道节度使男及亲嫡骨肉未沾恩命者,特许上闻。河南府新安县宜为次赤,以雍陵在其界故也。辛亥,以刑部侍郎归蔼为户部侍郎。

三月壬子朔,以中书舍人马缟为刑部侍郎。幸会节园,宰相、枢密使及在京节度使共进钱绢,请开宴。癸丑,遣供奉宫贾俊使淮南。甲寅,以西川节度副使李敬周为遂州武信军留后。乙卯,开府仪同三司,司徒致仕赵光逢进太保致仕,仍封齐国公。以武信军节度使李绍文卒,废朝。丙辰,宰相判三司任圜奏:"诸道藩府,请依天复三年已前许贡绫绢金银,随其土产折进马之直。又请选挈生马,分置监牧。"并从之。《五代会要》:任圜奏:三京留守、诸道节度观察、诸州防御使、刺史,每年应圣节及正、至等节贡奉,或讨伐胜捷,各进献马。伏见本朝旧事,虽以献马为名,多将绫绢金银折充马价,盖跋涉之际,护养稍难,因此群方俱为定制。自今后伏乞除蕃部进驼马外,诸州所进马,许依天复三年已前事例随其土产折进价直,冀贡输之稍易,又诚敬之获申。兼欲于诸处拣挈生马,准旧制分置监牧,仍委三司使别具制置奏闻。太常丞段颙请国学《五经》博士各讲本经,以申横经齿胄之义,从之。庚申,以前泽潞节度使、检校太傅、兼侍中孔勍为河阳节度使。壬戌,幸甘水亭。甲子,青州节度使霍彦威加检校太尉、兼中书令,以大内皇城使、守饶州刺史李从璋为应州节度使。丁卯,诏:"所在府县纠察杀牛卖肉,犯者准条科断。其自死牛即许货卖,肉斤不得过五钱,乡村民家死牛,但报本村所由,准例输皮入官。"癸酉,以户部郎中、知制诰卢詹为中书舍人。

　　夏四月辛巳朔,房知温奏"前月二十一日,卢台戍军乱,害副招讨宁国军节度使乌震,寻与安审通斩杀乱兵讫。"帝闻之,废朝一日,赠震太傅。新罗国遣使贡方物。丁亥,以华州留后刘彦琼为本州节度使。是日,幸会节园宴近臣。己丑,以兵部侍郎崔居俭权知尚书左丞,以户部侍郎王权为兵部侍郎,以礼部侍郎裴皞为户部侍郎,以翰林承旨、守中书舍人李愚为礼部侍郎充职。庚寅,御史台奏:"今月三日廊下食,百官坐定,两省官方来,自五品下辄起。"诏曰:"每赴廊餐,如对御宴,若行私礼,是失朝仪,各罚半月俸。"《五代会要》:长兴三年五月诏:文武两班,每遇入阁赐食,从前御史台官及诸朝官皆在敷政门外两廊食,惟北省官于敷政门内别坐,既为隔门,各不相见,致行坐不齐,难于肃整。今后每遇入阁赐食,北省官亦宜于敷政门外东廊下设席,以北首为上,待班齐一时就坐。

　　诏:"卢台乱军龙晊所部邺都奉节等九指挥三千五百人,在营家口骨肉,并可全家处斩。"龙晊所部之众,即梁故魏博节度使杨师厚之所招置也。皆天下雄勇之士,目其都为银枪效节,仅八千人。师厚卒,贺德伦不能制。西迎庄宗入魏,从征河上,所向有功。庄宗一统之后,虽数颁赍,而骄纵无厌。同光末,自贝州劫赵在礼,据有魏博。及帝缵位,在礼冀脱其祸,潜奏愿赴朝觐,遂除皇子从荣为帅,乃令北御契丹。是行也,不支甲胄,惟帜于长行表队伍而已,故俯首遄征。在途闻李严为孟知祥所害,以为剑南阻绝,互相煽动。及屯于卢台,会乌震代房知温为帅,转增浮说。震与房知温博于东寨,日亭午,大噪于营外,知温上马出门,为甲士所拥,且曰:"不与儿郎为主,更何处去?"知温绐之曰:"马军皆在河西,步卒独何为也!"遂得跃马登舟,济于西岸。安审通戢骑军不动,知温与审通谋伺便攻之,令乱兵卷甲南行。骑军徐进,部伍严整。叛者相雇失色,列炬宵行,疲于荒泽。犀明,潜令外州军别行,知温等遂击乱军,横尸于野,余众复趋旧寨，至则已焚之矣。翌日，尽戮之，脱于丛草沟塍者十无二三，迫夜窜于山谷，稍奔于定州。及王都之败，乃无噍类矣。癸巳，兖州节度使房知温加侍中，齐州防御使安审通加检校太傅，并赏卢台之功也。

丁酉，伪吴杨溥遣移署右威卫将军雷现贡端午礼币。辛丑，以前利州节度使张敬询为云州节度使。遣枢密使孔循赴荆南城下，时招讨使刘训有疾故也。甲辰，以户部侍郎韩彦恽为秘书监。是日，幸石敬瑭、安重海第。丙午，故振武节度使李嗣恩赠太尉，以司封郎中、充枢密院直学士阁至为左谏议大夫充职。右谏议大夫梁文矩上言，平蜀以来，军人剽略到西川人口甚多，骨肉阻隔，恐伤和气，请许收认。帝仁慈素深，因文矩之奏，诏河南、河北旧因兵火掳隔者，并从识认。是日，郓州进白鹊。

五月癸丑，以福建留后、检校太傅、舒州刺史王延钧为检校太师、守中书令，充福建节度使、琅玡郡王，以太常卿萧顷为吏部尚书。是日，怀州进白鹊。戊午，以三司副使、守太子宾客张格卒，废朝。以翰林学士、驾部郎中、知制诰窦梦征为中书舍人充职。癸亥，遣宣徽使张延朗调发郡县粮运赴荆南城下，仍以军法从事。以右龙武统军崔公实为左龙武统军，以前复州刺史高行周为右龙武统军。割果州属郡。乙丑，伪吴杨溥贡新茶。沧州进白鹤。庚午，诏罢荆南之师，既而令军士散掠居民而回。诏："文武臣僚及诸道节度使、刺史，有父母在者，各与恩泽。"宰臣任圜表辞三司事，乃以枢密院承旨孟鹄充三司副使权判。

六月壬午，华州、邢州进两歧麦，竟州进三足乌。丙戌，宰相任圜落平章事，守太子少保。丁亥，诏天下除并无名额寺院。以宣徽北院使张延朗为右武卫大将军、判三司，依前宣徽使、检校司徒。辛卯，大理少卿王郁上言："凡决极刑，准敕合三覆奏，近年已来，全隳此法，伏乞今后决前一日许一覆奏。"从之。壬辰，南面招讨使、知荆南行府事、襄州节度使、检校太傅刘训责授检校右仆射、守檀州刺史。训南征无功，故有是谴。诏丧葬之家，送终之礼不得过度。乙未，户部尚书李璘上言："请朝班自四品以上官各许荐令录两人，五品官各荐簿尉两人，案：《五代会要》作五品、六品官各许荐簿尉两人，原本疑脱"六品"二字。功过赏罚，与举者同之。"诏从之。其所举人，仍于官告内标所举姓名，或有不公，案：原本脱"公"字，今从《五代会要》增入。连坐举主。仍令三品已上各举堪任两使判官者。丙申，以天策上将军、湖南节度使、开府仪同三司、检校太师、守尚书令、楚王马殷为守太师、尚书令，封楚国王。庚子，幸白司马陂，祭突厥神，从北俗之礼也。

　　秋七月庚戌朔，以宋州节度使王晏球充北面行营副招讨使。癸丑，以左金吾将军乌昭远为左卫上将军，充入蛮国信使。中书奏："马殷封楚国王，礼文不载国王之制，请约三公之仪，用竹册。"从之。壬戌，西川节度副大使、知节度事孟知祥加检校太尉、兼侍中，东川董璋加爵邑。以左效义指挥使元习为资州刺史，右效义指挥使卢密为雅州刺史。癸亥，幸冷泉宫。甲子，以检校工部尚书谢洪为宿州团练使。夔州刺史西方邺奏，杀败荆南贼军，收峡内三州。丙寅，升夔州为宁江军，以邺为节度使。戊辰，诏曰："顷因本朝亲王，遥领方镇，遂有副大使知节度事，年代已深，相沿未改。其东川、西川今后落副大使，只云节度使。"庚午，遂州留后李敬周、郎州留后刘仲殷并正授本州节度使。壬申，兖州节度使房知温移镇徐州，徐州节度使安元信移镇襄州，沧州节度使赵在礼移镇兖州。以齐州防御使安审通为沧州节度使。是日，诏陵州、合州长流百姓豆卢革、韦说等，宜令逐处刺史监赐自尽，其骨肉并放逐便。是日，逐段凝于辽州，刘训于仆州，温韬于德州。甲戌，太子少保任圜上表乞致仕，仍于外地寻医，诏从之。丁丑，以左金吾大将军曹廷隐为齐州防御使。

　　八月己卯朔，日有食之。辛巳，以右谏议大夫孔昭序为给事中，以秘书少监崔惠为右谏议大夫。壬午，以右骁卫大将军刘衡为左领卫上将军；以邺都副留守赵敬怡为右卫上将军，判兴唐府事。乙酉，昆明大鬼主罗殿王、普露静王九部落，各差使随牂牁、清州八郡刺史宋朝化等一百五十三人来朝，进方物，各赐官告、缯彩、银器放还蕃。丙戌,以御史中丞卢文纪为工部尚书,以右谏议大夫梁文矩为御史中丞。邓州留后陶玘贬岚州司马,以其为内乡县令盛归仁所讼,税外科率故也。仍赐归仁绯袍鱼袋。癸巳,幸皇子从荣第,宣禁中伎乐观宴,从荣进马及器币,帝因以伎乐赐之。华州上言,渭河泛滥害稼。丁酉,以吏部郎中、袭文宣公孔邈为左谏议大夫。史馆修撰赵熙上言:“应内中宫事及诏书奏对,应不到中书者,请委内臣一人抄录,月终送史馆。”诏差枢密直学士录送。青州进芝草。新州奏,契丹乞置互市。癸卯,汴州节度使朱守殷加兼侍中,郓州符习加检校太尉。甲辰,皇子从荣娶鄜州节度使刘仲殷女,是夕礼会,百僚表贺。

九月辛亥,义武军节度使、检校太尉、兼中书令王都加食邑实封。幽州节度使赵德钧加检校太尉,镇州节度使王建立加同平章事。伪吴杨溥遣使以应圣节贡献。已未,以前云州节度使高行珪为邓州节度使。是日,出御札曰:“历代帝王,以时巡狩,一则遵于典礼,一则按察方区。刬彼夷门,控兹东夏,当先帝戡平之始,为眇躬殿守之邦,俗尚贞纯,兵怀忠勇。自元臣镇静,庶事康和,兆民咸乐于有年,阖境弥坚于望幸,事难违众,义在省方。朕取十月七日亲幸汴州。”庚申,以卫尉卿李延光为大理卿。北京留守李彦超上言:“先父存审,本姓符氏,蒙武皇赐姓,乞却还本姓。”从之。乙丑,夏州节度使李仁福、凤翔节度使李从曮、朔方节度使韩洙,并加食邑,改赐功臣。以汝州防御使赵延寿为河阳节度使,以比部郎中、知制诰刘赞为中书舍人,以河阳掌书记程逊为比部员外郎、知诰,以代州刺史李德珫为蔚州刺史。丙寅,枢密使孔循兼东都留守。襄州夏鲁奇上言,荆南高季兴遣使持书乞修贡奉,诏鲁奇不纳。诏诸州录事参军,不得兼使府宾职。已巳,邓州节度使史敬熔加检校太保,同州节度使卢质加检校司徒。御史台奏:“每遇入阁,旧例只一员侍御史在龙墀边祇候,弹奏公事,或有南班失仪,黜检不及。今欲依常朝例,差殿中侍御史二员,押钟鼓楼位,仍各缀供奉班出入。”从之。以青州节度副使淳于晏为亳州团练使。契丹遣使摩琳孟衮旧作梅老设骨，今改正。已下朝贡。戊寅，西川奏：据黎州状，云南使赵和于大渡河南起舍一间，留信物十五笼，并杂笺诗一卷，递至阙下。

冬十月己卯朔，帝御文明殿视朝。癸未，亳州刺史李邺贬郴州司户，又贬崖州长流百姓，所在赐自尽。判官乐文纪配祁州，责其违法黩货也。乙酉，驾发西京，诏留宰相崔协以奉祠祭。丁亥，帝宿于荥阳。汴州朱守殷奏，都指挥使马彦超谋乱，已处斩讫。戊子，次京水，知朱守殷反，帝亲统禁军倍程前进。翌日，至汴州，攻其城，拔之，守殷伏诛。丙申，磁州刺史药纵之上言，今月十二日，供奉官王仁镐至，称制杀太子少保致仕任圜。契丹遣使持书求碑石，欲为其父表其葬所。戊戌，诏曰：“诸道州府，自同光三年已前所欠秋夏税租，并主持务局败阙课利，并沿河舟船折欠，天成元年残欠夏税，并特与除放。”时重海既构任圜之祸，恐人非之，思沛恩于众以掩己过，乃奏曰：“三司积欠约二百万贯，虚系帐额，请并蠲放。”帝重违其意，故有是诏。时议者以蠲隔年之赋，犹或惠民，场院课利一概除之，得不启奸幸之门乎！

己亥，诏曰：“太子少保致仕任圜，早推勋旧，曾委重难，既退免于剧权，俾优闲于外地。而乃不遵礼分，潜附守殷，缄题罔避于嫌疑，情旨颇彰于怨望。自收汴垒，备见踪由，若务含弘，是孤典宪。尚全大体，止罪一身，已令本州私第自尽，其骨肉亲情仆使等并皆放罪。”辛丑，诏曰：“后来其苏，动必从于人欲；天盐厥德，静宜布于国恩。近者言幸浚郊，暂离洛邑，盖逢岁稔，共乐时康。不谓奸臣，遽彰逆状，为厉之皆既甚，覆宗之祸自贻。以致近辅生灵，遘此多端纷扰，永言轸恻，无辍寐兴。宜覃雨露之恩，式表云雷之泽，应汴州城内百姓，既经惊劫，宜放二年屋租；诸处有曾受逆人文字者，随处焚毁。应天下禁囚徒，除十恶五逆、杀人放火、劫盗、合造毒药、官典犯赃、伪行印信、屠牛外，罪无轻重，并从释放。应有民年八十已上及家长者有废疾者，免一丁差役”云。以山南西道节度使张筠为西京留守，行京兆尹。青州节度使霍彦威差人走马进箭一对，贺诛朱守殷，帝却赐彦威箭一对。传箭，蕃家之符信也，起军令众则使之，彦威本非蕃将，以臣传箭于君，非礼也。癸卯，以权知汴州事、陕州节度使石敬瑭为汴州节度使、兼六军诸卫副使、侍卫亲军马步都指挥使。凤翔奏，地震。丙午，威武军节度副使、检校太尉、守建州刺史王延禀加同平章事、守建州刺史，充奉国军节度副使、兼威武军节度副使。诏割施州却属黔南。

十一月己酉，帝祭蕃神于郊外。庚戌，以皇城使、行袁州刺史李从敏为陕州节度使。乙卯，青州霍彦威、郓州符习来朝，以太子詹事温韬为吏部侍郎。徐州房知温来朝。戊午，黔南节度使李绍义加检校太保。庚申，皇子河中节度使、检校太保、同平章事从珂，邺都留守、检校太保、同平章事从荣，河南尹、判六军诸卫事、检校太保、同平章事从厚，并加检校太傅，进爵邑。贝州刺史窦廷琬上言：请制置庆州青白两池，逐年出绢十万疋，米万石。诏升庆州为防御所，以廷琬为使。壬申，诏霍彦威等归藩。诏太宗朝左仆射李靖可册赠太保，郑州仆射陂可改为太保陂。时议者以仆射陂者，后魏孝文帝赐仆射李冲，故因以为名，及是命之降以为李靖，盖误也。契丹遣使摩琳旧作梅老，今改正。等来乞通和。

十二月戊寅朔，以前凤翔留后高允贞为右监门上将军。诏以施州为夔州属郡，以其便近故也。遣飞胜指挥使于契丹，赐契丹王锦绮、银器等，兼赐其母绣被缨络。己卯，蔚州刺史周令武得代归阙，帝问北州事，令武奏曰："山北甚安，诸蕃不相侵扰。雁门已北，东西数千里，斗粟不过十钱。"帝悦，顾谓左右曰："须行善事，以副天道。"居数日，帝延宰臣于元德殿，言及民事，冯道奏曰："庄宗末年，不抚军民，惑于声乐，遂致人怨国乱。陛下自膺人望，岁时丰稔，亦淳化所致也。更愿居安思危。"帝然之。许州地震。庚辰，皇子邺都留守从荣移镇太原。以北京留守符彦超为潞州节度使。乙酉，以彰国军节度使李从璋昧于政理，诏归阙。束新及第进士有闻喜宴，逐年赐钱四十万。己丑，兖州节度使赵在礼来朝。诏出潜龙宅米以赠百官。壬辰，以太傅致仕齐国公赵光逢卒辍朝。丙申，许州节度使夏鲁奇移镇遂州。庚子，幸石敬瑭公署及康义诚私第。甲辰，狩于东郊,猎也。丙午,追尊四庙,以应州旧宅为庙。《永乐大典》卷七千一百六十四。

旧五代史卷三八考证

唐明宗纪四遣供奉官贾俊使淮南　贾俊,《九国志》作贾进,考《册府元龟》所引《薛史》亦作俊,今仍其旧。

房知温奏前月二十一日卢台戍军为乱害副招讨宁国军节度使乌震寻与安审通斩杀乱兵讫　案:《五代春秋》:卢台戍军为乱,房知温讨平之。据是书《房知温传》及《通鉴》,知温初诱戍军乱,继恐事不济,乃与安审通谋讨乱兵也。《五代春秋》所书,殊非事实。

所举与姓名或有不公　案:原本脱"公"字,今据《五代会要》增入。

夔州刺史西方邺奏杀败荆南贼军收峡内三州　案《通鉴》:"六月,西方邺败荆南水军于峡中,复取夔、忠、万三州。是书系七月甲子,盖以奏闻之日为据。《欧阳史》与是书同。

诏陵州合州长流百姓豆卢革韦说等宜令逐处刺史监赐自尽案:《五代春秋》作元年七月杀豆卢革、韦说,考《欧阳史》,元年七月贬豆卢革为辰州刺史,韦说溆州刺史。甲申,流革于陵州,说于合州。二年七月,杀豆卢革、韦说,与是书同。《五代春秋》统系于元年,误也。

今月十二日供奉官王仁镐至称制杀太子少保致仕任圜　案:安重海害任圜,《五代春秋》及《通鉴》俱不书日,《欧阳史》作乙未杀太子少保致仕任圜。据是书作十二日,是年十月为己卯朔,十二日乃庚寅也,与《欧阳史》异日。

美稜玛古旧作梅老没骨今改　摩琳,旧作梅老,今改。

旧五代史卷三九

唐书一五

明宗本纪第五

　　天成三年春正月戊申朔，帝御崇元殿受朝贺，仗卫如式。辛亥，前河阳节度使、检校太傅、兼侍中孔勍以太子太傅致仕。癸丑，诏取今月十七日幸邺都。甲寅，以国子祭酒朱守素卒废朝。丙辰，以镇南军节度使袁建丰卒废朝，诏赠太尉。

　　丁巳，诏曰："朕闻尧、舜有恤刑之典，贵务好生；禹、汤申罪已之言，庶明知过。今月十七日，据巡检军使浑公儿口奏称，有百姓二人，以竹竿习战斗之事。朕初闻奏报，实所不容，率尔传宣，令付石敬瑭处置。今旦重诲敷奏，方知悉是幼童为戏，载聆说议，方觉失刑，循揣再三，愧惕非一。亦以浑公儿诳诬颇甚，石敬瑭详覆稍乖，致人枉法而殂，处朕有过之地。今减常膳十日，以谢幽冤。其石敬瑭是朕懿亲，合施检谏，既兹错误，宜示省循，可罚俸一月。浑公儿决脊杖二十，仍销在身职衔，配流登州。小儿骨肉，赐绢五十匹、粟麦各百石，便令如法埋葬。兼此后在朝及诸道州府，凡有极刑，并须子细裁遣，不得因循。"百僚进表称贺。

　　己未，中书门下奏，国子祭酒，望令宰相兼判。乃诏崔协判之。《五代会要》载原奏云：祭酒之资，历朝所贵，爰丛近代，不重此官。况属圣朝，方勤庶政，须宏雅道，以振时风。望令宰臣一员，兼判国子祭酒。辛酉，以前潞州节度使毛璋为右金吾上将军，以左骁卫上将军华温琪为右金吾大将军，以春州刺史张虔钊为郑州防御使。契丹陷平州。诏应庙讳文字，只避正文，其偏旁文字，不用亏缺点画。契丹遣使特苏巴摩琳旧作秃汭悲梅老，今改正。等贡献，帝遣指挥使奔托山押国信赐契丹主妻。戊辰，以随驾马军都指挥使、富州刺史康义诚兼领镇南军节度使，以随驾步军都指挥使、潮州刺史杨汉章遥领宁国军节度使。中书上言："旧制遇二月十五日玄元皇帝降圣节，休假三日。准会昌元年二月敕，休假一日，请准近敕。"从之。吐蕃野利延孙等六人、回鹘米里都督等四人，并授归德、怀远将军，放还蕃。庚午，册赠故瀛州刺史李嗣颙为太尉。壬申，册赠故皇子检校司空从謜为太保。甲戌，制以楚国夫人曹氏为淑妃，以韩国夫人王氏为德妃，仍令所司择日册命。

二月丁丑朔，有司上言，太阳合亏，既而有云不见，群官表贺。诏巡幸汴京事宜停。庚辰，伪吴杨溥遣使贡献，贺诛朱守殷。帝以荆南拒命，通连淮夷，不纳其使，遣还。壬午，以光禄卿韦寂卒废朝，赠礼部尚书。癸未，工部尚书卢文纪贬石州司马，员外安置。文纪私讳"业"，时新除于邺为工部郎中，旧例，僚属名与长官讳同，或改其任。文纪素与宰相崔协有隙，故中书未议改官。于邺授官之后，文纪自请连假。邺寻就位，及差延州官告使副未行，文纪参告，且言俟邺回日终请换曹，邺其夕自经而死，故文纪贬官。以仓部郎中何泽为吏部郎中，奖伏阁谏巡幸邺都也。丁亥，天德军节度使郭承丰加检校司徒。辛卯，以山南西道节度使张筠为左骁卫上将军。诏中外群臣父母亡没者，并与追封赠。癸巳，以礼部尚书崔贻孙卒辍朝。甲午，以吐浑宁朔、奉化两府都知兵马使李绍鲁为吐浑宁朔府都督。乙未，以枢密使兼东都留守孔循为许州节度使兼东都留守，邓州节度使高行珪移镇安州，应州节度使李从璋移镇滑州，节度使卢文进移镇邓州。丁酉，以责授檀州刺史刘训为右龙武大将军。己亥，回鹘可汗行喻遣都督李阿三等贡献。壬寅，以左金吾大将军罗周敬为同州节度使。甲辰，以威塞军节度使张廷裕卒废朝，诏赠太保。以耀州团谏使孙岳为阆州团谏使，以左监门上将军高允贞为右金吾卫大将军，以右金吾卫大将军华温琪为左金吾卫大将军。

三月丁未朔，以久雨，诏文武百辟极言时政得失。丁巳，以邢州节度使王景戡为华州节度使，以前北京副留守李从温为邢州节度使。己未，以宰臣郑珏为开府仪同三司、左仆射致仕，加食邑五百户。庚辰，以前复州刺史翟章为新州威塞军留后。中书奏："孟夏荐飨，合宰相行事，在朝只有宰相二员，今东都留守孔循带平章事，宜令摄太尉行事。"孔循称："使相有戎机，不司祠祭重事。"癸亥，以前镇州节度使王建立为右仆射、兼中书侍郎、平章事、集贤殿大学士、判三司。西方邺上言，收复归州。以前郑州刺史杨汉宾为洋州武定军留后。戊辰，以前彰国军节度副使陈皋为凤州武兴军留后，以前蔡州刺史孙汉韶为应州彰国军留后，以宣徽南院使范延光为枢密使，以宣徽北院使、判三司张延朗为宣徽南院使，以前冀州刺史娄继英为耀州团练使，以怀州刺史张廷蕴为金州防御使。己巳，命范延光权知镇州军府事。西方邺奏，于归州杀败荆南贼军。太白山道士解元龟自西川至，对于便殿，称年一百一岁。既而上表乞西都留守兼西川制置使。要修西京宫阙。帝谓侍臣曰："此人老耄，自远来朝，方期别有异见，反为身名，甚可笑也。"赐号知白先生，赐紫，放归山。甲戌，册回鹘可汗仁喻为顺化可汗。

夏四月戊寅，以汴州节度使石敬瑭为邺都留守，充天雄军节度使，加同平章事；以枢密使、权知镇州军府事、检校太保范延光为镇州节度使兼北面水陆转运使；以司农卿郑缋为太仆卿。壬午，夔州节度使、东南面副招讨使西方邺加检校太保。甲申，皇第三女石氏封永宁公主，第十三女赵氏封兴平公主，仍令所司择日册命。幽州上言，契丹有书求乐器。乙酉，达靼遣使朝贡。以随驾马军都指挥使康义诚为侍卫亲军马步军都指挥使。丙戌，枢密使安重诲兼河南尹；以皇子河南尹、判六军诸卫事从厚为汴州节度使，判六军如故。丁亥，复州奏，湖南大破淮贼于道人矶。以西川马步军都指挥使赵廷隐兼汉州刺史，从孟知祥之请也。《九国志·赵廷隐传》：知祥至蜀，康延孝陷汉州，遣廷隐率兵击破之，擒延孝，槛送阙下，知祥奏加检校司空、汉州刺史，遂留屯成都。洋州上言，重开入蜀旧路三百馀里，比今官路较二

十五程而近。癸巳，殿中少监石知讷贬宪州司户，坐扇惑军镇也。北
面副招讨、宋州节度使王晏球以定州节度使王都反状闻。案：《辽史》
作三月，王都以定州来归。《五代春秋》及《通鉴》并从《薛史》作四月。庚子，制
义武军节度使、检校太尉、兼中书令、太原王王都削夺官爵。壬寅，
以王晏球为北面行营招讨使，知定州行军州事；以沧州节度使兼北
面行营马军都指挥使安审通为副招讨使，兼诸道马军都指挥使；以
左散骑常侍萧希甫兼判大理卿事。西京奏，前枢密使张居翰卒。

　　五月乙巳朔，回鹘可汗仁喻封顺化可汗。丁未，邺都留守、天雄
军节度使石敬瑭，河阳节度使赵延寿并加驸马都尉。以右仆射李琪
为太子少傅。辛亥，沙州节度使曹义金加爵邑。王晏球上言，收夺
得定州北西二关城。癸丑，湖南马殷奏，二月中，大破淮寇二万，生
擒将士五百人。中书上言："诸道荐人，宜酌定员数。今后节度使每
年许荐二人，带使相者许荐三人，团练、防御使各一人，节度、观察
判官并听旨授，书记以下即许随府。"从之。以六军判官、尚书司封
郎中史珪为右谏义议大夫，充枢密直学士。诏州县官以三十月为考
限，刺史以二十五月为限，以到任日为始。己未，幽州奏，契丹塔纳
旧作秃馁，今改正。领二千骑西南趋定州。以前同州节度使卢质行兵
部尚书，判太常卿事。辛酉，以天雄军节度副使、判兴唐府事赵敬怡
为枢密使。诏曰："上柱国，勋之极也。近代以来，文臣官皆稍高，便
授柱国，藏月未深，便转上柱国。武资初官，便授上柱国。今后凡加
勋，先自武骑尉，十二转方授上柱国，永作成规，不令逾越。"丁卯，
镇州奏，今月十八日，王师不利于新乐。壬申，王晏球奏，今月二十
一日，大破定州贼军及契丹于曲阳，斩获数千人，王都与塔纳以数
十骑复入于定州。己卯，以右金吾上将军毛璋为左金吾上将军，以
前安州节度使史敬熔为右金吾上将军，以前华州节度使刘彦琮为
左武卫上将军。壬午，放内园鹿七头于深山。乙酉，皇子故金枪指
挥使、检校左仆射从景赠太保。己丑，幽州赵德钧奏，杀契丹千馀人
于幽州东，获马六百匹。壬辰，宰臣冯道率百僚上表，请上尊号曰
"圣明神武文德恭孝皇帝"，诏报不允。丙申，冯道等再上尊号，不

允。戊戌,以西京副留守、知留守事张遵诲行京兆尹。

秋七月乙巳,诏故伪蜀主王衍追封顺正公,以诸侯礼葬。丙午,以前武信军节度使李敬周为邠州节度使。丁未,以沧州节度使安审通卒于师辍朝。壬子,以朔方节度使韩洙卒废朝。甲寅,王晏球奏,六月二十二日进攻逆城,将士伤者三千人。时晏球知城中有备,未欲急攻,朱宏昭、张虔钊切于立功,促攻贼垒,晏球不得已而进兵,遂致伤痍者众。乙卯,以太子少保李茂勋卒辍朝。己未,诏弛曲禁,许民间自造,于秋苗上曲纳麦价,亩出五钱。时孔循以曲法杀一家于洛阳,或献此议,以为爱其人,便于国,故行之。宗正卿李予除名,刑部侍郎马缟贬绥州司马,刑部员外郎李慎仪贬阶州司户。初,李纡差摄陵台令张保嗣等各虚称试衔,为奉先令王延朗所讼,大理寺断以诈假官论,刑部详覆,称非假诈。大理执之,召两司廷义,刑部理屈,故有是贬。纡续敕配陇州,徒一年。未几,诏曰:"天下州府,例是摄官,皆结试衔,或因勘穷,便关诈假。已前或有称试衔,一切不问,此后并宜禁止。"曹州刺史成景宏贬绥州司户参军,续敕长流宥州,寻赐自尽,坐受本州仓吏钱百缗也。壬戌,齐州防御使曹廷隐以奏举失实,配流永州,续敕赐自尽。甲子,王晏球奏,今月十九日契丹七千骑来援定州,王师逆战于唐河北,大破之。案《通鉴》:壬戌,王晏球破契丹于唐河北。甲子,追至易州。所推《长历》与《薛史》异。戊辰,福建节度使王延钧可依前检校太师、守中书令,进封闽王。己巳,王晏球奏,此月二十一日,追丹契至易州,掩杀四十里,擒获甚众。故朔方节度使韩洙赠太尉。以兵部侍郎王权、御史中丞梁文矩并为吏部侍郎,以左谏议大夫吕梦奇为御史中丞。

八月癸酉朔,以翰林学士、守中书舍人李怿、刘昫并为户部侍郎充职,以吏部侍郎刘岳守秘书监,以吏部侍郎韩彦恽守礼部尚书,以户部侍郎归蔼守太子宾客,以户部侍郎裴皡守兵部侍郎,以中书舍人张文宝守刑部侍郎。诏凡有姓犯庙讳者,以本望为姓。丁丑,以检校尚书右仆射、守龙武大将军刘训为晋州节度使、检校太傅。壬午,幽州赵德钧奏,于府西邀杀契丹败党数千人,生擒首领特

哩冘旧作惕隐，今改正。等五十余人。是时，官军袭杀契丹，属秋雨继
降，泥泞莫进，人饥马乏，散投村落，所在村民，持白梃殴杀之。行钧
出兵接于要路，几无噍类。帝致书喻其本国。案：《通鉴》作八月壬戌，
赵德钧邀击契丹。据《薛史》，八月系癸酉朔，不得有壬戌，疑《通鉴》误。辛卯，
以朔方军留后韩璞为朔方军节度使、灵武雄警甘肃等州观察使、检
校司徒。帝闻随、邓、复、郢、均房之民，父母骨肉有疾，以长竿遥致
粥食而饷之，出嫁女，夫家不遣来省疾，乃下诏委长吏严加禁察。房
州奏，新开山路四百里，南通夔州，画图以献。以前洋州节度使戴思
远为太子太保致仕。庚子，诏："今后翰林学士入院，以先后为班次，
承旨一员，不计官资先后，在学士之上。"

　　闰月丁未，两浙节度观察留后、清海军节度使、检校太师、兼中
书令钱元瓘可杭州、越州大都督府长史，充镇东、镇海等军节度使。
戊申，赵德钧献戎俘于阙下，其蕃将特哩冘等五十人留于亲卫，余
契丹六百人皆斩之。乙卯，长楚州为顺化军。以明州刺史钱元珦为
本州节度使，以吏部尚书萧顷为太子少保。契丹遣使来贡献。契丹
平州刺史张希崇归顺。乙丑，陕州节度使李从敏移镇沧州。以宣徽
南院使张延朗为陕州节度使。诏："在京遇行极法日，宜不举乐，兼
减常膳。诸州遇行极法日，禁声乐。"己巳，滑州掌书记孟升匿母服，
大理寺断处流，特敕孟升赐自尽。观察使、观察判官、录事参军失其
纠察，各行殿罚。襄邑县民闻威，父为人所杀，不雪父冤，有状和解，
特敕处死。是月二十七，大水，河水溢。绛州地震。

　　九月乙亥，以捧圣左右厢副都指挥使索自通为云州节度使。丁
丑，以太府卿、判四方馆事李郁为宗正卿。壬午，以晋州节度使安崇
阮为左骁卫上将军。甲申，吐蕃、回纥各遣使贡献。壬辰，宰臣王建
立进玉杯，上有文曰"传国万岁杯"。乙未，诏德州流人温韬、辽州流
人段凝、岚州司户陶玘、宪州司户石知讷、原州司马聂屿，并宜赐死
于本处，暴其宿恶而诛之也。丙申，以邠州节度使梁汉颙为右威卫
上将军。丁酉，河阳节度使、驸马都尉赵延寿为检校司行徒。己亥，
诏徐州节度使房知温兼荆南行营招讨使，知荆南行府事。

　　冬十月甲辰,制琼华长公主孟氏可册为福庆长公主。丙午,以沧州节度使李从敏兼北面招讨使。戊申,帝临轩,命礼部尚书韩元恽、工部侍郎任赞往应州奉册四庙。诏邠州节度使李敬周攻庆州,以刺史窦廷琬拒命故也。戊午,契丹平州刺史张希崇已下八十馀人见于元德殿,颁赐有差。突厥首领张慕进等来朝贡。甲子,安州节度使高行珪奏,屯驻左神捷、左怀顺军士作乱,已逐杀出城。诏升寿州为忠正军。戊辰,以云州节度使索自通领寿州节度使,以前云州节度使张温复为云州节度使。庚午夜,西南有彗星长丈余,在牛星五度。

　　十一月癸酉,日南至,帝御崇元殿受朝贺。甲戌,捧圣指挥使何福进招收到安州作乱兵士五百人,自指挥使已下至节级四十余人并斩,余众释之。壬午,房知温奏,荆南高季兴卒。中书舍人刘赞奏:"请节度使及文班三品已上谢见通唤。"从之。是日,以契丹所署平州刺史、光禄大夫、检校太保张希崇为汝州刺史,加检校太傅。己丑,中书奏:"今后或有封册,请御正衙。"从之。青州奏,节度使霍彦威卒,辍朝三日。诏宰臣王建立权知青州军州事。庚寅,礼部员外郎和凝奏:"应补斋郎并须引验正身,以防伪滥。旧例,使荫一任官补一人,今后改官须转品即可,如无子,计以亲侄继限,念书十卷,试可则补。"从之。甲午,以尚书左仆射、同平章事、集贤殿大学士、判三司王建立为青州节度使、检校太尉、同平章事。丙申,帝谓侍臣曰:"古铁卷如何?"赵凤对曰:"帝王誓文,许其子子孙孙长享爵禄。"帝曰:"先朝所赐,唯朕与郭崇韬、李继麟三人尔,崇韬、继麟寻已族灭,朕之危疑,虑在旦夕。"于是嗟叹久之。赵凤曰:"帝王执信,故不必铭金镂石矣。"吏部郎中何泽奏:"流外官请不试书判之类。"从之。吐蕃遣使朝贡。戊戌,前安州节度副使范延荣并男皆斩于军巡狱,为高行珪诬奏故也。

　　十二月壬寅朔,诏真定府属县宜准河中、凤翔例升为次几,真定县升为次赤。甲辰,邠州节度使李敬周奏,收下庆州,刺史窦廷琬族诛。《永乐大典》卷七千一百六十四。

旧五代史卷三九考证

　　唐明宗纪五契丹陷平州　　案：契丹陷平州，《欧阳史》作丁巳，《通鉴》不书日。考平州，自梁开平中，刘守光以赂契丹；天成元年，卢文进举其地以归于唐；至三年复为辽人所取，自是平州遂属于辽。宋人论石晋赂辽故地兼及平州，盖未详考，今附识于此。

　　为左骁卫上将军　　案：《通鉴》作左卫上将军，《欧阳史》从是书，作左骁卫。

　　巳亥回鹘可汗仕喻遣都督李阿尔珊等贡献　　案：李阿尔珊来贡，《欧阳史》作戊戌。

　　北面副招讨宋州节度使王晏球以定州节度使王都反状闻　　案《辽史》：王都以定州来归作三月事，《五代春秋》及《通鉴》并从是书，作四月。

　　壬戌齐州防御使曹廷隐以奏举失实配流永州续敕赐自尽　　案：《欧阳史》作己未，杀齐州防御使曹廷隐。己未在壬戌前三日，不应发配在后，赐死转在前也。《欧阳史》疑讹。

　　壬午幽州赵德钧奏于府西邀杀契丹　　案：《通鉴》作八月壬戌，赵德钧邀击契丹。据是书，八月系癸酉朔，不得有壬戌，疑《通鉴》误。

　　邠州节度使李敬周　　李敬周，《通鉴》作李敬通。是书前后并作敬周，《欧阳史》亦作敬周，疑《通鉴》传刻之讹。

　　以刺史窦廷琬拒命故也　　案：窦廷琬反，《通鉴》从是书作十月，《欧阳史》系于十月以前，与是书异。

　　突厥首领张慕进等来朝贡　　慕进，《欧阳史》作慕晋。

　　壬午房知温奏荆南高季兴卒　　案：高季兴卒，《通鉴》作十二月丙辰,详见《通鉴考异》。

检校太保张希崇为汝州刺史　　案:《欧阳史》作汝州防御使,《通鉴》从是书,作刺史。

托诺巴摩哩旧作秃沕悲梅老今改　伊埒雅逊,旧作野利延孙,今改。阿尔珊,旧作阿山,今改。托诺,旧作秃馁,今改。特里衮,旧作惕隐,今改。

旧五代史卷四〇

唐书一六

明宗本纪第六

　　天成四年春正月壬申朔,帝御崇明殿受朝贺,仗卫如仪。幽州节度使赵德钧奏:"臣孙赞,年五岁,默念《论语》、《孝经》,举童子,于汴州取解就试。"诏曰:"都尉之子,太尉之孙,能念儒书,备彰家训,不劳就试,特与成名。宜赐别敕及第,附今年春旁。"戊子,放元年应欠秋税。以左卫上将军安崇阮为黔南节度使。壬辰,回鹘人朝使掣拨等五人各授怀化司戈放还。以北京副留守冯赟为宣徽使、判三司。戊戌,禁天下虚称试摄衔。西川孟知详奏:"支属刺史乞臣本道自署。"

　　二月乙巳,王晏球奏,此月三日收复定州,获王都首级,生擒契丹塔纳。旧作笪馁,今改正。等二千馀人。百僚称贺。诏取今月二十四日,车驾还东京。辛亥,以北面行营招讨使、宋州节度使王晏球为郓州节度使,加兼侍中;以北面行营副招讨使、沧州节度使李从敏为定州节度使;以北面行营兵马都监、郑州防御使张虔钊为沧州节度使;幽州节度使赵德军加兼侍中。乙卯,以枢密使赵敬怡权知汴州军州事。丙辰,邢州奏,定州送到伪太子李继陶,已处置讫。辛酉,帝御咸安楼受定州俘馘,百官就列,宣露布于楼前,礼毕,以王都首级献于太社。王都男四人、弟一人,塔纳父子二人,并磔于市。《五代会要》:尚书兵部宣露布于楼前,宣讫,尚书刑部侍郎张文宝奏曰:"逆贼王都首级请付所司。"大理卿萧希甫受之以出,献于郊社,其王都男并蕃将等磔于开封桥。时露布之文，类制敕之体，盖执笔者误，颇为识者所嗤。枢密使赵敬怡卒，赠太傅。以端明殿学士赵凤权知汴州军州事。甲子，车驾发汴州。丙寅，至郑州。赐左仆射致仕郑珏钱二十万。丁卯，宰相崔协卒，诏赠尚书左仆射。东都留守、太子少傅李琪等奏，至偃师县奉迎。时琪奏章中有"败契丹之凶党，破真定之逆城"之言。诏曰："契丹即为凶党，真定不是逆城，李琪罚一月俸。"庚午，车驾至自汴州。

三月甲戌，冯道进表乞命相。丙戌，诏皇城使李从璨贬授房州司户参军，仍令尽命。从璨，帝之诸子也。先是，帝巡幸汴州，留从璨以警大内，从璨因游会节园，酒酣戏登御榻。安重诲奏之，故置于法焉。壬辰，中书奏："今后群臣内有乞假觐省者，请量赐茶药。"从之。乙未，以前郓州节度使符习为汴州节度使。丙申，诏邺都、幽、镇、沧、邢、易、定等州管内百姓，除正税外，放免诸色差配，以讨王都之役，有挽运之劳也。

夏四月庚子朔，禁铁镴钱。壬寅，重修广寿殿成，有司请以丹漆金碧饰之，帝曰："此殿经焚，不可不修，但务宏壮，不劳华侈"湖南奏，败荆南贼军于石首镇。诏沿边置场买马，不许蕃部直至阙下。先是，党项诸蕃凡将到马，无驽良并云上进，国家虽约其价以给之，及计其馆谷赐赍，所费不可胜纪。计司以为耗蠹中华，遂止之。壬子，以皇子北京留守、河东节度使从荣为河南尹，判六军诸卫事；以皇子河南尹、判六军诸卫事从厚为北京留守；以河阳节度使赵延寿为宋州节度使；以侍卫亲军都指挥使、镇南军节度使康义诚为河阳节度使。契丹寇云州。癸丑，契丹遣纽赫美棱旧作捺括梅里，今改正。等来朝贡，称取塔纳等骸骨，并斩于北市。甲寅，以端明殿学士赵凤为门下侍郎兼工部尚书、平章事。丙辰，谏议大夫致仕、袭文宣公孔邈卒。庚申，以王建立、孔循带中书直省吏归藩，并追回。壬戌，幽州节度使赵德钧兼北面行营招讨使，镇州节度使范延光加检校太傅。戊辰，中书奏："五月一日，应在京九品已上官，及诸道进奉使，请准贞元七年敕，就位起居，永为恒式。"从之。

五月己巳朔,帝御文明殿受朝,丙子,以夔州节度使西方邺卒
辍朝。丁丑,大理卿李保殷卒。己卯,以忠武军节度使索自通为京
兆尹,充西京留守;以左威卫上将军朱汉章为潞州节度使。乙酉,以
黔州节度使安崇阮为夔州节度使,以左骁卫上将军张温为洋州节
度使,以黔州后杨汉章为本州节度使。中书奏,太常寺定少帝谥昭
宣光烈孝皇帝,朝号景宗。伏以少帝今不入庙,难以言宗,只云昭宣
光烈孝皇帝。从之。案《旧唐书·哀帝纪》云:中书奏,少帝行事,不合称宗。
今考《五代会要》,天成二年,博士吕明龟议,引"君不逾年,不入宗庙"之礼,请
别立庙于园陵。故不称景宗,非议其行事有失也。《旧唐书》误。丁亥,以凤
州武兴军留后陈皋为武兴军节度使,以新州威塞军留后翟璋为威
塞军节度使。壬辰,以权知尚书右丞崔居俭为尚书右丞。诏葺天下
廨宇。丙申,襄州奏,荆南高从诲乞归顺。云州奏,契丹犯塞。

六月辛丑,以左散骑常侍姚顗为兵部侍郎。壬寅,夔州节度使
杨汉章移镇云州,以北京马步军都指挥使、兼钦州刺使史张敬达为
凤州节度使。癸卯,以前西京副留守事张遵海行卫尉事,充客省使。
国子博士田敏请葺四郊祠祭斋室。丙午,以沂州刺史张万进为安北
都护,充振武军节度使。戊申,以宿州团练使康思立为利州节度使。
登州刺史孙元停任,坐在任无名科率故也。诏邺都仍旧为魏府。应
魏府、汴州、益州宫殿悉去鸱尾,赐节度使为衙署。辛亥,以权知朔
方军留后、定难军都知兵马使韩澄为朔方留后。癸丑,以前潞州节
度使符彦超为左骁卫上将军。诏:"诸道节度使行军司马,名位虽
高,或帅臣不在,其州事宜委节度副使权知。"又诏:"藩郡所请宾幕
宾及主事亲从者,悉以名闻。"丙辰,权知荆南军府事高从诲上章首
罪,乞修职贡,仍进银三千两赎罪。壬戌,幸至德宫。诏:"京城空地,
课人盖造。如无力者,许人请射营构。"

秋七月庚午,以前西京留守判官张铸为司农卿。壬申,贬前左
金吾上将军毛璋为儒州长流百姓,寻赐自尽,以其在藩镇阴蓄奸谋
故也。甲戌,御史中丞吕萝奇责授太子右赞善大夫,坐曾借毛璋马
故也。己卯,以工部侍郎任赞为左散骑常侍,以枢密直学士、左谏议

大夫、充匦使阎至为工部侍郎充职。遂州进嘉禾，一茎九穗。壬午，以给事中、判大理卿事许光仪为御史中丞。史馆上言："所编修庄宗一朝事迹，欲名为实录，太祖、献祖、懿祖名为纪年录。"从之。《五代会要》：天成三年十二月，史馆奏："据左补阙张昭远状：尝读国书，伏见懿祖昭烈皇帝自元和之初，献祖文皇帝于太和之际，立功王室，陈力国朝。太祖武皇帝自咸通后来，勤王戮力，翦平多难，频立大功，三换节旄，再安京国。庄宗皇帝终平大憝，奄有中原，倘阙编修，遂成湮坠。伏请与当馆修撰，参序条纲，撰太祖、庄宗实录。"四年七月，监修国史赵凤奏："奉敕修懿祖、献祖、太祖、庄宗四帝实录，自今年六月一日起手，旋具进呈。伏以凡关纂述，务合品题。承乾御宇之君，行事方云实录；追尊册号之帝，约文只可纪年。所修前件史书，今欲自庄宗一朝名为实录，其太祖以上并目为纪年录。"从之。甲申，以前荆南行军司马、检校太傅高从海起复，授检校太傅、兼侍中，充荆南节度使。丙戌，泾州节度使李从昶移镇华州，以冀州刺史李金全为泾州节度使。戊子，中书奏："今后新及第举人，有曾授正官及御署者，欲约前任资序，与除一官。"从之。壬辰，诏取来年二月二十一日有事于南郊。

八月丁酉朔，大理正路阮奏："切见春秋释奠于文宣王，而武成王庙久旷时祭，请复常祀。"从之。戊戌，中书奏："太子少傅李琪所撰进《霍彦威神道碑》文，不分真伪，是混功名，望令改撰。"从之。琪，梁之故相，私怀感遇，叙彦威在梁历任，不欲言伪梁故也。辛丑，诏："乱离已来，天下诸军所掠生口，有主识认，即勒还之。"以前清河县令、袭酅国公、食邑三千户杨仁矩为秘书丞。御史台奏："主簿朱颖是前中丞奏请，合随听罢任。"诏曰："主簿既为正秩，况入选门，显自朝恩，合终考限，宜令仍旧守官。"甲辰，以宰臣冯道为南郊大礼使，兵部尚书卢质为礼仪使，御史中丞许光义为仪仗使，兵部侍郎姚颛为卤簿使，河南尹从荣为桥道顿递使，客省使卫尉卿张遵诲为修装法物使。乙巳，黑水朝贡使骨至来朝，授归德司戈，放还蕃。丁未，以翰林学士承旨、礼部侍郎、知制诰李愚为兵部侍郎，职如故，以中书舍人卢詹为礼部侍郎，以兵部侍郎裴皞为太子宾客。吐浑首领念公山由来朝贡。戊申，帝服衮冕，御文明殿，追册昭宣光烈孝皇帝。庚戌，以宰臣、兼修国史赵凤兼判集贤院事，以左散骑常侍任赞判大理卿事。己未，高丽王王建遣使贡方物。辛酉，诏："准往例，节度使带平章事、侍中、中书令，并列衔于敕牒，侧书'使'字。今钱镠是元帅、尚父，与使相名殊，马殷守太师、尚书，是南省官资，不合署敕尾，今后敕牒内并落下。"乙卯，党项首领朝贡。甲子，幸金真观，改赐建法大师紫尼智愿为圆惠大师，即武皇夫人陈氏也。丙寅，达靼来朝贡。京城内有南州、北州，乃张全义光启中所筑。是诏许人依街巷请射城濠，任使平填，盖造屋宇。

九月丁亥，中书奏："据宗正寺申，懿祖永兴陵、献祖长宁陵、太祖建极陵并在代州雁门县，皇帝追尊四庙在应州金城县。"诏："应州升为望州，金城、雁门并升为望县。"辛酉，太常博士段颙奏："切见大祠则差宰相行事，中祠则卿监行事，小祠则委太祝、奉礼，并不差官，今后请差五品官行事。"从之。癸巳，制天下兵马元帅、尚父、吴越国王钱镠可落元帅、尚父、吴越国王，授太师致仁，责无礼也。先是，上将军乌昭遇使于两浙，以朝廷事私与吴人，仍目镠为殿下，自称臣，谒镠行拜蹈之礼。及回，使副刘玫具述其事，故停削镠官爵，令致仕。乌昭遇下御史台，寻赐自尽。后有自浙中使还者，言昭遇无臣镠之事，为玫所诬，人颇以为冤。乙未，诏诸道承勘两浙纲运进奉使，并下巡狱。

冬十月丙申朔，并吏部三铨为一铨，宜令本司官员同商量注拟，连署申奏，仍不得于私第注官。戊戌，以襄州兵马都监、守磁州刺史康福为朔方、河西等节度使，灵、威、雄、警、凉等州观察使。时朔方将吏请帅于朝廷，故命福往镇之。庚子，以右金吾上将军史敬熔为左金吾上将军，以左骁卫上将军符彦超为右金吾上将军，以前黔州节度使李承约为右骁卫上将军，以云州节度使张敬珣为左骁卫上将军，以前华州节度使王景戡为右骁卫上将军。癸卯，太常少卿萧愿责授太子洗马，夺绯。愿南郊行事，与祠官同饮，诘旦犹醉不能行礼，为御史所劾也。诏新授朔方节度使康福将兵万人赴镇。己酉，制复故荆南节度使高季兴官爵。辛亥，升阆州为保宁军。壬子，以内省使左卫大将军李仁矩为阆州节度使。幸七星亭。丙辰，夏州进白鹰，重海奏曰："夏州违诏进贡，臣已止约。"帝曰："善。"朝退，帝密令左右进焉。是日，幸龙门。

十一月丁卯，洛州水暴涨，坏居人垣舍。戊辰，以刑部侍郎张文宝为右散骑常侍。己巳，以尚书右丞李光序为刑部侍郎。癸酉，升曹州济阴县为次赤，以昭宣光烈孝皇帝温陵所在故也。甲戌，奉国军节度使王延禀加兼侍中，从福建节度使王延钧请也。车驾出近郊，试夏州所进白鹰，戒左右勿令重海知。己卯，日南至，帝御文明殿受朝贺。癸未，秘书少监于峤配振武长流百姓，永不齿任，为宰臣赵凤诬奏也。史官张昭远等以新修献祖、懿祖、太祖《纪年录》共二十卷、《庄宗实录》三十卷，上之，赐器帛有差。《五代会要》：监修赵凤、修撰张昭远、吕咸休各赐缯彩、银器等。十二月丁酉，灵武康福奏："破野利、大虫两族三百余帐于方渠，获牛羊三万。"戊戌，诏："应授官及封赠官诰举人冬集等所费用物，一切官破"。壬戌，中书奏："今后宰臣至斋内，不押班，不知印，不赴内殿起居。或遇国忌，行事官已受戒誓，不赴行香，并不奏刑杀公事。大祠致斋内，请不开宴，每遇大忌前一日，请不坐朝。"从之。《永乐大典》卷七千一百六十五。

旧五代史卷四〇考证

唐明宗纪六赞年五岁默念论语孝经　　案：《宋史》作赞七岁诵书二十七卷。

宜赐别敕及第附今年春榜　　案《宋史》云：特赐童子及第，附长兴三年礼部春榜。是书作天成四年春榜，与《宋史》异。

二月乙巳王晏球奏此月三日收复定州　　案《欧阳史》作二月癸卯，王晏球克定州，与是书合。《通鉴》作癸丑，考癸丑非二月三日也,疑传写之误。

禁铁镴钱　铁镴钱,《通鉴》作铁锡钱。考胡三省注云:马殷得湖南铸锡为钱,本用之境内,其后遂流入中国,疑原本“镴”字误。考《册府元龟》亦作铁镴钱,今仍其旧。

以端明殿学士赵凤为门下侍郎兼工部尚书平章事　案:《欧阳史》本纪作端明殿学士、尚书、兵部侍郎赵凤为门下侍郎,兼工部尚书、同平章事。《赵凤传》作礼部侍郎,与本纪异,见吴缜《纂误》。

伏以少帝今不入庙难以言宗　案《旧唐书·哀帝纪》云:中书奏,少帝行事不合称宗。考《五代会要》,天成二年,博士吕明龟议引“君不逾年不入宗庙”之礼,请别立庙于园陵,故不称景宗,非议其行事有失也。旧唐书误。

丙辰权知荆南府事高从海上章首罪　丙辰,《通鉴》作庚申。

使副刘玫　刘玫,《通鉴》作韩玫。

彻伯尔旧作制拨今改　托诺,旧作秃馁,今改。纽赫美稜,旧作捺括梅里,今改。郭济,旧作骨至,今改。

旧五代史卷四一

唐书一七

明宗本纪第七

　　长兴元年春正月丙寅朔，帝御明堂殿受朝贺，仗卫如常仪。乙亥，国子监请以监学生束修及光学钱备监中修茸公用，从之。丙子，帝谓宰臣曰：时雪未降，如何？冯道曰："陛下恭行俭德，忧及烝民，上合天心，必有春泽。"是夜降雪。其夕，右散骑常侍萧希甫封状申枢密称，得河堰衙官状，告本都将校二十余人欲谋不轨，至旦追问无状，斩所告人。是日，幸至德宫。辛卯，中书奏，郊天有日，合差大内留守。诏以宣徽南院使朱宏昭充。

　　二月戊戌，幸稻田庄。己亥，黑水国主兀儿遣使贡方物。翰林学士刘昫奏："新学士人院，旧试五题，请今后停试诗赋，只试麻制、答蕃书、批答共三道。仍请内赐题目，定字数，付本院召试"。从之案《五代会要》载刘昫原奏云："旧例学士人院，除中书舍人不试，余官皆先试麻制、各蕃、批答各一道，诗赋各一道，号曰五题，并于当日呈纳。从前每遇召试，多预出五题，潜令宿构，其无党援者，即日起草，罕能成功。今请权停诗赋，只试三道，仍内赐题目，兼定字数。"从之。有司奏："皇帝致斋于明堂，按旧服通天冠、绛纱袍，文武五品已上著裤褶，近例只著朝服。"从之。乙巳，中书奏："皇帝朝献太微宫、太庙，祭天地于圜丘，准礼例亲王为亚献行事，受誓戒。"从之。以天雄军节度使石敬瑭为御营使。壬子，帝宿斋于明堂殿。癸丑，朝献太微宫。是日，宿斋于太庙，诘旦请行饗礼。甲寅，赴南郊斋宫。是夜微雨，三鼓后晴明如昼。乙卯，

祀昊天上帝于圜丘，柴燎礼毕，郊宫受贺。是日，御五凤楼，宣制：改
天成五年为长兴元年，大赦天下，除十恶五逆、放火劫舍、屠牛、官
典犯赃、伪行印信、合造毒药外，罪无轻重，咸赦除之。天成四年终
诸道所欠残税及场院欠折，并特放免。群臣职位带平章事、侍中、中
书令，并与改乡名里号。朝臣及蕃侯郡守亡父母，及父母在并妻室
未沾恩命者，并与恩泽。应私债出利已经倍者，只许征本，已经两倍
者，本利并放。河阳管内人户，每亩旧征桥道钱五文，今后不征。诸
道州府每亩先征曲钱五文，今特放二文云。商州吏民以刺史郭知琼
善政闻，诏褒之。

三月丁卯，幸会节园，遂幸河南府。灵武奏，杀戮蕃贼二千人。
壬申，凤翔节度使李从曮进封岐国公，移镇汴州。甲戌，延州节度使
高允韬移镇邢州。丙子，以宣徽使朱弘昭为凤翔节度使；朱汉宾加
检校太傅，移镇晋州；徐州节度使房知温移镇郓州；郓节度使王晏
球移镇青州。宰臣冯道率百僚拜表，请上尊号曰圣明神武文德恭孝
皇帝，诏报不允。壬午，许州节度使孔循移镇沧州；陕州节度使张延
朗移镇许州，加检校太傅；沧州节度使张虔钊移镇徐州，加检校太
保。癸未，诏贬右散骑常侍、集贤殿学士、判院事萧希甫为岚州司户
参军，仍驰驲发遣，坐诬告之罪也。宰臣冯道等再请上尊号，诏允
之。丙戌，以侍卫亲军马步军都指挥使、河阳节度使康义诚为襄州
节度使、检校太傅，以左武卫上将军刘彦琮为陕州节度使、检校太
保。庚寅，制淑妃曹氏可立为皇后，仍令择日册命。

夏四月甲午朔，国子司业张溥奏，请复作八馆，以广生徒。按
《六典》，监有六学，国子、太学、四门、律学、书学、算学是也，而溥云
八馆，谬矣。丁酉，前汴州节度使、检校太尉、兼侍中符习加太子太
师致仕，进封卫国公。戊戌，遂州节度使夏鲁奇加同平章事，皇子河
中节度使从珂进位检校太尉，封开国公。自是诸道节镇皆次第加
恩，以郊禋覃庆泽故也。己亥，幸会节园。壬寅，以枢密使安重诲为
留守、太尉、兼中书令，使如故。青州节度使王建立加侍中，移镇潞
州。皇子河中节度使从珂奏："臣今月五日，阅马于黄龙庄，衙内指

挥使杨彦温据城叛,臣寻时诘问,称奉宣命。胡三省《通鉴注》云:枢密院用宣,三省用堂帖。臣见在虞乡县。"帝遣西京留守索自通、侍卫步军都指挥使药彦稠等攻之,仍授彦温州绛刺史,冀诱而擒之也。诏从珂赴阙。丁未,以户部尚书李鏻为兖州行军司马,坐引淮南觇人贻安重诲宝带也。戊申,宰臣冯道加右仆射,赵凤加吏部尚书。乙酉,以左龙武统军刘君铎卒废朝。

癸丑,索自通、药彦稠等奏,收复河中,斩杨彦温,传首来献。初,彦稠出师,帝戒之曰:"与朕生致彦温,吾将自讯之。"及收城,斩首传送,帝怒彦稠等。时议皆以为安重诲方弄权,从荣诸王敬事不暇,独忌从珂威名,每于帝前屡言其短,巧作窥图,冀能倾陷。彦温既诛,从珂归清化里第。重诲谓冯道等曰:"蒲帅失守,责帅之义,法当如何?"翌日,道等奏:"合行朝典。"帝不悦,赵凤坚奏:"故事有责帅之义,所以激励藩守。"帝曰:"皆非公等意也。"后数日,帝中兴殿见宰臣,赵凤承重诲意,又再论列,帝默然。翌日,重诲复自论奏,帝极言以拒之,语在《末帝纪》中。帝又曰:"卿欲如何制置?"重诲曰:"于陛下父子之间,臣不合言,一禀圣旨。"帝曰:"从佗私第闲坐,何烦奏也!"乃止。以前邢州节度使、检校司徒李从温为左武卫上将军。丙辰,以西京留守、检校司徒索自通为河中节度使。丁巳,云州奏:掩袭契丹,获头口万计。

戊午,帝御文明殿受册徽号,册曰"维长兴元年,岁次庚寅,四月甲午朔,二十五日戊午,金紫光禄大夫、守尚书左仆射兼门下侍郎、同中书门下平章事、充太微宫使、弘文馆大学士、上柱国、始平郡开国侯、食邑一千五百户、食实封一百户臣冯道,银青光禄大夫、门下侍郎兼吏部尚书、同中书门下平章事、监修国史、判集贤院事、上柱国、天水郡开国伯、食邑七百户臣赵凤,及文武百官特进、太子少傅、上柱国、酒泉郡开国侯、食邑一千户臣李琪等五千八百九十七人言:

臣闻天不称高而体尊,地不矜厚而形大,厚无不载,高无不覆。四时行于内,万物生其间,总神祇之灵,叶帝王之运。日出而星辰自戢，龙飞而雷雨皆行，元气和而天下和，庶事正而天下正。

伏惟皇帝陛下，天授一德，时历多艰。翊太祖以兴邦，佐先皇而定难，拯嗣昭于潞困，救德威于燕危，遏思远而全邺都，诛彦章而下梁苑。成再造之业，由四征之功。洎纂鸿图，每敷皇化。去内库而省庖膳，出宫人而减伶官，轻宝玉之珍，却鹰鹯之贡。淳风既洽，嘉瑞自臻。故登极之前，人皆不足；改元之后，时便有年。遐荒旋毙于戎王，重译径来于蛮子，东巡而守殷墟，北讨而王都歼，破契丹而燕、赵无虞，控灵武而瓜、沙并复。

近以飨上元而荐太庙，就吉土而配昊天，辂已降而雨沾，事欲行而月见。燔柴礼毕，作解恩覃，帝命咸均，人情普悦。非陛下有道有德，至圣至明，动不疑人，静惟恭已，常敦孝礼，每纳忠言，则何以临御五年，澄清四海！时久缠于灾害，民骤见于和平。休征备载于简编，徽号过持于谦让。三年不允，众志皆坚。天不以上帝自崇，日不以大明自贵，于烝民有惠，于元后同符，列圣皆然，旧章斯在。今以明庭百辟，列土诸侯，中外同词，再三沥恳。臣等不胜大愿，谨奉玉宝玉册，上号曰圣明神武文德恭孝皇帝。

伏惟皇帝陛下，体尧、舜之至道，法日月于太虚，威于夷狄，恩及虫鱼。奉国者继加荣宠，违天者咸就诛戮。典礼当告成之后，夙夜思即位之初，千秋万岁，永混车书。

宰臣冯道之词也。庚申，以左金吾上将军史敬熔为邓州节度使，以右金吾上将军符彦超为兖州节度使，以骁卫上将军张敬询为滑州节度使，以阆州防御使孙岳为凤州节度使。诏改凤翔管内应州为匡州，信州为晏州，改新州管内武州为毅州。

五月乙丑，郑州防御使张进、副使咸继威并停任，以盗掠城中居人故也。丙寅，以少府监韦肃为洺州刺史，以潞州节度使王建立为太傅致仕。建立素与安重海不协，因其入朝，乃言建立自镇归朝过邺都，日有扇遥之言，以是罪之，故令致仁。丁卯，以前兴元节度使刘仲殷权知潞州军州事。戊辰,以安州节使高行珪卒辍朝。有司上言:"皇后受册,内外命妇并合奉贺。今未有命妇准例上表称贺。"中书奏:"诸道节度使但进表上言皇帝,外命妇上皇后贺笺表,进呈讫,无报。应皇亲或有庆贺及起居章表,内中进呈后,只宣示来使,并不合答复。"从之。壬申,以权知昭义军军州事刘仲殷为潞州节度使、检校太傅。丁丑,帝临轩,命使册淑妃曹氏为皇后。礼院上言,百官上疏于皇后曰"皇后殿下",及六宫及率土妇人庆贺祗呼"殿下",不言"皇后"。中书覆奏,若祗呼"殿下",恐与皇太子无所分别,凡上中宫表章呼"皇后殿下",若不形文字,寻常祗呼"皇后"。从之。癸未,太子少傅萧顷卒废朝。甲申,回鹘可汗仁裕遣使贡方物,辛卯,以翰林承旨、兵部侍郎李愚为太常卿。壬辰,以前滑州节度使李从璋为右骁卫上将军。

六月丁酉,以护驾马军都指挥使、贵州刺史安从进为宣州节度使,充护驾马军都指挥使;以护驾步军都指挥使、澄州刺史药彦稠为寿州节度使兼护驾步军都指挥使。甲辰,以皇城使安崇绪为河阳留后,重诲子也。凤翔奏:"所管良、晏、匡三州并无属县,请却改为县。"从之,仍旧为军镇。前振武节度使安金全卒。壬子,中书门下奏:"详覆到礼部院今年及第进士李飞、樊吉、夏侯琬、吴洎、王德柔、李谷等六人,望放及第。其卢价等七人及宾贡郑朴,望许令将来就试。知贡举张文宝试士不得精当,望罚一季俸。"从之。丁巳,皇子北京留守、河东节度使从厚移领镇州,以左武卫上将军李从温为许州节度使。

秋七月甲子,以宣徽南院使、行右卫上将军、判三司冯赟为北京留守、太原尹。己巳,以邓州节度史敬熔卒废朝。甲戌,以左威卫上将军梁汉颙为邓州节度使,前兖州节度使赵在礼为左骁卫上将军。庚辰,奉国军节度使兼威武军节度副使、检校太尉、兼侍中王延禀加中书令。诏:"诸州得替防御、团练使、刺史并宜于班行比拟,如未有员阙,可随常参官日逐立班。"新例也。辛巳,诏拣年少宫人及西川宫人并还其家,无家可归者,任从所适。甲申,以前齐州防御使孙璋为鄜州节度使。戊子，以右散骑常侍陆崇卒废朝。崇为福建册使，卒于明州，赠兵部尚书。宿州进白兔，安重诲谓其使曰："丰年为上瑞，兔怀狡性，虽白何为！"命退归。

八月甲午，以前邓州节度使卢文进为左卫上将军。北京奏，吐浑千余帐内附，于天池川安置。禁在京百司影射州县税户。乙未，捧圣军使李行德、十将张俭、告密人边彦温并族诛，以其诬告安重诲私市兵仗故也。以前许州节度使张延朗为检校太傅、行兵部尚书，充三司使。三司之有使额，自延朗始也。初，中书覆奏，授延朗诸道盐铁转运等使，兼判户部度支。奏入，宣旨曰："会计之司，国朝重事，将总成其事额，俾专委于近臣，贵便一时，何循往例，兼移内职，可示新规。张延朗可充三司使，班在宣徽使下。"癸卯，北京奏，生吐浑内附，欲于岚州安族帐。都官员外郎、知制诰张昭远奏："请依国朝旧例，选郎官、御史分行天下，宣问风欲，兴利除害。"不报。壬寅，皇子河南尹、判六军诸卫事从荣封秦王，仍令所司择日册命。《五代会要》：长兴元年九月，太常礼院奏，草定秦王仪注。博士段议曰：据《开元礼》，临轩册命诸王大臣，其日受册者，朝服从第卤簿，与百官俱集朝堂，就次受册讫，通事舍人引，不载谒朝还第之仪。自开元以后，册拜诸王皆正衙命使，诣延英进册，皇帝御内殿，高品引王入立于位，高品宣制读册，王受册讫，归院，亦无乘辂谒朝之礼。臣按《五礼精义》云："古皆因禘尝而颁爵禄，所以示无自专，禀之于祖宗也。"今虽册命，不在烝尝，然拜大官、封大邑，必至殿廷，敬慎之道也。今当司欲准《开元礼》，其日秦王服朝服，自理所乘辂车、备卤簿，与群臣俱集朝堂，就次受册讫，至应天门外，奉册置于载册之车，秦王升辂，出谒太庙讫，归理所，仪仗卤簿如来时之仪。从之。戊申，兖州奏："淮南海州都指挥使王传拯杀本州刺史陈宣，焚烧州城，以所部兵士及家口五千人归国，至沂州。"帝遣使慰纳之。庚戌，正衙命册福庆长公主孟氏。以前雄武军节度使王思同为左武卫上将军，以前凤州节度使陈皋为右威卫上将军。壬子，正衙命使赴太原，册永宁公主石氏。乙卯，以左监门卫上将军陈延福卒废朝。丙辰，皇子镇州节度使从厚封宋王，仍令择日册命。

九月乙丑，阶州刺史王弘赞上言："一州主客户才及千数，并无县局，臣今检括得新旧主客已及三千二百，欲依旧额立将利、福津二县，请置令佐。"从之。丁丑，诏天下诸州府，不得奏荐著紫衣官员为州县官。戊寅，升尚书右丞为正四品。癸未，利、阆、遂三州奏，东川节度使董璋谋叛，结运西川孟知祥。甲申，以镇州节度使范延光为检校太傅、守刑部尚书，充枢密使。利州、阆州进纳东川檄书，言将兵击利、阆，责以间谍朝廷为名。乙酉，以左骁卫上将军赵在礼为同州节度使，兼四面行营马步军都指挥使。枢密院直学士、守工部侍郎阎至，枢密院直学士、守尚书右丞史珪并转户部侍郎，依前充职。以翰林学士、守户部侍郎李怿为尚书右丞，以翰林学士、户部侍郎刘昫为兵部侍郎，以翰林学士、中书舍人窦梦征为工部侍郎，依前充职。以中书舍人刘赞为御史中丞，以御史中丞许光义为兵部侍郎，以兵部侍郎姚颛为吏部侍郎。丙戌，诏东川节度使董璋可削夺在身官爵，仍征兵进讨。丁亥，以西川节度使孟知祥兼西南面供馈使，天雄军节度使石敬瑭兼东川行营都招讨使，以遂州节度使夏鲁奇兼东川行营招讨副使。庚寅，以右卫上将军王思同为京兆尹，充西京留守兼西南行营马步都虞侯。

冬十月壬辰，以太子傅李琪卒废朝。癸巳，以鄜州节度使米君立卒废朝。诏："凡赙赠布帛，言段不言端匹，段者二丈也，宜令三司依此给付。"甲午，正衙命使册兴平公主于宋州节度使、驸马都尉赵延寿之私第。己亥，以左骁卫上将军李从璋为陕州节度使，陕州节度使刘彦琮移镇邠州。尚书博士田敏请依旧典藏冰、颁冰，以销阴阳愆伏之沴，诏从之。《五代会要》载原敕云：藏冰之制，载在前经，献朝之仪，废于近代。既朝臣之特举，案典礼以宜行。田敏所奏祭司寒献羔事宜依。其桃弧棘矢，事久不行，理难备创。其诸侯亦宜准往制藏冰。乙巳，供奉官张仁晖自利州回，奏董璋攻陷阆州，节度使李仁矩举家遇害。丁未，宫苑使董光业并妻子并斩于都市，璋之子也。辛亥，以武安军节度副使、洪鄂道行营副都统、检校太尉马希声为武安军节度使，加兼侍中。时湖南马殷奏，久病不任军政，乞以男希声为帅，故有是命。中书奏："吏部流内铨诸色选人,所试判两节度,欲委定其等第,文优者超一资,其次者次资,又次者以同类,道理全疏者于同类中少人户处注拟。"从之。

十一月庚申朔,帝御文明殿,册皇子秦王,仗卫乐悬如仪。甲子,正衙命使册皇子宋王于镇州。是日,幸龙门。翌日,冯道奏曰:"陛下宫中无事,游幸近郊则可矣,若涉历山险,万一马足蹉跌,则贻臣下之忧。臣闻千金之子,坐不垂堂;百金之子,立不倚衡。况贵为天子,岂可自轻哉!"帝敛容谢之。退令小黄门至中书问道垂堂、倚衡之义,道因注解以闻,帝深纳之。己巳,故太子少保致仕封舜卿赠太子少傅。庚午,应州节度使张敬达移云州,以捧圣都指挥使、守恩州刺史沙彦询为应州节度使;以颍州团练使高行周为安北都护,充振武节度使。壬申,黔南节度使杨汉章弃城奔忠州,为董璋所攻也。乙亥,制西川节度使孟知祥削夺官爵,以其同璋叛也。丙子,以前同州节度使罗周敬为左监门上将军。丁丑,故兵部侍郎许光义赠礼部尚书。辛巳,西面军前奏,今月十三日,阶州刺史王弘贽、泸州刺史冯晖,自利州取山路出剑门关外倒下,杀败董璋守关兵士三千人,收复剑州。甲申,日南至,帝御文明殿受朝贺。丙戌,以给事中郑韬光为左散骑常侍。青州奏,得登州状,契丹案巴坚旧作阿保机,今改正。男东丹王托允旧作突欲,今改正。越海来归国。《契丹国志》:时东丹王失职怨望,因率其部四十余人越海归唐。

十二月乙未,荆南奏,湖南节度使、楚国王马殷薨,废朝三日。庚子,以前襄州节度使安元信为宋州节度使。辛丑,幸苑中。丁未,以二王后秘书丞、袭酅国公杨仁矩卒辍朝,赠工部郎中。庚戌,湖南节度使马希声起复,加兼中书令。壬子,以枢密院直学士、户部侍郎阎至为泽州刺史,枢密院直学士、户部侍郎史珪为贝州刺史。甲寅,遣枢密使安重海赴西面军前。时帝以蜀路险阻,进兵艰难,潼关已西物价甚贱,百姓挽运至利州,率一斛不得一斗,谓侍臣曰:"关西劳扰,未有成功,谁能办吾事者,朕须自行。"安重海曰:"此臣之责也,臣请行。"帝许之。言讫而辞,翌日遂行。甲寅,故西川兵马都监、泗州防御使李严赠太傅。丙辰，车驾畋于西山，猎也。丁巳，回鹘遣使来朝贡。戊午，故荆南节度使、检校太尉、兼尚书令、南平王高季兴赠太尉。《永乐大典》卷七千一百六十五。

旧五代史卷四一考证

唐明宗纪七癸丑索自通药彦稠等奏收复河中　　案：《通鉴》作辛亥，索自通拔河中，斩杨彦温。癸丑，传首来献。《欧阳史》亦作辛亥，自通执彦温杀之。较是书为详审。

张延朗可充三司使班在宣徽使下　　案《宋史·职官志》：三司使在宣徽使后，盖仍后唐之制。

淮南海州都指挥使王传拯　　"王传拯"，《欧阳史》作"传极"。考是书列传及《通鉴》，并作"传拯"，疑《欧阳史》传刻之讹。

乙己供奉官张仁晖自利州回奏董璋攻陷阆州　　案董璋陷阆州，《通鉴》作九月庚辰，《欧阳史》作十月乙巳，盖以奏闻之日为据也。

辛巳西面军前奏今月十三日阶州刺史王宠赟泸州刺史冯晖自利州取山路出剑门关外倒下杀败董璋守关兵士三千人收复剑州案：《通鉴考异》引《唐实录》作今月十三日，大军进攻，入剑门，次十七日，收下剑州。是书统系于十三日，疑有舛误。

安巴坚旧作阿保机今改　　"托云"，旧作"突欲"，今改。

旧五代史卷四二

唐书一八

明宗本纪第八

　　长兴二年春正月庚申朔,帝御明堂殿受朝贺,仗卫如仪。乙丑,诏曰:"故天策上将军、守太师、尚书令、楚国王马殷,品位俱高,封崇已极,无官可赠,宜赐谥及神道碑文,仍以王礼葬。"壬申,契丹东丹托允旧作突欲,今改正。自渤海国率众到阙,帝慰劳久之,锡赉加等,百僚称贺。丙子,以沙州节度使曹义金兼中书令。丁丑,东丹托允进本国印三纽。庚辰,以静江军节度使马宾卒废朝,赠尚书令。丙戌,荆南节度使高从诲落起复,加兼中书令。

　　二月己丑朔,以宋州节度使赵延寿为左武卫上将军,充宣徽北院使。癸巳,诏贡院旧例夜试进士,今后昼试,排门齐入,即日试毕。丁酉,幸至德宫,又幸安元信、东丹托允之第。辛丑,以鸿胪卿致仕贾馥卒废朝。以枢密院使、守太尉、兼中书令安重诲为检校太师、兼中书令,充河中节度使,进封沂国公。己酉,以右威卫上将军陈皋为洋州节度使。诏诸府少尹上任,以二十五日为限。诸州刺史、诸道行军司马、副使、两使判官已下宾职,团防军事判官、推官、府县官等,并以三十日为限。幕职随府者不在此例。癸丑,邠州节度使李敬周移镇徐州。诏禁天下不得开发无主坟墓。

　　三月辛酉,诏渤海国人皇王托允欲宜赐姓东丹,名慕华,仍授检校太保、安东都护,充怀化军节度、瑞镇等州观察等使。其从慕华归国部校,各授怀化、归德将军中郎将。先于定州擒获蕃将特哩衮,宜赐姓狄,名怀惠,哲尔格宜赐姓列,名知恩,并授检校右散骑常侍。锡里扎拉宜赐姓原,名知感,英格宜赐姓服,名怀造,奚王副使竭失讫宜赐姓乙,名怀宥,三人并授检校太子宾客。甲子,以前鸿胪卿王琼为太仆卿。丙寅,以皇子从珂为左卫大将军。从珂自河中失守,归清化里第,至是安重诲出镇河中,帝召见,泣而谓之曰:"如重诲意,尔安得更相见耶!"因有是命。壬申,以沧州节度使孔循卒废朝。乙亥,以西京留守、权知兴元军府事王思同为山南西道节度使,充西面行营马步军都虞侯。庚辰,以少府监聂延祚为殿中监,以前云州节度使杨汉章为安州节度使。乙酉,太师致仕,钱镠复授天下兵马都元帅、尚父、吴越国王,以其子两浙节度使元瓘等上表首罪,故有是命。丁亥,以太常卿李愚为中书侍郎、平章事、集贤殿大学士。

夏四月辛卯,制德妃王氏进位淑妃。诏钱镠依旧赐不名。诛内官安希伦,以其受安重诲密指,令于内中伺帝起居故也。丁酉,幸会节团宴群臣,因幸河南府。诏罢州县官到任后率敛为地图。又禁人毁废所在碑碣。戊戌,诏今年四月禘祫太庙。故昭义节度使李嗣昭,故幽州节度使周德威,故汴州节度使符存审,并配飨庄宗庙庭。己亥,以前徐州节度使张虔钊为凤翔节度使。癸卯,以汴州节度副使药纵之为户部侍郎,前宗正卿李谐为将作监。甲辰,以宣徽北院使、左卫上将军赵延寿为检校太傅、行礼部尚书,充枢密使。乙巳,潞州节度使刘仲殷移镇秦州。帝幸龙门佛寺祈雨。乙酉,天雄军节度使石敬瑭兼六军诸卫副使。辛亥,以前凤翔节度使朱弘昭为左武卫上将军,充宣徽南院使。壬子,以兵部尚书卢质为河阳节度使。甲寅,以遂州节度使夏鲁奇殁于王事废朝。案《通鉴》:正月庚午,李仁罕陷遂州,夏鲁奇自杀。《欧阳史》作四月甲寅,董璋陷遂州,武信军节度使夏鲁奇死之,与《通鉴》异。以《薛史》考之,《欧阳史》盖误以奏闻之日为城陷之月,宜从《薛史》。

五月戊午朔,帝御文明殿受朝。庚申,以三司使、行工部尚书张延朗为兖州节度使。辛酉,诏:"近闻百执事等,或亲居内职,或贵列

廷臣，或宣达君恩，或勾当公事，经由列镇，干挠诸侯，指射职员，安
排亲昵，或潜示意旨，或显发书题。自今后一切止绝，有所犯者，发
荐人贬官，荐人流配。如逐处长吏自徇人情，只仰被替人诣阙上诉，
长吏罚两月俸，发荐人更加一等，被替人却令依旧。"甲子，都官郎
中、知制诰崔税上言，请搜访宣宗已来野史，以备编修。从之。丁卯，
诏："诸州府城郭内依旧禁曲，其曲官中自造，减旧价之半货卖。应
田亩上所征曲钱并放，乡村人户一任私造。"时甚便之。戊辰，中书
奏，应朝臣丁忧者，望加颁赉。从之。丁丑，以秘书监刘岳为太常卿。
己卯，以武德使孟汉琼为右卫大将军、知内侍省，充宣徽北院使。辛
巳，以前相州刺史孟鹄为左骁卫大将军，充三司使。甲申，以权知朗
州军州事、守永州刺史马希范为洪州节度使、检校太傅，以权知桂
州军府事、富州刺史马希彝为鄂州节度使、检校司徒。乙酉，以左金
吾大将军薄文为晋州留后。鸿胪卿柳膺将斋郎文书卖与同姓人柳
居则，伏罪，大理寺断当大辟，缘经赦减死，追夺见任官，终身不齿。
诏："应见任前资守选官等，所有本朝及梁朝出身历任告身，并仰送
纳，委所在磨勘，换给公凭，只以中兴已来官诰，及近受文书叙理。
其诸色荫补子孙，如非虚假，不计庶嫡，并宜叙录；如实无子孙，别
立人继嗣，已补得身名者，只许叙荫一人。其不合叙使文书，限百日
内焚毁须绝。此后更敢将合焚文书参选求仕，其所犯之人并传者，
并当极法。应合得资荫出身人，并须依格依令施行。"

　　闰月庚寅，制河中节度使、检校太师、兼中书令安重诲可太子
太师致仕。是日，重诲男崇绪等潜归河中。以右散骑常侍张文宝为
兵部侍郎。夔州节度使安崇阮弃城归阙，待罪于阁门，诏释之。时
董璋寇峡内诸州，崇阮望风遁走。壬辰，陕州节度使李从璋移镇河
中。癸丑，升卢州为昭顺军。甲午，以衡州刺史姚彦章为昭顺军节
度使。丁酉，安重诲奏："男崇赞、崇绪等到州，臣已拘送赴阙。"崇绪
至陕州，诏令下狱。已亥，诏安重诲宜削夺在身官爵，并妻阿张、男
崇赞崇绪等并赐死，其余亲不问。壬寅，以尚书左丞崔居俭为工部
尚书，以吏部侍朗王权为尚书左丞。丙午，以随驾马军都指挥使、宣

州节度使安从进为陕州节度使。丁未，以前中书舍人杨凝式为左散骑常侍。戊申，以右龙武统军王景戡为新州节度使。己酉，以右领军上将军李肃为左金吾大将军。壬子，以随驾步军都指挥使药彦稠为邠州节度使。癸丑，以邠州节度使刘行琼卒废朝，赠太傅。诏有司及天下州县，于律令、格式、《六典》中录本局公事，书于庭壁，令其遵行。

六月丁巳朔，复置明法科，同《开元礼》。乙丑，以皇子左卫大将军从珂依前检校太傅，加同平章事、行京兆尹，充西都留守。庚午，以邠州节度使张温为右龙武统军。甲戌，以魏征八代孙韶为安定县主簿。乙亥，以镇州节度使、宋王从厚为兴唐尹，以石敬瑭为河阳天雄军节度使，以天雄军节度使石敬班为河阳节度使。依前六军诸卫副使。丙子，诏诸道观察使均补苗税，将有力人户出剩田苗，补贫下不逮顷亩，有嗣者排改检括，自今年起为定额。乙卯，定州节度使李从敏移镇州节度使，卢质为沧州节度使。庚辰，皇孙太子舍人重美授司勋员外郎，重真已下六人并授同正将军及检校官。壬午，以前泰州节度使李德珫为定州节度使兼北面行营副招讨使。太原地震。诏天下州府断狱，先于案牍之上坐所该律令、格式及新敕，然后区分。乙酉，以前黔州节度使杨汉宾为羽林统军。诏止绝诸射系省店宅庄园。

秋七月庚寅，以权侍卫马军都指挥使、登州刺史张从实为寿州节度使，兼侍卫步军都指挥使。壬辰，福建王延钧上言："当境庙七所，乞封王号。"敕："如诸史传有名，宜封为闽越富义王，其余任于境内祭享。"乙未，诏："诸道奏荐州县官，使相先许一年荐三人，今许荐五人；不带使相先许荐二人，今许荐三人；直属京防御、团练使先许荐一人，今许荐二人。"诏："应州县官内，有曾在朝行及曾佐幕府，罢任后，准前资朝官宾从别处分。其带省衔，并内供奉里行及诸色出选门者，或降授令录，罢任日，并依出选门例处分，便与除官，更不在赴常调。州县官其间书得十六考者，准格叙加朝散阶，亦准出选门例处分。"三司奏："先许百姓造曲，不来官场收买。伏恐课额不逮,请复已前曲法,乡户与在城条法一例指挥,仍据已造到曲纳官,量支还麦本。"从之。甲辰,前晋州节度使朱汉宾授太子少保致仕。庚戌,大理正剧可久责授登州司户,刑部员外郎裴选授卫尉寺丞,刑部侍郎李光序、判大理卿事任赞各降一官,罚一季俸,坐断罪失人也。

八月丙寅,诏天下州府商税务,并委逐处差人依省司年额勾当纳官。以故镇州节度使、赵王王镕男昭诲为朝议大夫、司农少卿,赐紫金鱼袋,继绝也。辛丑,升虔州为昭信军。癸亥,以太常少卿卢文纪为秘书监,以秘书马缟为太子宾客,左监门上将军罗周敬为右领军上将军,前怀州刺史娄维英为左监门上将军。乙丑,诏:"大理寺官员,宜同台省官例升进,法直官比礼直官任使。仍于诸道赃罚钱内,每月支钱一百贯文,赐刑部、大理两司,其刑部于所赐钱三分与一分。"丙寅,以武平军节度使马希振依前检校太尉、兼侍中,充虔州昭信军节度使。诏:"百官职吏,应选授外官者,考满日,并委本州申奏,追还本司,依旧职行公事。"己巳,太傅致仕王建立、太子少保致仕朱汉宾皆上章求归乡里。诏内外致仕官,凡要出入,不在拘束之限。辛未,以翰林学士,兵部侍郎刘昫守本官,充端明殿学士,以左拾遗、直枢密院李崧充枢密直学士。壬申,以左龙武统军李承约为潞州节度使。癸酉,诏:"文武百官,五日内殿起居仍旧,其轮次转对。若有封事,许非时上表,朔望入阁,待制候对,一依旧制。"乙亥,翰林学士、工部侍郎窦梦征卒。丁丑,以前西京副留守梁文矩为兵部尚书。己卯,诏不得荐银青阶为州县官。壬午,诏应有朝臣、藩侯、郡守,凡欲营葬,未曾封赠,许追封赠。礼部尚书致仕李德休卒。

九月丙戌,以前兖州节度使符彦超为左龙武统军。己亥,怀化军节度使东丹慕华赐姓名李赞华,改封陇西县开国公。应有先配诸军契丹并赐姓名。诏天下营田务,只许耕无主荒田各召浮客,不得留占属县编户。辛丑,枢密使、检校太傅、刑部尚书范延光加同平章事,使如故。壬寅,以中书舍人封翘为礼部侍郎,礼部侍郎卢澹为户部侍郎。癸卯,许州节度使李从温移镇河东。诏天下州县官,不得与部内富民于公厅同坐。辛亥,诏五坊见在鹰隼之类,并可就山林解放,今后不许进献。

冬十月戊午,以前北京留守、太原尹冯赟为许州节度使。辛酉,左补阙李祥上疏:"以北京地震多日,请遣使臣往彼慰抚,察问疾苦,祭祀山川。"从之。先是,太原留后密奏,无敢言者,及祥有是奏,帝甚嘉之,改赐章服。丙寅,诏:"应在朝臣僚、藩侯、郡守,准例合得追赠者,新授命后,便于所司投状,旋与施行。封妻荫子,准格合得者,亦与施行。外官曾任朝班,据在朝品秩格例,合得封赠叙封者,并与施行。其补荫,据资荫合得者,先受官者先与收补,后受官者据月日次第施行。"从之。

十一月甲申朔,日有蚀之。已丑,日南至,帝御文明殿受贺。丁酉,以翰林学士、起居郎张砺为兵部员外郎、知制诰充职,以汝州防御使张希崇为灵州两使留后。庚子,以左威卫上将军华温琪为华州节度使。福州节度使王延钧奏,诛建州节度使王延禀及其子继雄。壬寅,诏今后诸道两使判官罢任一年与比拟,书记、支使、防御团练判官二年,推巡、军事判官并三年后与比拟。仍每遇除授,量与改转官资或阶勋、职次云。以御史中丞刘赞为刑部侍郎,以凤州节度使孙岳充西面阁道使。壬子,郓州奏,黄河暴涨,漂溺四千余户。癸丑,以给事中崔衎为御史中丞。

十二月甲寅朔,诏开铁禁,许百姓自铸农器、什器之属,于秋夏田亩上,每亩输农器钱一文五分。乙卯,畋于西郊。丁巳,以彰武军节度使刘训卒废朝。庚午,以前利州节度使康思立为陕州节度使。秦州地震。丁丑,诏三司所过西川兵士家属,常令赡给。《永乐大典》卷七千一百六十五。

旧五代史卷四二考证

唐明宗纪八壬申契丹东丹王托云自渤海国率其众到阙　案：托云归唐，《五代春秋》作二年正月，盖以到阙之日为据。《欧阳史》作四年十一月丙戌，盖以奏闻之日为据。

以沙州节度使曹义金兼中书令　沙州，原本作汝州，今据《通鉴》改正。

见禁囚徒除死罪外并放　案：《欧阳史》作乙卯，以旱赦流罪以下囚，与是书作壬子异。

诏安重海宜削夺在身官爵并妻阿张男崇赞崇绪等并赐死案：重海见杀，是书作闰月己亥，《欧阳史》作闰五月丁酉，《五代春秋》作五月。

以前黔州节度使杨汉宾为羽林统军　汉宾，原本作汉章。考上文有云州节度作杨汉章，不应黔州节度使与之同名，今据《通鉴》改正。

辛亥诏五坊见在鹰隼之类并可就山林解放　辛亥，《欧阳史》作丁亥，《通鉴》从是书。

扎云旧作突欲今改　特哩衮，旧作惕隐，今改。扎古，旧作则骨，今改。　锡里扎拉，旧作舍利则剌，今改。　裕勒古，旧作楲骨，今改。　格斯齐，旧作竭失讫，今改。

旧五代史卷四三
唐书一九

明宗本纪第九

　　长兴三年春正月癸未朔，帝御明堂殿受朝贺，仗卫如式。丁亥，陕州节度使安从进移镇延州。己丑，遣邠州节度使药彦稠、灵武节度使康福率步骑七千往方渠讨党项之叛者。庚寅，以前北京副留守吕梦奇为户部侍郎。辛卯，以前彰国军留后孙汉韶为利州节度使，充西面行营副部署兼步军都指挥使。庚子，契丹遣使朝贡。辛丑，秦王从荣加开府仪同三司、兼中书令。戊申，诏选人文辞不合式样，罪在发解官吏，举人落第，次年免取文解。中书门下奏："请亲王官至兼侍中、中书令，则与见任宰臣分班定位，宰臣居左，亲王居右。如亲王及诸使守侍中、中书令，亦分行居右，其余使相依旧。"从之。渤海、回鹘、吐蕃遣使朝贡。大理正张居琛上言："所颁诸州新定格式、律令，请委诸处各差法直官一人，专掌检讨。"从之。

　　二月乙卯，制晋国夫人夏氏追册为皇后。丙辰，幸龙门。诏故皇城使李从璨可赠太保。诏出选门官，罢任后周年方详拟议，自于所司投状磨勘送中书。又诏罢城南稻田务，以其所费多而所收少，欲复其水利，资于民间碾硙故也。秦州奏："州界三县之外，别有一十一镇人户，系镇将征科，欲随其便，宜复置陇城、天水二县以隶之。"诏从之。甲子，幸至德宫。以右卫大将军高居贞为右监门卫上将军。庚午，以前华州节度使李从昶为左骁卫大将军，以前夔州节度使安崇阮为右骁卫上将军，以前新州节度使翟璋为右领军上将

军，以右领军上将军罗周敬为右威卫上将军。辛未，中书奏："请依
石经文字刻《九经》印板。"从之。案《五代会要》：长兴三年二月，中书门
下奏："请依石经文字刻《九经》印板，敕令国子监集博士儒徒，将西京石经本，
各以所业本经，多为抄写，仔细看读，然后催召能雕字匠人，各部随帙刻印板，
广颁天下。如诸色人要写经书，并请依所印刻本，不得更使杂本交错。"盖刻板
之流行，实始于此。《爱日斋从钞》云：《通鉴》载："后唐长兴三年二月辛未，初
令国子监校定《九经》，雕印卖之。"又曰：自唐末以来，所在学校废绝，蜀毋昭
裔出私财百万营学馆，且请板刻《九经》，蜀主从之。由是蜀中文学复盛。又曰：
唐明宗之世，宰相冯道、李愚请令判国子监田敏校定《九经》，刻板印卖，从之。
后周广顺三年六月丁巳，板成献之。由是虽乱世，《九经》传布甚广。王仲言《挥
尘录》云：毋昭裔贫贱时，尝借《文选》于交游间，其人有难色，发愤异日若贵，
当板以镂之遗学者。后仁王蜀为宰相，遂践其言，刊之，印行书籍，创见于此。
事载陶岳《五代史补》。后唐平蜀，明宗命大学博士李锷书《五经，》仿其制作，
刊板于国子监，为监中刻书之始。《猗觉寮杂记》云：雕印文字，唐以前无之，唐
末，益州始有墨板，后唐方镂《九经》，悉收人间所有经史，以镂板为正。见《两
朝国史》此则印书已始自唐末矣。案《柳氏家训》序：中和三年癸卯夏，銮舆在
蜀之三年也，余为中书舍人，旬休，阅书于重城之东南，其书多阴阳杂记、占梦
相宅、九宫五纬之流。又有字书小学，率雕板，印纸浸染，不可尽晓。叶氏《燕
语》正以此证刻书不始于冯道，而沈存中又谓板印书籍，唐人尚未盛行为之，
自冯瀛王始印《五经》，自后典籍皆为板本。大概唐末渐有印书，特未盛行，后
人遂以为始于蜀也。当五季乱离之际，经籍方有托而流布于四方，天之不绝斯
文，信矣。甲戌，灵武奏，都指挥使许审环等乱伏诛。药彦稠奏，诛党
项阿埋等十族，与康福入白鱼谷追袭叛党，获大首领六人、诸羌二
千余人、孳畜数千，及先劫掠到回鹘物货。诏彦稠军士，所获并令自
收，勿得箕敛。己卯，以前河中节度使索自通为邠州节度使。怀化
军节度使李赞华进契丹地图。诏司天台，除密奏留中外。应奏历象、
云物、水旱，及十曜细行、诸州灾祥，宜并报史馆，以备编修。壬午，
药彦稠进回鹘可汗先送秦王装胡靯，为党项所掠，至是得之以献。
帝曰："先诏所获令军士自收，今何进也？"令彦稠却与获者。

三月甲申，契丹遣使朝贡。灵武军将裴昭隐官等二人与进奏官
阮顺之隐官马一匹，有司论罪合抵法，帝曰："不可以一马杀三人

命。"笞而释之。丙申，西京奏，百姓侯可洪于杨广城内掘得宿藏玉四团进纳。赐可洪二百缗、绢二百匹。庚子，以前郦州节度使孙璋卒废朝。癸卯，帝顾谓宰臣曰："春雨稍多，久未晴霁，何也？"冯道对曰："水旱作沴，虽是天之常道，然季春行秋令，臣之罪也。更望陛下广敷恩宥，久雨无妨于圣政也。"丁未，以神捷、神威、雄武、广捷已下指挥改为左右羽林军，置四十指挥，每十指挥立为一军，军置都指挥使一人。庚戌，帝观稼于近郊。民有父子三人同挽犁耕者，帝闵之，赐耕牛三头。高丽国遣使朝贡。以右领军上将军翟璋为右羽林统军，以前安州留后周知裕为左神武统军。

夏四月甲寅，诏诸道节度使未带使相及防御、团练使、刺史，班位居检校官高者为上，加检校官同，以先授者为上，前资在见任之下。新罗王金溥遣使贡方物。戊午，中书奏："准敕重定三京、诸道州府地望次第者。旧制以王者所都之地为上，今都洛阳，请以河南道为上，关内道第二，河东道为第三，余依旧制。其五府，按《十道图》，凤翔为首，河中、成都、江陵、兴元为次。中兴初，升魏州为兴唐府，镇州为真定府，望升二府在五府之上，合七府，余依旧制。又天下旧有八大都督府，以灵州为首，陕、幽、魏、扬、潞、镇、徐为次，其魏镇已升为七府兼具员内，相次升越、杭、福、潭等州为都督，望以十大都督府为额，仍据升降次第，以陕为首，余依旧制。《十道图》有大都护，请以安东大都护为首。防御、团练等使，自来升降极多，今具现在，具员依新定《十道图》以次第为定。"从之。契丹累遣使求归扎刺、特里衮旧作则刺、惕隐，今改之等，幽州赵德钧奏请不俞允。帝雇问侍臣，亦以为不可与。帝意欲归之，会冀州刺史杨檀罢郡至阙，帝问其事，奏曰："此辈来援王都，谋危社稷，陛下宽慈，贷其生命。苟若归之，必复向南放箭，既知中国事情，为患深矣。"帝然之。既而只遣哲尔格锡里旧作则骨舍利，今改正。随来使归蕃，不欲全拒其请也。诏赠皇后曹氏曾祖父母以下为太傅、太尉、太师、国夫人，淑妃王氏曾祖父母为太子太保、太傅、太师、国夫人。壬戌，前枢密使、骠骑大将军马绍宏卒。癸亥，以怀化军节度使李赞华为滑州节度使。

初，帝欲以赞华为藩镇，范延光等奏，以为不可。帝曰："吾与其先人约为兄弟，故赞华来附。吾老矣，倘后世有守文之主，则此辈招之亦不来矣。"由是近臣不能抗议。甲子，以太子宾客萧蘧为户部尚书致仕。乙丑，以天雄军节度使、宋王从厚兼中书令。辛未，以幽州节度使赵德钧兼中书令。

五月壬午朔，帝御文明殿受朝。诏禁纲罗、弹射、弋猎。丁亥，以二王后前詹事府司直杨延绍为右赞善大夫，仍袭封酅国公，食邑二千户。丁酉，以太子太师致仕孔勍卒废朝。兴元奏，东、西两川各举兵相持。甲辰，以文宣王四十三代孙曲阜县主簿孔仁玉为兖州龚邱令，袭文宣公。戊申，襄州奏，汉江大涨，水入州城，坏民庐舍。枢密使奏："近知两川交恶，如令一贼兼有两川，抚众守险，恐难讨除，欲令王思同以兴元之师伺便进取。"诏从之。

六月壬子朔，幽州赵德钧奏："新开东南河，自王马口至淤口，长一百六十五里，阔六十五步，深一丈二尺，以通漕运，舟胜千石，画图以献。"甲寅，以权知高丽国事王建为检校太保，封高丽国王。丁巳，卫州奏，河水坏堤，东北流人御河。戊午，荆南奏："东川董璋领兵至汉州，西川孟知兵逆战，璋大败，得部下人二十余，走入东川城，寻为前陵州刺史王晖所杀，孟知祥已入梓州。"辛酉，范延光奏曰："孟知祥兼有两川，彼之军众皆我之将士，料其外假朝廷形势以制之，然陛下苟不能屈意招携，彼亦无由革面。"帝曰："知祥予故人也，以贼臣间谋，故兹阻隔，今因而抚之，何屈意之有！"由是遣供奉官李瑰使西川，赍诏以赐知祥。诏以霖雨积旬，久未晴霁，京城诸司系囚，并宜释放。甲子，以大雨未止，放朝参两日。洛水涨泛二丈，庐舍居民有溺死者。以前濮州刺史武延翰为左领军上将军，前阶州刺史王宏贽为左千牛上将军，金、徐、安、颍等州大水，镇州旱。诏应水旱州郡，各遣使人存问。

秋七月辛巳朔，以天下兵马元帅、尚父、吴越国王钱镠薨，废朝三日。丙戌，诏赐诸军救接钱有差。戊子，正衙命使册高丽国王王建。灵武奏，夏州界党项七百骑侵扰当道，出师击破之，生擒五十骑,追至贺兰山下。已丑,两浙节度使钱元瓘起复,加守尚书令。青州节度使王晏球加兼中书令。秦、凤、兖、宋、亳、颍、邓大水,漂邑屋,损苗稼。夔州赤甲山崩。壬辰,以前太仆卿郑缋为鸿胪卿,以前兖州行军司马李鏻为户部尚书。乙未,福建节度使王延钧进绢表云:"吴越王钱镠薨,乞封臣为吴越王。湖南马殷官是尚书令,殷薨,请授臣尚书令。"不报。戊戌,太子宾客李光宪以礼部尚书致仕。已亥,以前灵武节度使康福为泾州节度使。幽州衙将潘杲上言,知故使刘仁恭于大安山藏钱之所,枢密院差人监往发之,竟无所得。以皇子西京留守、京兆尹从珂为凤翔节度使。废凤州武兴军节制为防御使,并所管兴、文二州并依旧隶兴元府。丁未,以门下侍郎兼吏部尚书、同平章事、监修国史赵凤为检校太傅、同平章事,充邢州节度使。诏诸州府遭水人户各支借麦种及等第赈贷。

八月辛亥,青州节度使王晏球卒,废朝二日。以利州节度使孙汉韶兼西面行营招讨使。甲寅,以前振武节度使张万进为邓州节度使。已未,以郓州节度使房知温兼中书令,移镇青州。丙寅,以宰臣李愚为门下侍郎、平章事、监修国史。已亥,以湖南节度使马希声卒废朝。乙卯,吐蕃遣使朝贡。

九月壬午,以镇南军节度使、检校太傅马希范为湖南节度使、检校太尉、兼侍中、甲申、荆南节度使、检校太傅、兼中书令高从海加检校太尉、兼中书令。壬辰,供奉官李瑰自西川回,节度使孟知祥附表陈叙隔绝之由,并进物,先赐金器等。瑰,知祥甥也,母在蜀,故令瑰往焉。瑰至蜀,具述朝廷厚待之意,知祥称藩如初,奏福庆长公主以今年正月十二日薨。又奏五月三日,大破东川董璋之众于汉州,收下东川。又表立功将校赵季良等五人,乞授节铖;部内刺史令录已下官,乞许墨制补授。帝遣阁门使刘政恩充西川宣谕使。乙丑,契丹遣使自幽州进马。秦州地震。

冬十月已酉朔,再遣供奉官李瑰使西川,兼押赐故福庆长公主祭赠绢三千匹,并赐知祥玉带。先是,两川隔远,朝廷兵士不下三万人,至是,知祥上表乞发遣兵士家属入川,诏报不允。知祥所奏两川部内文武将吏，乞许权行墨制除补讫奏，诏从之。知祥所奏立功大将赵季良等五人，正授节钺，续有处分。襄州奏，汉水溢，坏民庐舍。癸丑，以太常卿刘岳卒废朝。乙未，以兵部侍郎张文宝为吏部侍郎，以户部侍郎药纵之为兵部侍郎。庚申，幸至德宫，因幸石敬瑭、李从昶、李从敏之第。壬申，大理少卿康澄上疏曰："臣闻安危得失，治乱兴亡，诚不系于天时，固非由于地利，童谣非祸福之本，妖祥岂隆替之源！故雏雉升鼎而桑谷生朝，不能止殷宗之盛；神马长嘶而玉龟告兆，不能延晋祚之长。是知国家有不足惧者五，有深可畏者六。阴阳不调不足惧，三辰失行不足惧，小人讹言不足惧，山崩川涸不足惧，蛮贼伤稼不足惧，此不足惧者五也。贤人藏匿深可畏，四民迁业深可畏，上下相徇深可畏，廉耻道消深可畏，毁誉乱真深可畏，直言蔑闻深可畏，此深可畏者六也。伏惟陛下尊临万国，奄有八纮，荡三季之浇风，振百王之旧典，设四科而罗俊彦，提二柄而御英雄。所以不轨不物之徒，咸思革面；无礼无仪之辈，相率悛心。然而不足惧者，愿陛下存而勿论；深可畏者，愿陛下修而靡忒。加以崇三纲五常之教，敷六府三事之歌，则鸿基五岳争高，盛业共盘石永固。"优诏奖之。澄言可畏六事，实中当时之病，识者许之。癸酉，湖南马希范、荆南高重诲并进银及茶，乞赐战马，帝还其直，各赐马有差。丁丑，帝谓范延光曰："如闻禁军戍守，多不禀藩臣之命，缓急如何驱使？"延光曰："承前禁军出戍，便令逐处守臣管辖断决，近似简易。"帝曰："速以宣命条举之。"

十一月辛巳，以三司使、左武卫大将军孟鹄为许州节度使，以前许州节度使冯赟为宣徽使、判三司，以宣徽北院使孟汉琼判院事。壬午，史馆奏："宣宗已下四庙未有实录，请下两浙、荆湖购募野史及除目报状。"从之《五代会要》载十一月四日，史馆奏：当馆昨为大中以来，迄于天祐，四朝实录，尚未纂修，寻具奏闻，谨行购募。敕命虽颁于数月。图书未贡于一编。盖以北土州城，久罹兵火，遂成灭绝，难可访求。切恐岁月浸深，耳目不接，长为阙典，过在攸司。伏念江表列藩，湖南奥壤，至于闽、越，方属勋贤。戈铤自扰于中原，屏翰悉全于外府，固多奇士，富有群书。其两浙、福建、湖广伏乞诏旨,委各于本道采访宣宗、懿宗、僖宗、昭宗以上四朝野史,及逐朝日历、银台事宜、内外制词、百司沿革簿籍,不限卷数,据有者抄录上进。若民间收得,或隐士撰成,即令各列姓名,请议爵赏。癸未,以左仆射致仕郑珏卒废朝。丁亥,以河阳节度使兼六军诸卫副使石敬瑭为河东节度使,兼大同、彰国、振武、威塞等军蕃汉马步总管。时契丹帐族在云州境上,与群臣议择威望大臣以制北方,故有是命。乙丑,枢密使赵延寿加同平章事。诏在京臣僚,不得进奉贺长至马及诸物。甲午,日南至,帝御文明殿受朝贺。乙亥,河中节度使李从璋加检校太傅,以右散骑常侍杨凝式为工部侍郎。庚子,以秘书监卢文纪为工部尚书,以工部尚书崔居俭为太常卿,以工部侍郎郑韬光为礼部侍郎。乙巳,云州奏,契丹王在黑榆林南造攻城之具。帝遣使赐契丹王银器彩帛。

十二月戊申朔,供奉官丁延徽、仓官田继勋并弃市,坐擅出仓粟数百斛故也。教坊伶官敬新磨受贿,为人告,帝令御史台征还其钱而后挞之。癸丑,幸龙门,观修伊水石堰,赐丁夫酒食。后数日,有司奏:"丁夫役限十五日已满,工未毕,请更役五日。"帝曰:"不唯时寒,且不可失信于小民。"即止其役。甲寅,以太子宾客归蔼卒废朝。戊午,以前宣徽使朱弘昭为襄州节度使;康义诚为河阳节度使,充侍卫亲军马步军都指挥使。壬戌,以吏部侍郎姚顗为尚书左丞,以尚书左丞王权为礼部尚书,以兵部侍郎药纵之为吏部侍郎,以翰林学士、中书舍人程逊为户部侍郎,依前充职。戊辰,帝畋于近郊,射中奔鹿。是冬无雪。《永乐大典》卷七千一百六十六。

旧五代史卷四三考证

唐明宗纪九遣邠州节度使药彦稠　邠州,《欧阳史》作静难军。

药彦稠奏诛党项项阿埋等十族与康福入白鱼谷　白鱼谷,《欧阳史》作牛儿谷。

戊午荆南奏东川董璋领兵至汉州西川孟知祥出兵逆战璋大败　案《通鉴》:孟知祥克东川在五月,《五代春秋》、《欧阳史》俱作六月,盖以《薛史》奏闻之日为据。

供奉官李瑰　李瑰,《通鉴》作李存瑰,唐人避庄宗讳,故去"存"字。

秋七月辛巳朔以天下兵马元帅尚父吴越王钱镠薨废朝三日　案《五代春秋》:七月,吴王钱镠薨,盖秖以《薛史》废朝之日为据也。《通鉴》作三月庚戌,与《九国志》异。

丙戌诏赐诸军救接钱有差　案:"救接钱",疑有舛误。考《册府元龟》亦作"救接",今仍其旧。

癸亥以湖南节度使马希声卒废朝　案《通鉴》:马希声卒在七月辛卯,《五代春秋》从是书,作八月。

扎拉、特哩衮,旧作则剌、惕隐,今改。　哲尔格锡里,旧作则骨舍利,今改。纳喇泊,旧作捺剌泊,今改。

旧五代史卷四四

唐书二〇

明宗本纪第一〇

长兴四年春正月戊寅朔，帝御明堂殿受朝贺，仗卫如式。是日，雪盈尺。戊子，秦王从荣加守尚书令、兼侍中，依前河南尹，判六军诸卫事。庚寅，以端明殿学士、尚书、兵部侍郎刘昫为中书侍郎、平章事。甲午，正衙命使册故福庆长公主孟氏为晋国雍顺长公主，遣太常卿崔居俭赴西川行册礼。突厥内附。庚子，以前河东节度使李从温为郓州节度使。

二月癸丑朔，帝于便殿问范延光内外见管马数，对曰："三万五千匹。"帝欢曰："太祖在太原，骑军不过七千，先皇自始至终，马才及万。今有铁马如是，而不能九州混一，是吾养士练将之不至也。吾老矣，马将奈何！"延光奏曰："臣每思之，国家养马太多，试计一骑士之费，可赡步军五人，三万五千骑抵十五万步军，既无所施，虚耗国力，臣恐日久难继。"帝曰："诚如卿言，肥骑士而瘠吾民，何益哉！"《五代会要》：上问见管马数，枢密使范延光奏："天下常支草粟者近五万匹。见今西北诸道蕃卖马者往来如市，其邮传之费、中估之直，日以四十五贯，以臣计之，国力十耗其七，马无所使，财赋渐消，朝廷甚非所利。"上善之。十月，敕沿边藩镇，或有蕃部卖马，可择其良壮给券，具数以闻。丁巳，以虔州节度使、检校太尉、兼侍中马希振为洪州节度使，以鄂州节度使马希广为检校太尉、同平章事，充桂州节度使，以卢州节度史兼武安军副使姚彦章为检校太尉、同平章事；以静江节度副使马希范为鄂

州节度使。故潞州节度使、检校太保康君立赠太傅。已未，宋州节
度使安元信加兼侍中。濮州进重修河堤图，沿河地名，历历可数。帝
览之，愀然曰："吾佐先朝定天下，于此堤坞间小大数百战。"又指一
邱曰："此吾擐甲台也。时事如昨，奄忽一纪，令人悲叹耳！"癸亥，以
西川节度使孟知祥为剑南东、西川节度使，封蜀王。三司奏："当省
有诸道盐铁转运使衙职员都押衙、正押衙、同押衙、通引衙、前虞侯
子弟，今欲列为三司职名。"从之。庚午，以御史中丞崔衍为兵部侍
郎，以右谏议大夫龙敏为御史中丞。

　　三月已卯，幸龙门。延州节度使安从进奏，夏州节度使李仁福
卒，其子彝超自称留后。甲申，镇州奏，行军司马赵瑰、节度判官浣、
元从押衙高知柔等并弃市，坐受赂枉法杀人也。节度使李从敏罚一
季俸。乙酉，以西川节度副使、知武泰军节度兵马留后赵季良为检
校太保、黔南节度使，以西川诸军马步都指挥使、知武信军节度兵
马留后李仁罕为检校太傅、遂州节度使，以西川左厢马步指挥使、
知保宁军节度兵马留后赵廷隐为检校太保、阆州节度使，以西川右
厢马步都指挥使、知宁江军兵马留后张知业为检校司徒、夔州节度
使，以西川衙内马步都指挥使、知昭武军兵马留后李肇为检校太
保、利州节度使，从孟知祥之请也。丙戌，赐宰相李愚绢百匹、钱十
万、铺陈物一十三件。时愚病，帝令近臣翟光邺宣问，所居寝室，萧
然四壁，病榻弊毡而已。光邺具言其事，故有是赐。戊子，以延州节
度使安从进为夏州留后，以夏州左都押衙、四川防遏使李彝超为延
州留后，仍命邠州节度使药彦稠、宫苑使安重益帅师援送从进赴
镇。以左卫上将军卢军文进为潞州节度使，以右龙武统军张温为云
州节度使。庚寅，以凤翔行军司马李彦琼为盐州防御使。时范延光
等奏，请因夏州之师制置盐州，故有是命。癸巳，以右威卫上将军安
重霸为同州节度使。已亥，以左龙武统军符彦超为安州节度使。诏
除放京兆、秦、岐、邠、泾、延、庆、同、华、兴元十州长兴元年二月系
欠夏秋税物，及营田庄宅务课利，以其曾辇运供军粮料也。甲辰，故
晋国夫人夏氏追册皇后，有司上谥曰昭懿，从之。

夏四月戊申,李彝超奏:"奉诏除延州留后,已受恩命讫,三军百姓拥隔,未遂赴任。"帝遣阁门使苏继颜赍诏促彝超赴任。癸丑,以刑部侍郎刘赞为秘书监、秦王傅。按《五代会要》:长兴四年四月,以秘书监刘赞为秦王傅,前忠武军节度判官苏瓒为秦王友,前襄州观察使鱼崇远为秦王府记室参军。时言事者请为秦王置师傅,上顾问近臣,皆以秦王名势隆盛,不敢置议,请自选择,乃降是命。甲寅,前邓州节度使梁汉颙以太子少师致仕,太子宾客裴皞以兵部尚书致仕。戊午,追册昭宗皇后何氏为宣穆皇后,祔飨太庙,百僚进名奉慰,废朝三日。己巳,以左散骑常侍任赞为户部侍郎,以吏部侍郎药纵之为曹州刺史。癸酉,延州奏,蕃部劫掠饷运及攻城之具,守卢关兵士退守金明镇。

五月丙子朔,帝御文明殿受朝。戊寅,皇子凤翔节度使从珂封潞王。新授户部侍郎任赞改刑部侍郎,赞诉以所授官是丁忧阙,故改焉。皇子从益封许王,郓州节度使李从温封衮王,河中节度使李从璋封洋王,镇州节度使李从敏封泾王。甲申,帝避暑于九曲池,既而登楼,风毒暴作,圣体不豫,翌日而愈。《北梦琐言》:上圣体乖和,冯道对寝膳之间,动思调卫,因指御前果实曰:"如食桃不康,异日见李而思戒可也。"初,上因御李,暴得风虚之疾,冯道不敢斥言,因奏事讽悟上意。丙戌,契丹遣使朝贡。丁酉,安从进奏,大军已至夏州,攻外城,以其不受命也。庚子,以灵武留后张希崇为本州节度使。辛丑,故夏州节度使、朔方郡王李仁福追封虢王。壬寅,以前晋州留后薄文为本州节度使。

六月丙午朔,文武百僚、宰臣冯道等拜章,请于尊号内加"广运法天"四字,凡拜二章,诏允之。诏宫西新园宜名永芳园,其间新殿宜名和庆殿。丙辰,秦王从荣加食邑至万户,实封二千户。丁巳,以右骁卫上将军李从昶为左龙武统军,以前邢州节度使高允韬为右龙武统军,以右骁卫上将军罗周敬为左羽林统军,以右监门上将军娄继英为金州刺史。戊午,宋王从厚加食邑至万户,实封一千户。壬戌,以前泾州节度使李金全为沧州节度使。癸亥,诏御史中丞龙敏等详定大中统类。甲子,第十四女封寿安公主,第十五女封永乐公主。丙辰,以前利州节度使孙汉韶为洋州节度使。壬申,永宁军节度使、容州管内观察使、检校太尉、兼侍中马存加食邑实封。甲戌,帝复不豫。

秋七月丁丑,以著作佐郎尹拙为左拾遗,直史馆,国朝旧制,皆以畿赤尉史馆,今用谏官自拙始,从监修李愚奏也。己卯,东岳三郎神赠威雄大将军。初,帝不豫,前淄州刺史刘遂清荐泰山僧一人,云善医,及召见,乃庸僧耳。问方药,僧曰:"不工医,尝于泰山中亲睹狱神,谓僧曰:'吾第三子威灵可爱,而未有爵秩,师为我请之。'宫中神其事,故有是命,识者嫉遂清之妖佞焉。诏应台官出行,须令人诃引,使军巡职掌等规避。壬午,诏安从进班师,时王师攻夏州无功故也。乙酉,以许州节度使孟鹄卒废朝,赠太傅。诏赐在京诸军将校优给有差。时帝疾未瘳,军士有流言故也。丁亥,两浙节度使、检校太傅、守中书令钱元瓘封吴王。

八月戊申,帝被衮冕,御明堂殿受册,徽号曰圣明神武广运法天文德恭孝皇帝。礼毕,制大赦天下,常赦所不原者咸赦除之。己酉,赐侍卫诸军优给有差。时月内再有颁给,自兹府藏无余积矣。辛亥,以晋州节度使薄文卒废朝,丁巳,以右龙武统军李从昶为许州节度使。戊午,以秘书监高辂卒废朝。辛酉,以太子太师致仕符习卒废朝,赠太师。辛未,秦王从荣以本官充天下兵马大元帅,加食邑万户、实封三千户,以右羽林统军翟璋为晋州节度使;以太子宾客马缟为户部侍郎。壬申,幸至德宫。

九月甲戌,以户部尚书李璘为兵部尚书,以前户部尚书韩彦恽为户部尚书。丙子,幸至德宫。戊寅,枢密使范延光、赵延寿并加兼侍中,依前充使。中书奏:"元帅仪注,诸道节度使以下带兵权者,皆下具军礼参见;其带使相者,初见亦展一度公礼。天下军务公事,元帅府行帖指挥,其判六军诸卫事,则公牒往来,其官属军职委元帅府奏请。"从之。癸未,以兵部侍郎卢詹为吏部侍郎。丙戌,宰臣冯道加左仆射,李愚加吏部尚书,刘昫加刑部尚书。戊子,河阳节度使兼侍卫亲军都指挥使康义诚、山南西道节度使检校太傅张虔钊并加同平章事。宣徽南院使、判三司冯赟依前检校太傅,中书门下同二品,充三司使。赟亡父名章,故改平章事为同二品。壬戌,永宁公主石氏进封魏国公主,兴平公主赵氏进封齐国公主。皇孙重光、重哲并授银青光禄大夫、检校工部尚书,秦王、宋王子也。前洋州节度使梁汉颙以太子少傅致仕。丁酉,以右龙武统军高允韬为滑州节度使,以韶州刺史、检校司空王万荣为华州节度使,万荣,王妃之父也。戊戌,以枢密使赵延寿为汴州节度使,以襄州节度使朱弘昭为检校太尉、同平章事,充枢密使。时范延光、赵延寿相继辞退枢密务,及朱弘昭有枢密之命,又面辞诉,帝叱之曰:"尔辈皆欲离朕左右,怕在眼前,素养尔辈,将何用也!"弘昭退谢,不复敢言。吏部侍郎张文宝卒。庚子,清海军节度使钱元琇加检检校太傅、同平章事,中吴、建武等军节度使钱元璙加校太师、兼中书令。以前滑州节度使李赞华遥领虔州节度使。辛丑,诏天下兵马大元帅、秦王从荣班宜在宰臣之上。案《五代会要》:秦王从荣加兼中书令,与宰臣分班左右定位,及为天下兵马元帅敕曰:秦王位隆将相,望重盘维,委任既崇,等威合异,班位宜在宰臣之上。"壬寅,以北面行营都指挥使、易州刺史杨檀为振武军节度使。

冬十月丙午,以前同州节度使赵在礼为襄州节度使。丁未,以前滑州节度使张敬询卒废朝。以刑部侍郎任赞为兵部侍郎,充元帅府判官。戊午以前凤翔节度使孙岳为三司使。庚申,以枢密使范延光为镇州节度使,以三司使冯赟为枢密使。辛酉,以前潞州节度使李承约为左龙武统军,以前威塞军节度使王景戡为右龙武统军,以左骁卫上将军安崇阮为左神武统军,以右监门上将军高允贞为右神武统军。壬戌,以权知夏州事、检校司空李彝超为夏州节度使、检校司徒。丙寅,诏在朝文武臣僚,并与加恩,以受册尊号也。戊辰,以前安州节度使杨汉章为兖州节度使,以前云州节度使张敬达为徐州节度使。庚午,以前兖州节度使张延朗为秦州节度使。壬申,秦州节度使刘仲殷移镇宋州。

十一月丙子,以前沧州节度使卢质为右仆射。庚辰,改慎州怀

化军为昭化军,升洮州为保顺军。辛巳,以保大军节度使、检校太尉
鲍君福为保顺军节度、洮鄯等州观察等使,以彰义军节度使、检校
太尉、同平章事杜建徽为昭化军节度、慎瑞司等州观察使。乙酉,以
前汴州节度李从曮为郓州节度使,以郓州节度使李从温为定州节
度使。丙戌,新授右仆射卢质奏:"臣忝除官,合赴省上事,若准旧
例,左右仆射上事仪注所费极多,欲从权务简,只取尚书丞、郎上事
例,止集南省属僚及两省官送上,亦不敢辄援往例,有费官用,自量
力排比,兼不自臣隳废前规,他时任行旧制。"从之。戊子,帝不豫。
已丑,大渐,自广寿殿移居雍和殿。是夜四鼓后,帝自御榻蹶然而
兴,雇谓知漏宫女曰:"今夜漏几何?"对曰:"四更。"因奏曰:"官家
省事否?"帝曰:"省。"因唾出肉片如肺者数片,便溺升余。六宫皆
至,庆跃而奏曰:"官家今日实还魂也。"已食粥一器,侍医进汤膳。
至曙,帝小康。壬辰,天下大元帅、守尚书令、兼侍中、秦王从荣领兵
阵于天津桥,内出禁军拒之。从荣败奔河南府,遇害。帝闻之悲骇,
几落御榻,气绝而苏者再,由是不豫有加。癸巳,冯道率百僚见帝于
雍和殿,帝雨泣哽噎,曰:"吾家事若此,惭见卿等!"百僚皆泣下沾
襟。甲午,赐宰臣、枢密使御衣玉带,康义诚已下锦帛鞍马有差。遣
宣徽使孟汉琼召宋王于邺都。乙未,以三司使孙岳为乱兵所害废
朝。丁酉,敕秦王府官属,除谘议参军高辇已处斩外,元帅府判官、
兵部侍郎任赞配武州,秘书监兼秦王傅刘赞配岚州,河南少尹刘陟
配均州,并为长流百姓,纵逢恩赦,不在放还。河南少尹李茕配石
州,河南府判官司徒诩配宁州,秦王友苏瓒配莱州,记室参军鱼崇
远配庆州,河南府推官王说配随州,并为长流百姓。河南府推官尹
譓,六军巡军董裔、张九思,河南府巡官张沆、李潮、江文蔚并勒归
田里。应长流人并除名。六军判官、殿中监王居敏责授复州司马,
六军推官郭昢责授坊州司户,并员外置,所在驰驿发遣。时宰相、枢
密使共议任赞等已下罪,冯道等曰:"任赞前在班行,比与从荣无
旧,除官未及月余,便逢此祸。王居敏、司徒诩疾病请假,将近半年,
近日之事,计不同谋。从荣所款眤者高辇、刘陟、王说三人,昨从荣

称兵指阙之际,沿路只与刘陟、高辇并辔耳语,至天津桥南,指日影谓诸判官曰:'明日如今,已诛王居敏矣。'则知其冗泛之徒,不可一例从坐。"朱弘昭意欲尽诛任赞已下,冯赟力争之,乃已。戊戌,帝崩于大内之雍和殿,寿六十七。

十二月癸卯朔,迁梓宫于二仪殿,宋王从厚自邺都至。是日发哀,百僚缟素于位,中书侍郎、平章事刘昫宣遗制,宋王从厚于枢前即皇帝位,服纪以日易月,一如旧制云。明年四月,太常卿卢文纪上谥议曰圣智仁德钦孝皇帝,庙号明宗,宰臣冯道议请改"圣智仁德"四字为圣德和武钦孝皇帝。宰臣刘昫撰谥册文,宰臣李愚撰哀册文,是月二十七日葬于徽陵。《永乐大典》卷七千一百六十六。《五代史补》:明宗之在位也,一日幸仓场观纳,时主者以车驾亲临,惧得其罪,其较量甚轻。明宗因谓之曰:且朕自省事以来,仓场给散,动经一二十年未毕,今轻量如此,其后销折将何以偿之?"对曰:"竭尽家产,不足则继之以身命。"明宗怆然曰:"只闻百姓养一家,未闻一家养百姓。今后每石加二斗耗,以备鼠雀侵蠹,谓之鼠雀耗。"仓粮,自此始也。《五代史阙文》:明宗出自边地,老于战阵,即位之岁,年已六旬,纯厚仁慈,本乎天性。每夕宫中焚香仰天祷祝云:"某蕃人也,遇世乱为众推戴,事不获已,愿上天早生圣人,与百姓为主。"故天成、长兴间,比岁丰登,中原无事,言于五代,粗为小康。

史臣曰:明宗战伐之勋,虽高佐命,潜跃之事,本不经心。会王室之多艰,属神器之自至,谅由天赞,匪出人谋。及应运以君临,能力行于王化,政皆中道,时亦小康,近代已来,亦可宗也。倘使重诲得房、杜之术,从荣有启、诵之贤,则宗祧未至于危亡,载祀或旧于绵远矣。惜乎!君亲可辅,臣子非才,遽泯烝尝,良可深叹矣。《永乐大典》卷七千一百六十六。

旧五代史卷四四考证

唐明宗纪十以端明殿学士尚书兵部侍郎刘昫为中书侍郎平章事　案:《欧阳史·刘昫传》作长兴三年,拜中书侍郎、兼刑部尚书、同中书门下平章事,与本纪系年先后互异,见吴缜《纂误》。

二月癸丑朔　案:上文正月为戊寅朔,则二月不得为癸丑朔,原文疑有舛误。

帝于便殿问范延光内外见管马数　案:锦绣万花谷引《薛史》作范延庆,疑传写之讹。

以刑部侍郎刘赞为秘书监　刑部侍郎,《通鉴》作兵部侍郎。《欧阳史》从是书。

以著作佐朗尹拙为左拾遗直史馆　案《五代会要》:尹拙为左拾遗,王慎徽为右拾遗,并直史馆,是书阙载王慎徽。

戊子帝不豫　案《欧阳史》本纪:十月壬申,幸上和亭,得疾。《家人传》:十一月戊子雪,明宗幸宫西上和亭,得伤寒疾。纪、传互异,见吴缜《纂误》。

壬辰天下大元帅守尚书令兼侍中秦王从荣领兵阵于天津桥内出禁军拒之从荣败奔河南府遇害　案:《五代春秋》作壬午,诛从荣,盖传写之讹。《欧阳史》及《通鉴》并从是书,作壬辰。

旧五代史卷四五

唐书二一

闵帝本纪

　　闵帝，讳从厚，小字菩萨奴，明宗第三子也。案：《欧阳史》作明宗
第五子，吴缜尝辩其误。今考《五代会要》亦作第三子，与《薛史》同。母昭懿
皇后夏氏，以天祐十一年岁在甲戌，十一月二十八日庚申，生帝于
晋阳旧第。帝鬒盩好读《春秋》，略通大义，貌类明宗，尤钟爱。天成
元年，授金紫光禄大夫、检校司徒。二年四月，加检校太保、同平章
事、河南尹，判六军诸卫事。十一月，加检校太傅。三年三月，授汴
州节度使。四年，移镇河东。长兴元年，改授镇州节度使，寻封宋王。
二年，加检校太尉、兼侍中，移镇邺都。三年，加中书令。秦王从荣，
帝同母兄也，以帝有德望，深所猜忌。帝在邺宫，恒忧其祸，然善于
承顺，竟免间隙。

　　四年十一月二十日，秦王诛，翌日，明宗遣宣徽使孟汉琼驰驿
召帝，二十六日，明宗崩，二十九日，帝至自邺。十二月癸卯朔，发丧
于西宫，帝于枢前即位。丁未，群臣上表请听政，表再上，诏允。己
酉，中外将士给赐有差。庚戌，帝缞服见群臣于广寿门之东庑下，宰
臣冯道进曰：“陛下久居哀毁，臣等咸愿一睹圣颜。”朱弘昭前举帽，
群臣再拜而退。御光政楼存问军民。辛亥，赐司衣王氏死，坐秦王
事也。癸丑，以前镇州节度使、泾王从敏权知河南府事，寻以卢质代
之。乙卯，赐司仪康氏死，事连王氏也。丙辰，以天雄军节度判官唐
汭为谏议大夫，掌书记赵彖为起居郎，元从都押衙宋令询为磁州刺

史。丁巳,以左仆射、平章事冯道为山陵使,户部尚书韩彦恽为副,
中书舍人王延为判官,礼部尚书王权礼为仪使,兵部尚书李镤为卤
簿使,御史中丞龙敏为仪仗使,右仆射、权知河南府卢质为桥道顿
递使。庚申,以前相州刺史郝琼为右骁卫大将军,充宣徽北院使;以
光禄卿、充三司副使王玫为三司使。癸亥,故检校太尉、右卫上将
军、充三司使孙岳赠太尉、齐国公。丁卯,帝释缞服,群臣三上表,请
服常膳,御正殿,从之。辛未,帝御中兴殿,群臣列位,冯道升皆进
酒,帝曰:“比于此物无爱,除宾友之会,不近樽罍。况在沉痛之中,
安事饮啖!”命撤之。

应顺元年春正月壬申朔,帝御广寿殿视朝,百僚诣阁门奉慰。
时议者云,月首以朝服临,不视朝可也。乙亥,契丹遣使朝贡。《辽史
太宗纪》:天显九年闰月戊午,唐遣使来告哀,即日遣使祭吊。丁丑,以太常
卿崔居俭为秘书监,以前蔡州刺史张继祚为左武卫上将军,充山陵
桥道顿递副使。戊寅,御明堂殿,仗卫如仪,宫县乐作,群臣朝服就
位,宣制大赦天下,改长兴五年为应顺元年。时议者以梓宫在殡,宫
县乐作,非礼也,悬而不作可也。回鹘可汗仁美遗使贡方物,故可汗
仁裕进遗留马。是日,命中使三十五人以先帝鞍马衣带分赐藩位。

庚辰,宰臣冯道加司空,李愚加左仆射,刘昫加吏部尚书,余并
如故。壬午,侍卫亲军马步军都指挥使、河阳节度使康义诚加检校
太尉、兼侍中,判六军都卫事。甲申,以侍卫马军都指挥使、宁国军
节度使安彦威为河中节度使;以侍卫步军都指挥使、忠正军节度使
张从宾为泾州节度使,并加检校太傅;以捧圣左右厢都指挥使、钦
州刺史朱洪实为宁国军节度使,加检校太保,充侍卫马军都指挥
使;以严卫左右厢都指挥使、严州刺史皇甫遇为忠正军节度使、检
校太保,充侍卫步军都指挥使。戊子,枢密使、检校太尉、同平章事
朱弘昭,枢密使、检校太尉、同中书门下二品冯赟,并加兼中书令。
北京留守、河东节度使兼大同彰国振武威塞等军蕃汉马步总管石
敬瑭加兼中书令,幽州节度使、检校太尉、兼中书令赵德钧加检校
太师、兼中书令。枢密使冯赟表坚让中书令,制改兼侍中,封邠国

公。庚寅，凤翔节度使、潞王从珂加兼侍中，青州节度使、检校太尉、兼中书令房知温加检校太师。辛卯，以翰林学士承旨、尚书右丞李怿为工部尚书，以秘书监卢文纪为太常卿，充山陵礼仪使。壬辰，荆南节度使、检校太尉、兼中书令高从海封南平王，湖南节度使、检校太尉、兼中书令马希范封楚王。甲午，两浙节度使、检校太师、守中书令、吴王钱元瓘进封吴越王，前洺州团练使皇甫立加检校太保，充鄜州节度使；前彰议军节度使康福加检校太傅，充邠州节度使；剑南东、西两川节度使、检校太尉、兼中书令、蜀王孟知祥加校太师。制下，知祥辞不受命。丙申，镇州节度使、检校太尉、兼侍中范延光，汴州节度使、检校太尉、兼侍中赵延寿并加检校太师。戊戌，山南西道节度使、检校太傅、同平章事张虔钊，襄州节度使赵在礼，并加检校太尉。辛丑，以振武军节度使、安北都护杨檀兼大同、彰国、振武、威塞等军都虞侯，充北面马军都指挥使。

闰月壬寅朔，群臣赴西宫临。癸卯，御文明殿入阁，以前右仆射、权知河南府事卢质为太子少傅兼河南尹。以谏议大夫唐汭、膳部郎中知制诰陈乂并为给事中，充枢密院直学士。《通鉴》：汭以文学从帝，历三镇在幕府。及即位，将佐之有才者，朱、冯皆斥逐之。汭性迂疏，朱、冯恐帝含怒有时而发，乃引汭于密近，以其党陈乂监之。宣徽南院使、骠骑大将军、左卫上将军、知内侍省孟汉琼加开府仪同三司，赐忠贞扶运保泰功臣。丙午，正衙命使册皇太后曹氏。戊申，以前雄武军节度使刘仲殷为右卫上将军，邢州节度使赵凤加爵邑，自是诸藩镇文武臣僚皆次第加恩，帝嗣位覃恩泽也。以翰林学士、中书舍人崔棁为工部侍郎，依前充职，以给事中张鹏为御史中丞，以御史中丞龙敏为兵部侍郎，在太仆少卿窦维为大理卿。甲寅，正衙命使册皇太妃王氏。集贤院上言："准敕书修创凌烟阁，寻奉诏问阁高下等级。谨按凌烟阁，都长安时在西内三清殿侧，画像皆北面，阁有中隔，隔内面北写功高宰辅，南面写功高诸侯王，隔外面次第图画功臣题赞。自西京板荡，四十余年，旧日主掌官吏及画像工人，并已沦丧，集贤院所管写真官、画真官人数不少，都洛后废职。今将起阁，望先定佐命功臣人数,请下翰林院于令写真本,及下将作监兴功,次序间架修建。"乃诏集贤御书院复置写真官、画真官各一员,余依所奏。丁巳,安州奏,此月七日夜,节度使符彦超为部曲王希全所害,废朝一日。戊午,以前振武军节度使、安北都护高行周为彰武节度使。辛酉,以前郓州使范政为少府监。丙寅,幸至德宫。车驾至兴教门,有飞鸢自空而隧,僵于御前。是日大风晦冥。

二月乙亥,以前镇州节度使、泾王从敏为宋州节度使。己卯,以前徐州节度使、检校太傅李敬周为安州节度使。是日,宣授凤翔节度使、潞王从珂为权北京留守,以北京留守石敬瑭权知镇州军州事,以镇州范延光权知邺都留守事,以前河中节度使、洋王从璋权知凤翔军军府事。庚寅,幸山陵工作所。是日,西京留守王思同奏,凤翔节度使、潞王从珂拒命。丁酉,王思同加同平章事,充西面行营都部署;以前邠州节度使药彦稠为副部署。以河中节度使安彦威为西面兵马都监,以定州节度使李德珫为权北京留守。山陵使奏:"伏睹御札,皇帝亲奉灵驾至园陵。伏见累朝故事,人君无亲送葬之仪,请车驾不行。"不从。乙未,枢密使冯赟起复视事,时赟丁母忧也。己亥,以司卿张铸为殿中监。庚子,殿直楚匡祚上言,案:原本避宋讳作楚祚,今从《通鉴》增"匡"字。监取亳州团练使李重吉至宋州,系于军院。重吉,潞王之长子,及幽于宋州,帝犹以金帛赐之,及闻西师咸叛,方遣使杀之。

三月甲辰,以前太仆少卿魏仁锷为太仆卿。兴元节度使张虔钊奏,会合讨凤翔。丙午,以右领卫上将军武延翰为郓州刺史。丁未,洋州孙汉韶奏,至兴元与张虔钊同议进军。己酉,以镇州节度使范延光依前检校太师、兼侍中,行兴唐尹,充天雄军节度使、北面水陆转运制置使。以北京留守、河东节度使石敬瑭依前检校太尉、兼中书令,其真定尹、充镇州节度使、大同彰国振武威塞等军蕃汉马步总管如故。辛亥,以前定州节度使李德珫为北京留守,充河东节度使。许王从益加检校太保,前河中节度使、洋王从璋加检校太傅。诏:"藩侯带平章事以上薨,许立神道碑,差官撰文。未带平章事及

刺史,准令式合立碑者,具文任自制撰,不在奏闻。"乙卯,兴元张虔
钊奏,自镇将兵赴凤翔,收大散关。宗正寺奏:"准故事,诸陵有令、
丞各一员。近例更委本县令兼之。缘河南洛阳是京邑,兼令、丞不
便。"诏特置陵台令、丞各一员。乙未,以前金吾大将军李肃为左卫
上将军,充山陵修奉上下宫都部署。庚申,西面步军都监王景从等
自军前至,奏:"今月十五日,大军进攻凤翔。十六日,严卫右厢都指
挥使尹晖引军东面入城,右羽林都指挥使杨思权引军西面入城,山
南军溃。"帝闻之,谓康义诚等曰"朕幼年嗣位,委政大臣,兄弟之
间,必无榛梗。诸公大计见告,朕独难违,事至于此,何方转祸?朕
当与左右自往凤翔,迎兄主社稷,朕自归藩,于理为便。"朱弘昭、冯
赟不对,义诚曰:"西师惊溃,盖由主将失策。今驾下兵甲尚多,臣请
自往关西,振其兵威,扼其冲要。"义诚又累奏请行,帝召侍卫都将
以下宣曰:"先皇帝弃万国,朕于兄弟之中,无心争立,一旦被召主
丧,便委社稷,岐阳兄长,果致猜嫌。卿等顷从先朝千征万战,今日
之事,宁不痛心!今据府库,悉以颁赐,卿等勉之。"乃出银绢钱厚赐
于诸军。是时方事山陵,复有此赐,府藏为之一空,军士犹负赏物扬
言于路曰:"到凤翔更请一分。"其骄诞无畏如是。辛酉,幸左藏库,
视给将士金帛。是日,诛马军都指挥使朱洪实,坐与康义诚忿争故
也。

　　癸亥,以康义诚为凤翔行营都招讨使,余如故。以王思同为副
招讨使;以安从进为顺化军节度使,充侍卫马军都指使。诏左右羽
林军四十指挥改为严卫,左右龙武、神武军改为捧圣。甲子,陕州
奏,潞王至潼关,害西面都部署王思同。乙亥,宣谕西面行营将士,
俟平凤翔,人赏二百千,府库不足,以宫闱服玩增给。诏侍卫马军都
指挥使安从进京城巡检。是日,从进已得潞王书檄,潜布腹心矣。丁
卯,潞王至陕州。戊辰,帝急召孟汉琼,不至;召朱弘昭,弘昭惧,投
于井。安从进寻杀冯赟于其第。是夜,帝以百骑出玄武门,案《契丹
国志》:愍帝领五十骑自随,出奔卫州。与《薛史》异。谓控鹤指挥史慕容迁
曰:"尔诚有马,控鹤从予。"及驾出,即阖门不行。迁乃帝素亲信者

也,临危如是,人皆恶之。

　　是月二十九日夜,帝至卫州东七八里,遇骑从自东来不避,左右叱之,乃曰:"镇州节度使石敬瑭也。"帝喜,敬瑭拜舞于路,帝下马恸哭,谕以"潞王危社稷,康义诚以下叛我,无以自庇,长公主见教,逆尔于路,谋社稷大计"。敬瑭曰:"卫州王弘贽宿旧谙事,且就弘贽图之。"敬瑭即驰骑而前,见弘贽曰:"主上播迁,至此危迫,吾戚属也,何以图全?"弘贽曰:"天子避寇,古亦有之,然于奔迫之中,亦有将相、国宝、法物,所以军长瞻奉,不觉其亡也。今宰执近臣从乎?宝玉、法物从乎?"询之无有。弘贽曰:"大树将颠,非一绳所维。今以五十骑奔窜,无将相一人拥从,安能兴复大计!所谓蛟龙失云雨者也。今六军将士总在潞邸矣,公总以戚藩念旧,无奈之何!"遂与弘贽同谒于邮亭,宣坐谋之。敬瑭以弘贽所陈以闻,弓箭库使沙守荣、贲洪进前谓敬瑭曰:"主上即明宗爱子,公即明宗爱婿,富贵既同受,休戚合共之。今谋于戚藩,欲期安复,反索从臣、国宝,欲以此为辞,为贼算天子耶!"乃抽佩刀刺敬瑭,敬瑭亲将陈晖扞之,守荣与晖单战而死,洪进亦自刎。是日,敬瑭尽诛帝之从骑五十余辈,独留帝于驿,乃驰骑刍洛。

　　四月三日,潞王入洛。五日,即位。七日,废帝为鄂王。遣弘贽子殿直王峦之卫州,时弘贽已奉帝幸州廨。九日,峦至,帝遇鸩而崩,时年二十一。案《契丹国志》:王峦至卫州,进鸩于愍帝,愍帝不饮,蛮缢杀之。与《薛史》异,《欧阳史》同《薛史》。皇后孔氏与其四子并遇害。晋高祖即位,谥曰闵,与秦王及末帝子重吉并葬于徽陵域中,封才数尺,路人观者悲之。《永乐大典》卷七千一百七十四。

　　史臣曰:闵帝爰自冲年,素有令问,及征从代邸,入践尧阶,属轩皇之弓剑初遗,吴王之几杖未赐,遽生猜间,遂至奔亡。盖辅臣无安国之谋,非少主有不君之咎。以至越在草莽,失守宗祧,斯盖天命之难谌,土德之将谢故也。《永乐大典》卷七千一百七十四。

旧五代史卷四五考证

唐闵帝纪闵帝讳从厚小字菩萨奴明宗第三子也　　案:《欧阳史》作明宗第五子,吴缜尝辨其误。今考《五代会要》亦作第三子,与是书同。

十二月癸卯朔　　案:《五代春秋》作癸亥朔,盖传写之讹《欧阳史》、《通鉴》俱从是书,作癸卯。

节度使符彦超为部曲王希全所害　　案:彦超被害,《通鉴》从是书作闰月,《五代春秋》系于正月,殊误。

丁酉王思同加同平章事充西面行营都部署以前邠州节度使药彦稠为副部署　　案《欧阳史》:辛卯西京留守王思同为西面行营都部署,静难军节度使药彦稠为副,是书作丁酉,与《欧阳史》异。据《通鉴》则思同以辛卯充都部署,丁酉加同平章也。盖采薛、欧二史而兼用之。

殿直楚匡祚上言　　"楚匡祚,原本作"楚祚",今从《通鉴》增"匡"字。

陕州奏潞王至潼关害西面都部署王思同　　《欧阳史》作思同奔归于京师,死之,与是书异。

是夜帝以百骑出元武门　　案:《契丹国志》:愍帝领五十骑自随出奔卫州,《宋史·李洪信传》又作少帝东奔,捧圣军数百骑从行,与是书异。据下文王宏贽曰:"今以五十余骑奔窜",则作五十骑者是也。

旧五代史卷四六

唐书二二

末帝本纪上

　　末帝，讳从珂，本姓王氏，镇州人也。母宣宪皇后魏氏，以光启元年岁在己巳，正月二十三日，生帝于平山。景福中，明宗为武皇骑将，略地至平山，遇魏氏，虏之，帝时年十余岁，明宗养为己子。案《通鉴考异》引《唐废帝实录》云：废帝，讳从珂，明宗之元子也。母曰宣宪皇后魏氏，镇州平山人。中和末，明宗徇地山东，留宿平山，得魏后。帝以光启元年正月二十三日生于外舍，属用兵不息，音问阻绝，帝甫十岁，方得归宗。今考《五代会要》、《欧阳史》诸书，皆作养子，惟实录作元子，疑因太后令称为"皇长子"而傅会也。《通鉴》仍从《薛史》。小字二十三。帝幼谨重寡言，及壮，长七尺余，方颐大体，材貌雄伟，以骁果称，明宗甚爱之。在太原，尝与石敬瑭因击球同入于赵襄子之庙，见其塑像，屹然起立，帝秘之，私心自负。及从明宗征讨，以力战知名，庄宗尝曰："阿三不惟与我同齿，敢战亦相类。"庄宗与梁军战于胡柳陂，两军俱挠，帝卫庄宗夺土山，摧骁阵，其军复振。时明宗先渡河，庄宗不悦，谓明宗曰："公当为吾死，渡河安往？"明宗待罪，庄宗以帝从战有功，由是解愠。

　　天佑十八年，庄宗营于河上，议讨镇州。留守符存审在德胜寨未行，梁人谓庄宗已北，乃悉众攻德胜，庄宗命明宗、存审为两翼以抗之，自以中军前进。梁军退却，帝以十数骑杂梁军而退，至垒门大呼，斩首数级，斧其望橹而还。庄宗大噱曰："壮哉，阿三！"赐酒一器。

同光元年四月，从明宗袭破郓州。九月，庄宗败梁将王彦章于中都，急趋汴州。明宗将前军，帝率劲骑以从，昼夜兼行，率先下汴城。庄宗劳明宗曰："复唐社稷，卿父子之功也。"

二年，以帝为卫州刺史。时有王安节者，昭宗朝相杜让能之宅吏也。安节少善贾，得相术于奇士，因事见帝于私邸，退谓人曰："真北方天王相也，位当为天子，终则我莫知也。"

三年，明宗奉诏北御契丹，以家在太原，表帝为北京内衙指挥使，庄宗不悦，以帝为突骑都指挥使，遣戍石门。

四年，魏州军乱，明宗赴洛，时帝在横水，率部下军士由曲阳、盂县趋常山，与王建立会，倍道兼行，渡河而南，由是明宗军声大振。

天成初，以帝为河中节度使。明年二月，加检校太保、同平章事。十一月，加检校太傅。

长兴元年，加检校太尉。先是，帝与枢密使安重海在常山，因杯盘失意，帝以拳击重海脑，中其栉，走而获免。帝虽悔谢，然重海终衔之。及帝镇河中，重海知其出入不时，因矫宣中旨，令牙将杨彦温遇出郭则闭门勿纳。是岁四月五日，帝阅马于黄龙庄，彦温闭城拒帝，帝闻难遽还，遣问其故，彦温曰："但请相公入朝，此城不可入也。"帝止虞乡以闻，明宗召帝归阙。遣药彦稠将兵讨彦温，令生致之，面要鞫问。十一月收城，彦温已死，明宗以彦稠不能生致彦温，甚怒之。后数日，安重海以帝失守，讽宰相论奏行法，明宗不悦。重海又自论奏，明宗曰："朕为小将校时，家徒衣食不足，赖此荷石灰、收马粪存养，以至今贵为天子，而不能庇一儿！卿欲行朝典，朕未晓其义，卿等可速退，从他私第闲坐。"遂诏归清化里第，不预朝请。帝尚惧重海多方危陷，但日讽佛书阴祷而已。二年，安重海得罪，帝即授左卫大将军。未几，复检校太傅、同平章事、行京兆尹，充西京留守。三年，进位太尉，移凤翔节度使，四年五月，封潞王。

闵帝即位，加兼侍中。既而帝子重吉出刺亳州，女尼入宫，帝方忧不测。应顺元年二月，移帝镇太原，是时不降制书，唯以宣授而

已。帝闻之，召宾佐将吏以谋之，皆曰："主上年幼，未亲庶事，军国
大政悉委朱弘昭等，王必无保全之理。"判官马裔孙曰："君命召，不
俟驾行焉。诸君凶言，非令图也。"是夜，帝令李专美草檄求援诸道，
欲诛君侧之恶。朝廷命王思同率师来讨。三月十五日，外兵大集，
《九国志·李彦琦传》：潞王守岐下，诸道将急攻其垒，彦琦时在围中，罄家财
以给军用。十六日，大将督众攻城，帝登城垂泣，谕于外曰："我年未
二十从先帝征伐，出生入死，金疮满身，树立得社稷，军士从我登阵
者多矣。今朝廷信任贼臣，残害骨肉，且我有何罪"因恸哭，闻者哀
之。时羽林都指挥使杨思权谓众曰："大相公，吾主也。"遂引军自西
门入，严卫都指挥使尹晖亦引军自东门而入，外军悉溃。十七日，率
居民家财以赏军士。是日，帝整众而东。二十日，次长安，副留守刘
遂雍以城降，率京兆居民家财搞军。二十三日，次灵口，诛王思同。
二十四日，次华州，收药彦稠系狱。二十五日，次阌乡，王仲皋父子
迎谒，命诛之。二十六日，次灵宝，河中节度使安彦威来降，待罪，宥
之，遣归镇，陕州节度使康思立奉迎。二十七日，次陕州，下令告谕
京城。二十八日，康义诚军前兵士相继来降，义诚诣军门请罪，帝宥
之。驾下诸军毕至，诛宣徽南院使孟汉琼于路左。是夜，闵帝与帐
下亲骑百余出元武门而去。

夏四月壬申，帝至蒋桥，文武百官立班奉迎，教旨以未拜梓宫，
未可相见，俟会于至德宫，时六军勋臣及节将内职已累表劝进。是
日，帝入谒太后、太妃，至西宫，伏梓宫恸哭，宰相与百僚班见致拜，
帝答拜。冯道等上笺劝进，帝立谓群臣曰："予之此行，事非获已，当
俟主上归阙，园陵礼终，退守藩服。诸公言遽及此，信无谓也。"卫州
刺史王弘贽奏，闵帝以前月二十九日至州。癸酉，皇太后下令降闵
帝为鄂王。又太后令曰："先皇帝诞膺天眷，光绍帝图，明诚动于三
灵，德泽被于四海，方期偃革，遽叹遗弓。自少主之承桃，为奸臣之
擅命，猜忌骨肉，离间磐维，既辄易于藩垣，复骤兴于兵甲。遂致轻
离社稷，大挠军民，万世鸿基，将坠于地。皇长子潞王从珂，位居冢
嗣，德茂冲年，乃武乃文，惟忠惟孝。前朝郭清多难，有战伐之大功；

缵绍丕图,有夹辅之盛业。今以宗祧乏祀,园寝有期,须委亲贤,俾居监抚,免万机之壅滞,慰兆庶之推崇。可起今月四日知军国事,权以书诏印施行。"是日,监国在至德宫,宰臣冯道等率百官班于宫门待罪,帝出于庭曰:"相公诸人何罪,请复位。"乃退。甲戌,太后令曰:"先皇帝栉风沐雨,平定华夷,嗣洪业于艰难,致苍生于富庶。鄂王嗣位,奸臣弄权,作福作威,不诚不信,离间骨肉,猜忌磐维。鄂王轻舍宗祧,不克负荷,洪基大宝,危若缀旒,须立长君,以绍丕构。皇长子潞王从珂,日跻孝敬,天纵聪明,有神武之英姿,有宽仁之伟略。先朝经纶草昧,廓静寰区,辛勤有百战之劳,忠贞缵一统之运,臣诚子道,冠古超今。而又克已化民,推心抚士,率土之讴歌有属,上苍之眷命攸临。一日万机,不可以暂旷;九州四海,不可以无归。况因山有期,同轨期至,永言嗣守,属任元良,宜即皇帝位。"

乙亥,监国赴西宫。柩前告奠即位。摄中书令李愚宣册书曰:

维应顺元年岁次甲午,四月庚午朔,六日乙亥,文武百僚,特进、守司空兼门下侍郎、同中书门下平章事、充太微宫使、弘文馆大学士、上柱国、始平郡公、食邑二千五百户臣冯道等九千五百九十三人上言:帝王兴运,天地同符,河出图而洛出书,云从龙而风从虎。莫不恢张八表,覆育兆民,立大定之基,保无疆之祚。人谣再洽,天命显归,须登宸极之尊,以奉祖宗之祀。伏惟皇帝陛下,天资仁知,神助机权,奉庄宗于多难之时,从先帝于四征之际,凡当决胜,无不成功。洎正皇纲,每严师律,为国家之志大,守臣子之道全。自泣遗弓,常悲易月,欲期同轨,亲赴因山。而自鄂王承祧,奸臣擅命,致神祇之乏享,激朝野以归心。使屈者伸,令否者泰,人情大顺,天象至明。聚东井以呈祥,拱北辰而应运。由是文武百辟,岳牧群贤,至于比屋之伦,尽祝当阳之位。今则承太后慈旨,守先朝远图,抚四海九州,享千龄万祀。臣等不胜大愿,谨奉宝册,禀太后令,奉皇帝践祚。臣等诚庆诚忭,谨言。

帝就殿之东楹受群臣称贺。

先是,帝在凤翔日,有瞽者张濛自言知术数,事太白山神,其神祠即元魏时崔浩庙也。时之否泰,人之休咎,濛告于神,即传吉凶之言,帝亲校房皓酷信之。一日,濛至府,闻帝语声,骇然曰:"非人臣也。"皓询其事,即传神语曰:"三珠并一珠,驴马没人驱,岁月甲庚午,中兴戊己土。"皓请解释,曰:"神言予不知也。"长兴四年五月,府廨诸门无故自动,人颇骇异。遣皓问濛曰:"衙署小异勿怪,不出三日,当有恩命至。"是夜报至,封潞王。及帝移镇河东,甚惧,问濛,濛曰:"王保无患。"王思同兵至,又诘之,濛曰:"王有天下,不能独力,朝廷兵来迎王也。王若疑臣,臣唯一子,请致之麾下,以质臣心。"帝乃以濛摄馆驿巡官。至是,帝受册,册曰:"维应顺元年岁次甲午,四月庚午朔。"帝回视房皓曰:"张濛神言甲庚午,不亦异乎!"帝令皓共术士解三珠一珠事,言:"三珠,三帝也;驴马没人驱,失位也。"帝即位之后,以濛为将作少监同正。仍赐金紫以酬之。帝初封潞王,言事者云:"潞字一足已入洛矣。"案:原本作一足已入潞矣,今据《册府元龟》改正。又,帝在凤翔日,有何叟者,年逾七十,暴卒,见阴官凭几告叟曰:"为我言于潞王,来年三月当为天子,二十三年。"叟既苏,惧不敢言。逾月复卒,阴官见而叱之曰:"安得违吾旨,不达其事,再放汝还。"退见廊庑下簿书,以问主者,曰:"朝代将易,此即升降人爵之籍也。"及苏,诣帝亲校刘延朗告之。帝召而问之,叟曰:"请质之,此言无征,戮之可也。"后人云:"二十三,盖帝之小字也。"又,石壕人胡呆通善天文,帝召问之,曰:"王贵不可言,若举动,宜以乙未年。"及举兵,又问之,呆通曰:"今岁蒜首,王者不宜建功立事,若俟来岁入朝,则福祚永远矣。"其后皆验。夫如是,则大宝之位,必有冥数,可轻道哉!

丙子,诏河南府率京城居民之财以助赏军。丁丑,又诏预借居民五个月房课,不问士庶,一概施行。帝素轻财好施,自岐山为诸军推戴,告军士曰:"俟入洛,人赏百千。"至是,以府藏空匮,于是有配率之令,京城庶士自绝者相继。己卯,卫州奏,此月九日鄂王薨。庚辰,以宰臣刘昫判三司。辛巳,邢州奏,磁州刺史宋令询自经而卒。

令询，鄂王在藩时都押牙也，故至于是。甲申，帝以鄂王薨，行服于内园，群臣奉慰。癸未，太后、太妃出宫中衣服器用以助赏军。

乙酉，帝服衮冕御明堂殿，文武百僚朝服就位，宣制改应顺元年为清泰元年，大赦天下，常赦不原者咸赦除之。丁亥，以宣徽北院使郝琼为宣徽南院使，权判枢密院；以前三司使王玫为宣徽北院使。以随驾牙将宋审虔为皇城使，刘延朗为庄宅使。凤翔节度判官韩昭裔为左谏议大夫，充端明殿学士；观察判官马裔孙为翰林学士；掌书记李专美为枢密院直学士。戊子，侍卫亲军都指挥使康义诚伏诛。是日，诏曰：枢密使朱弘昭、冯赟、宣徽南院使孟汉琼、西京留守王思同、前邠州节度使药彦稠，共相朋煽，妄举干戈，互兴离间之谋，几构倾亡之祸，宜行显戮，以快群情，仍削夺官爵云。

庚寅，凤翔奏，西川孟知祥僭称大蜀，年号明德。有司上言："皇帝以五月朔日御明堂殿受朝。三日夏至，祀皇地祇，前二日奏告献祖室，不坐。比正旦冬至，是日有祀事，则次日受朝。今祀在五鼓前，质明行礼毕，御殿在旦后，请比例行之。"诏曰："日出御殿，举祀事无妨，宜依常年例。"史馆奏："凡书诏及处分公事，臣下奏议，望令近臣录付当馆。"诏端明殿学士韩昭裔、枢密直学士李专美录送。辛卯，以左谏议大夫卢损为右散骑常侍。壬辰，诏赐禁军及凤翔城下归明将校钱帛各有差。《通鉴》云：禁军在凤翔归命者，自杨思权、尹晖等各赐二马一驼，钱七十缗，下至军人钱二十缗，其在京者各十缗。初，帝离岐山，诸军皆望以不次之赏，及丛至京师，不满所望，相与谣曰："去却生菩萨，扶起一条铁。"其无厌如此。案：《通鉴》作除去菩萨，扶立生铁。胡三省注云：闵帝小字菩萨。丙申葬明宗皇帝于徽陵。丁酉，奉神主于太庙。戊戌，山陵使、司空兼门下侍郎、平章事冯道上表纳政，不允。

五月庚子朔，御文明殿受朝贺。乙巳，以左龙武指挥使安审琦为左右捧圣都指挥使，以右千牛上将军符彦饶为左右严卫都指挥使。丙午，以端明殿学士韩昭裔为枢密使；以庄宅使刘延朗为枢密副使；以权知枢密事房皓为宣徽北院使；以成德军节度使、大同彰国振武威塞等军蕃汉马步都部署、检校太尉、兼中书令、驸马都尉石敬瑭为北京留守、河东使度使，加检校太师、兼中书令，都部署如故。汴州节度使、检校太师、兼侍中、驸马都尉赵延寿进封鲁国公。

戊申，中书门下奏，太常礼院状，明宗以此月二十日祔庙，宰臣摄太尉行事。缘冯道在假，李愚十八日私忌，在致斋内，刘昫又奏判三司免祀事，诏礼官参酌。有司上言：“李愚私忌，在致斋内，诸私忌日，遇大朝会入阁宣召，皆赴朝参。今祔庙事大，忌日属私，请比大朝会宣召例。”案：《五代会要》载此奏，下有“差李愚从事”五字，《薛史》删去。从之。以陕州节度使康思立为邢州节度使，以同州节度使安重霸为西京留守，以羽林右第一军都指挥使、春州刺史杨思权为邠州节度使。己酉，左监门卫将军孔知邺、右骁卫将军华光裔并勒停见任。时差知邺应州告庙，称疾辞命，改差光裔，复称马坠伤足，故俱罢之。

庚戌，以司空兼门下侍郎、平章事冯道为检校太尉、同平章事，充同州节度使；以天雄军节度使范延光为枢密使，封齐国公；郓州节度使李从昄为凤翔节度使。辛亥，以严卫都指挥使尹晖为齐州防御使。甲寅，以侍卫马军都指挥、顺化军节度使安从进为河阳节度使，典军如故。太常卿卢文纪奏：“明宗一室，酌献舞曲，请名《雍熙之舞》。”从之。丁巳，以皇子银青光禄大夫、检校工部尚书重美为检校司徒、守左卫上将军。自是，诸道节度使、刺史、文武臣僚，相继加检校官，或阶爵封邑，以帝登位覃庆也。戊午，以陇州防御使相里金为陕州节度使。初，帝以檄书告藩邻，唯金遣判官薛文遇往来计事，故以节镇奖之。宣徽北院使、检校工部尚书房皓加检校司空，行左威卫大将军事如故。以枢密使、左谏议大夫韩昭裔为刑部尚书，使如故。

己未，太白昼见。以枢密副使刘延朗为左领军大将军，职如故。庚申，左仆射、门下侍郎、平章事、监修国史李愚加特进，充太微宫使、弘文馆大学士，余如故。中书侍郎、兼吏部尚书、同平章事、集贤院大学士、判三司刘昫加门下侍郎、兼吏部尚书、平章事、监修国史、判三司。癸亥，秦州奏，西川孟知祥出军迫陷成州。以宣徽南院使、右骁卫大将军郝琼为左骁卫上将军，职如故。以前义州刺史张承祐为武胜军留后。戊辰，以前右龙武统军王景戡为右骁卫上将军。

六月庚午朔，改侍卫捧圣军为彰圣，改严卫军为宁卫。壬申，封吴岳成德公为灵应王，礼秩同五岳。帝初起，遣使祭岳以求祐，及登祚，故有是报。幽州节度使赵德钧进封北平王，青州节度使房知温进封东平王。癸酉，以前鄜州节度使索自通为右龙武统军。甲戌，皇子左卫上将军重美加检校太保、同平章事，充镇州节度使兼河南尹，判六军诸卫事。丁丑，诏天下见禁罪人，委所在长吏躬亲虑问，疾速疏决。庚辰，幸至德宫，因幸房知温、安元信、范延光、索自通、李从敏第。壬午，以检校太子太傅致仕王建立为检校太尉、兼侍中、郓州节度使，以前宋州节度使安元信为检校太尉、兼侍中、潞州节度使。癸未，三司使刘昫奏："天下户民，自天成二年括定秋夏田税，迨今八年。近者相次有百姓诣阙诉田不均，累行蠲放，渐失税额，望差朝臣一概检视。"不报。甲申，帝为故皇子亳州刺史重吉、皇长女尼惠明大师幼澄举哀行服，群臣诣阁门奏慰。帝起兵之始，重吉、幼澄俱为闵帝所害。乙酉，以户部侍郎韩彦恽为绛州刺史，以左武卫上将军李肃为单州刺史。丙戌，襄州节度使赵在礼加同平章事。甲午，以武胜军留后张承祐为华州节度使，以皇城使宋审虔为寿州节度使，充侍卫步军都指挥使；以右卫上将军刘仲殷为宋州节度使；以侍卫步军都指挥使、寿州节度使皇甫遇为邓州节度使；以前华州节度使华温琪为太子太傅致仕。丁酉，左神武统军周知裕卒，赠太傅。是月，京师大旱，热甚，暍死者百余人。

秋七月庚子，太子少保致仕崔沂卒。癸卯，凤翔进伪蜀孟知祥来书，称"大蜀皇帝献书于大唐皇帝"，且言"见迫群情，以今年四月十二日即皇帝位"云，帝不答。以前武州刺史郑琼为右卫上将军。甲辰，幸龙门佛寺祷雨。乙巳，皇子故亳州团练使重吉赠太尉，仍于宋州置庙。丁未，凤翔节度使李从曮封西平王。是日，宰臣李愚、刘昫因论公事，于政事堂相诟，辞甚鄙恶，帝令枢密副使刘延朗宣谕曰：

"卿等辅弼之臣,不宜如是,今后不得更然。"辛亥,以太常卿卢文纪
为中书侍郎、平章事。是日,中书门下三上章请立中宫,从之。丁巳,
制立沛国夫人刘氏为皇后。庚申,太子少傅陈皋卒。乙丑,史官张
昭远以所撰庄宗朝列传三十卷上之。

　　八月庚午,诏蠲放长兴四年十二月以前天下所欠残税。辛未,
以前尚书左丞姚顗为中书侍郎、平章事。诏应曾受御署官逐摄同一
任正官,依期限赴选。按徐无党《五代史注》云:御署官,疑是废帝初举兵时
所置之官,以其非吏部正授,故须有旨得选。荆南奏,伪蜀孟知祥卒,其
子昶嗣伪位。壬申,以尚书礼部侍郎郑韬光为刑部侍郎,以前工部
侍郎杨凝式为礼部侍郎。甲戌,以前金州防御使娄继英为右神武统
军,以右神武统军高允贞为左神武统军。乙亥,以翰林学以士承旨、
工部尚书、知制诰李怿为太常卿,以翰林学士、户部侍郎、知制诰程
逊为学士承旨。甲申,以兵部侍郎龙敏为吏部侍郎,以秘书监崔居
俭为工部尚书。乙酉,以右武卫上将军张继祚为右卫上将军;以右
骁卫上将军王景戡为右卫上将军;以右领卫上将军刘卫为左武卫
上将军;以右千牛上将军王陟为右领军上将军。以司农卿兼通事舍
人、判四方馆事王景崇为鸿胪卿,依前通事舍人、判四方馆。丁亥,
右龙武统军索自通卒。辛卯,礼部尚书致仕李光宪卒。甲午,以太
子少传卢质为太子少师。乙未,以前邢州节度使赵凤为太子太保。
诏:"文武百官差使,宜令依伦次,中书置簿,不得重叠。若当使者自
缘有事,或不欲行者,注簿便当一使。自长兴三年正月后已曾奉使
者,便为簿首;已后差者,次第注之。"有司上言:"皇后受册,内外命
妇上笺无答教。"从之。丙申,御文明殿册皇后,命使摄太尉、宰臣卢
文纪,使副摄司徒、右谏议大夫卢损诣皇后宫,行礼毕,恩赐有差。

　　九月己亥,以久雨,分命朝臣祟都城门,告宗庙社稷。辛丑,夜
有星如五斗器,西南流,尾迹长数丈,屈曲如龙形。又众星乱流,不
可胜数。京师大雨,雹如弹丸。曹州刺史药纵之卒。甲辰,以霖霪
甚,诏都下诸狱委御史台宪录问,诸州县差判官令录亲自录问,画
时疏理。壬子,中书门下举行长兴三年敕,常年荐送举人,州郡行乡

饮酒之时,帖太常草定仪注奏闻。甲寅,以前潞州节度使、检校太尉、同平章事卢文进为安州节度使。己未,云州奏,契丹寇境。

冬十月辛未,有雉金色,止于中书政事堂。中书门下奏:"请以正月二十三日皇帝诞庆日为千春节。"从之。戊寅,宰臣李愚、刘昫罢相,以愚守左仆射,昫守右仆射。契丹寇云、应州,诏河东节度使石敬瑭率兵屯代州。戊子,宰臣姚顗奏:吏部三铨,近年并为一司,望令依旧分铨。"从之。辛卯,以左卫上将军李宏元卒废朝,赠司徒。癸巳,以礼部郎中、知制诰吕琦守本官,充枢密院直学士。

十一月辛丑,以刑部侍郎郑韬光为尚书右丞,以光禄少卿乌昭远为少府监。秦州节度使张延朗奏,率师伐蜀。中书门下奏:"二十六日明宗忌,陛下初遇忌辰,不同常岁,请于忌辰前后各一日不坐朝。"从之。御史台奏:"前任节度使、刺史、行军副使,虽每日于便殿起居,每遇五日起居,亦合缀班。"从之。丙午,以前兴州刺史冯晖配同州衙前安置。晖为兴州刺史,屯乾渠,蜀人来侵,晖自屯所奔归凤翔,故有是责。丁未,诏振武、新州、河东西北边经契丹蹂践处,放免三年两税差配,时契丹初退故也。癸丑,以前华州节度使王万荣为左骁卫上将军致仕。甲寅,以振武节度使杨光远充大同彰国振武威塞等军兵马都虞侯,以前右金吾大将军穆延晖为右武卫上将军。壬戌,以礼部侍郎杨凝式为户部侍郎。甲子,以中书舍人卢导为礼部侍郎。

十二月丁卯朔,诏修奉本朝诸帝陵寝。己巳,以北面马军都指挥使、易州刺史安叔千为安北都护、振武节度使,以齐州防御使尹晖为彰国军节度使。庚午,诏葬庶人从荣。有司上言:"依贞观中庶人承乾,以公礼葬。"从之。乙亥,以秦州节度使张延朗为中书侍郎、同平章事、判三司;以中书侍郎、平章事卢文纪为门下侍郎、平章事、监修国史;以中书侍郎、平章事姚顗兼集贤殿大学士;以前邠州节度使康福为秦州节度使。丙戌,夜有白气,东西亘天。庚寅,幸龙门祈雪,自九月至是无雨雪故也。《永乐大典》卷一千七百七十四。

旧五代史卷四六考证

二十三日次灵口　灵口，《通鉴》唐纪作零口，考《册府元龟》亦作灵口，令仍其旧。

二十七日次陕州　案：《欧阳史》作己巳次陕州，是书《闵帝纪》作丁卯。《通鉴》从是书。

夏四月壬申帝至蒋桥文武百官立班奉迎　案《通鉴》：四月庚午朔，太后令内诸司至乾壕迎潞王。《考异》引《废帝实录》作三月三十日。

癸酉皇太后下令降闵帝为鄂王　案《通鉴考异》引《闵帝实录》：七日废帝为鄂王，《废帝实录》作癸酉，薛、欧二史从《废帝实录》。

潞字一足巳入洛矣　洛，原本讹潞，今据《册府元龟》改正。

甲申　案：甲申，疑当作壬午，以下文当作癸未也。

补前本纪刘昫又奏判三司免祀事　《五代会要》：清泰元年，宰相刘昫奏："中书以近敕祠祭行事官致斋内，唯祀事得行，其余悉断。又，宰臣行事致斋内，不押班，不赴内殿起居，不知印。臣缘判三司公事，其祀事国忌行香，伏乞特免。"从之。

补前本纪及登祚，故有是报　《五代会要》载，中书门下奏："大宝十载正月，封吴山为成德公，与沂山、会稽、医、巫、闾同封。至德二载十二月，改吴山为岳，祠享官属，一同五岳。今国家以祈祷灵应，宜示殊礼，臣等商量，请加封为灵应王。"从之。

补前本纪张延朗为中书侍郎、同平章事、判三司　《五代会要》：二年三月，宰臣张延朗奏："臣判三司公事，每日内殿只候，其合缀前班押班，伏乞特免。"从之。

旧五代史卷四七
唐书二三

末帝本纪中

　　清泰二年春正月丙申朔，帝御明堂殿受朝贺，仗卫如式。乙巳，中书门下奏："遇千春节，凡刑狱公事奏覆，候次月施行。今后请重系者即候次月，轻系者即节前奏覆决遣。"从之。戊申，宗正寺奏："北京、应州、曹州诸陵，望差本州府长官朝拜。案《五代会要》载宗正寺原奏云：北京永兴、长宁、建极三陵，应州遂、衍、奕三陵，准曹州温陵例，下本州府官朝拜。是曹州先以府官朝拜，北京、应州后从其例也。《薛史》删并原文，似未分晰。雍、坤、和、徽四陵，差太常宗正卿朝拜。"从之。己酉，北京奏，光禄卿致仕周元豹卒。庚申，邺都进天王甲。帝在藩时，有相士言帝如毗沙天王，帝知之，窃喜。及即位，选军士之魁伟者，被以天王甲，俾居宿卫，因诏诸道造此甲而进之。三司奏，添征蚕盐钱及增曲价。先是曲斤八十文，增至一百五十文。乙丑，云州节度使张温移镇晋州，以西京留守安重霸为云州节度使。

　　二月庚午，定州节度使、兖王从温移镇兖州；振武军节度使杨檀移镇定州，兼北面行营马步都虞候。甲戌，以安州节度使李周为京兆尹，充西京留守；以枢密使、天雄军节度使范延光为检校太师、兼中书令，充汴州节度使；皇子镇州节度使、兼河南尹、判六军诸卫事、左右街坊使重美加检校太尉、同平章事，充天雄军节度使，余如故。辛巳，以右谏议大夫卢损为御史中丞，以御史中丞张鹏为刑部侍郎。壬午，宁远军节度使马存加兼侍中，镇南军节度使马希振加兼中书令。诏顺义军节度使姚彦璋加兼侍中。己丑,宰臣卢文纪等上皇姊鲁国太夫人尊谥曰宣宪皇太后,请择日册命。从之。

三月戊戌,故太子太保赵凤赠太傅。辛丑,以前汴州节度使赵延寿为许州节度使,兼枢密使,以夏州行军司马李彝殷为本州节度使,兄彝超卒故也。癸卯,以静海军节度使、检校太师、兼中书令、安南都护钱元铢为留守太保,余如故。丙午,以给事中赵光辅为右散骑常侍。戊申,皇妹魏国公主石氏封晋国长公主,齐国公主赵氏封燕国长公主。己酉,有司上言:"宣宪皇后未及山陵,权于旧陵所建庙。"从之。辛亥,功德使奏:"每年诞节,诸州府奏荐僧道,其僧尼欲立讲论科、讲经科、表白科、文章应制科、持念科、禅科、声赞科,道士欲立经法科、讲论科、文章应制科、表白科、声赞科、焚修科,以试其能否。"从之。丙辰,以右龙武统军李德珫为泾州节度使。庚申,以镇州节度使、知军府事董温琪为镇州节度使、检校太保。壬戌,以左右彰圣都指挥使、富州刺史安审琦领楚州顺化军节度使,军职如故。审琦受闵帝命西征,至凤翔而降,故有是命。

是月,太常丞史在德上疏言事,其略曰:"朝廷任人,率多滥进。称武士者,不闲计策,虽被坚执锐,战则弃甲,穷则背军。称文士者,鲜有艺能,多无士行,问策谋则杜口,作文字则倩人。所谓虚设其员,枉耗国力。逢陛下惟新之运,是文明革弊之秋。臣请应内外所管军人,凡胜衣甲者,请宣下本部大将一一考试武艺短长,权谋深浅。居下位有将才者便拔为大将,居上位无将略者移之下军。其东班臣僚,请内出策题,下中书令宰臣面试。如下位有大才者,便拔居大位,处大位无大才者,即移之下僚。"其疏大约如此。卢文纪等见其奏不悦,班行亦多愤悱,故谏官刘涛、杨昭俭等上疏,请出在德疏,辨可否宣行,中书覆奏亦驳其错误。帝召学士马裔孙谓曰:"史在德语太凶,其实难容。朕初临天下,须开言路,若朝士以言获罪,谁敢言者!尔代朕作诏,勿加在德之罪。"诏曰:

　　左补阙刘涛等奏,太常丞史在德所上章疏,中书门下驳奏,未奉宣谕,乞特施行,分明黜陟。

朕常览贞观故事,见太宗之治理,以贞观升平之运,太宗明圣之君,野无遗贤,朝无阙政,尽善尽美,无得而名。而陕县丞皇甫德参辄上封章,恣行讪谤,人臣无礼,罪不容诛,赖文贞之弥缝,恕德参之狂瞽。魏徵奏太宗曰:"陛下思闻得失,只可恣其所陈,若所言不中,亦何损于国家。"朕每思之,诚要言也。遂得下情上达,德盛业隆,太宗之道弥光,文贞之节斯著。朕惟寡昧,获奉宗祧,业业兢兢,惧不克荷,思欲率循古道,简拔时材。怀忠抱直之人,虚心渴见;便佞诡随之说,杜耳恶闻。史在德近所献陈,诚无避忌,中书以文字纰缪,比类僭差,改易人名,触犯庙讳,请归宪法,以示戒惩。盖以中书既委参详,合尽事理,朕缵承前绪,诱劝将来。多言数穷,虽圣祖之所戒;千虑一得,冀愚者之可从。因览文贞之言,遂宽在德之罪,已令停寝,不遣宣行。

刘涛等官列谏垣,宜陈谠议,请定短长之理,以行黜陟之文。昔魏徵则请赏德参,今涛等请黜在德,事同言异,何相远哉!将议允俞,恐亏开纳。方朝延粗理,俊乂毕臻,留一在德不足为多,去一在德未足为少,苟可惩劝,朕何忧焉!但缘情在倾输,理难黜责,涛等敷奏,朕亦优容,宜体含弘,勉思竭尽,凡百在下,悉听朕言。

夏四月辛巳,宰相判三司张延朗奏:"州县官征科条格,其令录在任征科,依限了绝,一年加阶,两年与试衔,三的皆及限了绝,与服色。摄任者一年内了绝,及摄,二年三年内皆及限,与真命。其主簿同县令条。本判官一年加阶,二年改试衔,三年转官。本曹官省限内了绝,与试衔。诸节级三年内并了绝者,与赏钱三十贯。其责罚依天成四年五月五日敕施行。"从之。癸未,御史中丞卢损等进清泰元年以前十一年制敕,堪悠久施行者三百九十四道,编为三十卷。其不中选者,各令所司封闭,不得行用。诏其新编敕如可施行,付御史台颁行。以宰相卢文纪兼太微宫使,弘文馆大学士姚顗加门下侍郎,监修国史张延朗兼集贤殿大学士。以枢密使韩昭裔为中书侍郎兼兵部尚书、平章事,充枢密使。乙酉,以前武胜军节度使张万进为鄜州节度使。辛卯,以宣徽南院使刘延皓为刑部尚书,充枢密使;以司天监耿瑗为太府卿;以伪蜀右卫上将军胡杲通为司天监;以宣徽北院使房皓为左卫上将军,充宣徽南院使;以枢密副使刘延朗为左领军上将军,充宣徽北院使兼枢密副使。

五月丙申,新州张武奏,契丹寇境。乙巳,诏:"天下见禁囚徒,自五月十二日以前,除十恶五逆、放火烧舍、持仗杀人、官典犯赃、伪行印信、合造毒药并见欠省钱外,罪无轻重,一切释放。"庚戌,诏不得贡奉宝装龙凤雕镂刺作组织之物。庚戌,中书奏:"准敕,凡庙讳但回避正文,其偏旁文字不在减少点画。今定州节度使杨檀、檀州、金坛等名,酌情制宜,并请改之。其表章文案偏旁字阙点画,凡臣僚名涉偏旁,亦请改名。"诏曰:"偏旁文字,音韵悬殊,止避正呼,不宜全改。杨檀赐名光远,余依旧。"甲寅,以户部侍郎杨凝式为秘书监,以尚书礼部侍郎卢导为尚书右丞,以尚书右丞郑韬光为尚书左丞。丙辰,以端明殿学士李专美为兵部侍郎,以端明殿学士李崧为户部侍郎,以翰林学士马裔孙为礼部侍郎,以礼部郎中、充枢密院直学士吕琦为给事中,并充职如故。太子少保致仕任圜赠尚书右仆射,以顺化军节度使兼彰圣都指挥使、北面行营排阵使安审琦为邢州节度使。庚申,以兵部尚书李璘为太常卿,以礼部尚书王权为户部尚书,以太常卿李怿为礼部尚书。癸亥,以六军诸卫判官、给事中张允为右散骑常侍。

六月甲子朔,新州上言,契丹入寇。乙丑,有司上言,宣宪皇太后陵请以顺从为名,从之。振武奏,契丹二万骑在黑榆林。丁卯,以太子少保致仕朱汉宾卒废朝。壬申,命史馆修撰明宗实录。契丹寇应州。以新州节度使杨汉宾为同州节度使,以前晋州节度使翟璋为新州节度使。庚辰,北面招讨使赵德钧奏,行营马步军都虞候、定州节度使杨光远,行营排阵使、邢州节度使安审琦帅本军至易州,见进军追袭契丹次。河东节度使石敬瑭奏,边军乏刍粮,其安重荣巡边兵士欲移振武就粮。从之。寻又奏,怀、孟租税,请指挥于忻、代州输纳。朝廷以边储不给,诏河东户民积粟处,量事抄借,仍于镇州支绢五万匹,送河东充博采之直。是月,北面转运副使刘福配镇州百姓车子一千五百乘,运粮至代州。时水旱民饥,河北诸州困于飞**挽**,逃溃者甚众,军前使者继至,督促粮运,由是生灵咨怨。辛巳,诏诸州府署医博士。丙戌,以前许州节度使李从昶为右龙武统军,以前彰国军节度使沙彦珣为右神武统军。

秋七月丙申,石敬瑭奏,斩挟马都指挥使李晖等三十六人,以谋乱故也。时敬瑭以兵屯忻州,一日,军士喧噪,遽呼万岁,乃斩晖等以止之。《契丹国志》:契丹屡攻北边,时石敬瑭将大兵屯忻州,潞王遣使赐军士夏衣,传诏抚谕,军士呼万岁者数四。敬瑭惧,幕僚段希尧请诛其倡者,敬瑭命刘知远斩三十六人以殉。潞王闻,益疑之。御史中丞卢损奏:"准天成二年七月敕,每月首、十五日入阁,罢五日起居。臣以为中旬排仗,有劳圣躬,请只以月首入阁,五日起居依旧。又准天成三年五月、长兴二年七月敕,许诸州节度使带使相岁荐僚属五人,余荐三人,防御、团练使荐二人,今乞行厘革。又长兴二年八月敕,州县佐官差充马步判官,仍同一任,乞行止绝,依旧衙前选补。"诏曰:"今后藩臣带使相许荐三人,余荐二人,直属京防御、团练使荐一人,余并从之。"丁酉,回纥可汗仁美遣使贡方物。西京弓弩指挥使任汉权奏,六月二十一日与川军战于金州之汉阴,王师不利,其部下兵士除伤痍外,已至凤翔。先是,周至镇将刘赟引军入川界,为蜀将全师郁所败,金州都监崔处讷重伤,诸州屯兵溃散。金州防御使马全节收合州兵,固守获全。以枢密使刘延皓为天雄军节度使。甲辰,以右神武统军沙彦珣权知云州。乙巳,以徐州节度使张敬达充北面行营副总管。时契丹入边,石敬瑭屡请益兵,朝廷军士多在北鄙,俄闻忻州诸军呼噪,帝不悦,乃命敬达为北军之副,以减敬瑭之权也。丁巳,宰臣卢文纪等上疏,其略曰:

臣近蒙召对,面奉天旨:"凡军国庶事,利害可否,卿等合尽言者。"臣等谬处台衡,奉行制敕,但缘事理,互有区分,军戎不在于职司,钱谷非关于局分,苟陈异见,即类侵官。况才不济时,识非经远,因五日起居之例,于两班旅见之时,略获对扬,兼承顾问。卫士周环于阶陛,庶臣罗列于殿庭,四面聚观,十手所指,臣等苟欲各伸愚短,此时安敢敷陈。韩非昔惧于说难,孟子亦忧于言责。臣窃奉本朝政事,肃宗初平寇难,再复寰瀛,颇经涉于艰难,尤勤劳于委任。每正衙奏事,则泛咨访于群臣;及便殿询谋,则独对扬于四辅。自上元年后,于长安东内置延英殿,宰臣如有奏议,圣旨或有特宣,皆于前一日上闻。对御之时,只奉晚旒,旁无侍卫。献可替否,得曲尽于讨论;舍短从长,故无虞于漏泄。君臣之际,情理坦然。伏望圣慈,俯循故事,或有事关军国,谋系否臧,未果决于圣怀,要询访于臣辈,则请依延英故事,前一日传宣。或臣等有所听闻,切关利害,难形文字,须面敷扬,臣等亦依故事,前一日请开延英。当君臣奏议之时,只请机要臣僚侍立左右。兼乞稍霁威严,恕臣荒拙,虽乏鹰鹯之效,庶尽葵藿之心。

诏曰:“卿等济代英才,镇时硕德,或缔搆于兴王之日,或经纶于缵圣之时,盐梅之任俱崇,药石之言并切,请复延英之制,以伸议政之规。而况列圣遗芳,皇朝盛事,载详征引,良切叹嘉。恭惟五日起居,先皇垂范,俟百僚之俱退,召四辅以独升,接以温颜,询其理道,计此时作事之意,亦昔日延英之流。朕叨获嗣承,切思遵守,将成其美,不爽兼行。其五日起居,仍令仍旧,寻常公事,亦可便举奏闻。或事属机宜,理当秘密,量事紧慢,不限隔日,及当日便可于阁门只侯,具榜子奏闻。请面敷扬,即当尽屏侍臣,端居便殿,伫闻高议,以慰虚怀。朕或要见卿时,亦令当时宣召,但能务致理之实,何必拘延英之名。有事足可以讨论,有言足可以陈述,宜以沃心为务,勿以逆耳为虞。勉罄谋猷,以裨寡昧。”帝性仁恕,听纳不倦,尝因朝会谓卢文纪等曰:“朕在藩时,人说唐代为人主端拱而天下治,盖以外恃将校,内倚谋臣,故端拱而事办。朕荷先朝鸿业,卿等先朝旧臣,每一相见,除承奉外,略无社稷大计一言相救,坐视朕之寡昧,其如宗社何!”文纪等引咎致谢,因奏延英故事,故有是诏。

八月庚午，滑州节度使高允韬卒。壬申，以右卫上将军王景戡为左卫上将军，以右神武统军娄继英为右卫上将军。己卯，以西上阁门使、行少府少监兼通事舍人苏继颜为司农卿，职如故。辛巳，以权知云州、右神武统军沙彦珣为云州节度使。邺都杀人贼陈延嗣并母、妹、妻等并弃市。延嗣父子相承，与其妹、妻于诸州郡诱人杀之，而夺其财，前后被杀者数百人，至是事泄而诛之。癸未，以前潞州行军司马陈元为将作监，以元善医，故有是命。丁亥，以洺州团练使李彦舜为义武军节度使、检校太傅。太原奏，达靼部族于灵邱安置。己丑，以太子少保致仕戴思远卒废朝。庚寅，以前兖州节度使杨汉章为左神武统军，以前邢州节度使康思立为右神武统军。潞州奏，前云州节度使安重霸卒。

九月己亥，以河阳节度使、侍卫马军都指挥使安从进为襄州节度使，以襄州节度使赵在礼为宋州节度使。癸卯，以忠正军节度使、侍卫步军都指挥使宋审虔为河阳节度使，典军如故。己酉，礼部贡院奏："进士请夜试，童子依旧表荐，重置明算道举。举人落第后，别取文解。五科试纸，不用中书印，用本司印。"并从之。以宣徽南院使房皓为刑部尚书，充枢密使；以宣徽北院使、充枢密副使刘延朗为宣徽南院使，充枢密副使。丙辰，以左仆射李愚卒废朝。

冬十月丁卯，幸崇道宫、甘泉亭。己巳，以左卫上将军李顼为左领军上将军。北面行营总管石敬瑭奏自代州归镇。庚午，以晋州节度使张温卒废朝。甲戌，幸赵延寿、张延朗第。丁丑，以端明殿学士、兵部侍郎李专美为秘书监，充宣徽北院使。庚寅，以左谏议大夫唐汭为左散骑常侍。

十一月庚子，以左骁卫上将军郝琼为左金吾上将军，以光禄卿王玫为太子宾客。以徐州节度使张敬达为晋州节度使，依前充大同、振武、威塞、彰国等军马兵副总管。丁未，以秘书少监丁济为太子詹事。乙卯，以前金州防御使马全节为沧州留后。《通鉴》：刘延朗欲除全节绛州刺史，群议沸腾。帝闻之，以为横海留后。渤海国遣使朝贡。

十二月戊辰，禁用铅钱。壬申，以中书侍郎兼兵部尚书、充枢密使韩昭裔为检校司空、同平章事，充河中节度使。甲戌，以宗正少卿李延祚为将作监致仕。丁丑，故武安军州节度使。累赠太傅刘建峰赠太尉，从湖南之请也。戊寅，太常奏："来年正月一日上辛，祀昊天上帝于圆丘，依礼大祠不朝。"诏曰："祀事在质明前，仪仗在日出后，事不相妨，宜依常年受朝。"壬午，以翰林学士承旨、户部侍郎程遂为兵部侍郎，翰林学士、工部侍郎崔梲为户部侍郎，翰林学士、中书舍人和凝为工部侍郎，并依前充职。乙酉，以前秘书监杨凝式为兵部侍郎。己丑，以前同州节度使冯道为司空，以尚书右仆射刘昫为左仆射，以太子少师卢质为右仆射，以兵部侍郎马缟兼国子祭酒。《永乐大典》卷七千一百七十四。

旧五代史卷四七考证

唐末帝纪中枉耗国力　　枉耗，《通鉴注》引《薛史》作枉费，考《册府元龟》亦作枉耗，今仍其旧。

辛卯以宣徽南院使刘延皓为刑部尚书充枢密使　　案：刘延皓充枢密使，《欧阳史》作五月，与是书系四月异，《通鉴》从是书。

侍卫步军都指挥使宋审虔　　宋审虔，原本脱"虔"字，今据《通鉴》增入。

渤海国遣使朝贡　　案：《欧阳史》作九月乙卯，渤海遣使者来，《五代会要》作十二月，渤海遣使列周卿等入朝贡方物，俱与是书作十一月异。

翰林学士工部侍郎崔梲　　"崔梲"原本讹"崔橹"，今据《欧阳史》改正。

旧五代史卷四八
唐书二四

末帝本纪下

清泰三年春正月辛卯朔，帝御文明殿受朝贺，仗卫如式。乙未，百济遣使献方物。戊戌，幸龙门佛寺祈雪。癸卯，以给事中、充枢密院直学士吕琦为端明殿学士，以六军诸卫判官、尚书、工部郎中薛文遇为枢密院直学士。乙巳，以上元夜京城张灯，帝微行置酒于赵延寿之第。丁未，皇子河南尹、判六军诸卫事重美封雍王。己未，以前司农卿王彦熔为太仆卿。

二月戊辰，吐浑宁、朔两府留后李可久加检校司徒。可久本姓白氏，前朝赐姓。庚午，监修国史姚顗，史官张昭远、李祥、吴承范等修撰《明宗实录》三十卷上之。《五代会要》：同修撰官中书舍人张昭远、李祥，直馆左拾遗吴承范，右拾遗杨昭俭等各颁赉有差。以大理卿窦维为光禄卿，以前许州节度判官张登为大理卿。丁丑，以太常卿李镶为兵部尚书，以兵部尚书梁文矩为太常卿。庚辰，以前鄜州节度使皇甫立为潞州节度使。辛巳，以前均州刺史仇晖为左威卫上将军，保顺军节度使鲍君福加检校太尉、同平章事。丁亥，以昭义节度使安元信卒废朝三日。

庚子，中书门下奏："准阁门分析内外官辞见谢规例：诸州判官、军将进奉到阙，旧例门见门辞；今后只令朝见，依旧门辞。新除诸道判官、书记以下无例中谢，并放谢放辞，得替到京无例见；今后两使判官许中谢，赴任即门辞，其书记以下并依旧例。朝臣文五品、武四品以上旧例中谢，其以下无例对谢；今请依天成四年正月敕，凡升朝官并许中谢。诸道都押衙、马步都指挥、虞侯、镇将、诸色场院，无例谢辞，并进榜子放谢放辞，得替到阙，无例入见。在京盐曲税官、两官巡即许中谢，新除令，录并中谢，次日门辞，兼有口敕诫。文武两班所差吊祭使及告庙祠祭，只正衙辞，不赴内殿。诸道进奏官到阙，见得假，进榜子门辞。"从之。辛丑，权知福建节度使王昶奏，节度使王延钧以去年十月十四日卒。是时延钧父子虽僭窃于闽岭，犹称藩于朝廷，故有是奏。甲辰，以右神武统军杨汉章为彰武军节度使。丙午，以翰林学士、礼部侍郎马裔孙为中书侍郎、同平章事。丁巳，以端明殿学士吕琦为御史中丞。案《通鉴》：吕琦与李崧建和亲契丹之策，为薛文遇所沮，改为御史中丞，盖悚之也。戊午，御史中丞卢损责授右赞善大夫，知杂侍御史韦税责授太仆寺丞，侍御史魏逊责授太府寺主簿，侍御史王岳责授司农寺主簿。初，延州保安镇将白文审闻兵兴岐山，专杀郡人赵思谦等十余人，已伏其罪，复下台追系推鞫，未竟。会去年五月十二日德音，除十恶五逆、放火杀人外并放。卢损轻易即破械释文审，帝大怒，收文审诛之。台司称奉德音释放，不得追领只证。中书诘云，德音言"不在追穷枝蔓"，无"不得追领只证"六字，擅改敕语。大理断以失出罪人论，故有是命。是月，有蛇鼠斗于师子门外，鼠生而蛇死。

夏四月己未朔，以左卫上将军王景戡为左神武统军，以右领军上将军李顷为华清宫使。戊辰，以太子詹事卢演为工部尚书致仕。辛未，以中书舍人、史馆修撰张昭远为礼部侍郎，以前沧州节度使李金全为右领军上将军。是月，有熊入京城搏人。

五月辛卯，以河东节度使、兼大同彰国振武威塞等军蕃汉马步总管、检校太师、兼中书令、驸马都尉石敬瑭为郓州节度使，进封赵国公。以河阳节度使、充侍卫马步军都指挥使宋审虔为河东节度使。甲午，以前晋州节度使、大同彰国振武威塞等军蕃汉副总管张敬达充西北面蕃汉马步都部署，落副总管。乙未，诏："诸州两使判官、畿赤令有阙，取省郎、遗补、丞博、少列宫僚，选择擢任。"案：以上疑有脱误。以忠正军节度使、侍卫步军都指挥使张彦琪为河阳节度使，充侍卫马军都指挥使；以彰圣都指挥使、饶州刺史符彦饶为忠正军节度使，充侍卫步军都指挥使。丙申，以雍王重美与汴州节度使范延光结婚，诏兖王从温主之。丁酉，以国子祭酒马缟卒废朝。

戊戌，昭义奏，河东节度使石敬瑭叛。以鸿胪卿兼通事舍人、判四方馆王景崇为卫尉卿，充引进使。壬寅，削夺石敬瑭官爵，便令张敬达进军攻讨。乙卯，以晋州节度使张敬达为太原四面兵马都部署，寻改为招讨使；以河阳节度使、侍卫马军都指挥使张彦琪为太原四面马军都指挥使；以陕州节度使相里金为太原四面步军都指挥使；以右监门上将军武廷翰为壕寨使。丙辰，以定州节度使杨光远为太原四面兵马副部署、兼马步都虞候，寻改为太原四面副招讨使，都虞候如故。以前彰武军节度使高行周为太原四面招抚兼排陈使。初，帝疑河东有异志，与近臣语及其事，帝曰："石郎与朕近亲，在不疑之地，流言毁誉，朕心自明，万一失欢，如何和解？"左右皆不对。翌日，欲移石敬瑭于郓州，房皓等坚言不可，司天监赵延义亦言星辰失度，尤宜安静，由是稍缓其事。会薛文遇独宿于禁中，帝召之，谕以太原之事。文遇奏曰："臣闻作舍于道，三年不成，国家利害，断自宸旨。以臣料之，石敬瑭除亦叛，不除亦叛，不如先事图之。"帝喜曰："闻卿此言，豁吾愤气。"先是，有人言国家明年合得一贤佐主谋，平定天下，帝意亦疑贤佐者属在文遇，即令手书除目，子夜下学士院草制。翌日，宣制之际，两班失色。居六七日，敬瑭上章云："明宗社稷，陛下篡承，未契舆情，宜推令辟。许王先朝血绪，养德皇闱，傥循当璧之言，免负阋墙之议。"帝览奏不悦，手攘抵地，召马裔孙草诏报曰："父有社稷，传之于子；君有祸难，倚之于亲。卿于鄂王，故非疏远。往岁卫州之事，天下皆知；今朝许王之言，人谁肯信！英贤立事，安肯如斯"云。

戊申，张敬达奏，西北面先锋都指挥使安审信率雄义左第二指挥二百二十七骑，并部下共五百骑剽劫百井，叛入太原。又奏，大军已至太原城下。诏安审信及雄义兵士妻男并处斩，家产没官。先是，雄义都在代州屯戍,其指挥使安元信谋杀代州刺史张朗,事泄,戍兵自溃,奔安审信军,审信与之入太原。太常奏,于河南府东权立宣宪太后寝宫。从之。己酉,振武节度使安叔千奏,西北界巡检使安重荣驱掠戍兵五百骑叛入太原。以新授河东节度使宋审虔为宣州节度使,充侍卫马军都指挥使。壬子,邺都屯驻捧圣都虞候张令昭逐节度使刘延皓,据城叛。翌日,令昭召副使边仁嗣已下逼令奏请节旄。

六月辛酉,天雄军节度使刘延皓削夺官爵,勒归私第。癸亥,以天雄军守御、右捧圣第二军都虞候张令昭为检校司空,行右千牛将军,权知天雄军府事。丙寅,御敷政殿,遣工部尚书崔居俭奉宣宪皇太后宝册于寝宫。时陵园在河东,适会兵兴,故权于京城修奉寝宫上谥焉。己巳,以西上阁门副使、少府监兼通事舍人刘顾为鸿胪卿,职如故。庚午,诏曰:"时雨稍愆,颇伤农稼,分命朝臣祈祷。"辛未,工部尚书致仕许寂卒。以权知魏府事、右千牛将军张令昭为齐州防御使,以捧圣右第三指挥使邢立为德州刺史,以捧圣第五指挥使康福进为郑州刺史。甲戌,以汴州节度使范延光为天雄军四面招讨使,知行府事。丙子,以西京留守李周为天雄军四面副招讨使兼兵马都监。诏河东将佐节度判官赵莹以下十四人并籍没家产。

秋七月戊子,范延光奏,领军至邺都攻城。己丑,诛右卫上将军石重英、皇城副使石重裔,皆敬瑭之子也。时重英等匿于民家井中,获而诛之,并族所匿之家。奚首领达剌干遣通事介老奏,奚王李素姑谋叛入契丹,已处斩讫,达剌干权知本部落事。辛卯,沂州奏,诛都指挥使石敬德,并族其家,敬瑭之弟也。乙末,以前彰武军节度使高行周为潞州节度使,充太原四面招抚排阵使;以潞州节度使皇甫立为华州节度使。丁酉,云州节度使沙彦珣奏,此月二日夜,步军指挥使桑迁作乱,以兵围子城,彦珣突围出城,就西山据雷公口。三日,招集兵士入城诛乱军,军城如故。辛丑,以将作监丞、介国公宇文颉为汝州襄城令。乙巳,以卫尉卿聂延祚为太子宾客。戊申,范延光奏,此月二十一日收复邺都,群臣称贺。己酉,以礼部侍郎张昭远为御史中丞；以御史中丞吕琦为礼部侍郎，充端明殿学士。庚戌，中书奏："刘延皓宾佐等，帅臣既已削夺，其行军司马李延筠、副使边仁嗣以下，望命放归田里。"奏入，帝大怒，诏大理曰："帅臣失守，已行削夺，其僚佐合当何罪？"既而竟依中书所奏。壬子，诏范延光诛张令昭部下五指挥及忠锐、忠肃两指挥。继范延光奏，追兵遣袭张令昭部下败兵至邢州沙河，斩首三百级，并献张令昭、邢立、李贵等首级。又奏，获张令昭同恶捧圣指挥使米全以下诸指挥使都头凡十三人，并磔于府门。癸丑，左卫上将军仇晖卒。洺州奏："擒获魏府作乱捧圣指挥使马彦柔以下五十八人。邢、磁州相次擒获乱兵，并送京师。彰圣指挥使张万迪以部下五百骑叛入太原。"诏诛家属于怀州本营。

八月戊午，契丹遣使美稜旧作梅里，今改正。入朝。己未，以汴州节度使范延光为天雄军节度使、守太傅、兼中书令，以西京留守李周为汴州节度使、检校太尉、同平章事。癸亥，应州奏，契丹三千骑迫城。诏端明殿学士吕琦往河东忻、代诸屯戍所犒军。以左龙武大将军袁羲为右监门上将军，以振武军节度使安叔千充代北兵马都部署。己巳，云州沙彦珣奏，供奉官李让勋送夏衣到州，纵酒凌轹军都行，劫杀兵马都监张思殷、都指挥使党行进，其李让勋已处斩讫。张敬达奏，造五龙桥攻太原城次。戊寅，以镇州节度使董温琪充东北面副招讨使。己卯，洺州献野茧二十斤。辛巳，张敬达奏，贼城内出骑军三十队、步卒三千人冲长连城，高行周袭杀入壕，溺死者大半，擒贼将安小喜以下百余人，甲马一百八十匹。

九月甲辰，张敬达奏，此月十五日，与契丹战于太原城下，王师败绩。时契丹主自率部族来援太原，高行周、符彦卿率左右厢骑军出斗，蕃军引退。巳时后，蕃军复成列，张敬达、杨光远、安审琦等阵于贼城西北，倚山横阵，诸将奋击，蕃军屡却。至晡，我骑军将移阵，蕃军如山而进，王师大败，投兵仗相藉而死者山积。是夕，收合余众，保于晋祠南晋安寨，蕃军堑而围之，自是音闻阻绝。朝廷大恐。是日，遣使侍卫步军都指挥使符彦饶率兵屯河阳，诏范延光率兵由青山路趋榆次，诏幽州赵德钧由飞狐路出敌军后，辉州防御使潘环合防戍军出慈、隰以援张敬达。以前绛州刺史韩彦恽为太子宾客。契丹主移帐于柳林。乙巳，诏取二十二日幸北面军前。戊申，帝发京师，路经徽陵，帝亲行谒奠。夕次河阳，召群臣议进取，卢文纪劝帝驻河桥。庚戌，枢密使赵延寿先赴潞州。辛亥，幸怀州。召吏部侍郎龙敏访以机事，敏劝帝立东丹王赞华为契丹主，以兵援送入蕃，则契丹主有后顾之患，不能久驻汉地矣。深以为然，竟不行其谋。《辽史·义宗传》云：“倍虽在异国，常思其亲，问安之使不绝。后明宗养子从珂弑其君自立，倍密报太宗曰：‘从珂弑君，盍讨之！’”是东丹王实启兵端，唐君臣或知其阴谋，故龙敏之说不行。帝自是酣饮悲歌，形神惨沮。臣下劝其亲征，则曰：“卿辈勿说石郎，使我心胆堕地。”其怯懦也如此。

　　冬十月丁巳夜，彗星出虚危，长尺余。壬戌，诏天下括马，又诏民十户出兵一人，器甲自备。案《契丹国志》云：唐发民为兵，每七户出征夫一人，自备铠仗，谓之“义军”，凡得马二千余匹，征夫五千人，民间大扰。与《薛史》互有详略，今附录于此。戊辰，代州刺史张朗超授检校太保，以其屡杀敌众，故以是命奖之。癸酉，幽州赵德钧以本军三千骑与镇州董温琪由吴儿谷趋潞州。十月戊子，以赵德钧为诸道行营都统，以赵延寿为河东道南面行营招讨使，以刘延朗副之。庚寅，以范延光为河东道东南面行营招讨使，以李周副之。帝以吕琦尝佐幽州幕，乃命赍都统官告以赐德钧，兼犒军士。琦至，从容宣帝委任之意，德钧曰：“即以兵相委，焉敢惜死！”德钧志在并范延光军，奏请与延光会合。帝以诏谕延光，延光不从。丁酉，延州上言，节度使杨汉章为部众所杀，以前坊州刺史刘景岩为延州留后。庚子，赵德钧奏，大军至团柏谷，前锋杀蕃军五百骑。范延光奏，军至榆次，蕃军退入河东川界。潘环奏，隰州逐退蕃军。壬寅，赵德钧奏，军出谷口，蕃军渐退，契丹主见驻柳林砦。时德钧累奏乞授延寿镇州节制，帝怒曰：“德钧父子坚要镇州，苟能逐退蕃戎，要代予位，亦甘心矣。若玩寇要君，但恐犬兔俱毙。”德钧闻之不悦。

　　闰月丙辰，日南至，群臣称贺于行宫，帝曰：“晋安寨内将士，应思家国矣。"因泣下久之。丁巳，以岢岚军为胜州。辛酉，以右龙武统军李从昶为左龙武统军，以前邠州节度使杨思权为右龙武统军。壬戌，丹州刺史康承询停任，配流邓州。时承询奉诏率义军赴延州，义军乱，承询奔鄜州，故有是责。甲子，太原行营副招讨使杨光选杀招讨使张敬达于晋安寨，以兵降契丹。时契丹围寨，自十一月以后刍粮乏绝，军士毁居屋茅、淘马粪、削松柿以供秣饲，马尾鬣相食俱尽。杨光远谓敬达曰："少时人马俱尽，不如奋命血战，十得三四，犹胜坐受其弊。"敬达曰："更少待之。"一日，光远伺敬达无备，遂杀之，与诸将同降契丹。时马犹有五千匹，戎王并以汉军与石敬瑭，其马及甲仗即赍驱出塞。丁卯，戎王立石敬瑭为大晋皇帝，约为父子之国，改元为天福。戎王与晋高祖南行，赵德钧父子与诸将自团柏谷南奔，王师为蕃骑所蹙，投戈弃甲，自相腾践，挤于岩谷者不可胜纪。己巳，帝闻晋安寨为敌所陷，诏移幸河阳，时议以魏府军尚全，戎王必惮山东，未敢南下，车驾可幸邺城。帝以李崧与范延光相善，召人谋之。薛文遇不知而继至，帝变色，崧蹑文遇足，乃出。帝曰："我见此物肉颤，适拟抽刀刺之。"崧曰："文遇小人，致误大事，刺之益丑。"崧因请帝归京。壬申，车驾至河阳。甲戌，晋高祖与戎王至潞州，戎王遣蕃将大详衮旧作相温，今改正。率五千骑送晋高祖南行。丁丑，车驾至自河阳。时左右劝帝固守河阳。居数日，符彦饶、张彦琪至，奏帝不可守城。是日晚，至东上门，小黄门鸣鞘于路，索然无声。己卯，帝遣马军都指挥使宋审虔率千余骑至白马坡，言踏阵地，时诸将谓审虔曰："何地不堪交战，谁人肯立于此？"审虔乃请帝还宫。庚辰，晋高祖至河阳。辛巳辰时，帝举族与皇太后曹氏自燔于玄武楼。晋高祖入洛，得帝烬骨于火中，来年三月，诏葬于徽陵之封中。帝在位共二年，年五十三。《永乐大典》卷七千一百七十四。　《五代史阙文》：晋高祖引契丹围晋安寨，降杨光远。清泰帝至自覃怀，京师父老迎帝于上东门外，帝垂泣不止。父老奏曰："臣等伏闻前唐时中国有难，帝王多幸蜀以图进取。陛下何不且入西川？"帝曰："本朝两川节度使皆用文臣，所以玄宗、僖宗避寇幸蜀。今孟氏已称尊矣，吾何归乎！"因恸哭入内，举族自焚。

史臣曰：末帝负神武之才，有人君之量。由寻戈而践阼，惭德应深；及当宁以居尊，政经末失。属天命不佑，人谋匪臧，坐俟焚如，良可悲矣！稽夫祆金甲于河堧之际，斧眺楼于梁垒之时，出没如神，何其勇也！及乎驻革辂于覃怀之日，绝羽书于汾晋之辰，涕泪沾襟，何其怯也！是知时之来也，雕虎可以生风；运之去也，应龙不免为醢。则项籍悲歌于帐下，信不虚矣。《永乐大典》卷七千一百七十四。

旧五代史卷四八考证

　　唐末帝纪下五月辛卯以河东节度使兼大同彰国振武威塞等军蕃汉马步总管检校太师兼中书令驸马都尉石敬瑭为郓州节度使进封赵国公　案《欧阳史·废帝纪》：于五月以前即书石敬瑭反，与《晋本纪》自相矛盾。据是书，五月辛卯，始移敬瑭于郓州，戊戌始闻拒命也。《五代春秋》、《通鉴》俱与是书同。

　　戊戌昭义奏河东节度使石敬瑭叛　案：《通鉴》作昭义节度使皇甫立奏石敬瑭叛。

　　乙卯以晋州节度使张敬达为太原四面兵马都部署寻改为招讨使　案《通鉴》：乙巳，以张敬达兼太原四面排阵使；丙午，以为太原四面都部署；丁未，又知太原行府事，不言其为招讨使。《欧阳史》又作都招讨使，与是书微异。

　　捧圣第五指挥使康福进　康福进，疑当作康福。据《册府元龟》引《薛史》，亦作康福，今姑仍其旧。

　　诛右卫上将军石重英皇城副使石重裔皆敬瑭之子也　案：重英，《通鉴》作重殷。又，《通鉴考异》引《废帝实录》作佺男尚食使重义，供奉官重英，并与是书不同。

　　九月甲辰张敬达奏此月十五日与契丹战于太原城下　案：张

敬达及契丹战于太原，是书《晋纪》作辛丑，盖辛丑日战，越四日甲辰乃奏到也。《通监》亦作辛丑。《辽史》作庚午，与是书异。《欧阳史》作甲辰战于太原，殊误。

诏范延光率兵由青山路趋榆次　范延光，《辽史》避太宗讳，作范延广。

甲子太原行营副招讨使杨光远杀招讨使张敬达于晋安寨以兵降契丹　案：杨光远降契丹，《欧阳史》、《通鉴》俱作闰十一月甲子，《五代春秋》作十一月，误。

契丹主以汉军与石敬瑭其马及甲仗即赍驱出塞　案《辽史》云：所降军士及马五千匹以赐晋帝，与是书异。《通鉴》从是书。

丁卯契丹立石敬瑭为大晋皇帝　案：契丹立晋，是书《晋高祖纪》作十一月丁酉，此纪作闰月丁卯，前后互异。据《通鉴考异》引《废帝实录》亦作丁卯，盖契丹立晋在十一月丁酉，唐人至闰十一月丁卯始奏闻也。《实录》误以奏闻之日为立晋之日。是书《唐纪》亦仍其误。

达喇罕，旧作违剌干，今改。　摩哩，旧作梅里，今改。　大详衮，旧作大相温，今改。

旧五代史卷四九
唐书二五

后妃列传第一

贞简曹太后　刘太妃
魏国夫人陈氏　神闵刘后
韩淑妃　伊德妃　昭懿夏皇后
和武曹皇后　宣宪魏太后　孔皇后
刘皇后

　　武皇帝贞简皇后曹氏，庄宗之母也，太原人，以良家子嫔于武皇。姿质闲丽，性谦退而明辩，雅为秦国夫人所重。常从容谓武皇曰：“妾观曹姬非常妇人，王其厚待之。”武皇多内宠，乾宁初，平燕蓟，得李匡俦妻张氏，姿色绝代，嬖幸无双，时姬侍盈室，罕得进御，唯太后恩顾不衰。武皇性严急，左右有过，必峻于谴罚，无敢言者，唯太后从容救谏，即为解颜。及庄宗载诞，体貌奇杰，武皇异而怜之，太后益宠贵，诸夫人咸出其下，后亦恭勤内助，左右称之。

　　武皇薨，庄宗嗣晋王位，时李克宁、李存颢谋变，人情危惧。太后召监军张承业，指庄宗谓之曰：“先人把臂授公此儿，如闻外谋，欲孤付托，公等但置予母子有地，毋令乞食于汴，幸矣。”承业因诛存颢、克宁，以清内难，庄宗善音律，喜伶人谑浪，太后尝提耳诲之。天祐七年，镇、定求援，庄宗促命治兵，太后曰：“予齿渐衰，儿但不坠先人之业为幸矣,何事栉风沐雨,离我晨昏!"庄宗曰:"禀先王遗旨,须灭仇雠,山东之事,机不可失。"及发,太后饯于汾桥,悲不自胜,庄宗平定赵、魏,驻于邺城,每一岁之内,驰驾归宁者数四,民士服其仁孝。

太后初封晋国夫人,庄宗即位,命宰臣卢损奉册书上皇太后尊号。其年平定河南,西幸洛阳,令皇弟存渥、皇子继岌就太原迎奉。庄宗亲至怀州,迎归长寿宫。太后素与刘太妃善,分诀之后,悒然不乐。俄闻太妃寝疾,尚医中使,问讯结辙。既而谓庄宗曰:"吾与太妃恩如伯仲,彼经年抱疾,但见吾面,差足慰心,吾暂至晋阳,旬朔与之俱来。"庄宗曰:"时方暑毒,山路崎岖,无烦往复,可令存渥辈迎侍太妃。"乃止,及凶问至,太后恸哭累旬,由是不豫,寻崩于长寿宫。同光三年冬十月,上谥曰贞简皇太后,葬于寿安陵,《永乐大典》卷一万九千三百四。

太妃刘氏,武皇之正室也。《永乐大典》卷一千二百六十六。案:《刘太妃传》,《永乐大典》阙全篇,考《北梦琐言》云:晋王李克用妻刘夫人,常随军行,至于军机,多所弘益,先是,汴州上源驿有变,晋王愤恨,欲回军攻之,夫人曰:"公为国讨贼,而以杯酒私忿,必若攻城,即曲在于我,不如回师,自有朝廷可以论列。"于是班退,天复中,周德威为汴军所败,三军溃散,汴军乘我,晋王危惧,与李存信议欲出保云州。夫人曰:"存信本北方牧羊儿也,焉顾成败!王常笑王行瑜弃城失势,被人屠割,今复欲效之,何也?王顷岁避难塞外,几遭限害,赖遇朝廷多事,方得复归。今一旦出城,便有不测之变,焉能远及!"晋王止行,居数日,亡散之士复集,军城安定,夫人之力也。《五代会要》云:同光元年四月,册为皇太妃。《欧阳史》云:庄宗即位,册尊曹氏皇太后,而以嫡母刘氏为皇太妃。往谢太后,太后有惭色,太妃曰:"愿吾儿享国无穷,使吾获没于地以从先君幸矣,复何言哉!"庄宗灭梁入洛,使人迎太后归洛,居长寿宫,而太妃独留晋阳。同光三年五月,太妃薨。

魏国夫人陈氏,襄州人,本昭宗之宫嫔也。乾宁二年,武皇奉诏讨王行瑜,驻军于渭北,昭宗降朱书御札,出陈氏及内妓四人以赐武皇,陈氏素知书,有才貌,武皇深加宠重。及光化之后,时事多艰,武皇常独居深念,嫔媵鲜得侍谒,唯陈氏得召见,陈氏性既静退,不以宠侍自侈,武皇常呼为阿婄。及武皇大渐之际,陈氏侍医药,垂泣言:"妾为王执扫除之役,十有四年矣,王万不幸,妾将何托!既不能以身为殉,愿落发为尼,为王读一藏佛经,以报平昔。"武皇为之流涕,及武皇薨,陈氏果落发持经,法名智愿,后居于洛阳佛寺,庄宗赐号建法大师。天成中,明宗幸其院,改赐圆惠大师。晋天福中,卒于太原。追谥光国大师,塔以惠寂为名也。《永乐大典》卷二千九百六十九。

庄宗神闵敬皇后刘氏。《永乐大典》卷一万三千三百五十二。案:《刘后传》,《永乐大典》原阙,考《北梦琐言》云:庄宗刘皇后,魏州成安人,家世寒微,太祖攻魏州,取成安,得后,时年五六岁。归晋阳宫,为太后侍者,教吹笙,及笋,姿色绝众,声伎亦所长,太后赐庄宗,为韩国夫人侍者。后诞皇子继岌,宠待日隆,他日,成安人刘叟诣邺宫见上,称夫人之父。有内臣刘建丰认之,即昔日黄须丈人,后之父也。刘氏方与嫡夫人争宠,皆以门族夸尚,刘氏耻为寒家,白庄宗曰:"妾去乡之时,妾父死于乱兵,是时环尸而哭,妾固无父,是何田舍翁诈伪及此!"乃于宫门笞之,其实后即叟之长女也。庄宗好俳优,宫中暇日,自负著囊药篚,令继岌相随,以后父刘叟以医卜为业。后方昼眠,及造其卧内,自称刘衙推访女,后大恚,笞继岌,然为太后不礼,复以韩夫人居正,无以发明,大臣希旨请册刘氏为皇后,议者以后出于寒贱,好兴利聚财,初在邺都,令人设法稗贩,所鬻樵苏果茹亦以皇后为名,正位之后,凡贡奉先入后宫,惟写佛经施尼师,他无所赐。阙下诸军困乏,以至妻子饥殍,宰相请出内库表给,后将出庄具银盆两口、皇子满喜等三人,令鬻以赡军,一旦作乱,亡国灭族,与夫褒姒、妲己无异也,先是,庄宗自为俳优,名曰李天下,杂于涂粉,优杂之间,时为诸优扑扶掴搭,竟为嬖妇恩伶之倾陷,有国者得不以为前鉴!刘后以囊盛金合犀带四,欲于太原造寺为尼,沿路复通皇帝存渥,同赍而寝,明宗闻其秽,即令自杀,案:《欧阳史》作裨将袁建丰得后,纳之晋宫,而《北梦琐言》作内臣刘建丰,亦传闻之异辞也。

淑妃韩氏,庄宗正室。《永乐大典》卷一千二百六十六。案《韩淑妃传》，《永乐大典》原阙，考《五代会要》云：同光二年十二月册，以宰臣豆卢革、韦说为册使，出应天门，登路车，卤薄鼓吹前导，至于永福门降车，入右银台门，至淑妃宫，受册于内，文武百官立班称贺。

　　德妃伊氏，庄宗次室。《永乐大典》卷一千二百六十六。案：《伊德妃传》，《永乐大典》原阙，考《北梦琐言》云：庄宗皇帝嫡夫人韩氏，后为淑妃，伊氏为德妃。契丹入中原，石氏乞降，宰相冯道奉尊，契丹主大张宴席，其国母后妃列坐同宴，王嫱、蔡姬之比也。夫人夏氏，最承恩宠，后嫁李赞华，所谓东丹王，即案巴坚长子，先归朝，后除滑州节度使。性酷毒，侍婢微过，即以刀割火灼，夏氏少长宫掖，不忍其凶，求离婚，归河阳节度使夏鲁奇家，后为尼也。案《欧阳史·家人传》：夏氏在天成初，以先朝宫人出归夏鲁奇家，后赐李赞华。与《北梦琐言》微异。　又案《五代会要》：庄宗朝内职，又有昭仪侯氏封沂国夫人，昭媛白氏封沂国夫人，出使美宣邓氏封魏国夫人，御正楚真张氏封凉国夫人，司簿德美周氏封宋国夫人，侍真吴氏封延陵郡夫人，懿才王氏封太原郡夫人，懿德王氏封郎邪郡夫人，宣一马氏封扶风郡夫人，并同光二年十一月敕。按巴坚，旧作阿保机，今改。

　　明宗昭懿皇后夏氏，生秦王从荣及闵帝，同光初，后以疾崩。明宗即位，追封为晋国夫人。长兴中，明宗以秦、宗二王位望既隆，因思从贵之义，乃下制曰：“故晋国夫人夏氏，素推仁德，久睦宗亲，尝施内助之方，不见中兴之盛，予当御极，子并为王，有鹊巢之高，无翚衣之贵，贞魂永逝，懿范常存。考本朝之文，沿追册之制，慰怀于九族，冀叶庆于四星，宜追册为皇后，兼定懿号。”既而有司上谥曰昭懿。《永乐大典》卷一万三千五百五十二。

　　和武显皇后曹氏。《永乐大典》卷一万三千五百五十五。　案：《曹后传》，《永乐大典》原阙。考《五代会要》云：天成三年正月，册为淑妃，长兴元年正月十四日，册为皇后，应顺元年正月，册为皇太后。至清泰三年闰十一月，随末帝崩于后楼，晋高祖使人护葬。至天福五年正月二十八日，追册曰和武显皇后。

宣宪皇后魏氏。《永乐大典》卷一万三千五百五十五。案《通鉴考异》引《唐废帝实录》云：宣宪皇后魏氏，镇州平山人。中和末，明宗徇地山东，留戍平山，得魏后。又云：明宗为裨将，性阔达，不能治生，曹后亦疏于画略，生计所资，惟宣宪而已。《五代会要》云：初封鲁国太夫人，清泰二年二月，中书门下奏："臣闻汉昭帝承祚御历，奉尊谥于云阳，魏明帝继体守文，思外家于甄馆。而皆追从徽号，附飨庙庭，克隆敬本之文，式叶爱亲之道。臣等又览国史，窃见玄宗皇帝母曰昭成皇后窦氏，代宗皇帝母曰章敬太后吴氏，始嫔朱邸，俄闷玄宫，鸿图既属于明君，尊号咸追于圣母。伏以鲁国夫人发祥沙麓，贻庆河洲，三后最贤，周母允成于天统，四妃有子，唐宫先启于帝基。仰惟当宁之情，弥轸寒泉之思，久虚殷荐，虑损皇猷。臣等谨上尊谥曰宣宪皇太后，请依昭皇太后故事，择日备礼册命。又臣等伏闻先太后旧陵永祔先祠，则都下难崇别庙，既追尊谥，合创闵宫。按汉朝故事，园寝不在王畿，或就陵所便立寝祠。今商量上谥后，权立同庙，以申告献，配祠之礼，请俟他年。"从之。据《欧阳史》云：议建陵寝，而太原石敬瑭反，乃于京师河南府东立寝宫。又案：《五代会要》所载明宗时内职，德妃王氏，天成三年正月册立，长兴二年四月进号淑妃，应顺元年正月十三日册为太妃，至周广顺元年四月追谥贤妃。昭仪王氏封齐国夫人，昭容葛氏封周国夫人，昭媛刘氏封赵国夫人，孙氏封楚国夫人，御正张氏封曹国夫人，司宝郭氏封魏国夫人，司赞于氏封郑国夫人，尚服王氏封卫国夫人，司记崔氏封蔡国夫人，司膳翟氏封腾国夫人，司酝吴氏封莒国夫人，婕妤高氏封渤海郡夫人，美人沈氏封太原郡夫人，顺御朱氏封吴郡夫人，司饰聊氏封颍川郡夫，司衣刘氏封彭城郡夫人，司药孟氏封咸阳郡夫人，梳篦张氏封清河郡夫人，司服王氏封太原郡夫人，栉篦傅氏封颍川郡夫人，知客张氏赐号尚书，故江氏追封济阳郡夫人，以上皆长兴三年九月敕。其名号皆中书门下按六典内职仿而行之。内人李氏封陇西县君，崔氏封清河县君，李氏封成纪县君，田氏封咸阳县君，白氏封南阳县君，并长兴四年二月敕。前代内职，皆无封君之礼，此一时之制。

闵帝哀皇后孔氏。《永乐大典》卷一万三千五百五十五。　案《孔后传》，《永乐大典》原阙。据《通鉴》云：孔循阴道人结王德妃求纳其女，德妃请娶循女为从厚妃，帝许之。庚寅，皇子从厚纳孔循女为妃，《五代会要》云：初封鲁国夫人，应顺元年四月，为末帝所害。晋天福五年正月二十八日，追谥为哀皇后。

末帝刘皇后，应州人也。天成中，封为沛国夫人。清泰初，百官三上表请立中宫，遂立为皇后。后性强戾，末帝甚惮之，故其弟延皓，自凤翔牙校环岁之间历枢密使，出为邺都留守，皆由后内政之力也。及延皓为张令昭所逐，执政请行朝典，后力制之，止从罢免而已。晋高祖入洛，后与末帝俱就燔焉。《永乐大典》卷一万九千三百四。

史臣曰：昔三代之兴亡，虽由于帝王，亦系于妃后。故夏之兴也以涂山，及其也以妹嬉，商之兴也以简狄，及其亡也以妲己；周之兴也以文母，及其亡也以褒姒。观夫贞简之为人也，虽未偕于前代，亦无亏于懿范。而刘后以牝鸡之晨、皇业斯坠，则与夫三代之兴亡同矣。余无进贤辅佐之德，又何足以道哉！《永乐大典》一万九千三百四。案《五代史》无《外戚传》，据《五代会要》，武皇长女琼华长公主，降孟知祥，同光三年二月封。第二女瑶英长公主，降张延钊，同光三年二月封，明宗长女永宁公主，降晋高祖。第十三女兴平公主，降赵延寿，天成三年四月封，至长兴四年九月改封齐国公主，至清泰三年二月进封燕国长公主。第十四女寿安公主，长兴四年六月封。第十五女永乐公主，长兴四年六月封，今考《会要》所载，亦多舛互，如琼华公主，《十国春秋》诸书作太祖弟克让之女，《会要》以为武皇长女。此传闻之异辞也。庄宗女义宁公主，降宋延浩。延浩仕至房州刺史，晋初为汜水关使，张从宾之叛，战死。见《东都事略》及《宋史》。又王禹偁《小畜集》有《宋渥神道碑》云：母义宁公主，天福中，晋祖以尝事庄宗，有旧君之礼，每贵主入见，听其不拜。时兵戎方炽，经费不充，惟公主之家，赐予甚厚，尽而复取，主无倦色。一日，晋祖从容谓贵主曰："朕于主家无所爱惜，但朝廷多事，府库甚虚，主所知矣。今辇毂之下，桂玉为忧，可命渥分司西京，以丰就养。"因厚遣之，且敕留使具晨昏伏腊之用，一至于醺醺，率有备焉。《会要》不载庄宗女几人，是其阙略也，惟明宗诸女记之稍详。然孜《薛史·赵延寿传》其娶明宗小女为继室。《欧阳史》云：耶律德光为延寿娶从益妹，是为永安公主。而《会要》不载，则其阙漏者亦多矣。

旧五代史卷四九考证

　　唐列传一贞简皇后曹氏传得李匡俦妻张氏　李匡俦,原本避宋讳作"李俦",今据《新唐书·藩镇传》增入。

　　太后饯于汾桥　汾桥,原本作"渭桥",今据《通鉴注》改正。安巴坚,旧作"阿保机",今改。

　　补前伊德妃**德妃伊氏庄氏次室**《五代会要》咸一韩才封昌黎夫人,瑶华张氏封清河郡夫人。

旧五代史卷五〇
唐书二六

宗室列传第二

克让　克修　子嗣肱　克恭　克宁

克让，武皇之仲弟也，少善骑射，以勇悍闻。咸通中，从讨庞勋，以功为振武都校，乾符中，王仙芝陷荆、襄，朝廷征兵，克让率师奉诏，贼平，以功授金吾将军，留宿卫。

初，懿祖归朝，宪宗赐宅于亲仁坊，自长庆以来，相次一人典卫兵。武皇之起云中，杀段文楚，朝议罪之，命加兵于我，惧，将逃归，天子诏巡使王处存夜围亲仁坊捕克让。诘旦后合，克让朝议与纪纲何相温、安文宽、石的历十余骑弯弧跃马，突围而出，官军数千人追之，比至渭桥，死者数百。克让自夏阳掠船而济、归于雁门。明年，武皇昭雪，克让复入宿卫。黄巢犯阙，喜宗幸蜀，克让时守潼关，为贼所败。案：僖宗幸蜀以前，武皇未尝昭雪，克让无由复入宿卫，出守潼关，《通鉴考异》尝辨其误，今考《新唐书·黄巢传》，巢攻潼关，齐克让以其军战关外，时士饥甚，潜烧克让营，克让走入关，疑当时因齐克让之名与李克让同，遂致传闻辗转失其实耳，《欧阳史》只据《薛史》原文，不为辨正，今无可复考，姑附识于此。以部下六七骑伏于南山佛寺，夜为山僧所害。

克让既死，纪纲浑进通冒刃获免，归于黄巢，中和二年冬，武皇入关讨贼，屯沙苑，黄巢遣使米重威赍赂修好，因送浑进通至，兼擒送害克让僧十人。武皇燔伪诏，还其使，尽诛诸僧，为克让发哀行服,悲恸久之。《永乐大典》卷一万三百八十八。

克修,字崇远,武皇从父弟也。案《欧阳史·家人传》云:太祖四弟,
曰克让、克修、克恭、克宁,皆不知其父母名号,据《薛史》,则克修父名德成,未
尝无名号也。父德成,初为天宁军使,从献祖讨庞勋,以功授朔州刺
史。克修少便弓马,从父征讨,所至立功。武皇节制雁门,以克修为
奉诚军使,从入关为前锋,破黄揆于华阴,败尚让于梁田坡,蹙黄巢
于光顺门,每战皆捷,勇慑诸军。贼平,以功检校刑部尚书、左营军
使。其年十月,潞州牙将安居受来乞师,请复昭义军,武皇遣大将贺
公雅,李筠、安金俊等以兵从。与孟方立战于铜鞮,不利,武皇乃令
克修将兵继进,是月,平潞州,斩其敕史李殿锐,乃表克修为昭义节
度使。案《新唐书·僖宗纪》:中和三年十月,李克用陷潞州,刺史李殿锐死
之,与《薛史·李克修传》同,《薛史·武皇纪》又作十一月平潞州,纪、传自相
矛盾,《通鉴》从《克修传》作十月,《欧阳史》从《武皇纪》作十一月。

光启二年九月,克修出师山东,收复邢、洺。十一月,拔故镇。孟
方立遣将吕臻来援,战于焦岗,大败之,禽吕臻,俘斩万计,进拔武
安、临洺诸属县,乘胜进围邢州。方立求援于镇州,王镕出师三万援
之,克修军退。及李罕之来归,武皇授以泽州刺史,与克修合势进攻
河阳,连岁出师,以苦怀、孟。十月,孟方立遣将奚忠信将兵三万袭
我辽州,克修设伏于辽之东山,大败贼军,擒忠信以献,龙纪元年,
武皇大举以伐邢、洺,及班师,因抚封于上党,克修性俭啬,不事华
靡,供帐食膳,品数简陋。武皇怒其菲薄,笞而诟之,克修渐愤发疾,
明年三月,卒于潞之府第,时年三十一。庄宗即位,追赠太师。

克修子二人,长曰嗣弼,次曰嗣肱。嗣弼初授泽州刺史,历昭
义,横海节度副使,改海州刺史。天佑十九年,契丹犯燕、赵,陷涿
郡,案《辽史·太祖纪》:十二月癸亥,围涿州,有白兔缘垒而上,是日破其郛。
嗣弼举家被俘,迁于幕庭。《永乐大典》卷一万三百八十八。

嗣肱,少有胆略,屡立战功。夹城之役,从周德威为前锋,时兄

嗣弼为昭义副使,与嗣昭守城,兄弟内外奋战,忠力威壮,感动三军。潞围既解,以功授检校左仆射,入为三城巡检,知衙内事,天佑七年,周德威援灵、夏,党项阻道,音驿不通,嗣肱奉命自麟州渡河,应接德威,与党项转战数十里,合德威军。柏乡之战,嗣肱为马步都虞候。明年,从庄宗会友谦于猗氏,改教练使,与存审援河中,败汴军于胡壁堡,获将庞让,十年,与存审屯赵州,击汴人于观津,时梁祖新屠枣强,其将贺德伦急攻修县,率师五万合势营于修之西,嗣肱自下博率骑三百,薄晚与梁之樵刍者相杂,日既晡,入梁军营门,诸骑相合,大噪,弧矢星发,虓阚驰突,汴人不知所为,营中扰,既暝,敛骑而退,是夜,梁祖烧营而遁,解修县之围。以功特授蔚州刺史、雁门以北都知兵马使。从平刘守光。十二年,改应州刺史,累迁泽、代二州刺史,石岭以北都知兵马使。十九年,新州刺史王郁叛入契丹,嗣肱进兵定妫、儒、武等三州,授山北都团练使。二十年春,卒于新州,时年四十五。《永乐大典》卷一万八千一百二十六。

克恭,武皇之诸弟也。案:《薛史》不言克恭父为何人,然明著其为诸弟,所以别于母弟也。《欧阳史》与克让、克宁牵连而书,疑未详考。龙纪中,为决胜军使,大顺初,潞帅李克修卒,克恭代为昭仪节度使,性骄横不法,未闲军政。潞人素便克修之简政,恶克恭之恣纵,又以克修非罪暴卒,人士离心。时武皇初定邢、洺三州,将有事于河朔,大搜军实,潞州有后院军,兵之雄劲者,克恭选其五百人献于武皇,军使安居受惜其兵,不悦。克恭令裨校李元审、安建、纪纲冯霸部送太原,行次铜鞮县,冯霸劫众谋叛,杀都将刘杲、县令戴劳谦,循山而南,北及沁水,有众三千。武皇令李元审将兵击之,与霸战于沁水,不利,元审战伤,收军于潞。五月十五日,克恭视元审于孔目吏刘崇之第。是日,州将安居受引兵仗攻克恭,因风纵火,克恭、元审并遇害。州民推居受为留后。初,孟方立之乱,居受以泽、潞归于武皇,至是孟迁以邢、洺纳降,复任为牙将,居受惧其图己,乃叛,杀克恭以结汴人,居受遣人召冯霸于沁水,霸不受命。居受惧,将奔归朝廷,至长子,为野人所杀,传首冯霸军。霸乃引军据潞州,自称留后,求援于汴。武皇令康君立讨之,汴将葛从周来援霸。九月,李存孝急攻潞州,汴军夜遁,获霸等诛之,武皇乃以康君立为昭义节度使。《永乐大典》卷一万三百八十八。

克宁,武皇之季弟也。初从起云中,为奉诚军使,赫连铎之攻黄花城也,克宁奉武皇及诸弟登城,血战三日,力尽备竭,杀贼万计。燕军之攻蔚州,克宁昆仲婴城拒敌,昼夜辍寝食者旬余,后从达靼入关,逐黄寇。凡征行无不卫从,于昆弟之间,最推仁孝,小心恭谨,武皇尤友爱之。及镇太原,授辽州刺史,累至云州防御使。乾宁初,改忻州刺史,从入关讨王行瑜,充马步军都将,以功授检校司徒。天佑初,授内外都制置、管内蕃汉都知兵马使,检校太保,充振武节度使,凡军政皆决于克宁。

五年正月,武皇疾笃,克宁等侍疾,垂泣辞决,克宁曰:“王万一不讳,后事何属?”因召庄宗侍侧,谓克宁、张承业曰:“亚子累公等。”言终弃代,将发哀,克宁纪纲军府,中外无哗。

初,武皇奖励军戎,多畜庶孽,衣服礼秩如嫡者六七辈,比之嗣王,年齿又长,各有部曲,朝夕聚谋,皆欲为乱。庄宗英察,惧及于祸,将嗣位,让克宁曰:“儿年孤稚,未通庶政,虽承遗命,恐未能弹压大事。季父勋德俱高,众情推伏,且请置军府,候儿有立,听季父处分。”克宁曰:“亡兄遗命,属在我儿,孰敢异议者!儿但嗣世,中外之事,何忧不办。”视事之日,率先拜贺。

庄宗嗣位,军民政事,一切委之,权柄既重,趣向者多附之。李存颢者,案:《欧阳史》作养子存颢、存实。以阴计干克宁曰:“兄亡弟及,古今旧事,季父拜侄,理所未安。富贵功名,当宜自立,天与不取,后悔无及。”克宁曰:“公毋得不祥之言!我家世立功三代,父慈子孝,天下知名,苟吾兄山河有托,我亦何求!公无复言,必斩尔首以徇。”克宁虽慈爱因心,而日为凶徒惑乱,群凶之妻复以此言于克宁妻孟夫人,说激百端,夫人惧事泄及祸,屡让克宁,由是愈惑。

　　会克宁因事杀都虞候李存质，又请兼领大同节度，以蔚、朔为属郡，又数怒监军张承业、李存璋，繇是知其有贰。近臣史敬熔素与存颢善，尽知其事，敬熔告贞简太后曰："存颢与管内太保阴图叛乱，俟嗣王过其第即擒之，并太后子母，欲送于汴州，窃发有日矣。"庄宗召张承业、李存璋谓曰："季父所为如此，无犹子之情，骨肉不可自相鱼肉，吾即避路，则祸乱不作矣。"承业曰："老夫亲承遗托，言犹在耳。存颢辈欲以太原降贼，王乃何路求生？不即讨除，亡无日矣。"因令吴珙、存璋为之备。二月二十日，会诸将于府第，擒存颢、克宁于坐，庄宗垂泣数之曰："儿初以军府让季父，季父不忍弃先人遗命。今已事定，复欲以儿子母投畀豺虎，季父何忍此心！"克宁泣对曰："盖谗夫交构，吾复何言！"是日，与存颢俱伏法，克宁仁而无断，故及于祸。《永乐大典》卷一万三百八十八，案《薛史·李嗣昭传》云：武皇母弟代州刺史克柔之假子也。是克柔为武皇母弟，《新唐书·沙陀传》：武皇有弟克勤，《通鉴》引《纪年史》又有兄克俭，而《薛史》俱无传，疑有阙文。

　　史臣曰：昔武皇发迹于阴山，庄宗肇基于河朔，虽奄有天下，而享国日浅，眷言枝属，空秀棣华，固未及推帝尧敦叙之恩，广成王封建之义。自克让而下，不获就鲁、卫之封，懋间、平之德也，况夭横相继，亦良可悲哉！《永乐大典》卷一万三百八十八。

旧五代史卷五〇考证

　　唐列传二宗室克让传比至渭桥　渭桥，《欧阳史》作"滑桥"，疑传刻之讹。据《通鉴考异》引《薛史》亦作"渭桥"，今仍其旧。

　　天祐十九年契丹犯燕赵陷涿郡　十九年，《欧阳史》作十一年。

克宁传李存颢者　案:《欧阳史》作养子存颢、存实。

懋间平之德　间平,原本作"开平",绎其文义,当是用汉时河间献王、东平宪王,今改正。

旧五代史卷五一
唐书二七

宗室列传第三

永王存霸　邠王存美　薛王存礼
申王存渥　睦王存乂　通王存确
雅王存纪　**魏王继岌**　弟继潼等　**继潼**
秦王从荣　从璨　许王从益　重吉
雍王重美

案：《薛史·唐宗室传》武皇诸子、庄宗诸子、末帝诸子。《永乐大典》中仅存数语，其全篇已佚。明宗子唯许王从益有全传，秦王从荣传尚存一百一十二字。盖《永乐大典》割截以归各韵，其全篇当即在失去诸卷之中，今无可复考，谨据《册府元龟》所载以补其阙。复考《五代会要》、《通鉴》诸书分注于下，用备后唐诸王之始末焉。

永王存霸，武皇子，庄宗第二弟，同光三年封。庄宗败，为军卒所杀。《永乐大典》卷一万六千六百二十八。案《欧阳史》云：存霸历昭义、天平、河中三军节度使，居京师食俸禄而已。赵在礼反，乃遣存霸于河中，庄宗再幸汜水，徙存霸北京留守。《通鉴》云：李绍荣欲奔河中就永王存霸，从兵稍散，存霸亦帅众千人弃镇奔晋阳。又云：存霸至晋阳，从兵逃散俱尽，存霸削发僧服谒李彦超："愿为山僧，幸垂庇护"军士争欲杀之，彦超曰："六相公来，当奏取进止。"军士不听,杀之于府门之碑下。

邕王存美,武皇子,庄宗第三弟,同光三年封。庄宗败,不知所终。《永乐大典》卷一万六千六百二十八。案《通鉴》云:存美以病风偏枯得免,居于晋阳。

薛王存礼,武皇子,案:《薛史》不言存礼为武皇第几子,据《五代会要》,太祖第二子存美,第三子存霸,第四子存礼,第五子存渥,第六子存乂,第七子存确,第八子存纪。与《薛史》所叙微有异同。同光三年封。庄宗败,不知所终。《永乐大典》卷一万六千六百二十八。

申王存渥,庄宗第四弟,案《欧阳史》,存渥与存霸、存纪皆庄宗同母弟。同光三年封。庄宗败,与刘皇后同奔太原,为部下所杀。《永乐大典》卷一万六千六百二十八。案《通鉴》云:存渥至晋阳,李彦超不纳,走至风谷,为其下所杀。

睦王存乂,庄宗第五弟,同光三年封。《永乐大典》卷一万六千六百二十八。历鄜州刺使。《册府元龟》卷二百五。后以郭崇韬婿为庄宗所杀。《永乐大典》卷一万六千六百二十八。案《北梦琐言》云:庄宗异母弟存乂,以郭崇韬女婿伏诛,先是,郭崇韬既诛之后,朝野骇愕,议论纷然。庄宗令阉人察访外事,言存乂于诸将坐上诉郭氏之无罪,其言怨望。又于妖术人杨千郎家饮酒聚会,攘臂而泣。杨千郎者,魏州贱民,自言得墨子术于妇翁,能役使阴物,帽下召食物果实之类。又蒲博必胜,人有拳握之物,以法必取。又说炼丹乾汞,易人形,破扃镝。贵要间神奇之,官至尚书郎,赐紫,其出入宫禁。承恩用事。皇弟存乂常朋淫于其家,至是与存乂并罹其祸。

通王存确,庄宗第六弟,雅王存纪,庄宗第七弟,同光三年封。庄宗败,并为霍彦威所杀。《永乐大典》卷一万六千六百二十八。案:《薛史》及《五代会要》皆止言庄宗有六弟。考《梁纪》,太祖有子廷鸾、落落,《卢文进传》庄宗又有弟存矩。《薛史·宗室传》皆不载。

魏王继岌，庄宗子也。案：《庄宗纪》称继岌为第三子，然庄宗长子、次子之名，《薛史》与《五代会要》皆不载。庄宗即位于魏州，以继岌充北都留守。及以镇州为北都，又命为留守，《册府元龟》卷二百八十一。案《五代会要》：三年九月二十三日，封为魏王。三年，伐蜀，以继岌为都统，郭崇韬为招讨使。十月戊寅，至凤州，武兴军节度使王承捷以凤、兴、文、扶四州降。甲申，至故镇，康延孝收兴州。时伪蜀主王衍率亲军五万在利州，令步骑亲军三万逆战于三泉，康延孝，李严以劲骑三千犯之，蜀军大败，斩首五千级，余各奔溃，王衍闻其败也，弃利州奔归西川，断吉伯津浮梁而去。己丑，继岌至兴州，伪蜀东川节度使宋光葆以梓、绵、剑、龙、普等州来降。武定军节度使王承肇以洋、蓬、壁三州符印降；兴元节度使王宗威以梁、开、通、渠、麟等五州符印送降。阶州王承岳纳符印；秦州节度使王承休弃城而遁。辛丑，继岌过利州。戊申，至剑州。己酉，至绵州，王衍遣使上笺乞降。丁巳，入成都。自兴师出洛至定蜀，计七十五日，走丸之势，前代所无。《册府元龟》卷二百九十一。师回，至渭南，闻庄宗败，师徒溃散，自缢死。

继潼，继嵩、继蟾、继峣并庄宗子，同光三年拜光禄大夫、检校司徒、未封。庄宗败，并不知所终。《永乐大典》卷一万六千六百二十八。

从璟，明宗长子，性忠勇沉厚，摧坚陷阵，人罕偕焉。《册府元龟》卷二百七十一。从庄宗于河上，累有战功，庄宗器赏之，用为金枪指挥使。《册府元龟》卷二百九十一。明宗在魏府为军士所逼，庄宗诏从璟曰：“尔父于国有大功，忠孝之心，朕自明信，今为乱兵所劫，尔宜自去宣朕旨，无令有疑。”从璟行至中途，为元行钦所制，复与归洛下。庄宗改其名为继璟，以为己子，命再往，从璟固执不行，愿死于御前，以明丹赤。从庄宗赴汴州，明宗之亲旧多蓄马而去，左右或劝从璟令自脱，终无行意。寻为元行钦所杀。天成初，赠太保。《册府元龟》卷二百八十六。

　　秦王从荣，明宗第二子也。明宗践阼，天成初，授邺都留守、天雄军节度使。三年，移北京留守，充河东节度使。四年，入为河南尹。《册府元龟》卷二百八十一。一日，明宗谓安重诲曰：“近闻从荣左右有诈宣朕旨，令勿接儒生，儒生多懦，恐钝志相染。朕方知之，颇骇其事。余比以从荣方幼，出临大藩，故选儒雅，赖其裨佐。今闻此奸憸之言，岂朕之所望也。”鞠其言者将戮之，重诲曰：“若遽行刑，又虑宾从难处，且望严诫。”遂止。《永乐大典》卷六千七百六十。

　　从荣为诗，与从事高辇等更相唱和，自谓章句独步于一时，有诗千余首，号曰《紫府集》。《册府元龟》卷二百七十。长兴中，以本官充天下兵马大元帅。《册府元龟》卷二百九十九。从荣乃请以严卫、捧圣步骑两指挥为秦府衙兵，每入朝，以数百骑从行，出则张弓挟矢，驰骋盈巷。既受元帅之命，即令其府属僚佐及四方游士，各试《檄淮南书》一道，陈己将廓清宇内之意。初，言事者请为亲王置师傅，明宗顾问近臣，执政以从荣名势既隆，不敢忤旨，即奏云：“王官宜委。”从荣乃奏刑部侍郎刘赞为王傅，又奏翰林学士崔棁为元帅府判官。明宗曰：“学士代予诏令，不可拟议。”从荣不悦，退谓左右曰：“既付以元帅之任，而阻予请僚佐，又未谕制旨也。”复奏刑部侍郎任赞，从之。《册府元龟》卷二百九十九。后举兵犯宫室，败死，废为庶人。《永乐大典》卷一万六千六百二十八。案《通鉴·明宗纪》云：己丑，大渐，秦王从荣入问疾，帝俯首不能举。王淑妃曰：“从荣在此。”帝不应。从荣出，闻宫中皆哭，从荣意帝已殂，明旦，称疾不入。是夕，帝实小愈，而从荣不知。从荣自知不为时论所与，恐不得为嗣，与其党谋，欲以兵入侍，先制权臣。壬辰，从荣自河南府常服将步骑千人陈于天津桥。孟汉琼被甲乘马，召马军都指挥使朱洪实，使将五百骑讨从荣。从荣方据胡床，坐桥上，遣左右召康义诚。端门已闭，叩左掖门，从门隙窥之，见朱洪实引骑兵北来，走白从荣，从荣大惊，命取铁掩心擐之，坐调弓矢。俄而骑兵大至，从荣走归府，僚佐皆窜匿，牙兵掠嘉善坊溃去。从荣与妃刘氏匿床下，皇城使安从益就斩之，以其首献。丙申，追废从荣为庶人。《五代会要》云：清泰元年十二月敕：“故庶人从荣，获罪先帝，贻祸厥身，已历岁时，未营宅兆。虽轸在原之念，宜从有国之规，且令中书门下商量葬礼。"寻据太常礼院状奏："请准唐贞观中庶人承乾死黔州，仍葬以公礼。"从之。《五代史补》：秦王从荣，明宗之爱子。好为诗，判河南府，辟高辇为推官。辇尤能为诗，宾主相遇甚欢。自是出入门下者，当时名士有若张杭、高文蔚、何仲举之徒，莫不分廷抗礼，更唱迭和。时干戈之后，武夫用事，睹从荣所为，皆不悦。于是康知训等窃议曰："秦王好文，交游者多词客，此子若一旦南面，则我等转死沟壑，不如早图之。"高辇知其谋，因劝秦王托疾："此辈以所就之间，须来问候，请大王伏壮士，出其不意皆斩之，庶几免祸矣。"从荣曰："至尊在上，一旦如此，得无危乎？"辇曰："子弄父兵，罪当笞尔，不然则悔无及矣。"从荣犹豫不决，未几及祸，高辇弃市。初，从荣之败也，高辇窜于民家，且落发为僧。既擒获，知训以其毁形难认，复使巾帻著绯，验其真伪，然后用刑。辇神色自若，厉声曰："朱衣才脱，白刃难逃。"观者笑之。

从璨，明宗诸子。案：《五代会要》以从璨为明宗第四子。《册府元龟》作诸子，与《明宗纪》同。今仍其旧。性刚直，好客疏财，意豁如也。天成中，为右卫大将军。时安重诲方秉事权，从璨亦不之屈，重诲常以此忌之。明宗幸汴，留从璨为大内皇城使。一日，召宾友于会节园，酒酣之后，戏登于御榻。安重诲奏请诛之。诏曰："皇城使从璨，朕巡幸汴州，使警大内。乃全乖委任，但恣遨游，于予行从之园，频恣歌欢之会，仍施峻法，显辱平人，致彼喧哗，达于闻听。方当立法，固不党亲，宜贬授房州司户参军，仍令尽命。"长兴中，重诲之得罪也，命复旧官，仍赠太保。《册府元龟》卷二百九十五。

许王从益，明宗之幼子也。宫嫔所生，明宗命王淑妃母之，尝谓左右曰："惟此儿生于皇宫，故尤所钟爱。"长兴末，封许王。晋高祖即位，以皇后即其姊也，乃养从益于宫中。晋天福中，以从益为二王后，改封郇国公。食邑三千户。其后与母归洛阳守陵。开运末，契丹主至汴，以从益遥领曹州节度使，复封许王，与王妃寻归西京。会契丹主死，其汴州节度使萧翰谋归北地，虑中原无主，军民大乱，则己亦不能按辔徐归矣，乃诈称契丹主命，遣人迎从益于洛阳，令知南朝军国事。从益与王妃逃于徽陵以避之,使者至,不得已而赴焉。从益于崇元殿见群官,萧翰率部众列拜于殿上,群官趋拜于殿下,乃伪署王松为左丞相,赵上交为右丞相,李式、翟光邺为枢密使,王景崇为宣徽使,余官各有署置。又以北来燕将刘祚为权侍卫使,充在京巡检。翰北归,从益饯于北郊。及汉高祖将离太原,从益召高行周、武行德欲拒汉高祖,行周等不从,且奏其事。汉高祖怒,车驾将至阙,从益与王妃俱赐死于私第,时年十七,时人哀之。《永乐大典》卷六千七百六十。《五代史阙文》:汉高祖自太原起军建号,至洛阳,命郭从义先入京师,受密旨杀王淑妃与许王从益。淑妃临刑号泣曰:"吾家子母何罪,吾既为契丹所立,非敢与人争国,何不且留吾儿,每年寒食,使持一盂饭洒明宗陵寝。"闻者无不泣下。臣谨按,隐帝朝,诏史臣修汉祖实录,叙淑妃、从益传,但云"临刑之日,焚香俟命"盖讳之耳。

重吉,末帝长子,为控鹤都指挥使。闵帝嗣位,出为亳州团练使。末帝兵起,为闵帝所害。《永乐大典》卷一万六千六百二十八。案《通鉴》云:诏道殿直楚匡祚执亳州李重吉,幽于宋州。又云:遣楚匡祚杀李重吉于宋州,匡祚榜捶重吉,责其家财。清泰元年,诏赠太尉,仍令宋州选隙地置庙。《册府元龟》卷二百七十五。案:闵帝有子重哲,授银青光禄大夫、检校工部尚书,见《明宗纪》。《欧阳史·家人传》阙而不载,今附载于此。

雍王重美,末帝第二子,清泰三年封。晋兵入,与末帝俱自焚死。《永乐大典》卷一万六千六百二十八。案《通鉴》云:洛阳自闻兵败,众心大震,居人四出,逃窜山谷。门者请禁之,雍王重美曰:"国家多难,未能为百姓主,徒增恶名耳。不若听其自便,事宁自还。"乃出令任从所适,众心差安。又云:皇后积薪欲烧宫室,重美谏曰:"新天子至,必不露居,他日重劳民力,死而遗怨,将安用之。"乃止。按:《重美传》,《永乐大典》原本有阙佚,今附录《通鉴》于此,疑《通鉴》所用即本《薛史》原文也。

史臣曰:继岌以童骏之岁,当统帅之任,虽成功于剑外,寻求死于渭滨,盖运尽天亡,非孺子之咎也。从璟感厚遇之恩,无苟免之意,死于君侧,得不谓之忠乎!从荣以狂躁之谋,贾覆亡之祸,谓为大逆,则近厚诬。从璨为权臣所忌,从益为强敌所胁,俱不得其死,亦良可伤哉!重美听洛民之奔亡,止母后之燔爇,身虽烬于红焰,言则耀乎青编。童年若斯,可谓贤矣!《永乐大典》卷六千七百六十。

旧五代史卷五一考证

　　唐列传三宗室薛王存礼传武皇子　　案:是书不言存礼为武皇第几子。据《五代会要》,太祖第二子存美、第三子存霸、第四子存礼、第五子存渥、第六子存乂、第七子存确、第八子存纪,与是书所叙微有异同。

　　魏王继岌传庄宗子也　　案《庄宗纪》称:继岌为第三子,然庄宗长子、次子之名,是书及《五代会要》俱不载。

　　从璨传从璨明宗诸子　　案:《五代会要》以从璨为明宗第四子。《册府元龟》作诸子,与《明宗纪》同,今仍其旧。

　　许王从益传从益召高行周武行德欲拒汉高祖　　案:是书但载从益拒汉事。考《宋史·赵上交传》云:汉祖将至,从益遣上交驰表献款,盖献款乃淑妃、从益本意也。《欧阳史》两存之,其事始备。

　　补前魏王继岌传师徒溃散自缢死《太平广记》引《王氏见闻》云:魏王继岌伐蜀回军在道而有邺都之变。庄宗与刘后命内臣张汉宾赍急诏所在,催魏王归阙,张汉宾乘驿倍道急行,至兴元西县,逢魏王,宣传诏旨。王以本军方讨汉州,康延孝相次继来,欲俟之出山,以陈凯歌、汉宾督之。有军谋陈岷比事梁,与汉宾熟,密问张曰:“天子改换,且是何人?”张色庄曰:“我当面奉宣诏魏王,况大军在行,谈何容易。”陈岷曰:“久忝知闻,故敢咨问,两日来,有一信风新人,已即位矣。复何形迹?”张乃说来时闻李嗣源过河,未知近事。岷曰:“魏王且请盘桓,以观其势,未可前迈。”张以庄宗命严,不敢迁延,督令进发。魏王至渭南,遇害矣。《清异录》:唐福庆公主下降孟知祥。长兴四年,明宗晏驾,唐室乱。庄宗诸儿削发,为苾刍间道走蜀,时知祥新称帝,为公主厚待犹子,赐予千计。

　　补前秦王从荣传复奏刑部侍郎任赞从之《宋史·赵上交传》秦：王从荣,开府兼判军卫,以上交为虞部员外郎,充六军诸卫推官。李浣、张沆、鱼崇远皆白衣在秦府,悉与上交友善,累迁司封郎中,充判官。从荣素豪迈,不遵礼法,好昵群小。上交从容言曰:"王位尊严,当修令德,以慰民望。王忍为此,独不见恭世子、戾太子之事乎?"从荣怒,出之。历泾、泰二镇节度判官。从荣及祸,僚属皆坐斥,上交由是知名。

旧五代史卷五二

唐书二八

列传第四

李嗣昭 子继韬 裴约　李嗣本

李嗣恩

　　李嗣昭,字益光。武皇母弟代州刺史克柔之假子也。小字进通。案:原本作"通进",今从《欧阳史》改正。不知族姓所出。案:《欧阳史》作本姓韩氏,汾州大谷县民家子。少事克柔,颇谨愿,虽表貌眇小,而精悍有胆略,沉毅不群。初嗜酒好乐,武皇微伸儆戒,乃终身不饮。少从征伐,精练军机。乾宁初,王珂、王珙争帅河中,珙引陕州之军攻珂,珂求救于武皇,乃令嗣昭将兵援之,败珙军于猗氏,获贼将李璠等。四年,改衙内都将,复援河中,败汴军于胡壁堡,擒汴将滑礼,以功加检校仆射。及王珂请婚武皇,武皇以女妻之,珂赴礼于太原,以嗣昭权典河中留后事。

　　李罕之袭我潞州也,嗣昭率师攻潞州,汴将丁会战于含口,俘获三千,执其将蔡延恭,代李君庆为蕃汉马步行营都将。进攻潞州,遣李存质、李嗣本以兵扼天井关,汴将泽州刺史刘玘弃城而遁,乃以李存璋为刺史。梁祖闻嗣昭之师大至,召葛从周谓曰:"并人若在高平,当围而取之,先须野战,勿以潞州为敌。"及闻嗣昭军韩店,梁祖曰:"进通扼八议路,此贼决与我斗,公等临事制机,勿落奸便。"贺德伦闭壁不出,嗣昭日以铁骑环城,汴人不敢刍牧,援路断绝。八月,德伦、张归厚弃城遁去,我复取潞州。

三年,汴人攻沧州,刘仁恭求救,遣嗣昭出邢、洺以应之。嗣昭遇汴军于沙河,击败之,获其将胡礼。进攻洺州,下之,获其郡将朱绍宗。九月,梁祖自率军三万至临洺,葛从周设伏于青山口,嗣昭闻梁祖至,敛军而退,从周伏兵发,为其所败,偏将王郜郎、杨师悦等被擒。十月,汴人大寇镇、定,王郜告急于武皇,乃遣嗣昭出师,下太行,击怀、孟。汴将侯信守河阳,不意嗣昭之师至,既无守备,驱市人登城,嗣昭攻其北门,破其外垣,俄而汴将阎宝救军至,乃退。

天复元年,河中王珂为汴人所掳,河中晋、绛诸郡皆陷。四月,汾州刺史李瑭谋叛,纳款于汴,嗣昭讨之,三日而拔,斩瑭。是月,汴人初得蒲、绛,乃大举诸道之师来逼太原,汴将葛从周陷承天军,氏叔琮营洞涡驿。太原四面,汴军云合,武皇忧迫,计无从出,嗣昭朝夕选精骑分出诸门,掩击汴营,左俘右斩,或燔或击,汴军疲于奔命,又属霖雨,军多足肿腹疾,粮运不继。五月,氏叔琮引退,嗣昭以精骑追之,汴军委弃辎重兵仗万计。六月,嗣昭出师阴地,攻慈、隰,降其刺史唐礼、张瑰。是时,天子在凤翔,汴人攻围,有密诏征兵。十一月,嗣昭出师晋、绛,屯吉上堡,遇汴将王友通于平阳,一战擒之。

明年正月,嗣昭进兵蒲县。十八日,汴将朱有宁、氏叔琮将兵十万来拒。二十八日,梁祖自率大军至平阳,嗣昭之师大恐。三月十一日,有白虹贯周德威之营,候者云不利,宜班师。竖日,氏叔琮犯德威之营,汴军十余万,列阵四合,德威、嗣昭血战解之,乃保军而退,汴军因乘之。时诸将溃散,无复部伍,德威引骑循西山而遁,朱友宁乘胜陷慈、隰、汾等州。武皇闻其败也,遣李存信率牙兵至清源应接,复为汴军所击,汴军营于晋祠,嗣昭、德威收合余众,登城拒守,汴人治攻具于西北隅,四面营栅相望。时镇州、河中皆为梁有,孤城无援,师旅败亡。武皇昼夜登城,忧不遑食,召诸将欲出保云州,嗣昭曰:"王勿为此谋,儿等苟存,必能城守"李存信曰:"事势危急,不如且入北蕃,别图进取。朱温兵师百万,天下无敌,关东、河北受他指挥,今独守危城,兵亡地蹙,傥彼筑室反耕,环堑深固,则亡无日矣！"武皇将从之，嗣昭亟争不可，犹豫未决，赖刘太妃极言于内，武皇且止。数日，亡散之众复集，嗣昭昼夜分兵四出，斩将搴旗，汴将保守不暇。二十一日，朱友宁烧营退去，嗣昭追击，复收汾、慈、隰等州。五月，云州都将王敬晖据城叛，振武石善友亦为部将契苾让所逐，嗣昭皆讨平之。

天佑三年，汴人攻沧、景，刘仁恭遣使求援。十一月，嗣昭合燕军三万进攻潞州，降丁会，武皇乃以嗣昭为昭义节度使。案《旧唐书》：天佑三年十二月戊辰，李克用与幽州之众同攻潞州，全忠守将丁会以泽、潞降太原，克用以其子嗣昭为留后。甲戌，全忠烧长芦营旋军，闻潞州陷故也。考嗣昭本克柔养子，《旧唐书》以为武皇子，殊误。始嗣昭未到之前，上党有占者，见一人家舍上常有气如车盖，视之，但一贫媪而已。占者谓媪："有子乎？"曰："有，见为军士，出戍于外。"占者心异之，以为其子将来有土地之兆也。未几，丁会既降，嗣昭领兵入潞，以媪有四面空缺，乃驻于是舍。丁会既归太原，武皇遣使命嗣为帅，乃自媪舍而入理所，其气寻息，闻者异之。

四年六月，汴将李思安将兵十万攻潞州，乃筑夹城，深沟高垒，内外重复，飞走路绝。嗣昭抚循士众，登城拒守。梁祖驰书说诱百端，嗣昭焚其伪诏，斩其使者，城中固守经年。军民乏绝，含盐炭自生，以济贫民。嗣昭尝享诸将，登城张乐，贼矢中足，嗣昭密拔之，坐客不之觉，酣饮如故，以安众心。五年五月，庄宗败汴军，破夹城，嗣昭知武皇弃世，哀恸几绝。时大兵攻围历年，城中士民饥死大半，廛里萧条，嗣昭缓法宽租，劝农务穑，一二年间，军城完集，三面邻于敌境，寇钞纵横，设法枝梧，边鄙不耸。

胡柳之战，周德威战没，师无行列，至晚方集，汴人四五万登无石山，我军惧形于色。或请收军保营，诘旦复战。嗣昭曰："贼无营垒，去临濮地远，日已晡晚，皆有归心，但以精骑逗挠，无令返旆。晡后追击，破之必矣。我若收军拔寨，贼人入临濮，俟彼整齐复来，即胜负未决。"庄宗曰："非兄言，几败吾事！"军校王建及又陈方略，嗣昭与建及分兵于土山南北为犄角，汴军惧，下山，因纵军击之，俘斩三万级。由是庄宗之军复振。

十六年，嗣昭代周德威权幽州军府事。九月，以李绍宏代，嗣昭出蓟门，百姓号泣请留，截鞍惜别，嗣昭夜遁而归。

十七年六月，嗣昭自德胜归藩，庄宗帐钱于戚城。庄宗酒酣，泣而言曰：“河朔生灵，十年馈挽，引领鹤望，俟破汴军。今赋不充，寇孽犹在，坐食军赋，有愧蒸民。”嗣昭曰：“臣忝急难之地，每一念此，寝不安席。大王且持重谨守，惠养士民，臣归本藩，简料兵赋，岁末春首，即举众复来。”庄宗离席拜送，如家人礼。是月，汴将刘郑攻同州，朱友谦告急，嗣昭与李存审援之。九月，破汴军于冯翊，乃班师。

十九年，庄宗亲征张文礼于镇州。冬，契丹三十万奄至，嗣昭从庄宗击之，敌骑围之数十重，良久不解。嗣昭号泣赴之，引三百骑横击重围，驰突出没者数十合，契丹退，翼庄宗而还。是时，阎宝为镇人所败，退保赵州。庄宗命嗣昭代宝攻真定，七月二十四日，王处球之兵出至九门，嗣昭设伏于故营，贼至，发伏击之殆尽，余三人匿于墙堵间，嗣昭环马而射之，为贼矢中胸，嗣昭箙中矢尽，拔贼矢于胸，射贼，一发而毙之。嗣昭日暮还营，所伤血流不止，是夜卒。

嗣昭节制泽、潞，官自司徒、太保至侍中、中书令，庄宗即位，赠太师、陇西郡王。长兴中，诏配飨庄宗庙庭。

嗣昭有子七人，长曰继俦，泽州刺史；次继韬、继忠、继能、继袭、继远，皆夫人杨氏所生。案：嗣昭有子七人，《薛史》仅言其六。《欧阳史》仍《薛史》之旧，据继韬附传，有弟继达，合数之恰得七人也。杨氏治家善积，聚设法贩鬻，致家财百万。《永乐大典》卷一万三百八十九。

继韬，小字留得，少骄狯无赖。嗣昭既卒，庄宗诏诸子扶丧归太原襄事，诸子违诏，以父牙兵数千拥丧归潞，庄宗令李存渥驰骑追谕，兄弟俱忿，欲害存渥，存渥遁而获免。继韬兄继俦，嗣昭长嫡也，当袭父爵，然柔而不武。方在苫庐，继韬诈令三军劫己为留后，囚继俦于别室，以事奏闻。庄宗不得已，命为安义军兵马留后。时军前粮饷不充，租庸计度请潞州转米五万贮于相州，继韬辞以经费不足,请转三万。有幕客魏琢、牙将申蒙者,因入奏公事,每撷阴事报继韬云:"朝廷无人,终为河南吞噬,止迟速间耳。"由是阴谋叛计。内官张居翰时为昭义监军,庄宗将即位,诏赴邺都。潞州节度判官任圜时在镇州,亦奉诏赴邺。魏琢、申蒙谓继韬曰:"国家急召此二人,情可知矣。"弟继远,年十五六,谓继韬曰:"兄有家财百万,仓储十年,宜自为谋,莫受人所制。"继韬曰:"定哥以为何如?"曰:"申蒙之言是也。河北不胜河南,不如与大梁通盟,国家方事之殷,焉能讨我?无如此算。"乃令继远将百余骑诈云去于晋、绛擒生,遂至汴。梁主见之喜,因令董璋将兵应接,营于潞州之南,加继韬同平章事,改昭义军为匡义军。继韬令其爱子二人入质于汴。

及庄宗平河南,继韬惶恐,计无所出,将脱身于契丹,会有诏赦之,乃赍银数十万两,随其母杨氏诣阙,冀以赂免。将行,其弟继远曰:"兄往与不往,利害一也。以反为名,何面更见天下!不如深沟峻壁,坐食积粟,尚可苟延岁月,往则亡无日矣。"或曰:"君先世有大功于国,主上季父也,弘农夫人无恙,保获万全。"及继韬至,厚赂宦官、伶人,言事者翕然称:"留后本无恶意,奸人惑之故也。嗣昭亲贤,不可无嗣。"杨夫人亦于宫中哀祈刘皇后,后每于庄宗前泣言先人之功,以动圣情,由是原之。在京月余,屡从败游,宠待如故,李存渥深诃诋之,继韬心不自安,复赂伶阉,求归本镇,庄宗不听。继韬潜令纪纲书谕继远,欲军城更变,望天子遣己安抚。事泄,斩天津桥南。二子韶年质于汴,庄宗收城得之,扶其背曰:"乐幼如是,犹知能佐父造反,长复何为!"至是亦诛。仍遣使往潞州斩继远,函首赴阙,命继俦权知军州事,继达充军城巡检。

未几,诏继俦赴阙,时继俦以继韬所畜婢仆玩好之类悉为己有,每日料选算校,不时上路。继达怒谓人曰:"吾仲兄被罪,父子诛死,大兄不仁,略无动怀,而便蒸淫妻妾,诘责货财,惭耻见人,生不如死。"继达服缞麻,引数百骑坐于戟门,呼曰:"为我反乎!"即令人斩继俦首,投于戟门之内。副使李继珂闻其乱也,募市人千余攻子城门。继达登城楼,知事不济,启子城东门,至其第,尽杀其奴,得百余骑,出潞城门,将奔契丹。行不十里,麾下奔溃,自刭于路隅。

天成初,继能为相州刺史,母杨氏卒于太原,继能、继袭奔丧行服。继能笞掠母主藏婢,责金银数,因笞至死。家人告变,言聚甲为乱,继能、继袭皆伏诛,嗣昭诸子自相屠害,几于溘尽,惟继忠一人仅保其首领焉。《永乐大典》卷一万三百八十九。

裴约,潞州之旧将也。初事李嗣昭为亲信,及继韬之叛,约方戍泽州,因召泣而谕之曰:“余事故使,已余二纪,每见分财享士,志在平仇,不幸薨殁。今郎君父丧未葬,即背君亲,余可剚刃自杀,不能送死与人。”众皆感泣。既而梁以董璋为泽州敕史,率众攻城,约拒久之,告急于庄宗。庄宗知其忠恩,谓诸将曰:“朕于继韬何薄,于裴约何厚?裴约能分逆顺,不附贼党,先兄一何不幸,生此鸱枭!”乃顾李绍赟曰:“尔识机便,为我取裴约来,朕不籍泽州弹丸之地。”即遣绍赟率五千骑以赴之。案:《欧阳史》作李存审。据《薛史·庄宗纪》亦作李绍赟,疑《欧阳史》误。绍赟自辽州进军,未至,城已陷。约被害。时同光元年六月也。帝闻之,嗟痛不已。《永乐大典》卷一万八千一百二十八。

李嗣本,雁门人,本姓张。父淮,铜冶镇将。嗣本少事武皇,为帐中纪纲,渐立战功,得补军校。乾宁中,从征李匡俦为前锋,与燕人战,得居庸关,以功为义儿军使,因赐姓名。从讨王行瑜,授检校刑部尚书,改威远、宁塞等军使。五年,讨罗弘信于魏州,嗣本为前锋,师还,改马军都将,从李嗣昭讨王晖于云州,论功加检校司空。汴将李思安之围潞州也,从周德威军于余吾,嗣本率骑军日与汴人转斗,前后献俘千计,迁代州刺史。六年,从攻晋、绛,为蕃汉副使都校。及武皇丧事有日,嗣本监护其事,改云中防御使、云蔚应朔等州都知兵马使,加特进、检校太保。九年,周德威讨刘守光,嗣本率代北诸军、生熟叶浑,收山后八军,得纳降军使卢文进、武州刺史高行珪以献,幽州平,论功授振武节度使,号“威信可汗”。十二年,庄宗定魏博,刘鄩据莘县,命嗣本入太原巡守都城。十三年,从破刘鄩于

故元城,收洺,滋、卫三郡。六月,还镇振武,八月,契丹案巴坚旧作
阿保机,今改正。倾塞犯边,其众三十万攻振武,嗣本婴城拒战者累
日。契丹为火车地道,昼夜急攻,城中兵少,御备罄竭,城陷,嗣本举
族入契丹。有子八人,四人陷于幕庭,嗣本性刚烈,有节义,善战多
谋,然治郡民,颇伤苛急,人以此少之也。《永乐大典》卷一万三百八十
九。

　　李嗣恩,本姓骆。案《欧阳史》:嗣恩本吐谷浑部人,而《薛史》不载,疑
有阙文。年十五能骑射,侍武皇于振武,及镇太原,补铁林军小校,
从征王行瑜,奉表献捷,加检校散骑常侍,渐转突阵指挥使,赐姓
名。天祐四年,逐康怀英于河西,解汾州之围,加检校司空,充左厢
马军都将。战王景仁有功,加检校司徒。救河中府,与梁人接战,应
弦毙者甚众,而槊中其口。及退,庄宗亲视其伤,深加慰勉,转内衙
马步都将、辽州刺史。十二年,从庄宗入魏,击刘鄩有功,转天雄军
都指挥使。刘鄩之北趋乐平也,嗣恩袭之,倍程先人晋阳。时城中
无备,得嗣恩兵至,人百其勇。鄩闻其先过,乃遁。莘之战,以功转
代州刺史,充石岭关以北都知兵马使,稍迁振武节度使。十五年,追
赴行在,卒于太原。天成初,明宗敦念旧勋,诏赠太尉。

　　有子二人,长曰武八,骑射推于军中。尝有时辈臂饥鹰,矜其搏
击,武八持鸣镝一只,赌其狩获,暮乃多之。战契丹于新州,殁焉。案
《辽史·太祖纪》:二年三月,合战于新州东,杀李嗣本之子武八,考武八本嗣
恩子,而《辽史》以为嗣本子,盖传闻之误。幼曰从郎,累为行军司马。《永
乐大典》卷一万三百八十九。

　　史臣曰:嗣昭以精悍勤劳,佐经纶之业,终没王事,得以为忠,
然其后嗣皆不免于刑戮者,何也？盖殖货无穷,多财累愚故也。抑
苟能以清白遗子孙,安有斯祸哉!裴约经偏裨而效忠烈,尤可贵也。
嗣本、嗣恩皆以中涓之效,参再造之功,故可附于兹也。《永乐大典》
卷一万三百八十九。

旧五代史卷五二考证

唐列传四李嗣昭传初嗜酒　　案：《欧阳史》作初喜嗜酒。吴缜《纂误》云：喜，即嗜也，疑剩"喜"字。

武皇乃以嗣昭为昭义节度使　　案：《旧唐书》作太原李克用以其子嗣昭为留后。考嗣昭本克柔养子，《旧唐书》以为武皇子，殊误。

李继韬传命为安义军兵马留后　　案《通鉴注》云：后唐改昭义为安义，盖为嗣昭避讳也。《欧阳史》仍作昭义。安巴坚，旧作阿保机，今改。

旧五代史卷五三

唐书二九

列传第五

李存信　李存孝　李存进　子汉韶
李存璋　李存贤

　　李存信，本姓张，父君政，回鹘部人也。大中初，随怀化郡王李思忠内附，因家云中之合罗川。存信通黠多数，会四夷语，别六蕃书，善战，识兵势。初为献祖亲信，从武皇入关平贼，始补军职，赐姓名。大顺中，屡迁至马步都校，与李存孝击张浚军于平阳。时存孝骁勇冠绝，军中皆下之，唯存信与争功，由是相恶，有同水火。及平定潞州，存孝以功领节度使，既而康君立授旄钺，存孝怒，大剽潞民，烧邑屋，言发涕流，疑存信搆已故也。明年，存孝得邢、洺，武皇与之节钺，存孝虑存信离间，欲立大功以胜之，屡请兵于武皇，请兼拜镇、冀，存信间之，不时许。大顺二年，武皇大举略地山东，以存信为蕃汉马步都校，存孝闻之怒，武皇令存质代之。存孝乃谋叛。既诛，以存信为蕃汉都校，从讨李匡俦，降赫连铎、白义诚，以功检校右仆射，从入关讨王行瑜，加检校司空，领郴州刺史。

　　乾宁三年，兖、郓乞师于武皇，武皇遣存信营于莘县，与朱瑄合势以抗梁人。梁祖患之，遣使谓罗弘信曰："河东志在吞食河朔，回军之日，贵道堪忧。"而存信戢兵无法，稍侵魏之刍牧，弘信怒，翻然结于梁祖，乃出兵三万以攻存信，存信敛众而退，为魏人所薄，委弃辎重，退保洺州，军士丧失者十二三。武皇怒，大出师攻魏博，屠陷诸邑。五月，存信军于洹水，汴将葛从周、氏叔琮来援魏人，存信与铁林都将落落遇汴人于洹水南，汴人为陷马坑以待之，存信战败，落落被擒。九月，存信败葛从周于宗城，乘胜至魏州之北门。明年闻兖、郓皆陷，乃班师。八月，从讨刘仁恭，师次安塞，为燕军所败，武皇怒谓存信曰："昨吾醉，不悟贼至，公不辨耶！古三败，公姑二矣，"存信惧，泥首谢罪，几至不测。自光化以后，存信多称病，武皇以兵权授李嗣昭，以存信为右校而已。天复二年十月，以疾卒于晋阳，时年四十一。《永乐大典》卷一万三百八十九。

李存孝，本姓安，名敬思。案《新唐书》：存孝，飞狐人。与《欧职史》同，《薛史》阙载。少于俘囚中得隶纪纲，给事帐中。及壮，便骑射，骁勇冠绝，常将骑为先锋，未尝挫败。从武皇救陈、许，逐黄寇，及遇难上源，每战无不克捷。

张浚之加兵于太原也，潞州小校冯霸杀其将李克恭以城叛，时汴将朱崇节入潞州，梁祖令张全义攻泽州。李罕之告急于武皇，武皇遣存孝率骑五千援之。初，汴人攻泽州，呼罕之曰："相公常恃太原，轻绝大国，今张相公围太原，葛司空已入潞府，旬日之内，沙陀无穴自处，相公何路求生耶！"存孝闻其言不逊，选精骑五百，绕汴营呼曰："我，沙陀求穴者，俟尔肉馔军，可令肥者出斗。"汴将有邓季筠者，亦以骁勇闻，乃引军战，存孝激励部众，舞槊先登，一战败之，获马千匹，生擒季筠于军中。是夜，汴将李谠收军而遁，存孝追击至马牢山，俘斩万计，遂退攻潞州，

时朝廷命京兆尹孙揆为昭义节度使，令供奉官韩归范送旌节至平阳，揆乃仗节之潞，梁祖与揆牙兵三千为纪纲。时揆为张浚副招讨，所部万人。八月，自晋、绛逾刀黄岭趋上党。存孝引三百骑伏于长子西崖间。揆褒衣大盖，拥众而行，俟其军前后不属，存孝出骑横击之，擒揆与归范及俘囚五百，献于太原。存孝乃急攻潞州。九月，葛从周弃城夜遁。存孝收城，武皇乃表康君立为潞帅，存孝怒，

不食者累日。十月，存孝引收潞州之师，围张浚于平阳，营于赵城。华州韩建遣壮士三百夜犯其营，存孝谍知，设伏以击之，尽殪，进压晋州西门，获贼三千，自是闭壁不出。存孝引军攻绛州。十一月，刺史张行恭弃城而去，张浚、韩建亦由含口而遁，存孝收晋、绛，以功授汾州刺史。

大顺二年三月，邢州节度使安知建叛入汴军。武皇令存孝定邢、洺，因授之节钺，时幽州李匡威与镇州王镕屡弱中山，将中分其疆土。定州王处存求援于武皇，武皇命存孝侵镇，赵之南鄙，又令李存信、李存审率师出井陉以会之，并军攻临城、柏乡。李匡威救至，且议旋师。李存信与存孝不协，因搆于武皇，言存孝望风退衄，无心击贼，恐有私盟也。存孝知之，自恃战功，郁郁不平，因致书通王镕，又归款于汴。案：《旧唐书》以存据邢州为大顺元年事。考存孝至大顺二年始领邢州节钺，在元年无由得据邢州也。《旧唐书》盖因平潞州事而牵连书之耳。《新唐书》与《欧阳史》并从《薛史》。

明年，武皇自出井陉，将逼真定，存孝面见王镕陈机，武皇暴怒，诛先获汴将安康八方旋师。七月，复出师讨存孝，自缚马阙东下，攻平山，渡滹水，击镇州四关城。王镕惧，遣使乞平，请以兵三万助击存孝，许之。案《新唐书》：王镕失幽州助，因乞盟，进币五十万，归粮二十万，请出兵助讨存孝。武皇搜于栾城，李存信屯琉璃坡。九月，存孝夜犯存信营，奉诚军使孙考老被获，存信军乱。武皇进攻邢州，深沟高垒以环之，旋为存孝冲突，沟堑不成。有军校袁奉韬者，密令人谓存孝曰："大王俟堑成即归太原，如堑垒未成，恐无归志。尚书所畏唯大王耳，料诸将孰出尚书右。王若西归，虽限以黄河，亦可浮渡，况咫尺之洫，安能沮尚书锋锐哉！"存孝然之，纵兵成堑，居旬日，深沟高垒，飞走不能及，由是存孝至败，城中食尽。

乾宁元年三月，存孝登城，首罪泣诉于武皇曰："：儿蒙王深恩，位至将帅，苟非谗匿离间，曷欲舍父子之恩，转附仇仇之党！儿虽褊狭设计，实存信构陷至此。若得生见王面，一言而死，诚所甘心。"武皇愍之，遣刘太妃入城慰劳。太妃引来谒见，存孝泥首请罪曰："儿立微劳,本无显过,但被人中伤,申明无路,迷昧至此!"武皇叱之曰:"尔与王熔书状,罪我万端,亦存信教耶!"縶归太原,车裂于市。然武皇深惜其才,存孝每临大敌,被重铠囊弓坐槊,仆人以二骑从,阵中易骑,轻捷如飞,独舞铁挝,挺身陷阵,万人辟易,盖古张辽、甘宁之比也。存孝死,武皇不视事旬日,私憾诸将久之。《永乐大典》卷一万三百八十九。

　　李存进,振武人,本姓孙,名重进。案《欧阳史》:太祖破朔州得之,赐以姓名,养为子。父佺,世吏单于府。案《九国志·孙汉昭传》云:祖昉,岚州刺史。父存进,振武军节度使。据《薛史》则存进父自名佺,未尝为刺史,与《九国志》异。重进时初仕岚州刺史汤群为部校,献祖诛群,乃事武皇,从入关,还镇太原,署牙职。景福中,为义儿军使,赐姓名。从讨王行瑜,以功授检校常侍,与李嗣昭同破王珙于河中。光化三年,契丹犯塞,寇云中,改永州军使、雁门以北都知兵马使。天复初,破氏叔琮前军于洞涡。三年,授石州刺史。庄宗初嗣位,入为步军右都检校司空,师出井陉,授行营马步军都虞候,破汴军于柏乡,谕功授邠州刺史,转检校司徒,俄兼西南面行营招讨使,出师收慈州,授慈、沁二州刺史。十二年,定魏博,授天雄军都巡按使。时魏人初附,有银枪效节军,强杰难制,专谋骚动,存进沉厚果断,犯令者枭首尸于市,诸军无不惕息,靡然向风。十四年,擢蕃汉马步副总管,从攻杨刘,战胡柳。

　　十六年,以本职兼领振武节度使。时王师据德胜渡,汴军据杨村渡在上流。汴人运洛阳竹木,造浮桥以济军。王师以船渡,缓急难济,存进率意欲造浮桥。军吏曰:"河桥须竹笮大編,两岸石仓铁牛以为固,今无竹石,切虑难成。"存进曰:"吾成算在心,必有所立。"乃课军造苇竹笮,维大舰数十艘,作土山,植巨木于岸以缆之。初,军中以为戏,月余桥成,制度条直,人皆服其勤智。庄宗举酒曰:"存进,吾之杜预也。"赐宝马御衣,进检校太保、兼魏博马步都将。与李存审固守德胜。

十九年，汴将王瓒率众逼北城，为地穴火车，百道进攻。存进随机拒应，或经日不得食。汴军退，加检校太傅。王师讨张文礼于镇州，阎宝、李嗣昭相次不利而殁。七月，存进代嗣昭为招讨，进营东垣渡，夹滹沱为垒，沙土散恶，垣壁难成。存进斩伐林树，版筑旬日而就，贼不能寇。九月，王处球尽率其众，乘其无备，奄至垒门。存进闻之，得部下数人出斗，驱贼于桥下，俄而贼大至，后军不继，血战而殁，时年六十六。同光时，赠太尉。存进行军出师，虽无奇迹，然能以法绳其骄放，营垒守战之备，特推精力，议者称之。

有子四人，长曰汉韶。《永乐大典》卷一万三百八十九。

汉韶，字享天，幼有器局，风仪峻整。初事庄宗，为安定军使，迁河东牢城指挥使，时孟知祥权知太原军府事，会契丹侵北鄙，表令汉韶率师进讨，既而大破契丹，以功加检校右仆射，同光中，为蔡州刺史。天成初，复姓孙氏，寻授彰国军留后，累加检校太保。长兴中，为洋州节度使，末帝之起于凤翔也，汉韶与兴元张虔钊各帅部兵会王师于岐山下，及西师俱叛，汉韶逃归本镇。案《九国志》：闵帝嗣位，加特进，汉韶以其父名上表让之，改检校左仆射。制曰："改会稽之字，抑有前文，换环宝之文，非无故事。"闻末帝即位，心不安，乃与张虔钊各举其城送款于蜀。洎至成都，孟知祥以汉韶旧人，尤善待之，案《九国志》：汉韶与知祥叙汾上旧事，及洛中更变，相对感泣。知祥曰："丰沛故人，相遇于此，何乐如之！"于是赐第宅金帛，供帐什物，悉官给之。伪命永平军节度使。孟昶嗣伪位，历兴元、遂州两镇连帅，累伪官至中书令，封乐安郡王。年七十余，卒于蜀。《永乐大典》卷一万八千二十八。

李存璋，字德璜，云中人，武皇初起云中，存璋与康君立、薛志勤等为奔走交，从入关，以功授国子祭酒，累管万胜、雄威等军。从讨李匡俦，改义儿军使。光化二年，授泽州刺史。入为牢城使。从李嗣昭讨云州叛将王晖、平之。改教练使、检校司空。五年，武皇疾笃，召张承业与存璋授遗顾，存璋爱立庄宗，夷内难，颇有力焉，改

河东马步都虞候,兼领盐铁。初,武皇稍宠军士,蕃部人多干扰厘
市,肆其豪夺,法司不能禁。庄宗初嗣位,锐于求理。存璋得行其志,
抑强扶弱,诛其豪首,期月之间,纪纲大振,弭群盗,务耕稼,去奸
宄,息幸门,当时称其材干。从破汴军于夹城,转检校司徒。柏乡之
役,为三镇排阵使。十一年,从盟朱友谦于猗氏,授汾州刺史。汴将
尹皓攻慈州,逆战败之。十三年,王檀逼太原,存璋率汾州之军入城
固守,授大同防御使、应蔚朔等州都知兵马使。秋,契丹攻蔚州,按
巴坚旧作阿保机,今改正。遣使驰木书求略,存璋斩其使。契丹逼云
州,存平拒守,城中有古铁车,乃熔为兵仗,以给军士。敌退,以功加
检校太傅、大同军节度使、应蔚等州观察使。十九年四月,以疾卒于
云州府第,同光初,追赠太保,平章事。晋天福初,追赠太师。

　　有子三人,彦球为裨校,殁于镇州。《永乐大典》卷一万三百八十
九。

　　李存贤,字子良,本姓王,名贤,许州人。祖启忠,父恽。贤少遇
乱,入黄巢军,武皇破贼陈、许,存贤来归。景福中,典义儿军,为副
兵马使,因赐姓名。天佑三年,从周德威赴援上党,营于交口。五年,
权知蔚州刺史,以御吐浑。六年,权沁州刺史。先是,州当贼境,不
能保守,乃于州南五十里据险立栅为治所,已历十余年矣。存贤至
郡,乃移复旧郡,划擗荆棘,特立廨舍,州民完集。庄宗嘉之,转检校
司空,真拜刺史。九年,汴人乘其无备,来攻其城,存贤击退之。十
一年,授武州山北团练使。十二年,移刺慈州。七月,汴将尹皓攻州
城,存贤督军拒战,汴军攻击百端,月余遁去。十八年,河中朱友谦
来求援,命存贤率师赴之。十九年,汴将段凝军五营临晋,蒲人大
恐,咸欲归汴。或问于存贤曰:"河中将士欲拘公降于汴。"存贤曰:
"吾奉命河中,死王事固其所也。"汴军退,以功加检校司徒。

　　同光初,授右武卫上将军。十一月,入觐洛阳。二年三月,幽州
李存审疾笃,求入觐,议择帅代之。方内宴,庄宗曰:"吾披榛故人,
零落殆尽,所残者存审耳,今复婴疾,北门之事,知付何人!"因目存

贤曰："无易于卿。"即日授特进、检校太保,充幽州卢龙节度使。五月,到镇。时契丹强盛,城门之外,烽尘交警,一日数战。存贤性忠谨周慎,昼夜戒严,不遑寝食,以至忧劳成疾,卒于幽州,时年六十五。诏赠太傅。

存贤少有材力,善角抵,初,庄宗在藩邸,每宴,私与王郁角抵斗胜,郁频不胜。庄宗自矜其能,谓存贤曰:"与尔一博,如胜,赏尔一郡。"即时角抵,存贤胜,得蔚州刺史。《永乐大典》卷一万三百八十九。按:存贤为蔚州刺史在天佑五年,盖因角抵而得郡也。《欧阳史》改《薛史》"赏尔一郡"为"与尔一镇"以为卢龙节度使,殊非事实。

史臣曰:昔武皇之起并、汾也,会鹿走于中原,期龙战于大泽,蓄骁果之士,以备鹰犬之用。故自存信而下,皆锡姓以结其心,授任以责其效,与夫董卓之畜吕布,亦何殊哉!唯存孝之勇,足以冠三军而长万夫,苟不为叛臣,则可谓良将矣。《永乐大典》卷一万三百八十九。

旧五代史卷五三考证

唐列传五李存信传李存信本姓张　案:《梁纪》作张污落,盖本名污落,赐名存信。

李存孝传位至将帅　案:《欧阳史》作位至将相。吴缜《纂误》云:存孝本传止为邢州留后,未尝为平章事,何故云位至将相耶?

李存贤传李存贤字子良本姓王名贤许州人祖启忠父恽　案《九国志·李奉虔传》:奉虔,太原人,本姓王氏。祖钦,唐隰州刺史,父存贤,佐唐武皇累著功,赐姓李氏。考是书,作许州人,又作父恽,不载其官爵,与《九国志》异。

十八年河中朱友谦来求援　　案：吴缜《纂误》据《梁末帝纪》及《庄宗本纪》，当作十七年。

汴军退　　案：《欧阳史》作击走梁兵。吴缜《纂吴》云：朱友谦、符存审、刘鄩传载，鄩讨友谦，存审救之，而鄩败其事，始末甚明，无存贤击走梁兵之事，况大将自是存审，安得隐其姓而存贤独有功乎？今考是书，止作汴军退，不言存贤击退，较《欧阳史》为得其实。

即日授特进检校太保充幽州卢龙节度使　　案《九国志》：梁人攻上党，庄宗亲总大军以援之，存贤先登陷敌，以功授卢龙军节度使。与是书异。

旧五代史卷五四

唐书三〇

列传第六

王熔 子昭诲　王处直 子都

王熔，其先回鹘部人也。远祖没诺干，唐至德中，事镇州节度使王武俊为骑将。武俊嘉其勇干，畜为假子，号王五哥，其后子孙以王为氏。四代祖廷凑，事镇帅王承宗为牙将。长庆初，承宗卒，穆宗命田弘正为成德军节度使。既而镇人杀弘正，推廷凑为留后，朝廷不能制，因以旄钺授之。廷凑卒，子元逵尚文宗女寿安公主。元逵卒，子绍鼎立。绍鼎卒，子景崇立。案《新唐书·藩镇传》：绍鼎卒，子幼，未能事，以元逵次子绍懿为留后。绍懿卒，乃复授绍鼎子景崇，与《薛史》异。皆世袭镇州节度使，并前史有传。景崇位至太尉、中书令，封常山王，中和二年卒。

熔即景崇之子也。年十岁，三军推袭父位。大顺中，武皇将李存孝既平邢、洺，因献谋于武皇，欲兼并镇、定，乃连年出师以扰镇之属邑。熔苦之，遣使救于幽州。《旧唐书》云：时天子蒙尘，九州鼎沸，河东节度使李克用虎视山东，方谋吞据。熔以重赂结纳，请以修和好。晋军讨孟方立于邢州，熔常奉以刍粮。及方立平，晋将李存孝侵熔于南部，熔求援于幽州。自是燕帅李匡威频出军，以为熔援。时匡威兵势方盛，以熔冲弱，将有窥图之志。

景福二年春，匡威帅精骑数万，再来赴援，会匡威弟匡俦夺据兄位，匡威退无路，熔乃延入府第，馆于宝寿佛寺。熔以匡威因己而失国，又感其援助之力，事之如父。五月，熔谒匡威于其馆，匡威阴遣部下伏甲劫熔，抱持之。熔曰："公戒部人勿造次，吾国为晋人所侵，垂将覆灭，赖公济援之力，幸而获存。今日之事，本所甘心。"即并辔归府舍，熔军拒之，竟杀匡威，熔本疏瘦，时年始十七，当与匡威并辔之时，电雨骤作，屋瓦皆飞。有一人于缺垣中望见熔，熔就之，遽挟于马上，肩之而去。翌日，但觉项痛头偏，盖因为有力者所挟，不胜其苦故也。既而访之，则曰墨君和，乃鼓刀之士也，遂厚赏之。《太平广记》引《刘氏耳目记》云：真定墨君和，幼名三旺。眉目棱岸，肌肤若铁，年十五六，赵王熔初即位，曾见之，悦而问曰："此中何得昆仑儿也？"问其姓，与形质相应，即呼为墨昆仑，因以皂衣赐之。是时，常山县邑屡为并州中军所侵掠，赵之将卒疲于战敌，告急于燕王，李匡威率师五万来救之。并人攻陷数城，燕王闻之，躬领五万骑径与晋师战于元氏，晋师败绩。赵王感燕王之德，椎牛洒酒，大犒于藁城，犒金二十万以谢之。燕王归国，比及境上，为其弟匡俦所拒，赵人以其有德于我，遂营东圃以居之。燕王自以失国，又见赵王之幼，乃图之，遂伏甲俟赵王，旦至，即使擒之。赵王请曰："某承先代基构，主此山河，每被邻寇侵渔，困于守备，赖大王武略，累挫戎锋，获承宗祧，实资恩力。顾惟幼懦，凤有卑诚，望不匆匆，可伸交让。愿与大王同归衙署，即军府必不拒违。"燕王以为然，遂与赵王并辔而进。俄有大风并黑云起于城上，大雨雷电，至东角门内，有勇夫袒臂旁来，拳殴燕之介士，即挟负赵王逾垣而走，遂得归公府，问其姓名，君和恐其难记，但言曰："砚中之物。"王心志之。左右军士既见主免难，遂逐燕王。燕王退走于东圃，赵人围而杀之。赵王召墨生以千金赏之，兼赐上第一区，良田万亩，仍恕其十死，奏授光禄大夫。

　　熔既失燕军之援，会武皇出师以逼真定，熔遣使谢罪，出绢二十万匹，及具牛酒犒军，自是与熔修好如初。洎梁祖兼有山东，虎视天下，熔卑词厚礼，以通和好。案《新唐书》：罗绍威讽熔绝太原，共尊全忠，熔依违，全忠不悦。光化三年秋，梁祖将吞河朔，乃亲征镇、定，纵其军燔镇之关城。熔谓宾佐曰："事急矣，谋其所向。"判官周式者，有口辩，出见梁祖。梁祖盛怒，逆谓式曰："王令公朋附并汾，违盟爽信，敝赋以业已及此，期于无舍！"式曰："公为唐室之桓、文，当以礼义而成霸业，反欲穷兵黩武，天下其谓公何！"《新唐书》：李嗣昭攻洺州，全忠自将击走之，得熔与嗣昭书，全忠怒，引军攻熔。"周式请见全忠，全忠即出书示式曰："嗣昭在者，宜速道。"式曰："王公所与和者，息人锋镝间耳，况继奉天子诏和解，能一番纸坠北路乎，太原与赵本无恩，嗣昭庸肯入耶！"梁祖喜，引式袂而慰之曰："前言戏之耳。"即送牛酒货币以犒军，式请熔子昭祚及大将梁公儒、李弘规子各一人往质于汴。梁祖以女妻昭祚。及梁祖称帝，熔不得已行其正朔。

其后梁祖常虑河朔悠久难制，会罗绍威卒，因欲除移镇、定。先遣亲军三千，分据熔深、冀二郡，以镇守为名。又遣大将王景仁、李思安率师七万，营于柏乡。熔遣使告急庄宗，庄宗命周德威率兵应之，熔复奉唐朝正朔，称天祐七年。及破梁军于高邑，我军大振，自是遣大将王德明率三十七都从庄宗征伐，收燕降魏，皆预其功，然熔未尝亲军远出。八年七月，熔至承天军，与庄宗同宴合盟，奉觞献寿，以申感慨。庄宗以熔父友，曲加敬异，为之声歌，熔亦报之，谓庄宗为四十六舅。中饮，庄宗抽佩刀断衿为盟，许女妻熔子昭诲，因兹坚附于庄宗矣。

熔自幼聪悟，然仁而不武，征伐出于下，特以作藩数世，专制四州，高屏尘务，不亲军政，多以阉人秉权，出纳决断，悉听所为。皆雕靡第舍，崇饰园池，植奇花异木，递相夸尚。人士皆褒衣博带，高车大盖，以事嬉游，藩府之中，当时为盛。案《新唐书》云：熔母何，有妇德，训熔严，至母亡，熔始黩货财，此事《薛史》不载。熔宴安既久，惑于左道，专求长生之要，常聚缁黄，合炼仙丹，或讲说佛经，亲受符箓。西山多佛寺，又有王母观，熔增置馆宇，雕饰土木。道士王若讷者，诱熔登山临水，访求仙迹，每一出，数月方归，百姓劳弊。王母观石路既峻，不通舆马，每登行，命仆妾数十人维绵绣牵持而上。有阉人石希蒙者，奸宠用事，为熔所嬖，恒与之卧起。

天祐八年冬十二月，熔自西山回，宿于鹊营庄，将归府第，希蒙劝之他所。宦者李弘规谓熔曰："方今晋王亲当矢石，栉沐风雨，王殚供军之租赋，为不急之游盘，世道未夷，人心多梗，久虚府第，远出游从，如乐祸之徒，翻然起变，拒门不纳，则王欲何归！"熔惧，促归。希蒙潜弘规专作威福，多蓄猜防，熔由是复无归志。弘规闻之怒，使亲事偏将苏汉衡率兵环甲遽至熔前，抽戈露刃谓熔曰："军人在外已久，愿从王归。"弘规进曰："石希蒙说王游从，劳弊士庶，又结构阴邪，将为大逆，臣已侦视情状不虚，请王杀之，以除祸本。"熔不听，弘规因命军士聚噪，斩希蒙首抵于前，熔大恐，遂归。是日，令其子昭祚与张文礼以兵围李弘规及行军司马李蔼宅，并族诛之。违误者凡数十家。又杀苏汉衡，收部下偏将下狱，穷其反状，亲军皆恐，复不时给赐，众益惧。文礼因其反侧。密谕之曰："王此夕将坑尔曹，宜自图之。"众皆掩泣相谓曰："王待我如是，我等焉能效忠？"是夜，亲军十余人，自子城西门逾垣而入，熔方焚香授箓，军士二人突入，断其首，袖之而出，遂焚其府第，烟焰亘天，兵士大乱。熔姬妾数百，皆赴水投火而死。军校有张友顺者，率军人至张文礼之第，请为留后，遂尽杀王氏之族。熔于昭宗朝赐号敦睦保定久大功臣，位至成德军节度使、守太师、中书令、赵王，梁祖加尚书令。初，熔之遇害，不获其尸，及庄宗攻下镇州，熔之旧人于所焚之府第灰间方得熔之残骸，庄宗命幕客致祭，葬于王氏故茔。

　　熔长子昭祚，乱之翌日，张文礼索之，斩于军门。次子昭海，当熔被祸之夕，昭海为军人携出府第，置之地穴十余日，乃髡其发，被以僧衣。属湖南纲官李震南还，军士以昭海托于震，震置之茶褚中。既至湖湘，乃令依南岳寺僧习业，岁给其费。昭海年长思归，震即赍送而还。时熔故将符习为汴州节度使，会昭海来投，即表其事曰："故赵王王熔小男昭海，年十余岁遇祸，为人所匿免，今尚为僧，名崇隐，谨令赴阙。"明宗赐衣一袭，令脱僧服。顷之，昭海称前成德军中军使、检校太傅，诣中书陈状，特授朝议大夫、检校考功郎中、司农少卿，赐金紫。符习因以女妻之。其后，累历少卿，周显德中，迁少府监。《永乐大典》卷一万八千一百二十八。

　　王处直。案：《薛史·王处直传》，《永乐大典》止存王都废立之事，而处直事阙佚。今考《旧唐书》列传云：处直，字允明，处存母弟也。初为定州后院军都知兵马使，汴人入寇，处存拒战，不利而退，三军大噪，推处直为帅，乃权知留后事。汴将张存敬攻城，梯冲云合，处直登城呼曰："敝邑于朝廷未尝不忠，于藩邻未尝失礼，不虞君之涉吾地，何也？"朱温使人报之曰："何以附太原而弱邻道？"处直报曰："吾兄与太原同时立勋王室，地又亲邻，修好往来，常道也。请从此改图。"温许之，仍归罪于孔目吏梁问，出绢十万匹，牛酒以犒汴军。存敬修盟而退，温因表授旄钺，检校左仆射。天佑元年，加太保，封太原王，后仕伪梁，授北平王、检校太尉，不数岁复归于庄宗。后十余年，为其子都废归私第，寻卒，年六十一。

都，本姓刘，小字云郎，中山陉邑人也。初，有妖人李应之得于村落间，养为己子。及处直有疾，应之以左道医之，不久病间，处直神之，待为羽人。始假幕职，出入无间，渐署为行军司马，军府之事，咸取决焉。处直时未有子，应之以都遗于处直曰："此子生而有异。"因是都得为处直之子，其后应之阅白丁于管内，别置新军，起第于博陵坊，面开一门，动皆鬼道。处直信重日隆，将校相虑，变在朝夕，欲先事为难。会燕师假道，伏甲于外城，以备不虞，昧旦入郭，诸校因引军以围其第，应之死于乱兵，咸云不见其尸。众不解甲，乃逼牙帐请杀都，处直坚靳之，久乃得免。翌日赏劳，籍其兵于卧内，自队长以上记于别簿，渐以佗事孥戮，迨二十年，别簿之记，略无孑遗。都既成长，总其兵柄，奸诈巧佞，生而知之。处直爱养，渐有付托之意，时处直诸子尚幼，乃以都为节度副大使。

王郁者，亦处直之孽子也。案：以下有阙文。

天佑十三年，庄宗亲征镇州，败契丹于沙河。明年正月，乘胜追敌，过定州，都马前奉迎，庄宗幸其府第曲宴。都有爱女，十余岁，庄宗与之论婚，许为皇子继岌妻之，自是恩宠特异，奏请无不从。同光三年，庄宗幸邺都，都来朝觐，留宴旬日，锡赉巨万，迁太尉、侍中。时周玄豹见之曰："形若鲤鱼，难免刀匕，"及明宗嗣位，加中书令，然以其夺据父位，心深恶之。

初，同光中，祁、易二州刺史，都奏部下将校为之，不进户口，租赋自赡本军，天成初仍旧。既而安重诲用事，稍以朝政厘之。时契

丹犯塞,诸军多屯幽、易间,大将往来,都阴为之备,屡废迎送,渐成
猜间。和昭训为都筹画曰:"主上新有四海,其势易离,可图自安之
计,"会朱守殷据汴州反,镇州节度使王建立与安重诲不协,心怀怨
嫉,都阴知之,乃遣人说建立谋叛,建立伪许之,密以状闻。都又与
青、徐、岐、潞、梓,五帅蜡书以离间之。三年四月,制削都在身官爵,
遣宋州节度使王晏球率师讨之。都急与王郁谋,引契丹为援。洎王
师攻城,契丹伊塔纳旧作秃馁,秃馁作伊塔利,今作托诺,今改正。率骑万
人来援。都与契丹合兵大战于嘉山,为王师所败,唯塔纳以二千骑
奔入定州。都仗之守城,呼为诸王,屈身沥恳,冀其尽力,孤垒周年,
亦甚有备。诸校或思归乡,以其访察严密,杀人相继,人无宿谋,故
数构不就。

都好聚图书,自常山始破,梁国初平,令人广将金帛收市,以得
为务,不责贵贱,书至三万卷,名画乐器各数百,皆四方之精妙者,
萃于其府。四年三月,晏球拔定州,时都校马让能降于曲阳门,都巷
战而败,奔马归于府第,纵火焚之,府库妻孥,一夕俱尽,唯擒塔纳
并其男四人、弟一人献于行在。

李继陶者,庄宗初略地河朔,俘而得之,收养于宫中,故名曰得
得。天成初,安重诲知其本末,付段佪养之为儿,佪知其不称,许其
就便。王都素蓄异志,潜取以归,呼为庄宗太子。及都叛,遂僭其服
装,时俾乘埔,欲惑军士,人咸知其伪,竞诟辱之。城陷,晏球获之,
拘送于阙下,行至邢州,遣使戮焉。《永乐大典》卷六千八百五十。

　　史臣曰:王熔据镇、冀以称王,治将数世,处直分易、定以为帅,
亦既重侯。一则惑妄臣而覆其宗,一则嬖孽子而失其国,其故何哉?
盖贵富斯久,仁义不修,目眩于妖妍,耳惑于丝竹,故不能防奸于未
兆,察祸于未萌,相继败亡,又谁咎也。《永乐大典》卷六千八百五十。

旧五代史卷五四考证

　　自是燕帅李匡威频岁出军以为熔援　案：《太平广记》引《刘氏耳目记》，赵王熔方在幼冲而燕军寇北鄙，王选将拒之，有勇士陈力、刘斡投刺军门，愿以五百人尝寇。翼日，力卒于锋刃之下，斡唱凯而还。据是书，熔方以燕帅为援，未尝与燕军战，疑《耳目记》传闻之误。

　　馆于宝寿佛寺　案：《欧阳史》作馆于梅子园。

　　和昭训为都筹画　和昭训，《宋史·赵上交传》作“和少微。”

　　都又与青徐岐潞梓五帅蜡书以离间之　案：《通鉴》作青、徐、潞、益、梓五帅。《胡三省注》云：是时，青帅霍彦威、徐帅房知温、潞帅毛璋、益帅孟知祥、梓帅董璋。是书有岐帅而无益帅，与《通鉴》异，《欧阳史》从是书。

　　托诺，旧作“秃馁”，今改。

旧五代史卷五五

唐书三一

列传第七

康君立　薛志勤　史建瑭　李承嗣
史俨　盖寓　伊广　李承勋
史敬熔

康君立,蔚州兴唐人,世为边豪。乾符中,为云州牙校,事防御使段文楚。时群盗起河南,天下将乱,代北仍岁阻饥,诸部豪桀,咸有啸聚邀功之志。会文楚稍削军人储给,戍兵咨怨,君立与薛铁山、程怀信、王行审、李存璋等谋曰:"段公懦人,难与共事。方今四方云扰,武威不振,丈夫不能于此时立功立事,非人豪也。吾等虽权系部众,然以雄劲闻于时者,莫若沙陀部,复又李振武父子勇冠诸军,吾等合势推之,则近北之地,旬月可定,功名富贵,事无不济也。"君立等乃夜谒武皇言曰:"方今天下大乱,天子付将臣以边事,岁偶饥荒,便削储给,我等边人,焉能守死!公家父子,素以威惠及五部,当共除虐帅,以谢边人,孰敢异议者!"武皇曰:"明天子在上,举事当有朝典,公等勿轻议,予家尊远在振武,万一相迫,俟予禀命。"君立等曰:"事机已泄,迟则变生,曷俟千里咨禀!"案《通鉴考异》引赵凤《纪年录》云:边校程怀信、康君立等十余帐,日哗于太祖之门。疑非事实。《新唐书》作夜谒克用,《通鉴》作潜诣蔚州说克用,皆以《薛史》为据。众因聚噪,拥武皇，比及云州，众且万人，师营斗鸡台，城中械文楚以应武皇之军。既收城，推武皇为大同军防御留后。众状以闻，朝廷不悦，诏征兵来讨。俄而献祖失振武，武皇失云州，朝廷命招讨使李钧、幽州李可举加兵于武皇，攻武皇于蔚州，君立从击可举之师屡捷。及献祖入达靼，君立保感义军。武皇授雁门节度，以君立为左都押牙，从入关，逐黄孽，收长安。武皇还镇太原，授检校工部尚书、先锋军使。

文德初，李罕之既失河阳，来归于武皇，且求援焉。乃以君立充南面招讨使，李存孝副之，帅师二万，助罕之攻取河阳。三月，与汴将丁会、牛存节战于沇河，临阵之次，骑将安休休叛入汴军，君立引退。八月，授汾州刺史。大顺元年，潞州小校安居受反，武皇遣君立讨平之，授检校左仆射，昭义节度使。自武皇之师连岁略地于邢、洺，攻孟方立，君立常率泽潞之师，以为掎角。

景福初，检校司徒，食邑千户。二年，李存孝据邢州叛，武皇命君立讨之，以功加检校太保。乾宁初，存孝平，班师。存孝既死，武皇深惜之，怒诸将无解愠者。初，李存信与存孝不叶，屡相倾夺，而君立素与存信善。九月，君立至太原，武皇会诸将酒博，因语及存孝事，流涕不已。时君立以一言忤旨，武皇赐鸩而殂。案：《通鉴考异》引《唐遗录》作君立被杖死，与《薛史》异。时年四十八。明宗即位，以念旧之故，诏赠太傅。《永乐大典》卷一万八千一百一十八。

薛志勤，蔚州奉诚人，小字铁山。初为献祖帐中亲信，乾符中，与康君立共推武皇定云中，以功授右牙都校，从入达靼。武皇授节雁门，志勤领代北军使，从入关，收京城，以功授检校工部尚书、河东右都押牙，先锋右军使，从武皇救陈、许，平黄巢。

武皇遇难于上源驿，汴将杨彦洪连车树栅，遮绝巷陌，时骑从皆醉，宴席既阑，汴军四面攻传舍。志勤虓勇冠绝，复酒胆激壮，因独登驿楼大呼曰："朱仆射负恩无行，邀我司空图之，吾三百人足以济事！"因弯弧发矢，无虚发，汴人毙者数十。志勤私谓武皇曰："事急矣，如至五鼓，吾属无遗类矣，可速行！"因扶武皇而去。雷雨暴猛,汴人扼桥,志勤以其属血战击败之,得侍武皇还营,由是恩顾益厚。

大顺初,张浚以天子之师来侵太原,十月,大军入阴地,志勤与李承嗣率骑三千抗之,败韩建之军于蒙坑,进收晋、绛,以功授忻州刺史。二年,从讨镇州,收天长、临城,志勤皆先登陷阵,勇敢无前。王晖,据云州叛,讨平之,以志勤为大同军防御使,检校司空。乾宁初,代康君立为昭义节度使。光化元年十二月,以疾卒于潞,时年六十二。《永乐大典》卷二万一千三百六十六。

史建瑭,字国宝。父敬思,雁门人,仕郡至牙校。武皇节制雁门,敬思为九府都督,从入关,定京师。及镇太原,为神将。中和四年,从援陈、许,为前锋,败黄巢于汴上,追贼至徐、兖,常将骑挺身酣战,勇冠诸军。是时,天下之师云集,军中无不推服。六月,卫从武皇入汴州,舍于上源驿。是夕为汴人围攻,敬思方大醉,因蹶而兴,操弓与汴人斗,矢不虚发,汴人死者数百。夜分冒雨方达汴桥,左右扶武皇决围而去,敬思后拒,血战而殁。武皇还营,知失敬思,流涕久之。建瑭以父荫少仕军门。光化中,典昭德军。与李嗣昭攻汾州,率先登城,擒叛将李瑭以献,授检校工部尚书。李思安之围上党也,建瑭为前锋,与总管周德威赴援。时汴人夹城深固,援路断绝,建瑭日引精骑,设伏擒生,夜犯汴营,驱斩千计,敌人不敢刍牧。汴将王景仁营于柏乡,建瑭与周德威先出井陉。高邑之战,日已晡晚,汴军有归志,建瑭督部落精骑先陷其阵,夹攻魏、滑之间,遂长驱追击,夜入柏乡,俘斩数千计,论功加检校左仆射,师旋,留戍赵州。汴将氏延赏数犯赵之南鄙,建瑭设伏柏乡,获延赏献之。

九年,梁祖亲攻蓚县,时王师并攻幽州,声言汴军五十万,将寇镇、定。都将符存审谓建瑭曰:"梁军倘以五十万来,我等何以待之?"神将赵行实曰:"走入土门为上策。"存审曰:"事未可知,但老贼在东,别将西来,尚可徐图。"不旬日,杨师厚围枣强,贺德伦围蓚县,梁祖自至,攻城甚急。存审曰:"吾王方事北面,南鄙之事,付我等数人。今西道无兵,坐滋贼势,何以为谋。贼若不下蓚、阜,必西攻深、冀,与公等料阅骑军,侦视贼势。"乃选精骑八百趋信都,存审扼下博桥,建瑭与李嗣肱分道擒生,建瑭乃分麾下三百骑为五军,案《欧阳史》:建瑭分其麾下五百骑为五队,一之衡水,一之南宫,一之信都,一之阜城,而自将其一。《薛史》作三百骑,史异文也。自将一军深入,各命俘掠梁军之刍牧者还,会下博桥。翌日,诸军皆至,获刍牧者数百人,聚而杀之,缓数十,令其逸去,各曰:"沙陀军大至矣!"梁军震恐。明日,建瑭、嗣肱为梁军服色,与刍牧者相杂,晡晚,及贺德伦寨门,杀守门者,纵火大噪,俘斩而去。是夜,梁祖烧营而遁。北至贝州,迷失道路,委弃兵仗,不可胜计。

十二年,魏博归款,建瑭与符存审军屯魏县。十三年,败刘郭于元城,收澶州,以建瑭为刺史、检校司空,外衙骑军都将,寻历贝、相二州刺史,屯于德胜。十八年,与阎宝讨张文礼,为马军都将。八月,收赵州,获刺史王铤。进逼镇州,为流矢所中,卒于军,时年四十六。案:《欧阳史》作四十二,《永乐大典》卷一万一百八十三。

李承嗣,代州雁门人。父佐方。承嗣少仕郡,补右职。中和二年,从武皇讨贼关辅,为前锋。王师之攻华阴,黄巢令伪客省使王汀会军机于黄揆,承嗣擒之以献。贼平,以功授汾州司马,改榆次镇将,光启初,从讨蔡贼于陈、许。上源之难,遣承嗣奉表行在,陈诉其事,观军容田令孜馆而慰谕,令达情于武皇,参务叶和,仍授以左散骑常侍。朱玫之乱,遣承嗣率军万人援鄜州,至渭桥,迎扈车驾,王行瑜既杀朱玫,承嗣会鄜、夏之师。入定京城,获伪相裴彻、郑昌图,函送朱玫、襄王首献于行在。驾还宫,赐号迎銮功臣,检校工部尚书、守岚州刺史,赐犒军钱二万贯。

时车驾初还,三辅多盗,承嗣按兵警御,辇毂义安,及还屯于鄜,留别将马嘉福五百骑宿卫。孟方立之袭辽州也,武皇遣承嗣设伏于榆社以待之,邢人既至,承嗣发伏,击其归兵,大败之,获其将奚忠信,以功授洺州刺史,及张浚之加兵于太原也,时凤翔军营霍邑，承嗣帅一军攻之，岐人夜遁，追击至赵城，合大军攻平阳，旬有三日而拔。师旋，改教练使、检校司徒。

乾宁二年，兖、郓为汴人所攻，势渐危蹙，遣使乞师于武皇，武皇遣承嗣帅三千骑假道于魏，渡河援之。时李存信屯于莘县，既而罗弘信背盟，掩击王师，因兹隔绝。及瑄、瑾失守，承嗣与朱瑾、史严同入淮南，承嗣、史俨皆骁将将也，淮人得之，军声大振。《十国春秋·吴列传》：太祖署为淮南行军副使武皇深惜之，如失左右，乃遣赵岳间道使于淮南，请归承嗣等，杨行密许之，遣使陈令存请修好于武皇。其年九月，汴将庞师古、葛从周出师，将收淮南，朱瑾率淮南军三万，与承嗣设伏清口，大败汴人，生获庞师古。行密嘉其雄才，留而不遣，仍奏授检校太尉，领镇海军节度使。天佑九年，淮人闻庄宗有柏乡之捷，乃以承嗣为楚州节度使，以张掎角。十七年七月，卒于楚州，时年五十五。《永乐大典》卷二万三百五十。

史俨，代州雁门人。以便骑射给事于武皇，为帐中亲将，骁果绝众，善擒生设伏，望尘揣敌，所向皆捷。自武皇入定三辅，诛黄巢，每出师皆从。乾宁中，从讨王行瑜，次渭北，遣史俨率五百骑护驾石门。时京城大扰，士庶多散布南山，俨分骑警卫，比驾还京，盗贼不作，以功检校右散骑常侍，屯于三桥者累月，昭宗宠锡优异，明年，与李承嗣率骑渡河援兖、郓。时汴军雄盛，自青、徐、兖、郓，栅垒相望，俨与骑将安福顺等，案：史俨援兖、郓在乾宁二年。《薛史·梁太祖纪》：正月，擒蕃将安福顺。然则安福顺不当与史俨同行，疑传文有讹字。每以数千骑直犯营垒，左俘右斩，汴军为之披靡。及朱瑾失守，与李承嗣等奔淮南。淮人比善水军，不闲骑射，既得俨等，军声大振，寻挫汴军于清口，其后并钟传，擒杜洪，削钱镠，成行密之霸迹者，皆俨与承嗣之力也。淮人馆遇甚厚，妻孥第舍必推其甲，故俨等尽其死。《十国春秋》云：俨累官滁州刺史。天佑十三年，卒于广陵，《永乐大典》卷一万一百八十三。

盖寓，蔚州人。祖祚，父庆，世为州之牙将。武皇起云中，寓与康君立等推毂佐佑之，因为腹心。武皇节制雁门，署职为都押牙，领岚州刺史。洎移镇太原，改左都押牙、检校左仆射。武皇与之决事，言无不从，凡出征伐，靡不卫从。案：《通鉴》：光启二年，驾幸兴元，大将盖寓说克用曰："銮舆播迁，天下皆归咎于我，今不诛朱玫，黜李煴，无以自湔洗。"克用从之。又《通鉴考异》引《纪年录》云：伪使至太原，太祖诘其事状，曰："皆朱玫所为。"将斩之以徇，大将盖寓等言云云。太祖燔伪诏，械其使，驰檄喻诸镇曰："今月二十日，得襄王伪诏及朱玫文字，云：'田令孜胁迁銮驾，播越梁、洋，行至半途，六军变扰，遂至苍黄晏驾，不知弑逆者何人。永念丕基不可无主，昨四镇藩后推朕纂承，已于正殿受册毕，改元大赦者。'李煴出自赘疣，名污藩邸，智昏菽麦，识昧机权。李符掳之以塞词，朱玫卖之以为利。吕不韦之奇货，可见奸邪，萧世诚之土囊，期于匪夕。近者，当道径差健步，奉表起居，行朝现住巴、梁，宿卫比无骚动。而朱玫胁其孤孤骏，自号台衡，敢首乱阶，明言晏驾，荧惑藩镇，凌弱庙朝"云云。案：此事甚有关系，不知《薛史》何以不载，今附录于此。乾宁二年，从入关讨行瑜，特授检校太保、开国侯，食邑一千户，领容管观察经略使。光化初，车驾还京，授检校太傅，封成阳郡公。

寓性通黠，多智数，善揣人主情。武皇性严急，左右难事，无委遇者，小有违忤，即置于法，唯寓承颜希旨，规其趋向，婉词顺意，以尽参裨。武皇或暴怒将吏，事将不测，寓欲救止，必佯佐其怒以责之，武皇怡然释之。有所谏诤，必征近事以为喻。自武皇镇抚太原，最推亲信，中外将吏，无不景附，朝廷藩邻，信使结托，先及武皇，次入寓门。既总军中大柄，其名振主，梁祖亦使奸人离间，暴扬于天下，言盖寓已代李，闻者寒心，武皇略无疑间。

初，武皇既平王行瑜，旋师渭北，暴雨六十日，诸将或请入觐，且云："天颜咫尺，安得不行觐礼。"武皇意未决，寓白曰："车驾自石门还京，寝未安席，比为行瑜兄弟惊骇乘舆，今京师未宁，奸宄流议，大王移兵渡渭，必恐复动宸情。君臣始终，不必朝觐，但归藩守，姑务勤王，是忠臣之道也。"武皇笑曰："盖寓尚阻吾入觐，况天下人哉！"即日，班师。

天佑二年三月，寓病笃，武皇日幸其第，手赐药饵。初，寓家每事珍膳，穷极海陆，精于府馔，武皇非寓家所献不食，每幸寓第，其往如归，恩宠之洽，时无与比。及其卒也，哭之弥恸。庄宗即位，追赠太师。《永乐大典》卷一万八千一百二十八。

伊广，字言，案：原缺一字。元和中右仆射慎之后。广，中和末除授忻州刺史，遇天下大乱，乃委质于武皇。广襟情洒落，善占对，累历右职，授汾州刺史。时武皇主盟，诸侯景附，军机缔结，聘遗旁午，广奉使称旨，累迁至检校司徒。乾宁四年，从征刘仁恭，武皇之师不利于成安寨，广殁于贼。

有女为庄宗淑妃，子承俊，历贝、辽二州刺史。《永乐大典》卷一万八千一百二十八。

李承勋者，与广同为牙将，善于奉使，名闻军中。承勋累迁至太原少尹。刘守光之僭号也，庄宗遣承勋往使，问其衅端。承勋至幽州，见守光，如藩方聘问之礼。谒者曰：“燕王为帝矣，可行朝礼。”承勋曰：“吾大国使人，太原亚尹，是唐帝除授，燕主自可臣其部人，安可臣我哉！”守光闻之不悦，拘留于狱，数日而出，诘之曰：“臣我乎？”承勋曰：“燕君能臣我王，则我臣之，吾有死而已，安敢辱命！”会王师讨守光，承勋竟殁于燕。《永乐大典》卷一万八千一百二十八。

史敬熔太原人。事武皇为帐中纲纪，甚亲任之。庄宗初嗣晋王位，李克宁阴搆异图，将害庄宗，事发有日矣。克宁密引敬熔，以邪谋告，既而敬熔上白，贞简太后惶骇，召张承业、李存璋等图之。克宁等伏诛，以功累历州郡。同光初，为华州节度使，移镇安州。天成中，入为金吾上将军。期年复授邓州，至镇数月卒，赠太尉。《永乐大典》卷一万一百八十三。

旧五代史卷五五考证

唐列传七康君立传君立等乃夜谒武皇　案《通鉴考异》引赵凤《纪年录》云：边校程怀信、康君立等十余帐日哗于太祖之门，疑非事实。《新唐书》作夜谒克用，《通鉴》作潜诣蔚州说克用，皆以是书为据。

武皇赐鸩而殂　案：《通鉴考异》引《唐遗录》，以君立为杖死，与是书异。

史建瑭传建瑭乃分麾下三百骑为五军　案：《欧阳史》作建瑭分其麾下五百骑为五队，是书作三百骑，史异文也。

时年四十六　案：《欧阳史》作四十二。

史俨传俨与骑将安福顺等每数千骑直犯营垒　案：史俨援兖、郓在乾宁二年冬，是书《梁太祖纪》：正月擒蕃将安福顺，然则安福顺不当与史俨同行，疑传文有讹字。

旧五代史卷五六

唐书三二

列传第八

周德威　符存审　子彦超

　　周德威，字镇远，小字阳五，朔州马邑人也。初事武皇为帐中骑督，骁勇便骑射，胆气智数皆过人，久在云中，谙熟边事，望烟尘之警，悬知兵势。乾宁中，为铁林军使，从武皇讨王行瑜，以功加检校左仆射，移内衙军副。光化二年三月，汴将氏叔琮率众逼太原，有陈章者，以骁勇知名，众谓之"夜叉"，言于叔琮曰："晋人所恃者周阳五，愿擒之，请赏以郡。"陈章尝乘骢马朱甲以自异。武皇戒德威曰："我闻陈夜叉欲取尔求郡，宜善备之。"德威曰："陈章大言，未知鹿死谁手。"他日致师，戒部下曰："如阵上见陈夜叉，尔等但走，"德威微服挑战，部下伪退，陈章纵追之，德威背挥铁树击堕马，生获以献，案：《通鉴》作以戟擒之，与《薛史》异。由是知名。

　　天复中，我师不利于蒲县，汴将朱友宁、氏叔琮来逼晋阳。时诸军未集，城中大恐，德威与李嗣昭选募锐兵出诸门，攻其垒，擒生斩馘，汴人枝梧不暇，乃退。天祐三年，与李嗣昭合燕军攻潞州，降丁会，以功加检校太保、代州刺史，代嗣昭为蕃汉都将。李思安之寇潞州也，德威军于余吾，时汴军十万筑夹城，围潞州，内外断绝，德威以精骑薄之，屡败汴人，进营高河，令游骑邀其刍牧。汴军闭壁不出，乃自东门山口筑甬道树栅以通夹城，德威之骑军，倒墙堙堑，日数十战,前后俘馘,不可胜纪。梁有骁将黄角鹰、方骨仑,皆生致之。

五年正月,武皇疾笃,德威退营乱柳。武皇厌代,四月,命德威班师。时庄宗初立,德威外握兵柄,颇有浮议,内外忧之。德威既至,单骑入谒,伏灵枢哭,哀不自胜,由是群情释然。是月二十四日,从庄宗援潞州。二十九日,德威前军营横碨,距潞四十五里。五月朔,晨雾晦暝,王师伏于三垂岗下,翌日,直趋夹城,斩关破垒,梁人大败,解潞州之围。初,德威与李嗣昭有私憾,武皇临终顾谓庄宗曰:"进通忠孝不负我,重围累年,似与德威有隙,以吾命谕之,若不解重围,殁有遗恨。"庄宗达遗旨,德威感泣,由是励力坚战,竟破强敌,与嗣昭欢爱如初。以功加检校太保、同平章事,振武节度使。

六年,岐人攻灵夏,遣使来求助,德威渡河以应之,师还,授蕃汉马步总管。七年十一月,汴人据深、冀,汴将王景仁军八万次柏乡,镇州节度使王镕来告难,帝遣德威率前军出井陉,屯于赵州。十二月,帝亲征,二十五日,进薄汴营,距柏乡五里,营于野河上。汴将韩勍率精兵三万,铠甲皆被缯绮,金银炫曜,望之森然,我军惧形于色。德威谓李存璋曰:"贼结阵而来,观其形势,志不在战,欲以兵甲耀威耳。我军人乍见其来,谓其锋不可当,此时不挫其锐,吾军不振矣!"乃遣存璋谕诸军曰:"尔见此贼军否?是汴州天武健儿,皆屠沽佣贩,虚有表耳,纵被精甲,十不当一,擒获足以为资。"德威自率精骑击其两偏,左驰右决,出没数四。是日,获贼百余人,贼渡河而退。德威谓庄宗曰:"贼骄气充盛,宜按兵以待其衰。"庄宗曰:"我提孤军,救难解纷,三镇乌合之众,利在速战,卿欲持重,吾惧其不可使也。"德威曰:"镇、定之士,长于守城,列阵野战,素非便习。我师破贼,唯恃骑军,平田广野,易为施功。今压贼营,令彼见我虚实,则胜负未可必也。"庄宗不悦,退卧帐中。德威患之,谓监军张承业曰:"王欲速战,将乌合之徒,欲当剧贼,所谓不量力也。去贼咫尺,限此一渠水,彼若早夜以略彴渡之,吾族其为俘矣。若退军鄗邑,引贼离营,彼出则归,复以轻骑掠其刍饷,不逾月,败贼必矣。"承业入言,庄宗乃释然。德威得降人问之,景仁下令造浮桥数日,果如德威所料。二十七日，乃退军保鄗邑。

八年正月二日，德威率骑军致师于柏乡，设伏于村坞间，令三百骑以压汴营。王景仁悉其众结阵而来，德威转战而退，汴军因而乘之，至于鄗邑南。时步军未成列，德威阵骑河上以抗之。亭午，两军皆阵，庄宗问战时，德威曰："汴军气盛，可以劳逸制之，造次轻力，殆难与敌。古者师行不逾一舍，盖虑粮饷不给，士有饥色。今贼远来决战，纵挟粮糒，亦不遑食。晡晚之后，饥渴内侵，战阵外迫，士心既倦，将必求退。乘其劳弊，以生兵制之，纵不大败，偏师必丧。以臣所筹，利在晡晚。"诸将皆然之。时汴军以魏、博之人为右广，宁、汴之人为左广，自未至申，阵势稍却，德威麾军呼曰："汴军走矣！"尘埃涨天，魏人收军渐退，庄宗与史建瑭、安金全等因冲其阵，夹攻之，大败汴军，杀戮殆尽，王景仁、李思安仅以身免，获将校二百八十人。

八月，刘守光僭称大燕皇帝。十二月，遣德威率步骑三万出飞狐，与镇州将王德明、定州将程严等军进讨。九年正月，收涿州，降刺史刘知温。五月七日，刘守光令骁将单廷珪督精甲万人出战，德威遇于龙头岗。初，廷珪谓左右曰："今日擒周阳五。"既临阵，见德威，廷珪单骑持枪躬追德威，垂及，德威侧身避之，廷珪少退，德威奋珪击坠其马，生擒廷珪，贼党大败，斩首三千级，获大将李山海等五十二人。十二日，德威自涿州进军良乡、大城。守光既失廷珪，自是夺气。德威之师，屡收诸郡，降者相继。十年十一月，擒守光父子，幽州平。十二月，授德威检校侍中、幽州卢龙等军节度使。

德威性忠孝，感武皇奖遇，尝思临难忘身。案《辽史》：周德威初至镇，卢文进引辽师攻之，城几陷，以救得免。此事《薛史》列传不载。十二月，汴将刘鄩自洹水乘虚将寇太原，德在幽州闻之，径以五十骑驰入土门，闻鄩军至乐平不进，德威径至南宫以候汴军。初，刘鄩欲据临清以扼镇、定转饷之路，行次阵宋口，德威遣将擒数十人，皆剟刃于背，紏而遣之。既至，谓刘鄩曰："周侍中已据宗城矣。"德威其夜急骑扼临清，刘鄩乃入贝州。是时，德威若不至，则胜负未可知也。

　　十四年三月，契丹寇新州，德威不利，退保范阳。《辽史·太祖纪》：神册二年三月辛亥，攻幽州，节度使周德威以幽、并、镇、定、魏五州兵拒战于居庸关之西，战于新州东，大破之，斩首三万级，又《通鉴》：契丹主帅众三十万，德威众寡不敌，大为契丹所败。敌众攻仅二百日，外援未至，德威抚循士众，昼夜乘城，竟获保守。十五年，我师营麻口渡，将大举以定汴州。德威自幽州率本军至，十二月二十三日，军次胡柳陂。诘旦，骑报曰："汴军至矣！"庄宗使问战备，德威奏曰："贼倍道而来，未成营垒，我营栅已固，守备有余，既深入贼疆，须决万全之策。此去大梁信宿，贼之家属尽在其间，人之常情，孰不以家国为念？以我深入之众，抗彼激愤之军，不以方略制之，恐难必胜。王但按军保栅，臣以骑军疲之，使彼不得下营，际晚，粮饷不给，进退无据，因以乘之，破贼之道也。"庄宗曰："河上终日挑战，恨不遇贼，今款门不战，非壮夫也。"乃率亲军成列而出，德威不获已，从之。谓其子曰："吾不知其死所矣！"庄宗与汴将王彦章接战，大败之。德威之军在东偏，汴之游军入我辎重，众骇，奔入德威军，因纷扰无行列，德威兵少，不能解，父子俱战殁。先是，镇星犯上将，星占者云，不利大将。是夜收军，德威不至，庄宗恸哭谓诸将曰："丧我良将，吾之咎也。"

　　德威身长面黑，笑不改容，凡对敌列阵，凛凛然有肃杀之风，中兴之朝，号为名将。及其殁也，人皆惜之。同光初，追赠太师。天成中，诏与李嗣昭、符存审配飨庄宗庙廷。晋高祖即位，追封燕王。

　　子光辅，历汾、汝州刺史。《永乐大典》卷九千九百九十七。

　　符存审，字德详，陈州宛邱人，案：《欧阳史·义儿传》，惟符存审不在其列，别自为传。盖存审子彦卿，有女为宋太宗后，故存其本姓也。旧名存。父楚，本州牙将，存审少豪侠，多智算，言兵家事。乾符末，河南盗起，存审鸠率豪右，庇捍州里。会郡人李罕之起自群盗，授光州刺史，因往依之。中和末，罕之为蔡寇所逼，弃郡投诸葛爽。存审从至河阳，为小校，屡战蔡贼有功。诸葛爽卒，罕之为其部将所逼，出保怀州,部下分散,存审乃归于武皇。武皇署右职,令典义儿军,赐姓名。

存审性谨厚,宠遇日隆,自是武皇西征,存审常从,所至立功。从讨赫连铎,冒刃死战,流血盈袖,武皇手自封疮,日夕临问。乾宁初,讨李匡俦,存审前军拔居庸关。明年,从讨邠州,时邠之劲兵屯龙泉寨,四面悬崖,石壁险固,存审奋力拔之。师旋,授检校左仆射。副李嗣昭讨李瑭于汾州,擒之,以功改左右厢步军都指挥使。天祐三年,授蕃汉马兵副指挥使,与李嗣昭降丁会于上党,从周德威破贼于夹城,加检校司徒,授忻州刺史,领蕃汉马步都指挥使。七年,加检校太保,充蕃汉总管。庄宗击汴人于柏乡,留存审守太原。三月,代李存璋戍赵州。九年,梁祖攻蓨县,存审与史建瑭、李嗣肱赴援,屯下博桥,汴人惊乱,烧营而遁,以功遥领邢、洺、磁团练使。

十二年,魏博归款于庄宗,遣存审率前锋据临清,以俟进取。庄宗入魏,存审屯魏县以抗刘鄩。六月,鄩营莘县,存审与真、定之师营莘西三十里,一日数战。八月,率师攻张源德于贝州。十三年二月,刘鄩自莘率众来袭我魏州,存审以大军蹑其后,战于故元城,大败汴人,从收澶、卫、磁、洺等州。秋,邢州阎宝降,授存审安国军节度,邢洺磁等州观察使。十月,戴思远弃沧州,毛璋以城降,授存审检校太傅、横海军节度使,兼领魏博马步军都指挥使。明年,就加平章事。

十四年八月,将兵援周德威于幽州,败契丹之众。冬,破汴将安彦之于杨刘,诸军进营麻口。时梁将谢彦章营行台村,庄宗勇于接战,每以轻骑当之,遇窘者数四。存审每俟其出,必叩马谏曰:"王将复唐宗社,宜为天下自爱,搴旗挑战,一剑之任,无益圣德,请责效于臣。古人不以贼遗君父,臣虽不武,敢不代君之忧。"庄宗即时回驾。十二月,战于胡柳,晡晚之后,存审引所部银枪效节军,败梁军于土山下。是日辰巳间,周德威战殁,一军逗挠,梁军四集,存审与其子彦图冒刃血战,出没贼阵,与庄宗军合。午后,师复集,击败汴人。

十六年春，代周德威为内外蕃汉马步总管，于德胜口筑南北城以据之。七月，汴军王瓒自黎阳渡河寇澶州，存审拒战，瓒退，营于杨村渡，控我上游，自是日与交锋，对垒经年，大小凡百余战。

十七年，汴将刘郭攻同州，朱友谦求援于我，遣存审与李嗣昭将兵赴之。九月，次河中，进营朝邑。时河中久臣于梁，众持两端，及诸军大集，刍粟暴贵，嗣昭惧其翻覆，将急战以定胜负。居旬日，梁军逼我营。会望气者言，西南黑气如斗鸡之状，当有战阵。存审曰："我方欲决战，而形于气象，得非天赞欤！"是夜，阅其众，诘旦进军。梁军来逆战，大败之，追斩二千余级。自是梁军保垒不出。存审谓嗣昭曰："吾初惧刘郭据渭河，偏师既败，彼若退归，惧我蹑之，兽穷搏人，勿谓无事，可开其归路，然后追奔。"乃令王建及牧马于沙苑，刘郭、尹皓知之，保众退去，遂解同州之围。案《欧阳史》：郭以为晋军且懈，乃夜遁去。存审追击于渭河，又大败之。存审略地至奉先，谒诸帝陵，乃班师。

十八年，王师讨张文礼于镇州，李嗣昭、李存进相次战殁。十九年，遣存审率师进攻叛帅于城下，文礼之将李再丰阴送款于审存，我师中夜登城，擒文礼之子处球等，露布以献，镇州平，以功加检校太傅，兼侍中。

二十年正月，师旋于魏州，庄宗出城迎劳，就第宴乐。无何，契丹犯燕蓟，郭崇韬奏曰："汴寇未平，继韬背叛，北边捍御，非存审不可"上遣中使谕之，存审卧病羸瘠，附奏曰："臣效忠禀命，靡敢为辞，但痾恙缠绵，未堪祗役。"既而诏存审以本官充幽州卢龙节度使，自镇州之任，同光初，加开府仪同三司、检校太师、中书令、食邑千户，赐号忠烈扶天启运功臣。

十月，平梁，迁都洛阳。存审以身为大将，不得预收复中原之功，旧疾愈作，坚求入觐寻医，以情告郭崇韬。时崇韬自负一时，佐命之功，无出己右，功名事望，素在存审之下，权势既隆，人士辐凑，不欲存审加于己上，每有章奏求觐，即阴沮之。存审妻郭氏泣诉于崇韬曰："吾夫于国，粗效驱驰，与公乡里亲旧，公忍令死弃北荒，何

无情之如是!"崇韬益惭懅。明年春,疾甚,上章恳切,乞生觐天颜,
不许。存审伏枕而叹曰:"老夫历事二主,垂四十年,幸而遇今日天
下一家,远夷极塞,皆得面觐彤墀,射钩斩袪之人,孰不奉觞丹陛,
独予壅隔,岂非命哉!"渐增危笃,崇韬奏请许存审入觐。四月,制授
存审宣武军节度使、诸道蕃汉马步总管,诏未至,五月十五日卒于
幽州官舍,时年六十三,遗命葬太原。存审遗奏,陈叙不得面觐,词
旨悽惋。庄宗震悼久之,废朝三日,赠尚书令。

存审少在军中,识机知变,行军出师,法令严明,决策制胜,从
无遗悔,功名与周德威相匹,皆近代之良也。常戒诸子曰:"予本寒
家,少小携一剑而违乡里,四十年间,位极将相。其间屯危患难,履
锋冒刃,入万死而无一生,身方及此,前后矢伤百余。"乃出镞以示
诸子,因以奢侈为戒。

存审微时,尝为俘囚,将就戮于郊外,临刑指危垣谓主者曰:
"请就戮于此下,冀得坏垣覆尸,旅魂之幸也。"主者哀之,不移次
焉。迁延之祭,主将拥妓而饮,思得歌者以助欢,妓曰:"俘囚有符存
审者,妾之旧识,每令击节,以赞歌令。"主将欣然,驰骑而舍之,岂
非命也!《永乐大典》卷一万八千二百一十八。

　　彦超,存审之长子也。少事武皇,累历牙职。存审卒,庄宗以彦
超为汾州刺史。同光末,魏州军乱,诏彦超赴北京巡检。先是,朝廷
令内官吕、郑二人在太原,一监兵,一监仓库。及明宗入洛,皇弟存
霸单骑奔河东,与吕、郑谋杀彦超与留守张宪。彦超觉之,密与宪
谋,未决,部下大噪,州兵毕集,张宪出奔。是夕,军士杀吕、郑、存霸
于衙城。诘旦,闻洛城祸变,彦超告谕三军。《宋史·张昭传》云:昭为张
宪推官,庄宗及难,闻邺中兵士推戴明宗,宪部将符彦超合戍将应之。宪死,有
害昭者,执之以送彦超,彦超曰:"推官正人,无得害之。"又逼昭为榜,安抚军
民。明宗又令其弟龙武都虞候彦卿驰骑安抚。六月,彦超入觐,明宗
召见抚谕,寻授晋州留后。未行,会其弟前曹州刺史彦饶平宣武乱
军,明宗喜,召彦超谓之曰:"吾得尔兄弟力,余更何忧。尔为我往河

东抚育耆旧。"即授北京留守、太原尹。明年冬,移授昭义节度使。四年,授骁卫上将军,改金吾上将军。长兴元年,授泰宁军节度使,寻移镇安州。

彦超厮养中有王希全者,小字佛留,粗知书计,委主货财,岁久耗失甚多,彦超止于诃谴而已。应顺元年正月,佛留闻朝廷多事,因与任货儿等谋乱。一夕,扣门言朝廷有急递至,彦超出至厅事,佛留挟刃害之。诘旦,本州节度副使李端召州兵攻佛留等杀之。余众奔淮南,擒彦超部将赵温等二十六人诛之。彦超赠太尉。存审次子彦饶,《晋史》有传。次彦卿,皇朝历官凤翔节度使、守太师,中书令、封魏王,今居于洛阳。次彦能,终于楚州防御使。次彦琳,仕皇朝为金吾上将军,卒于任。《永乐大典》卷一万八千一百二十八。

旧五代史卷五六考证

唐列传八周德威传有陈章者以虓勇知名众谓之夜叉言于叔琮曰晋人所恃者周阳五愿擒之请赏以郡　案:《欧阳史》作梁军围太原,令军中曰:能生得周阳五者为刺史。与是书微异。

德威前军营横碾　横碾,《庄宗纪》作"黄展"。

德威自率精骑击其两偏获贼百余人贼渡河而退德威谓庄宗曰贼骄气充盛宜按兵以待其衰　案:《欧阳史》祇载德威勉论其众,即告庄宗曰:"贼兵甚锐,未可与争"。不载精骑击退贼兵之事。考下文有"去贼咫尺,限此一渠水"云云,则贼渡河而退一节,幻载殊不可阙。

德威遣将擒数十人皆剿刃于背縶而遣之　案:《通鉴》从《庄宗实录》作擒其斥候者数十人,断腕而纵之。

周侍中已据宗城矣　宗城,《通鉴》作"临清",《考异》曰:刘郭见在宗城。《薛史》云,周侍中据宗城。盖"临清",字误耳。

符存审传以功遥领邢洺磁团练使　案:《欧阳史》作迁领邢州团练使。

秋邢州阎宝降授存审安国军节度　案:《五代会要》:同光元年始改邢州为安国军。据是书此传,则晋人得邢州即改军额,疑《会要》误也。详见《通鉴考异》。

符彦超传皇弟存霸单骑奔河东与吕郑谋杀彦超与留守张宪案:《欧阳史》作张宪欲纳存霸,是书作存霸谋杀张宪、彦超,两史纪载微异。

旧五代史卷五七
唐书三三

列传第九

郭崇韬

郭崇韬,字安时,代州雁门人也。父弘正。崇韬初为李克修帐下亲信,克修镇昭义,崇韬累典事务,以廉干称。克修卒,武皇用为典谒,奉使凤翔称旨,署教练使。崇韬临事机警,应对可观,庄宗嗣位,尤器重之。天佑十四年,用为中门副使,与孟知祥、李绍宏俱参机要。俄而绍宏出典幽州留事,知祥恳辞要职。先是,中门使吴珙、张虔厚忠而获罪。知祥惧,求为外任,妻瑓华公主泣请于贞简太后。庄宗谓知祥曰:"公欲避路,当举其代。"知祥因举崇韬。乃署知祥为太原军在城都虞候。自是,崇韬专典机务,艰难战伐,靡所不从。

十八年,从征张文礼于镇州。契丹引众至新乐,王师大恐,诸将咸请退还魏州,庄宗犹豫未决,崇韬曰:"按巴坚旧作阿保机,今改正。祇为王都所诱,本利货财,非敦邻好,苟前锋小衄,遁走必矣。况我新破汴寇,威振北地,乘此驱攘,焉往不捷!且事之济否,亦有天命。"庄宗之,王师果捷。明年,李存审收镇州,遣崇韬阅其府库,或以珍货赂遗,一无所取,但市书籍而已。庄宗即位于魏州,崇韬加检校太保、守兵部尚书,充枢密使。是时,卫州陷于梁,澶、相之间,寇钞日至,民流地削,军储不给,群情恟恟,以为霸业终不能就,崇韬寝不安席。俄而王彦章陷德胜南城,敌势滋蔓,汴人急攻杨刘城,明宗在郓,音驿断绝。庄宗登城四望,计无所出。崇韬启曰:"段凝阻绝津路,苟王师不南,郓州安能保守!臣请于博州东岸立栅,以固通津,但虑汴人侦知,往来薄我,请陛下募敢死之士,日以挑战,如三四日间,贼军未至,则栅垒成矣。"崇韬率毛璋等万人夜趋博州,视矛戟之端有光,崇韬曰:"吾闻火出兵刃,破贼之兆也。"至博州,渡河版筑,昼夜不息。崇韬于葭苇间据胡床假寝,觉裤中冷,左右视之,乃蛇也,其忘疲励力也如是。居三日,梁军果至,城垒低痺,沙土散恶,战具不完,汴将王彦章、杜晏球率众攻击,军不得休息。崇韬身先督众,四面拒战,有急即应。城垂陷,俄报庄宗领亲军至西岸,梁军闻之退走,因解杨刘之围。

　　未几,汴将康延孝来奔,崇韬延于卧内,讯其军机。延孝曰:"汴人将四道齐举,以困我军,"庄宗忧之,召诸将谋进取之策。宣徽使李绍宏请弃郓州,与汴人盟,以河为界,无相侵寇。案:《欧阳史》作诸将皆言隔河难守,据《薛史》则请以河为界者,李绍宏一人耳,与《欧阳史》异。庄宗不悦,独卧帐中,召崇韬谓曰:"计将安出?"对曰:"臣不知书,不能征比前古,请以时事言之。自陛下十五年起义图霸,为雪家仇国耻,甲胄生虮虱,黎人困输挽。今篡崇大号,河朔士庶,日望荡平,才得汶阳尺寸之地,不能保守,况尽有中原乎!将来岁赋不充,物议咨怨,设若划河为界,谁为陛下守之?臣自延孝言事以来,昼夜筹度,料我兵力,算贼事机,不出今年,雌雄不并决。闻汴人决河,自滑至郓,非舟楫不能济。又闻精兵尽在段凝麾下,王彦章日寇郓境,彼既以大军临我南鄙,又凭恃决河,谓我不能南渡,志在收复汶阳,此汴人之谋也。臣谓段凝保据河埦,苟欲持我,臣但请留兵守邺,保固杨刘,陛下亲御六军,长驱倍道,直指大梁,汴城无兵,望风自溃。若使伪主授首,贼将自然倒戈,半月之间,天下必定。如不决此计,旁采浮谈,臣恐不能济也。今岁秋稼不登,军粮才支数月,决则成败未知,不决则坐见不济。臣闻作舍道边,三年不成,帝王应运,必有天命,成败天也,在陛下独断。"庄宗蹶然而兴曰:"正合吾意,丈夫得则为王,失则为虏,行计决矣!"即日下令军中,家口并还魏州。庄宗送刘皇后与兴圣宫使继岌至朝城西野亭泣别,曰:"事势危蹙,今须一决,事苟不济,无复相见,"乃留李绍宏及租庸使张宪守魏州,大军自杨刘济河。是岁,擒王彦章,诛梁氏,降段凝,皆崇韬赞成其谋也。

庄宗至汴州,宰相豆卢革在魏州,令崇韬权行中书事,俄拜侍中兼枢密使,及郊礼毕,以崇韬兼领镇、冀州节使,进封赵郡公,邑二千户,赐铁券,恕十死。崇韬既位极人臣,权倾内外,谋猷献纳,必尽忠规,士族朝伦,颇亦收奖人物,内外翕然称之。初收汴、洛,稍通赂遗,亲友或规之,崇韬曰:"余备位将相,禄赐巨万,但伪梁之日,赂遗成风,今方面藩侯,多梁之旧将,皆吾君射钩斩袪之人也,一旦革面,化为吾人,坚拒其请,得无惧乎!藏余私室,无异公帑。"及郊禋,崇韬悉献家财,以助赏给。

时近臣劝庄宗以贡奉物为内库,珍货山积,公府赏军不足。崇韬奏请出内库之财以助,庄宗沉吟有靳惜之意。是时天下已定,寇仇外息,庄宗渐务华侈,以逞己欲。洛阳大内宏敞,宫宇深邃,宦官阿意顺旨,以希恩宠,声言宫中夜见鬼物,不谋同辞。庄宗骇异其事,且问其故,宦者曰:"见本朝长安大内,六宫嫔御,殆及万人,椒房兰室,无不充牣。今宫室大半空闲,鬼神尚幽,亦无所怪"。由是景进,王允平等于诸道采择宫人,不择良贱,内之宫掖。

三年夏,雨,河大水,坏天津桥。是时酷暑尤甚。庄宗尝择高楼避暑,皆不称旨。宦官曰:"今大内楼观,不及旧时长安卿相之家,旧日大明、兴庆两宫,楼观百数,皆雕楹画栱,干云蔽日,今官家纳凉无可御者"。庄宗曰:"余富有天下,岂不能办一楼!"即令宫苑使经营之,犹虑崇韬有所谏止,使谓崇韬曰:"今年恶热,朕顷在河上,五六月中,与贼对垒,行宫卑湿,介马战贼,恒若清凉。今晏然深宫,不耐暑毒,何也?"崇韬奏:"陛下顷在河上,汴寇未平,废寝忘食,心在战阵,祁寒溽暑,不介圣怀。今既寇平,中原无事,纵耳目之玩,不忧战阵,虽层台百尺,广殿九筵,未能忘热于今日也。愿陛下思艰难创业之际,则今日之暑,坐变清凉"庄宗默然,王允平等竟加营造,崇韬复奏曰:"内中营造,日有縻费,属当灾馑,且乞权停。"不听。

初,崇韬与李绍宏同为内职,及庄宗即位,崇韬以绍宏素在己上,旧人难制,即奏泽潞监军张居翰同掌枢密,以绍宏为宣徽使。绍宏大失所望,泣涕愤郁。崇韬乃置内勾使,应三司财赋,皆令勾覆,令绍宏领之,冀塞其心,绍宏怏怅不已。崇韬自以有大功,河、洛平定之后,权位熏灼,恐为人所倾夺,乃谓诸子曰:"吾佐主上,大事了矣,今为群邪排毁,吾欲避之,归镇常山,为菟裘之计。"其子廷说等曰:"大人功名及此,一失其势,便是神龙去水,为蝼蚁所制,尤宜深察。"门人故吏又谓崇韬曰:"侍中勋业第一,虽群官侧目,必未能离间。宜于此时坚辞机务,上必不听,是有辞避之名,塞其谗慝之口。魏国夫人刘氏有宠,中宫未正,宜赞成册礼,上心必悦,内得刘氏之助,群阉其如余何!"崇韬然之,于是三上章坚辞枢密之位,优诏不从。崇韬乃密奏请立魏国夫人为皇后,复奏时务利害二十五条,皆便于时,取悦人心,又请罢枢密院事,各归本司,以轻其权,然宦官造谤不已。三年,坚乞罢兼领节钺,许之。案《册府元龟》云:同光中,崇韬再表辞镇,批答曰:"朕以卿久司枢要,常处重难,或迟疑未决之机,询诸先见,或忧挠不定之事,访之必成。至于赞朕丕基,登兹大宝,众兴异论,卿独坚言,天命不可违,唐祚必须复,请纳家族,明设誓文。及其密取汶阳,兴师入不测之地,潜通河口,贡谋占必济之津。人所不知,卿惟合意。迨中都啸聚,群党窥凌,朕决议平妖,兼收浚水,虽云先定,更审前筹,果尽赞成,悉谐沈算,斯即何须冒刃,始显殊庸。况常山陆梁,正虞未复,卿能抚众,共定群心,惟朕知卿,他人宁表。所以赏卿之宠,实异等伦;沃朕之心,非虚沃泽。今卿再三谦逊,重叠退辞,始纳常阳,请归上将,又称梁苑,不可兼权。如此周身,贵全名节,古人操守,未可比方,既览坚辞,难沮来表。其再让汴州,所宜依允。"

会客省使李严使西川回,言王衍可图之状,庄宗与崇韬议讨伐之事,方择大将。时明宗为诸道兵马总管当行,崇韬自以宦者相倾,欲立大功以制之,乃奏曰:"契丹犯边,北面须藉大臣,全倚总管镇御。臣伏念兴圣宫使继岌,德望日隆,大功未著,宜依故事,以亲王为元帅,付以讨伐之权,俾成其威望。"庄宗方爱继岌,即曰:"小儿幼稚,安能独行,卿当择其副。"崇韬未奏,庄宗曰:"无逾于卿者!"

乃以继岌为都统,崇韬为招讨使。是岁九月十八日,率亲军六万进
讨蜀川。崇韬将发,奏曰:"臣以非才,谬当戎事,仗将士之忠力,凭
陛下之威灵,庶几克捷。若西川平定,陛下择帅,如信厚善谋,事君
有节,则孟知祥有焉,望以蜀帅授之。如宰辅阙人,张宪有披榛之
劳,为人谨厚而多识。其李琪、崔居俭、中朝士族,富有文学,可择而
任之。"庄宗御嘉庆殿,置酒宴征西诸将,举酒属崇韬曰:"继岌未习
军政,卿久从吾战伐,西面之事,属之于卿。"

军发,十月十九日入大散关,崇韬以马箠指山险谓魏王曰:"朝
廷兴师十万,已入此中,倘不成功,安有归路?今岐下飞挽,才支旬
日,必须先取凤州,收其储积,方济吾事。"乃令李严,康延孝先驰书
檄,以谕伪凤州节度使王承捷。及大军至,承捷果以城降,得兵八
千,军储四十万。次至故镇,伪命屯驻指挥使唐景思亦以城降,得兵
四千。又下三泉,得军储三十余万。自是师无匮乏,军声大振。其
招怀制置,官吏补置,师行筹画,军书告谕,皆出于崇韬,继岌承命
而已。庄宗令内官李廷安、李从袭,吕知柔为都统府纪纲,见崇韬幕
府繁重,将吏辐辏,降人争先赂遗,都统府惟大将省谒,牙门索然,
由是大为诟耻。及六军使王宗弼归款,行赂先招讨府,王衍以成都
降,崇韬居王宗弼之第,宗弼选王衍之妓妾珍玩以奉崇韬,求为蜀
帅,又与崇韬子廷诲谋,令蜀人列状见魏王,请奏崇韬为蜀帅。继岌
览状谓崇韬曰:"主上倚侍中如衡、华,安肯弃元老于蛮夷之地,况
余不敢言此。"李从袭等谓继岌曰:"郭公收蜀部人情,意在难测,王
宜自备。"由是两相猜察。

庄宗令中官向延嗣赍诏至蜀,促班师,诏使至,崇韬不郊迎,延
嗣愤愤。从袭谓之曰:"魏王,贵太子也,主上万福,郭公专弄威柄,
旁若无人。昨令蜀人请己为帅,郭廷诲拥徒出入,贵拟王者,所与狎
游,无非军中骁果,蜀中凶豪,昼夜妓乐欢宴,指天画地,父子如此,
可见其心。今诸军将校,无非郭氏之党,魏王悬军孤弱,一朝班师,
必恐纷乱,吾属未知暴骨之所!"因相向垂涕。延嗣使还具奏,皇后
泣告庄宗,乞保全继岌。庄宗复阅蜀簿曰:"人言蜀中珠玉金银,不

知其数,何如是之微也!"延嗣奏曰:"臣闻蜀人,知蜀中宝货皆入崇韬之门,言崇韬得金万两,银四十万,名马千匹,王衍爱妓六十,乐工百,犀玉带百。廷诲自有金银十万两,犀玉带五十,艺色绝妓七十,乐工七十,他财称是。魏王府,蜀人赂遗不过匹马而已。"庄宗初闻崇韬欲留蜀,心已不平,又闻全有蜀之妓乐珍玩,怒见颜色。即令中官马彦珪弛入蜀视崇韬去就,如班师则已,如实迟留,则与继岌图之。彦珪见皇后曰:"祸机之发,间不容发,何能数千里外复禀圣旨哉!"皇后再言之,庄宗曰:"未知事之实否,讵可便令果决?"皇后乃自为教与继岌,令杀崇韬。时蜀土初平,山林多盗,孟知祥未至,崇韬令任圜,张筠分道招抚,虑师还后,部曲不宁,故归期稍缓。

四年正月六日,马彦珪至军,决取十二日发成都赴阙,令任圜权知留事,以俟知祥。诸军部署已定,彦珪出皇后教以示继岌,继岌曰:"大军将发,他无衅端,安得为此负心事!公辈勿复言"从袭等泣曰:"圣上既有口敕,王若不行,苟中途事泄,为患转深。"继岌曰:"上无诏书,徒充皇后教令,安得杀招讨使!"从袭等巧造事端以间之,继岌既无英断,俛俯从之。诘旦,从袭以继岌之命召崇韬计事,继岌登楼避之,崇韬入,左右挝杀之。崇韬有子五人,廷信,廷诲随父死于蜀,廷说诛于洛阳,廷让诛于魏州,廷议诛于太原,家产籍没。明宗即位,诏令归葬,仍赐太原旧宅。廷诲,廷让各有幼子一人,姻族保之获免,崇韬妻周氏,携养于太原。

崇韬服勤尽节,佐佑王家,草昧艰难,功无与比,西平巴蜀,宣畅皇威,身死之日,夷夏冤之。然议者以崇韬功烈虽多,事权太重,不能处身量力,而听小人误计,欲取太山之安,如急行避迹,其祸愈速。性复刚戾,遇事便发,既不知前代之成败,又未体当时之物情,以天下为己任,孟浪之甚也。及权倾四海,车骑盈门,士人诌奉,渐别流品。同列豆卢革谓崇韬案:自"渐别流品"至此十二字,原本阙佚,今从《册府元龟》增入。曰:"汾阳王代北人,徙家华阴,侍中世在雁门,得非祖德欤?"崇韬应曰:"经乱失谱牒,先人常云去汾阳王四世。"革曰:"故祖德也。"因是旌别流品,援引薄徒,委之心腹,佐命勋旧,一切鄙弃。旧僚有干进者,崇韬谓之曰:"公虽代邸之旧,然家无门阀,深知公才技,不敢骤进者,虑名流嗤余故也。"及征蜀之行,于兴平拜尚父子仪之墓。尝从容白继岌曰:"蜀平之后,王为太子,待千秋万岁,神器在手,宜尽去宦官,优礼士族,不惟疏斥阉寺,骟马不可复乘。"内则伶官巷伯,怒目切齿;外则旧僚宿将,戟手痛心。掇其族灭之祸,有自来矣,复以诸子骄纵不法,既定蜀川,辇运珍货,实于洛阳之第,籍没之日,泥封尚湿。虽庄宗季年为群小所惑,致功臣不保其终,亦崇韬自贻其灾祸也。《永乐大典》卷二万二千一百六十。

史臣曰:夫出身事主,得位遭时,功不可以不图,名不可以不立。洎功成而名遂,则望重而身危,贝锦于是成文,良玉以之先折,故崇韬之诛,盖为此也。是知强吴灭而范蠡去,全齐下而乐生奔,苟非其贤,孰免于祸,明哲之士,当鉴于斯!《永乐大典》二万二千一百六十。

旧五代史卷五七考证

唐列传九郭崇韬传如三四日间　案:《欧阳史》作十日。

居三日梁军果至　案:《欧阳史》作六日垒成,彦章果引兵急攻之。

崇韬许之　案:《通鉴》作崇韬阳许之。

骟马不可复乘　骟马,《通鉴》作"扇马",考胡三省注引《薛史》亦作骟马,今仍其旧。

安巴坚,旧作阿保机,今改。

补前郭崇韬传况余不敢议此《九国志·王宗弼传》:宗弼送款于魏王,乃还成都,尽辇内藏之宝货归于其家。魏王遣使征犒军钱数千万,宗弼辄靳之，魏王甚怒。及王师至，令其子承班赍衍况用直百万钱献于魏王，并赂郭崇韬，请以己为西川节度使。魏王曰："此我家之物，焉用献为！"翼日，数其不忠之罪，并其子斩之于市。

旧五代史卷五八

唐书三四

列传第一○

赵光逢 弟光允　郑珏　崔协　李琪　萧顷

赵光逢，字延吉。曾祖植，岭南节度使。祖存约，兴元府推官。父隐，右仆射。案《旧唐书·赵隐传》云：隐，字大隐，京兆奉天人也。大中三年，应进士登第，累加尚书左仆射，广明中卒。考《薛史》作右仆射，与《旧唐书》异。光逢与弟光裔皆以文学德行知名。案《旧唐书》：光裔，光启三年进士擢第，累迁司勋郎中，弘文馆学士，改膳部郎中、知制诰。季述废立之后，旅游江表以避患，岭南刘隐深礼之，奏为副使，因家岭外。光逢幼嗜坟典，动守规检，议者目之为"玉界尺"。案《欧阳史》：时人称其方直温润，谓之"玉界尺"。僖宗朝，登进士第。案：原本作昭宗朝，登进士第。据《旧唐书》，光逢系乾符五年进士，当作僖宗，今改正。逾月，辟度支巡官，历官台省，内外两制，俱有能名，转尚书左丞，翰林承旨。案《旧唐书》云：释褐凤翔推官，入朝为监察御史，丁父忧免。僖宗还京，授太常博士，历礼部、司勋，吏部三员外郎，集贤殿学士，转礼部郎中。景福中，以祠部郎中知制诰，寻召充翰林学士，正拜中书舍人、户部侍郎、学士承旨，改兵部侍郎，尚书左丞，学士如故。《旧唐书》所载光逢爵秩较《薛史》为详，今录之。

昭宗幸石门，光逢不从，昭宗遣内养戴知权诏赴行在，称疾解官。驾在华州，拜御史中丞。时有道士许岩士，瞽者马道殷出入禁

庭，骤至列卿宫相，因此以左道求进者众，光逢持宪纪治之，皆伏
法，自是其徒颇息。改礼部侍郎、知贡举。光化中，王道浸衰，南北
司为党，光逢素牲慎静，虑祸及己，因挂冠伊洛，屏绝交游，凡五六
年。门人柳璨登庸，案《欧阳史》：柳璨与光逢有旧恩。《唐摭言》云：光化二
年，赵光逢放柳璨及第，后三年不迁，时璨自内廷大拜，光逢始以左丞征入。
除吏部侍郎、太常卿。入梁为中书侍郎、平章事，累转左仆射兼租庸
使，上章求退，以太子太保致仕。梁末帝爱其才，征拜司空、平章事。
无几以疾辞，授司徒致仕。

　　同光初，弟光胤为平章事，时谒问于私第，尝语及政事，他日，
光逢署其户曰"请不言中书事"，其清净寡欲端默如此。尝有女冠寄
黄金一镒于其家，时属乱离，女冠委化于他土。后二十年，金无所
归，纳于河南尹张全义，请付诸宫观，其旧封尚在。两登廊庙，四退
邱园，百行五常，不欺暗室，搢绅咸仰以为名教主。天成初，迁太保
致仕，封齐国公，卒于洛阳。诏赠太傅。《永乐大典》卷一万八千九百九
十一。

　　赵光胤，光逢之弟也，案新、旧《唐书》俱云：赵隐子三人，光逢，光裔、
光胤。为后唐相者，光胤也。《薛史》原本避宋讳，称光胤为光裔，似混二人为
一，今改正。俱以词艺知名，亦登进士第。案：《旧唐书》云：大顺二年，进士
登第。天佑初，累官至驾部郎中。光胤仕梁，历清显，伯仲之间，咸以方
雅自高，北人间其名者，皆望风钦重。

　　及庄宗平定汴、洛，时卢程以狂妄免，郭崇韬自勋臣拜，议者以
为国朝典礼故实，须访前代名家，咸曰光胤有宰相器。薛廷珪、李琪
当武皇为晋王时，尝因为册使至太原，故皆有宿望，当时咸谓宜处
台司，郭崇韬采言事者云，廷珪朽老，浮华无相业，琪虽文学高，倾
险无士风，皆不可以相，乃止。同光元年十一月，光胤与韦说并拜平
章事。

　　光胤生于季末，渐染时风，虽欲跃鳞振翮，仰希前辈，然才力无
余，未能恢远，朝廷每有礼乐制度，沿革拟议，以为己任，同列既非

博通,见其浮谈横议,莫之测也。豆卢革虽凭门地,在本朝时,仕进尚微,久从使府,朝章典礼,未能深悉,光胤每有发论,革但唯唯而已。后革奏议或当,光胤谓群官曰:"昨有所议,前座一言粗当,近日差进,学者其可已乎!"其自负如此。

先是,条制:"权豪强买人田宅,或陷害籍没,显有屈塞者,许人自理。"内官杨希朗者,故观军容使复恭从子也,援例理复恭旧业。事下中书,光胤谓崇韬曰:"复恭与山南谋逆,显当国法,本朝未经昭雪,安得论理?"崇韬私抑宦者,因具奏闻。希朗泣诉于庄宗,庄宗令自见光胤言之。希朗陈诉:"叔祖复光有大功于王室,伯祖复恭为张浚所搆,得罪前朝,当时强臣掣肘,国命不行。及王行瑜伏诛,德音昭洗,制书尚在。相公本朝氏族,谙练故事,安得谓之未雪耶!若言未雪,吾伯氏彦博,洎诸昆仲,监护诸镇,何途得进!"渐至声色俱厉。光胤方恃名德,为其所折,悒然不乐。又以希朗幸臣,虑撼他事危己,必不自安。三年夏四月,病疽卒。赠左仆射。《永乐大典》卷一万六千九百九十一。

郑珏,昭宗朝宰相綮之侄孙。父徽,河南尹张全义判官。光化中,登进士第,案《欧阳史》云:珏少依全义,居河南,举进士数不中,全义以珏属有司,乃得及第,历弘文馆校书、集贤校理,监察御史。入梁为补阙,起居郎,台入翰林,累迁礼部侍郎充职。珏文章美丽,旨趣雍容,自策名登朝,张全义皆有力焉。案《欧阳史》云:梁诸大臣以全义故,数荐之。贞明中,拜平章事。庄宗入汴,责授莱州司户,未几,量移曹州司马。张全义言于郭崇韬,将复相之,寻入为太子宾客。

明宗即位,任圜自蜀至,安重诲不欲圜独拜宰辅,共议朝望一人共之。孔循言珏贞明时久在中书,性畏慎而长者,美词翰,好人物,重诲即奏与任圜并命为相,有顷,珏以老病耳疾,不任中书事,四上章请,明宗惜之,久而方允,乃授开府仪同三司,行尚书左仆射致仕,仍赐郑州庄一区。明宗自汴还洛阳,遣中使抚问,赐钱二十万,食羊百口,长兴初卒,赠司空。初,珏应进士,十九年方登第,名姓为第十九年人，自登第凡十九年为宰相，又昆仲之次第十九，时亦异之。案《古今事类》云：郑珏当唐昭宗时作相，文章理道，典赡华美。小字十九郎，应举十九年方及第，又第十九人，至相亦十九年，时皆异之。考珏以光化中登第，历相梁、唐，而古今事类以为唐昭宗时作相，误也。

子遘，太平兴国中任正郎。《永乐大典》卷一万八千八百八十一。

崔协，字思化，远祖清河太守第二子寅，仕后魏为太子洗马，因为清河小房，至唐朝盛为流品。曾祖邠，太常卿。祖瓘，吏部尚书。父彦融，楚州刺史。彦融素与崔荛善，尝为万年令，荛谒于县，彦融未出，见案上有尺题，皆赂遗中贵人，荛知其由径，始恶其为人。及除司勋郎中，荛为左丞，通刺不见，荛谓曰："郎中行止鄙杂，故未见。"宰相知之，改楚州刺史。卒于任，诫其子曰："世世无忘荛。"故其子弟常云"崔仇"。

协即彦融之子也。幼有孝行，登进士第，释褐为度支巡官、渭南尉，直史馆，历三署。入梁为左司郎中、万年令、给事中，累官至兵部侍郎。与中书舍人崔居俭相遇于幕次，协厉声而言曰："崔荛之子，何敢相见！"居俭亦报之。左降太子詹事，俄拜吏部侍郎。同光初，改御史中丞，宪司举奏，多以文字错误，屡受责罚。协器宇宏爽，高谈虚论，多不近理，时人以为虚有其表。天成初，迁礼部尚书、太常卿，因枢密使孔循保荐，拜平章事。

初，豆卢革、韦说得罪，执政议命相，枢密使孔循意不欲河朔人居相位，任圜欲相李琪，而郑珏素与琪不协，孔循亦恶琪，谓安重诲曰："李琪非无艺学，但不廉耳。朝论莫若崔协。"重诲然之，因奏择相，明宗曰："谁可？"乃以协对。任圜奏曰："重诲被人欺卖，如崔协者，少识文字，时人谓之'没字碑'。臣比不知书，无才而进，已为天下笑，何容中书之内，更有笑端！"明宗曰："易州刺史韦肃，人言名家，待我常厚，置于此位何如？"肃苟未可，则冯书记是先朝判官，称为长者，与物无竞，可以相矣。"道尝为庄宗霸府书记，故明宗呼之。朝退，宰臣枢密使休于中兴殿之庑下，孔循拂衣而去曰："天下事一则任圜，二则任圜，崔协暴死则已，不死会居此位。"重海私谓圜曰："今相位缺人，协且可乎？"圜曰："朝廷有李琪者，学际天人，奕叶轩冕，论才校艺，可敌时辈百人。而谗夫巧沮，忌害其能，必舍琪而相协，如弃苏合之丸，取蜣蜋之转也。"重海笑而止。然重海与循同职，循日言琪之短、协之长，故重海竟从之。而协登庸之后，庙堂代笔，假手于人。朝廷以国庠事重，命协兼判祭酒事，协上奏每岁补监生二百为定，物议非之。《北梦琐言》：明宗问宰相冯道："卢质近日吃酒否？"对曰："质曾到臣居，亦饮数爵，臣劝不令过度，事亦如酒，过则患生。"崔协强言于坐曰："臣闻《食医心镜》，酒极好，不加药饵，足以安心神。"左右见其肤浅，不觉哂之。四年春，驾自夷门还京，从至须水驿，中风暴卒。诏赠尚书左仆射，谥曰恭靖。

子顼、颂、寿贞，惟颂仕皇朝，官至左谏议大夫，终于鄜州行军司马。《永乐大典》卷二千七百四十。

李琪，字台秀。五代祖憕，天宝末，礼部尚书、东都留守。安禄山陷东都，遇害，累赠太尉，谥曰忠懿。憕孙寀，元和朝，位至给事中。寀子敬方，文宗朝，谏议大夫。敬方子縠，广明中，为晋公王铎都统判官，以收复功为谏议大夫。

琪即縠之子也，年十三，词赋诗颂，大为王铎所知，然亦疑其假手。一日，铎召縠燕于公署，密遣人以《汉祖得三杰赋》题就其第试之，琪援笔立成。赋尾云："得士则昌，非贤罔共。龙头之友斯贵，鼎足之臣可重，宜哉项氏之败亡，一范增而不能用。"铎览而骇之，曰："此儿大器也，将擅文价。"《太平广记》：琪总角谒铎，铎顾曰："适蜀中诏到，用夏州拓跋思恭为收复都统，可作一诗否？"即秉笔立制，云："飞骑经巴栈，洪恩及夏台。将从天上去，人自日边来。此处金门远，何时玉辇回。早平关右贼，莫待诏书催。"铎益奇之，因执琪手曰："此真凤毛也。"时年十四。明年，丁母忧，因流寓青齐。然糗照薪，俾夜作昼，览书数千卷，间为诗赋，唐僖宗再幸梁、洋，窃赋云："哀痛不下诏，登封谁上书。"

昭宗时，李溪父子以文学知名，琪年十八，袖赋一轴谒溪，溪览赋惊异，倒屣迎门，出琪《调哑钟》，《捧日》等赋，谓琪曰："余尝患近年文士辞赋，皆数句之后，未见赋题，吾子入句见题，偶属典丽，吁！可畏也。"琪由是益知名，举进士第。天复初，应博学宏词，居第四等，授武功县尉，辟转运巡官，迁左拾遗、殿中侍御史。自琪为谏官宪职，凡时政有所不便，必封章论列，文章秀丽，览之者忘倦。

琪兄玭，亦登进士第，才藻富赡，兄弟齐名，而尤为梁祖所知，以玭为崇政学士。琪自左补阙入为翰林学士，案《北梦琐言》云：梁李相国琪，唐末以文学策名，仕至御史。昭宗播迁，衣冠荡析，琪藏迹于荆、楚间，自晦其迹，号华原李长官。其堂兄光符宰宜都，尝厌薄之。琪寂寞，每临流踯石，摘树叶而试草制词，吁嗟怏恨，而投叶水中。梁祖受禅，征入，拜翰林学士。今考《梁书·李玭传》，玭历为成汭、赵匡凝掌书记，盖昭宗末年，玭、琪兄弟皆客荆、楚，后乃受知于梁祖也。累迁户部侍郎、翰林承旨。梁祖西抗邠、岐，北攻泽、潞，出师燕、赵，经略四方，暂无宁岁，而琪以学士居帐中，专掌文翰，下笔称旨，宠遇逾伦。自是琪之名播于海内。琪重然诺，怜才奖善，家门雍睦。贞明、龙德中，历兵、礼、吏侍郎，受命与冯锡嘉、张充、郤殷象同撰《梁太祖实录》三十卷，迁御史中丞，累擢尚书左丞，中书门下平章事。时琪与萧顷同为宰相，顷性畏慎深密，琪倜傥负气，不拘小节，中书奏覆，多行其志，而顷专掎摭其咎。会琪除吏，是试摄名衔，改"摄"为"守"，为顷所奏，梁帝大怒，将投诸荒裔，而为赵岩辈所援，罢相，为太子少保。

庄宗入汴，素闻琪名，累欲大任。同光初，历太常卿、吏部尚书。三年秋，天下大水，国计不充，庄宗诏百僚许上封事，陈经国之要。琪因上疏曰：

臣闻王者富有兆民，深居九重，所重患者，百姓凋耗而不知，四海困穷而莫救，下情不得上达，群臣不敢指言。今陛下以水潦之灾，军食乏缺，焦劳罪己，迫切疚怀，避正殿以责躬，访多士而求理，则何思而不获，何议而不臧，止在改而行之，足以择其善者。

臣闻古人有言曰：谷者，人之司命也；地者，谷之所生也；

人者,君之所理也。有其谷则国力备,定其地则人食足,察其人则徭役均,知此三者,为国之急务也。轩黄已前,不可详记。自尧湮洪水,禹作司空,于时辨九等之田,收什一之税,其时户一千三百余万,定垦地约九百二十万顷,最为太平之盛。及商革夏命,重立田制,每私田十亩,种公田一亩,水旱同之,亦什一之义也。泊乎周室,立井田之法,大约百里之国,提封万井,出车百乘,戎马四百匹。畿内兵车万乘,马四万匹,以田法论之,亦什一之制也。故当成、康之世,比尧、舜之朝,户口更增二十余万,非他术也。盖三代以前,皆量入以为出,计农以立军,虽逢水旱之灾,而有凶荒之备。

降及秦、汉,重税工商,急关市之征,倍舟车之算,人户既以减耗,古制犹以兼行,按此时户口,尚有千二百余万,垦田亦八百万顷。至乎三国并兴,两晋之后,则农夫少于军众,战马多于耕牛,供军须夺于农粮,秣马必侵于牛草,于是天下户口,只有二百四十余万。泊隋文之代,两汉比隆,及炀帝之年,又三分去一。

我唐太宗文皇帝,以四夷初定,百姓未丰,延访群臣,各陈所见。惟魏征独劝文皇力行王道,由是轻徭簿赋,不夺农时,进贤良,悦忠直,天下粟价,斗直两钱。自贞观至于开元,将及一千九百万户,五千三百万口,垦田一千四百万顷,比之尧、舜,又极增加。是知救人瘼者,以重敛为病源;料兵食者,以惠农为军政。仲尼云:"百姓足,君孰与不足。"臣之此言,是魏征所以劝文皇也。伏惟深留宸鉴。如以六军方阙,不可轻徭,两税之余,犹须重敛,则但不以折纳为事,一切以本色输官,又不以纽配为名,止以正耗加纳,犹应感悦,未至流亡。况今东作是时,羸牛将驾,数州之地,千里运粮,有此差徭,必妨春种,今秋若无粮草,何以赡军。

臣伏思汉文帝时,欲人务农,乃募人入粟,得拜爵及赎罪。景帝亦如之。后汉安帝时,水旱不足,三公奏请,富人入粟,得

关内侯及公卿以下散官。本朝乾元中,亦曾如此。今陛下纵不
欲入粟授官,愿明降制旨下诸道,合差百姓转仓之处,有能出
力运官物到京师,五百石以上,白身授以初任州县官,有官者
依资迁授,欠选者便与放选。千石以上至万石,不拘文武,明示
赏酬。免令方春农人流散,斯亦救民转仓赡军之一术也。

庄宗深重之,寻命为国计使,垂为辅相,俄遇萧墙之难而止。

及明宗即位,豆卢革、韦说得罪,任圜陈奏,请命琪为相,为孔
循、郑珏排沮,乃相崔协。琪时为御史大夫,安重诲于台门前专杀殿
直马延,虽曾弹奏,而依违词旨,不敢正言其罪,以是托疾,三上章
请老,朝旨不允,除授尚书左仆射。自是之后,尤为宰执所忌,凡有
奏陈,靡不望风横沮。天成末,明宗自汴州还洛,琪为东都留司官班
首,奏请至偃师奉迎。时琪中有“败契丹之凶党,破真定之逆城”之
言,诏曰:契丹即为凶党,真定不是逆城,李琪罚一月俸。又尝奉敕
撰《霍彦威神道碑》文。琪,梁之故相也,叙彦威仕梁历任,不言其
伪。中书奏曰:“不分真伪,是混功名,望令改撰。”诏从之。多此类
也。

琪虽博学多才,拙于遵养时晦,知时不可为,然犹多岐取进,动
而见排,由己不能镇静也。以太子太傅致仕。长兴中,卒于福善里
第,时年六十。子贞,官至邑宰。琪以在内署时所为制诏,编为十卷,
目曰《金门集》,大行于世。《永乐大典》卷一万三百八十九。

萧顷,字子澄,京兆万年人,故相仿之孙,京兆尹廪之子。顷聪
悟善属文,昭宗朝擢进士第,历度支巡官、太常博士、右补阙。时国
步艰难,连帅倔强,率多奏请,欲立家庙于本镇,顷上章论奏,乃止。
累迁吏部员外郎。先是,张浚自中书出为右仆射,梁祖判官高劭使
梁祖荫求一子出身省官,寺皆称无例,浚曲为行之,指挥甚急,吏徒
惶恐。顷判云:“仆射未集郎官,赴省上指挥公事,且非南宫旧仪。”
浚闻之,惭悚致谢,顷由是知名。梁祖亦奖之。顷入梁,历给谏,御
史中丞,礼部侍即、知贡举,咸有能名。自吏部侍郎拜中书门下平章

事,与李琪同辅梁室,事多矛盾。庄宗入汴,顷坐贬登州司户,量移濮州司马,数年,迁太子宾客。天成初,为礼部尚书、太常卿、太子少保致仕。卒时年六十九。辍朝一日,赠太子少师,《永乐大典》卷五千二百二十五。

　　史臣曰:夫辅相之才,从古难得,盖文学政事,履行谋猷,不可缺一故也。如数君子者,皆互有所长,亦近代之良相也。如齐公之明节,李琪之文章,足以珪表搢绅,笙簧典诰,陟之廊庙,宜无愧焉,《永乐大典》卷二千七百四十。

旧五代史卷五八考证

　　唐列传十赵光逢传父隐右仆射　　案:《旧唐书》作左仆射。
　　僖宗朝登进士第　　僖宗,原本作昭宗,据《旧唐书》,光逢系乾符五年进士,当作僖宗,今改正。
　　时有道士许岩士,　　许岩士,原本脱"士"字,今据《新唐书》及《通鉴》增入。
　　李琪传敬方字子毅广明中为晋公王铎都统判官　　案:《太平广记》引《李琪集序》作父敬佐王铎滑州幕。考李琪祖名敬方,其父不得名敬,疑《太平广记》传写之讹。
　　戎马四百匹　　四百,原本作四千,今据《汉书》改正。以太子太傅致仕　　案:太傅,《欧阳史》作少傅。
　　补前赵光逢传授司徒致仕《唐摭言》云:光逢膺大用,居重地十余载,七表乞骸,守司空致仕,居二年复征拜上将。

旧五代史卷五九

唐书三五

列传第一一

丁会　阎宝　符习　乌震　王瓒
袁象先　张温　李绍文

丁会，字道隐，寿州寿春人。父季。会幼放荡纵横，不治农产，恒随哀挽者学绋讴，尤嗜其声。既长，遇乱，合雄儿为盗，有志功名。黄巢渡渭，会从梁祖为部曲，梁祖镇汴，会历都押衙。自梁祖诛宗权，并时溥，屠朱瑄，走朱瑾，会恒以兵从，多立奇功。文德中，表授怀州刺史，历滑州留后、河阳节度使、检校司徒。自河阳以疾致政于洛阳。梁祖季年猜忌，故将功大者多遭族灭，会阴有避祸之志，称疾者累年。案：《通鉴考异》谓梁祖季年无诛戮大臣之事。考朱珍、李谠诸人先后为梁祖所杀，丁会盖鉴于前事也。

天复元年，梁祖奄有河中、晋、绛，乃起会为昭义节度使。昭宗幸洛阳，加同平章事。其年，昭宗遇弑，哀问至，会三军缟素，流涕久之。时梁祖亲讨刘守文于沧州，驻军于长芦。三年十二月，王师攻会，居旬日，会以潞州归于武皇。《北梦琐言》：梁祖雄猜，疑忌功臣，忽谓敬翔曰："吾梦丁会在前祇候，吾将乘马欲出，围人以马就台，忽为丁会跨之以出，时梦中怒，叱喝数声，因惊觉，甚恶之。"是月，丁会举潞州军民归河东矣。引见，会泣曰："臣非不能守潞，但以汴王篡弱唐祚，猜嫌旧将，臣虽蒙保荐之恩，而不忍相从，今所谓吐盗父之食以见王也。"武皇纳

之,赐甲第于太原,位在诸将上。五年,汴将李思安围潞州,以会为都招讨使、检校太尉,

庄宗嗣王位,与会决谋,破汴军于夹城。七年十一月,卒于太原。庄宗即位,追赠太师,

有子七人,知沆为染祖所诛,余皆历内职。《永乐大典》卷一万八千一百八十九。

阎宝,字琼美,郓州人。父佐,海州刺史。宝以少事朱瑾为牙将。瑾之失守于兖也,宝与瑾将胡规、康怀英归汴梁,皆擢任之。自梁祖陈师河朔,争霸关西,宝与葛从周、丁会、贺德伦、李思安各为大将,统兵四出,所至立功,历洺、随、宿、郑四州刺史。天祐六年,梁祖以宝为邢洺节度使、检校太傅。庄宗定魏北,十三年,攻相、卫、洺、磁,下之,宝独保邢州,城孤援绝。八月,宝以邢州降,庄宗嘉之,进位检校太尉、同平章事,遥领天平军节度使、东南面招讨等使,待以宾礼,位在诸将上,每有谋画,与之参决。

契丹之寇幽州也,周德威危急,宝与李存审从明宗击契丹于幽州西北,解围而还。胡柳之役,诸军逗挠,汴军登无石山,其势甚盛。庄宗望之,畏其不敌。且欲保营。宝进曰:"王深入敌境,偏师不利,王彦章骑军已入濮州,山下唯列步兵,向晚皆有归志,我尽锐击之,败走必矣。今若引退,必为所乘,我军未集,更闻贼胜,即不战而自溃也。凡决胜料情,情势已得,断在不疑。今王之成败,在此一战,若不决胜,设使余众渡河,河朔非王有也。王其勉之。"庄宗闻之耸听,曰:"微公几失计。"即引骑大噪,奋槊登山,大败汴人。

十八年,张文礼杀王熔叛,宝帅师进讨。八月,收赵州,进渡滹水,擒贼党张友顺以献。九月,进逼真定,结营西南隅,掘堑栅以环之,决大悲寺漕渠以浸其郛。十九年正月,契丹三十万来援镇州,前锋至新乐,众心忧之。宝见庄宗,指陈方略,军情乃安。敌退,加检校侍中。三月,城中饥,王处瑾之众出城求食,宝纵其出,伏兵截击之。饥贼大至,诸军未集,为贼所乘,宝乃收军退保赵州,因惭愤成

疾，疽发背而卒，时年六十。同光初，追赠太师，晋天福，追封太原郡王。

有子八人，宏伦、宏儒皆位至郡守。《永乐大典》卷九千八百二。

符习，赵州庆县人。少从军，事节度使王熔，积功至列校。自庄宗经略河朔，与熔连衡，常令习率师从庄宗征讨。熔为张文礼所害，时习在德胜寨，文礼上书请习等归镇，习雨泣诉于庄宗曰："臣本赵人，家世事王氏，故使尝授臣以剑，俾臣平荡凶寇。自闻变故，徒怀冤愤，欲以自刭，无益于营魂。且张文礼乃幽、沧叛将，赵王知人不尽，过意任使，致被反噬。臣虽不武，愿在霸府血战而死，不能委身于凶首。"庄宗曰："尔既怀旧君之爱，可复仇乎？吾当助尔。"习等举身投地，号恸感激，谢曰："王必以故使辅翼之劳，雪其冤耻，臣不敢期师旅为助，但悉本军可以诛其逆竖。"庄宗即令阎宝，史建瑭助习讨文礼，乃以习为成德军兵马留后。及文礼诛，将正授节钺，习不敢当其任，辞曰："臣缘故使未葬，又无嗣息，臣合服斩缞，候臣礼制毕听命。"及庄宗兼领镇州，乃割相、魏二州置义宁军，以习为节度使。习奏曰："魏博六州，见系霸府，不宜遽有割隶。但授臣河南一镇，臣自攻取。"乃授天平军节度、东南面招讨使。

习有器度，性忠壮，自庄宗十年沿河战守，习常以本军从，心无顾望，诸将服其为人。同光初，以习为邢州节度，明年移镇青州。四年二月，赵在礼盗据魏州，习受诏以淄、青之师进讨，至则会军乱，习乃退军渡河，明宗自邺赴洛，遣使召之，习不时而至。既至，谒明宗于胙县。霍彦威谓习曰："主上所知者十人，公在其四，何犹豫乎！"习乃从明宗入汴。明宗即位，加兼侍中，令归本镇。属青州守将王公俨拒命，复授天平军节度使。《宋史·颜衎传》：天成初，为邹平令。符习初镇天平，习武臣之廉慎者，以书告属邑，毋聚敛为献贺。衎未领书，以故规行之，寻为吏所讼，习遽召衎笞之，幕客军吏，咸以为辱及正人，习甚悔焉，即表为观察判官，且塞前事。

四年，移汴州节度使。安重诲素不悦习，会汴人言习厚赋民钱，以代纳藁，及纳军租，多收加耗，由是罢归京师。《通鉴》：习自恃宿将，议论多抗安重诲，故重诲求其过，奏之。授太子太师致仕，求归故里，许之。乃归昭庆县。明宗以其子令谦为赵州刺史。习飞扬痛饮，周游田里，不集朋徒，不过郡邑，如此累年，中风而卒。赠太师。

子蒙嗣，位至礼部侍郎。《永乐大典》卷一万八千一百二十九。

乌震，冀州信都人也。少孤，自勤于乡校。弱冠从军，初为镇州队长，以功渐升部将，与符习从征于河上，颇得士心。闻张文礼弑王镕，志复主仇，雪泣请行。兵及恒阳，文礼执其母妻泊儿女十口诱之，不回，攻城日急。文礼忿之，咸割鼻断腕，不绝于肤，放至军门，观者皆不忍正视。震一恸而止，愤激奋命，争先矢石。镇州平，以功授震深、赵二州刺史。其性纯质，以清直御下，在河北独有政声，移易州刺史，兼南北面水陆转运、招抚等使。契丹犯塞，渔阳路梗，震率师运粮，三入蓟门，擢为河北道副招讨，遥领宣州节度使，代房知温军于卢台。及至军，会戍兵龙晊所部邺都奉节等军数千人作乱，未及交印而遇害。明宗闻之，废朝一日，诏赠太傅。震略涉书史，尤嗜《左氏传》，好为诗，善笔札，凡邮亭佛寺，多有留题之迹。及其遇祸，燕、赵之士皆叹惜之。《永乐大典》卷一万八千一百二十九。

王瓒，故河东节使重盈之诸子也。天复初，梁祖既平河中，追念王氏旧恩，辟瓒为宾助。梁祖即位，历诸卫大将军，充华两镇节度使、开封尹。贞明五年，代贺瑰统军于河上。时李存审筑垒于德胜渡。秋八月，瓒率汴军五万自黎阳渡河，将掩击魏州，明宗出师拒之。瓒至顿丘而旋，于阳村夹河筑垒，架浮航，自滑馈运相继。瓒严于军法，令行楚止，然机略应变则非所长。十一月，瓒率其众观兵于戚城，明宗以前锋击之，获其将李立。十二月，逻骑报汴之馈粮千计沿河而下，可掩而取之。庄宗遣徒兵五千，设伏以俟之，使骑军循河南岸西上。俘获馈役数千。瓒结阵河曲，以待王师，既而合兵，一战败之，瓒众走保南城，瓒以小舟北渡仅免。是日，获马千余匹，俘斩万级，王师乘胜徇地曹、濮。梁主以瓒失律，令戴思远代还。

及王师袭汴，时瓒为开封府尹。梁主闻王师将至，自登建国门楼，日夜垂泣，时持国宝谓瓒曰："吾终保有此者，系卿耳。"令瓒阅市人散徒，登城为备。洎明宗至封丘门，瓒开门迎降。翌日，庄宗御玄德殿，瓒与百官待罪及进币马，诏释之，仍令收梁主尸，备槽椟，权厝于佛寺，漆首，函送于郊社。

居数日，段凝上疏奏："梁朝掌事权者赵岩等，并助成虐政，结怨于人，圣政维新，宜诛首恶，以谢天下。"于是张汉杰、张汉融、张汉伦、张希逸、赵毅、朱珪、等并族诛，家财籍没。瓒闻诸族当法，忧悸失次，每出则与妻子决别，郭崇韬遣人慰譬之，诏授宣武军节度副使，知府事，检校太傅如故。案《欧阳史》云：瓒伏地请死，庄宗劳而起之，曰："朕与卿家世婚姻，然人臣各为主耳，复何罪邪！"因以为开封尹，迁宣武军节度使。据《薛史》则瓒以宣武军节度副使，知府事，未尝迁秩也。瓒心忧疑成疾，十二月卒。赠太子太师。

瓒虽为治严肃，而惨酷有家世风。自历守藩镇，颇能除盗，而明不能照下。及尹正京邑，委政于爱婿牙将辛廷尉，曲法纳贿，因缘为奸。初，汴人驻军于河上，军计不足，瓒请率汴之富户出助军钱，赋取不均，人靡控诉，至有雉经者，又有富室致赂幸而免率者。及明宗即位，素知廷尉之奸，乃勒归田里。然瓒能优礼缙绅，抑挫豪猾，故当时士流皆称仰焉。《永乐大典》卷六千六百八十。

　　袁象先，宋州下邑人也。自称唐中宗朝中书令、南阳郡王恕己之后。曾祖进朝，成都少尹，梁以象先贵，累赠左仆射。祖忠义，忠武军节度判官，累赠司空。父敬初，太府卿，累赠司徒、附马都尉。敬初娶梁祖之妹，初封沛郡太君，开平中，追封长公主。贞明中，追封万安大长公主。

　　象先即梁祖之甥也。性宽厚，不忤于物，幼遇乱，慨然有忧时之意。象先尝射一水鸟，不中，箭落水中，下贯双鲤，见者异之。梁祖镇夷门，象先起家授银青光禄大夫、检校太子宾客、兼御史中丞。景福元年,自检校左省常侍迁检校工部尚书,充元从马军指挥使兼左静边都指挥使。乾宁五年,再迁检校右仆射、左领军卫将军同正,充宣武军内外马步军都指挥使。光化二年,权知宿州军州事。

天复元年,表授刺史,充本州团练、柂桥镇遏都知甬马使。会淮寇大至,围迫州城,象先殚力御备,时援兵未至,颇怀忧沮。一日,登北城,憩其楼堞之上,悦然若寝,梦人告曰:“我陈璠也,尝板筑是城,旧第犹在,今为军舍,可为我立庙,即助公阴兵。”象先纳之。翌日,淮寇急攻其垒,梯冲角进,是日州城几陷。顷之,有大风雨,居民望见城上兵甲无算,寇不能进,即时退去。象先方信鬼神之助,乃为之立祠,至今里人祷祝不辍。三年,权知洛州军州事。

天祐三年,授陈州刺史、检校司空。是岁,陈州大水,民饥,有物生于野,形类葡萄,其实可食,贫民赖焉。梁开平二年,授左英武军使,再迁左神武、右羽林统军。三年,转右卫上将军,封汝南县男。四年,权知宋州留后,到任五月,改天平军两使留后。时郓境再饥,户民流散,象先即开仓赈恤,蒙赖者甚众。五年,梁祖北征,以象先为镇定东南行营都招讨应接副使,进封开国伯。领兵攻蒋县,不克而还。俄奉诏自郓赴阙,郓人遮留,毁石桥而不得进,乃至他门而逸。寻授左龙武统军兼侍卫亲军都指挥使。

乾化三年,与魏博节度使杨师厚合谋,诛朱友珪于洛阳,梁末帝即位,以功授检校太保、同平章事,遥领洪州节度使、行开封尹、判在京马步诸军,进封开国公。四年,授青州节度使,加检校太傅。未几,移镇宋州,加检校太尉。象先在宋凡十年。

初,梁祖领四镇,统兵十万,威震天下,关东藩守,皆其将吏,方面补授,由其保荐,四方舆金辇璧,骏奔结辙,纳赂于其庭。如是者十余年,浸成风俗,藩侯牧守,下逮群吏,罕有廉白者,率皆掊敛剥下,以事权门。象先恃甥舅之势,所至藩府,侵刻诛求尤甚,以此家财巨万。庄宗初定河南,象先率先入觐,赍珍币数十万,遍赂权贵及刘皇后伶官巷伯,旬日,内外翕然称之。

初,梁将未复官资者,凡上章奏姓名而已。郭崇韬奏曰:“河南征镇将吏，昭洗之后，未有新官，每上表章，但书姓名，未颁纶制，必负忧疑。”即日，复以象先为宋、亳、辉、颍节度使，依前检校太尉、平章事，仍赐姓，名绍安，寻令归镇。明年，以郊礼，象先复来朝。是时，制改宋州宣武军为归德军。因侍宴，庄宗谓象先曰：“归德之名，无乃著题否？”象先拜谢而退，即命归镇。其夏，以疾卒于治所，年六十一。册赠太师，周广顺中，赠中书令，追封楚国公。

象先二子，长曰正辞，历衢、雄二州刺史。次曰羲至，周显德中，终于沧州节度使。《永乐大典》卷五千一百十四。

张温，字德润，魏州魏县人也。始事梁祖为步直小将，改崇明都校。贞明初，蒋殷以徐州叛，从刘鄩讨平之，改左右捉生都指挥使。庄宗伐邢台，获之，用为永清都校，历武州刺史、山后八军都将。从庄宗袭契丹于幽州，收新州，历银枪效义都指挥使，再任武州刺史。同光初，契丹陷妫、儒、檀、顺、平、蓟六州，武州独全，改授蔚州刺史。天成初，历振武、昭武留后，寻授利州节度使，入为右卫上将军。无几，洋州节度使，右龙武统军，改云州节制。清泰初，屯兵雁门，逐契丹出塞，移镇晋州，撄疾而卒。诏赠太尉。《永乐大典》卷六千六百六十。

李绍文，郓州人。本姓张，名从楚。少事朱瑄为帐下，瑄败，归于梁祖，为四镇牙校，累典诸军。天祐八年，从王景仁战，败于柏乡，绍文与别将曹儒收残众退保相州。王师之攻魏州也，绍文率众自黎阳渡河。时汴人大恐，河无舟楫，绍文惧，为王师所逼，乃剽黎阳、临河、内黄至魏州，归于庄宗。庄宗嘉纳之，赐姓名，分其两将三千人为左右匡霸军旅，仍令绍文、曹儒分将之。从周德威讨刘守光，进检校司空，移将匡卫军。十二年，授博州刺史，预破刘鄩于故元城，历贝、隰、代三州刺史，领天雄军马步副都将，屯于德胜。从阎宝讨张文礼，为马步都虞候。明宗收郓州，以绍文为右都押衙、马步军都将，从破王彦章于中都。同光中，历徐、滑二镇副使，知府事。三年，从郭崇韬讨西川，为洋州节度留后，领镇江军节度，天成初，为武信军节度使，寻卒于镇。《永乐大典》卷一万一百九十八。

　　史臣曰：昔丁会之事梁祖也，功既隆矣，祸将及矣，挺身北首，故亦宜然。然食人之禄，岂合如是哉！阎宝再降于人，夫何足贵焉。符习雪故主之沉冤，享通侯之贵位，乃赵之奇士也。乌震不悯其亲，仁斯鲜矣，虽慕乐羊之迹，岂事文侯之宜。瓒泊象先而下，皆降将也，又何足以讥焉。《永乐大典》卷一万一百八十九。

旧五代史卷五九考证

　　阎宝传梁祖以宝为节度使检校太傅　案《欧阳史》：太祖时为诸军都虞候，末帝时，以宝为保义军节度使。与是书详略先后互异。
　　符习传飞扬痛饮　飞扬，原本作"飞鹰"，今考《杜诗》：痛饮狂歌空度日，飞扬跋扈为谁雄。"鹰"字盖"扬"字之讹，今改正。
　　乌震传移易州刺史　易州，《欧阳史》作冀州。
　　诏赠太傅　太傅，《欧阳史》作太师。
　　张温传　案：温于潼关擒刘浣，见《梁纪》，此传不载。

旧五代史卷六〇

唐书三六

列传第一二

李袭吉　王缄　李敬义　卢汝弼
李德休　苏循　子楷

　　李袭吉，案：《北梦琐言》作李习吉。自言左相林甫之后，父图，为洛阳令，因家焉。袭吉乾符末应进士举，遇乱，避地河中，依节度使李都，擢为盐铁判官。及王重荣代，不喜文士。时丧乱之后，衣冠多逃难汾、晋间，袭吉访旧至太原，武皇署为府掾，出宰榆社。案：《北梦琐言》作摄榆次令。光启初，武皇遇难上源，记室殁焉，既归镇，辟掌奏者，多不如指。或有荐袭吉能文，召试称指，即署为掌书记。袭吉博学多通，尤谙悉国朝近事，为文精意练实，动据典故，无所放纵，羽檄军书，辞理宏健。自武皇上源之难，与梁祖不协。乾宁末，刘仁恭负恩，其间论列是非，交相聘答者数百篇，警策之句，播在人口，文士称之。

　　三年，迁节度使副使，从讨王行瑜，拜右谏议议大夫。及师还渭北，武皇不获入觐，为武皇作违离表，中有警句云："穴禽有异，听舜乐以犹来，天路无梯，望尧云而不到。"昭宗览之嘉叹。洎袭吉入奏，面诏谕之，优赐特异。案《北梦琐言》云：习吉从李克用至渭南，令其入奏，帝重其文章，授谏议大夫，使上事北省以荣之。据《薛史》，则袭吉先授谏议，非至入奏时始授也，当由先经奏授，至入奏时复干本省上事耳。《北梦琐言》多传闻之辞，故有互异。其年十二月，师还太原，王珂为浮梁于夏阳渡，袭吉从军。时筏断航破，武皇仅免，袭吉坠河，得大冰承足，沿流七八里，还岸而止，救之获免。

天复中，武皇议欲修好于梁，命袭吉为书以贻梁祖，书曰：

一别清德，十有余年，失意杯盘，争锋剑戟。山高水阔，难追二国之欢；雁逝鱼沉，久绝八行之赐。

比者，仆与公实联宗姓，原忝恩知，投分深情，将期栖托，论交马上，荐美朝端，倾向仁贤，未省疏阙。岂谓运由奇特，谤起奸邪。毒手尊拳，交相于暮夜；金戈铁马，蹂践于明时。狂药致其失欢，陈事止于堪笑。今则皆登贵位，尽及中年，蓬公亦要知非，君子何劳用壮。今公贵先列辟，名过古人。合纵连衡，本务家存邦之计；拓地守境，要存子孙之基。文王贵奔走之交，仲尼谭损益之友，仆顾惭虚薄，旧忝眷私，一言许心，万死不悔，壮怀忠力，犹胜他人，盟于三光，愿赴汤火。公又何必终年立敌，恳意相窥，徇一时之襟灵，取四交之倦弊，今日得其小众，明日下其危墙，弊师无遗镞之忧，邻壤抱剥床之痛。又虑悠悠之党，妄渎听闻，见仆韬勇枕威，戢兵守境，不量本末，误致窥觎。

且仆自壮岁已前，业经陷敌，以杀戮为东作，号兼并为永谋。及其首陟师坛，躬被公衮，天子命我为群后，明公许我以下交，所以敛迹爱人，蓄兵务德，收燕蓟则还其故将，入蒲坂而不负前言。况五载休兵，三边校士，铁骑犀甲，云屯谷量，马邑儿童，皆为锐将；鹫峰宫阙，咸作京坻。问年犹少于仁明，语地幸依于险阻，有何觇赌，便误英聪。

况仆临戎握兵，粗有操断，屈伸进退，久贮心期。胜则抚三晋之民，败则征五部之众，长驱席卷，反首提戈。但虑隳突中原，为公后患，四海群谤，尽归仁明，终不能见仆一夫，得仆一马。锐师傥失，则难整齐，请防后艰，愿存前好。刭复阴山部落，是仆懿亲；回纥师徒，累从外舍。文靖求始毕之众，元海征五部之师。宽言虚词,犹或得志。今仆散积财而募勇辈,辇宝货以诱义戎,征其密亲,唻以美利,控弦跨马,宁有数乎。但缘荷位天朝,恻心疲瘵,峨峨亭障,未忍起戎。亦望公深识鄙怀,洞回英鉴,论交释憾,虑祸革心,不听浮谈,以伤霸业。夫《易》惟忌满,道贵持盈,倪恃勇以丧师,如擎盘而失水,为蛇刻鹤,幸赐徊翔。

　　仆少负褊心,天与直气,间谋诡论,誓不为之。唯将药石之谈,愿托金兰之分。倪愚衷未豁,彼抱犹迷,假令罄三朝之威,穷九流之辩,遣回肝膈,如俟河清,今者执简吐诚,愿垂保鉴。

　　仆自眷私暌阻,翰墨往来,或有鄙词,稍侵英德,亦承嘉论,每赐骂言,叙欢既罢于寻戈,焚谤幸躅其载笔,穷因尚口,乐贵和心,愿祛沉阂之嫌,以复篪埙之好。今者卜于曩分,不欲因人,转遣使乎,直诣铃阁。古者兵交两地,使在其间,致命受辞,幸存前志。昔贤贵于投分,义士难于屈雠,若非仰恋恩私,安可轻露肝膈。凄凄丹慊,炳炳血情,临纸向风,千万难述。

　　梁祖览之,至"毒手尊拳"之句,怡然谓敬翔曰:"李公斗绝一隅,安得此文士,如吾之智算,得袭吉之笔才,虎傅翼矣。"又读至"马邑儿童"、"阴山部落"之句,梁祖怒谓敬翔曰:"李太原残喘余息,犹气吞宇宙,可诟骂之。"及翔为报书,词整理非胜,由是袭吉之名愈重。案《通鉴考异》引《唐末见闻录》载全忠回书云:前年洹水,曾获贤郎,去岁青山,又擒列将,盖梁之书檄,皆此类也。

　　自广明大乱之后,诸侯割据方面,竞延名士,以掌书檄。是时梁有敬翔,燕有马郁,华州有李巨川,荆南有郑准,案《唐新纂》云:郑准,士族,未第时,佐荆门上谷莲幕,飞书走檄,不让古人,秉直去邪,无惭往哲。考准为成汭书记,汭封上谷郡王。凤翔有王超,案《北梦琐言》云:唐末,凤翔判官王超,推奉李茂贞,挟曹马之势,笺奏文檄,恣意嘲翔。后为兴元留后,遇害,有《凤鸣集》三十卷行于世。钱塘有罗隐,魏博有李山甫,皆有文称,与袭吉齐名于是。

　　袭吉在武皇幕府垂十五年,视事之暇,惟读书业文,手不释卷。

性恬于荣利，奖诱后进，不以己能格物。参决府事，务在公平，不交赂遗，绰绰有士大夫之风概焉。天祐三年六月，以风病卒于太原。同光二年，追赠礼部尚书。《永乐大典》卷一万三百八十。

　　王缄，幽州刘仁恭故吏也。少以刀笔直记室，仁恭假以幕职，令使凤翔，还经太原，属仁恭阻命，武皇留之。缄坚辞复命，书词稍抗，武皇怒，下狱诘之，谢罪听命，乃署为推官，历掌书记。《契丹国志·韩延徽传》：延徽自契丹奔晋，晋王欲置之幕府掌书记，王缄嫉之。延徽不自安，求东归省母，遂复入契丹，寓书于晋王，叙所以北去之意。且曰："非不恋英主，非不思故乡，所以不留，正惧王缄之谗耳。"从庄宗经略山东，承制授检校司空、魏博节度副使。缄博学善属文，燕蓟多文士，缄后生，未知名。及在太原，名位骤达。燕人马郁，有盛名于乡里，而缄素以吏职事郁。及郁在太原，谓缄曰："公在此作文士，所衣避风之鸟，受赐于鲁人也。"每于公宴，但呼王缄而已。十年，从征幽州，既获仁恭父子，庄宗命缄为露布，观其旨趣。缄起草无所辞避，义士以此少之。胡柳之役，缄随辎重前行，殁于乱兵。际晚，卢质还营，庄宗问副使所在，曰："某醉不之知也。"既而缄凶问至，庄宗流涕久之，得其丧，归葬太原。《永乐大典》卷六千八百五十。

　　李敬义，本名延古，太尉卫公德裕之孙。初随父烨贬连州，遇赦得还。尝从事浙东，自言遇涿道士，谓之曰："子方厄运，不宜仕进。"敬义悚然对曰："吾终老贱哉？"涿曰："自此四十三年，必遇圣主大任，子其志之。"敬义以为然，乃无心仕宦，退归洛南平泉旧业。为河南尹张全义所知，岁时给遗特厚，出入其门，欲署幕职，坚辞不就。

　　初，德裕之为将相也，大有勋于王室，出藩入辅，绵历累朝。及留守洛阳，有终焉之志，于平泉置别墅，采天下奇花异竹、珍木怪石，为园池之玩。自为家戒序录，志其草木之得处，刊于石，云："移吾片石，折树一枝，非子孙也。"洎巢、蔡之乱，洛都灰烬，全义披榛而创都邑，李氏花木，多为都下移掘，樵人鬻卖，园亭扫地矣。有醒酒石，德裕醉即踞之，最保惜者。光化初，中使有监全义军得此石，置于家园，敬义知之，泣谓全义曰："平泉别业，吾祖戒约甚严，子孙不肖，动违先旨。"因托全义请石于监军。他日宴会，全义谓监军曰："李员外泣告，言内侍得卫公醒酒石，其祖戒堪哀，内侍能回移否？"监军忿然厉声曰："黄巢败后，谁家园池完复，岂独平泉有石哉！"全义始受黄巢伪命，以为诟己，大怒曰："吾今为唐臣，非巢贼也。"即署奏笞毙之。

昭宗迁都洛阳，以敬义为司勋员外郎，柳灿之陷裴、赵诸族，希梁祖旨奏云："近年浮薄相煽，趋竞成风，乃有卧邀轩冕，辞王爵如土梗者。司空图，李敬义三度除官，养望不至，咸宜屏黜，以劝事君者。"翌日，诏曰："司勋员外郎李延古，世荷国恩，两叶相位，幸从筮仕，累忝宠荣，多历岁时，不趋班列。而自迁都卜洛，纪律载张，去明廷而非遥，处别墅而无惧，罔思报效，故务便安，为臣之节如斯，贻厥之谋何在！须加惩责，以肃朝伦，九寺勾稽，尚谓宽典，可责授卫尉寺主薄"。司空图亦追停前诏，任从闲适。图，《唐史》有传。案《旧唐书·哀帝纪》：六月戊申，敕前司勋员外郎、赐绯鱼袋李延古责授卫尉寺主簿。九月壬寅，敕前大中大夫、尚书兵部侍郎、赐紫金鱼袋司空图放还中条山。盖延古与司空图同时被劾，其降敕则有先后也。时全义既不能庇护，乃密托杨师厚，令敬义潜往依之，因挈族客居卫州者累年，师厚给遗周厚。

十二年，庄宗定河朔，史建瑭收新乡，敬义谒见。是岁，上遣使迎至魏州，署北京留守判官，承制拜工部尚书，奉使王熔，敬义以远祖赵郡，见熔展维桑之敬，熔遣判官李蕘送《赞皇集》三卷，令谒前代碑垅，使还，归职太原。监军张承业尤不悦本朝宰辅子孙，待敬义甚薄，或面折于公宴，或指言德裕过恶，敬义不得志，郁愤而卒。同光二年，赠右仆射。《永乐大典》卷一万三百八十九。《五代史阙文》：司空图，字表圣，自言泗州人。少有俊才，咸通中，一举登进士第。雅好为文，躁于进取，颇自矜伐，端士鄙之。初，从事使府，及登朝，骎历清要。曹贼之乱，车驾播迁，图有先人旧业在中条山，极林泉之美。图自礼部员外郎，因避地焉。日以诗酒自娱。属天下板荡，士多往依之，互相推奖，由是声名藉甚。昭宗反正，以户部侍郎征至京师。图既负才慢世，谓己当为宰辅，时要恶之，稍抑其锐，图愤愤谢病，复归中条。与人书疏。不名官位，但称知非子，又称耐辱居士。其所居曰祯贻溪溪，上结茅屋，命曰休休亭，常自为记云。臣谨按：图，河中虞乡人，少有文彩，未为乡里所称。会王凝自尚书郎出为绛州刺史，图以文谒之，大为凝所赏叹，由是知名。未几，凝入知制诰，迁中书舍人、知贡举，擢图上第。顷之，凝出为宣州观察使，辟图为从事。既渡江，御史府奏图监察，下诏追之。图感知己之恩，不忍轻离幕府，满百日不赴阙，为台司所劾，遂以本官分司。久之，征拜礼部员外郎，俄知制诰，故集中有文曰："恋恩稽命，点系洛师，于今十年，方忝纶阁，"此岂躁于进取者耶！旧史不详，一至于此。图见唐政多僻，中官用事，知天下必乱，即弃官归中条山。寻以中书舍人征，又征拜户部侍郎，皆不起。及昭宗播迁华下，图以密迩乘舆，即时奔问，复辞还山，故诗曰："多病形容五十三，谁怜借笏趁朝参"此岂有意于相位耶！河中节度使王重荣请图撰碑，得绢数千匹，图致于虞乡市心，恣乡人所取，一日而尽。是时盗贼充斥，独不入王官谷，河中士人依图避难，全者甚众。昭宗东迁，又以兵部侍郎召至洛下，为柳灿所阻，一谢而退。梁祖受禅，以礼部尚书征，辞以老疾，卒时年八十余。臣又案：梁室大臣，如敬翔、李振，杜晓、杨涉等，皆唐朝旧族，本当忠义立身，重侯累将，三百余年，一旦委质朱梁，其甚者赞成弑逆。惟图以清直避世，终身不事梁祖，故《梁史》揭图小瑕以泯大节者，良有以也。

卢汝弼，案《通鉴》：汝弼，范阳人。《宣和书谱》云：弼字子谐，祖纶，唐贞元年有诗名。父简求，为河东节度使。汝弼少力学，不喜为世胄，笃志科举，登进士第，文彩秀丽，一时士大夫称之。唐昭宗景福中，擢进士第，历台省。昭宗自秦迁洛阳，时为祠部郎中、知制诰。时梁祖凌弱唐室，殄灭衣冠，惧祸渡河，由上党归于晋阳。《永乐大典》卷一万六千四百九十五。初，武皇平王行瑜，天子许承制授将吏官秩。是时，藩侯倔强者，多伪行墨制，武皇耻而不行，长吏皆表授。及庄宗嗣晋王位，承制置吏，又得汝弼，有若符契，由是除补之命，皆出汝弼之手。既而畿内官吏考课议拟，奔走盈门，颇以贿赂闻，士论少之。《永乐大典》卷二千五百三十二。泊帝平定赵、魏，汝弼每请谒迎劳，必陈说天命，颛俟中兴，帝亦以宰辅期之。建国前，卒于晋。《册府元龟》卷八百九十五。

李德休，字表逸，赵郡赞皇人也。祖绛，山南西道节度使，唐史有传。父璋，宣州观察使。德休登进士第，历盐铁官、渭南尉、右补阙、侍御史。天祐初，两京丧乱，乃寓迹河朔，定州节度使王处直辟为从事。庄宗即位于魏州，征为御史中丞，转兵部、吏部侍郎，权知左丞，以礼部尚书致仕，卒时年七十四。赠太子少保。《永乐大典》卷一万三百八十九。

苏循，父特，陈州刺史。循，咸通中登进士第，累历台阁，昭宗朝再至礼部尚书。循性阿谀，善承顺苟容，以希进取。昭宗自迁洛之后，梁祖凶势日滋，唐室旧臣，阴怀主辱之愤，名族之胄，往往有违祸不仕者，惟循希旨附会。及梁祖失律于淮南，西屯于寿春，要少帝欲授九锡。朝臣或议是非，循扬言云：“梁王功业显大，历数有归，朝廷速宜揖让。”当时朝士畏梁祖如虎，罔敢违其言者。明年，梁祖逼禅，循为册礼副使。梁祖既受命，宴于元德殿，举酒曰：“朕夹辅日浅，代德未隆，置朕及此者，群公推崇之意也。”杨涉、张文蔚惭惧失对，至谢而已。循与张祎、薛贻矩因盛陈梁祖之德业，应天顺人之美。循自以奉册之劳，且夕望居宰辅，而敬翔恶其为人，谓梁祖曰：“圣祚惟新，宜选端士，以镇风俗。如循等辈，俱无士行，实唐家之鸥枭，当今之狐魅，彼专卖国以取利，不可立维新之朝。”

初，循子楷，乾宁二年登进士第，中使有奏御者云：“今年进士二十余人，侥幸者半，物论以为不可。”昭宗命学士陆扆、冯渥重试于云韶殿，及格者一十四人。诏云：“苏楷、卢赓等四人，诗句最卑，芜累颇甚，曾无学业，敢窃科名，浼我至公，难从滥进，宜付所司落下，不得再赴举场”。楷以此渐恨，常幸国家之灾。昭宗遇弑，辉王嗣位，国命出于朱氏，楷始得为起居郎。

柳灿陷害朝臣，衣冠慑息，无敢言者。初，梁祖欲以张廷范为太常卿，裴枢以为不可。柳灿惧梁祖之毒，乃归过于枢，故裴、赵罹白马之祸。楷因附灿，复依廷范。时有司初定昭宗谥号，楷谓廷范曰：

"谥者所以表行实，前有司之谥先帝为昭宗，所谓名实不副。司空为乐卿，余忝史职，典章有失，安得不言。"乃上疏曰："帝王御宇，察理乱以审污隆，祀享配天，资谥号以定升降。故臣下君上，皆不得而私也。先帝睿哲居尊，恭俭垂化，其于善美，孰敢蔽亏。然而否运莫兴，至理犹郁，遂至四方多事，万乘播迁。始则宫竖凶狂，受幽辱于东内；终则嫔嫱悖乱，罹天阙于中闱。其于易名，宜循考行。有司先定尊谥曰圣穆景文孝皇帝，庙号昭宗，敢言溢美，似异直书。今郊禋有日，祫祭惟时，将期允惬列圣之心，更在详议新庙之称，庶使叶先朝罪己之德，表圣上无私之明。"案《旧唐书》云：苏楷目不知书，仅能执笔，其文罗衮作也。太常卿张廷范奏议曰："昭宗初实彰于圣德，后渐减于休明，致季述幽辱于前，茂贞劫幸于后，虽数拘厄运，亦道失始终。违陵寝于西京，徙兆民于东洛，轫辇辂未逾于寒暑，行大事俄起于宫阙。谨闻执事坚固之谓恭，乱而不损之谓灵，武而不遂之谓庄，在国逢难之谓闵，因事有功之谓襄。今请改谥曰恭灵庄闵皇帝，庙号襄宗。"辉王答诏曰："勉依所奏，哀咽良深。"楷附会幸灾也如是。

及梁祖即位于汴，楷自以遭遇千载一时，敬翔深鄙其行。寻有诏云："苏楷、高恰休、萧闻礼等，人才寝陋，不可尘秽班行，并勒归田里。"循、楷既失所望，惧以前过获罪，乃退归河中依朱友谦。庄宗将即位于魏州，时百家多缺，乃求访本朝衣寇，友谦令赴行台。时张承业未欲庄宗即尊位，诸将宾僚无敢赞成者。及循至，入衙城见府廨即拜，谓之拜殿。时将吏未行蹈舞礼，及循朝谒，即呼万岁舞抃，泣而称臣，庄宗大悦。翌日，又献大笔三十管，曰："画日笔"，庄宗益喜。承业闻之怒，会卢汝弼卒，即令循守本官，代为副使。明年春，循因食蜜雪，伤寒而卒。同光二年，赠左仆射，以楷为员外郎。天成中，累历使幕，会执政欲纠其驳谥之罪，竟以忧惭而卒。《永乐大典》卷二千三百九十。

史臣曰：昔武皇之树霸基，庄宗之开帝业，皆旁求多士，用佐丕图。故数君子者，或以书檄敏才，或以缙绅旧族，咸登贵仕，谅亦宜哉！唯苏循赞梁祖之强禅，苏楷驳昭宗之旧谥，士风臣节，岂若是乎！斯盖文苑之豺狼，儒林之荆棘也。《永乐大典》卷二千三百九十。

旧五代史卷六○考证

乾符末应进士举　　案：《唐新纂》作应广文举不第。

出宰榆社　　案：《北梦琐言》作摄榆次令。

李敬义传移吾片石　　案：原本脱"移"字，今据《册府元龟》增入。

李德休传　德休，原本作德林，今案，其字表逸，"林"字盖"休"字之讹，今改正。

补前卢汝弼传建国前卒于晋。《宣和书谱》：赠兵部尚书。

旧五代史卷六一
唐书三七

列传第一三

安金全 从子审通 安元信 安重霸 刘训 张敬询 刘彦琮 袁建丰 西方邺 张遵诲 孙璋

安金全，代北人。世为边将，少骁果便骑射。武皇时为骑将，屡从征讨。庄宗之救潞州及平河朔，皆有战功，累为刺史，以老病退居太原。案《辽史》，安金全以幽州战败，故退废不用，此事《薛史》不载。天祐中，汴将王檀率师三万，乘庄宗在郊，来袭并州。时城无备兵，敌军奄至，监军张承业大恐，计无所出，阅诸司丁匠，登陴御捍，外攻甚急，金全遽出谓承业曰："老夫退居抱病，不任军事，然吾王家属在此，王业本根之地，如一旦为敌所有，大事去矣。请以库甲见授，为公备寇。"承业即时授之。金全被甲跨马，召率子弟及退闲诸将，得数百人，夜出北门，击贼于羊马城内。梁人惊溃，由是退却。俄而石君立自潞州至，汴军退走。微金全之奋命，城几危矣。庄宗性矜伐，凡大将立功，不时行赏，故金全终庄宗世，名位不进。明宗与之有旧，及登极，授金全同平章事，充振武军节度使。在任二年，治民为政非所长，诏赴阙，俄而病卒。废视朝二日。初，南北对垒，汴之游骑每出，必为金全所获，故梁之侦逻者咸惧，目之为"安五道"，盖比鬼将有五道之名也。

　　子审琦等皆位至方镇，别有传。《永乐大典》卷一万八千一百二十九。

　　审通，金全之犹子也。幼事庄宗，累有战功，转先锋指挥使。同光初，为北京右厢马军都指挥使，屯奉化军。四年春，赴明宗急诏，军趋夷门，为前锋。天成初，授单州刺史，改齐州防御使，兼诸道先锋马军都指挥使。奉诏北征，从房知温营于芦台，会龙旺部下兵乱审通脱身酒筵，夺船以济，促骑士介马，及乱兵南行，尽戮之，以功授检校太傅、沧州节度使。围王都于中山，躬冒矢石，为飞石所中而卒。赠太尉，《永乐大典》卷一万二千五十四。

　　安元信，字子言，代北人。父顺琳，为降野军使。元信以将家子，便骑射。幼事武皇，从平巢、蔡。光启中，吐浑赫连铎寇云中，武皇使元信拒之，元信兵败于居庸关。武皇性严急，元信不敢还，遂奔定州，王处存待之甚厚，用为突骑都校。乾宁中，处存子郡嗣位。时梁军大攻河朔三镇，奔命不暇，梁将张存敬军奄至城下，既无宿备，郡惧，挈其族奔太原，元信从之，武皇待之如初，用为铁林军使。梁将氏叔琮之攻河东也，别将葛从周自马岭入，元信伏于榆次，挫其前锋。梁将李思安之攻上党也，王师将壁高河，为梁军所逼。别将秦武者，尤为难敌，元信与斗，毙之。由是梁军解去，城垒得立。武皇赐所乘马及细铠仗，迁突阵都将。

　　庄宗嗣晋王位，元信从救上党，破夹寨，复泽、潞，以功授检校司空、辽州刺史，赐玉鞭名马。柏乡之役，日晚战酣，元信重伤，庄宗自临傅药。其年，改检校司徒、武州刺史，充内衙副都指挥使、山北诸州都团练副使。从庄宗定魏博，移为博州刺史。与梁对垒德胜渡，元信为右厢排阵使，未几，为大同军节度使。庄宗平定河南，移授横海军节度使。时契丹犯边，元信与霍彦威从明宗屯常山，元信恃功，每对明宗以成败勇怯戏侮彦威，彦威不敢答。明宗曰："成由天地，不由于人。当氏叔琮围太原,公有何勇!今国家运兴,致我等富贵,"乃起谢,元信不复以彦威为戏。

明宗即位,元信以尝为内衙都校,尤厚待之,加同中书门下平章事。明年,移镇徐州。王师之讨高季兴,襄帅刘训逗挠军期,移授元信山南东道节度使以代训,岁余,改归德军节度使,就加兼侍中。明宗不豫,求入。末帝即位,授潞州节度使,加检校太尉。清泰三年二月,以疾卒于镇,时年七十四。赠太师。晋高祖即位,以元信宿望,令礼官定谥曰忠懿。

有子六人,长曰友权,历诸卫大将军。次曰友亲,仕皇朝为滁州刺史,卒于任。《永乐大典》卷一万八千一百二十九。

安重霸,云州人也。性狡谲,多智算。初,自代北与明宗俱事武皇,因负罪奔梁,在梁复以罪奔蜀。蜀以蕃人善骑射,因为亲将。蜀后主王衍,幼年袭位,其政多僻。宦官王承休居中用事,与成都尹韩昭内外相结,专采择声色,以固宠幸。武臣宿将,居常切齿。重霸诌事承休,特见委信。

梁末,岐下削弱,蜀人独取秦、成、阶等州,重霸说承休求镇秦州,仍于军中选山东骁果,得数千人,号龙武军,以承休为军帅,重霸副焉,俱在天水。岁余,承休欲求旄钺,乃以陇西花木入献,又称秦州山水之美,人物之盛,请后主临幸,而韩昭赞成之。案《太平广记》引《王氏见闻录》云:承休请从诸军拣选官健,得骁勇数千,号龙武军,承休自为统帅,并特加衣粮,日有优给。因乞秦州节度使,且云:"愿与陛下于秦州采掇美丽。"且说秦州风土,多出国色,仍请幸天少。水主甚悦,即遣伏节赴镇,应所选龙武精锐,并充衙队从行。

同光二年十月,蜀主率众数万,由剑阁将出兴、凤,以游秦州。至兴州,遇魏王继岌军至,狼狈而旋。案:《九国志》作王衍将之秦州,以王宗弼力谏而止,与《薛史》异。承休遽闻东师入讨,大恐,计无从出,问于重霸。对曰:"开府何患?蜀中精兵,不下十万,咫尺之险,安有不济?纵东军尽如狼虎,岂能入剑门!然国家有患,开府特受主知,不得失于奔赴,此州制置事定,无虞得失,重霸愿从开府赴阙。”承休素信以为忠赤。重霸出秦州以金帛赂群羌,买由文山路归蜀,案:《九国志》作取路以归蜀,文义较为明晰。承休拥龙武军及招置仅万人从行,令重霸权握部署,州人祖送,秦州军亦列部队。承休登乘,重霸马前辞曰:“国家费尽事力,收获陇西,若从开府南行,陇州即时疏失,请开府自行,重霸且为国守藩。”承休既去,重霸在秦州,闻明宗起河北,即时遣使以秦、成等州来降。

天成初,用为阆州团练使,未几召还为左卫大将军,常以奸佞揣人主意,明宗尤爱之。长兴末,明宗谓侍臣曰:“安重霸,朕之故人,以秦州归国,其功不细,酬以团练防御,恐非怀之之道。”范延光曰:“将校内有自河东、河北从陛下龙飞故人,尚有未及团防者,今若遽授重霸方镇,恐为人窃议。”明宗不悦。未几,竟以同州节钺授之。清泰初,移授西京留守、京兆尹。先是,秦、雍之间,令长设酒食,私丐于部民者,俗谓之“捣蒜”。及重霸之镇长安,亦为之,故秦人目重霸为“捣蒜老”。其年冬,改云州节度,居无何,以病求代,时家寄上党,及归而卒。重霸善悦人,好赂遗,时人目之为俊。

弟重进,尤凶恶,事庄宗,以试剑杀人,奔淮南。《玉堂闲话》:安重进,性凶险,庄宗潜龙时为小校,常佩剑列于翊卫。后携剑南驰,投于梁主,梁主壮之,俾隶淮之镇戍。复以射杀掌庚吏,逃窜江湖,淮帅得之,擢为裨将。重霸在蜀,闻之蜀主,取之于吴,用为裨将,随重霸为龙武小将,戍长道,又杀人,奔归洛阳。《太平广记》:蜀破,重进东归,明宗补为诸州马步军都指挥使。后有过,鞭背卒。

重霸之子曰怀浦,晋天福中为禁军指挥使。契丹寇澶州,以临阵怵惕,为景延广所诛。《永乐大典》卷一万八千一百二十九。

刘训,字遵范,隰州永和人也。出身行间,初事武皇为马军队长,渐至散将。属河中王氏昆仲有寻戈之役,训从史俨攻陕州。武皇讨王行瑜,以训为前锋,后隶河中,为隰州防御都将。居无何,杀陕州刺史,以郡归庄宗,时历瀛州刺史。同光初,拜左监卫大将。三年,授襄州节度使。四年四月,洛阳有变,训以私忿害节度副使胡装,族其家,闻者冤之。天成中,荆南高季兴叛,诏训为南面行营招讨使,知荆南行府事。是时,湖南马殷请以舟师会,及王师至荆渚,殷军方到岳州,仍传意于训,许助军储弓甲之类,久之,略无至者。案《通鉴》:刘训到荆南,楚王殷遣都指挥使许德勋等将水军屯岳州,高季兴坚壁不战,求救于吴,吴人遣水军援之。荆渚地气卑湿,渐及霖潦,粮运不继,人多疾疫。训本无将略,人咸苦之。及孔循至,得襄之小校献竹龙之术,及造竹龙二道,傅于城下,竟无所济,遂罢兵,令将士散略居民而迴。诏训赴阙,寻责授檀州刺史,续敕濮州安置。未几,起为龙武大将军,寻授建雄军节度使,移镇延平。卒赠太尉。《永乐大典》卷九千九十八。

张敬询,胜州金河县人,世为振武军牙校。祖仲阮,历胜州刺史。父汉环,事武皇为牙将。敬询当武皇时,专掌甲坊十五年,以称职闻。复以女为武皇子存霸妻,益见亲信。庄宗即位,以为沁州刺史,秩满,复用为甲坊使。庄宗经略山东,敬询从军,历博、泽、慈、隰四州刺史。同光末,授耀州团练使。郭崇韬之征蜀也,以敬询善督租赋,乃表为利州留后。明宗即位,正授昭武军节度使。天成二年,诏还京师,复授大同节度使,至镇,招抚室韦万余帐。四年,征为左骁卫上将军。明年,授滑州节度使。以河水连年溢堤,乃自酸枣县界至濮州,广堤防一丈五尺,东西二百里,民甚赖之。三年,秩满归京,卒。辍视朝一日。《永乐大典》卷六千三百五十。

刘彦琮,字比德,云中人也。事武皇,累从征役。先是,绛州刺史王瓘叛,武皇言于彦琮,意欲致之。无几,从猎于汾、晋之郊,彦琮奔绛,瓘以为附己,待之甚厚,因命为骑将。会瓘出猎,于驰驱之际,彦琮刃瓘之首来献,武皇甚奇之。从庄宗解上党之围,同光初,稍迁至铁林指挥使,磁州刺史。从明宗赴难京师,授华州留后,寻正授节旄。天成三年,改左武卫上将军。未几,改陕州节度使,寻移镇邠州,卒于镇，时年六十四。赠太傅。《永乐大典》卷六千二十。

　　袁建丰，武皇破巢时得于华阴，年方九岁，爱其精神爽俊，俾收养之。渐长，列于左右，复习骑射，补铁林都虞候。从破邠州王行瑜，以功迁左亲骑军使，转突骑指挥使。案：《欧史》作突阵指挥使。从庄宗解围上党，破柏乡阵，累功迁右仆射、左厢马军指挥使。明宗为内衙指挥使，建丰为副。北讨刘守光，常身先士伍，转都教练使，权蕃汉副总管。庄宗入邺，以心腹干能，选为魏府都巡检使。从征刘鄩，下卫、磁、洺三郡，有功加校检司空，授洺州刺史。于临洺西败梁将王迁数千人，生获将领七十余人，俄拜相州刺史，征赴河上，预战于胡柳陂。建丰领相州军士，行营在外，委州事于小人，失于抚驭，指挥使孟守谦据城以叛，建丰引兵讨平之。改隰州刺史，染风痹于任。明宗嗣位，念及平昔副贰之旧，诏赴洛下，亲幸其第，抚问隆厚，加检校太傅，遥授镇南节度使，俾请俸自给。后卒于洛阳，年五十六。废朝二日，赠太尉。

　　子可钧，仕皇朝，位至诸卫大将军。《永乐大典》一万八千一百二十九。

　　西方邺，定州满城人也。父再遇，为州军校。案：《欧史》作汴州军校，疑原本脱一字。邺居军中，以勇力闻。年二十，南渡河游梁，不见用，复归。庄宗以为孝义指挥使，累从征伐，皆有功。同光中，为曹州刺史，以州兵屯汴州。明宗自魏反兵，南渡河，而庄宗东幸汴州。汴州节度使孔循怀二志，使北门迎明宗，西门迎庄宗，所以供帐委积如一，曰：“先至者入之。”邺因责循曰：“主上破梁而得公，有不杀之恩，奈何欲纳总管而负国？”循不答。邺度循不可争，而石敬瑭妻，明宗女也，时方在汴，邺欲杀之以坚人心。循知其谋，取之藏其家，邺无如之何。而明宗已及汴，乃将麾下兵五百骑西迎庄宗，见于汜水，呜咽泣下，庄宗为之嘘唏，乃使以兵为先锋。庄宗至汴西，不得入，还洛阳，遇弑。明宗入洛，邺请死于马前，明宗嘉叹久之。

明年,荆南高季兴叛,明宗遣襄州节度使刘训等招讨,而以东川董璋为西南招讨使,乃拜邺夔州刺史,副璋,以兵出三峡。已而训等无功见黜,诸将皆罢,璋未尝出兵,惟邺独取三州,乃以夔州为宁江军,拜邺节度使。已而又取归州,数败季兴之兵。邺,武人,所为多不中法度,判官谭善达数以谏邺,邺怒,遣人告善达受人金,下狱。善达素刚,辞益不逊,遂死于狱中。邺病,见善达为祟,卒于镇。《永乐大典》卷一万八千一百二十九。

张遵诲,魏州人也。父为宗城令,罗绍威杀牙军之岁,为梁军所害。遵诲奔太原,武皇以为牙门将。庄宗定山东,遵诲以典客从,历幽、镇二府马步都虞候。同光中,为金吾大将军。明宗即位,任圜保荐,授西都副留守知留守事、京兆尹。天成四年,入为客省使,守卫尉卿。及将有事于南郊,为修仪仗法物使。初,遵诲自以历位尹正,与安重诲素亦相款,衷心有望于节钺,及郊禋毕,止为绛州刺史,郁郁不乐。离京之日,白衣乘马于隼旟之下,至郡无疾,翌日而卒。《永乐大典》卷六千三百五十。

孙璋,齐州历城人。出身行间,隶梁将杨师厚麾下,稍补奉化军使。庄宗入邺,累迁澶州都指挥使。明宗镇常山,擢为裨校,邺兵之变,从明宗赴难京师。天成初,历赵、登二州刺史、齐州防御使。王都之据中山,璋为定州行营都虞候,贼平,加检校太保。长兴初,授鄜州节度使,罢镇,于洛阳,年六十一。赠太尉。《永乐大典》卷三万千四百六十三。

史臣曰:夫天地斯晦,则帝王于是龙飞;云雷搆屯,则王侯以之蝉蜕。良以适遭乱世,得奋雄图,故金全而下,咸以军旅之功,坐登藩闑之位,垂名简册,亦可贵焉。惟重霸以奸险而仗旄钺,盖非数子之俦也。《永乐大典》卷三千四百六十二。

旧五代史卷六一考证

唐列传十三安金全传庄宗性矜伐凡大将立功不时行赏故金全终庄宗世名位不进　案《辽史》：金全以幽州战败故退废不用，与是书异。

安元信传　案：五代时，唐、晋俱有安元信，是书并为立传，今附识于此。

安重霸传蜀主率众数万由剑阁将出兴凤以游泰州至兴州遇魏王继岌军至狼狈而旋　案：《九国志》作王衍将之秦州，以王宗弼力谏而止，与是书异。

袁建丰传转突骑指挥使　突骑，《欧阳史》作突阵。

指挥使孟守谦据城以叛　孟守谦，《欧阳史》作孟谦。

加检校太傅　太傅，《欧阳史》作太尉。

西方邺传父再遇为州军校　案：《欧阳史》作汴州军校，疑原本脱"汴"字。

已而又取归州　案：《通鉴》不载取归州事，《欧阳史》与《薛史》同。近人撰《十国春秋》者，谓他书不载取归州之事，疑《欧阳史》有误。盖《薛史》世久失传，《十国春秋》所引悉本《通鉴考异》，殊不知《欧阳史·西方邺传》本于《薛史》，有可征信也。

旧五代史卷六二

唐书三八

列传第一四

孟方立　张文礼　董璋

　　孟方立，案：《欧阳史》作邢州人，《通鉴》作沂州人。中和二年，为泽州天井关戍将。黄巢犯关辅，州郡易帅，有同博弈。先是，沈询、高湜相继为昭义节度使，怠于军政。及有归秦，刘广之乱，方立见潞帅交代之际，乘其无备，率戍兵径入潞州，自称留后。案《旧唐书·喜宗纪》：九月，高浔牙将刘广擅还潞州。是月，浔天井关戍将攻广，杀之，自称留后。与《薛史》异。以邢为府，以审海知潞州。案：此二句上下有脱文，今无可复考。六月，李存孝下洺、磁俩郡，方立遣马溉、袁奉韬尽率其精锐众，逆战于琉璃陂，存孝击之尽殪，生获马溉、奉韬。初，方立性苛急，恩不逮下，攻围累旬，夜自巡城慰谕，守陴者皆倨，方立知其不可用，乃饮鸩而卒。

　　其从弟洺州刺史迁，素得士心，众乃推为留后，求援于汴。时梁祖方攻时溥，援兵不出。案《通鉴》云：全忠遣大将王虔裕将精甲数百，间道入邢州共守。大顺元年，迁执王虔裕等乞降，武皇令安金俊代之。《通鉴考异》引《薛史》。案：《薛史·孟方立传》，《永乐大典》阙佚，今就《通鉴考异》所引用者录之，仅存梗概，考《新唐书》列传云：孟方立，邢州人。始为泽州天井戍将，稍迁游奕使。中和元年，昭义节度使高浔击黄巢，战石桥，不胜，保华州，为裨将成麟所杀。还据潞州，众怒，方立率兵攻麟，斩之，自称留后，擅裂邢、洺、磁为镇，治邢为府，号昭义军。潞人请监军使吴全勖知兵马留后，时王铎领诸道行营都统，以潞未定，墨制假方立检校左散骑常待，兼御史大夫，知邢州事。方立不受，因全勖以书请铎，愿得儒臣守潞。铎使参谋、中书舍人郑昌图知昭义留事，欲遂为帅。僖宗自用旧宰相王徽领节度。时天子在西，河、关云扰，方立擅有，而李克用窥潞州，徽度朝廷未能制，乃固让昌图。昌图治不三月辄去。方立更表李殷锐为刺史，谓潞险而人悍，数贼大帅为乱，欲销懦之，乃徙治龙冈州，豪杰重迁，有怼言。会克用为河东节度使，昭义监军祁审海乞师求复昭义军，克用遣贺公雅、李筠、安金俊三部将击潞州，为方立所破。又使李克修攻取之，杀殷锐，遂并潞州，表克修为节度留后。初，昭义有潞、邢、洺、磁四州。至是，方立自以山东三州为昭义，朝廷亦命克修，以潞州旧军畀之，昭义有两节自此始。克修，字崇远，克用从父弟。精驰射，常从征伐，自左营军使擢留后，进检校司空，方立倚朱全忠为助，故克用击邢、洺磁无虚岁，地为斗场，人不能稼。光启二年，克修击邢州，取故镇，进攻武安，方立将吕臻、马爽战焦冈，为克修所破，斩首万级，执臻等，拔武安、临洺、邯郸、沙河。克用以安金俊为邢州刺史招抚之。方立丐兵于王熔，熔以兵三万赴之，克修还。后二年，方立督部将奚忠信兵三万攻辽州，以金唤赫连铎与连和。会契丹攻铎师失期，忠信三分其兵，鼓而行，克用伏兵于险，忠信前军没，既战，大败，执忠信，余众走脱，归者才十二。龙纪元年，克用使李罕之、李存孝击邢，攻磁，洺方立战琉璃陂，大败，禽其二将，被斧锁，徇邢垒，呼曰："孟公速降，有能斩其首者，假三州节度使。"方立力屈，又属州残堕，人心恐，性刚急，待下少恩，夜自行陣，兵皆倨告劳，自顾不可复振，乃还，引鸩自杀。从弟迁，素存士心，众推为节度留后，请援于全忠。全忠方攻时溥，不即至，命王虔裕以精甲数百赴之，假道罗弘信，不许，乃趋间入邢州。大顺元年，存孝复攻邢，迁挈邢、洺、磁三州降，执王虔裕三百人献之，遂迁太原，表安金俊为邢、洺、磁团练使，以迁为汾州刺史。《欧阳史》云：天复元年，梁遣氏叔琮攻晋，出天井关，迁开门降，为梁兵乡道以攻太原，不克，叔琮军还过潞，以迁归于梁，梁太祖恶其反覆，杀之。

　　张文礼，燕人也。初为刘仁恭裨将，性凶险，多奸谋，辞气庸下，与人交言，僻于不逊，自少及长，专蓄异谋。及从刘守文之沧州，委将偏师。守文省父燕蓟，据城为乱，及败，奔于王熔。察熔不亲政事，遂曲事当权者，以求炫达。每对熔自言有将才，孙、吴、韩、白，莫己若也。熔赏其言，给遗甚厚，因录为义男，赐姓，名德明，由是每令将兵。自柏乡战胜之后，常从庄宗行营。素不知书，亦无方略，唯于懦兵之中蒌菲上将，言甲不知进退，乙不识军机，以此军人推为良将。

初，梁将杨师厚在魏州，文礼领赵兵三万夜掠经、宗，因侵贝郡。师厚先率步骑千人，设伏于唐店。文礼大掠而旋，士皆卷甲束兵，夜凯歌，行至唐店，师厚伏兵四面围合，杀戮殆尽。文礼单骑仅免。自尔犹对诸将大言，或让之曰："唐店之功，不须多伐。"文礼大惭。在镇州既久，见其政荒人僻，常蓄异图，酒酣之后，对左右每泄恶言，闻者莫不寒心。唯王镕略无猜间，渐为心腹，乃以符习代其行营，以文礼为防城使，自此专伺间隙。及镕杀李弘规，委政于其子昭祚。性逼厌，未识人间情伪，素养名持重，坐作贵人。既事权在手，朝夕欲代其父，向来附势之徒，无不族灭。

初，李弘规、李蔼持权用事，树立亲旧，分董要职，故奸宄之心不能摇动，文礼颇深畏惮。及弘规见杀，其部下五百人惧罪，将欲奔窜，聚泣偶语，未有所之。文礼因其离心，密以奸辞激之曰："令公命我尽坑尔曹，我念尔十余年荷戈随我，为家为国，我若不即杀汝，则得罪于令公，我若不言，又负尔辈。"众军皆泣，是夜作乱，杀王镕父子，举族灰灭，惟留王昭祚妻朱氏通梁人，寻间道告于梁曰："王氏丧于乱军，普宁公主无恙。"文礼徇贼帅张友顺所请，因为留后，于潭城视事。以事上闻，兼要节旄，寻亦奉笺劝进，庄宗姑示含容，乃可其请。

文礼比厮役小人，骤居人上，行步动息，皆不自安。出则千余人露刃相随，日杀不辜，道路以目，常虑我师问罪，奸心百端。南通朱氏，北结契丹，往往擒获其使，庄宗遣人送还，文礼由是愈恐。是岁八月，庄宗遣阎宝、史建瑭及赵将符习等率王镕本军进讨。师兴，文礼病疽腹，及闻史建瑭攻下赵州，惊悸而卒。其子处瑾、处球秘不发丧，军府内外，皆不知之，每日于寝宫问安。处瑾与其腹心韩正时参决大事，同谋奸恶。案《辽史·太祖纪》：天赞元年四月癸亥，张文礼求援。五月丁未，张文礼卒，其子处瑾遣人奉表来谢。所纪月日，与《薛史》异。初，文礼疽未发时，举家咸见鬼物，昏暝之后，或歌或哭，又野河色变如血,游鱼多死,浮于水上,识者知其必败。

十九年三月,阎宝为处瑾所败,庄宗以李嗣昭代之。四月,嗣昭为流矢所中,寻卒于师,命李存进继之。存进亦以战殁,乃以符存审为北面指讨使,攻镇州。是时,处瑾危蹙日甚,昭义军节度判官任圜驰至城下,谕以祸福,处瑾登陴以诚告,乃遣牙将张彭送款于行台。俄而,李存审师至城下。是夜,赵将李再丰之子冲投缒以接王师,故诸军登城,迟明毕入,获处瑾,处球、处琪,并其母及同恶人等,皆折足送行台,镇人请醢而食之。又发文礼之尸,磔之于市。《永乐大典》卷六千三百五十。

董璋,本梁之骁将也。幼与高季兴、孔循俱事豪士李七郎为童仆。李初名让,尝以厚贿奉梁祖,梁祖宠之,因畜为假子,赐姓朱,名友让。璋既壮,得隶于梁祖帐下,后以军功迁为列校。

梁龙德末,潞州李继韬送款于梁。时潞将裴约方领兵戍泽州,不徇继韬之命,据城以自固。梁末帝遣璋攻陷泽州,遂授泽州刺史。是岁,庄宗入汴,璋来朝,庄宗素闻其名,优以待之,寻令却赴旧任,岁余代归。时郭崇韬当国,待璋尤厚。同光三年夏,命为邠州留后,三年秋,正授旄钺。九月,大举伐蜀,以璋为行营右厢马步都虞候。时郭崇韬为招讨使,凡有军机,皆召璋参决。是冬,蜀平,以璋为剑南东川节度副大使,知节度事。天成初,加检校太傅。二年,加同平章事。是时,安重海当国,采人邪谋,言孟知祥必不为国家使,惟董璋性忠义,可特宠任,令图知祥。又璋之子光业为宫苑使,在朝结托势援,争言璋之善,知祥之恶。恩宠既优,故璋益恣其暴戾。初,奉使东川者,皆言璋不恭于朝廷。四年夏,时明宗将议郊天,遣客省使李仁矩赍诏谕两川,又遣安重海驰书于璋,以征贡奉,约以五十万为数,既而璋诉以地狭民贫,许贡十万而已。翌日,璋于衙署设宴以召仁矩,日既中而不至,璋使人侦之,仁矩方拥娼妇与宾友醋饮于驿亭。璋大怒,遽领数百人,执持戈戟,骤入驿中,令洞开其门。仁矩惶骇,走入阁中,良久引出。璋坐,立仁矩于阶下,戟手骂曰:"当我作魏博都监，尔为通引小将，其时去就，已有等威。今日我为藩侯，尔衔君命，宿张筵席，比为使臣，何敢至午不来，自共风尘耽酗，岂于王事如此不恭。只知西州解斩客省使李严，谓我不能斩公耶！"因目肘腋，欲令执拽仁矩，仁矩涕泪拜告，仅而获免。璋乃驰骑入衙，竟彻馔而不召。洎仁矩复命，益言璋不法。未几，重诲奏以仁矩为阆州团练使，寻升为节镇。

长兴元年夏，明宗以郊禋礼毕，加璋检校太尉。时两川刺史尝以兵为牙军，小郡不下五百人，璋已疑间，及闻除仁矩镇阆州，璋由是谋反乃决。仍先与其子光业书曰："朝廷割吾支郡为节制，屯兵三千，是杀我必矣。尔见枢要道吾言，如朝廷更发一骑入斜谷，则吾必反，与汝诀矣。"光业以书呈枢密承旨李虔徽。会朝廷再发中使荀咸义将兵赴阆州，光业谓虔徽曰："咸义未至，吾父必反。吾身不足惜，虑劳朝廷征发。请停咸义之行，吾父必保常日。"重诲不从。咸义未至，璋已擅追绵州刺史武虔裕，囚于衙署。虔裕，安重诲之心腹也，故先囚之。五月，璋传檄于利、阆、遂等州，责以间谍朝廷。寻率其兵陷阆州，擒节度使李仁矩、军校姚洪等害之。先是，璋欲谋叛，先遣使持厚币于孟知祥，求为婚家。且言为朝廷猜忌，将有替移，去则丧家，住亦致讨，地狭兵少，独力不任，愿以小儿结婚爱女。时知祥亦贰于朝廷，因许以为援。既而知祥出师以围遂州，故璋攻阆州，得恣其毒焉。

其年秋，诏削夺璋在身官爵，命天雄军节度使石敬瑭为东川行营招讨使，率师以讨之。璋之子宫苑使光业并其族并斩于洛阳。及石敬瑭率师进讨，以粮运不接，班师。明宗方务怀柔，乃放西川进奏官苏愿、东川军将刘澄各归本道，别无诏旨，只云"两务求安"。时孟知祥其骨肉在京师者俱无恙焉，因遣使报璋，欲述表称谢。璋怒曰："西川存得弟侄，遂欲再通朝廷，璋之儿孙已入黄泉，何谢之有！"自是璋疑知祥背己，始搆隙矣，三年四月，璋率所部兵万余人以袭知祥。案《九国志·李良传》云："良尝与知祥从容语曰："璋性狼戾，若坚守一城，攻之难克。"及闻璋起兵，知祥忧形于色。良曰："璋不守巢穴，此天以授公也。"既而璋果败。知祥与诸将率师拒之,战于汉州之弥牟镇。璋军大败,得数十骑,复奔于东川。案《九国志·赵廷隐传》:董璋袭广汉,将攻成都,时东川廪藏充实,部下多敢死之士,其来也,众皆畏之。知祥亲督诸将,与璋战鸡踪桥前,颇为所挫,廷隐伪遁,璋逐之,知祥与张公铎继进,璋军乱不成列,廷隐整阵,与知祥合击之,璋军大败。先是,前陵州刺史王晖为璋所邀,寓于东川。至是因璋之败,率众以害之,传其首于西川。《永乐大典》卷一万八千一百三十。

旧五代史卷六二考证

　　唐列传十四孟方立传方立见潞帅交代之际乘其无备率戍兵径入潞州自称留后　案《旧唐书·僖宗纪》九月,高浔牙将刘广擅还潞州。是月,浔天井关戍将攻广,杀之,自称留后。与是书异。

　　张文礼传文礼病疽腹及闻史建瑭攻下赵州惊悸而卒　案:文礼之卒,《辽史·太祖纪》作五月丁未,与是书作八月异。

旧五代史卷六三
唐书三九

列传第一五

张全义　朱友谦

　　张全义，字国维，濮州临濮人。初名居言，案：新、旧《唐书》作张言，《薛史·李罕之传》亦作张言，与此传异。赐名全义，梁祖改为宗奭，庄宗定河南，复名全义。祖璪，父诚，世为田农。全义为县啬夫，尝为令所辱。

　　乾符末，黄巢起冤句，全义亡命入巢军。巢入长安，以全义为吏部尚书，充水运使。巢败，依诸葛爽于河阳，累迁至裨校，屡有战功，爽表为泽州刺史。

　　光启初，爽卒，其子仲方为留后。部将刘经与李罕之争据洛阳，罕之败经于圣善寺，乘胜欲攻河阳，营于洛口。经遣全义拒之，全义，乃与罕之同盟结义，返攻经于河阳，为经所败，收合余众，与罕之据怀州，乞师于武皇。武皇遣泽州刺史安金俊助之，进攻河阳，刘经、仲方委城奔汴，罕之遂自领河阳，表全义为河南尹。

　　全义勤俭，善抚军民，虽贼寇充斥，而劝耕务农，由是仓储殷积。《洛阳搢绅旧闻记》：王始至洛，于麾下百人中，选可使者一十八人，命之曰屯将。每人给旗一口，榜一道，于旧十八县中，令招农户，令自耕种，流民渐归。王于百人中又选可使者十八人，命之曰屯副，民之来者，抚绥之。除杀人者死，余但加杖而已，无重刑，无租税，流民之归渐众。王又于麾下选书计一十八人，命之曰屯判官，不一二年，十八屯中，每屯户至数千。农隙，选丁夫授以弓矢枪剑，为坐作进退之法。行之一二年，每屯增户，大者六七千，次者四千，下之二三千，共得丁夫闲弓矢枪剑者二万余人。有贼盗，即时擒捕之，刑宽事简，远近归之如市，五年之内，号为富庶。于是奏每县除令簪主之。**罕之贪暴不法，军中乏食，每取给于全义。二人初相得甚欢，而至是求取无厌，动加凌铄，全义苦之。**案《新唐书·李罕之传》云：张言善积聚，罕之食乏，士仰以给，求之无涯，言不能厌，罕之拘河南官笞督之。又东方贡输行在者，多为罕之所邀，与《薛史》互有异同。**文德元年四月，罕之出军寇晋、绛，全义乘其无备，潜军袭取河阳，全义乃兼领河阳节度。**《洛阳搢绅旧闻记》：罕之镇三城，知王专以教民耕织为务，常宣言于众曰："田舍翁何足惮。"王闻之，蔑如也。每飞尺书于王，求军食及缣帛，王曰："李太傅所要，不得不奉之。"左右及宾席咸以为不可与，王曰："第与之。"似若畏之者，左右不晓。罕之谓王畏己，不设备。因罕之举兵收怀、泽，王乃密召屯兵，潜师夜发，迟明入三城。罕之乃逃遁投河东，朝廷即授王兼镇三城。罕之求援于武皇，武皇复遣兵助攻河阳，会汴人救至而退。**梁祖以丁会守河阳，全义复为河南尹、检校司空。全义感梁祖援助之恩，自是依附，皆从其制。**

　　初，蔡贼孙儒、诸葛爽争据洛阳，迭相攻伐，七八年间，都城灰烬，满目荆榛。全义初至，唯与部下聚居故市，井邑穷民，不满百户。全义善于抚纳，课部人披榛种艺，且耕且战，以粟易牛，岁滋垦阃，招复流散，待之如子。每农祥劝耕之始，全义必自立畎亩，饷以酒食，政宽事简，吏不敢欺。数年之间，京畿无闲田，编户五六万，乃筑垒于故市，建置府署，以防外寇。《洛阳搢绅旧闻记》：王每喜民力耕织者，某家今年蚕麦善，去都城一舍之内，必马足及之。悉召其家老幼，亲慰劳之，赐以酒食茶彩，丈夫遗之布裤，妇人裙衫，时民间尚衣青，妇人皆青绢为之。取其新麦新茧，对之喜动颜色，民间有窃言者曰："大王见好声伎，等闲不笑，惟见好蚕麦，即笑尔。"其真朴皆此类。每观秋稼，见田中无草者，必下马命宾客观之，召田主慰劳之，赐之衣物。若见禾中有草，地耕不熟，立召田主集众决责。若苗荒地生，诘之，民诉以牛疲或缺人耕锄，则田边下马，立召其邻件责之曰："此少人牛，何不众助之。"邻件皆伏罪，即赦之。自是洛阳之民无远近，民之少牛者相率助之，少人者亦然。田夫田妇，相劝以耕桑为务，是以家有蓄积，水旱无饥民。王诚信，每水旱祈祭，必具汤沐，素食别寝，至祠祭所，俨然若对至尊，容如不足。遇旱，祈祷未雨，左右必曰："王可开塔"，即无畏师塔也，在龙门广化寺。王即依言而开塔，未尝不澍雨，故当时俚谚云："王祷雨，买雨具。"

梁祖迫昭宗东迁，命全义缮治洛阳宫城，累年方集。昭宗至洛阳，梁祖将图禅代，虑全义心有异同，乃以判官韦震为河南尹，移全义为天平军节度使、守中书令、东平王。《洛阳搢绅旧闻记》：齐王与梁祖互为中书令，尚书令，及梁祖兼四镇，齐王累表让兼镇，盖潜识梁祖奸雄，避其权位，欲图自全之计。梁祖经营霸业，外则干戈屡动，内则帑庾俱虚，齐王悉心尽力，倾竭财资助之。其年八月，昭宗遇弑，辉王即位。十月，复以全义为河南尹，兼忠武军节使、判六军诸卫事。梁祖建号，以全义为河阳节度使，封魏王。开平二年，册拜太保，兼陕虢节度使、河南尹。四年，册拜太傅、河南尹、判六军，兼郑、滑等州节度使。乾化元年，册拜太师。二年，朱友珪篡逆，以全义为太尉、河南尹、宋亳节度使兼国计使。梁末帝嗣位于汴，以全义为洛京留守，兼镇河阳。未几，授天下兵马副元帅。

梁帝季年，赵、张用事，段凝为北面招讨使，骤居诸将之右，全义知其不可，遣使启梁末帝曰："老臣受先朝重顾，蒙陛下委以副元帅之名，臣虽迟暮，尚可董军，请付北而兵柄，庶分宵旰。段凝晚进，德未服人，恐人情不和，败乱国政。"不听。全义托朱氏垂三十年，梁祖末年，猜忌宿将，欲害全义者数四，全义卑身曲事，悉以家财贡奉。洎梁祖河朔丧师之后，月献铠马，以补其军，又以服勤尽瘁，无以加诸，故竟免于祸。全义妻储氏，明敏有才略。梁祖自柏乡失律后，连年亲征河朔，心疑全义，或左右谗间，储氏每入宫，委曲伸理。有时怒不可测，急召全义，储氏谒见梁祖，厉声言曰："宗奭种田叟耳，三十余年，洛城四面开荒劚棘，招聚军赋，资陛下创业。今年齿衰朽，指景待尽，而大家疑之，何也？"梁祖遽笑而谓曰："我无恶心，妪勿多言。"

庄宗平梁，全义自洛赴觐，泥首待罪。庄宗抚慰久之，以其年老,令人掖而升殿,宴赐尽欢,诏皇子继岌,皇弟存纪等皆兄事之。先是,天佑十五年,梁末帝自汴趋洛,将祀于圜丘。时王师攻下杨刘,徇地曹、濮,梁末帝惧,急归于汴,其礼不遂,然其法物咸在。至是,全义乃奏曰:"请陛下便幸洛阳,臣已有郊礼之备,"翌日,制以全义复为尚书令、魏王、河南尹。明年二月,郊禋礼毕,案:《欧阳史》作全义再朝京师,吴缜《纂误》尝辨正之。以全义为守太尉、中书令、河南尹,改封齐王,《洛阳搢绅旧闻记》梁祖猜忌王,虑为后患,前后欲杀之者数四。夫人储氏面请梁祖得免,梁祖遂以其子福王纳齐王之女。兼领河阳。先是,朱梁时供御所费,皆出河南府,其后孔谦侵削其权,中官各领内司使务,或豪夺其田园居第,全义乃悉录进纳。四年,落河南尹,授忠武军节度使、检校太师、尚书令。会赵在礼据魏州,都军进讨无功。时明宗已为群小间谍,端居私第。全义以卧疾闻变,忧惧不食,案《通鉴》:全义力请明宗出师,及闻明宗兵变,故忧惧。与此微异。薨于洛阳私第,时年七十五。天成初,册赠太师,谥曰忠肃。

全义历守太师、太傅,太尉、中书令,封王,邑万三千户。凡领方镇洛、郓、陕、滑、宋,三莅河阳,再领许州,内外官历二十九任,尹正河、洛,凡四十年,位极人臣,善保终吉者,盖一人而已。全义朴厚大度,敦本务实,起战士而忘功名,尊儒业而乐善道。家非士族,而奖爱衣冠,开幕府辟士,心求望实。属邑补奏,不任吏人。位极王公,不衣罗绮,奉释、老,而不溺左道。如数者,人以为难。自庄宗至洛阳,趋向者皆由径以希恩宠,全义不改素履,尽诚而已,言事者以梁祖为我世仇,宜斫棺燔柩,全义独上章申理,议者嘉之。刘皇后尝从庄宗幸其第,奏云:"妾孩幼遇乱,失父母,欲拜全义为义父。"许之。全义稽首奏曰:"皇后万国之母仪,古今未有此事,臣无地自处。"庄宗敦逼再三,不获已,乃受刘后之拜。既非所愿,君子不以为非。然全义少长军中,立性朴滞,凡百姓有词讼,以先诉者为得理,以是人多枉滥,为时所非。又尝怒河南县令罗贯,因凭刘后谮于庄宗,俾贯非罪而死,露尸于府门,冤枉之声,闻于远近,斯亦良玉之微瑕也。《永乐大典》卷六千三百五十。《五代史阙文》:梁乾化元年七月辛丑日,梁祖幸全义私第。甲辰，归大内。《梁史》称："上不豫，厌秋暑，幸宗奭私第数日，宰臣视事于仁政亭，崇政诸司并止于河南府廨署。"世传梁祖乱全义之家，妇女悉皆进御，其子继祚不胜忿耻，欲剚刃于梁祖。全义止之曰："吾顷在河阳，遭李罕之之难，引太原军围闭经年，啖木屑以度朝夕，死在顷刻，得他救援，以至今日，此恩不可负也。"其子乃止。《梁史》云云者，讳国恶也。臣谨案，《春秋》庄二年，《经》曰："十有二月，夫人姜氏会齐侯于禚。"《传》曰："书奸也。"夫《经》言会者，讳恶，礼也。《传》书奸者，暴其罪以垂诫也。又《庄》二十二年，《传》书：陈完饮桓公酒，公曰："以火继之。"辞曰："臣卜其昼，未卜其夜。"岂有天子幸人臣之家，留止数日，奸乱萌矣。况全义本出巢贼，败依河阳节度使诸葛爽，爽用为泽州刺史，及爽死，全义事爽子仲方，即与李罕之同逐仲方，罕之帅河阳，全义为河南尹。未几，又逐罕之，自据河阳。其翻覆也如此。自是托迹朱梁，斫丧唐室，虽勤课农，其实敛民附贼，以固恩宠。梁时，月进铠马，以补军实，及梁祖为友珪所弑，首进钱一百万，以助山陵，庄宗平中原，全义合与敬翔、李振等族诛，又通赂于刘皇后，乘庄宗幸洛，言臣已有郊天费用。夫全义，匹夫也，岂能自殖财赋，其剥下奉上也又如此。晚年保证明宗，欲为子孙之福，师方渡河，邺都兵乱，全义忧恨不食，终以饿死。未死前，其子继业讼弟汝州防御使继孙，庄宗贬房州司户，赐自尽。其制略曰："侵夺父权，惑乱家事，继鸟兽之行，畜枭獍之心。"其御家无法也又如此。河南令罗贯，方正文章之士，事全义稍慢，全义怒告刘皇后，毙贯于枯木之下，朝野冤之。洛阳监军使尝收得李太尉平泉庄醒酒石，全义求之，监军不与，全义立杀之，其附势作威也又如此。盖乱世贼臣耳，得保首领，为幸已多。晋天福中，其子继祚谋反伏诛，识知余殃在其子孙也。臣读《庄宗实录》，见史官叙《全义传》，虚美尤甚，至今负俗无识之士，尚以全义为名臣，故因补阙文，粗论事迹云。

　　朱友谦，字德光，许州人，本名简。祖岩，父琮，世为陈、许小校。广明之乱，简去乡里，事渑池镇将柏巘为部隶，尝为盗于石壕，三乡之间，剽劫行旅。后事陕州节度使王珙，积劳至军校。珙性严急，御下无恩，虎将李璠者，珙深所倚爱，小有违忤，暴加棰击，璠阴衔之。光化元年，珙与弟河中节度使珂相持，干戈日寻，珙兵屡败，部伍离心。二年六月，璠杀珙归附汴人，梁祖表璠为陕州节度使。璠亦苛惨，军情不叶简复攻璠，璠冒刃获免，逃归于汴。案《新唐书•王重荣传》：李璠为节度使凡五月，为部将朱简所杀。据《薛史》则璠逃归于汴，未尝见杀也。《通鉴》从《薛史》。

三年，梁祖表简为陕州留后。九月，天子授以旌钺。车驾在凤翔，梁祖往来，简事之益谨，奏授平章事。天复末，昭宗迁都洛阳，驻跸于陕。时朝士经乱，簪裳不备，简献裳百副，请给百官，朝容稍备，以迎奉功，迁检校侍中。简与梁祖同宗，乃陈情于梁祖曰：“仆位崇将相，比无勋劳，皆元帅令公生成之造也。愿以微生灰粉为效，乞以姓名，肩随宗室。”梁祖深赏其心，乃名之为友谦，编入属籍，待遇同于己子。友谦亦尽心叶赞，功烈居多。梁祖建号，移授河中节度使、检校太尉，累拜中书令，封冀王。

及朱友珪弑逆，友谦意不怿，虽勉奉伪命，中怀怏怏。友珪征之，友谦辞以北面侵轶，谓宾友曰：“友珪是先帝假子，敢行大逆，余位列维城，恩逾父子，论功校德，何让伊人。讵以平生附托之恩，屈身于逆竖之手！”遂不奉命。其年八月，友珪遣大将牛存节、康怀英、韩勍攻之，友谦乞师于庄宗，庄宗亲统军赴援，与汴军遇于平阳，大破之。案《欧阳史》：晋王出泽潞以救之，追怀英于解县，大败之。追至白迳岭，夜乘炬击之，怀英又败。因与友谦会于猗氏，友谦盛陈感慨，愿敦盟约，庄宗欢甚。友谦乘醉鼾寝于帐中，庄宗熟视之，谓左右曰：“冀王真贵人也，但恨其臂短耳。”及梁末帝嗣位，以恩礼结其心，友谦亦逊辞称藩，行其正朔。

天佑十七年，友谦袭取同州，以其子令德为帅，请节钺于梁，不获，友谦即请之于庄宗，令幕客王正言以节钺赐之。梁将刘鄩、尹皓攻同州，友谦来告急，庄宗遣李嗣昭、李存审将兵赴之，败汴军于渭北，解围而还。初，刘鄩兵至蒲中，仓储匮乏，人心离贰，军民将校，咸欲归梁。友谦诸子令锡等亦说其父曰：“晋王虽推心于我，然悬兵赴援，急难相应，宁我负人，择福宜重。请纳款于梁，候刘鄩兵退后，与晋王修好。”友谦曰：“晋王亲赴予急，夜半秉独战贼，面为盟誓，不负初心。昨闻吾告难，命将星行，助我资粮，分我衣屦，而欲翻覆背惠，所谓邓祁侯云‘人将不食吾余’也。”及破梁军，加守太尉，西平王。

　　同光元年,庄宗灭梁,友谦觐于洛阳。庄宗置宴飨劳,宠锡无算,亲酌觞属友谦曰:"成吾大业者,公之力也。"既归藩,请割慈、隰二郡,依旧隶河中,不许,诏以绛州隶之。又请解县两池榷盐,每额输省课,许之。及郊礼毕,以友谦,为守太师,尚书令,进食邑至万八千户。三年,赐姓,名继麟,编入属籍,赐之铁券,恕死罪。以其子令德为遂州节度使,令锡为许州节度使。一门三镇,诸子为刺史者六七人,将校剖竹者又五六人,恩宠之盛,时无与比。

　　庄宗季年,稍怠庶政,巷伯伶官,干预国事。时方面诸侯皆行赂遗,或求赂于继麟,虽俛俯应奉,不满其请。且曰:"河中,土薄民贫,厚贶难办。"由是群小咸怨,遂加诬搆,郭崇韬讨巴、蜀,征师于河中,继麟令其子令德率师赴之,伶官景进与其党搆曰:"昨王师初起,继麟以为讨己,颇有拒命之意,若不除移,如国家有急,必为后患。"郭崇韬既诛,宦官愈盛,遂构成其罪,谓庄宗曰:"崇韬强项于蜀,盖与河中响应。"继麟闻之惧,将赴京师,面诉其事。其部将曰:"王有大功于国,密迩京城,群小流言,何足介意。端居奉职,谗邪自销,不可轻行。"继麟曰:"郭公功倍于我,尚为人构陷,吾若得面天颜,自陈肝膈,则流言者获罪矣。"四年正月,继麟入觐。景进谓庄宗曰:"河中人有告变者,言继麟与崇韬谋叛,闻崇韬死,又与李存审构逆,当断不断,祸不旋踵。"群阉异口同辞,庄宗骇惑不能决。是月二十三日,授继麟滑州节度使,是夜,令朱守殷以兵围其第,擒之,诛于徽门安外。诏继岌诛令德于遂州,王思同诛令锡于许州,命夏鲁奇诛其族于河中。初,鲁奇至,友谦妻张氏率其家属二百余口吴缜《纂误》云:伶官《史彦琼传》,友谦有子建徽被杀。传中未载。见鲁奇曰:"请疏骨肉名字,无致他人横死。"将刑,张氏持先赐铁券授鲁奇曰:"皇帝所赐也。"是时,百口涂地,冤酷之声,行路流涕。

　　先是,河中衙城阍者夜见妇人数十,袨服靓妆,仆马炫耀,自外驰骋,笑语趋衙城。阍者不知其故,不敢诘,至门排骑而入,既而扃锁如故,复无人迹,乃知妖鬼也。又继麟登逍遥楼,闻哭声四合,诘日讯之,巷无丧者,隔岁乃族诛。及明宗即位,始下诏昭雪焉。《永乐大典》卷二千三十一。

　　史臣曰:全义一逢乱世,十领名藩,而能免梁祖之雄猜,受庄宗之厚遇,虽由恭顺,亦系货财。《传》所谓"货以藩身"者,全义得之矣。友谦向背为谋,二三其德,考其行事,亦匪纯臣。然全族之诛,祸斯酷矣。得非鬼神害盈,而天道恶满乎!《永乐大典》卷二千三十一。

旧五代史卷六三考证

　　欧阳史友珪遣招讨使韩勍将康怀英等　击友谦,《通鉴》作九月丁未,以感化节度使康怀贞为副招讨使,更以韩勍副之,怀贞等与忠武节度使牛存节合兵五万,屯河中。三收所载俱有异同。

　　友谦袭取同州以其子令德为帅请节钺于梁不获　案《欧阳史》:末帝初不许,已而许之,制命未至,友谦复叛。《通鉴》从《欧阳史》。

　　补前张全义传巢败依诸葛爽于河阳屡有战功爽表为泽州刺史　案《洛阳搢绅旧闻记》:《齐王张令公外传》云,王在巢军中,知其必败,遂翻身归国,唐授王泽州刺史。考是书,则全义因巢败始归诸葛爽,乃表为泽州刺史也。《旧闻记》殊失事实。

　　补前张全义传诏皇子继岌皇弟存纪等皆兄事之　案《通鉴》:全义献币马千计,帝命皇子继岌、皇弟存纪等兄事之,是全义之得幸于庄宗,由币马也。《洛阳搢绅旧闻记》:齐王上表待罪,庄宗降诏释之,及召见,大喜开怀,慰纳若见平生故人,尽鱼水之契焉。此盖党于全义者虚誉之辞。

　　补前朱友谦传待遇同于已子　案:《欧阳史》作录以为子。

旧五代史卷六四

唐书四〇

列传第一六

霍彦威　王晏球　戴思远　朱汉宾
孙劭　刘玘　周知裕

　　霍彦威，字子重，洺州曲周人也。梁将霍存得之于村落间，年十四，从征讨，存怜其爽迈，养为己子。案：《通鉴注》以彦威为霍存之子。与《薛史》异。存，《梁史》有传。彦威未弱冠，为梁祖所知，擢在左右，渐升戎秩，亟立战功。尝中流矢，眇其一目。开平二年，自开封府押衙、右亲从指挥使、检校司空授右龙骧军使。三年，自右监门卫将军授左天武军使，迁右监门上将军。乾化三年，与袁象先同诛朱友珪，梁末帝授洺州刺史，转河阳留后。乾化末，邠州留后李保衡背李茂贞以城归梁，梁以彦威为邠州节度使。其年五月，茂贞遣将刘知俊率大军攻之。彦威固守逾年，竟不能下，或得其俘，悉令放之。秦人怀其惠，遂无侵扰。转滑州节度使，移镇郓州，兼北面行营招讨，总大军于河上。师徒屡败，降授陕州留后。

　　庄宗入汴，彦威自陕驰至请罪，诏释之。一日，庄宗于崇元殿宴诸将，彦威与段凝、袁象先等预会。酒酣，庄宗举酒属明宗曰："此席宴客，皆吾前岁之劲敌也。一旦与吾同宴，盖卿前锋之效也。"彦威等伏陛谢罪，庄宗曰："与卿话旧，无足畏也。"因赐御衣，器币，尽欢而罢，寻放归藩。

明年，从明宗平潞州，授徐州节度使。契丹犯塞，庄宗以明宗为北面招讨使，命彦威为副。彦威善言论，颇能接奉，明宗尤重之。赵太叛于邢州，奉诏讨平之。时赵在礼据魏州，与明宗会兵于邺下，大军夕乱，明宗为其所劫逼，彦威从入魏州。皇甫晖等尤忌彦威，欲杀之，彦威机辩开说，竟免。及出，彦威部下兵士独全，护卫明宗至魏州县。时明宗欲北趋常山，彦威与安重诲恳请赴阙，从至洛阳，彦威首率卿相劝进于至德宫。旬日之间，内外机事，皆决于彦威，擅收段凝、温韬下狱，将置于法，安重诲曰："温、段罪恶，负于梁室，众所知矣。今主上克平内艰，冀安万国，岂为公报仇耶！"至天成初，除郓州节度使，值青州王公俨拒命，改平卢军节度，至镇，擒公俨，斩之。明年冬，肆觐于汴州，明宗接遇甚厚，累官至检校太尉、兼中书令。三年冬，卒于理所，年五十七。奏至之日，明宗方出近郊，忽闻奏讣，掩泣归宫，辍朝三日，至月终不举乐。册赠太师、晋国公，谥曰忠武。子承训，弟彦珂，累历刺史。皇朝乾德中，立明宗庙于洛州，诏以彦威配飨庙庭。《永乐大典》卷一万八千一百二十九。

王晏球，字莹之，自言洛都人。少遇乱，为蔡贼所掠，汴人杜氏畜之为子，因冒姓杜氏。晏球少沉勇有断，倜傥不群。梁祖之镇汴也，选富家子有材力者，置之帐下，号曰"厅子都。"《清异录》：宣武厅子都，尤勇悍，其弩张一大机，则十二小机皆发，用连珠大箭，无远不及，晋人极畏此。晏球预选，从梁祖征伐，所至立功，累迁厅子都指挥使。梁开平三年，自开封府押衙充直左耀武指挥使，授右千牛卫将军，军职如故。朱友珪之篡位也，怀州龙骧守御军作乱，欲入京城，已至河阳，友珪命晏球出骑迎战击乱军，获军使刘重遇，以功转左龙骧第一指挥使。梁末帝嗣位，以晏球为龙骧四军都指挥使。

贞明二年四月十九日夜，汴州捉生都将李霸等作乱，纵火焚剽，攻建国门，梁末帝登楼拒战。晏球闻乱，先得龙骧马五百屯于鞠场，俄而乱兵以竿竖麻布沃油焚建国楼，势将危急。晏球隔门窥兵乱兵，见无甲胄，即出骑击之，奋力血战，俄而群贼走散。梁末帝见骑军讨贼,呼曰:"非吾龙骧之士乎?"晏球奏曰:"乱者惟李霸一都,陛下但守宫城,迟明臣必破之。"既而晏球尽戮乱军,全营族诛。以功授单州刺史,寻领军于河上,为行营马军都指挥兼诸军排阵使。

庄宗入汴,晏球率骑军入援,至封丘,闻梁末帝殂,即解甲降于庄宗。明年,与霍彦威北捍契丹,授齐州防御使、北面行营马军都指挥使,仍赐姓氏,名绍虔。邺之乱,明宗入赴内难,晏球时在瓦桥,遣人招之。明宗至汴,晏球率骑从至京师,以平定功授宋州节度使,上章求还本姓名。

天成二年,授北面行营副招讨,以兵戍满城。是岁,王都据定州,《通鉴》:遣人说北面副招讨王晏球,晏球不从,乃以金遗晏球帐下,使图之,不克。癸巳,晏球以都反状闻。壬寅,以王晏球为北面招讨使,权知定州行州事。契丹遣塔纳旧作秃馁,今改正。率骑千余来援都,突入定州,晏球引军保曲阳。王都、塔纳出军拒战,晏球督厉军士,令短兵击贼,戒之曰:"回首者死"符彦卿以龙武右军攻其左,高行周以龙武左军攻其右,奋剑挥挝,应手首落,贼军大败于嘉山之下,追袭至于城门。俄而契丹首领特哩衮旧作惕隐,今改正。率勇骑五千至唐河。是时大雨,晏球出师逆战,特哩衮复败,追至易州,河水暴涨,所在陷没,俘获二千骑而还。特里衮以余众北走幽州,赵德钧令牙将武从谏以骑邀击,德钧分扼诸要路,旬日之内,尽获特哩衮已下猷长七百余人,契丹遂弱。晏球围城既久,帝遣使督攻城,晏球曰:"贼垒坚峻,但食三州租税,抚恤黎民,爱养军士,彼自当鱼溃。"帝然其言。

晏球能与将士同其甘苦,所得禄赐私财,尽以飨士,日具饮馔,与将校筵宴,待军士有礼,军中无不敬伏。其年冬,平贼。自初战至于城拔,不戮一士,上下欢心,物议以为有将帅之略。以功授天平军节度使,未几,移镇青州,就加兼中书令。长兴三年,卒于镇,时年六十。赠太尉。

子彻,位至怀州刺史。《永乐大典》卷一万八千一百二十九。

戴思远,本梁之故将也。初事梁祖,以武干知名。开平元年,自右羽林统军加检校司徒,出为晋州刺史。二年,授右监门上将军,寻改华州防御使。三年,自左天武使复授右羽林统军。郢王友珪篡位,授洛州团练使。贞明中,为邢州留后,迁本州节度使。属燕将张万进杀沧州留后刘继威,以城归梁,末帝命思远镇之。庄宗平定魏博,以兵临沧、德,思远弃镇渡河归汴,累迁天平军节度使兼北面招讨使,将兵与庄宗对垒。久之,庄宗讨张文礼于镇州,契丹来援,庄宗追袭契丹至幽州。思远闻之,总兵以袭魏州,至魏店,遇明宗骑军适至,思远乃涉洹水,陷成安,复归杨村寨,尽率其众攻德胜北城。城中危急,符存审昼夜乘城以拒之,庄宗自蓟五日驰至魏州,思远闻之解去。及明宗袭下郓州,思远罢军权,降授宣化军留后。其年,庄宗入汴,思远自邓州入朝,复令归镇。明宗即位,移授洋州节度使。及西川俱叛,思远以董璋故人,避嫌请代,征入朝宿卫,以年告老,授太子少保致仕。清泰二年八月,卒于家。《永乐大典》卷一万五千二十二。

朱汉宾,字绩臣,亳州谯县人也。父元礼,始为郡将,梁太祖闻其名,擢为军校,从庞师古渡淮,战没于淮南。汉宾少有膂力,形神壮伟,胆气过人,梁祖以其父死王事,选置帐下,编入属籍。梁祖之攻兖、郓也,朱瑾募骁勇数百人,黥双雁于其额,号为“雁子都”案:《欧阳史》误以雁子都为梁军名,吴缜辨其误。梁祖闻之,亦选数百人,别为一军,号为“落雁都”。署汉宾为军使,当时目为“朱落雁。”后与诸将破蔡贼有功,天福中,授右羽林统军。入梁,历天威军使、左羽林统军,出为磁州刺史、滑宋二州留后,亳曹二州刺史、安州节度使。

庄宗至洛阳,汉宾自镇入觐,复令还镇。明年,授左龙武统军。庄宗尝幸汉宾之第,汉宾妻进酒上食,奏家乐以娱之,自是汉宾颇蒙宠待。同光四年正月,冀王朱友谦入朝,明宗居洛阳,以右谦故人,置酒于第。庄宗诸弟在席,友谦坐在永王存霸之上。酒酣,汉宾以大觥奉友谦曰:“公虽名位高坐于皇弟之上,非宜也。仆与公俱在梁朝,以宗盟相厚,自公入朝,三发单函候问,略无报复,忽余位卑,不亦甚乎!"元行钦恐纷然,为解之方止。不数日,友谦赤族。赵在礼据魏州,元行钦率军进讨,诏汉宾权知河南府事。明宗以汉宾为右卫上将军,枢密使安重诲方当委重,汉宾密令结托,得为婚家。天成末,为潞州节度使,移镇晋州。重诲既诛,汉宾复为上将军。明年,汉宾告老,授太子少保致仕。清泰二年六月卒,时年六十四。

汉宾少勇健,及晚岁饮啖过人,其状貌伟如也。凡所履历,不闻逾法。梁时,尝领军屯魏州、莘县,适值连帅去郡,诸军咸以利见诱,请自为留后,汉宾则斩其言者,拒而不从,闻者赏焉。在曹日,飞蝗去境,父老歌之。临平阳遇旱,亲斋洁祷龙子祠,逾日雨足,四封大稔,咸以为善政之所致也。及致仕,东还亳郡,见乡旧亲戚沦没者,有茔兆未办,则给以棺敛,有婚嫁未毕,则助以资币,受其惠者数百家,郡人义之。寻还洛阳,有第在怀仁里,北限洛水,南镇通衢,层室连甍,修木交干,笙歌罗绮,日以自娱,养彼天和,保其余齿,此乃近朝知止之良将也。晋高祖即位,赠太子少傅,谥曰贞惠。

有子四人,长曰崇勋,官至左武卫将军。《永乐大典》卷二千三十一。

孔勍,字鼎文,兖州人,后徙家宿州。少便骑射,为军中小校,事梁祖渐至郡守,累迁齐州防御使、唐邓节度使。梁贞明中,王球据襄州叛,勍讨平之,因授山南东道节度使。庄宗至洛阳,勍自镇来朝,复令归镇,寻移昭义节度使。同光季年,监军杨继源与都将谋据潞州,事泄,勍诛之。明宗即位之岁,诏还京师,授河阳节度使。未几,以太子太师致仕,卒年七十九。赠太尉。《永乐大典》卷一万八千一百二十九。

刘玘,汴州雍丘人也。世为宣武军牙校。玘少负壮节,梁祖镇汴州,玘求自试,补队长。从梁祖征伐,所至有功,迁为牙将,历滑、徐、襄三州都指挥使。开平中,襄帅王班为帐下所害,乱军推玘为留后,玘诡从之。翌日受贺,衙庭享士,伏甲幕下,尽斩其乱将。以功历复、亳二州刺史，征为侍卫都将，出为安州刺史。贞明中，为晋州留后。庄宗至汴，玘来朝。玘在晋州八年，日与上党、太原之师交斗于境上，庄宗见而劳之曰："刘侯无恙，控我晋阳之南鄙，岁时久矣，不早相见。"玘顿首谢罪。复命归镇，正授节旄，移镇安州。明宗即位，迁邓州节度使。天成末，以史敬熔代之。玘还京师，卒。赠侍中。

有子师道，仕皇朝，为右赞善大夫，卒。《永乐大典》卷九千九十八。

周知裕，字好问，幽州人也。少事燕帅刘仁恭为骑将，表为妫州刺史，久之，移刺德州。天佑四年，刘守光既平沧州，乃以其幼子继威为留后，大将张万进与知裕佐之。继威冲幼，宣淫于万进之家。万进杀之。诘旦，召知裕告其故，万进自称留后。署知裕为景州刺史。会万进纳款于梁，知裕先奔于汴，梁主厚待之，特置归化军，以知裕为指挥使，凡军士自河朔归梁者，皆隶于部下。梁与庄宗交战于河上，摧坚挫锐，惟恃归化一军，然岁将一纪，位不及郡守。

同光初，庄宗入汴，知裕随段凝军解甲封丘。明宗时为总管，受降于郊外，见知裕甚喜，遥相谓曰："周归化今为吾人，何乐如之！"因令诸子以兄事之。庄宗抚怜尤异，而诸校心妒之。有壮士唐从益者，因猎射之，知裕遁而获免。庄宗遂诛从益，出知裕为房州刺史。魏王继岌伐蜀，召为前锋骑将。明宗即位，移刺绛州，改淄州刺史、宿州团练使。知裕老于军旅，勤于稼穑，凡为郡劝课，皆有政声，朝廷喜之，迁安州留后。

淮上之风恶病者，至于父母有疾，不亲省视，甚者避于他室，或时问讯，即以食物揭于长竿之首，委之而去。知裕心恶之，召乡之顽狠者呵诘教导，俾知父子骨肉之恩，由是弊风稍革。长兴末，入为右神武统军。清泰初，卒于官。赠太傅。《永乐大典》卷八千九百九十九。

史臣曰：夫才之良者，在秦亦良也，在虞亦良也。故彦威而下，昔为梁臣，不亏亮节，泊归唐祚，亦无丑声，盖松贞不变于四时，玉粹宁虞其烈焰故也。况彦威之辅明宗也。有翊戴之功绩；晏球之伐中山也，著戡定之功。方之数公，尤为优矣。《永乐大典》卷八千九百九十七。

旧五代史卷六四考证

　　唐列传十六霍彦威传存怜其爽迈养为已子　　案：《通鉴注》以彦威为霍存之子，与是书异。

　　值青州王公俨拒命改平卢军节度至镇擒公俨斩之　　案《欧阳史》：彦威徙镇平卢，朱守殷反，伏诛。考朱守殷反，明宗遣范延光驰兵斩之，非由彦威之力，宜以是书所载为得其实。

　　王晏球传高行周以龙武右军攻其右　　行周，《欧阳史》作"行珪"。

　　朱汉宾传谥曰贞惠　　案：《五代会要》作正慧，引太常博士林弼议曰："汉宾散己俸以代荒，遹济疲俗而臻富，庶所莅之地，绰有政声。知进退存亡之理，得善始令终之道。谨案谥法：中道不挠保节扬名曰正，爱民好学宽裕慈仁曰慧，请谥曰正慧。"从之。是书及《欧阳史》俱作"贞惠"，未知何据。

　　刘玘传翌日受贺衙庭享士伏甲幕下尽斩其乱将　　案《通鉴考异》引《梁祖实录》：八月丁酉，赐刘玘、王延顺物，以其违乱将之命来归。《编遗录·斩李洪敕》云，始扶刘玘，既奔衡以归朝，若使玘翌日便斩乱将，则襄州何以至九月始收复？盖玘脱身归朝及梁亡入唐，妄云斩乱，以自夸大耳。

　　周知裕传清泰初卒于官　　案：《欧阳史》作应顺中卒。

　　托诺，旧作秃馁，今改。　　特哩衮，旧作惕隐，今改。

　　补前霍彦威传至月终不举乐《五代会要》：天成四年六月，敕故平卢军节度使霍彦威勋名显著，宅兆已营，度遵定谥之规，议送终之制，宜以三公礼葬。

旧五代史卷六五
唐书四一

列传第一七

李建及　　石君立　　高行珪　　张廷裕
王思同　　索自通

　　李建及,许州人。本姓王,父质。建及少事李罕之为纪纲,光启中,罕之谒武皇于晋阳,因选部下骁勇者百人以献,建及在籍中。后以功署牙职,典义儿军,及赐姓名。天佑七年,改匡卫军都校。案:《欧阳史》作匡卫指挥使。柏乡之役,汴将韩勍追周德威至高邑南野河上,镇、定兵扼桥道,韩勍选精兵先夺之。庄宗登高而望,镇、定兵将衄,谓建及曰:"如贼过河,则势不可遏,卿计若何?"建及于部选士二百,挺枪大噪,御汴军,却之于桥下。二月,王师攻魏,魏人夜出犯我营,建及设伏待之,扼其归路,尽殪之。刘郭之营莘县,月余不出,忽一旦纵兵攻镇、定之营,军中腾乱,建及率银枪劲兵千人赴之,击败汴军,追奔至其垒。元城之战,建及首陷其阵,授天雄军教练使。八月,迁辽州刺史。

　　十四年,从击契丹于幽州,破之。十二月,从攻杨刘,自寅至午,汴军婴城拒守,建及自负蒇苇堙堑,率先登梯,遂拔之。胡柳之役,前军逗挠,际晚,汴军登土山,建及一战夺之。庄宗欲收军,诘朝合战。建及横槊当前,曰:",贼大将已亡,乘此易击,王但登山,观臣破贼!"即引银枪效节大呼奋击,三军增气,由是王师复振,以功授检校司空、魏博内外衙都将。

十六年，汴将贺瑰攻德胜南城，以战船十余艘，竹筏维之，扼断津路，王师不得渡。城中矢石将尽，守城将氏延赏危急，庄宗令积帛军门，召能破贼船者，津人有马破龙者，能水游，乃令往见延赏。延赏言：“危窘极矣，所争晷刻。”时棹船满河，流矢雨集，建及被重铠，执槊呼曰：“岂有一衣带水，纵贼如此！”乃以二船实甲士，皆短兵持斧，径抵梁之战舰，斧其筏，又令上流具瓮，积薪其上，顺流纵火，以攻其舰。须臾，烟焰腾炽，梁军断缆而逋，建及乃入南城，贺瑰解围而去。其年十二月，与汴将王瓒战于戚城，建及伤手，庄宗解御衣金带赐之。

建及有胆气，慷慨不群，临阵鞠旅，意气横壮。自庄宗至魏州，建及都总内外衙银枪效节帐前亲军，善于抚御，所得赏赐，皆分给部下，绝甘分少，颇洽军情。又累立战功，雄勇冠绝，雌劣者忌谗之。时宦官韦令图监建及军，每于庄宗前言：“建及以家财骤施，其趣向志意不小，不可令典衙兵。”庄宗因猜之。建及性既忠荩，虽知谗构，不改其操。

十七年三月，授代州刺史。八月，与李存审赴河中，解同州之围。建及少遇祸乱，久从战阵，矢石所中，肌无完肤，复有功见疑，私心愤郁。是岁，卒于太原。时年五十七。《永乐大典》卷一万八千二十九。

石君立，赵州昭庆人也，亦谓之石家财。初事代州刺史李克柔，后隶李嗣昭为牙校，历典诸军。夹城之役，君立每出挑战，坏汴军栅垒，俘擒而还。八年，与汴军战于龙化园，败之，获其大将卜渥以献。嗣昭每出征，俾君立为前锋，敌人畏之。

王檀之逼晋阳也，城中无备，安金全驱市人以登陴，保聚不完。时庄宗在魏博，救应不暇，人心危惧，嗣昭遣君立率五百骑，自上党朝发暮至。王檀游军扼汾桥，君立一战败之，径至城下，驰突斩击，出入如神，大呼曰：“昭义侍中大军至矣。”是夜入城，与安金全等分出诸门击杀于外，迟明，梁军败走。

十七年，将兵屯德胜。时汴军自滑州转饷以给杨村寨，庄宗亲率骑军于河外，循岸而上，邀击之。汴人拒杨村五十里，于河曲潘张村筑垒以贮军储，庄宗令诸军攻之。汴人设伏于要路，逆战伪败，王师乘之，蹙入垒门，梁伏兵起因与血战。君立与镇州大将王钊隔入贼垒，时诸将部校陷贼者十余人，君立被执，送于汴。梁主素知其骁勇，欲用之为将，械而下狱。久之，梁主遣人诱之，君立曰："败军之将，难与议勇，如欲将我，我虽真诚效命，能信我乎？人皆有君，吾何忍反为仇人哉！"既而诸将被戮，尚惜君立不之害。同光元年，庄宗至汴前一日，梁主始令杀之。《永乐大典》卷一万八千二十九。

高行珪，燕人也。家世勇悍，与弟行周俱有武艺，初仕燕为骑将，骁果出诸将之右。燕帅刘守光僭逆不道，庄宗令周德威征之，守光大惧，以行珪为武州刺史，令张犄角之势。时明宗将兵助德威平燕，俄闻行珪至，率骑以御之，明宗谕以逆顺之理，行珪乃降。守光将元行钦在山北，闻行珪有变，即率部下军众以攻行珪。行珪遣弟行周告急于周德威，德威命明宗、李嗣本、安金全将兵援之。明宗破行钦于广边军，行钦亦降。寻以行珪为朔州刺史，历忻、岚二郡，迁云州留后。天成初，授邓州节度使，寻移镇安州。

行珪性贪鄙，短于为政，在安州日，行事多不法。副使范延策者，幽州人也，性刚直，累为宾职，及佐行珪，睹其贪猥，因强谏之。行珪不从。后延策因入奏，献封章于阙下，事有三条：一请不禁过淮猪羊，而禁丝绵匹帛，以实中国；一请于山林要害置军镇，以绝寇盗；一述藩侯之弊，请敕从事明谏净之，不从。令诸军校列班廷净。行珪闻之，深衔之。后因戍兵作乱，诬奏延策与之同谋，父子俱戮于汴，闻者冤之。未几，行珪以疾卒。诏赠太尉。《永乐大典》卷一万八千二十九。

张廷裕，代北人也。幼事武皇于云中，从平黄巢，讨王行瑜，自行间渐升为小将。庄宗定魏，补天雄军左厢马步都虞候，因蔚、慈、隰三州刺史。同光三年,除新州节度使。塞上多事,廷裕无控制之术,边鄙常耸。天成三年,卒于治所,诏赠太保。《永乐大典》卷五千三百六十。

王思同,幽州人也。父敬柔,历瀛、平、儒、檀、营五州刺史。思同母即刘仁恭之女也,故思同初事仁恭为帐下军校。会刘守光攻仁恭于大安山,思同以部下兵归太原,时年十六,武皇命为飞腾指挥使。从庄宗平定山东,累典诸军。

思同性疏俊,粗有文,性喜为诗什,与人唱和,自称蓟门战客。魏王继岌待之若子。时内养吕知柔侍兴圣宫,颇用事,思同不平之。吕为终南山诗,末句有"头"字,思同和曰:"料伊直拟冲霄汉,赖有青天压着头。"其所为诗句,皆此类也。每从征,必在兴圣帐下,然同光朝,位止郑州刺史。明宗在军时,素知之,即位后,用为同州节度使,未几,移镇陇右。

思同好文士,无贤不肖,必馆接贿遗,岁费数十万。在秦州累年,边民怀惠,华戎宁息。长兴元年,入朝,见于中兴殿。明宗问秦州边事,对曰:"秦州与吐蕃接境,蕃部多违法度。臣设法招怀,沿边置寨四十余所,控其要害。每蕃人互市、饮食之界上,令纳器械。"因手指画秦州山川要害控扼处。明宗曰:"人言思同不管事,岂及此耶"时两川叛,欲用之,且留左右,故授右武卫将军。八月,授西南面行营马步都虞候。九月,迁京兆尹、西京留守。伐蜀之役,为先锋指挥使。石敬瑭入大散关,思同恃勇先入剑门,大军未相继,复被董璋兵逐出之。及敬瑭班师,思同以曾获剑门之功,移镇山南西道。三年,两川交兵,明宗虑并在一人,则朝廷难制,密诏思同相度形势,即乘间用军,事未行而董璋败。八月,复为京兆尹兼西京留守。

时潞王镇凤翔,与之邻境,及潞王不禀朝旨,致书于秦、泾、雍、梁、邠诸帅,言:"贼臣乱政,属先帝疾笃,谋害秦王,迎立嗣君,自擅权柄,以致残害骨肉,摇动藩垣。惧先人基业,忽然坠地,故誓心入朝,以除君侧,事济之后,谢病归藩,然藩邸素贫,兵力俱困,欲希国士,共济急难。"乃令小伶女十人以五弦技见思同,因欢讽动。又军校宋审温者,请使于雍,若不从命,即独图之。又令推官郝昭、府吏朱延义,以书檄起兵,会副部署药彦稠至,方宴,而技使适至,乃系之于狱。彦稠请诛审温,拘送昭赴阙。时思同已遣其子入朝言事,朝廷嘉之,乃以思同为凤翔行营都部署,起军营于扶风。

三月十四日,与张虔钊会于岐下,梯冲大集。十五日,进收东西关城,城中战备不完,然死力捍御,外兵伤夷者十二三。十六日,复进攻其城,潞王登陴泣谕于外,闻者悲之。张虔钊性褊,诘旦,西南用军,与都监皆血刃以督军士,军士齐诟,反攻虔钊,虔钊跃马避之。时羽林指挥使杨思权引军自西门先入,思同未之知,犹督士登城。俄而严卫指挥使尹晖呼曰:"西城军已入城受赏矣,军士可解甲!"弃仗之声,振动天地。日午,乱军毕集,泾州张从宾、邠州康福、河中安彦威皆遁去。十七日,思同与药彦稠、苌从谏俱至长安,刘遂雍闭关不纳,乃奔潼关。

二十二日,潞王至昭应,前锋执思同来献。王谓左右曰,"思同计乖于事,然尽心于所奉,亦可嘉也。"顾谓赵守钧曰:"思同尔之故人,可行迓之于路,达予抚慰之意。"思同至,潞王让之曰:"贼臣倾我国家,残害骨肉,非予弟之过。我起兵岐山,盖诛一二贼臣耳,尔何首鼠两端,多方误我,今日之罪,其可逃乎!"思同曰:"臣起自行间,受先朝爵命,秉旄仗钺,累历重藩,终无显效以答殊遇。臣非不知攀龙附凤则福多,扶衰救弱则祸速,但恐瞑目之后,无面见先帝。衅鼓膏原,缧囚之常分也。"潞王为之改容,徐谓之曰:"且憩歇。"潞王欲用之,而杨思权之徒耻见其面,屡启刘延朗言"思同不可留,虑失士心。"又潞王入长安时,尹晖尽得思同家财及诸妓女,故尤恶思同,与刘延朗亟言之。属王醉,不待报,杀思同并其子德胜。潞王醒,召思同,左右报已诛之矣。潞王怒延朗,累日嗟惜之。及汉高祖即位,诏赠侍中。《永乐大典》卷六千六百七十一。

索自通,字得之,太原清源人也。父继昭,以自通贵,授国子监祭酒致仕。自通少能骑射,尝于山墅射猎,庄宗镇太原时,遇之于墅,讯其姓名,即补右蕃厅直军使。后因从猎,射中走鹿,转指挥使。佐周德威攻燕军于涿州,擒燕将郭在钧,从庄宗定魏博,改突骑指挥使。明宗即位,自随驾左右厢马军都指挥授忻州刺史。岁余召还,复典禁兵,领韶州刺史,出为大同军节度使,累岁移镇忠武,改京兆尹、西京留守。杨彦温据河中作乱,自通率师讨平之,授河中节度使,寻自鄜州入为右龙武统军。初,自通即平杨彦温,代末帝镇河中,临事失于周旋,末帝深衔之。及末帝即位,自通忧悸求死。清泰元年七月,因朝退涉洛,自溺而卒。

子万进,周显德中,历任方镇。《永乐大典》卷一万八千一百二十九。

旧五代史卷六五考证

唐列传十七李建及传改臣卫军都校　案《欧阳史》作匡卫指挥使。

又令上流具瓮积薪其土顺流纵火以攻其舰　案:《通鉴》作木罂载薪,沃油然火于上,流纵之。与是书异。《欧阳史》作以大瓮积薪,自上流纵火,与是书同。

高行珪传明宗谕以顺逆之理行珪乃降守光将元行钦率部下攻行珪行珪遣弟行周告急于周德威　案《欧阳史》:行珪夜缒,行周驰入,晋见庄宗,庄宗因遣明宗救武州,比至,行钦已解去,行珪乃降。是行珪先求救于晋而后降也。是书作降晋后告急,微有异同。

王思同传为帐下军校　案:《欧阳史》作银胡簶指挥使。飞腾指挥使　案:《欧阳史》作飞腾都挥使。

位止郑州刺史　案:《欧阳史》作以功迁神武十军都指挥使,累迁郑州防御使。

以五弦技见思同　案:《欧阳史》作遣伶奴安十十,以五弦谒思同。

又令推官郝昭　郝昭,《欧阳史》作"郝诩"。《通鉴》从《欧阳史》。

补前索自通传**深衔之**《通鉴》:自通承安重诲指,籍军府甲仗数上之,以为从珂私造,赖王贵妃保护得免。

旧五代史卷六六
唐书四二

列传第一八

安重诲　朱弘昭　朱洪实　康义诚
药彦稠　宋令询

　　安重诲,其先本北部豪长,父福迁,为河东将,救兖、郓而没。《通鉴注》引《薛史》。重海自明宗龙潜时得给事左右,及镇邢州,以重海为中门使,随从征讨,凡十余年,委信无间,勤劳亦至。洎邺城之变,佐命之功,独居其右。明宗践祚,领枢密使,俄迁左领军卫大将军充职。《册府元龟》卷三百九。明宗遣回鹘侯三驰传至其国,侯三至醴泉县,县素僻无驿马,其令刘知章出猎,不时给马,侯三遽以闻。明宗大怒,械知章至京师,将杀之。赖重海从容为言,乃得不死。《永乐大典》卷一万一千六百五十四。明宗幸汴州,重海建议欲因以伐吴,而明宗难之。其后,户部尚书李鏻得吴谍者言:"徐知诰欲奉吴国以称藩,愿得安公一言以为信。"鏻即引谍者见重海。重海大喜,以为然,乃以玉带与谍者,使遗知诰为信,其直千缗。《永乐大典》一万五千五百三十。

　　重海为枢密使,四五年间,独绾大任,臧否自若,环卫、酋长、贵戚、近习,无敢干政者。弟牧郑州,子镇怀、孟,身为中令,任过其才,议者谓必有覆悚之祸。无何,有吏人李虔徽弟扬言于众云:"闻相者言其贵不可言,今将统军征淮南。"时有军将密以是闻,颇骇上听。

《册府元龟》卷九百四十二。明宗谓重诲曰:"闻卿树心腹,私市兵仗,欲自讨淮南,有之否?"重诲惶恐,奏曰:"兴师命将,出自宸衷,必是奸人结构,臣愿陛下穷诘所言者。"翌日,帝召侍卫指挥使安从进、药彦稠等谓之曰:"有人告安重诲私置兵仗,将不利于社稷,其若之何?"从进等奏曰:"此是奸人结构,离间陛下勋旧,且重诲事陛下三十年,从微至著,无不尽心,今日何苦乃谋不轨!臣等以家属保明,必无此事。"帝意乃解。《永乐大典》卷四百六十一。重诲三上表乞解机务,诏不允。复面奏:"乞与臣一镇,以息谤议。"明宗不悦,重诲奏不已,明宗怒,谓曰:"放卿出,朕自有人!"即令武德使孟汉琼至中书,与宰臣商量重诲事。冯道言曰:"诸人苟惜安令公,解枢务为便。"赵凤曰:"大臣岂可轻动,公失言也。"道等因附汉琼奏曰:"此断自宸旨,然重臣不可轻议移改。"由是兼命范延光为枢密使,重诲如故。《永乐大典》卷一万一百一十三。

时以东川帅董璋恃险难制,乃以武虔裕为绵州刺史,董璋益怀疑忌,遂系虔裕以叛。及石敬瑭领王师伐蜀,峡路艰阻,粮运不继,明宗忧之,而重诲请行。翌日,领数骑而出,日驰数百里,西诸侯闻之,莫不惶骇,所在钱帛粮料,星夜辇运。人乘毙踣于山路者不可胜纪,百姓苦之。《永乐大典》卷一万八千一百二十九。重诲至凤翔,节度使朱弘昭延于寝室,令妻子奉食器,敬事尤谨。重诲坐中言及:"昨有人谗构,几不保全,赖圣上保鉴,苟获全族。"因泣下。重诲既辞,弘昭遣人具奏:"重诲怨望出恶言,不可令至行营,恐夺石敬瑭兵柄。"而宣徽使阵汉琼自西回,亦奏重诲已至三泉,复令归阙。再过凤翔,朱弘昭拒而不纳,重诲惧,急骑奔程,未至京师,制授河中帅。既至镇,心不自安,遂请致仕。制初下,其子崇赞、崇绪走归河中。二子初至,重诲骇然曰:"渠安得来?"家人欲问故,重诲曰:"吾知之矣,此非渠意,是他人教来。吾但以一死报国家,余复何言!"翌日中使至,见重诲,号泣久之。重诲曰:"公但言其故,勿过相愍。"中使曰:"人言令公据城异志矣。"重诲曰:"吾一死未塞责,已负君亲,安敢辄怀异志,遂劳朝廷兴师,增圣上宵旰,则仆之罪更万万矣。"

　　时遣翟光邺使河中，如察重诲有异志，则诛之。既至，李从璋自率甲士围其第，仍拜重诲于其庭，重诲下阶迎拜曰："太傅过礼。"俯首方拜，从璋以挝击其首，其妻惊走抱之，曰："令公死亦不迟，太傅何遽如此！"并击重诲妻首碎，并剥其衣服，夫妻裸形踣于廊下，血流盈庭。翌日，副使判官白从璋，愿以衣服覆其尸，坚请方许。及从璋疏重诲家财，不及数千缗，议者以重诲有经纶社稷之大功，然志大才短，不能回避权宠，亲礼士大夫，求周身辅国之远图，而悉自恣胸襟，果贻颠覆。《册府元龟》卷九百四十二。案：《安重诲传》，《永乐大典》中全篇已佚，今采《册府元龟》补之，以存大概。《五代史补》：初，知祥将据蜀也，且上表乞般家属。时枢密使安重诲用事，拒其请，知祥曰："吾知之矣。"因使密以金百两为赂，重诲喜而为敷奏，诏许之。及家属至，知祥对僚吏笑曰："天下闻知枢密，将谓天地间未有此，谁知只销此百金耶，亦不足畏也。"遂守险拒命。《五代史阙文》：明宗令翟光邺、李从璋诛重诲于河中私第，从璋奋挝击重诲于地，重诲曰："某死无恨，但恨不与官家诛得潞王，他日必为朝廷之患。"言终而绝。臣谨案：《明宗实录》是清泰帝朝修撰，潞王即清泰帝也。史臣避讳，不敢直书。呜呼，重诲之志节泯矣！

　　朱弘昭，太原人也。祖玟，父叔宗，皆为本府牙将。弘昭事明宗，在藩方为典客。天成元年，为文思使，历东川副使，二年余，除左卫大将军，充内客省使。三年，转宣徽南院使。明宗亲祀南郊，弘昭为大内留守，加检校太傅，出镇凤翔。会朝廷命石敬瑭帅师伐蜀，久未成功，安重诲自请西行，至凤翔，弘昭迎谒马首，请馆于府署，妻子罗拜，捧卮为寿。弘诏密遣人谓敬瑭曰："安公亲来劳军，观其举措孟浪，傥令得至，恐士心迎合，则不战而自溃也。可速拒之，必不敢前，则师徒万全也。"敬唐闻其言大惧，即日烧营遁还。重诲闻之，不敢西行，因反旆东还，复过凤翔，弘昭拒而不纳。及重诲得罪，其年弘昭入朝，授左武卫上将军，充宣徽南院使。

　　长兴三年十二月，代康义诚为襄州节度使。四年，秦王从荣为元帅，屡宣恶言，执政大臣皆惧，谋出避之。枢密使范延光、赵延寿日夕更见，涕泣求去，明宗怒而不许。延寿使其妻兴平公主入言于中,延光亦因孟汉琼、王淑妃进说,故皆得免。未几,赵延寿出镇汴州,召弘昭于襄阳,代为枢密使,加同平章事。十月,范延光出镇常山,以三司使冯赟与弘昭对掌枢务,与康义诚、孟汉琼同谋以杀秦王。

闵帝即位,弘昭以为由己得立,故于庶事高下在心,及赦后覃恩,弘昭首自平章事超加中书令。素猜忌潞王,致其衅隙,以致祸败。潞王至陕,闵帝惧,欲奔,驰手诏召弘昭图之。时将军穆延辉在弘昭第,曰:"急召,罪我也,其如之何?吾儿妇,君之女也,可速迎归,无令受祸。"中使继至,弘昭援剑大哭,至后庭欲自裁,家人力止之。使促之急,弘昭曰:"穷至此耶!"乃自投于井。安从进既杀冯赟,断弘昭首,俱传于陕州。及汉高祖即位,赠尚书令。《永乐大典》卷二千三十二。

朱洪实,不知何许人。以武勇累历军校,长兴中,为马军都指挥使。秦王为元帅,以洪实骁果,尤宠待之,岁时曲遗,颇厚于诸将。及朱弘昭为枢密使,势焰尤甚,洪实以宗兄事之,意颇相协。弘昭将杀秦王,以谋告之,洪实不以为辞。时康义诚以其子事于秦府,故恒持两端,及秦王兵扣端门,洪实为孟汉琼所使,率领先骑军自左掖门出逐秦王,自是义诚阴衔之。

闵帝嗣位,洪实自恃领军之功,义诚每言,不为之下。应顺元年三月辛酉,义诚将出征,闵帝幸左藏库,亲给军士钱帛,是时,义诚与洪实同于库中面论用兵利害,案《欧阳史》云:洪实见军士无斗志,而义诚尽将以西,疑其二心。洪实言:"出军讨逆,屡发兵师,今闻小衄,无一人一骑来者。不如以禁军据门自固,彼安敢径来,然后徐图进取,全策也。"义诚怒曰:"若如此言,洪实反也。"洪实曰:"公自反,谁反!"其声渐厉,帝闻召而讯之。洪实犹理前谋,又曰:"义诚言臣图反,据发兵计,义诚反必矣。"闵帝不能明辨,遂命诛洪实。既而义诚果以禁军迎降潞王,故洪实之死,后人皆以为冤。《永乐大典》卷二千三十二。

康义诚,字信臣,代北三部落人也。少以骑射事武皇,从庄宗入魏博,补突骑使,累迁本军都指挥使。同光末,从明宗讨邺城,军乱,迫明宗为主,明宗不然。义诚进曰:"主上不虑社稷阽危,不思战士劳苦,荒耽禽兽,溺于酒色。今从众则有归,守节则将死。"明宗纳其言,由是委之心膂。明宗即位,加检校司空,领富州刺史,总突骑如故。寻转捧圣都指挥使,镇邠州刺史。明宗幸汴,平朱守殷,改侍卫马军都指挥使,领江西节度使。车驾归洛,授侍卫马步军都指挥使、河阳节度使。《太平广记》:长兴中,侍卫使康义诚尝军中差人于大宅充院子,亦曾小有笞责,忽一日,怜其老而诘其性,则曰:"姓康。"别诘其乡土、亲族、息嗣,方知是父,遂相持而泣,闻者莫不惊异。长兴末,加同平章事。

秦王为天下兵马元帅,气焰熏灼,大臣皆惧,求为外任。义诚以明宗委遇,无以解退,乃令其子以弓马事秦王以自结。明宗不豫,秦王讽义诚为助,义诚曲意承奉,亦非真诚。及朱弘昭、冯赟等惧祸,谋于义诚,但云:"仆为将校,不敢预议,但相公所使耳。"及秦王既诛,明宗宴驾,闵帝即位,加检校太尉、兼侍中,判六军诸卫事。未几,凤翔变起,西军不利,义诚惧,乃请行,盖欲尽率驾下诸军送降于潞王求免也。会与朱洪实议事不叶,洪实因厉声言义诚苞藏之志,闵帝暧昧,不能明辩,而诛洪实。及义诚率军至新安,诸军争先趋陕,解甲迎降,义诚以部下数十人见潞王请罪,潞王虽罪其奸回,未欲行法。清泰元年四月,斩于兴教门外,夷其族。《永乐大典》卷一万八千二十九。

药彦稠,沙陀三部落人。幼以骑射事明宗,累迁至列校。明宗践阼,领澄州刺史、河阳马步都将。从王晏球讨王都于定州,平之,领寿州节度使、侍卫步军都虞候。属河中指挥使杨彦温作乱,彦稠改侍卫步军都指挥使,充河中副招讨使,将兵讨平之。无几,党项劫回鹘入朝使,诏彦稠屯朔方,就讨党项之叛命者,搜索盗贼,尽获回鹘所贡驼马、宝玉,擒首领而还。寻授邠州节度使。遗会兵制置盐

州,蕃戎逃遁,获陷蕃士庶千余人,遣复乡里。受诏与延州节度使,
案:原本有缺文,《欧阳史》作灵武康福。进攻夏州,累月不克,兵罢归镇。
闵帝嗣位,与王思同攻凤翔,为副招讨使。禁军之溃,彦稠欲沿流而
遁,为军士所擒而献之。时末帝已至华州,令拘于狱,诛之。汉高祖
即位,与王思同并制赠侍中。《永乐大典》卷一万八千一百二十九。

宋令询,不知何许人也。闵帝在藩时,补为客将。知书乐善,动
皆由礼。长兴中,闵帝连典大藩,迁为都押衙,参辅阃政,甚有时誉,
闵帝深委之。及闵帝嗣位,朱、冯用事,不欲闵帝之旧臣在于左右,
乃出为磁州刺史。闵帝蒙尘于卫,令询日令人奔问。及闻帝遇害,
大恸半日,自经而卒。《永乐大典》卷一万三千四十四。

史臣曰:夫代大匠斫者,犹伤其手,况代天子执赏罚之柄者乎!
是以古之贤人,当大任、秉大政者,莫不卑以自牧,推之不有,廓自
公之道,绝利己之欲,然后能保其身而脱其祸也。而重海何人,安所
逃死,古语云:"无为权首,反受其咎。"重海之谓欤! 自弘昭而下力
不能为社稷,谋不能安国家,相踵而亡,又谁咎也。唯令询感故君之
旧恩,由大恸而自绝,以兹陨命,足以垂名。《永大乐典》卷一万三千四
十四。

旧五代史卷六六考证

唐列传十八安重海传无何有吏人李虔徽弟扬言于众云　案:
《欧阳史》作枢密承旨李虔徽语其客边彦温云,所载异词。
朱宏昭传敬瑭闻其言即日烧营遁还重海闻之不敢西行　案:
《欧阳史》作敬瑭以粮饷不继,遽烧营还军,重海亦以被谗召还。

朱洪实传　洪实，《欧阳史》作“宏实”。

康义诚传镇邠州刺史　邠州，《欧阳史》作“汾州”。

药彦稠传充河中副招讨使　案：《欧阳史》作招讨使。

旧五代史卷六七
唐书四三

列传第一九

豆卢革 韦说 卢程 赵凤 李愚 任圜

豆卢革，祖籍，同州刺史。父瓒，舒州刺史。《宣和书谱》云：失其世系。革少值乱离，避地鄜、延，转入中山，王处直礼之，辟于幕下，有奏记之誉。因牡丹会赋诗，讽处直以桑柘为意，言甚古雅，渐加器仰，转节度判官。而理家无法，独请谒见处直，处直虑布政有缺，有所规谏，敛板出迎，乃为嬖人祈军职矣。

天佑末，庄宗将即位，讲求辅相，卢质以名家子举之，征拜行台左丞相。同光初，拜平章事。及登廊庙，事多错乱，至于官阶拟议，前后倒置，屡为省郎萧希甫驳正，革改之，无难色。庄宗初定汴、洛，革引荐韦说，谙事体，与己同功。说既登庸，复事流品，举止轻脱，怨归于革。又说之子俱授拾遗，父子同官，为人所刺，遂改授员外郎。革请说之子涛为弘文馆学士，说请革之子升为集贤学士，交易市恩，有同市井，识者丑之。革自作相之后，不以进贤劝能为务，唯事修炼，求长生之术，尝服丹砂，呕血数日，垂死而愈。

天成初，将葬庄宗，以革为山陵使。及木主归庙，不出私第，专候旌钺，数日无耗，为亲友促令入朝。安重诲对众辱之曰："山陵使名衔尚在，不候新命，便履公朝，意谓边人可欺也。"侧目者闻之，思有所中。初，萧希甫有正谏之望，革尝阻之，遂上疏论革与说苟且自容，致君无状。复诬其纵田客杀人，冒元亨上第。遂贬为辰州刺史，仍令所在驰驿发遣。后郑珏、任圜等连上三章，请不行后命，乃下制曰：“豆卢革、韦说等，身为辅相，手握权衡，或端坐称臣，或半笑奏事，于君无礼，举世宁容。革则暂委利权，便私俸禄，文武百辟，皆从五月起支，父子二人偏自正初给遣。说则自居重位，全紊大纲。叙荫贪荣，乱儿孙于昭穆；卖官润屋，换令录之身名。丑行叠彰，群情共怒。虽居牧守，未塞非尤。革可责授费州司户参军，说可夷州司户参军，皆员外置同正员，所在驰驿发遣。”寻贬陵州长流百姓，委长吏常知所在。天成二年，夏，诏令逐处刺史监赐自尽，其骨肉并放逐便。

子升，官至检校正郎，服金紫，寻亦削夺。《永乐大典》卷二千二百一十四。《宝晋斋法书赞》载豆卢革《田园帖》云：大德欲要一居处，缘佃间旧无田园，鄜州虽有三两处庄子，缘百姓租佃多年，累有令公大王书请，隙给还人户，盖不欲侵夺疲民，兼虑无知之辈，妄有影庇包役云云。岳珂曰：“此帖乃与僧往还书，其畏强藩避罪罟，盖栗栗渊冰，然其后卒以故纵田客贬夜郎，正坐所畏，信乎乱邦之不可居也。是时据鄜乃高万兴，官检校太师、中书令，封北平王，即革所谓“令公大王”者。官故梁授，唐命维新，而颡面正朝者，不能致褫鬐之诛，而反窃贡秉旄之佞，唐之不竞，有自来矣。

韦说，福建观察使岫之子也。案：以下疑有阙文。庄宗定汴、洛，说与赵光允同制拜平章事。说性谨重，奉职常不造事端。时郭崇韬秉政，说等承顺而已，政事得失，无所指言。

初，或有言于崇韬，铨选逾滥，选人或取他人出身衔，或取父兄资绪，与令史囊橐罔冒，崇韬乃条奏其事。其后郊天，行事官数千人，多有告敕伪滥，因定去留，涂毁告身者甚众，选人号哭都门之外。议者亦以为积弊累年，一旦澄汰太细，惧失维新含垢之意。时说与郭崇韬同列，不能执而止之，颇遭物议。说之亲党告之，说曰：“此郭汉子之意也。”及崇韬得罪，说惧流言所钟，乃令门人左拾遗王松、吏部员外郎李慎义等上疏，云："崇韬往日专权，不闲故事，塞仕进之门，非奖善之道。"疏下中书，说等覆奏，深诋崇韬，识者非之。又有王俦者，能以多岐取事，纳赂于说，说以其名犯祖讳，遂改之为"操"，拟官于近甸。及明宗即位，说常虑身危，每求庇于任圜，常保护之。说居有井，昔与邻家共之，因嫌鄙杂，筑垣于外。邻人讼之，为希甫疏论，以为井有货财，及案之本人，惟称有破釜一所，反招虚妄。初贬叙州刺史，寻责授夷州司户参军。

初，说在江陵，与高季兴相知，及入中书，亦常通信币。自讨西蜀，季兴请攻峡内，庄宗许之："如能得三州，俾为属郡。"西州既定，季兴无尺寸之功。洎明缵承，季兴频请三郡，朝廷不得已而与之。革、说方在中书，亦预其议，及季兴占据，独归其罪，流于合州。明年夏，诏曰："陵州、合州长流百姓豆卢革、韦说，顷在先朝，擢居重任，欺公害物，黩货卖官。静惟肇乱之端，更有难容之事，且夔、忠、万三州地连巴蜀，路扼荆蛮，藉皇都弭难之功，徇逆帅偾求之势，罔予视听，率意割移。将千里之土疆，开通狡穴；动两川之丘赋，御捍经年。致朕莫遂偃戈，犹烦运策。近者西方邺虽复要害，高季兴尚固窠巢，增吾旰食之忧，职尔朋奸之计。而又自居贬所，继出流言。苟刑戮之稽时，处忠良于何地？宜令逐处刺史监赐自尽。"《永乐大典》卷一万七千九百一十。《欧阳史》：说子涛，晋天福初，为尚书膳部员外郎，卒。

卢程，唐朝右族。祖懿，父蕴，历仕通显。程，天复末登进士第，崔魏公领盐铁，署为巡官。昭宗迁洛阳，柳璨陷右族，程避地河朔，客游燕、赵，或衣道士服，干谒藩伯，人未知之。豆卢革客游中山，依王处直，卢汝弼来太原。程与汝弼皆朝族知旧，因往来依革，处直礼遇未优，故投于太原，汝弼因为延誉，庄宗署为推官，寻改支使。程褊浅无他才，惟务恃门地，口多是非，笃厚君子尤簿之。

初，判官王缄从军掌文翰，胡柳之役，缄殁于军。庄宗归宁太原，置酒公宴，举酒谓张承业曰："予今于此会取一书记，先以巵酒辟之。"即举酒属巡官冯道，道以所举非次，抗酒辞避，庄宗曰："勿谦挹，无逾于卿也。"时以职列序迁，则程当为书记，汝弼亦左右之。程既失职，私怀愤惋，谓人曰："主上不重人物，使田里儿居余上。"先是，庄宗尝于帐中召程草奏，程曰："叨忝成名，不闲笔砚。"由是文翰之选，不及于程。时张承业专制河东留守事，人皆敬惮。旧例支使监诸廪出纳，程诉于承业曰："此事非仆所长，请择能者，"承业叱之曰："公称文士，即合飞文染翰，以济霸国，尝命草辞，自陈短拙，及留职务，又以为辞，公所能者何也？"程垂泣谢之。后历观察判官。

　　庄宗将即位，求四镇判官可为宰辅者。时卢汝弼、苏循相次沦没，当用判官卢质。质性疏放，不愿重位，求留太原，乃举定州判官豆卢革，次举程，即诏征之，并命为平章事。程本非重器，骤历显位，举止不恒。时朝廷草创，庶物未备，班列萧然，寺署多缺。程、革受命之日，即乘肩舆，驺导喧沸。庄宗闻诃导之声，询于左右，曰："宰相担子入门。"庄宗骇异，登楼视之，笑曰："所谓似是而非者也。"顷之，遣程使晋阳宫册皇太后，山路险阻，往复绵邈，程安坐肩舆，所至州县，驱率丁夫，长吏迎谒，拜伏舆前，少有忤意，因加笞辱。

　　及汴将王彦章陷德胜南城，急攻杨刘，庄宗御军苦战，臣下忧之，咸白宰臣，欲连章规谏，请不躬御士伍。豆卢革言及汉高广武事，矢及于胸，给云中足。程曰："此刘季失策。"众皆缩颈。尝论近世士族，或曰："员外孔明龟，善和宰相之令绪，宣圣之系孙，得非盛欤！"程曰："止于孔子之后，盛则吾不知也。"亲党有假驴夫于程者，程帖府给之。府吏诉云无例，程怒鞭吏背。时任圜为兴唐少尹，庄宗从姊婿也，凭其宠戚，因诣程。程方鹤氅衣、华阳巾，凭几决事，见圜怒詈曰："是何虫豸，恃妇力耶！宰相取给于府县，得不识旧体！"圜不言而退，是夜，驰至博平，面诉于庄宗。庄宗怒，谓郭崇韬曰："朕误相此痴物，敢辱于九卿。"促令自尽，崇韬亦怒，事几不测，赖卢质横身解之，遂降为右庶子。庄宗既定河南，程随百官从幸洛阳，沿路坠马，因病风而卒。赠礼部尚书。《永乐大典》卷二千二百一十二。

赵凤，幽州人也。少为儒。唐天佑中，燕帅刘守光尽率部内丁夫为军伍，而黥其面，为儒者患之，多为僧以避之。凤亦落发至太原。顷之，从刘守奇奔梁，梁用守奇为博州刺史，表凤为判官。《永乐大典》卷一万六千四百六十五。案《欧阳史》云：守奇率凤去，为郓州节度判官。为郓州节度判官。

唐庄宗闻凤名，得之甚喜，以为护銮学士。后庄宗即位，拜凤中书舍人。《永乐大典》卷一万三千四百二十四。案：《五代会要》作护銮书制学士。《欧阳史》云：庄宗即位，拜中书舍人、翰林学士。时皇后及群小用事，凤言皆不见纳。及入汴，改授礼部员外郎。庄宗及刘皇后幸张全义第，后奏曰："妾五六岁失父母，每见老者，思念尊亲泣下，以全义年德，妾欲父事之，以慰孤女之心。"庄宗许之。命凤作笺上全义，定往来仪注。凤上书极谏，不纳。天成初，置端明殿学士，凤与冯道俱任其职。时任圜为宰相，为安重诲所倾，以至罢相归磁州。及朱守殷以汴州叛，驰驿赐圜自尽。既而凤哭谓安重诲曰："任圜义士也，肯造逆谋以仇君父乎？如此滥刑，何以安国！"重诲笑而不责。是冬，权知贡举。

明年春，有僧自西国取经回，得佛牙大如拳，褐渍皴裂，进于明宗。凤扬言曰："曾闻佛牙鎚锻不坏，请试之。"随斧而碎。时宫中所施已逾数千缗，闻毁乃止。及车驾还洛，留知汴州事，寻授中书侍郎、平章事。李之仪《姑溪居士集》：凤为《庄宗实录》，将何挺论刘昫疏不载，昫既相，遂引凤共政事。长兴中，安重诲出镇河中，人无敢言者，惟凤极言于上前曰："重诲是陛下家臣，其心终不背主。五年秉权，贤豪俯伏，但不周防，自贻浸润。"明宗以为朋党，不悦其奏。重诲获罪，乃出为邢州节度使。清泰初，召还授太保。既而病足，不能朝谒。疾笃，自为蓍筮，卦成，投蓍而叹而："吾家世无五十者，而复穷贱，吾年已五十，又为将相，岂有遐寿哉！"清泰二年三月卒。

凤性豁达，轻财重义，凡士友以穷厄告者，必倾其资而饷之，人士以此多之也。《永乐大典》卷一万七千九百一十。案：《赵凤传》，《永乐大典》中缺全篇，今存其旧。

　　李愚，字子晦。自称赵郡平棘西祖之后，家世为儒。父瞻业，应进士不第，遇乱，徙家渤海之无棣，以诗书训子孙。愚童龀时，谨重有异常儿，年长方志学，遍阅经史。慕晏婴之为人，初名晏平。为文尚气格，有韩、柳体。厉志端庄，风神峻整，非礼不言，行不苟且。愚初以艰贫，求为假官，沧州卢彦威署安陵簿。丁忧服阕，随计之长安，属关辅乱离，频年罢举，客于蒲、华之间。

　　光化中，军容刘季述、王奉先废昭宗，立裕王，五月余，诸侯无奔问者。愚时在华阴，致书于华帅韩建，其略曰："仆关东一布衣尔，幸读书为儒，每见君臣父子之际，有伤教害义之事，常痛心切齿，恨不得抽肠喋血，肆之市朝。明公居近关重镇，君父幽辱月余，坐视凶逆，而忘勤王之举，仆所未谕也。仆窃计中朝辅弼，虽有志而无权；外镇诸侯，虽有权而无志。惟明公忠义，社稷是依。往年车辂播迁，号泣奉迎，累岁供馈，再复朝庙，义感人心，至今歌咏。此时事势，尤异于前。明公地处要冲，位兼将相，自宫闱变故，已涉旬时，若不号令率先，以图反正，迟疑未决，一朝山东侯伯唱义连衡，鼓行而西，明公求欲自安，如何决策！此必然之势也。不如驰檄四方，谕以逆顺，军声一振，则元凶破胆，浃夹旬之间，二竖之首传于天下，计无便于此者。"建深礼遇之，坚辞还山。天复初，驾在凤翔，汴军攻蒲、华，愚避难东归洛阳。时卫公李德裕孙道古在平泉旧墅，愚往依焉。子弟亲采梠负薪，以给朝夕，未尝干人。故少师薛廷珪掌贡籍之岁，登进士第，又登宏词科，授河南府参军，遂卜居洛表白沙之别墅。

　　梁有禅代之谋，柳璨希旨杀害朝士，愚以衣冠自相残害，乃避地河朔，与宗人李延光客于山东。梁末帝嗣位，雅好儒士，延光素相款奉，得侍讲禁中，屡言愚之行高学赡，有史鱼、蘧瑗之风。召见，嗟赏久之，擢为左拾遗，俄充崇政院直学士，或预咨谋，而俨然正色，不畏强御。衡王入朝，重臣李振辈皆致拜，惟愚长揖。末帝让之曰："衡王朕之兄，朕犹致拜，崇政使李振等皆拜，尔何傲耶！"对曰："陛下以家人礼见，振等私也。臣居朝列，与王无素，安敢谄事。"其刚毅如此。晋州节度使华温琪在任违法，籍民家财，其家讼于朝，制使劾之,伏罪。梁末帝以先朝草昧之臣,不忍加法,愚坚按其罪。梁末帝诏曰:"朕若不与鞫穷,谓予不念赤子,若或遂行典宪,谓余不念功臣。为尔君者,不亦难乎!其华温琪所受赃,宜官给代还所讼之家。"贞明中,通事舍人李霄佣夫殴傲舍人致死,法司按律,罪在李霄。愚白:"李霄手不斗殴,佣夫致死,安得坐其主耶!"以是忤旨。愚自拾遗再迁膳部员外郎,赐绯,改司勋员外郎,赐紫,至是罢职,历许、邓观察判官。

初在内职,慈州举子张砺依焉。贞明中,砺自河阳北归庄宗,补授太原府掾,出入崇闼之间,揄扬愚之节概,及言愚之所为文《仲尼遇》、《颜回寿》、《夷齐非饿人》等篇,北人望风称之。泊庄宗都洛阳,邓帅俾奏章入朝,诸贵见之,礼接如旧,寻为主客郎中。数月,召为翰林学士。三年,魏王继岌征蜀,请为都统判官,仍带本职从军。时物议以蜀险阻,未可长驱,郭崇韬问计于愚,愚曰:"如闻蜀人厌苦其主荒恣,仓卒必不为用。宜乘其人二三,风驰电击,彼必破胆,安能守险。"及前军至固镇,收军食十五万斛,崇韬喜,谓愚曰:"公能料事,吾军济矣。"招讨判官陈乂至宝鸡,称疾乞留在后,愚厉声曰:"陈乂见利则进,惧难则止。今大军涉险,人心易惑,正可斩之以徇。"由是军人无迟留者。是时,军书羽檄,皆出其手,蜀平,就拜中书舍人。师还,明宗即位,时西征副招讨使任圜为宰相,雅相钦重,屡言于安重海,请引为同列,属孔循用事,援引崔协以塞其请。俄以本职擢知贡举,改兵部侍郎,充翰林承旨。长兴初,除太常卿,属赵凤出镇邢台,乃拜中书侍郎、平章事。转集贤殿大学士。

长兴季年,秦王恣横,权要之臣,避祸不暇,邦之存亡,无敢言者。愚性刚介,往往形言,然人无唱和者。后转门下侍郎,监修国史,兼吏部尚书,与诸儒修成《创业功臣传》三十卷。愚初不治第,既命为相,官借延宾馆居之。尝有疾,诏近臣宣谕,延之中堂,设席惟莞秸,使人言之,明宗特赐帷帐茵褥。案《职官分纪》云:长兴四年,愚病,明宗遣中使宣问。愚所居寝室,萧然四壁,病榻散毡而已。中使具言其事,帝曰:"宰相月俸几何?而委顿如此。"诏赐绢百匹、钱百千、帷帐什物一十三事。所载较《薛史》为详，今录以备参考。

闵帝嗣位，志修德政，易月之制才除，便延访学士读《贞观政要》、《太宗实录》，有意于致理。愚私谓同列曰："吾君延访，少及吾辈，位高责重，事亦堪忧，奈宗社何。"皆惕息而不敢言。以恩例进位左仆射。清泰初，徽陵礼毕，冯道出镇同州，愚加特进、太微宫使、弘文馆大学士。宰相刘昫与冯道婚家，道既出镇，两人在中书，或旧事不便要厘革者，对论不定。愚性太峻，因曰："此事贤家翁所为，更之不亦便乎。"昫憾其言切，于是每言必相折难，或至喧呼。无几，两人俱罢相守本官。案《锦绣万花谷》云："愚为相迂阔，废帝谓愚等无所事，常目为'粥饭僧'，以为饮食终日，无所用心。清泰二年秋，愚已撄疾，率多请告，累表乞骸，不允，卒于位。《永乐大典》卷一万三百九十八。

任圜，京兆三原人。祖清，成都少尹。父茂弘，避地太原，奏授西河令，有子五人曰图、回、圜、团、冏，风彩俱异，武皇爱之，以宗女妻园，历代、宪二郡刺史。

李嗣昭典兵于晋阳，与圜游处甚洽，及镇泽潞，请为观察支使，解褐，赐朱绂，圜美姿容，有口辩，嗣昭为人间构于庄宗，方有微隙，圜奉使往来，常申理之，克成友于之道圜之力也。及丁母忧，庄宗承制起复潞州观察判官，赐紫。

常山之役，嗣昭为帅于军，圜代总其事，号令如一，敌人不知。庄宗闻之，倍加奖赏。是秋，复以上党之师攻常山，城中万人突出，大将孙文进死之，贼逼我军，圜麾骑士击之，颇有杀获。尝以祸福谕其城中，镇人信之，使乞降。及城溃，诛元恶之外，官吏咸保其家属，亦圜所庇护焉。庄宗改镇州为北京，以圜为工部尚书兼真定尹、北京副留守，知留守事。明年，郭崇韬兼镇，改行军司马，充北面水陆转运使，仍知府事。同光三年，归朝，守工部尚书。

崇韬伐蜀，奏令从征，西蜀平，署圜黔南节度使，恳辞遂止。魏王班师，行及利州，康延孝叛，以劲兵八千回劫西川。继岌闻之，夜半命中使李廷安召圜，圜方寝，廷安登其床以告之，圜衣不及带，遽见继岌。继岌泣而言曰："绍琛负恩,非尚书不能制。"即署圜为招讨副使,与都挥使梁汉颙等率兵攻延孝于汉州,擒之。旋至渭南,继岌遇害,圜代总全师,朝于洛阳。明宗嘉其功,拜平章事,判三司。

圜拣拔贤俊,杜绝幸门,百官俸入为孔谦减折,圜以廷臣为国家羽仪,故优假班行,禁其虚估,期月之内,府库充赡,朝廷修葺,军民咸足。虽忧国如家,而切于功名,故为安重诲所忌。尝与重诲会于私第,有妓善歌,重诲求之不得,嫌隙自兹而深矣。先是,使人食券,皆出于户部,重诲止之,俾须内出,争于御前,往复数四,竟为所沮,《通鉴》:安重诲与圜争于上前,往复数四,声色俱厉。上退朝,宫人问上:"适与重诲论事为谁?"上曰:"宰相。"宫人曰:"妾在长安宫中,未尝见宰相、枢密奏事敢如是者,盖轻大家耳!"上愈不悦。《旧唐书》:大顺初,累迁司勋员外郎,知制诰。因求罢三司。天成二年,除太子少保致仕,出居磁州。及朱守殷叛,重诲乘间诬其结构,立遣人称制就害之,乃下诏曰:"太子少保致仕任圜,早推勋旧,曾委重难,既退免于剧权,俾优闲于外地,而乃不遵礼分,潜附守殷,缄题阒避于嫌疑,情旨颇彰于怨望。自收汴垒,备见踪由,若务含弘,是孤典宪,尚全大体,止罪一身。宜令本州于私第赐自尽。"圜受命之日,聚族酣饮,神情不挠。清泰中,制赠太傅。

子彻。仕皇朝,位至度支郎中,卒。《永乐大典》卷九千三百五十二。

史臣曰:革、说承旧族之胄,佐新造之邦,业虽谢于财成,罪未闻于昭著,而乃为权臣之所忌,顾后命以无逃,静而言之,亦可悯也。卢程器狭如是,形渥攸宜。赵凤、李愚,咸以文学之名,俱践岩廊之位,校其贞节,愚复优焉。任圜有纵横济物之才,无明哲保身之道,退犹不免,歔可悲哉!《永乐大典》卷一万七千九百一十。

旧五代史卷六七考证

　　唐列传十九卢程传卢程唐朝右族祖懿父蕴　　案：《欧阳史》作不知其世家何人。

　　赵凤传以为护銮学士　　案：《五代会要》作护銮书制学士。

　　拜凤中书舍人及入汴改授礼部员外郎　　案：《欧阳史》作拜中书舍人翰林学士。

　　李愚传历许邓观察判官　　案：《欧阳史》作罢为邓州观察判官。

　　属赵凤出镇邢台乃拜中书侍郎平章事　　案：《欧阳史》：任圜罢相，乃拜愚中书侍郎、同平章事。吴缜《纂误》云：《明宗纪》天成二年六月，任圜罢。长兴二年，李愚为平章事。自任圜罢至此已五年矣，与愚入相年月太远，盖史之所书本谓赵凤，而误为任圜也。

　　任圜传嗣昭为帅于军圜代总其事　　案：《欧阳史》作嗣昭战殁，圜代将其军。

　　先是使人食券皆出于户部　　食券，《通鉴》作“馆券”。

　　清泰中制赠太傅　　案：《欧阳史》作愍帝即位，赠圜太傅。是书作废帝清泰中，未知孰是。

旧五代史卷六八
唐书四四

列传第二○

薛廷珪　崔沂　刘岳　封舜卿
窦梦徵　李保殷　归蔼　孔邈
张文宝　陈乂　刘赞

　　薛廷珪，其先河东人也。父逢，咸通中为秘书监，以才名著于时。廷珪，中和年在西川登进士第，累历台省。《旧唐书》：天顺初，累迁司勋员外郎，知制诰。乾宁中，为中书舍人。驾在华州，改散骑常侍，寻请致仕，客游蜀川。昭宗迁洛阳，征为礼部侍郎。《旧唐书》：光化中，复为中书舍人，迁刑部、吏部二侍郎，权知礼部贡举，拜尚书左丞。时柳璨屠害朝士，衣冠毕罹其害，毒廷珪以居常退让获让全。《新唐书》：朱全忠兼四镇，廷珪以官告使至汴，客将先见，讽其拜。廷珪伴不晓曰："吾何德，敢受令公拜乎！"及见，卒不肯加礼。入梁为礼部尚书。庄宗平定河南，以廷珪年老，除太子少师致仕。案《通鉴》：廷珪与李琪尝为太祖册礼使。同光三年九月卒。赠右仆射。所著《凤阁词书》十卷、《克家志》五卷，并行于世。初，廷珪父逢，著《凿混沌》、《真珠帘》等赋，大为时人所称。廷珪既壮，亦著赋数十篇，同为一集，故名曰《克家志》。《永乐大典》卷二万一千三百六十七。

崔沂，《新唐书·宰相世系表》：沂，字德润。大中时宰相魏公铉之幼子也。兄沆，广明初亦为宰辅。沂举进士第，历监察、补缺。昭宗时，累迁至员外郎、知制诰。性抗厉守道，而文藻非优，尝与同舍颜荛、钱珝俱秉笔，见荛、珝赡速，草制数十，无妨谈笑，而沂自愧。翌日，谒国相诉曰："沂疏浅，不足以供词翰之职。"相辅然之，移为谏议大夫。入梁，为御史司宪，纠缪绳违，不避豪右。

开平中，金吾街使寇彦卿入朝，过天津桥，市民梁现者不知回避。前导伍伯捽之，投石栏以致毙。彦卿自前白于梁祖，梁祖命通事舍人赵可封宣谕，令出私财与死者之家，以赎其罪。沂奏劾曰："彦卿位是人臣，无专杀之理。况天津桥御路之要，正对端门，当车驾出入之途，非街使震怒之所。况梁现不时回避，其过止于鞭笞，捽首投躯，深乖朝宪，请论之以法。"梁祖惜彦卿，令沂以过失论，沂引斗竞律，以怙势力为罪首，下手者减一等。又斗殴条，不斗故殴伤人者，加伤罪一等。沂表入，责授彦卿游击将军、左卫中郎将。沂刚正守法，人士多之。迁左司侍郎，改太常卿，转礼部尚书。

贞明中，带本官充西京副留守。时张全义留守、天下兵马副元帅、河南尹、判六军诸卫事、守太尉、中书令、魏王，名位之重，冠绝中外。沂至府，客将白以副留守合行廷礼，沂曰："张公官位至重，然尚带府尹之名，不知副留守见尹之仪何如？"全义知之，遽引见沂，劳曰："彼此有礼，俱老矣，勿相劳烦。"庄宗兴复唐室，复用为左丞，判吏部尚书铨选司，坐累谪石州司马。明宗即位，召还，复为左丞。以衰疾告老，授太子少保致仕。卒于龙门之别墅，时年七十余。赠太子少傅。《永乐大典》卷二千七百四十。

刘岳，字昭辅。其先辽东襄平人，元魏平定辽东，徙家于代，随孝文迁洛，遂为洛阳人。八代祖兵部尚书渝国公政会，武德时功臣。祖符，蔡州刺史。父珪，洪洞县令。符有子八人，皆登进士第，珪之母弟瑰、玕，异母弟崇夷、崇龟、崇望、崇鲁、崇謩。崇龟，乾宁中广南节度使；崇望，乾宁中宰相；崇鲁、崇謩、崇夷并历朝省。

岳少孤,亦进士擢第,历户部巡官、郑县簿、直史馆,转左拾遗、侍御史。梁贞明初,召入翰林为学士。岳为文敏速,尤善谈谐,在职累迁户部侍郎,在翰林十二年。庄宗入汴,随例贬均州司马,寻丁母忧,许自贬所奔丧,服阕,授太子詹事。明宗即位,历兵部、吏部侍郎,秘书监、太常卿。卒年五十六。赠吏部尚书。岳文学之外,通于典礼。天成中,奉诏撰《新书仪》一部,文约而理当,今行于世。

子温叟,仕至御史中丞。《永乐大典》卷九千九十八。案《国老谈苑》云:刘温叟方正守道,以名教为己任。幼孤,事母以孝闻。其母甚贤。初为翰林学士,私庭拜母,母即命二婢箱擎公服、金带,置于阶下,谓温叟曰:"产汝父长兴中入翰林时所赐也。自先君子薨背以来,尝惧家门替坠,今汝能自致青云,继父之职,可服之无愧矣。"因歔欷掩泣。温叟伏地号恸,退就别寝,素衣蔬食,追慕数日,然后服之。士大夫以为得礼。

封舜卿,案:原本有缺文。据《新唐书·宰相世系表》,封氏世居渤海蓨县。舜卿,字赞圣。父敖,字硕夫,户部尚书、渤海县男。《唐书》有传。仕梁,为礼部侍郎,知贡举。开平三年,奉使幽州,以门生郑致雍从行,复命之日,又与致雍同受命入翰林为学士。致雍有俊才,舜卿虽有文辞,才思拙涩,及试五题,不胜困弊,因托致雍秉笔,当时讥者以为座主辱门生。《册府元龟》卷九百三十九。庄宗同光已来,累历清显。封氏自太和以来,世居两制,以文笔称于时。舜卿从子渭,《世系表》:渭,字希叟。昭宗迁雒时,为翰林学士,舜卿为中书舍人,叔侄对掌内外制。

从子翘,于梁贞明中亦为翰林学士。《册府元龟》卷七百七十一。天成中,为给事中,因转对上言,以星辰合度,风雨应时,请御前香一合,帝亲爇一炷,余令于塔庙中焚之,贵表精至。议者以翘时推名族,出朝苑,登琐闱,甚有岩廊之望,而忽有此请,乃近诸妖佞耳。物望由是减之。《永乐大典》卷六千三十四。案:《舜卿传》,《永乐大典》中仅存一条,今采《册府元龟》以存梗概。

窦梦徵，同州人。少苦心为文，登进士第，历校书郎，自拾遗召入翰林，充学士。梁贞明中，加两浙钱镠元帅之命，梦徵以镠无功于中原，兵柄不宜虚授，其言切直。梁末帝以触时忌，左授外任。《玉堂闲话》：窦以钱公无功于本朝，僻在一方，坐邀恩泽，不称是命，乃抱麻哭于朝，翌日，窦谪掾于东州。有顷，复召为学士。及庄宗入汴，梦徵以例贬沂州，居尝感梁末帝旧恩，因为《祭故君文》云："呜呼！四海九州，天回眷命，一女二夫，人之不幸。当革故以鼎新，若金销而火盛，必然之理，夫何足竞"云。秉笔者皆许之，寻量移宿州。天成初，迁中书舍人，复入为翰林学士、工部侍郎。卒，赠礼部尚书。《玉堂闲话》：窦失意被谪，尝郁郁不乐，曾梦中有人谓曰："君无自苦，不久当复故职。然将来慎勿为丞相，苟有是命，当万计避之。"其后窦复居禁职。有顷，迁工部侍郎。窦忽忆梦中所言，深恶其事，然已受命，不能逊避，未几果卒。梦徵随计之秋，文称甚高，尤长于笺启，编为十卷，目曰《东堂集》，行于世。《永乐大典》卷一万九千三百五十四。

李保殷，河南洛阳人也。昭宗朝，自处士除太子正字，改钱塘县尉。浙东帅董昌辟为推官，调补河府兵曹参军，历长水令、《毛诗》博士，累官至太常少卿、端王傅，入为大理卿。撰《刑律总要》十二卷。与兵部侍郎郗殷象论刑法事，左降房州司马。同光初，授殿中监。以其素有明法律之誉，拜大理卿，未满秩，属为人所制。保殷曰："人之多辟，无自立辟。"乃谢病以归，卒于洛阳。《永乐大典》卷一万三百八十九。

归蔼，字文彦，吴郡人也。曾祖登，祖融，父仁泽，位皆至列曹尚书、观察使。蔼登进士第，乃升朝，遍历三署。案：以下疑有缺文。据《旧唐书·昭宗纪》：天佑元年七月，宴于文思殿，朱全忠入，百官或坐于廊下，全忠怒，笞通引官何凝。丙寅，制金紫光禄大夫、行御史中丞、上柱国韩仪责授棣州司马，侍御史归蔼责授归州司户，坐百官傲全忠也。此事应出《薛史》，今无可考。同光初，为尚书右丞，迁刑、户二部侍郎，以太子宾客致仕，卒年七十六。《永乐大典》卷二千七百二。

孔邈，文宣王四十一代孙。身长七尺余，神气温厚。登进士第，历校书郎、万年尉，充集贤校理，《永乐大典》卷二千九百二十五。为谏议大夫，以年老致仕。《册府元龟》卷八百九十九。案：《邈传》，《永乐大典》中仅存一条。考《册府元龟》云：乾宁五年，登进士第，除校书郎。崔远在中书，奏万年尉，充集贤校理，以亲舅独孤损方在廊庙，避嫌不赴职。盖《册府元龟》兼采《后唐实录》之文，与《薛史》异。孔邈在后唐不应一无表见，今可复考，谨录原本如右。

张文宝，昭宗朝谏议大夫颛之子也。文宝初，依河中朱友谦为从事，庄宗即位于魏州，以文宝知制诰，历中书舍人、刑部侍郎、左散骑常侍、知贡举，迁吏部侍郎。文宝性雅淡稽古。长兴初，奉使浙中，泛海船坏，水工以小舟救。文宝与副使吏部郎中张绚信风至淮南界，伪吴杨溥礼待甚至，兼厚遗钱币、食物。文宝受其食物，反其钱币，吴人善之，送文宝等复至杭州宣国命，迁青州，卒。

子吉，嗣位邑宰。《永乐大典》卷六千三百九十。

陈乂，蓟门人也。少好学，善属文。因避乱，客于浮阳，转徙于大梁，梁将张汉杰延于私邸，表授太子舍人。庄宗平梁，郭崇韬遥领常山，召居宾榻，崇韬从魏王继岌伐蜀，署为招讨判官。崇韬死，明宗即位，随任圜归阙，圜荐之于朝，除膳部员外郎、知制诰，累迁中书舍人。乂性阴僻，寡与人合，不为当路所与，寻移左散骑常侍，由是忿以成疾，逾月而卒。

乂微有才术，尝自恃其能。为判官日，人有造者，垂帷深处，罕见其面。及居西掖，而姿态愈倨，位竟不至公卿，盖器度促狭者也。然乂性孤执，尤廉于财。长兴中，尝自舍人衔命册晋国公主石氏于太原，晋高祖善待之，但讶其高岸。人或有献可于乂，宜陈一讴颂以称晋高祖之美，可邀其厚贿耳。乂曰："人生贫富，咸有定分，未有持天子命违礼以求利，既捐国纲，且亏士行，乂今生所不为也。"闻者嘉之。晋高祖即位，赠礼部尚书。《永乐大典》卷三千一百三十五。

刘赞，魏州人也。幼有文性。父玭，为令录，诲以诗书，夏月令服青襦单衫。玭每肉食，别置蔬食以饭赞，谓之曰："肉食，君之禄也。尔欲食肉，当苦心文艺，自可致之，吾禄不可分也。"由是赞及冠有文辞，年三十余登进士第。

魏州节度使罗绍威署巡官，罢归京师，依开封尹刘鄩，久之，租庸使赵岩表为巡官，累迁至金部员外郎，职如故。庄宗入汴，租庸副使孔谦以赞里人，表为盐铁判官。天成中，历知制诰、中书舍人。与学士窦梦征同年登第，邻居友善。梦征卒，赞与同年杨凝式缌麻为位而哭，其家无嫡长，与视丧事，恤其孀稚，人士称之。改御史中丞、刑部侍郎。

赞性雍和，与物无忤，居官畏慎，人若以私干之，虽权豪不能移其操。未几，改秘书监，兼秦王傅。《册府元龟》：秦王为元帅，秦王府判官、太子詹事王居敏与赞乡曲之旧，以秦王盛年自恣，须朝中选端士纳诲，冀其禀畏，乃奏荐赞焉。赞节概贞素，忽闻其命，掩泣固辞，竟不能止。时秦王参佐，皆新进小生，动多轻脱，每称颂秦王功德，阿意顺旨，祇奉谈笑，惟赞从容讽议，必献嘉言。秦王常接见宾僚及游客，于酒筵之中，悉令秉笔赋诗。《册府元龟》：时从荣溺于篇章，凡门客及通谒游士，必坐于客次，自出题目，令赋一章，然后接见。赞为师傅，亦与诸客混然，容状不悦。秦王知其意，自是戒典客，赞至勿通，令每月一度至衙。《言行龟鉴》载：刘赞谏秦王曰："殿下宜以孝敬为职，浮华非所尚也。"秦王不悦，戒阍者后弗引进。赞既官系王府，不敢朝参，不通庆吊，但闭关暗呜而已。及秦王得罪，或言赞止于朝降，而已服麻衣备驴乘在门矣。闻其言曰："岂有国君之嗣，一旦举室涂地，而宾佐朝降，得免死，幸也。"俄而台史示敕，长流岚州，即时赴贬所。在岚州逾年，清泰二年春，诏归田里。妻纥干氏途中卒，赞比羸瘠，恸哭殆绝，因之亦病，行及石会关而卒，时年六十余。《永乐大典》卷九千九十九。

史臣曰：自唐祚横流，衣寇扫地，苟无端士，孰恢素风。如廷珪之文学，崔沂之刚正，刘岳之典礼，舜卿之掌诰，洎梦征而下，皆蔚有贞规，无亏懿范，固可以为缙绅之珪表，耸朝廷之羽仪，以之垂名，夫何不韪。《永乐大典》卷二千七百四十。

旧五代史卷六八考证

唐列传二十刘岳传奉诏撰新书仪一部文约而理当　案：《欧阳史》谓其事出鄙俚，两史褒贬微有异同。

张文宝传信风至淮南界　案：《通鉴》作风飘至天长。

陈乂传除膳部员外郎知制诰累迁中书舍人　案：《通鉴》作闰月，以膳部郎中知制诰，陈乂为给事中、充枢密直学士，与此传互有详略。

刘赟传　案：《通鉴》作刘瓒。

补前刘赟传**掩泣固辞，竟不能止。**《通鉴》：瓒自以左迁，泣诉不得免。《胡三省注》云：唐制，六部侍郎除吏部之外，余皆从四品下。王传从三品。然部侍郎为向用，王传为左迁，以职事有间剧之不同也。当是时，从荣居储传，则秦王传，不可以问官言。盖以从荣轻佻峻急，恐豫其祸，故求脱耳。

旧五代史卷六九
唐书四五

列传第二一

张宪　　王正言　　胡装　　崔贻孙
孟鹄　　孙岳　　张延朗　　刘延皓
刘延朗

　　张宪,字允中,晋阳人,世以军功为牙校。宪始童丱,喜儒学,励志横经,不舍昼夜。太原地雄边服,人多尚武,耻于学业,惟宪与里人药纵之精力游学,弱冠尽通诸经,尤精《左传》。尝袖行所业,谒判官李袭吉,一见欣叹。既辞,谓宪曰:"子勉之,将来必成佳器。"石州刺史杨守业喜聚书,以家书示之,闻见日博。

　　庄宗为行军司马,广延髦俊,素知宪名,令朱守殷赍书币延之,岁余释褐交城令,秩满,庄宗嗣世,补太原府司录参军。时霸府初开,幕客马郁、王缄,燕中名士,尽与之游。十二年,庄宗平河朔,念藩邸之旧,征赴行台。十三年,授监察,赐绯,署魏博推官,自是恒簪笔扈从。十五年,王师战胡柳,周德威军不利,宪与同列奔马北渡,梁军急追,殆将不济。至晚渡河,人皆陷水而没,宪与从子朗履冰而行,将及岸,冰陷,朗泣,以马箠引之,宪曰:"吾儿去矣,勿使俱陷。"朗曰:"忍季父如此,俱死无恨。"朗偃伏引箠宪跃身而出。是夜,庄宗令于军中求宪,或曰:"与王缄俱殁矣。"庄宗垂涕求尸,数日,闻其免也,遣使慰劳。寻改掌书记、水部郎中,赐金紫,历魏博观察判官。从讨张文礼,镇州平,授魏、博、镇、冀十郡观察判官,改考功郎中,兼御史中丞,权镇州留事。庄宗即位,诏还魏都,授尚书工部侍郎,充租庸使。八月,改刑部侍郎,判吏部铨,兼太清宫副使。庄宗迁洛阳,以宪检校吏部尚书、兴唐尹、东京副留守,知留守事。宪学识优深,尤精吏道,剖析听断,人不敢欺。

三年春,车驾幸邺,时易定王都来朝,宴于行宫,将击鞠。初,庄宗行即位之礼,卜鞠场吉,因筑坛于其间,至是诏毁之。宪奏曰:"即位坛是陛下祭接天神受命之所,自风燥雨濡之外,不辄毁,亦不可修。魏繁阳之坛,汉泛水之坛,到今犹有兆象。存而不毁,古之道也。"即命治之于宫西。数日未成。会宪以公事获谴,阁门待罪,上怒,戒有司速治行宫之庭,碍事者毕去,竟毁即位坛。宪私谓郭崇韬曰:"不祥之甚,忽其本也。

秋,崇韬将兵征蜀,以手书告宪曰:"允中避事久矣,余受命西征,已奏还公黄阁。"宪报曰:"庸人之代尸祝,所谓非吾事也。"时枢密承旨,段徊当权任事,以宪从龙旧望,不欲宪在朝廷。会孟知祥镇蜀川,选北京留守,徊扬言曰:"北门,国家根本,非重德不可轻授,今之取才,非宪不可"。趋时者因附徊势,巧中伤之。又曰:"宪有相业,然国祚中兴,宰相在天子面前,得失可以改作,一方之事,制在一人,惟北面事重。"十一月,授宪银青光禄大夫,检校吏部尚书、太原尹、北京留守,知府事。

四年二月,赵在礼入魏州,时宪家属在魏,关东俶扰,在礼善待其家,遣人赍书至太原诱宪。宪斩其使,书不发函而奏。既而,明宗为兵众所劫,诸军离散,地远不知事实,或谓宪曰:"蜀军未至,洛阳窘急,总管又失兵权,制在诸军之手,又闻河朔推戴,事若实然,或可济否?"宪曰:"治乱之机,间不容发,以愚所断,事未可知。愚闻药纵之言,总管德量仁厚,素得士心,余勿多言,志此而已。"四月五日,存渥自洛阳至,口传庄宗命,并无书诏,惟云天子授以支箭,传之为信。众心惑之,时事莫测。左右献画曰:"存渥所乘马,已戢其

饰,复召人谋事,必行阴祸,因欲据城。宁我负人,宜早为之所,但戮
吕、郑二宦,且系存渥,徐观其变,事万全矣。"宪良久曰:"吾本书
生,无军功而致身及此。一旦自布衣身纡金紫,向来仕宦非出他门,
此画非吾心也。事苟不济,以身徇义。"《东都事略·张昭传》:昭劝宪奉
表明宗以劝进,宪曰:"吾书生也,天子委以保厘之任,吾岂苟生者乎!"昭曰:
"此古之大节,公能行之,忠臣也。"宪既死,论者以昭能成宪之节。翌日,符
彦超诛吕、郑,军城大乱,燔剽达曙。宪初闻有变,出奔沂州。既而
有司纠其委城之罪,四月二十四日,赐死于晋阳之千佛院。幼子凝
随父走,亦为收者加害。明宗郊礼大赦,有司请昭雪,从之。宪沉静
寡欲,喜聚图书,家书五千卷,视事之余,手自刊校。善弹琴,不饮
酒,宾僚宴语,但论文啸咏而已。士友重之。

　　宪长子守素,仕晋,位至尚书郎。《永乐大典》卷六千三百五十。

　　王正言,郓州人。父志,济阴令。正言早孤贫,从沙门学,工诗,
密州刺史贺德伦令归俗,署郡职。德伦镇青州,表为推官,移镇魏
州,改观察判官。庄宗平定魏博,正言仍旧职任,小心端慎,与物无
竞。尝为同职司空颋所凌,正言降必下之。颋诛,代为节度判官。同
光初,守户部尚书、兴唐尹。

　　时孔谦为租庸副使,常畏张宪挺特,不欲其领使,乃白郭崇韬
留宪于魏州,请宰相豆卢革判租庸。未几,复以卢质代之。孔谦白
云:"钱谷重务,宰相事多,簿籍留滞。"又云:"卢质判二日,便借官
钱,皆不可任。"意谓崇韬必令己代其任,时物议未允而止,谦沮丧
久之。李绍宏曰:"邦计国本,时号怨府,非张宪不称职。"即日征之。
孔谦、段徊白崇韬曰:"邦计虽重,在侍中眼前,但得一人为使即可。
魏博六州户口,天下之半,王正言操守有余,智力不足,若朝廷任
使,庶几与人共事,若专制方隅,未见其可。张宪才器兼济,宜以委
之。"崇韬即奏宪留守魏州,征王正言为租庸使。正言在职,主诺而
已,权柄出于孔谦。正言不耐繁浩,簿领纵横,触事遗忘,物论以为
不可,即以孔谦代之,正言守礼部尚书。

三年冬，代张宪为兴唐尹，留守邺都。时武德使史彦琼监守邺都，廪帑出纳，兵马制置，皆出彦琼，将佐官吏，颐指气使，正言不能以道御之，但趑趄听命。至是，贝州戍兵乱，入魏州，彦琼望风败走，乱兵剽劫坊市。正言促召书吏写奏章，家人曰："贼已杀人纵火，都城已陷，何奏之有。"是日，正言引诸僚佐谒赵在礼，《通鉴》：正言索马，不能得，乃帅僚佐步出府门谒在礼。望尘再拜请罪。在礼曰："尚书德重，勿自卑屈，除受国恩，与尚书共事，但思归之众，仓卒见迫耳。"因拜正言，厚加慰抚。明宗即位，正言求为平卢军行军司马，因以授之。竟卒于任。《永乐大典》卷六千八百五十。

胡装，礼部尚书曾之孙。汴将杨师厚之镇魏州，装与副使李嗣业有旧，因往依之，荐授贵乡令。及张彦之乱，嗣业遇害，装罢秩，客于魏州。庄宗初至，装谒见，求假官，司空颋以其居官贪浊，不得调者久之。

十三年，庄宗还太原，装候于离亭，谒者不纳，乃排闼而入，曰："臣本朝公卿子孙，从兵至此。殿下比兴唐祚，勤求英俊，以壮霸图。臣虽不才，比于进九九，纳竖刁、头须，亦所庶几，而羁旅累年，执事者不垂顾录，臣不能赴海触树，走胡适越，今日归死于殿下也。"庄宗愕然曰："孤未之知，何至如是！"赐酒食慰遣之，谓郭崇韬曰："便与拟议。"是岁，署馆驿巡官，未几，授监察御史里行，迁节度巡官，赐绯鱼袋，寻历推官、检校员外郎。装学书无师法，工诗非作者，癖于题壁，所至宫亭寺观，必书爵里，人或讥之，不以为愧。时四镇幕宾皆金紫，装独耻银艾。十七年，庄宗自魏州之德胜，与宾僚城楼饯别，而群僚离席，装独留，献诗三篇，意在章服。庄宗举大钟属装曰："员外能釂此乎？"装饮酒素少，略无难色，为之一举而釂，庄宗即解紫袍赐之。

同光初，以装为给事中，从幸洛阳。时连年大水，百官多窘，装求为襄州副使。四年，洛阳变扰，节度使刘训以私忿族装，诬奏云装欲谋乱，人士冤之。《永乐大典》卷二千二百四十三。

　　崔贻孙，《新唐书·宰相世系表》：贻孙字伯垂。祖元亮，左散骑常侍。《世系表》元亮字晦孙，虢州敕史。父刍言，潞州判官。贻孙以门族登进士第，以监察升朝，历清资美职。及为省郎，于江南回，以橐装营别墅于汉上之谷城，退居自奉。清江之上，绿竹遍野，狭径深密，维舟曲岸，人莫造焉，时人甚高之。及李振贬均州，贻孙曲奉之。振入朝，贻孙累迁丞郎。同光初，除吏部侍郎，铨选疏谬，贬官塞地，驰驿至潞州，致书于府帅孔勍曰：“十五年谷城山里，自谓逸人；二千里沙塞途中，今为逐客。”勍以其年八十，奏留府下。明年，量移泽州司马，遇赦还京。宰相郑珏以姻戚之分，复拟吏部侍郎，天官任重，昏耄罔知，后迁礼部尚书致仕而卒。《北梦琐言》：崔贻孙年过八十，求进不休，囊橐之资，素有贮积，性好干人，喜得小惠。有子三人，自贻孙左降之后，各于旧业争分其利，甘旨医药，莫有奉者。贻孙以书责之云：“生有明君宰相，死有天曹地府，吾虽考终，岂放汝耶！”《永乐大典》卷二千七百四十。

　　孟鹄，魏州人。庄宗初定魏博，选干吏以计兵赋，以鹄为度支孔目。明宗时，为邢、洺节度使，每曲意承迎，明宗甚德之。及孔谦专典军赋，征督苛急，明宗尝切齿。及即位，鹄自租庸勾官擢为客省副使、枢密承旨，迁三司副使，出为相州刺史。会范延光再迁枢密，乃征鹄为三司使。

　　初，鹄有计画之能，及专掌邦赋，操刺依违，名誉顿减。期年发疾，求外任，仍授许州节度使，谢恩退。帝目送之，顾谓侍臣曰：“孟鹄掌三司几年，得至方镇？”范延光奏曰：“鹄于同光世已为三司勾官，天成初为三司副使，出刺相州，入判三司又二年。”帝曰：“鹄以干事，遽至方镇，争不勉旃。”鹄与延光俱魏人，厚相结托，暨延光掌枢务，援引判三司，又致节钺，明宗知之，故以此言讥之。到任未周岁卒。赠太傅。《永乐大典》卷一万三千一百六十。

孙岳，稷州人也。强干有才用，历府卫右职。天成中，为颍耀二州刺史、阆州团练使，所至称治，迁凤州节度使。受代归京，秦王从荣欲以岳为元帅府都押衙，事未行，冯赟举为三司使，时预密谋。朱、冯患从荣之恣横，岳曾极言其祸之端，康义诚闻之不悦。及从荣败，义诚召岳同至河南府检阅府藏，时纷扰未定，义诚密遣骑士射之，岳走至通利坊，为骑士所害，识与不识皆痛之。

子琏，历诸卫将军、藩阃节度副使。《永乐大典》卷三千五百九十一。

张延朗，汴州开封人也。事梁，以租庸吏为郓州粮料使。明宗克郓州，得延朗，复以为粮料使，后徙镇宣武、成德，以为元从孔目官。长兴元年，始置三司使，拜延朗特进、工部尚书，充诸道盐铁转运等使，兼判户部度支事，诏以延朗充三司使。《永乐大典》卷六千三百五十一。

末帝即位，授礼部尚书，兼中书侍郎、平章事、判三司。延朗再上表辞曰：

臣滥承雨露，擢处钧衡，兼叨选部之衔，仍掌计司之重。况中省文章之地，洪炉陶铸之门，臣自揣量，何以当处。是以继陈章表，叠贡情诚，乞请睿恩，免贻朝论。岂谓御批累降，圣旨不移，决以此官，委臣非器，所以强收涕泗，勉遏惶悚，重思事上之门，细料尽忠之路。窃以位高则危至，宠极则谤生，君臣莫保于初终，分义难防于毁誉。臣若保兹重任，忘彼至公，徇情而以免是非，偷安而以固富贵，则内欺心腑，外负圣朝，何以报君父之大恩，望子孙之延庆。臣若但行王道，唯守国章，任人必取当才，决事须依正理，确违形势，坚塞倖门，则可以振举弘纲，弥缝大化，助陛下含容之泽，彰国家至理之风，然而谗邪者必起憾词，憎嫉者宁无旁议。或虑至尊未悉，群傍难明，不更拔本寻源，便俟甘瑕受玷，臣心何忍，臣耻可消。只恐山林草泽之人，称量圣制,冠履轩裳之士,轻慢朝廷。

臣又以国计一司,掌其经费,利权二务,职在掊收。将欲养四海之贫民,无过薄赋;赡三军之劲士,又籍丰储。利害相随,取与难酌。若使罄山采木,竭泽求鱼,则地官之教化不行,国本之伤残益甚,取怨黔首,是黩皇风。况诸道所征赋税,虽多数额,时逢水旱,或遇虫霜,其间则有减无添,所在又申逃系欠。乃至军储官俸,常汲汲于供须;夏税秋租,每悬悬于继续。况今内外仓库,多是罄空,远近生民,或闻饥歉。伏见朝廷尚添军额,更益师徒,非时之博籴难为,异日之区分转大。窃虑年支有阙,国计可忧。望陛下节例外之破除,放诸项以俭省,不添冗食,且止新兵,务急去繁,以宽经费,减奢从俭,渐俟丰盈,则屈者知恩,叛者从化,弭兵有日,富俗可期。

臣又闻治民尚清,为政务易,易则烦苛并去,清则偏党无施,若择其良牧,委在正人,则境内蒸黎,必获苏息,官中仓库,亦绝侵欺。伏望诚见在之处官,无乖抚俗,择将来之莅事,更审求贤。傥一一得人,则农无所苦;人人致理,则国复何忧。但奉公善政者,不惜重酬,昧理无功者,勿颁厚俸,益彰有道,兼绝徇情。伏望陛下念臣布露之前言,悯臣惊忧于后患,察臣愚直,杜彼邪门,臣即但副天心,不防人口,庶几万一,仰答圣恩。

末帝优诏答之,召于便殿,谓之曰:"卿所论奏,深中时病,形之切言,颇救朕失。国计事重,且得商量,无劳过虑也。"延朗不得已而承命。

延朗有心计,善理繁剧。晋高祖入在太原,朝廷猜忌,不欲令有积聚,系官财货留使之外,廷朗悉遣取之,晋高祖深衔其事。及晋阳起兵,末帝议亲征,然亦采浮论,不能果决,延朗独排众议,请末帝北行,识者鄙之。晋高祖入洛,送台狱以诛之。其后以选求计使,难得其人,甚追悔焉。《永乐大典》卷一万七千九百一十。

刘延皓,应州浑源人。祖建立,父茂成,皆以军功推为边将。延

皓即刘后之弟也。末帝镇凤翔，署延皓元随都校，奏加检校户部尚
书。清泰元年，除宫苑使，加检校司空，俄改宣徽南院使、检校司徒。
二年，迁枢密使、太保，出为邺都留守、检校太傅。延皓御军失政，为
屯将张令昭所逐，出奔相州，寻诏停所任。及晋高祖入洛，延皓逃匿
龙门广化寺，数日，自经而死。延皓始以后戚自藩邸出入左右，甚以
温厚见称，故末帝嗣位之后，委居近密。及出镇大名，而所执一变，
掠人财贿，纳人园宅，聚歌童为长夜之饮，而三军所给不时，内外怨
之，因为令昭所逐。时执政以延皓失守，请举旧章，末帝以刘后内政
之故，止从罢免而已，由是清泰之政弊矣。《永乐大典》卷九千九十九。

　　刘延朗，宋州虞城人也。末帝镇中时，为军城马步都虞候，后纳
为腹心。及镇凤翔，署为孔目吏。末帝将图起义，为捍御之备，延朗
计公私粟帛，以赡其急。及西师纳降，末帝赴洛，皆无所阙焉，末帝
甚赏之。清泰初，除宣徽北院使，俄以刘延皓守邺，改副枢密使，累
官至检校太傅。时房暠为枢密使，但高枕闲眠，启奏除授，一归延
朗，由是得志。凡藩侯郡牧，自外入者，必先赂延朗，后议进贡，赂厚
者先居内地，赂薄者晚出边藩。故诸将屡有怨讪，末帝不能察之。及
晋高祖入洛，延朗将窜于南山，与从者数辈过其私第，指而叹曰：
"我有钱三十万贯聚于此，不知为何人所得。"其愚暗如此，寻捕而
杀之。《永乐大典》卷九千九十九。

旧五代史卷六九考证

　　唐列传二十一张宪传上怒戒有司速治行宫之庭碍事者毕去竟
毁即位坛　案：《欧阳史》作场未成，庄宗怒命两虞候亟毁坛以为
场，与是书异。《通鉴》从《欧阳史》。

李存渥自洛阳至　案：存渥，《欧阳史》作永王存霸。考《唐家人传》，存渥与刘皇后同奔至风谷，为部下所杀，是存渥未至太原，其至太原者，存霸也。是传作存渥，疑误。

孟鹄传鹄自租庸勾官擢为客省副使　租庸勾官，《北梦琐言》作三司勾押官。

刘延皓传父茂成　案：《欧阳史》作茂威。

延皓即刘后之弟也　案《通鉴考异》引《废帝实录》：以延皓为刘后之侄，与是书异。《欧阳史》、《通鉴》俱从是书。

出为邺都留守　案：《欧阳史》作天雄军节度使。

刘延朗传清泰初除宣徽北院使　案：《欧阳史》：废帝既立，以延朗为庄宅使。

旧五代史卷七○
唐书四六

列传第二二

元行钦　　夏鲁奇　　姚洪　　李严
李仁矩　　康思立　　张敬达

　　元行钦,本幽州刘守光之爱将。守光之夺父位也,令行钦攻大恩山,又令杀诸兄弟。天佑九年,周德威攻围幽州,守光困蹙,令行钦于山北募兵,以应契丹。时明宗为将,攻行钦于山北,与之接战,矢及明宗马鞍,既而以势迫来降。明宗怜其有勇,奏隶为假子,后因从征讨,恩礼特隆。常临敌擒生,必有所获,名闻军中。

　　庄宗东定赵、魏,选骁健置之麾下,因索行钦,明宗不得已而遣之。时有散指挥都头,名为散员,命行钦为都部署,赐姓,名绍荣。庄宗好战,勇于大敌,或临阵有急兵,行钦必横身解斗翼卫之。庄宗营于德胜也,与汴军战于潘张,王师不利,诸军奔乱。庄宗得三四骑而旋,中野为汴军数百骑攒槊攻之,事将不测,行钦识其帜,急驰一骑,奋剑断二矛,斩一级,汴军乃解围,翼庄宗还宫。庄宗因流涕言曰:“富贵与卿共之。”自是宠冠诸将,官至检校太傅、忻州刺史。及庄宗平梁,授武宁军节度使。尝因内宴群臣,使相预会,行钦官为保傅,当地褥下坐。酒酣乐作,庄宗叙生平战阵之事,因左右顾视曰:“绍荣安在?”所司奏云:“有敕,使相预会,绍荣散官,殿上无位。”庄宗彻会不怿。翌日,以行钦为同平章事,由是不宴百官于内殿,但宴武臣而已。

三年，行钦丧妇。庄宗有所爱宫人生皇子者，刘皇后心忌之，会行钦入侍，庄宗劳之曰："绍荣丧妇复娶耶？吾给尔婚财。"皇后指所忌宫人谓庄宗曰："皇帝怜绍荣，可使为妇。"庄宗难违所请，微伴许之。皇后即命绍荣谢之，未退，肩舆已出。庄宗心不怿，佯不豫者累日，业已遣去，无如之何。

及贝州军乱，赵在礼入魏州，庄宗方择将，皇后曰："小事不劳大将，促绍荣指挥可也。"乃以行钦为邺都行营招抚使，领骑二千进讨。洎至邺城，攻之不能下，退保于澶州。未几，诸道之师稍集，复进军于邺城之南。及明宗为帅，领军至邺，行钦来谒于军中，拜起之际，误呼万岁者再，明宗惊骇。遏之方止。既而明宗营于城西，行钦营于城南。三月八日夜，明宗为乱军所迫，惟行钦之军不动，按甲以自固。明宗密令张虔钊至行钦营，戒之曰："且坚壁勿动，计会同杀乱军，莫错疑误。"行钦不听，将步骑万人弃甲而退。自知失策，且保卫州，因诬奏明宗曰："镇帅已入贼军，终不为国使。"明宗既劫出邺城，令人走马上章，申理其事，言："臣且于近郡听进止。"庄宗览奏释然曰："吾知绍荣之妄矣。"因令白从训与明宗子继璟至军前，欲令见明宗，行钦縶继璟于路。明宗凡奏军机，拘留不达，故旬日之间，音驿断绝。及庄宗出成皋，知明宗在黎阳，复令继璟渡河召明宗，行钦即杀之，仍劝班师。

四月一日，庄宗既崩，行钦引皇后、存渥，得七百骑出师子门，将之河中就存霸，沿路部下解散，从者数骑而已。四日，至平陆县界，为百姓所擒，县令裴进折其足，槛车以献。明宗即位，诏削夺行钦在身官爵，斩于洛阳。《永乐大典》卷一万八千一百八十九。

夏鲁奇，字邦杰，青州人也。初事宣武军为军校，与主将不协，遂归于庄宗，以为护卫指挥使。从周德威攻幽州，燕将有单廷珪、元行钦，时称骁勇，鲁奇与之斗，两不能解，将士皆释兵纵观。幽州平，鲁奇功居多。梁将刘鄩在洹水，庄宗深入致师，鄩设伏于魏县西南葭芦中。庄宗不满千骑，汴人伏兵万余，大噪而起，围庄宗数重。鲁奇与王门关、乌德儿等奋命决战，自午至申，俄而李存审兵至方解。鲁奇持枪携剑，独卫庄宗，手杀百余人。乌德儿等被擒，鲁奇伤痍偏体，自是庄宗尤怜之，历磁州刺史。中都之战，汴人大败，鲁奇见王彦章，识之，单马追及，枪拟其颈，彦章顾曰：“尔非余故人乎？”即擒之以献。庄宗壮之，赏绢千匹。《九国志·赵庭隐传》：王彦章守中都，庭隐在其军中。及彦章败，庭隐为庄宗所获，将以就戮，大将夏鲁奇奏曰：“此娃也，其材可用。”遂释之。梁平，授郑州防御使。四年，授河阳节度使。天成初，移镇许州，加同平章事。

鲁奇性忠义，尤通吏道，抚民有术。及移镇许田，孟州之民，万众遮道，断辔卧辙，五日不发。父老诣阙请留，明宗令中使谕之，方得离州。明宗讨荆南，鲁奇为副招讨使，顷之，移镇遂州。案《九国志·李仁罕传》云：夏鲁奇禀朝廷之命，缮治甲兵，将图蜀，孟知祥与董璋谋先取鲁奇，令仁罕攻遂州。董璋之叛，与孟知祥攻遂州，援路断绝，兵尽食穷，案《九国志·李肇传》：蜀师围夏鲁奇于遂州，唐师来援，剑门不守，肇领兵赴普安以拒之，唐师不得进。鲁奇自刭而卒，时年四十九。帝闻其死也，恸哭之，厚给其家，赠太师、齐国公。《永乐大典》卷一万八千一百二十九。

姚洪，本梁之小校也。在梁时，经事董璋，长兴初，率兵千人戍阆州。璋叛，领众攻阆州，璋密令人诱洪，洪以大义拒之。及璋攻城，洪悉力拒守者三日，御备既竭，城陷被擒。璋谓洪曰：“尔顷为健儿，由吾奖拔至此，吾书诱谕，投之于厕，何相负也？”洪大骂曰：“老贼，尔为天子镇帅，何苦反耶！尔既辜恩背主，吾与尔何恩，而云相负。尔为李七郎奴，扫马粪，得一脔残炙，感恩无尽。今明天子付与茅土，贵为诸侯，而驱徒结党，图为反噬。尔本奴才，则无耻，吾忠义之士，不忍为也。吾可为天子死，不能与人奴苟生。”璋怒令军士十人，持刀刲割其肤，燃镬于前，自取啖食，洪至死大骂不已。明宗闻之泣下，置洪二子于近卫，给赐甚厚。《永乐大典》卷一万八千一百八十九。

李严，幽州人，本名让坤。初仕燕，为刺史，涉猎书传，便弓马，有口辩，多游艺，以功名自许。同光中，为客省使，奉使于蜀，及与王衍相见，陈使者之礼，因于笏记中具述庄宗兴复之功，其警句云："才过汶水，缚王彦章于马前；旋及夷门，斩朱友贞于楼上。"严复声韵清亮，蜀人听之愕然。

时蜀伪枢密使宋光嗣召严曲宴，因以近事讯于严。严对曰："吾皇前年四月即位于邺宫，当月下郓州，十月四日，亲统万骑破贼中都，乘胜鼓行，遂诛汴孽，伪梁尚有兵三十万，谋臣猛将，解甲倒戈。西尽甘、凉，东渐海外，南逾闽、浙，北极幽陵。牧伯侯王，称藩不暇，家财入贡，府实上供。吴国本朝旧臣，岐下先皇元老，遣子入侍，述职称藩。淮、海之君，卑辞厚贡，湖湘、荆楚、杭越、瓯闽，异货奇珍，府无虚月。吾皇以德怀来，以威款附。顺则涵之以恩泽，逆则问之以干戈，四海车书，大同非晚。"光嗣曰："余所未知，唯岐下宋公，我之姻好，洞鉴其心，反覆多端，专谋跋扈，大不足信也。似闻契丹部族，近日稍强，大国可无虑乎？"严曰："子言契丹之强盛，孰若伪梁？"曰："比梁差劣也。"严曰："吾国视契丹如蚤虱耳，以其无害，不足爬搔。吾良将劲兵布天下，彼不劳一郡之兵，一校之众，则悬首藁街，尽为奴虏。但以天生四夷，当置度外，不在九州之本，未欲穷兵黩武也。"光嗣闻辩对，畏而奇之。时王衍失政，严知其可取，使还具奏，故平蜀之谋，始于严。

郭崇韬起军之日，以严为三川招抚使，严与先锋使康延孝将兵五千，先驱阁道，或驰以词说，或威以兵锋，大军未及，所在降下。延孝在汉州，王衍与书曰："可请李司空先来，余即举城纳款。"众咸以讨蜀之谋始于严，衍以甘言，将诱而杀之，欲不令往。严闻之喜，即驰骑入益州，衍见严于母前，以母、妻为托。即日，引蜀使欧阳彬迎谒魏王继岌。蜀平班师。会明宗即位，迁泗州防御使兼客省使。长兴初，安重诲谋欲控制两川，严乃求为西川兵马都监，庶效方略。孟知祥觉之，既至，执而害之，《九国志·王彦铢传》：李严之为监军也，密怀异谋，知祥数其过，命彦铢擒斩之，严之左右无敢动者。赠太保。

严之母,贤明妇人。初,严将赴蜀,母曰:"汝前启破蜀之谋,今又入蜀,将死报蜀人矣!与汝永诀。"既而果如其言。《永乐大典》卷一万三百八十九。

李仁矩,本明宗在藩镇时客将也。明宗即位,录其趋走之劳,擢居内职,复为安重诲所庇,故数年之间,迁为客省使、左卫大将军。天成中,因奉使东川,董璋张筵以召之,仁矩贪于馆舍,与娼妓酣饮,日既中而不至,大为璋所诟辱,自是深衔之。长兴初,璋既跋扈于东川,重诲奏以仁矩为阆州节度使,俾伺璋之反状,时物议以为不可。及仁矩至镇,侦璋所为,曲形奏报,地里遐僻,朝廷莫知事实,激成璋之逆节,由仁矩也。

长兴元年冬十月,璋自率凶党以攻其城。案《九国志·李良传》云:朝廷以夏鲁奇、李仁矩分镇遂、阆,李良言于孟知祥曰:"朝廷增兵二镇,张犄角之势,将有不测之变也。公处亲贤之地,以忠信见疑,傥失先机,则祸不旋踵矣。"知祥曰:"计将安出?"良曰:"我甲兵虽众,而势孤易动,请与东川董璋合从,先平遂、阆,则朝廷兵至,我无内顾之忧矣。"知祥从之。盖董璋之攻阆州,其谋皆由于知祥也。仁矩召军校谋守战利害,皆曰:"璋久图反计,以赂诱士心,凶气方盛,未可与战,宜坚壁以守之。傥浃旬之间,大军东至,即贼必退。"仁矩曰:"蜀兵懦,安能当我精甲。"即驱之出战。兵未交,为贼所败。既而城陷,仁矩被擒,举族为璋所害。《永乐大典》卷一万三百八十九。

康思立,晋阳人也。少善骑射,事武皇为爪牙,署河东亲骑军使。庄宗嗣位,从解围于上党,败梁人于柏乡,及平蓟兵,后战于河上,皆有功,累承制加检校户部尚书,右突骑指挥使。庄宗即位,继改军帅,赐忠勇拱卫功臣,加检校尚书右仆射。天成元年,授应州刺史,寻移岚州,充北面诸蕃部族都监。三年,迁宿州团练使。四年,领昭武军节度、利巴集等州观察处置等使,改赐耀忠保节功臣。长兴初,朝廷举兵讨东川董璋,诏兼西面行营军马都指挥使。二年,移镇陕州。《通鉴》：潞王至灵宝，思立谋固守陕城以俟康义诚。先是，捧圣五百骑戍陕，为潞王前锋，至城下，呼城上人曰："禁军十万已奉新帝，尔辈数人奚为！徒累一城人涂地耳。"于是捧圣卒争出迎，思立不能禁，不得已亦出迎。清泰初，改授邢台，累官至检校太傅，封会稽郡开国侯。二年，入为右神武统军。三年，充北面行营马军都指挥使。是岁闰十一月，卒于军，年六十三。

　　思立本出阴山诸部，性纯厚，善抚将士，明宗素重之，故即位之始，以应州所生之地授焉。其后历三郡三镇，皆得百姓之誉。末帝以其年高，征居环卫。及出幸怀州，以北师不利，乃命思立统驾下骑军赴围柏谷以益军势。俄而杨光远以大军降于太原，思立因愤激，疾作而卒焉。晋高祖即位，追其宿旧，为辍朝一日，赠太子少师。《永乐大典》卷一万八千一百二十九。

　　张敬达，字志通，代州人，小字生铁，父审，素有勇，事武皇为列校，历厅直军使。同光初，卒于军，敬达少以骑射著名，庄宗知之，召令继父职。平河南有功，继加检校工部尚书。明宗即位，历奉圣指挥使、检校尚书右仆射。长兴中，改河东马步军都指挥使，超授检校司徒，领钦州刺史。三年，加检校太保、应州节度使。四年，迁云州。时以契丹率族帐自黑榆林至，云借汉界水草，敬达每聚兵塞下，以遏其冲，契丹竟不敢南牧，边人赖之。

　　清泰中，自彭门移镇平阳，加检校太傅，从石敬瑭为北面兵马副总管，仍屯兵雁门。未几，晋高祖建义，末帝诏以敬达为北面行营都招讨使，仍使悉引部下兵围太原，以定州节度使杨光远副焉。寻统兵三万，营于晋安乡。末帝自六月继有诏促令攻取，敬达设长城连栅，云梯飞炮，使工者运其巧思，穷土木之力。时督布者每有所构，则暴风大雨，平地水深数尺，而城栅崩堕，竟不能合其围。九月，契丹至，敬达大败，寻为所围。晋高祖及蕃众自晋安寨南门外，长百余里，阔五十里，布以毡帐，用毛索卦铃，而部伍多畜犬，以备警急。营中尝有夜遁者，出则犬吠铃动，跬步不能行焉。自是敬达与麾下部曲五万人，马万匹，无由四奔，但见穹庐如冈阜相属，诸军相顾失色。始则削木筛粪，以饲其马，日望朝廷救军，及渐羸死，则与将士分食之，马尽食殚。副将杨光远，次将安审琦知不济，劝敬达宜早降以求自安。敬达曰："吾受恩于明宗，位历方镇，主上授我大柄，而失律如此，已有愧于心也。今救军在近，且暮雪耻有期，诸公何相迫耶。待势穷，则请杀吾，携首以降，亦未为晚。"光远，审琦知敬达意未决，恐坐成鱼肉，遂斩敬达以降。《契丹国志》：杨光远谋害张敬达，诸将高行周阴为之备，敬达疏于防御，推远行周等，清晨光远上谒，见敬达左右无人，遂杀之。

末帝闻其殁也，怆恻久之。时戎王告其部曲及汉之降者曰："为臣当如此人。"令部人收葬之。晋高祖即位后，所有田宅，咸赐其妻子焉。时议者以敬达尝事数帝，亟立军功，及领藩郡，不闻其滥，继屯守塞垣，复能抚下，而临难固执，不求苟免，乃近代之忠臣也。晋有天下，不能追懋官封，赏其事绩，非激忠之道也。《永乐大典》卷六千六百五十一。

旧五代史卷七〇考证

唐列传二十二元行钦传令行钦攻大恩山　大恩山，《欧阳史》作大安山。考《通鉴注》引《薛史》亦作大恩。

县令裴进折其足　案：《欧阳史》作虔州刺史石潭折其两足。

李严传以严为三州招抚使　《欧阳史》作招讨使。

即驰骑入益州　案：《欧阳史》亦与是书同。吴缜《纂误》云：成都自唐末历五代不复谓之益州，况此正古蜀郡成都之地，而古益州实不在此。

康思立传赠太子少师　　少师,《欧阳史》作少傅。

旧五代史卷七一
唐书四七

列传第二三

马郁　司空颋　曹廷隐　萧希甫
药纵之　贾馥　马缟　罗贯
淳于晏　张格　许寂　周玄豹

　　马郁，其先范阳人。郁少警悟，有俊才智数，言辩纵横，下笔成
文。乾宁末，为府刀笔小吏，李匡威为王熔所杀，熔书报其弟。匡俦
遣使于熔，问谋乱本末。幕客为书，多不如旨。郁时直记室，即起草，
为之条列事状，云可疑者十，词理俊赡，以此知名。《永乐大典》卷三千
三百九十四。尝侍于王熔，镇州中官妓有转转者，美丽善歌舞，因宴
席，郁累挑之。幕客张泽亦以文章名，谓郁曰："子能座上成赋，可以
此妓奉酬。"郁抽笔操纸，即时成赋，拥妓而去。《永乐大典》卷一万四
千八百二十八。
　　郁在武皇幕，累官至检校司空、秘书监。武皇与庄宗礼遇俱厚，
给赐优异。监军张承业，本朝旧人，权贵任事，人士胁肩低首候之。
郁以滑稽侮狎，其往如归，有时直造卧内。每宾僚宴集，承业出珍果
陈列于前，食之必尽。承业私戒主膳者曰："他日马监至，唯以乾藕
子置前而已。"郁至，窥其不可啖，异日，靴中出一铁杖，碎而食之，
承业大笑曰："为公设异馔，勿败余食案。"其俊率如此。《册府元龟》

卷八百五十五。

　　郁在庄宗幕，寄寓他土，年老思乡，每对庄宗欷歔，言家在范阳，乞骸归国，以葬旧山。庄宗谓之曰："自卿去国已来，同舍孰在？守光尚不能容父，能容卿乎！孤不惜卿，但卿不得死尔。"郁既无归路，衷怀呜咽，竟卒于太原。《册府元龟》卷九百五十三。案：《马郁传》，《永乐大典》仅存二条，今采《册府元龟》以补其缺。

　　司空颋，贝州人。唐僖宗时，举进士不中，属天子播迁，三辅大乱，乃还乡里。罗绍威为节度副大使，颋以所业干之，幕客公乘亿为延誉，罗弘信署为府参军，辟馆驿巡官。张彦之乱，命判官王正言草奏，正言素不能文，不能下笔，彦怒诟曰："钝汉乃辱我！"推之下榻。问孰可草奏者，有言颋，罗王时书记，乃驰骑召之。颋挥笔成文，诋斥梁君臣，彦甚喜，以为判官。及张彦复胁贺德伦降于唐，德伦遣颋先奉状太原。案：《北梦琐言》载其状词云：屈原哀郢，本非怨望之人；乐毅归燕，且异倾邪之行。庄宗仍以颋为判官，后以颋权军府事。颋有侄在梁，遣家奴以书召之，都虞候张裕擒其家奴，以谓通于梁，遂见杀。《永乐大典》卷三千三百九十四。《通鉴》：晋王责颋曰："自吾得魏博，庶事悉以委公，公何得见欺如是，独不可先相示耶！"摄令归第，是日族诛于军门。

　　曹廷隐，魏州人也。为本州典谒虞候。贺德伦西迎庄宗于晋阳，庄宗既得邺城，擢为马步都虞候，以其称职，自是迁拜日隆。天成初，除齐州防御使，下车严整，颇有清白之誉。时有孔目吏范弼者，为人刚愎，视廷隐蔑如也。弼监军廪，鬻空乏以取资，又私货官盐，廷隐按之，遂奏其事。弼家人诉于执政，并下御史府劾之。弼虽伏法，廷隐以所奏不实，亦流永州，续敕赐自尽，时人冤之。《永乐大典》卷四千二百十三。

　　萧希甫，宋州人也。少举进士，为梁开封尹袁象先书记。象先为青州节度使，以希甫为巡官，希甫不乐，乃弃其母妻，变姓名，亡之镇州,自称青州掌书记,进谒王镕。镕以希甫为参军,尤不乐,居岁余,又亡之易州,削发为僧,居百丈山。庄宗将建国,置百官,李绍宏荐为魏州推官。

同光初,有诏定内宴仪,问希甫枢密使得坐否,希甫以为不可。枢密使张居翰闻之怒,谓希甫曰:"老夫历事三朝天子,见内宴数百,子本田舍儿,安知宫禁事!"希甫不能对。初,庄宗欲以希甫知制诰,宰相豆卢革等附居翰,共排斥之,以为驾部郎中,希甫失志尤怏怏。庄宗灭梁室,遣希甫宣慰青、齐,希甫始知其母已死,妻袁氏亦改嫁。希甫乃发哀服丧,居于魏州。人有引汉李陵书以讥之曰:"老母终堂,生妻去室。"

天成初,欲召为谏议,豆卢革、韦说沮之。明宗卒以希甫为谏议大夫,复为瓯函使。其后革、说为安重诲所恶,希甫希旨,诬奏革纵田客杀人,而说与邻人争井,进有宝货。有司推勘,井中惟破釜而已,革、说卒皆贬死。希甫拜左散骑常侍,躁进尤甚。引告变人李筠夜扣内门,通变书云:"修堤兵士,欲取郊天日举火为叛。"安重诲不信之,斩告变者,军人诉屈,请希甫咏之。既而诏曰:"右散骑常侍,集贤殿学士判院事萧希甫,身处班行,职非警察,辄引凶狂之辈,上陈诬凯之词,逼近郊禋,扇摇军众。李筠既当诛戮,希甫宁免谪迁,可贬岚州司户参军,仍驰驿发遣。"长兴中,卒于贬所。

子士明,仕周,终于邑宰。《永乐大典》卷五千二百二十五。

药纵之,太原人,少为儒。明宗刺代州,署为军事衙推。从明宗镇邢州,为掌书记,历天平、宣武两镇节度副使。明宗镇常山,被病不从,及即位,纵之见于洛邑,安重诲怒其观望,久无所授。明宗曰:"德胜用兵时,纵之饥寒相伴,不离我左右。今有天下,何人不富贵,何为独弃纵之!"浃旬,授磁州刺史,岁余,自户部侍郎迁吏部侍郎,铨综之法,惘然莫知。长兴初,为曹州刺史。清泰元年九月,以疾受代而卒。《永乐大典》卷二万一千六百十七。

　　贾馥,故镇州节度使王镕判官也。家聚书三千卷,手自刊校。张文礼杀王镕,时庄宗未即尊位,文礼遣馥至邺都劝进,因留邺下,栖迟邮舍。庄宗即位,授鸿胪少卿。后以鸿胪卿致仕。复归镇州,结茅于别墅,自课儿孙耕牧为事。馥初累为镇、冀属邑令,所莅有能政,性恬澹,与物无竞,乃镇州士人之秀者也。《永乐大典》卷一万一千七百十四。

　　马缟,少嗜学儒,以明经及第,登拔萃之科。仕梁为太常修撰,累历尚书郎,参知礼院事,迁太常少卿。梁代诸王纳嫔,公主下嫁,皆于宫殿门庭行揖让之礼,缟以为非礼,上疏止之,物议以为然。《永乐大典》卷二万二千六百五。长兴四年,为户部侍郎。缟时年已八十,及为国子祭酒,八十余矣。形气不衰。《册府元龟》卷七百八十四。于事多遗忘,言元稹不应进士,以父元鲁山名进故也,多如此类。又上疏:"古者无嫂叔服,文皇创意,以兄弟之亲,不宜无服,乃议服小功。今令文省服制降为兄弟之妻大功,不知何人议改,而置于令文。"诸博士驳云:"律令,国之大经。马缟知礼院时,不曾论定,今遽上疏驳令式,罪人也。"《册府元龟》卷九百五十四。《马缟传》原本残缺,今仅存梗概。

　　罗贯,不知何许人。进士及第,累历台省官,自礼部员外郎为河南令。贯为人强直,正身奉法,不避权豪。时宦官伶人用事,凡请托于贯者,其书盈阁,一无所报,皆以示郭崇韬,因奏其事,由是左右每言贯失。先是,梁时张全义专制京畿,河南、洛阳僚佐,皆由其门下,事全义如厮仆。及贯受命,持本朝事体,奉全义稍慢,部民为府司庇护者,必奏正之。全义怒,因令女使告刘皇后从容白于庄宗,宦官又言其短,庄宗深怒之。会庄宗幸寿安山陵,道路泥泞,庄宗访其主者,宦官曰:"属河南县。"促令召贯至,奏曰:"臣初不奉命,请诘禀命者。"帝曰:"卿之所部,反问他人,何也?"命下府狱,府吏榜答,促令伏款。翌日,传诏杀之。郭崇韬奏曰:"贯别无赃状,桥道不修,法未当死。"庄宗怒曰："母后灵驾将发，天子车舆往来，桥道不修，是谁之过也？"崇韬奏曰："贯纵有死罪，俟款状上奏，所司议谳，以朝典行之，死当未晚。今以万乘之尊，怒一县令，俾天下人言陛下使法不公矣！"庄宗曰："既卿所爱，任卿裁决。"因投袂入宫。崇韬从而论列，庄宗自阖殿门，不得入。即令伏法，曝尸于府门，冤痛之声，闻于远迩。《永乐大典》卷五千六百七十八。

淳于晏，案：以下有缺文。以明经登第，自霍彦威为小校，晏寄食于门下。彦威尝因兵败，独脱其身，左右莫有从者，惟晏杖剑从之，徒步草莽，自是彦威高其义，相得甚欢。及历数镇，皆为从事，军府之事，至于私门，事无巨细，皆取决于晏。虽为幕宾，有若家宰。尔后公侯门客，往往效之，时谓之"效淳"。故彦威所至称治，由晏之力也。薰本注阙使。

张格，字承之，故宰相浚之子也。浚为梁祖所忌，潜遣人害于长水，格易姓名，流转入蜀。案《旧唐书·张浚传》云：永宁县吏叶彦者，张氏待之素厚，告格曰："相公之祸不可免，郎君宜自为计。"浚曰："留则并命，去或可免，冀存后嗣。"格拜辞而去，叶彦率义士三十人送渡汉江而旋。格由荆江上峡入蜀。王建僭号，以格为宰相。格所生母，当浚之遇害，潜匿于民间，落发为尼，流浪于函、洛。王建闻之，潜使人迎之入蜀，赐紫，加号慈福大师。及建卒，蜀人以格为山陵使，格有难色，未几得罪，出为茂州刺史，伪制责词云："送往辞命，不忠也；丧母匿丧，非孝也。"王衍嗣伪位后数十年，复用为宰相。同光末，蜀平，格至洛阳，案《旧唐书》云：任圜携格还洛，格感叶彦之惠，访之，身已殁，厚恤其家。又考张浚第三子仕吴，改名李俨，见《九国志》。授太子宾客。任圜爱其才，奏为三司副使，寻卒于位。格有文章，明吏事，时颇称之。《永乐大典》卷六千三百五十。

许寂，字闲闲，祖秘，名闻会稽。寂少有山水之好，汎览经史，穷三式，尤明《易》象。《太平广记》云：寂学《易》于晋征君。久栖四明山，不干时誉，昭宗闻其名，征赴阙，召对于内殿。会昭宗方与伶人调品筚篥，事讫，方命坐赐果，问《易》义。既退，寂谓人曰："君淫在声，不在政矣。寂闻君人者，将昭德塞违，以临照百官，百官或象之。今不厌贱事，自求其工，君道替矣。"寻请还山，寓居于江陵，以茹芝绝粒，自适其性。天祐末，节度使赵匡凝昆季深礼遇之，师授保养之道。唐末，除谏官，不起，汉南谓之征君。梁攻襄阳，匡凝兄弟弃镇奔蜀，寂偕行。岁余，蜀主王建待以师礼，位至蜀相。同光末，平蜀，与王衍俱从于东，授工部尚书致仕。卜居于洛。时寂已年高，精彩犹健，冲漠寡言，时独语云："可怪可怪"，人莫知其际。清泰三年六月卒，时年八十余。子孙位至省郎。

　　同光时，以方术著者，又有僧诚惠。《永乐大典》卷一万六百二十五。诚惠初于五台山出家，能修戒律，称通皮、骨、肉三命，人初归向，声名渐远，四方供馈，不远千里而至者众矣。自云能役使毒龙，可致风雨，其徒号曰降龙大师。京师旱，庄宗迎至洛下，亲拜之，六宫参礼，士庶瞻仰，谓朝夕可致甘泽。祷祝数旬，略无征应。或谓官以祈雨无验，将加焚燎，诚惠惧而遁去。及卒，赐号法雨大师，塔曰慈云之塔。《永乐大典》卷九百二十五。

　　周玄豹者，本燕人，世为从事。率豹少为僧，其师有知人之鉴，从游十年余，苦辛无惮，师知其可教，遂以袁、许之术授之。大略状人形貌，比诸龟鱼禽兽，目视臆断，咸造其理。及还乡，遂归俗。初，卢程寄褐游燕，与同志二人谒焉。玄豹谓乡人张殷裒曰："适二君子，明年花发，俱为故人，唯彼道士，佗年甚贵。"至来岁，二子果卒。又二十年，卢程登庸于邺下。玄豹归晋阳，张承业信重之，言事数中。承业俾明宗易衣列于诸校之下，以佗人诈之，而玄豹指明宗于末缀言曰："骨法非内衙太保欤！"案：以上疑有脱误。《北梦琐言》作骨法非常，此为内衙太保乎！咸伏其异。或问明宗之福寿，惟云末后为镇州节度使，时明宗为内衙都校，才兼州牧而已。昭懿皇后夏氏方侍巾栉，偶忤旨，大为明宗槚楚。玄豹见之曰："此人有藩侯夫人之位，当生贵子。"明宗赫怒因解，后其言果验。太原判官司马揆谒玄豹，谓揆曰："公五日之中，奉使万里，未见回期。"揆数日后，因酒酣，为衣领扼之而卒。庄宗署玄豹北京巡官。明宗即位之明年，一日谓侍臣曰："方士周玄豹，昔曾言朕诸事有征，可诏北京津置赴阙。"赵凤奏曰："袁、许之事，玄豹所长者，以陛下贵不可言，今既验矣，余无可问。若诏赴阙下，则奔竞之徒，争问吉凶，恐近于妖惑"乃止。令以金帛厚赐之，授光禄卿致仕。寻卒于太原，年八十余。《永乐大典》卷八千九百九十七。

旧五代史卷七一考证

唐列传二十三马郁传马郁其先范阳人　案：尹洙《河南集·韩重华志铭》作燕客马彧，韩琦《安阳集·重修五代祖茔域记》亦作幕吏马彧。考宋人说载韩定辞唱和诗俱作马彧，与是书异。惟《云谷杂记》从《通鉴》作郁，与是书同。　幕客张泽亦以文章名谓郁曰子能座上成赋可以此妓奉酬　案：《太平广记》作韩定辞请马郁为赋，与是书异。　马缟传及为国子祭酒八十余矣　案：《马缟传》原本残缺。《欧阳史》云：卒年八十，赠兵部尚书。据是书，缟为国子祭酒已八十余矣，与《欧阳史》异。又《直齐书录解题》云：《中华古今注》，后唐太学博士马缟撰。考《欧阳史·杂传》亦不载马缟为太学博士。

旧五代史卷七二

唐书四八

列传第二四

张承业　　张居翰　　马绍宏　　孟汉琼

　　张承业，字继元，本姓康，同州人。咸通中，内常侍张泰畜为假子。光启中，主邠阳军事，赐紫，入为内供奉。武皇之讨王行瑜，承业累奉使渭北，因留监武皇军事，贼平，改酒坊使。三年，昭宗将幸太原，以承业与武皇善，乃除为河东监军，密令迎驾。既而昭宗幸华州，就加左监门卫将军。驾在凤翔，承业屡请出师晋、绛，以为岐人犄角。崔魏公之诛宦官也，武皇伪戮罪人首级以奉诏，匿承业于斛律寺，时昭宗遇弑，乃复请为监军。

　　夹城之役，遣承业求援于凤翔。时河中阻绝，自离石渡河，春冰方泮，凌澌奔蹙，舣舟不得渡，因祷河神，是夜梦神人谓曰："子但渡。流冰无患。"既寤，津吏报曰："河冰合矣。"凌晨，蹑冰而济，旋踵冰解。使还，武皇病笃，启手之夕，召承业属之曰："吾儿孤弱，群臣纵横，后事公善筹之。"承业奉遗顾，爰立嗣王，平内难，策略居多。既终易月之制，即请出师救潞，破贼夹城。庄宗深感其意，兄事之，亲幸承业私第，升堂拜母，赐遗优厚。时庄宗初行墨制。凡除拜之命，皆成于卢汝弼之手，汝弼既自为户部侍郎，乃请与承业改官及开国邑，承业拒而不受。其后但称本朝旧官而已。

　　天祐中，幽州刘守光败，其府掾冯道归太原，承业辟为本院巡官。承业重其文章履行,甚见待遇。时有周玄豹者,善人伦鉴,与道不合,谓承业曰:"冯生无前程,公不可过用。"管书记卢质闻之曰:"我曾见杜黄裳司空写真图,道之状貌酷类焉,将来必副大用,玄豹之言,不足信也。"承业荐为霸府从事焉。

柏乡之役,王师既逼汴营,周德威虑其奔冲,坚请退舍。庄宗怒其懦,不听,垂帐而寝,诸将不敢言事,咸诣监军请白。承业遽至牙门,褰帐而入,抚庄宗曰:"此非王安寝时,周德威老将,洞识兵势,姑务万全,言不可忽。"庄宗蹶然而兴曰:"予方思之。"其夕,收军保鄗邑。德威讨刘守光,令承业往视贼势,因请庄宗自行,果成大捷。承业感武皇厚遇,自庄宗在魏州垂十年,太原军国政事,一委承业,而积聚庾帑,收兵市马,招怀流散,劝课农桑,成是霸基者,承业之忠力也。

时贞简太后、韩德妃、伊淑妃、诸宅王之贵,洎王之介弟在晋阳宫,或不以其道干于承业,悉不听,逾法禁者必惩,由是贵戚敛手。民俗丕变。或有中伤承业于庄宗者,言专弄威柄,广纳赂遗。庄宗岁时还晋阳宫省太后,须钱蒲博、给伶官,尝置酒于泉府,庄宗酣饮,命兴圣宫使李继岌为承业起舞,既竟,承业出宝带币马奉之。庄宗指钱积谓承业曰:"和哥无钱使,七哥与此一积,宝马非殊惠也。"承业谢曰:"郎君哥劳,承业自出已俸钱。此钱是大王库物,准拟支赡三军,不敢以公物为私礼也。"庄宗不悦,使酒侵承业,承业曰:"臣老敕使,非为子孙之谋,惜钱为大王基业,王若自要散施,何防老夫,不过财尽兵散,一事无成。"庄宗怒,顾元行钦曰:"取剑来!"承业引庄宗衣,泣而言曰:"仆荷先王遗顾,誓为本朝诛汴贼,为王惜库物,斩承业首,死亦无愧于先王,今日请死!"阎宝解承业手,令退。承业诟宝曰:"党朱温逆贼,未尝有一言效忠,而敢依谄附。"挥拳踣之。太后闻庄宗酒失,急召入。庄宗性至孝,闻太后召,叩头谢承业曰:"吾杯酒之间,忤于七哥,太后必怪吾。七哥为吾痛饮两卮,分谤可乎?"庄宗连饮四钟,劝承业,竟不饮。庄宗归宫,太后使人谓承业曰:"小儿忤特进,已答矣,可归第。"翌日,太后与庄宗俱幸其第,慰劳之。自是私谒几绝。

十四年,承制授开府仪同三司、左卫上将军,燕国公,固辞不受。是时,卢质在庄宗幕下,嗜酒轻傲,尝呼庄宗诸弟为豚犬,庄宗深衔之。承业虑质被祸,因乘间谓庄宗曰:"卢质多行无礼,臣请为大王杀之,可乎?"庄宗曰:"予方招礼贤士,以开霸业,七哥何言之过也。"承业因耸立而言曰:"大王若能如此,何忧不得天下。"其后,卢质虽或纵诞,庄宗终能容之,盖承业为之藻藉也。

十八年,庄宗受诸道劝进,将篡帝位,承业以为晋王三代有功于国,先人怒朱氏弑逆,将复旧邦,仇既未平,不宜轻受推戴。方疾作,肩舆之邺宫,见庄宗曰:"王父子血战三十余年,盖言报国仇仇,复唐宗社。今元凶未灭,民赋已殚,而遽先大号,蠹耗财力,臣以为不可一也。臣自咸通已来,伏事宫掖,每见国家册命大礼,仪仗法物,百司庶务,经年草定,临事犹有不可。王若化家为国,新立庙朝,不可乖于制度,制礼作乐,未见其人,臣以为不可二也。举事量力而行,不可信于游谭也。"庄宗曰:"奈诸将何!"承业知庄宗不从,因号泣而言之。

十九年十一月二日,以疾卒于晋阳之第,时年七十七。贞简太后闻丧,遽至其第尽哀,为之行服,如儿侄礼。同光初,赠左武卫上将军,谥曰贞宪。《永乐大典》卷一万六千四百五十。《五代史阙文》:庄宗将即位于魏州,承业自太原至,谓庄宗曰:"吾王世奉唐家,最为忠孝,自贞观以来,王室有难,未尝不从。所以老奴三十余年为吾王掊拾财赋,召补军马者,誓灭逆贼朱温,复本朝宗社耳。今河朔甫定,朱氏尚存,吾王遽即大位,可乎?"云云。庄宗曰:"奈诸将意何!"承业知不可谏止,乃恸哭曰:"诸侯血战者,本为李家,今吾王自取之,误老奴矣!"即归太原,不食而死。臣谨按《庄宗实录》叙承业谏即位事甚详,惟"吾王自取之"言不书,史官讳之也。《通鉴考异》引秦再思《洛中记异》云:承业谏帝曰:"大王何不待诛克梁孽,更平吴、蜀,俾天下一家,且先求唐氏子孙立之,后更以天下让有功者,何人辄敢当之!让一月即一月牢!让一年即一年牢!设使高祖再生,太宗复出,又胡为哉!今大王一旦自立,顿失从前仗义征伐之旨,人情怠矣。老夫是阉官,不爱大王官职富贵,直以受先王付属之重,欲为大王立万年之基尔。"

　　张居翰，字德卿。咸通初，掖廷令张从玫养之为子，以荫入仕。中和三年，自容管监军判官入为学士院判官，迁枢密承旨，内府令，赐绯。昭宗在华下，超授内常侍，出监幽州军事，秩满诏归，节度使刘仁恭表留之。天复中，诏诛宦官，仁恭绐奏杀之，匿于大安山之北溪。

　　天祐三年，汴人攻沧州，仁恭求援于武皇，乃遣居翰与书记马郁等率兵助武皇同攻潞州，武皇因留之不遣。李嗣昭节制昭义，以居翰监其军，以燕军三千为部下。俄而汴将李思安筑夹城以围潞州，居翰与嗣昭登城保守，以至解围。自是嗣昭每出征，令居翰知留后事。同光元年夏四月，召为枢密使，加特进，与郭崇韬对掌机务。十月，庄宗将渡河，留居翰与李绍宏同守魏州。庄宗入汴，加骠骑大将军，知内侍省事，依前充枢密使。同光时，宦官干政，邦家之务皆出于郭崇韬。居翰自以羁旅乘时，擢居重地，每于宣授，不敢有所是非，承颜免过而已。以此脱季年之祸。四年三月，伪蜀王衍既降，诏迁其族于洛阳，行及秦川时，关东已乱，庄宗虑衍为变，中官向延嗣驰骑赍诏杀之。诏云："王衍一行，并宜杀戮。"其诏已经印画，时居翰在密地，覆视其诏，即就殿柱揩去"行"字，改书"家"字。及衍就戮于秦川驿，止族其近属而已，其伪官及从行者尚千余人，皆免其枉滥，居翰之力也。

　　明宗入洛，居翰谒见于至德宫，待罪雪涕，乞归田里，诏许之。乃辞归长安。仍以其子延贵为西京职事，以供侍养。天成三年四月，以疾卒于长安。时年七十一。居翰性和而静，谙悉旧事。在潞州累年，每春课人育蔬种树，敦本惠农，有仁者之心焉。《永乐大典》卷一万六千四百五十。

　　马绍宏，阉官也。初与孟知祥同为中门使，及周德威殁，庄宗兼领幽州，令绍宏权知州事。即位之初，郭崇韬勋望高，旧在绍宏之下，时征潞州监军张居翰与崇韬并为枢密使，绍宏失望，乃为宣徽使。以己合当枢任，常郁郁侧目于崇韬，崇韬知其慊也，乃置内勾之目，令天下钱谷簿书，悉委裁遣。既而州郡供报，辄滋烦费，议者以为十羊九牧，深所不可，内勾之目，人以为是妖言。《永乐大典》卷一万九千六百四十四。案：下有阙文。据《通鉴》，李嗣源谣言所属，危殆者数四，赖宣徽使李绍宏左右营护，以是得全。天成元年二月己丑朔，以宣徽南院使李绍宏为枢密使。

　　孟汉琼，本镇州王镕之小竖也。明宗镇常山，得侍左右，明宗即位，自诸司使累迁宣徽南院使。汉琼性通黠，善交构。初见秦王权重，及挟王淑妃势，倾心事之，及朱、冯用事，又与之缔结。秦王领兵至天津桥，时汉琼与朱、冯及康义诚方会议于内庭，谋犹未决，汉琼独出死力，先入殿门，奏于明宗，语在《秦王传》。汉琼即自介马以召禁军。秦王既诛，翌日，令汉琼驰骑召闵帝于邺。《通鉴》：遣汉琼征从厚，且权知天雄军府事。闵帝嗣位，尤恃恩宠，期月之内，累加开府仪同三司、骠骑大将军。西军既叛，闵帝急召汉琼，欲令先入于邺，汉琼藏匿不见。潞王行及陕州，乃悉召诸妓妾决别，欲手刃之，众知其心，率皆藏窜。初，潞王失守于河中，勒归于清化里第，时王淑妃恒令汉琼传教旨于潞王，王善待之，故汉琼自谓潞王于己有恩。乃单骑至渑池谒见潞王，因自恸哭，欲有所陈。潞王曰："诸事不言可知。"汉琼即自预从臣之列，寻戮于路左。《永乐大典》卷一万三千一百六十。

　　史臣曰：承业感武皇之大惠，佐庄宗之中兴，既义且忠，何以阶也。夫如是，则晋之勃貂，秦之景监，去之远矣。居翰改一字于诏书，救千人之滥死，可不谓之仁人矣乎！如绍宏之争权，汉琼之构祸，乃宦者之常态也，又何足以道哉！《永乐大典》卷一万三千一百六十。

旧五代史卷七二考证

　　唐列传二十四张承业传王若自要散施何妨老夫不过财尽兵散一事无成　案《通鉴》作王自取用之,何问仆为？　以疾卒于晋阳之第　案:《欧阳史》作不食而卒。《通鉴》作邑邑成疾不复起。　谥曰贞宪　案:贞宪,《欧阳史》作"正宪"。　马绍宏传马绍宏阉官也案:《庄宗纪》作李绍宏,盖尝赐姓。　绍宏失望乃以为宣徽使　案《宋史·赵上交传》:南游洛阳,与中官骠骑大将军马绍宏善。绍宏领北面转运制置大使,表为判官。考绍宏为北面转运制置大使,是书不载。

旧五代史卷七三

唐书四九

列传第二五

毛璋　聂屿　温韬　段凝　孔谦
李邺

　　毛璋，本沧州小校。梁将戴思远帅沧州，时庄宗已定魏博，思远势蹙，弃州遁去，璋据城归庄宗。《玉堂闲话》云：戴思远任浮阳日，有部曲毛璋，为性轻悍。尝与数十卒追捕盗贼，还宿于逆旅，毛枕剑而寝。夜分，其剑忽大吼，跃出鞘外，从卒闻者愕然惊异，毛亦神之。乃持剑祝曰："某若异日有此山河，尔当更鸣跃，否则已。"毛复寝，未熟，剑吼跃如初，毛深自负。其后戴离镇，毛请留，戴从之。未几，毛以州归命于唐庄宗，庄宗以毛为其州刺史，后竟帅沧海。历贝州、辽州刺史。璋性凶悖，有胆略，从征河上，屡有战功。梁平，授华州节度使。王师讨蜀，以璋为行营右厢马军都指挥使，蜀平，璋功居多。明年，萧墙祸起，继岌自西川至渭南，部下散亡，其川货妓乐为璋所掠。明宗嗣位，录平蜀功，授邠州节度使。

　　璋既家富于财，有蜀之妓乐，骄僭自大，动多不法，招致部下，缮理兵仗。朝廷移授昭义节度使，璋谋欲不奉诏，判官边蔚密言规责，乃俛俯承命。洎至潞州，狂妄不悛，每拥川妓于山亭院，服赭黄，纵酒，令为王衍在蜀之戏。事闻于朝，征为金吾上将军。其年秋，东川节度使董璋上言："毛璋男廷赟赍父书往西川，虑有阴事。"因追廷赟及同行人赵延祚，与璋俱下御史台狱。廷赟乃璋之假侄，称有叔在蜀，欲往省之，亦无私书，诏停任，令归私第。初，延祚在狱，多言璋阴事，璋许重赂，以塞其口。及免，延祚征其赂，璋拒而不与，以至延祚诣台诉璋翻覆，复下御史台讯鞠。中丞吕梦奇以璋前蒙昭雪，今延祚以责赂之故，复加织罗，故稍佑璋。及款状上闻，或云梦奇受璋赂，所以狱不尽情，执之，移于军巡。璋具状曾许延祚赂未与，又云曾借马与梦奇，别无行赂之事。朝廷惩其宿恶，长流儒州，赐死于路。《永乐大典》卷一万八千一百三十。

聂屿，邺中人。少为僧，渐学吟咏。郑珏之再主礼闱也，<small>郑珏之再主礼闱也，刻本作知贡举。</small>屿与乡人赵都俱赴乡荐，都纳贿于珏，人报翌日登第，屿闻不捷，诟来人以赫之，珏惧，俾俱成名。《永乐大典》卷二万一千一百六十一。明宗时，为起居舍人，屿早依郭崇韬门庭，致身朱紫，名登两史，浙江使回，生涯巨万。屿为河东节判时，郭氏次子之妇，孀居于家，屿丧偶未久，复忍而纳币，人皆罪之。明宗在藩邸时，素闻其丑声，天成中，与温韬等同诏赐死。《册府元龟》卷九百四十三。

温韬，华原人。少为盗，据华原，事李茂贞，名彦韬，后降于梁，更名昭图。为耀州节度，唐诸陵在境者悉发之，取所藏金宝，而昭陵最固，悉藏前世图书，钟、王纸墨，笔迹如新。《永乐大典》卷一万一千五百七十六。移许州节度使，累迁至检校太尉、平章事。韬素善赵岩，每依附之。庄宗入汴，岩恃韬与己素厚，遂奔许州。韬延之于第，斩首传送阙下。《册府元龟》卷九百四十三。同光初，韬来朝，郭崇韬曰："此劫陵贼，罪不可赦。"韬纳赂刘后，赐姓，名绍冲，遽遣还镇。《永乐大典》卷一万一千五百七十六。明宗即位，流于德州，俄赐死。

长子延浚，清泰中为泥水关使；次延沼，为父牙帐都校，次延袤，邓州指挥使；咸聚居许下。晋天福初，闻张从宾作乱于河阳，咸往依之。从宾虑其难制，悉斩于帐下。《册府元龟》卷九百四十二。案：《温韬传》，《永乐大典》缺全篇，今采《册府元龟》增补。

段凝，开封人也。本名明远，少颖悟，多智数。初为渑池簿，脱荷衣以事梁祖，梁祖渐器之。开平三年十月，自东头供奉官授右威卫大将军，充左军巡使兼水北巡检使。凝妹为梁祖美人，故稍委心腹。四年五月，授怀州刺史。

乾化元年十二月，梁祖北征回，过郡，凝贡献加等，梁祖大悦。梁祖复北，凝迎奉进贡，有加于前。梁祖次相州，刺史李思安迎奉疏怠，梁祖怒贬思安。制云："怀州刺史段明远，少年治郡，庶事唯公，两度只奉行銮，数程宿食本界，动无遗阙，举必周丰，盖能罄竭于家财，务在显酬夫明奖。观明远之忠勤若此，见思安之悖慢何如！"其见赏如此。其后，迁郑州刺史，监大军于河上。梁末帝以戴思远为北面招讨使，行师不利，用王彦章代之，受任之翌日，取德胜之南城，军声大振。张汉伦等推功于凝，凝掎摭彦章之失以间之。《通鉴》：彦章弃邹家口，复趋杨刘，游趋将李绍兴败梁游兵于清丘县南，段凝以为唐兵已自上流渡，惊骇失色，面数彦章，尤其深入。梁末帝怒，罢彦章兵权。凝纳赂于赵、张二族，求为招讨使，敬翔、李振极言不可，竟不能止。凝以众五万营于高陵津，裨将康延孝叛归庄宗，延孝具陈梁军虚实，庄宗遂决长驱之计。

未几，庄宗入汴，凝自滑率兵而南，前锋杜晏球至封丘，解甲听命。翌日，凝率大军乞降于汴郊，庄宗释之，复以凝为滑州兵马留后，赐姓，名绍钦。有顷，正授节度，改兖州节度使。凝初见庄宗，因伶人景进通货于宫掖。凝天性奸佞，巧言饰智，善候人意。其年，契丹寇幽州，命宣徽使李绍宏监护诸军，以御契丹，凝与董璋戍瓦桥。凝巧事绍宏，尝乘间奏凝盖世奇才，可以大任，屡请以兵柄委之。郭崇韬曰："段凝亡国败军之将，奸谄难状，不可信也。"凝在藩镇，私用库物数万计，有司促偿，中贵其负。同光三年四月，移授邓州节度使。四年二月，赵在礼据邺城，李绍宏请用凝为大将，庄宗许之，令具方略条奏。凝所请偏裨皆取其己党，庄宗疑之，乃止。明宗至洛阳，霍彦威怒其前事，与温韬同收下狱，诏释之，放归田里。明年，审于辽州,竟与温韬同制赐死。《永乐大典》卷一万八千一百三十。

　　孔谦,案:《通鉴》作魏州人。庄宗同光初,为租庸副使。谦本州之干吏,上自天佑十二年,帝平定魏博,会计皆委制置。谦能曲事权要,效其才力,帝委以泉货之务,设法箕敛,七八年间,军储获济。及帝即位于邺城,谦已当为租庸使,物议以谦虽有经营济赡之劳,然人地尚卑,不欲骤总重任。枢密使郭崇韬举魏博观察判官张宪为租庸使,以谦为副,谦悒然不乐者久之。

　　帝既平梁汴,谦径自魏州驰之行在,因谓崇韬曰:“魏都重地,须大臣弹压,以谦筹之,非张宪不可。”崇韬以为忠告,即奏宪为邺都副留守,乃命宰臣豆卢革专判租庸。谦弥失望,乃寻革过失。时革以手书便省库钱数十万,谦以手书示崇韬,亦辞避。帝问:“当委何人为可?”崇韬曰:“孔谦虽久掌货泉,然物议未当居大任,以臣所见,却委张宪为便。”帝促征之。宪性精办,为趋时者所忌,人不右之。谦乘间诉于豆卢革曰:“租庸钱谷,悉在眼前,委一小吏可办,邺都本根之地,不可轻付于人。兴唐尹王正言无裨益之才,徒有独行,诏书既征张宪,复以何人为代?”豆卢革言于崇韬,崇韬曰:“邺都分司列职,皆主上旧人,委王正言何虑不办?”革曰:“俱是失也,设不获已,以正言掌租庸,取画于大臣,或可办矣,若付之方面,必败人事。”谦以正言非德非勋,懦而易制,曰:“此议为便。”然非己志,寻掎正言之失,泣诉于崇韬,厚赂阉伶,以求进用,人知奸诡,沮之,乃上章请退。帝怒其规避,将置于法,乐人景进于帝前解喻而止。王正言风病恍惚,不能综三司事,景进屡言于帝,乃以正言守礼部尚书,以谦为租庸使。《册府元龟》卷九百二十四。

　　谦以国用不足,奏:“诸道判官员数过多,请只置节度、观察、判官、书记、支使、推官各一员,留守置判官各一员,三京府置判官、推官,余并罢俸钱。”又奏:“百官俸钱虽多,折支非实,请减半数,皆支实钱。”并从之。未几,半年俸复从虚折。《永乐大典》卷四千六百七十九。案:《孔谦传》,《永乐大典》仅存一条,今录《册府元龟》以存梗概,《北梦琐言》：明宗即位，诛租庸使孔谦等。孔谦者，魏州孔目，庄宗图霸，以供馈兵食，谦有力焉。既为租庸使，曲事婴幸，夺宰相权，专以聚敛为意，剥削为端。以犯众怒，伏诛。

李邺，魏州人也。幼事杨师厚，及庄宗入魏，渐转裨将，历数郡刺史，后迁亳州。为政贪秽，有奴为人持金以赂邺，奴隐其金，邺杀之。其家上诉，因讦其阴事，诏贬郴州司户参军，又贬岩州长流百姓，所在赐自尽。《永乐大典》卷一万三百八十九。

史臣曰：《易》云："积不善之家，必有余殃。"又曰：恶不积不足以灭身。"如毛璋之俦，可谓积恶而灭其身矣，况温韬之发陵寝，段凝之败国家，罪不容诛，死犹差晚。余皆琐琐，何足议焉。

旧五代史卷七三考证

唐列传二十五毛璋传授沧州节度使　沧州，《欧阳史》作华州。

段凝传其后迁郑州刺史监大军于河上　案《欧阳史》：迁凝郑州刺史。使监兵于河上，李振亟请罢之，太祖曰："凝未有罪"。振曰："待其有罪，则社稷亡矣。"然终不罢也。据此则凝监河上军为梁祖时事。《通鉴考异》云：晋人取魏博，然后与梁以河为境，故常以大兵守之，太祖时未也。就使当时屯兵河上，亦未系社稷之安危，此必均王时事也。中贳其负　案："中贳其负"句，原本疑有脱误，考《册府元龟》，与是书同，今仍其旧。